KB066629

독점규제법과
경제학

ANTITRUST LAW AND ECONOMICS

독점규제법과 경제학

강대형

L company

머리말

이 책은 1996년 미국의 University of Washington에 교환교수로 가 있는 동안, 관련 문헌에 관한 연구, workshop에 참여, 동료 교수들과의 개별 대화 및 토론을 통해 얻은 연구 성과가 바탕이 되었다. 여기에, 2006년부터 연세대학교 경제대학원에서 "경쟁법의 규제이론과 사례"라는 제목으로 강의하면서 정리한 내용을 더 붙여서 완성하게 되었다.

독점규제법을 집행하기 위해서는 두 가지의 학문, 즉 경제학과 법학의 이론지식이 필요한데, 이 책은 독점규제법 집행에 필요한 경제학 지식을 활용하는 방법에 대해 주로 기술하고 있다. 독점규제법에서 규정한 시장지배력 남용행위, 경쟁제한적 기업결합, 카르텔, 수직제한, 가격차별 등의 행위를 왜 기업들이 행하려는 유인이 있는지, 그 경제적 효과는 무엇인지에 대해 미시경제학의 분석 수단을 통해 설명한다. 당연한 결과로 왜 그런 행위를 규제해야 하는지, 어떤 경우에 규제하지 말아야 하는지에 대해 이해를 높이게 된다. 또한 각 행위별 실제 일어났던 사건을 우리나라와 미국의 사례를 중심으로 기술하고 있다. 실제 사례를 경제학이 제공하는 도구를 이용하여 분석해 보는 시도도 하였다.

대부분의 독점규제법 관련 법학 서적의 목차는 우리나라의 공정거래법에서 규정한 각 조항에 맞춰있다. 그런 의미에서 본 책은 독점규제법 관련 법학 서적과는 차이가 있다. 이 책의 내용은 산업조직론을 다루는 책에 더 가깝다고 할 수 있다. 그러나 이 책에서는 산업조직론에서 다루고 있는 "기업, 산업, 시장", "시장구조의 결정 요인"과 같은 이론 부분은 취급하지 않고 있다. 이 책은 각국이 독점규제법으로 규제하고 있는 행위 중 그 집행을 위해 유의미한 경제분석이 필요한 행위 위주로 서술하고 있다.

독점규제법을 적용하려는 법학도에게는 법학이론보다는 경제학의 분석방법에 대해 이해를 높이는 기회가 되기를 기대한다. 그러나 우리나라 공정거래법에서 규정한 경제력집중억제, 거래상 지위남용, 사업자단체, 사건처리절차 등의 관련 내용은 포함하고 있지 않으므로 그 부분은 관련 법학 서적을 통해 보완해야 할 것이다.

산업조직론을 공부하는 경제학도에게는 평소에 교과서로 공부했던 내용을 실제 사례를 통해 접하게 되고, 경제학과 법학 지식을 활용하여 그 사례를 응용해 봄으로써 산업조직론 책에서 배웠던 내용에 현실적 감각이 더해지기를 기대한다.

결론적으로 이 책은 경제분석 방법을 통하여 독점규제법에서 규정하는 행위의 성격을 이해하고 실제 사례에서 어떻게 집행되었는지를 살펴본다는 점에서 경제학과 법학 교재가 혼합되어 있다고 볼 수 있다.

제1장에서는 독점규제제도의 연혁, 내용 및 목적을 다루고 있다. 각국의 독점규제법의 제정취지가 무엇이고 경제적으로는 어떤 의미가 있으며 궁극적으로 독점규제법이 규제해야 할 행위는 어떠한 것이 되어야 하는가에 관해 물음을 제기하고 있다.

제2장은 독점력은 무엇이고 어떻게 측정할 것인가 하는 문제를 다루고 있다. SSNIP test, 임계매출분석, Elzinga-Hogarty Test 등의 내용을 설명하고 과거 우리나라와 미국의 시장획정 사례를 소개한다.

제3장은 시장지배력 남용행위를 기술하고 있다. 독점시장의 폐해를 설명하고 미국의 제도, 사례와 우리나라의 제도 및 사례를 소개한다. 이후 모든 '장'에서 미국제도와 사례를 먼저 설명하고 우리나라의 그것을 나중에 설명하는 방식으로 진행될 것이다. 독점규제제도를 처음 도입한 나라가 미국이고 미국의 판례법으로 쌓인 법리가 각국의 독점규제법 제정의 모태가 되었으므로 미국의 사례를 먼저 접하는 것이 우리나라 제도를 이해하는 데 도움이 될 것이다.

제4장은 기업결합에 관해 설명한다. 기업결합의 경제적 효과는 무엇인지, 왜 경쟁 당국이 규제해야 하는지 등을 기술하고 미국과 우리나라의 기업결합 심사 절차 및 사례를 소개할 것이다.

제5장은 공동행위이다. 공동행위의 경제적 효과분석을 통해, 왜 이 행위의 경쟁제한 효과가 가장 크고, 따라서 각국의 경쟁 당국이 가장 무거운 제재를 부과하는지를 설명할 것이다. 미국의 제도 사례, 우리나라의 그것을 소개한다.

제6장은 수직제한에 관해서 설명한다. 경제모형을 이용한 분석을 통해, 수직제한은 경제

효율 증대 효과가 크다는 것을 입증하고 있다. 또한, 경우에 따라서는 경쟁제한적 효과가 있다는 점도 지적하고 있다. 마찬가지로 미국과 우리나라의 제도와 사례를 소개한다. 수직제한의 위법성 기준은 장기적으로 많이 변해왔다. 경제학의 연구 성과가 진전됨에 따라 전에는 알지 못했던 수직제한에 대한 효과를 더 잘 이해하게 되었기 때문이다.

제7장은 가격차별이다. 가격차별의 여러 가지 유형을 소개하고 그 경제적 후생효과를 분석한다. 미국의 Robion-Patman법을 비교적 상세하게 설명하였다. 우리나라의 경우 가격차별에 관한 사례는 찾아볼 수 없으므로 유사한 효과가 있는 부당지원행위 사례를 대신 소개하였다.

이 책을 집필하는 과정에서 많은 분들의 도움을 받았다. 공정위 재직 시 동료 선·후배들의 격려와 코멘트, 연세대 경제대학원 학생들의 적극적인 질문과 의견들이 많은 자극제가 되었다. 오승돈 변호사와 독점규제제도의 여러 가지 주제에 대하여 대화와 토론 기회가 많았는데, 이것이 이 책의 내용을 개선하는데 적지 않은 도움을 주었다. 바쁜 일정에도 불구하고 이 책의 발간 과정을 직접 챙겨주신 엘컴퍼니의 김한승 대표께 감사드린다. 이 책 발간을 위해 응원을 아끼지 않은 가족에게도 고마움을 전하고자 한다.

2018년 1월
강 대 형

차례 💡

CHAPTER

3 독점행위

CHAPTER

4 기업결합

CHAPTER

공동행위

CHAPTER

6 수직제한

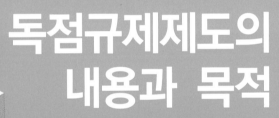

CHAPTER

1

독점규제제도의
내용과 목적

1-1 시장과 독점규제제도

시장이란 생산자와 소비자로 구성된 집합체이고, 그 안에서 상호작용에 의해 재화와 서비스가 거래되는 곳이다. 시장에서는 거래가 강요되지 않고 자발적이다. 시장에서 이뤄지는 자유롭고 자발적인 상호거래를 통해 경제 주체들은 자기의 이익을 극대화할 수 있다.

소비자들은 가능한 가격은 낮고 질이 좋은 재화를 사기를 원한다. 효용을 극대화하기 위해 자기의 기호에 맞춰 구매할 최적의 상품 조합을 선택한다. 생산자들은 이윤 극대화를 실현하기 위하여 재화와 서비스를 최소의 비용으로 생산하고 가능한 높은 가격을 받으려고 한다. 소비자와 생산자의 수가 많다면, 어느 한 소비자나 생산자가 시장의 가격을 결정할 수 없고 상호작용에 의하여 시장에서 결정된다. 이렇게 결정된 시장 가격은 모든 시장 참여자들의 의사결정에 일종의 신호(signal)작용을 한다. 가격이론에 의하면, 시장에서 모든 경제 주체들이 이러한 가격 신호를 주어진 여건으로 이기심에 근거하여 생산자들은 이윤 극대화, 소비자들은 효용의 극대화를 위해 활동한다면 사회 전체적인 경제적 효율은 극대화된다고 한다. 시장이 완전하게 작동한다면 각 개인의 이기적인 행동이 결과적으로는 사회 전체적으로 바람직한 결과를 가져다준다는 것이다. 완전경쟁시장에서는 우리가 사회가 풀어야 할 중요한 문제, 즉 어떤 재화를 얼마나 생산하고, 어떻게 배분되어 소비되어야 하는가? 하는 문제가 보이지 않는 손에 의해 해결된다.

여기서는 가격이론에서 말하는 경제적 효율의 개념을 소개하고자 한다. 각 재화 혹은 서비스의 개별시장이 완전경쟁시장인 경우와 독점시장인 경우 경제적 효율이 어떻게 변화하는지 대비하고, 다음으로 개별시장이 완전경쟁시장일 경우 모든 제품을 포함하는 일반균형이론에 의해 설명되는 가장 바람직 상태, 즉 파레토 최적의 개념을 소개하고자 한다.

1-1-1 완전경쟁시장과 독점시장: 개별시장의 효율성[1]

개별시장에서 경제적 효율성(economic efficiency: 소비자잉여와 생산자잉여)은 생산, 분배, 소비 등 각 단계의 경제활동에서 최소한의 투입물을 사용하여 최대의 산출물을 얻게 되는 상

---

[1] 구체적인 내용은 경제원론이나 미시경제학 책을 참고하기 바란다. 1-1-1항의 내용이 어렵다고 느끼는 독자들은 1-1-1항과 1-1-2항을 모두 생략하고 바로 1-1-3항 '독점규제법의 역할'로 넘어가도 문제가 없다.

태라 할 수 있다. 여기서 최소, 최대란 물리적인 크기에 의해서가 아니라 경제적 가치에 의해서 측정한다는 점에서 물리적 효율의 개념과는 구분된다. 경제모형은 각 개별시장이 완전경쟁시장이면 개별시장에서 최적의 효율을 가져온다고 설명하고 있다. 왜냐하면 경쟁시장에서는 모든 경제 주체의 후생이 극대화되기 때문이다. 완전경쟁시장이란 다음의 조건이 충족되는 경우를 말하다.

① 모든 기업의 판매하는 제품이 동일해야 한다.

② 모든 판매자와 구매자가 시장과 관련된 완전한 정보를 갖고 있어야 한다.

③ 모든 구매자와 판매자가 가격 순응자(price taker)가 되어야 한다.

④ 거래비용이 없어야 한다.

⑤ 외부효과(externality)가 없어야 한다.[2]

⑥ 진입과 퇴출이 자유로워야 한다.

개별시장에서 효율은 경제 주체의 후생 수준인 소비자잉여, 생산자잉여에 의하여 측정된다. 그림 1-1을 이용하여 완전경쟁시장에 비하여 독점시장이 어떻게 경제 주체의 후생을 저해하는지 살펴보기로 하자.

그림의 왼쪽은 완전경쟁시장, 오른쪽은 독점시장의 가격 결정 상황을 나타내고 있다. 좌표평면의 세로축에 표시된 P는 가격을, 가로측의 Q는 수요량과 공급량을 나타낸다. D는 시장의 수요곡선, S는 공급곡선이다. 수요곡선은 우하향의 모양을 하고 있다. 소비자들이 효용을 극대화하기 위해 재화의 가격이 내리면 그 재화를 더 많이 수요하게 되고 가격이 오르면 수요를 덜 하기 때문이다. 수요곡선은 개별 소비자들의 수요곡선을 가로로 모두 합한 것과 같다. 공급곡선은 우상향하는 형태를 띠고 있다. 기업이 이윤극대화를 위해 재화의 가격이 상승하면 공급량을 늘리고 가격이 하락하면 공급량을 줄이기 때문이다. 공급곡선은 개별 기업의 한계비용[3]곡선을 가로로 합한 것과 같다. 균형가격과 수급량은 각각 p와 q로 표시되어 있다. 소비자 입장에서는 자기가 기꺼이 지불할 수 있는 금액이 실제 지불한 금액보다 더 크게 되어 있다. 소비자잉여란 자기가 기꺼이 지불하겠다는 금액과 실제 지불한 금액과의 차이를 말한다. 그림에서 소비자가 기꺼이 지불하겠다는 금액은 oreq가 나나 실제 지불한 금액은 opeq가 되어 양

---

2 거래비용과 외부효과에 대하여는 제6장 '수직제한'을 참고하기 바란다.

3 생산량을 1단위 더 증가시킬 때 추가적으로 증가하는 비용을 말한다.

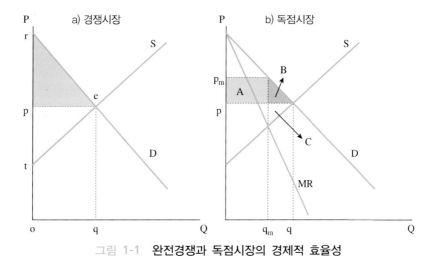

그림 1-1 **완전경쟁과 독점시장의 경제적 효율성**

자 간의 차이인 파란색면의 pre가 소비자잉여가 된다. 마찬가지로 생산자는 자기가 기꺼이 받겠다고 하는 금액이 실제로 받게 된 금액보다 더 적게 되어 있다. 그림에서 기꺼이 받겠다는 금액은 oteq, 실제 받은 금액은 opeq이므로 양자 간의 차이인 파란색면의 tpe가 생산자잉여가 되는 것이다. 소비자잉여와 생산자잉여가 발생하는 이유는 시장을 통한 재화와 서비스의 자발적인 교환이 가능하기 때문이다.

오른쪽은 독점시장의 균형점을 나타내고 있다. 독점기업은 이윤극대화를 위해 가격을 한계수입[4]과 한계비용이 교차하는 점에서 결정하므로 경쟁시장에 비하여 가격은 더 높고 공급량은 줄어들게 된다. 수요와 공급곡선은 왼쪽의 경쟁시장의 그것과 동일하나 독점기업 입장에서 본 한계수입곡선(MR)은 시장의 수요곡선과 같지 않게 된다. 독점기업은 한계수입과 한계비용을 같게 하는 생산량인 q_m만큼을 공급할 것이고 가격은 p_m으로 결정될 것이다. 완전경쟁시장에서 소비자의 몫이었던 A지역은 생산자에게 이전되었다. 그러나 원래 소비자잉여였던 B와 생산자잉여였던 C는 누구에게도 이전됨이 없이 잃고 말았다. B와 C부분을 독점에 의해 잃게 되는 자중손실(deadweight loss)이라 하며 독점에 의해 그만큼의 사회적 후생의 감소, 효율의 저하가 있었다는 의미가 된다.

---

4 판매량이 1단위 늘어날 때 추가로 증가하는 수입을 말한다.

4 판매량이 1단위 늘어날 때 추가로 증가하는 수입을 말한다.

CHAPTER 01 독점규제제도의 내용과 목적 | **5**

CHAPTER 01 독점규제제도의 내용과 목적 | **5**

1-1-2 일반균형이론: 파레토 최적[5]

모든 개별시장이 완전경쟁이면 사회 전체의 자원이 가장 최적으로 배분되는 상황이 결과된다. 파레토 최적이란 이처럼 사회 전체적으로 최적의 효율을 달성하고 있으므로 '타인의 후생을 감소하지 않고는 나의 후생을 향상시키지 못하는' 상태가 된 경우를 말한다. 타인의 후생을 감소하지 않고 나의 후생을 향상시킬 수 있다면 그 사회는 자원 배분이 가장 효율적으로 되어 있지 않다는 것을 의미한다. 다음 세 가지 조건이 충족되면, 그 사회의 자원은 최적으로 배분되게 된다.

① 모든 재화와 서비스에 대해 재산권(property right)이 정확하게 정의되고 그 재산권 소유자의 권리 행사가 정당하게 이뤄질 수 있어야 한다.

② 모든 재산권의 판매자가 가격의 순응자로서 역할을 해야 한다.

③ 모든 재산권 소유자가 그 권한을 사용하거나, 없애는 행위로 인하여 타인에게 영향을 주어서는 안 된다.[6]

사회의 자원이 최적으로 배분된 상태는 다음과 같은 결과가 나타난다.

첫째, 각 소비자의 한계대체율(marginal rate of substitution; MRS)이 동일하게 된다. 한계대체율이란 제품의 마지막 한 단위가 주는 효용의 비율, 즉 한계효용의 비율을 말한다. 예컨대, 두 개의 제품, x와 y의 한계효용이 각각 MUx와 MUy라면 한계대체율, MRS는 MU_x/MU_y가 된다. 즉, x와 y의 한계대체율이란 한 단위의 x를 포기한 대가로 몇 단위의 y를 보상해야만 효용의 변함이 없는가 하는 것이다. 다시 말해서 x와 y의 주관적인 교환 비율이라 할 수 있다. 이러한 한계대체율이 소비자 A와 소비자 B가 전부 같게 된다는 의미이다. 즉 $MRS_A = MRS_B$의 관계가 성립되어야 한다는 것이다. 왜 모든 소비자의 한계대체율이 동일해야만 파레토 최적이 되는가는 그것이 동일하지 않은 경우를 비교해 보면 쉽게 알 수 있다. 가령, A의 MRS는 2이고 B의 MRS는 1인 경우를 가정해 보자. 이 경우는 A가 B에 비하여 x제품을 y제품보다 두 배 더 선호하고 있다는 의미이다. 만약 B에게서 x를 한 단위 빼앗아 오고 y를 한 단위 준다면 B의 후생은 변함이 없다. 왜냐하면 B는 x와 y에 대해 동일한 선호를 갖고

---

5 이항은 난이도가 높으므로 바로 1-1-3항으로 넘어가도 문제가 없다.

6 이 세 가지 조건은 물론 전술한 완전경쟁시장의 조건을 다른 차원에서 기술한 것이다. 세 번째 조건은 외부효과가 없어야 한다는 의미이다.

있기 때문이다. 만약 B에게서 빼앗은 x 한 단위를 A에게 주고 A에게서 y를 한 단위 빼앗아 B에게 주면, B는 후생의 증감이 없는 반면 A는 후생의 증가가 있게 된다. 왜냐하면 A는 x를 y보다 두 배나 더 선호하기 때문이다. 다시 말해서 타인의 후생을 감소하지 않고 A의 후생이 증가되었으므로 이 상태는 파레토 최적이 아니다. 그런데 경쟁시장은 모두가 가격 순응자이므로 모든 소비자의 한계대체율이 동일하게 된다. 왜냐하면 경쟁시장에서 모든 소비자는 $MU_x/MU_y = p_x/p_y$가 되도록 소비를 하기 때문이다. 여기서 p_x와 p_y는 각각 x재와 y재의 가격을 말한다.

둘째는 모든 제품을 생산하는 데 있어 생산요소의 한계기술대체율(marginal rate of technical substitution: MRTS)이 같아지게 된다. 생산요소의 한계기술대체율이란 생산요소의 한계생산성의 비율을 말한다. 즉 노동의 한계생산성을 MP_L 자본의 한계생산성을 MP_K라 한다면 MRTS는 MP_L/MP_K와 같다. x를 생산하는 한계기술대체율 MRTSx와 y재의 그것인 $MRTS_y$가 같아지면 생산에서의 파레토 최적 상태가 된다. 예를 들어 y의 MRTS는 1이고 x의 MRTS는 2인 경우 x의 생산에서 노동의 한계생산성이 두 배가 더 크므로 y의 생산에 사용되는 노동을 x의 생산에 투입하고 x의 생산에 사용되던 자본을 y의 생산에 투입하는 경우 y의 생산 감소가 없이 x의 생산을 늘릴 수 있으므로 파레토 최적이 아니다. x와 y의 생산에 MRTS가 같게 되는 조건은 생산요소 시장이 경쟁시장이어야 한다.

셋째, 각 소비자의 한계대체율이 한계변환율(marginal rate of transformation: MRT)과 같게 된다. 한계변환율이란 사회전체적으로 한 단위의 x를 더 얻기 위하여 포기해야 하는 y재는 몇 단위가 되어야 하는가 하는 개념이다. 따라서 한계변화율은 x재와 y재의 한계비용의 비율과 같게 된다. MC를 한계비용으로 표시한다면 MC_x/MC_y를 말한다. 왜 이것이 개별 소비자의 한계대체율과 같아야 하는가는 그렇지 않은 경우를 상정함으로써 알 수 있다. 예컨대, MRS는 2인데 MRT는 1이라고 하자. 즉, 소비자의 주관적 선호는 x재를 두 배나 더 선호하고 있으나 양 제품 간의 기술적 교환 비율은 동일한 상태를 말한다. 이 경우 사회 전체적으로 y재의 생산을 1단위 줄이면 x재의 생산을 1단위 늘릴 수 있게 된다. 그런데 소비자는 x재 1단위를 더 소비함으로써 얻게 되는 효용이 y재 1단위 소비를 줄임으로써 잃게 되는 효용보다 훨씬 더 크므로 전체적으로 후생이 증가하게 된다. 즉, 타인의 후생을 줄이지 않고 나의 후생을 늘렸으므로 파레토 최적이 아닌 상태가 된다. 그런데 경쟁시장에서는 MRS가 MRT와 같게 된다. 왜냐하면, 경쟁시장에서는 가격과 한계비용이 같게 되어 다음과 같은 관계가 성립되기 때문이다.

$$MRS = p_x/p_y = MC_x/MC_y = MRT.$$

1-1-3 독점규제법의 역할

경쟁시장에 비해 독점시장에서는 가격은 오르고 생산량은 줄었다. 완전경쟁시장은 독점시장에 비해 우리 사회가 가진 한정된 자원을 더 효율적으로 이용할 수 있게 한다는 것도 배웠다.

그러면 독점규제법은 어떤 역할을 해야 하는가? 사실 "독점규제"라는 명칭에 그 답이 들어 있다. 독점을 규제하여 시장을 보다 더 경쟁적으로 만드는 일은 독점규제법의 1차적이면서 매우 중요한 역할이다. 이러한 역할은 경제이론의 지지를 받는다. 왜냐하면 상기 경제모형에서 드러난 독점의 폐해를 시정하여 경제적 효율을 향상시키는 역할을 하기 때문이다. 이것은 독점규제법의 역할을 순전히 경제적 효율을 향상시키기 위한 목적에만 국한하자는 주장과 일맥상통한다. 다른 목적을 추가할 경우 객관적 타당성이 없이 우리 사회의 어떤 계층을 이롭게 하고 다른 계층을 해롭게 할 가능성이 있기 때문이다. 실제 많은 경제학자들은 이러한 주장을 하고 있다.

그러나 각국의 독점규제제도는 이러한 주장과는 거리가 멀다. 왜냐하면, 다른 모든 제도처럼 독점규제제도도 현실의 정치·사회적 요구를 고려해야 하기 때문이다. 다른 요구란 소비자 보호, 경제적 약자의 보호, 공정한 사업기회의 보장 등 여러 가지가 있을 수 있다. 독점규제제도가 한쪽 측면에서 바람직한 결과를 얻기 위해서 집행된다면 다른 측면에서 추구하는 다른 목표가 손상을 입을 수가 있다. 예컨대 중소기업 보호를 위한 법 집행이 경제적 효율을 더 떨어뜨릴 수 있는 것이다. 제4장 '기업결합'에서 기업결합의 심사와 관련하여 나중에 다룰 주제 중 하나가 바로 이 문제를 극명하게 보여주고 있다.[7] 만약, 어떤 기업결합이 규모의 경제를 실현하여 상당한 생산비의 절감을 이룩하게 되고, 이것이 경제적 효율을 향상시켰다고 가정하자. 그런데 이 기업결합이 당사회사의 독점력을 심화시켜서 소비자 가격이 인상되었다. 생산비의 절감으로 우리 사회가 얻은 효율성 증대 효과가 소비자 가격을 인상하여 잃은 소비자 잉여보다 훨씬 크다고 가정하면, 이 기업결합은 승인하는 것이 경제적인 측면에서는 더 바람직할 것이다. 그러나 대기업 간의 기업결합으로 인해 소비자 가격이 상승되는 것을 우리 사회가 용납할 수 있는가? 이에 대한 대답은 매우 부정적이다. 사실 많은 국가의 독점규제제도는 이

---

7   제4장의 그림 4-1을 참고하기 바란다.

경우 그 기업결합을 승인하지 않는 것으로 운용되고 있다.

그렇다면 독점규제제도는 경제효율 향상이라는 목표와 다른 목표를 어떤 비중으로 고려해야 하는가? 이 질문에 대한 답은 그리 간단치 않다. 이 질문은 1890년 미국의 셔먼법이 도입될 때부터 지금까지도 이어져 온 논쟁의 가장 핵심 내용을 포함하고 있다. 이에 대해서는 아주 다양한 의견이 제시되어 왔고 지금도 제시되고 있다. 그것은 독점규제법의 목적이 무엇이어야 하는가? 라는 질문과 연계되어 있고, 시장에 대한 경제학의 연구 성과와도 관계가 있으며, 국가가 안고 있는 정치 · 사회적 요구들과도 관계가 있다. 여기서 그 답을 제시한다는 것은 어려운 일이다. 각국의 독점규제제도가 담고 있는 내용이 국가마다 다른 이유가 바로 이 점 때문이다.

1-2 독점규제법의 연혁 및 내용

1-2-1 　미국

미국의 셔먼법은 독점규제법의 효시라 할 수 있다. 이법 제정 당시의 역사적 상황, 제정 과정을 살펴봄으로서 독점규제제도가 도입된 배경과 목적을 더욱 잘 이해할 수 있게 될 것이다.

남북전쟁(1861년~1865년)이 끝난 후 미국은 고도 성장기를 맞는다. 전국적인 통신망과 철도망이 건설되고 이를 기반으로 전국적인 거대 시장이 출현하게 된다. 이러한 기업 환경의 변화는 기업들로 하여금 대규모, 신기술에 의한 대량 생산을 유도하게 되었다. 때마침 국내외 자본을 유치하는 자본시장이 출현하여 자본 조달이 용이해짐으로써 이러한 대규모 기업의 설립을 뒷받침 할 수 있게 되었다. 시장이 커지자 기업들은 수직결합을 통해 원료를 안정적으로 조달하고 유통망을 확보하려고 노력했다. 또한 수평결합을 통해 기업의 규모를 키워 나갔다. 대규모 생산을 유지하고 신기술을 개발하기 위해서는 높은 고정비용을 지불해야 했다. 경제가 고도로 성장하는 시기에는 그런 비용 부담을 감당할 수 있었다. 그러나 몇 년이 지나 경제가 침체기에 들자 많은 고정비용을 지출한 기업들이 어려움에 직면하기 시작했다. 대규모 공장의 건설로 인해 공급이 수요를 초과하기 시작했고 기업 간의 경쟁은 치열해졌다. 가격은 하락했고 수익성은 저하되었다. 파산하는 기업도 속출하게 되었다.

1870년대 후반부터 1880년 초반에 거쳐 기업들은 이런 어려움을 피해 나가는 방법을 모색하기 시작했다. 가격 경쟁을 줄이거나 생산량을 조정하도록 합의를 통해 문제를 완화하려고 했던 것이다. 이런 방법은 철도회사들이 시작했고 다른 업종에도 퍼져나갔다. 전형적인 방법이 '사업자연합체(pool)'의 방법이다. 이 연합체의 관리자는 시장점유율을 고정시키고 회사 간의 이윤을 대충 균등하게 보장하는 방법으로 상품의 출하를 조절하였다. 정육포장업자들도 사업자연합체를 결성한 대표적인 사업자인데 그들은 연합체에 가입한 회원들로 하여금 소매 상인들에게 정해진 가격대로 상품을 사도록 강요하는 방법으로 집단적 힘을 발휘하였다. 결국 손해는 정육 소매업자들과 농민들에게 고스란히 전가되었다. 그러나 이런 사업자연합체 방식은 얼마 가지 않아 깨지기 시작했다. 왜냐하면 그들의 연계 방식은 매우 느슨한 형태였고 가입자 간의 이해가 상충되면서 합의되지 않은 부분에 대해서 독립적으로 행동하는 사업자들이 나왔기 때문이다. 따라서 더욱 강력한 협의체가 필요하게 되었다.

그중에 제시된 가장 매력적인 대안이 바로 '트러스트(trust)'였다. John D. Rockefeller[8]에 의해 고안된 트러스트는 여러 기업의 주주가 그들이 소유한 주식을 특정의 수탁자(trustee)에게 위탁함으로써 경영을 수탁자에게 일임하는 형식으로 실현되었다. 주식 위탁을 통해 경영권을 확보했으므로 트러스트는 참여기업들을 법적으로 지배할 수 있었다. 트러스트는 대체로 가격 결정과 생산량의 결정만을 하였고 회사 운영에는 간섭하지 않았다는 점에서 오늘날의 카르텔과 유사하다고 말할 수 있다. 결국 트러스트에 가입하지 못한 독립 중소기업은 트러스트에 맞서 공정한 경쟁을 할 수 없게 되었다. 또한, 10년 동안 철도회사의 사업자연합(pool)과 트러스트의 지위남용에 의해 농민들의 피해도 커지고 있었다. 농민들의 트러스트 반대운동이 확산되었다. 여기에 노동자와 중소기업자들도 가세하였다. 급기야 1880년 후반에 들어서는 반트러스트 움직임이 정치권에서 활발하게 개진되기 시작했다. 민주·공화 양당은 1988년 대선 공약에 반트러스트(antitrust)법의 제정을 내세웠으며 이러한 움직임이 셔먼법(Sherman Act)의 통과로 구체화 되었다.

셔먼법 제정 당시의 정치·사회적 관심사는 남북전쟁부터 발현하기 시작한 거래의 자유, 자유노동의 보장, 차별금지 등의 가치 실현을 위한 내용들이 많았다. 독점규제제도의 효시인 셔먼법도 이러한 정치 사회적인 요구와 당시 사회적 문제를 야기했던 트러스트의 폐해를 방지하는 목적을 담을 수밖에 없는 것이 당연한 결과였다. 독점규제제도가 해결해야 한다고 주장

---

8   Standard Oil사의 설립자이다.

했던 여러 가지 제안들은 예컨대 정치적 자유, 경제적 기회보장, 거래의 자유, 재산의 보호, 대기업의 횡포로부터 중소기업 및 소비자의 보호 등과 같이 매우 다양했다.

그렇다고 셔먼법이 이러한 사회 정책적 문제를 모두 해결하기 위해 제정되었다고 말 할 수는 없다. 셔먼 자신이 지적했듯이 독점규제제도는 경제적 기본 권리의 보호가 핵심 가치라고 생각했다. 그는 거래와 생산의 자유, 자유로운 경쟁이 결국 생산을 늘리고 가격을 떨어뜨릴 것이고, 독점규제제도가 목적하는 것이 바로 이런 것을 달성하는 것이라고 믿고 있었다. 즉, 셔먼법은 그 동기가 정치·사회적인 측면이 있었으나 그 내용은 순전히 시장에 관한 제도인 것이다. 사실 정치·사회적인 쟁점과 경제적인 쟁점이 복잡하게 얽혀있는 셔먼법 제정 당시의 논쟁에서 유일하게 합의가 이루어진 명백한 사실은 독점규제제도는 경쟁을 촉진하고, 독점의 폐해를 시정하며, 카르텔을 없애야 한다는 것이다. 그러나 경쟁을 촉진하기 위해 어떤 수단을 동원해야 하는가 하는 문제와 이 제도의 운용으로 사회의 어떤 계층이 이익을 얻어야 하는지 하는 문제는 의견의 일치가 없었고 오늘날까지도 논쟁이 지속되고 있다.

셔먼법의 실체 조항은 제1조와 제2조이다.

제1조
"Every contract, combination in the form of trust or otherwise, or conspiracy, in restraint of trade or commerce among the several States, or with foreign nations, is declared to be illegal".

제2조
"Every person who shall monopolize, or attempt to monopolize, or combine or conspire with any other person or persons, to monopolize any part of the trade or commerce among the several States, or with foreign nations, shall be deemed guilty of a felony [. . .]"

셔먼법 1조는 거래를 제한하는 경쟁자 간의 각종 합의(trust 포함)를 위법으로, 제2조는 독점행위(monopolization)를 위법한 것으로 선언하고 있다. 법의 제정 당시 논쟁에 중심에 있던 "경쟁"에 대한 정의, 어떻게 경쟁을 촉진해야 하는지 등에 대해서는 언급조차 하지 않고 있다.

법 제정 당시 국회는 가격담합이나 입찰담합 등과 같이 상습적으로 거래를 제한하고 있었던 관행들, 그래서 법으로 금지시켜야 할 행위들의 목록을 갖고 있었다. 그러나 국회는 그것들을 법에다 구체적으로 규정하는 방법 대신 지극히 포괄적인 언어로만 규정함으로써 사법부나 경쟁 당국으로 하여금 구체적인 사례에 대해서 그 적용 방법을 개발, 발전시키도록 하는 방법을 택했다.

셔먼법 2조는 독점력의 남용을 금지하고 있다. 사업자의 시장지배력을 이용한 독점행위(monopolization)나 독점시도행위(attempt to monopolize)를 위법으로 선언하고 있다. 1조와 마찬가지로 법 제정 시 국회는 독점행위가 무엇인지를 법에 나열하지 않고 포괄적인 표현만으로 조문을 구성함으로써 구체적인 판단을 사법부나 경쟁 당국에 맡기고 있다. 2조에서 중요한 포인트는 셔먼법이 금지한 것은 '독점행위'이지 '독점' 그 자체는 금지 대상이 아니라는 것이다. "큰 것은 나쁜 것이다"라는 개념을 셔먼법에서는 도입하고 있지 않다. 그러나 어떤 부당한 방법으로 경쟁자를 배제했다면 그는 셔먼법 제2조의 적용 대상이 되는 것이다. 어떤 것이 부당한 방법이냐? 하는 것은 물론 그간의 사례법에 의해서 그 범위와 내용이 정해져 왔다.

결론적으로 셔먼법은 앞서 설명한 바와 같이 극히 일반적이고 포괄적인 표현만으로 조문을 구성했으므로 모든 구체적인 내용은 법원의 사례법에 의해 결정되어 왔다. 그러므로 셔먼법은 새로운 사례가 나오고 결정될 때마다 계속하여 발전한 역동적인 법이라 할 수 있다. 법원은 시장의 조건이 바뀌고, 사업자 간의 경쟁 과정에 대한 새로운 경제적 지식이 개발되는 것에 맞추어 신축적으로 법의 내용을 발전시키고 있는 것이다.

셔먼법은 그 초기의 집행 과정에서 사건의 처리에 많은 기간이 소요되어 법 위반행위를 시정하는 데 충분한 효과를 거두지 못하는 등의 문제점을 노정(露呈)하였다. 당시 의회의 지도자나 Wilson 대통령도 이러한 셔먼법에 대한 문제점을 인식하게 되었다. 문제는 크게 두 가지로 요약될 수 있다. 첫째는 셔먼법 하에서는 경쟁을 저해하는 부당한 행위를 초기에 금지시킬 수가 없었다. 그 당시 여론은 셔먼법이 '소 잃고 외양간 고친다.'는 것밖에 못 한다는 불만이 팽배해 있었다. 둘째는 셔먼법의 언어는 너무 일반화되어 있어 여러 가지 해석이 가능하므로 어떤 행위가 법에 위반되는지 명백하지 않은 문제점이 있었다.

이러한 문제를 해결하기 위하여 제정된 것이 크레이톤법(Clayton Act)과 FTC법이다. 크레이톤법이 셔먼법과 다른 가장 두드러진 특징은 어떤 행위가 지금 현재는 거래를 제한하고 있지는 않지만, 장래에 제한할 가능성이 있는 경우도 금지하고 있다는 것이다. 당시 국회는 거래를 제한하거나 독점화가 실현되어야지만 집행이 가능한 셔먼법에 의한 시정으로는 효과적으로 위법행위를 금지시킬 수 없다는 것을 깨닫게 되었다. 따라서 동 법의 표현은 "may be substantially lessen competition or tend to create a monopoly in any line of commerce"에서와 같이 경쟁제한 효과가 장래에 나타날 행위까지도 그 표적으로 삼고 있다. 그러나 경쟁을 제한할 가능성이 있는 행위를 처벌하기 위해서는 그 행위가 궁극적으로 거래를 제한할 것이라는 확실한 근거를 제시할 것을 요구하고 있다. 왜냐하면 단순히 거래를 제한할 것이라는 추측만으로 동 법을 적용한다면 기업 활동을 지나치게 위축시킬 가능성이 있기 때문이다. 셔먼법과 또 다른 차이점은 셔먼법에서 없는 용어에 대한 정의를 규정하고 있다는 것이다. 크레이톤법에 정의한 용어는 commerce, person 등과 같이 세부 기술적인 용어에 대해서이지, 경쟁(competition), 독점(monopoly), 거래제한(restraint of trade)과 같은 위법성 판단에 중요한 요소가 되는 용어에 대하여는 여전히 정하지 않고, 사법부의 판단에 맡기고 있다.

크레이톤법 제2조는 Robinson-Patman법 제1조에 의해 1936년에 개정되었다. 그 내용은 동질의 상품을 구매자에 따라 가격을 차별화하지 못하도록 하는 것이다. 그 가격차별이 심대하게 경쟁을 제한하거나 독점을 새로이 형성하거나 그 가격차별로 인해 혜택을 입은 자들과의 경쟁을 저해해야 함은 물론이다. 그러나 그 가격차별이 각각의 비용 차이 때문인 것으로 설명할 수 있다면 그 행위는 허용된다.

제2조의 다른 항은 중개 수수료나 판촉활동의 일환으로 지급하는 환급 등을 어느 특정 고객에게만 지급할 수 없도록 하고 있다. 왜냐하면 이것은 위장된 가격차별의 한 형태가 될 수 있기 때문이다. 동조는 또한 이 법에 의해 금지된 가격차별을 유인하거나 받는 것도 금지함으로써 구매자에게도 책임을 묻고 있다.

제3조에서는 배타조건부 거래(exclusive dealing)와 끼워팔기(tie-in-sale)를 금지하고 있다. 이 경우도 이러한 행위가 심대하게 경쟁을 제한할 수 있거나 독점을 형성할 경향이 있어야 한다.

제7조는 기업결합(merger and acquisition)에 대해 규정하고 있다. 경쟁을 제한하거나 독점을 형성하는 경향이 있는 기업결합을 금지하고 있다. 50년도 Celler-Kefauver법에 의한 개정 전의 7조는 수평결합만을 금지 대상으로 하였으나, 개정 후에는 수직결합과 혼합결합도 적용 대상에 포함시키고 있다.

앞서 기술한 바와 같이 Clayton법은 장래 발생할 경쟁제한행위에 대한 규제조항이 많으므로 장래의 경쟁제한 효과에 대한 예측을 요구하고 있다. Clayton법의 제정으로 반경쟁적 행위에 대한 예방적 차원의 조치를 취할 수 있게 되었다. 기업결합 심사제도도 그 기업결합으로 인해 생겨날 독점상태를 사전에 시정한다는 점에서 예방적 차원의 조치라 할 수 있다.

1914년 국회는 Clayton법과 더불어 연방거래위원회법(Federal Trade Commission Act: FTC Act)을 제정하였다. 또한 독립 기구인 연방거래위원회를 설립하여 불공정한 경쟁 관행을 금지할 수 있는 기능을 부여하였다. 그뿐만 아니라 동 위원회는 법무부의 독점규제국과 함께 Clayton법도 집행할 수 있는 권한을 부여받았다. 1938년 Wheeler-Lea Amendments에 의해 개정된 FTC법은 현재 불공정하거나 사행적인 행위·관행도 금지하고 있다.

FTC는 FTC법에서 금지한 불공정한 경쟁 방법의 범위에 기존의 셔먼법이나 크레이톤법의 규정을 기술적으로는 어기지 않았지만, 경쟁 정책을 반하는 행위까지를 포함하도록 함으로써 동 위원회의 역할과 영역을 확대하려고 시도하여 왔다. 그러나 항소심에서 법원의 결정은 대체로 FTC의 활동 영역이 기존의 셔먼법과 크레이톤법의 범위를 벗어나지 않도록 판결하여 왔다.

미국의 독점규제정책의 근간을 이루고 있는 관련법은 셔먼법, 크레이톤법, 그리고 FTC법이라 할 수 있다. 1890년, 1914년, 1936년, 1950년은 미국의 독점규제정책에 중요한 변화를 가져왔던 해이다. 1890년은 독점규제정책의 가장 중요한 내용을 포함한 셔먼법이 제정된 해이고, 1914년은 셔먼법의 문제를 보완하기 위해 크레이톤법과 FTC법이 제정된 해이다. 1936년에는 크레이톤법 2조의 가격차별 조항을 보다 더 강화하기 위해 Robinson-Patman법을 제정하였다. 중소기업을 가격차별의 피해로부터 보호하기 위한 것이었다. 1950년에는 기업결합을 규정한 크레이톤법 7조를 Celler-Kefauver개정 법률로 개정하였다. 법에서 금지하는 기업결합의 범위를 넓히고 기업결합에 대한 규제를 더 강화하기 위한 것이었다. 당시 기업결합이 성행하여 중소기업이 피해를 보고 있다는 인식이 그 개정 배경으로 작용하였다.

1-2-2 우리나라

우리나라의 독점규제법인 "독점규제 및 공정거래에 관한 법률"은 1964년 이래 몇 차례의 도입 시도가 있었으나 경제개발계획에 의한 고도성장이라는 경제정책의 목표에 그 우선순위가 밀려 1981[9]년에야 제정되었다.

우리 경제는 1960년대부터 정부주도하에 고속 성장을 구현하였다. 경제 발전의 초기 단계

9　법률은 1980년에 제정되었으나 1981년 4월부터 시행되었다.

에서는 정부의 직접 개입이 수출과 투자의 증대 및 경제 성장을 위한 유용한 수단이었으나 경제 규모가 급속도로 커지자 정부가 직접 시장에 개입하는 방식은 경제적 비효율 등 각종 부작용을 낳게 되었다. 1970년대 후반부터 새로운 경제 질서의 정립이 없이는 지속적인 경제 발전이 어렵겠다는 논의가 시작되었다. 정부는 1979년 초 이러한 문제의 해결 방법으로 민간주도형 경제 질서로의 전환을 제시하였고 시장경제창달을 위한 토대 구축을 위해 "산업지원의 기회균등", "경쟁의 촉진", "금융의 자율화"라는 기본 방향 하에 제도적 장치를 마련하고자 하였는데, 여기서 "경쟁의 촉진"이라는 정책의 제도적 수단으로서 "독점규제 및 공정거래에 관한 법률" 제정을 계획하게 된 것이다.

종전의 물가관리 방식은 "물가안정 및 공정거래에 관한 법률"에 의하여 독과점 상품의 가격관리를 위주로 하는 가격에 대한 직접통제 중심이었다. 그러나 이러한 직접적인 물가 통제는 실제 시장에서 수요와 공급에 의해 결정되는 시장가격을 왜곡시키고 이중 가격을 형성하는 등 많은 부작용을 낳았다. 뿐만 아니라 2차 석유파동 등 외부적인 요인 때문에 목적하던 물가관리도 효과적으로 수행하지 못하였다. 한편, 1979년을 기준으로 한 개별 상품의 시장집중도는 독과점형이 전체의 89%나 될 정도로 시장의 독과점화가 심화 되었다. 거래형태에 있어서도 사업자들의 담합이나 불공정거래가 관행화되어 있었다. 정부의 각종 법령도 공급자를 보호하기 위한 경쟁제한적 규정들이 많아서 기업 입장에서는 편하게 사업을 영위할 수 있었으나 경쟁을 통해 경쟁력을 키우려는 유인은 없었고 소비자들은 상대적으로 높은 가격에 상품을 구매할 수밖에 없는 상황이었다. 또한 소수의 기업 집단에 의한 경제력집중도 심화되어 있었다.

1980년 공정거래법이 제정된 이래 많은 변화와 진화가 거듭되었으나 현재 공정거래법의 골격은 다음과 같다.

제3조의 2는 시장지배적 사업자의 남용행위를 금지하고 있다. 시장지배적 사업자란 일정한 거래분야에서 상품이나 용역의 가격, 수량, 품질 및 기타의 거래조건을 결정, 유지할 수 있는 지위를 가진 사업자로 정의하고 있다. 시장점유율이 1사 50% 이상이거나 상위 3사 점유율이 75% 이상인 경우 시장지배적 사업자로 추정한다. 점유율 이외에 시장 진입의 용이성 여부, 해외경쟁의 도입가능성 등 여러 가지 요건을 검토하여 시장지배적 사업자 여부를 판단한다.

먼저 시장지배적 사업자는 상품의 가격이나 용역의 대가를 부당하게 결정 · 유지 또는 변경하는 행위를 하여서는 안 된다. 이것은 흔히 가격남용행위라 한다. 무엇이 부당한 것인가는 시행령이나 관련 심사지침 및 심결례에 구체화되어 있다.

둘째 상품의 판매 또는 용역의 제공을 부당하게 조절하는 행위를 금지하고 있다. 흔히 부당한 출고조절 행위라 한다.

셋째 다른 사업자의 사업활동을 부당하게 방해하는 행위를 금지하고 있다. 사업활동을 방해하는 행위란 정당한 이유 없이 다른 사업자의 생산 활동에 필요한 원재료 구매를 방해하거나, 정상적인 관행에 비추어 과도한 경제상의 이익을 제공하거나 제공할 것을 약속하면서 다른 사업자의 사업활동에 필수적인 인력을 빼 오거나, 정당한 이유 없이 다른 사업자의 상품 또는 용역의 생산·공급·판매에 필수적인 요소의 사용 또는 접근을 거절·중단하거나 제한하는 행위를 말한다. 사업활동 방해의 상대방은 경쟁자가 아니라 다른 사업자임을 주의해야 한다.

넷째 새로운 경쟁사업자의 참가를 부당하게 방해하는 행위를 금지하고 있다. 이것은 유통사업자와 배타적 거래를 하거나 신규 진입에 필요한 생산요소의 사용을 거절 혹은 제한함으로써 새로운 시장 진입을 방해하는 행위를 말한다.

다섯째 부당하게 경쟁사업자를 배제하기 위하여 거래하거나 소비자의 이익을 현저히 저해할 우려가 있는 행위를 금지하고 있다. 부당염매, 즉 가격을 원가 이하로 받아서 경쟁사업자를 배제하려는 행위를 그 예로 들 수 있다.

제7조는 경쟁제한적 기업결합을 금지하고 있다. 기업결합은 규모의 경제 실현 등 여러 가지 장점이 있음에도 불구하고 시장에서 사업자의 수를 줄이고 가격을 상승시키는 경쟁제한성이 있으므로 공정거래위원회의 심사를 거쳐 경쟁제한성이 있는 기업결합에 대해서는 적절한 시정을 하도록 하고 있다.

제3장의 제7조에서 제17조에 이르기까지는 우리나라의 독점규제법에만 규정된 경제력집중억제 관련 조항이다. 소위 재벌정책이 담겨 있다. 여기에는 "기업집단"이라는 개념을 사용하는데, 그것은 계열사 전체의 자산이 일정액 이상인 집단을 "상호출자제한 기업집단"으로 분류하여 경제력집중 완화를 위한 각종 규제를 적용하고 있다. 먼저 상호출자제한 기업집단에 대해서는 계열사 간 상호출자의 금지, 채무보증의 금지, 금융·보험사가 보유한 동일 집단 내의 계열사에 대한 의결권제한 등의 규정을 적용하고 있다. 그 밖에 이 장에서 지주회사의 설립·운영에 대한 제한 규정, 대규모 내부거래의 이사회 의결 및 공시 규정 등이 포함되어 있다. 경제력집중 억제시책은 국내외 경제 환경의 변화 등을 감안, 점진적으로 그 규제가 완화되어 가는 추세에 있었다. 일례로 2009년 3월 출자총액제한제도를 폐지하는 법 개정이 이루어졌고, 동년 5월부터 시행하고 있다. 그리고 지주회사에 대한 규제도 대폭 완화되었다. 그러나 최근

에는 물량 몰아주기를 통한 기업집단의 특수관계인에 대한 지원이 문제가 되어 총수 일가에 대한 부당 이익제공 금지 규정이 신설되었다. 뿐만 아니라 2017년 새로운 정부가 들어선 후에는 다시 경제력집중 억제시책을 강화하는 제도개선이 추진 중에 있다.

제19조는 부당한 공동행위를 금지하고 있다. 공동행위의 종류로는 가격을 담합하는 행위, 상품 또는 용역의 거래조건이나 대가의 지급조건을 정하는 행위, 상품의 생산·출고·수송 또는 거래를 제한하는 행위, 거래지역 또는 거래상대방을 제한하는 행위, 생산 또는 용역의 거래를 위한 설비의 신설 또는 증설이나 장비의 도입을 방해하거나 제한하는 행위, 입찰이나 경매에 있어 낙찰자, 경락자, 투찰가격, 낙찰가격 또는 경락가격 등을 결정하는 행위 등이 포함된다.

제23조는 일반 불공정거래행위를 규정하고 있다. 불공정거래의 유형으로 부당하게 거래를 거절하거나 거래의 상대방을 차별하여 취급하는 행위, 부당염매와 같이 부당하게 경쟁자를 배제하는 행위, 부당하게 경쟁자의 고객을 자기와 거래하도록 유인하거나 경쟁자의 고객을 자기와 거래하도록 강제하는 행위(부당고객유인행위), 자기의 거래상의 지위를 부당하게 이용하여 상대방과 거래하는 행위, 거래 상대방의 사업활동을 부당하게 구속하는 조건으로 거래하는 행위, 다른 사업자의 사업활동을 방해하는 행위 등을 들 수 있다. 불공정거래행위의 유형 중 부당염매, 사업활동의 방해와 같은 일부 행위는 제3조의 2 시장지배적 사업자의 남용행위의 유형과 유사하다는 것을 알 수 있다.

제25조는 사업자단체의 금지행위를 규정하고 있다. 사업자단체의 금지행위로는 먼저, 제19조(부당한 공동행위의 금지)제1항 각 호의 행위에 의하여 부당하게 경쟁을 제한하는 행위, 일정한 거래분야에 있어서 현재 또는 장래의 사업자 수를 제한하는 행위, 사업자단체의 구성원인 구성사업자의 사업내용 또는 활동을 부당하게 제한하는 행위 등을 들 수 있다.

제29조는 재판매가격을 지정하는 행위를 금지하고 있다. "재판매가격 유지행위"라 함은 사업자가 상품 또는 용역을 거래함에 있어서 거래상대방인 사업자 또는 그다음 거래단계별 사업자에 대하여 거래가격을 정하여 그 가격대로 판매 또는 제공할 것을 강제하거나 이를 위하여 규약 기타 구속조건을 붙여 거래하는 행위를 말한다.

공정거래위원회는 상술한 여러 가지 법 위반행위를 시정하기 위하여 법 위반 자에 대해 시정을 명하거나, 위반행위에 따라 관련 매출액의 2%에서 10%에 이르는 과징금을 부과하거나 검찰에 고발할 수 있는 권한을 보유하고 있다. 검찰에 고발된 형사 사건에 대해서는 벌금이나 징역형이 부과될 수 있다.

1-3 독점규제제도의 목적

지금까지 세계 최초의 독점규제제도인 미국의 셔먼법의 제정의 연혁, 당시의 시대 상황, 미국 독점규제제도의 내용, 그리고 우리나라 공정거래법의 주요 내용에 대해 살펴보았다. 그리고 다시 독점규제법의 목적이 무엇인가? 라는 질문으로 돌아왔다.

셔먼법 제정의 직접적인 동기는 당시 성행하던 트러스트의 폐해로부터 중소 상공인과 소비자, 농민을 보호하고 경제력집중의 폐해를 시정하려는 것이었다. 대규모 독점기업의 약탈적 행위로부터 중소기업을 보호하고, 소비자의 재산이 독점기업에게 흘러가는 것을 막음으로써 소비자의 재산을 보호하기 위한 것이었다. 크레이톤법의 가격차별 조항을 보다 강화하기 위해 제정된 1936년의 Robinson-Patman법도 결국 가격차별로부터 중소기업을 보호하기 위한 것이고, 기업결합의 규제를 강화하기 위해 제정된 1950년의 Celler-Kefauver개정 법률도 역시 중소기업의 보호가 목적이었다. 독점규제제도를 포함하여 어떤 제도든 그것이 도입되려면 이러한 정치적 요구나 사회적 쟁점들이 선행적으로 대두된다. 셔먼법은 경제학자들이 모여서 '생산을 늘리고 가격을 한계비용과 유사하게 유지시킴으로써 경제적 효율을 달성하기 위해 법을 제정해야 한다'고 주장하여 제정된 법이 아니다. 셔먼법의 제정 과정의 논의를 살펴보면 셔먼법의 목적이 계층 간의 소득분배, 형평성의 유지 등과 같은 사회정책의 목표를 달성하기 위한 것처럼 보인다.

그러나 셔먼법의 실체 조항인 제1조와 제2조의 내용을 보면 어디에도 '누구를 보호'한다거나 '형평'이나 하는 용어들을 찾아볼 수 없다. 셔먼법이 사용하는 용어는 '상거래의 제한(restraint of trade or commerce)'이나 '독점화(monopolize)'와 같이 시장과 관련된 것들이다. 셔먼법 제정 당시에 형성된 대체적인 공감대는 '경쟁이 사회를 더 바람직하게 만든다'는 것이었다.

그러면 법 제정 당시 사회적 논쟁의 대상이었던 중소 상공인과 소비자 보호라는 목적은 법 제정 과정에서 포기한 것인가? 그런 것은 아니다. 카르텔과 트러스트를 금지하고 독점을 규제하여 시장에서 공정한 경쟁이 보장되면 대개의 경우 경제적 약자인 중소기업과 소비자 보호라는 목적이 달성된다. 예컨대 독점사업자의 남용행위를 규제하면 가격이 인하되어 소비자들이 혜택을 입게 된다. 문제는 경쟁의 보호가 때로는 경제적 약자의 보호라는 목적과 상치되는 데 있다.

미국 독점규제법의 광범위한 해석권한을 갖고 법의 집행 방향을 주도했던 경쟁 당국과 법원은 관련법을 새로운 기업의 시장 진입 기회를 넓히고, 경제력 생성과 이로 인한 착취를 경계하는 방향으로 법을 집행하였다. 또한 시장과 산업 부문에서 높은 시장집중은 경쟁을 감소시킨다고 믿고 있었다. 소수의 공급자가 시장을 지배하게 되면 소비자들의 선택의 범위가 좁아지므로 후생이 감소한다고 생각했다.

미시이론과 산업조직론을 전공하는 경제학자들이 독점규제정책의 이슈 분석에 참여하기 시작한 것은 1940년대에 들어서이다. 소위 구조-행동-성과(Structure, Conduct, Performance: SCP) 모형을 제창한 학자들이 그들이다. 이 분석의 틀에 의한 여러 학자의 연구 결과는 시장구조가 기업의 행동을 결정하고 그 행동으로 시장의 성과가 결정된다는 것이다. 여기서 성과는 기업의 이윤을, 가격과 비용간의 마진 등으로 계량화 한다. 구조-행동-성과 모형에 관한 실증연구결과는 시장구조가 경쟁적일수록 가격과 비용간 마진이 작아져서 소비자의 후생이 증가하는 것으로 나타나고 있다. 따라서 강한 독점규제법의 집행이 더욱 시장을 경쟁적으로 만들고 더욱 소비자 후생을 증가시킨다고 주장한다.

독점규제법의 집행에 경제학이 도입되었다는 것은 두 가지의 큰 의미가 있다. 첫째는 시장의 집중이 심화되면 소비자의 선택권이 줄어서 소비자 후생이 감소한다는 명제를 과학적 방법으로 증명했다는 것이다. 둘째는 독점규제법은 경제적 효율 증대라는 유일한 목적만을 가져야 한다는 주장이 등장하게 되었다는 것이다.

왜 이러한 주장이 제기되었는가? 사실 경제학은 20세기 초반에 많은 이론적 성과를 거두었고, 대공황을 거치면서 현실 경제의 해결 수단으로 적지 않게 기여함으로써 그간에 몰랐던 경제 현상에 대해 많은 지식과 경험, 정보를 갖게 되었다. 경제학자들이 독점규제법의 집행에 관심을 갖게 되면서 그간에 쌓인 지적인 재산을 바탕으로 독점규제법의 초기 단계의 법 집행에 대해 많은 경제분석을 사후에 실시하는 시도를 하게 되었다. 그 결과 독점규제법 집행의 상당 부분이 법 집행의 결과 오히려 시장의 원활한 작동을 저해하게 되었다는 사실을 알게 되었다. 관련법의 잘못된 집행으로 경제적 효율이 오히려 떨어지고 소비자의 복리도 더 후퇴되었다는 것을 알게 된 것이다. 경제학자들은 그 이유가 관련법이 추구하려는 너무나도 다양한 정치적인 목적 때문이라고 생각하고, 독점규제의 유일한 목적은 경제적 효율 증진이어야 한다고 주장하게 되었다.

구조-행동-성과 분석을 하는 경제학자들도 시장에서 경쟁자의 수가 줄어들면 가격이 한계비용보다 훨씬 높아지고 소비자 후생이 감소한다는 생각을 갖고 있다는 점에서 독점규제법의 목적은 경제적 효율증대여야 한다고 믿고 있다. 그러나 경제적 효율증대를 어떻게 실현해야 하느냐? 하는 문제를 두고 시카고학파의 경제학자는 의견을 달리한다. 시카고학파는 시장구조가 성과를 결정하는 것이 아니라 경영을 잘하는 효율적인 기업에 의해 기술이 개발되고 질 좋은 제품을 소비자에게 제공하게 되며 그 결과 그 기업의 시장점유율이 높아지고 시장의 집중력이 증가한다는 주장이다. 따라서 기업의 이익의 규모나 시장점유율로 측정된 성공한 기업은 소비자를 만족시키고 있다고 말할 수는 있으나 시장의 성과가 시장구조 때문에 나쁘다고 말할 수는 없다는 것이다. 시장의 진입·퇴출이 자유롭다면 성공한 기업이라도 지속적인 비용감소와 효율성을 증진하지 않으면 독점력을 유지할 수 없다는 것이다. 결국, 시장의 집중도가 높으므로 높은 이익률을 보장하는 것이 아니라, 장기적인 진입장벽이 높은 이익률을 보장하고 이러한 진입장벽이 결국 높은 이익과 높은 시장집중률을 만드는 원인이 된다는 것이라고 주장한다.

구조-행동-성과론 자들과 시카고학파 사이의 논쟁은 어떻게 경쟁을 촉진하고 경제적 효율을 높이는 방향으로 독점규제법이 집행되어야 하느냐 하는 논쟁이라면, 독점규제법의 목적이 경제적 약자의 보호를 위해야 되느냐 경제적 효율증대만이 유일한 목적이어야 하느냐 하는 논쟁은 보다 더 근본적인 내용이다. 모든 제도는 각국이 처한 정치·사회적 여건, 정부의 기능에 대한 국민들의 생각, 이념, 사회적 가치판단 등에 의해 영향을 받는다. 전술한 미국과 우리나라의 독점규제법은 그 내용이 매우 상이하다는 것을 주의 깊은 독자는 느꼈을 것이다. 미국에 비해 우리나라 공정거래법이 추구하는 목적은 훨씬 더 넓고 광범위하다. 그것은 우리가 직면한 사회의 다양한 쟁점과 가치가 미국의 그것과는 다르기 때문이라고 이해하면 될 것이다.

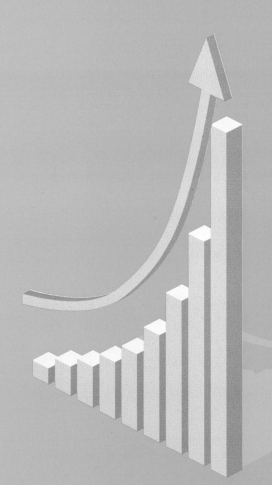

독점력

2-1 정의 및 측정 기준

독점규제법 사건의 분석을 위해 제일 첫 단계로 실시하는 것이 기업이 독점력이 있는지 여부를 측정하는 것이다. 왜냐하면 많은 위반 사례에서 피고 기업이 독점력이 있는지가 위법성 판단의 중요한 요소가 되기 때문이다. 미국의 경우 그간 축적된 사례법에 의하면 셔먼법 제2조의 독점행위 및 독점시도행위, 크레이톤법 제3조의 끼워팔기 사건 등에서 위법성을 구성하기 위해서는 피고 기업이 독점력[1]이 있다는 사실이 입증되어야 한다. 과거에는 수직제한의 경우도 법 위반 사업자의 독점력이 법 위반 여부의 중요한 변수로 인식되었다. 또한 크레이톤법 제7조 기업결합의 경우도 기업결합 후에 관련 기업의 독점력이 생성되는지 여부가 중요한 요소가 된다.

우리나라의 경우도 공정거래법 제3조의2(시장지배적 지위 남용금지)에 규정된 각 행위가 법 위반이 되기 위해서는 해당 기업이 독점력이 있다는 것을 경쟁 당국이 입증해야 한다.

이와 같이 법 위반 사업자의 독점력이 독점규제법 사건에서 중요하게 된 이유는 독점력 없이는 법에서 금지한 위법행위를 하는 것이 어렵다는 것을 그간의 경험에 의해 알게 되었기 때문이다.

독점력에 대해 법원[2]은 Du Pont case에서 "가격을 조정하거나 경쟁을 배제할 수 있는 능력"이라고 정의하였다. 시장지배적 지위 남용행위는 착취적 남용과 배제적 남용으로 나눌 수 있다는 점에서, 이 정의는 시장지배적 지위 남용 행위를 가능하게 하는 독점력이 무엇인지를 포괄적으로 정의하고 있다고 보인다.

우리나라 공정거래법은 제2조 제7호에 '시장지배적 사업자'를 다음과 같이 정의하고 있다.

"시장지배적 사업자"라 함은 일정한 거래 분야의 공급자나 수요자로서 단독으로 또는 다른 사업자와 함께 상품이나 용역의 가격·수량·품질 기타의 거래조건을 결정·유지 또는 변경할 수 있는 시장 지위를 가진 사업자를 말한다.

그리고 법 제4조에 시장점유율이 1사 50% 이상인 경우, 상위 3사 합계가 75% 이상인 경

---

[1] 시장지배력과 같은 의미로 쓰인다.
[2] 별도의 표시가 없는 경우 '법원'이란 미국 연방 대법원을 의미한다.

우를 시장지배적 사업자로 추정하고 있다. 아울러 '시장지배적 지위 남용행위 심사기준'에서 시장지배적 사업자 여부 판단 기준에 시장점유율 이외에 '진입장벽의 존재 및 정도', '경쟁사업자의 상대적 규모', '유사품 및 인접 시장의 존재', '시장 봉쇄력' 등을 종합적으로 고려하여 판단하도록 규정하고 있다.

여기서 우리는 Du Pont case에서 정의한 관념적인 독점력의 정의를 보다 계량화하고자 한다. 그리고 우리나라 공정거래법에서 제시하는 시장점유율이 왜 독점력 판단의 중요한 요소가 되어 있고, 진입장벽의 존재 여부 등 다른 요소들도 고려해야 하는지 등에 대해 그 이론적 근거를 살펴보기로 한다.

경제학에서 정의한 Lerner Index[3]는 기업의 독점력을 계량적으로 측정할 수 있는 이론적 근거를 제시하고 있다. Lerner Index는 독점기업이 가격을 한계비용보다 얼마만큼 더 높이 부과할 수 있는가를 기준으로 삼고 있다. 경쟁기업과 독점력을 가진 기업 간의 중요한 차이점은 경쟁기업의 경우에는 가격이 한계비용과 동일하지만, 독점력을 갖는 기업의 경우에는 가격이 한계비용보다 높다는 것이다. 따라서 독점력을 측정하는 자연스러운 방법은 가격이 한계비용보다 얼마나 높은가를 살펴보는 것이다. Lerner Index는 가격과 한계비용의 차이를 가격으로 나눈 값이다. 그런데 독점시장에서 기업이 이윤 극대화를 위해 한계비용과 한계수입을 동일하게 유지하면 Lerner Index는 다음과 같이 표시할 수 있다.

$$\frac{P - MC}{P} = -\frac{1}{\varepsilon} \tag{2-1}$$

여기서 P는 가격, MC는 한계비용, ε은 수요의 가격탄력성을 의미한다. 가격과 비용 간의 절대액 차이로 정의할 경우 상품 간에 가격이 다르므로 독점력의 측정치가 상품의 가격에 따라 다르게 나타나게 된다. 즉 가격이 비싼 제품의 가격·비용 간의 차이는 가격이 싼 제품에 비하여 더 크게 되어 독점력의 비교에 문제가 되므로 상대적 백분율로 표시하게 된 것이다. 그런데 독점시장에서 기업이 이윤 극대화를 추구하여 한계비용이 한계수입과 동일하게 된다는 조건을 충족하게 되면 Lerner Index는 식의 오른쪽에 표시된 수요의 가격탄력성의 역수와 같다는 것을 유도할 수 있다. 가격탄력성은 음수이므로 앞에 음수 부호가 붙은 것이다. 독점력이 가격탄력성의 역수라는 것은 상식적으로도 알 수 있다. 가격탄력성이란 가격이 1% 상승할 때

---

3   Lerner, Abba P. 1934. "The Concept of Monopoly and the Measurement of Monopoly Power." *Review of Economic Studies* 1:157-75.

수요량이 얼마나 변하는지를 나타내는 지수이다. 다시 말해서 수요가 가격변동에 얼마나 민감하게 변하는지를 측정하는 지수이다. 독점사업자가 가격을 올렸을 때 가격탄력성이 높다면, 많은 수요가 대체재로 옮아갈 것이다. 즉, 독점력을 행사할 여지가 줄어들어 독점력이 낮을 수밖에 없다. 완전경쟁시장에서는 수많은 공급자가 있으므로 임의의 개인 사업자가 가격을 올리면 모든 수요자가 다른 제품을 구매하게 되어 그 제품은 한 개도 팔 수 없게 된다. 즉, 가격탄력성이 무한대이다. Lerner Index는 제로가 되는 것이다. Lerner Index의 왼쪽 항목도 역시 제로가 되어 가격과 한계비용이 동일하게 된다.

상기 식에 나와 있는 변수들, 예컨대 왼쪽 항의 가격과 한계비용 관련 자료나 오른쪽 항의 수요탄력성을 알고 있으면 독점력을 구할 수 있다. 산업의 수요탄력성을 알 수 있다면 그것을 단순히 역수를 취하는 것만으로도 Lerner Index로 표시한 독점력을 구할 수 있다는 의미이다. Telser가 추정한 (Telser 1972) 미국의 산업별 수요탄력성은 대체로 −5에서 −10 사이인 것으로 나타나고 있다. 상기 산식에 의하면 수요탄력성이 −5인 경우 한계비용이 가격보다 20%가 더 낮게 된다.

그러나 대개 관련 자료의 수집이나 측정이 어려운 것이 현실이다. 가격 자료는 쉽게 구할 수 있으나 기업의 한계비용을 측정한다는 것은 매우 어려운 일이다. 수요의 가격탄력성 추정도 엄밀하고 기술적인 계량 경제학적 추정 방법이 필요하므로 사건을 다루는 경쟁 당국의 일상 업무로서 수행하기는 어려운 측면이 있다. 따라서 법원은 물론이고 행정부의 경쟁 당국도 Lerner Index대신 시장점유율을 독점력 추정을 위한 대용물로 사용하고 있다.

시장점유율을 독점력을 측정하는 대용물로 삼는 이유나 근거는 무엇인가? 시장점유율이 80%인 기업은 10%인 기업에 비해 훨씬 더 가격 인상을 자유롭게 선도할 수 있다. 왜냐하면 가격 인상으로 인한 판매의 잠식 속도가 시장점유율이 10%인 기업보다 훨씬 더딜 것이기 때문이다. 독점력이란 이렇게 가격을 선도할 수 있는 능력이므로 시장점유율이 높다는 것은 독점력이 높다는 것으로 해석할 수 있다는 것이다. 그러나 시장점유율을 독점력 측정의 대용물로 사용한다는 것은 그것보다는 훨씬 더 이론적인 근거를 가지고 있다.

먼저 지배기업 모형을 설명하고자 한다. 지배기업 모형(Dominant Firm Model)에는 한 개의 지배기업과 가격 순응자(price taker)인 주변의 중소기업으로 시장이 구성되어 있다. 왜 한 개의 기업이 시장을 지배할 정도로 높은 시장점유율을 갖게 되었는지에 대해서는 여러 가지 원인을 생각할 수 있다. 더 효율적인 사업 운영으로 다른 기업에 비하여 더 값싼 제품을 생

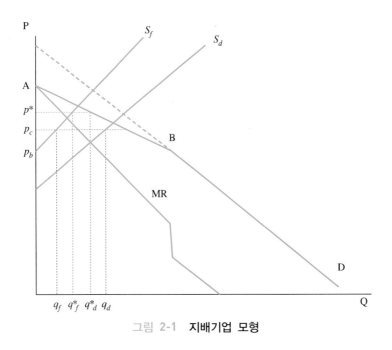

그림 2-1 지배기업 모형

산할 수 있다던가, 다른 기업과 제품을 차별화 하여 소비자들이 더 선호하게 되었다던가 하는
것들이다. 따라서 지배기업 모형은 우선, 지배기업과 주변의 중소기업 간의 비용 함수가 다르
다는 것을 가정한다. 또한 지배기업은 시장의 수요곡선은 물론 주변 중소기업의 공급곡선, 즉
다른 기업의 비용 함수도 알고 있다고 가정하고 있다.

지배기업은 시장에 자기만이 존재하지 않고 주변의 중소기업과 공존하고 있으므로 독점기
업보다는 훨씬 더 복잡한 사고와 행동을 따르고 있다. 예를 들어 지배기업이 시장 가격을 인상
하려고 하는 경우 공급 물량을 줄여야 할 것이나 가격이 인상됨에 따라 주변기업의 공급이 늘
어날 것이므로 지배기업이 예측했던 것보다는 가격이 훨씬 적게 오를 것이다. 따라서 독점기
업의 경우와는 달리 지배기업이 가격을 일정 목표치까지 인상시키려면 주변기업의 공급이 어
느 정도 증가할 것인지를 고려해야 할 것이다. 이와 같이 지배기업은 주변기업의 공급함수를
염두에 두고 의사결정을 하게 된다. 따라서 지배기업이 직면하는 수요곡선은 시장의 수요곡선
에서 주변기업의 공급량을 제외한 부문이 될 것이다.

그림 2-1에서 D는 시장의 수요곡선, ABD로 연결되는 굴절된 직선이 지배기업의 입장에
서 본 수요곡선이 된다. 시장수요곡선의 연장선은 점선으로 표시되어 있다. S_f는 주변 기업들
의 공급곡선으로서 개별 주변기업의 한계비용곡선을 가로 방향으로 합한 것이고 S_d는 지배기

업의 공급곡선으로서 지배기업의 한계비용 곡선과 동일하다. S_f가 S_d보다 위에 위치한 것은 주변기업의 생산비가 지배기업보다 더 높다는 것을 보여주고 있다. 지배기업이 직면하는 수요 곡선은 시장수요곡선에서 주변기업의 공급곡선인 S_f를 가로 방향으로 뺀 나머지를 나타낸다. 예컨대 가격 p_c에서 주변기업의 공급량은 q_f 이므로 지배기업이 직면하는 수요량은 시장수요 곡선 D에서 q_f만큼을 뺀 부문이 된다. 가격이 p_b 이하인 경우는 주변기업의 공급이 없으므로 시장의 수요곡선과 지배기업이 직면하는 수요곡선이 같게 된다. 지배기업의 한계수입곡선은 수요곡선이 굴절되어 있으므로 수요곡선의 AB부문과 나머지 부문으로 나뉘어 있다. 지배기업은 이윤 극대화를 위해 생산량을 한계비용과 한계수입이 만나는 q_d^*로, 가격은 p^*로 결정할 것이다. 가격의 순응자(price taker)인 주변 기업은 지배기업이 결정한 가격인 p^*에 맞춰 q_f^*만 큼을 공급하게 될 것이다. 지배기업이 직면한 수요곡선이 도출된 방식 때문에 지배기업의 공급 q_d^*와 주변기업의 공급 q_f^*의 합은 전체 시장수요와 같게 될 것이다.

지배기업 모형(dominant firm model)에서 지배기업의 입장에서 본 수요의 가격탄력성을 다음과 같이 표시할 수 있다.

$$-\frac{1}{\varepsilon_d} = \frac{s_d}{-\varepsilon + \eta_f(1-s_d)} \qquad (2\text{-}2)$$

여기서 ε_d는 지배기업의 입장에서 본 수요의 가격탄력성이고 s_d는 그 기업의 시장점유율을, 그리고 ε은 시장 전체의 수요의 가격탄력성, η_f는 주변기업의 공급탄력성을 각각 나타낸다. 왼쪽 항, 즉 수요의 가격탄력성의 역수는 식 (2.1)에서 본 바와 같이 독점력을 측정하는 Lerner Index와 같다. 그러므로 상기 식 (2.2)에 의하면 기업의 독점력은 그 기업의 시장점유율(s_d), 시장수요의 가격탄력성(ε), 주변기업의 공급탄력성(η_f) 등으로 표시되고 있는 식의 오른쪽 항과 같게 된다. 왼쪽 항, 즉 Lerner Index로 본 지배기업의 독점력은 그 기업의 시장점유율인 s_d가 높을수록 더 커진다. 여기에 시장점유율을 독점력 측정을 위한 대용물로 사용할 수 있는 근거가 있다. 그러나 주의할 점은 시장점유율이 독점력을 결정하는 유일한 변수가 아니라는 사실이다. 오른쪽 항에서 시장점유율 이외의 변수인 시장수요의 가격탄력성(ε)이나 다른 기업의 공급탄력성(η_f)도 고려를 해야 한다. 시장수요의 가격탄력성은 그 시장의 수요함수에 의해서 도출된 시장 전체의 가격탄력성을 말하는 것이고 ε_d는 특정 기업, 즉 지배기업이 직면 하는 수요의 가격탄력성을 말하는 것이다. 다른 기업의 공급탄력성(η_f)이란 지배기업이 가격을 인상하였을 경우 다른 기업이 얼마나 용이하고 신속하게 공급을 늘릴 수 있는가를 측정하는 지수이다. 만약에 시장수요의 가격탄력성(ε)이나 다른 기업의 공급탄력성(η_f)이 일정하다면 지배기업의 독점력은 순전히 그 기업의 시장점유율에 의해 결정된다. 사실 상기 3가지의 변수 중에서 가장 중요한 변수가 시장점유율이다. 그래서 실제로 독점력 측정을 할 때는 시장점유율을 우선 고려하고 나머지 변수, 즉 시장수요의 가격탄력성(ε)이나 다른 기업의 공급탄력성(η_f)을 보조적으로 고려하여 종합적으로 독점력을 측정한다. 공정거래법에서 시장점유율이 1사 50% 이상인 경우, 상위 3사 합계가 75% 이상인 경우를 시장지배적 사업자로 추정한 이유도 바로 시장점유율을 독점력 측정에서 가장 중요한 요소로 고려하고 있음을 알 수 있다. "추정"한다는 의미는 시장점유율 이외에 다른 변수를 고려하겠다는 의미로 해석할 수 있다. 아울러 '시장지배적 지위 남용행위 심사기준'에서 시장지배적 사업자 여부 판단 기준에 시장점유율 이외에 '진입장벽의 존재 및 정도', '경쟁사업자의 상대적 규모', '유사품 및 인접 시장의 존재', '시장 봉쇄력' 등을 종합적으로 고려하는 것은 상기 Lerner Index산식에서 나머지 요소들, 즉 시장수요의 가격탄력성(ε)이나 다른 기업의 공급탄력성(η_f) 등을 고려하는 과정이라고 생각하면 되겠다.

　무엇이 공급탄력성을 결정하는 요인인가? 먼저 생각할 수 있는 것은 해당 산업의 기술적 특성이다. 책상을 만드는 목수는 아무런 전환 비용이 없이 바로 식탁을 만들 수가 있다. 그러나 대규모 석유화학 산업에서 생산 제품을 다른 제품으로 전환하기 위해서는 설비 전환을 위한 많은 투자비용이 소요될 것이다. 신규 진입의 난이도도 그 산업의 공급탄력성을 결정하는 중요한 변수이다. 초기에 많은 투자비가 들어가는 산업은 그렇지 않은 산업에 비해 신규 진입이 더 어려운 것이 사실이다. 기존 기업이 유통망을 모두 장악한 산업에서는 신규 진입자가 유통망까지도 겸비해야 하므로 진입 비용이 훨씬 많이 소요될 것이다. 또한 통신, 금융업과 같이 정부가 허가제를 운영하는 경우에도 진입이 용이하지 않을 것이다. 독점력을 판단할 때 시장점유율 이외에 이와 같은 여러 가지 요소를 고려해야 함은 위에서 설명한 바와 같다.

　다음은 독점력 측정에서 가장 중요한 요소인 시장점유율을 계산하는 방법을 설명하고자 한다.

2-2 시장획정

시장점유율을 측정함에 있어 가장 중요한 요소는 관련 시장의 범위를 정하는 문제이다. 왜냐하면 시장점유율이란 전체 시장의 매출액 중에서 관련 기업이 차지하는 비율을 말하는데, 분모로 사용해야 하는 전체 시장의 매출액의 총액을 알기 위하여 어디까지를 관련 시장의 범위에 포함시켜야 하는지가 먼저 정해져야 하기 때문이다. 예를 들어 코카콜라의 시장점유율을 측정하기 위해서 관련 시장을 콜라시장 만으로 할 것인지 청량음료 전체를 포함해야 할 것인지를 정해야 하는 것과 같다.[4] 이와 같이 점유율 계산을 위해 시장의 범위를 정하는 것을 시장획정이라 한다.

시장획정을 정확하게 해야 한다는 것은 식 (2-2)에 의해 자명해진다. 시장획정이란 Lerner Index로 표시되는 독점력을 추정하기 위해 시장점유율 계산을 위한 첫 작업이다. 만약, 시장획정의 결과 그 시장이 잘못 정의되었다면 어떤 일이 벌어지겠는가? 식 (2-2)에 의하면 다른 변수가 일정하다면 시장점유율이 높을수록 독점력은 높아지게 된다. 그런데 만약 시장획정이 잘못되어 너무 좁게 획정되었다고 가정하자. 이렇게 획정된 시장에서 계산된 시장점유율은 해당 사업자의 독점력을 정확하게 측정하지 못하게 된다. 직접적이고 자명한 원인으로는 잘못 좁게 획정된 시장에서는 틀린 점유율이 계산되기 때문이다. 또 하나의 중요한 이유는 식의 분모에 있는 ε, 즉 시장 전체 수요의 가격탄력성이 잘못 계산되기 때문이다. 일반적으로 특정 기업이 직면하는 수요의 가격탄력성은 시장 전체의 가격탄력성보다도 더 높다. 왜냐하면 개별 기업이 가격을 인상할 경우 시장 내에서 경쟁한 기업의 제품 간에 소비를 전환할 수 있는 반면, 시장 전체로 봤을 때 소비자는 다른 대체품이 없기 때문이다. 따라서 개별 기업의 입장에서 본 수요의 가격탄력성은 시장전체의 그것보다 더 크게 된다. 만약 시장획정이 잘못 좁게 획정되었다면, 식 (2-2)의 분모의 ε는 시장의 가격탄력성이 아니라 개별기업이 직면하는 수요의 가격탄력성이 되어 훨씬 커지게 된다. 그 결과 계산된 시장점유율이 높다 하더라도 독점력이 높다고 단정 지을 수 없다. 왜냐하면 분모의 ε가 틀린 값으로서 너무 높으므로 Lerner Index 역시 틀린 값으로 너무 낮아지게 되기 때문이다.

---

4   점유율을 계산할 때 반드시 매출액만으로 해야 하는 것은 아니다. 생산량, 시설용량, 가입자 수 등 다양한 변수를 사용할 수 있다.

시장은 상품시장뿐만 아니라 지역시장도 그 범위를 정해야 한다. 지역시장은 대부분의 제조업 제품과는 달리 동네의 노래방, 이발소, 슈퍼마켓 등은 전국시장이라기보다는 지역에 국한되는 경우가 많고, 조선업, 반도체와 같이 우리나라를 뛰어넘어 세계시장으로 범위를 정해야 하는 경우도 있다.

시장획정의 기본 원리는 가까운 대체재[5]를 찾아 같은 시장의 범위에 포함 시키는 작업이다. 왜 대체재를 모두 시장의 범위에 포함시켜야 하는가? 만약 시장점유율 계산을 위해 시장획정을 하였는데 가까운 대체재를 실수로 제외하였다고 하자. 그렇게 해서 계산된 시장점유율은 독점력을 정확하게 측정하지 못하게 된다. 그 이유는 상기 식 (2.2)에서 시장점유율 이외에 수요의 가격탄력성(ε)이 매우 커지므로 시장점유율이 높게 계산된다 하더라도 Lerner Index, 즉 독점력은 낮게 계산될 가능성이 있기 때문이다.

그렇다면 어느 정도 가까운 대체재까지를 같은 시장에 포함해야 할 것인가? 대체재란 임의 제품 가격이 올랐을 때 인상품목을 대체하여 대신 구매하는 제품이다. 예컨대, 코카콜라와 펩시콜라는 아주 가까운 대체재로 분류할 수 있다. 그러나 콜라와 오렌지 주스는 대체재인가? 언뜻 판단할 수 없을 것 같다. 승용차 중 같은 소형차끼리는 대체성이 있을 것이나, 소형 승용차와 대형 승용차는 대체성이 있을 것인가? 이 점도 분명치 않다. 소형 TV와 대형 TV는 얼마나 대체성이 있는가? TV와 PC는? 휴대폰과 PC? 모두 우리의 직관력으로 판단하기 어려운 사안이다. 뿐만 아니라 대체재는 유사한 효용을 제공하고, 유사한 가격대인 제품이다. 이 모든 요건을 충족하는 대체재를 우리의 직관만으로 정하는 것은 불가능하다.

얼마나 밀접한 관계의 대체재인가를 보다 면밀하게 결정하기 위해서는 수요의 교차탄력성을 추정할 수 있다. 수요의 교차탄력성이란 a제품의 가격이 1% 올랐을 때 b 제품의 수요가 얼마나 변하는가를 계량적으로 계산한 지수로서 $\frac{\Delta q_b}{q_b} / \frac{\Delta p_a}{p_a}$ 로 표시할 수 있다. 여기서 q_b는 b제품의 수요량, p_a는 a제품의 가격을 말한다. 시장획정을 위해서 가까운 대체재를 시장의 범위에 포함시키기 위해서 우리는 수요의 교차탄력성을 일일이 계산해야 하는가? 사실 교차탄력성의 추정은 어려운 일이다. 그래서 실제 시장획정에서 교차탄력성을 추정하여 사용한 사례는 없다.

실제 경쟁 당국은 가까운 대체재를 찾아가는 방법으로 SSNIP test(Small but Significant and Non-transitory Increase in Price test)를 사용하고 있다. 이 방법은 여러 단계의 시행착오

---

5 대체재란 소비의 용도나 효용 면에서 유사한 기능을 하는 제품군으로서 어떤 재화의 가격이 올랐을 때 소비자들이 대신 구매하려고 하는 제품군을 의미하며, 면밀하게는 수요의 교차탄력성에 의해 측정된다.

를 거쳐 대체재를 단계적으로 찾아서 시장획정을 하는 방법이다. 여기서는 우리나라 공정거래위원회를 포함한 미국 등 대부분의 경쟁 당국이 사용한 시장획정의 원리를 소개하고자 한다.

2-2-1 SSNIP Test

SSNIP Test는 임의의 시장을 상정해 놓고 그 시장에서 이윤 극대화를 추구하는 가상의 독점기업이 작지만(small) 의미(significant)가 있고 일시적(non-transitory)이 아닌 가격 인상을 했을 때 만약 수요가 인접 시장으로 많이 전환할 경우, 이 시장은 좁게 획정된 것으로 판단한다.[6] 다음 단계로 이러한 가격 인상으로 구매자가 제품 구매를 전환하는 그 제품시장까지로 넓혀서 다시 상기와 동일한 실험을 한다. 이렇게 단계적으로 시장을 넓히는 방법으로, 즉 시행착오적이고 단계적으로 적절한 시장의 범위를 찾아 나가는 방법을 말한다.

이 방법은 미국 법무부의 독점규제국과 연방거래위원회가 제정한 기업결합지침에 규정되어 있고, 지금은 세계 대부분의 경쟁 당국이 활용하고 있다. 기업결합지침에 그것을 규정한 이유는 기업결합 심사를 위하여 시장의 집중률[7]을 계산해야 하는데 그러기 위해서는 적정한 시장의 범위가 먼저 정해져야 하기 때문이다.

기업결합지침은 법무부에 의해 1968년 처음 제정되었고 1982년과 1984년 두 차례에 걸쳐 개정되었다. 1992년에는 연방거래위원회와 공동으로 수평결합지침을 제정하였고 2010년에 대폭 개정하였다. 따라서 수평결합 이외의 기업결합은 모두 1984년의 지침에 의하여 운영되고 있다.

시장 범위의 정의를 위한 기준은 1992년에 제정된 수평결합지침(Horizontal Merger Guideline)에 나와 있다. 동 지침 1.11항에 상품시장의 정의에 대한 일반 기준을 다음과 같이 기술하고 있다.

> ......a product or group of products such that a hypothetical profit-maximizing firm that was the only present and future seller of those products("monopolist")likely would impose at

---

6 구체적인 설명은 후술할 것이다.

7 시장의 집중률이란 산업구조를 측정하는 하나의 기준으로서 전통적으로 상기 4개 기업 시장점유율의 합계로 표시한다(four firm concentration ratios 의 약자로 CR_4로 불린다). 다른 방법으로는 기업의 시장점유율의 제곱을 합계한 Herfindahl-Hirschman Index가 있다. 이에 대한 구체적인 설명은 제4장 '기업결합'을 참고 바란다. 우리나라의 "기업결합 심사기준"에서는 "시장집중도"라고 표현하고 있다.

least a "small but significant and non-transitory" increase in price. That is, assuming that buyers likely would respond to......by shifting to other products,........., an attempt to raise prices would result in a reduction of sales large enough that the price increase would not prove profitable,....product group would prove to be too narrow.

먼저 시장의 범위에 포함시킬 잠정적 상품이나 상품집합을 상정한다. 그 상품집합으로 구성된 시장에 이윤 극대화를 추구하는 가상의 독점기업이 '작지만 의미가 있고 일시적이 아닌 가격 인상(small but significant and non-transitory increase in price)'을 단행하였다고 가정해 본다.[8] 경쟁 당국은 '작지만 의미 있는' 정도의 가격 인상을 대체로 5-10% 수준으로, '일시적이 아닌' 정도의 기간을 1년 이상으로 잡고 있다. 만약 소비자가 이 같은 가격 인상에 대응하여 상품집합에 속하지 않은 다른 제품으로 소비를 전환한다면 인상된 가격은 이윤 극대화를 보장해 주는 수준이 아니고 이 상품집합으로 구성된 시장은 너무 좁게 정의된 결과가 된다. 왜 그런가?

이해를 돕기 위해 기업의 생산비가 제로이거나 고정비만 있다고 가정한다. 그러면 기업이윤은 매출액과 같다. 여기서 $p \cdot q$를 매출액이라고 한다면 이 매출액은 p가 상승할 때 증가할 수도 있고 감소할 수도 있다. 만약 가격탄력성이 1보다 크다면 p가 상승하는 증가율보다 q의 감소율이 더 크므로 매출액(이윤)은 더 적어진다. 즉 전체 매출액 변화는 수학적으로 Δpq인데 이것은 다시 $\Delta p \cdot q + p \cdot \Delta q$로 세분할 수 있다. 이 식을 $p \cdot q$로 나누면 다음과 같은 결과를 얻을 수 있다.

$$\frac{\Delta p \cdot q}{p \cdot q} + \frac{p \Delta q}{p \cdot q} = \frac{\Delta p}{p} + \frac{\Delta q}{q} = 1 + \frac{\Delta q}{q} / \frac{\Delta p}{p} = 1 + \varepsilon \qquad (2\text{-}3)$$

즉, 매출액의 변화는 수요의 가격탄력성이 1보다 크면 줄고[9], 그 반대면 증가하게 되는 것이다. 만약에 처음 상정한 상품집합에 가상의 독점기업이 가격 인상을 했는데, 다른 제품으로 소비를 전환하여 인상된 가격이 이윤 극대화를 보장해 주지 않았다면 가격탄력성이 매우 높다는 의미가 된다. 가격탄력성이 매우 높으면 많은 대체재가 그 상품집합에 포함되지 않았다는 증거이다. 그러므로 그 상품집합은 시장을 너무 좁게 획정한 것이다. 그렇다면 상품집합을 더

---

8 이 방법을 SSNIP test라고 칭하는 이유이다.
9 수요의 가격탄력성은 음수이다.

넓혀야 함은 자명하다.

처음 상정한 상품집합에서 위와 같은 결과가 나왔다면, 다음 단계로 소비가 전환된 그 다른 제품까지 포함된 넓혀진 상품군에 가상의 독점기업이 '작지만 의미 있고 일시적이 아닌 가격 인상'을 했다고 가정한다. 이 같은 가격 인상에 대응하여 소비자가 또 다른 상품으로 소비를 전환한다면 이 상품군으로 구성된 시장 역시 너무 좁게 정의된 결과가 된다. 그렇다면 또다시 시장을 넓혀서 같은 실험을 한다. 이 같은 과정을 되풀이하여 최종적으로 시장의 범위를 정의하게 된다.

이 기준에 의해 시장의 범위를 정하는 방법은 가장 작은 범위의 상품으로부터 출발하여 그 범위를 점차 넓혀 가는 단계를 밟고 있다. 예컨대, 코카콜라의 시장점유율을 계산하기 위해 시장을 정의하는 경우, 먼저 코카콜라만으로 구성된 시장을 상정하고 여기에 가상의 독점기업이 5~10%의 가격 인상을 했다고 가정한다. 실제로 코카콜라는 완전 대체재인 펩시콜라가 있으므로 그만한 수준의 가격 인상이 이루어진다면 소비는 펩시콜라로 전환될 것이다. 따라서 인상된 가격은 가상의 독점기업의 이윤 극대화를 보장해 주는 가격 수준이 아니고 코카콜라만으로 정의된 시장은 그 범위가 너무 좁다는 것이 판명된 것이다. 다음 단계는 펩시콜라까지를 포함한 전체 콜라 시장을 상정하고 이 시장에 하나뿐인 가상의 독점기업이 있다고 가정한다. 이 독점기업의 가격 인상에 대응하여 소비자가 다른 대체재, 예컨대 사이다로 소비를 전환한다면, 같은 이유로 시장은 너무 좁게 정의된 것이다. 따라서 다음 단계는 사이다까지를 포함한 상품 집합을 상정하는 것이다. 이 과정을 지속하여 가격 인상에도 불구하고 소비 전환이 없는 단계에 이르러 그때의 상품 집합을 적정한 시장으로 정의하는 하는 것이다. 말하자면 SSNIP test는 시행착오적인 방법을 이용하여 대체성이 높은 상품을 모두 동일 시장에 포함시키는 방법을 채택하고 있다.

그러면 이러한 상품의 대체성, 다시 말해서 수요 전환의 민감성은 어떠한 기준에 의해서 판단하는가? 지침은 크게 다음 4가지 요소를 고려하고 있다. ① 가상의 독점기업이 가격 인상을 하였을 경우 구매자가 다른 대체재로 전환하였거나 혹은 전환할 것을 고려하는지 여부, ② 가격 인상에 따른 이러한 구매자의 수요 전환 가능성을 고려하여 공급자의 의사결정이 내려지고 있는지 여부, ③ 구매자가 속해 있는 유통단계의 하위 시장의 경쟁에 미치는 영향이 심대한지 여부, ④ 수요의 전환에 소요되는 시간과 비용 등이다.

첫째 기준은 비교적 쉽게 이해할 수 있는 명백한 것이라 할 수 있다. 구매자가 다른 대체재로 전환할 가능성이 크다는 것은 시장이 너무 좁게 정의된 것이다. 둘째 기준은 공급자가 가격 인상의 결정을 내리면서 구매자의 수요 전환 가능성을 고려하고 있다면 이 시장은 너무 좁게 정의되어 있다는 의미이다. 공급자의 입장에서 '구매자가 어떤 제품으로 수요를 전환시킬 것인가?'를 고려하면서 가격 인상 결정을 하였다면 수요 전환을 할 그 제품까지를 모두 포함해야 한다. 셋째 기준에서는 하위의 시장에서 경쟁에 미치는 영향이 클수록 이 시장은 좁게 정의되어 있을 가능성이 큰 것이다. 왜냐하면 해당 시장의 제품은 하위 단계 시장의 생산을 위한 투입물로 사용되는데, 만약 그 제품에 대한 가까운 대체재가 존재할 경우, 가격 인상은 이 제품을 사용하는 기업과 대체재를 사용하는 기업 간에 경쟁에 심대한 영향을 미치기 때문이다. 그 대체재까지를 시장의 범위에 포함시켜야 함은 물론이다. 넷째 기준에서는 수요의 전환에 필요한 시간과 비용이 적게 소요될수록 시장은 너무 좁게 정의될 가능성이 크다.

지역시장의 정의는 지금까지 설명한 상품시장의 정의와 똑같은 논리와 방법으로 이루어진다(지침 1.21항에서 규정하고 있다). 지역시장의 잠정적인 범위를 설정하고 이 지역에서 가상의 독점기업이 가격 인상을 하였을 경우 수요가 다른 지역으로 전환되면 이 잠정적인 지역시장의 범위는 너무 좁게 정의된 것으로 간주된다. 다음 단계로 지역의 범위를 조금씩 넓혀 같은 질문을 되풀이해보고 최종적으로 수요의 전환이 없을 만큼 넓은 지역이 포함된 개념을 적정한 지역시장의 범위로 정의하는 것이다.

2-2-2 임계매출분석

수평결합지침(Horizontal Merger Guideline)에 규정된 SSNIP test는 시장획정을 관념적으로 설명하고 있다. 임계매출분석[10] 방법은 SSNIP test를 실제 업무에 적용하기 위한 방법론을 제공하고 있다.

먼저 '임계매출감소율(Critical Loss: CL)'과 '실제매출감소율(Actual Loss: AL)'의 개념 및 양자 간의 다른 점을 정확하게 이해할 필요가 있다. 임계매출감소율은 가상의 독점기업이 X%의 가격 인상을 했을 경우 이윤의 감소가 없게 해주는 매출량의 감소율 중 절댓값이 최대치인 감소율로 정의한다. 여기서 X%는 SSNIP test에서 언급한 작지만 유의미한 정도의 가격

---

10 89년 Barry C. Harris & Joseph J. Simons가 "Focusing Market Definition : How Much Substitution Is Enough?"에서 처음 사용했다.

인상을 말한다. 기업의 이윤은 매출액에서 비용을 뺀 금액이다. 임의의 시장에 가상의 독점기업이 가격을 인상할 경우 수요곡선이 우하향의 정상적인 모양을 하고 있다면 매출량은 줄어든다. 그러나 매출액은 수요의 가격탄력성에 따라 줄어들 수도 있고 늘어날 수도 있다. 매출액은 매출량의 감소로 인한 감소요인과 가격 인상에 의한 증가요인으로 복합되어 있기 때문이다. 매출량이 줄어들면 총비용도 감소할 것이다. 여기서 가상의 독점기업이 X%의 가격 인상을 했을 때 이윤의 감소가 없게 해주는 매출량 감소는 그 매출량에 의해 영향을 받는 매출액, 총비용의 변화에 의해 도출할 수 있다. 부록에 임계매출감소율을 수학적으로 도출하는 내용을 수록하였다.

이와 같이 도출된 임계매출감소율은 다음과 같은 산식으로 표시할 수 있다.

$$CL = \frac{X}{X + M}$$

여기서 X는 작지만 의미 있는 가격 인상률, M은 마진율을 의미한다. 마진율은 $M = \frac{P - MC}{P} \cong \frac{P - AVC}{P}$ 으로 표시할 수 있다. 여기서 AVC는 평균가변비용을 말한다. 가변비용은 손익계산서에 근거하여 작성한다. 손익계산서상의 비용항목은 매출원가, 판매비, 관리비로 구성되는데 여기서 고정적 비용을 공제하면 가변비용이 된다. 고정적 비용항목으로는 임차료, 감가상각비, 무형자산상각비, 제세공과금, 제회비 등과 같이 명확한 항목도 있으나 광고비와 같은 쟁점적인 항목도 있다. 광고비는 단기적으로는 고정비용이나 장기적 관점에서 보면 금년의 광고비가 다음 기의 매출을 높이는 일종의 투자비로 보면 가변비용이라는 측면도 있다. 그룹 차원에서 실시하는 이미지 광고는 고정비의 성격이 강하다. 노무비 중에서 일용직 근로자에게 지급되는 잡급, 용역비 등은 변동비로 구분된다. 다만, 정리 해고할 수 없는 정규직 생산 근로자 노무비는 고정비로 보는 것이 타당하다. 최종 판단은 비용을 더 세분화하여 생산량 증가에 따라 비용이 변화하는지 여부를 판단하여 적용한다.

실제매출감소율(Actual Loss: AL)은 X%의 가격 인상이 있을 경우 실제로 감소되는 매출량을 말하는 것으로서 원칙은 수요함수를 추정해서 계산해야 하나 이 방법은 과거의 자료에 의존해야 하고 과거 자료를 구하기가 쉽지 않을 뿐만 아니라 엄밀한 계량 경제학적 기법을 동원해야 하므로 대체로 소비자 설문조사의 방법을 사용한다.

이렇게 계산된 임계매출감소율(CL)을 실제매출감소율(AL)과 비교하여 만약 AL > CL이면 이 시장은 너무 좁게 획정된 것이다. 왜냐하면 가격 인상으로 인해 실제 매출 감소율이 높다는 것은 주변의 가까운 대체재가 많은 것을 의미하고 시장획정이 이 대체재를 동일 시장의 범위에 포함시켰어야 했기 때문이다. 따라서 시장을 더 넓혀서 같은 방법으로 임계매출분석을 단계적으로 시행하는 것이다.

여기서 CL과 AL을 계산할 때 주의해야 할 점을 몇 가지 지적하고자 한다.

먼저 CL의 계산함에 있어 상기 식에서 보는 바와 같이 평균가변비용이 클수록 마진율이 작아지므로 CL은 더 커지게 된다. 피조사기업이나 기업결합 당사회사 입장에서는 독점력이 없게 되는 것이 더 유리하므로 CL을 작게 계산하여 관련시장을 넓게 획정하려는 유인이 있다. 따라서 피조사 기업 입장에서는 광고비 같은 쟁점 항목을 고정비로 분류하고 싶은 유인이 있을 것이다. 고정비인가 가변비인가의 판단 기준은 분석기간의 길이에 따라 달라질 수도 있다. 분석 기간이 길면 고정비항목이 줄어들어 피조사기업에게는 불리하게 작용한다.

임계매출감소율의 계산에서 또 하나 주의할 점은 마진율의 계산에서 결합당사회사의 회계자료뿐만 아니라 산업 내의 모든 기업의 마진율, 즉 그 산업의 전체 마진율 자료가 필요하다는 점이다. 왜냐하면 SSNIP Test가 그 산업에 가상의 독점기업이 있다는 가정에서 출발하기 때문이다. 다른 기업의 자료가 구하기 힘들 경우 산업의 평균치로 대용하는 방법을 사용하는 것이 관례이다. 이 경우 산업 내에 어떤 기업은 특별 상황에 처해 있을 수가 있다. 예컨대 부도 직전이나 법정관리 등의 기업이 있는 경우 기업들 간의 평균적인 비용을 가상의 독점기업의 비용으로 사용하는 것은 정확한 산업의 마진율을 반영하지 못하게 될 수도 있다.

AL의 계산에 있어서는 먼저 수요함수 추정법은 현실적으로 과거의 가격 및 판매량 자료를 확보하는 것이 곤란하며, 일부 가능한 상품의 경우에도 자료가 모집단을 제대로 대표하지 못하는 문제가 발생할 수 있다. 대형 할인매장, 백화점 등의 POS[11] 데이터는 소득, 거주 지역, 가격민감도 등의 측면에서 모집단 전체를 대표하지 못하는 왜곡(bias)이 발생될 우려가 있다.

소비자 설문조사법은 표본을 모집단과 유사하게 구성하면 대표성의 문제는 줄어드나 질문지 구성에 따라 답변을 유도한다거나 응답자들의 과대 응답경향으로 실제매출감소율이 과다하게 추정될 우려가 있는 점을 유의해야 한다.

---

11 POS는 Point of Sale의 약자로 제품이 판매되는 시점에서 판매량, 가격 등 자료가 즉시 취득되는 시스템이다. 이 시스템은 재고 관리 등으로 곧 바로 연결되도록 바코드나 카드 리더기로 처리한다.

소득효과와 대체효과의 구분도 필요하다. AL이 CL보다 크다고 해서 이것이 곧 시장의 범위를 넓혀야 하는 것은 아니다. 예컨대 보석의 경우 가격 인상 시 수요가 줄어서 AL이 CL보다 더 클 가능성이 있으나 이것이 시장의 범위를 넓히는 요인은 아니다. 왜냐하면 이 경우 대체효과가 아니라 소득효과에 의해 수요가 줄었을 가능성이 있기 때문이다.

AL을 측정하면서 주의할 점은 기업결합 전의 가격, 혹은 경쟁가격으로부터 계산해야 한다는 것이다. 만약 AL계산의 출발점이 대체재보다 훨씬 비싼 가격부터 시작했다면 가격과 효용이 유사하지 않은 제품이 대체재로 잘못 포함될 가능성이 커서 AL이 실제보다 훨씬 높게 계산될 가능성이 있다. 그러면 시장이 잘못 넓게 획정될 가능성이 있다. 이런 오류를 셀로판의 오류[12]라고 한다. 그래서 AL의 계산은 언제나 경쟁가격 수준에서 행해져야 한다.

2-2-3 Elzinga-Hogarty Test

관련 지역시장획정도 상기 기술한 상품시장의 획정과 유사한 개념으로 진행한다. 여기서는 예컨대 병원 간의 합병과 같이 SSNIP test를 적용하기 힘든 경우에 활용되는 출하이동분석(Elzinga-Hogarty Test:EH Test) 방법에 의한 지리적 시장의 획정 방법에 관해 설명하고자 한다.

EH Test에 의하면 다음의 두 가지 요건이 충족하면 당해 지역을 일정한 경쟁 관계가 성립할 수 있는 관련 지역시장으로 획정할 수 있다는 것이다.

첫째, 해당 상품의 역내소비 대부분이 역내업체에 의해 생산되어 역외업체 상품의 역내유입이 거의 없고, 둘째 역내 생산되는 해당 상품의 대부분이 역내에서 소비되어 역내업체 상품의 역외유출이 거의 없으면 이 지역을 지리적 시장으로 획정하는 방법이다.

첫째 요건인 역내소비의 대부분이 역내업체에 의해 생산되는 정도는 LIFO(little in from outside: 역내제품소비/역내전체소비)라는 지수로 계산하고, 둘째 요건인 역내 생산되는 상품의 대부분이 역내에서 소비되는 정도는 LOFI(little out from inside: 역내제품소비/역내전체생산)라는 지수로 계산할 수 있는데, 두 가지 척도가 모두 0.75 이상이 되면 당해 역내를 관련 지역시장으로 획정할 수 있다는 것이다.

---

12 2-2-5항의 "사례"를 참조하기 바란다.

2-2-4 Stigler Test

적정 시장의 범위를 정할 때 어려운 점은 얼마만큼의 유사한 상품까지를 시장에 포함시킬 것인가를 정하는 문제이다. 가까운 대체재를 모두 포함해야 한다는 것은 쉽게 알 수 있다. 그러나 얼마만큼의 대체성을 가진 상품까지를 포함해야 할 것인가에 대하여는 명확한 기준이 없다. 예컨대, 수요의 교차탄력성이 얼마 이상이면 포함시키고 그 이하이면 포함시키지 않는다는 객관적인 기준은 없다. 뿐만 아니라 교차탄력성을 정확하게 추정한다는 것도 쉬운 일은 아니라는 것은 전술한 바와 같다.

G. Stigler는 대체재 간에는 가격이 같은 방향으로 움직인다는 사실에 입각하여 상관관계를 추정하는 방식을 제의하고 있다. 즉 상품 A와 B가 대체재라면 가격 A가 상승하면 B의 가격도 상승하게 된다. 왜냐하면 A의 가격이 상승함에 따라 수요가 B로 전환되고 수요 증가로 인해 B의 가격이 상승하게 되기 때문이다. 만약 A와 B가 독립재인 경우 양자의 가격 간에는 아무런 상관관계가 없을 것이다. 상관관계의 추정은 교차탄력성을 추정하는 것에 비해 비교적 쉽다는 것과 가격 자료만으로 가능하므로 손쉽게 필요한 자료를 구할 수 있다는 점 등이 이 방법의 장점으로 인식되고 있다.

그러나 이 방법을 사용하는 경우 몇 가지의 문제점을 이해하는 것이 바람직하다. 첫째 물가 상승률이 높은 경제에서는 모든 제품의 가격이 높은 상관관계를 가질 수밖에 없다. 이 경우에는 물가 상승으로 인한 가격의 움직임을 상쇄해야만 순수한 대체재간의 상관관계를 추정할 수 있다. 둘째 두 제품 간에 대체성이 없는 상품 간에도 가격이 높은 상관관계를 가질 수 있다. 예컨대, 휘발유와 등유같이 동일한 재료인 원유를 사용하는 제품 간에는 양자 간에 대체성이 없다 하더라도 재료값의 변화에 따라 가격이 변하므로 양 제품의 가격은 높은 상관관계를 갖게 된다.

이러한 몇 가지 문제점을 해소할 수 있다면 Stigler Test도 시장의 범위를 정하는 데 부수적인 역할을 할 수 있을 것으로 생각된다. 한 가지 방법으로는 편 상관계수를 구하는 방법이다. 예컨대 상기 예에서 휘발유와 등유의 경우 휘발유 가격과 등유 가격을 원유가격으로 회귀분석(regression) 해서 설명 안 되는 부분에 대해서 상관계수를 측정하는 방법이다.[13]

---

13 상관계수(correlation coefficient)는 한 확률 변수의 추이나 변동이 다른 확률변수의 추이나 변동과 얼마나 밀접하게 관련되는 지를 측정하는 통계 치라고 할 수 있다. 구체적으로 두 확률변수 X와 Y의 상관계수 ρ은 다음과 같이 정의된다.

2-2-5 사례

Du Pont 사건

미국 사례 중 시장획정 사례로 제일 많이 인용되는 *United States v. Du Pont*[14] 사건에 대해 먼저 알아보기로 한다. Du Pont사는 셀로판 시장에서 시장점유율 75%를 점한 화학 가공품 제조회사인데 이 사건은 Du Pont사가 셀로판 시장에서 셔먼법 2조를 위반하여 기소된 사건이 었으므로, 동 기업이 독점력이 있었는지 여부가 위법성 판단의 가장 중요한 요소였던 사건이다. 독점력이 있는지 여부는 1차적으로 시장점유율에 의해서 결정되므로 결국은 시장을 이렇게 획정하느냐에 따라서 이 사건의 위법성 여부가 결정되는 상황이었다.

셀로판은 투명한 포장용지로서 식품점에서 야채나 육류를 포장하거나 담배의 겉포장용으로 주로 사용되고 있다. 신축성을 갖춘 포장용지로서 셀로판의 대체품은 매우 다양하다. 그라신(glassine)[15], 알루미늄 종이, 투명 고무 포장용지, 납지(greae-proof paper), 왁스종이, 플리오필름[16] 등이 여기에 속한다. 셀로판은 다른 제품에 비해 가격이 매우 높았다. 1929년도를 기준으로 보면 셀로판은 글라신의 7배, 1934년은 4배, 1949년은 2배나 되었다. 그럼에도 불구하고 포장용으로 왜 셀로판을 계속 원했고 구매를 했을까? 이유는 특정 품목의 포장에 있어서 셀로판의 유용성이 매우 크기 때문이다. 셀로판은 투명하므로 식품점에서 주로 육류와 야채 등과 같이 그 모양을 볼 수 있게 진열을 해야만 고객을 유인할 수 있는 품목의 포장에 사용되

$$\rho = \frac{Cov[X,Y]}{\sqrt{Var[X]}\sqrt{Var[Y]}} .$$

위 식에서 알 수 있듯이, 상관계수는 −1과 1 사이의 값을 가진다. 상관계수가 0이면 두 확률 변수간의 변이에 (선형적) 관계가 전혀 없음을 의미하며, 1이나 −1에 가까운 값을 가지면 양의 또는 음의 상관관계가 있음을 의미한다.

그런데 X와 Y에 공통적으로 영향을 미치는 제3의 요인이 있고 이를 Z라고 하자. 제3의 요인에 의한 영향을 통제하기 위해 X와 Y를 먼저 Z로 (선형) 회귀 분석한다. 이 회귀 식에 의해 추정되는 X와 Y의 값들을 $\hat{X}$ 와 $\hat{Y}$ 라 하고, 이 회귀 식에 의해 설명되지 않는 잔여 항을 X^*와 Y^*라 하자. 즉, $X^* = X - \hat{X}$ 이고 $Y^* = Y - \hat{Y}$ 이다. 편 상관계수는 X^*와 Y^*의 상관계수를 의미한다.

14 351 US 377(1956). 미국 판례를 인용할 수 있는 3가지 출처는 US Reporter(US), Federal Reporter(F.2d), Supreme Court Reporter(S.Ct.)이다. 괄호 안은 그 출처의 약자를 나타낸다. 여기서 인용한 Du pont 사건은 US Reporter의 volume 351에 수록되어 있고 377면에서부터 시작하며, 이 사건의 대법원 판결은 1956년에 이루어졌다는 것을 의미한다.

15 얇고 질기며 광택이 나는 반투명 종이이다.

16 레인코트 포장용의 투명 고무 방수시트이다.

고 있다. 또한 셀로판으로 담배의 겉포장을 하는 경우 담배가 건조되는 것을 막아서 그 질을 오랫동안 보존할 수 있다고 한다.

Du Pont사의 주장은 셀로판 외에 신축성 있는 포장용지가 매우 많고 그것들이 모두 셀로판의 대체재이므로 시장의 범위에 이와 같은 신축성 있는 포장용지를 모두 포함해야 한다는 것이다. 법원은 각 포장용지의 유용성이 다르기는 하나 기본적으로 제품을 포장한다는 공통의 목적을 위해 사용되고 있어 포장용지 상호 간에 대체성이 있다는 사실을 인정하였다. 이는 결국 동사의 주장을 받아들인 결과가 되어 모든 신축성 있는 포장용지 전체를 적정한 시장의 범위로 정하였다. 그 결과 Du Pont사가 제조·판매하는 셀로판 용지의 시장점유율은 17.9%로 판명되어 독점력이 없는 것으로 결론이 났다.

이와 같은 법원의 결정에 대한 비판의 주요 내용은 전술한 '실제매출감소율'을 계산할 때 주의해야 할 점에서 설명한 바와 같이 상품의 대체성은 그 가격에 따라 변화한다는 사실을 간과했다는 것이다. 수요의 가격탄력성은 가격이 커질수록 더 커지는 특성이 있는 것이다. 예컨대, 현대자동차와 동급의 한국 GM의 자동차는 가까운 대체재임을 알고 있다. 그러나 "현대자동차와 자전거가 대체재인가?"에 대한 답은 쉽게 내릴 수 없다. 양 제품은 서로 대체재일 수도 아닐 수도 있다. 물론 현재의 가격 구조하에서는 양 제품은 대체재가 아닌 것이 분명하다. 그러나 현대자동차가 자동차 시장에서 독점력을 확보하게 되어 동사 제품의 가격이 현재의 2-3배 정도 인상된다면 소비자는 타사 제품의 자동차는 물론이고 자전거까지도 구매전환 대상품목으로 생각하게 될 것이다. 다시 말해서 소비자들은 어떤 제품의 가격이 커질수록 그 제품의 대용품을 더 넓은 범위에서 찾으려고 노력할 것이다. 일반적으로 독점기업이 이윤을 극대화하기 위해서 책정하는 가격은 자사 제품의 판매를 급격히 감소시키는 수준보다는 조금 낮은 가격일 것이다. 이 가격이 소위 독점시장에서 기업의 이윤을 극대화하는 한계비용과 한계수입이 동일해지는 지점인 것이다. 이것을 Du Pont 사건에 대입하여 적용하면, 판매를 급격히 감소시키는 가격 수준이라는 의미는 구매자가 다른 포장용지를 셀로판의 대체품으로 간주하기 시작하는 정도의 수준임을 말한다. 다시 말해서 독점기업은 가격을 타제품과 대체성이 있을 만큼 충분히 높게 책정한다. 만약 Du Pont사가 경쟁가격 수준을 부과했다면 셀로판의 대체품은 없었을 것이다. 왜냐하면 그와 같은 낮은 가격에서는 셀로판의 유용성을 감안할 때에 구매자가 모든 용도에서 셀로판만을 사용할 것이기 때문이다. 그러나 Du Pont사는 셀로판의 가격을 다른 포장용지와 대체성이 있을 정도로 충분히 높은 가격을 책정했다. 역설적으로 셀로판의 대체품이 많다는 사실 자체로 동사는 독점력을 남용하여 독점가격을 책정했을 가능성이 있는 것이다. 임계매출분석방법에서 사용한 용어로 설명하자면 AL(실제매출감소율) 계산을 할 때에 경쟁가격이 아닌 독점가격 수준에서 계산을 했다는 의미가 된다. Du pont 사건의 경우 이점에 대한 이해 부족으로 인하여 시장획정이 잘못된 경우이다. 이와 같이 독점기업이 독점가격을 부과하는 경우 대체제의 범위가 부적절하게 넓어져 시장획정을 부당하게 넓게 하는 것을 "셀로판의 오류(cellophane fallacy)"라고 한다.

실제로 Du Pont사는 미주 대륙에서 셀로판의 제조•판매에 대한 특허권을 갖고 있었고 2%의 사용료를 받기로 하고 일부 판매권(25%)을 경쟁사인 Sylvania에 할애하고 있었다. 그러나 Sylvania의 판매가 Du Pont의 1/3이 초과할 경우 사용료를 종래의 10배가 되는 20%로 약정하고 있었다. 20%의 사용료를 지불하고는 그 채산성이 없으므로 Sylvania는 셀로판 시장의 점유율은 25% 미만(Du Pont의 1/3)으로 유지할 수밖에 없는 상황이었다. 이 경우 Du Pont 사의 입장에서 본 수요의 가격탄력성은 전체 시장의 수요탄력성과 일치하게 된다.[17] 바꾸어 말해서 Du Pont사가 셀로판 시장을 완전히 지배한 것이다. 그러므로 동사는 시장에서 발휘할 수 있는 독점력을 이용, 셀로판 가격을 다른 포장용지와 대체성이 유지될 수 있는 높은 수준으로 책정하였고 그 대체성의 존재야말로 동사의 독점력을 입증하는 자료가 되는 것이다.

Eastman Kodak 사건

시장획장과 직접 관련된 사례는 아니나 독점력 측정과 관련된 중요한 사례를 소개하고자 한다.

독점력 측정을 위해 시장점유율 이외에 다른 요소를 추가로 고려한 사건이다. *Eastman Kodak v. Image Technical Service*[18]에서 Kodak사는 사무기기와 관련 부품을 판매하면서, 사무기기의 수리 영업까지 겸하고 있었다. Kodak의 사무기기는 다른 회사의 부품과는 호환성이 없으므로 구매자는 Kodak사의 부품만을 사용할 수밖에 없었다. 그런데 동사는 자사의 부품 판매를, Kodak의 사무기기를 소유한자가 자기의 사무기기를 수리하는 경우와 Kodak의 수

---

17 부록 2B를 참조하기 바란다. 일반적으로 시장 내에서 개별 기업이 직면하는 수요탄력성은 독점기업을 제외하면 시장의 수요탄력성보다 더 높다. 왜냐하면 개별 기업 입장에서는 시장 안에 대체재인 경쟁사 제품이 존재하고 있으므로 각 개별 기업의 가격 변화에 따른 그 기업제품에 대한 수요의 전환은 전체 시장에서보다는 더 클 것이기 때문이다.

18 112 S.Ct. 2072 (1992).

리서비스를 구매하는 경우로 제한하였다. 이에 따라 사무기기의 수리 전문 업체는 Kodak의 사무기기 수리에 있어 Kodak사와 효과적으로 경쟁할 수 없게 된 것이다. 전문 수리업체는 Kodak사가 부품과 사무기기 수리서비스 시장에서 '독점행위', 혹은 '독점시도행위'를 했다고 주장하였다. Kodak사는 부품시장에서 시장점유율이 100%, 수리서비스 시장에는 80~90%를 점유하고 있었다. 그러나 사무기기 시장에서 동사는 독점력을 갖고 있지 않았다.

이 사건의 핵심 논점은 사무기기시장에서 독점력이 없다는 사실이 사무기기의 부품시장과 수리서비스시장에서도 독점력 행사를 제한하게 되어 셔먼법 2조 위반 가능성을 배제할 수 있는가 하는 것이다.

법원은 먼저 사무기기시장에서 독점력이 없다면 부품시장과 수리서비스시장에서 독점력을 행사할 수 없을 가능성이 크다고 인정하고 있다. 즉, Kodak사가 부품과 수리서비스시장에서 독점력을 행사하려 한다면, 사무기기시장에서 Kodak사의 판매가 줄어들 것이라는 것이다. 왜냐하면 부품과 수리서비스를 가격이 비싼 Kodak에게만 의존해야 하는 경우에 아무도 Kodak의 사무기기를 구매하지 않을 것이고 기존의 보유자도 다른 제품으로 전환할 것이기 때문이다. 따라서 부품과 수리서비스시장에서 Kodak의 높은 시장점유율은, 사무기기시장에서 치열한 경쟁을 고려할 때에, 동사의 독점력을 과대평가하고 있다는 것이다.

이러한 일반적 논지에도 불구하고 법원은 두 가지 요소로 인하여 Kodak사가 사무기기시장에서는 독점력이 없음에도 불구하고 부품과 수리서비스시장에서 독점력을 가질 수 있다고 분석하고 있다. 첫째는 Kodak의 사무기기를 구매하기 전에는 부품과 수리서비스시장에서 Kodak이 독점력을 행사하는지를 구매자는 알 수가 없다는 것이다. 구매자가 그 사실을 사전에 알기 위해서는 시장의 구체적인 정보를 갖고 있어야 하나, 정보를 획득하는 데는 비용이 소요된다는 것이다. 즉, Kodak이 부품과 수리서비스시장에서 독점력을 행사하는 것을 피하려면, 그 사실을 사전에 인지할 수 있는 정보가 필요하고, 그것을 위하여 비용을 지불해야 한다는 사실 때문에 동사가 부품과 수리서비스시장에서 독점력을 행사할 수 있게 된다는 것이다. 둘째는 기존의 Kodak제품 사용자가 동사의 부품과 수리서비스시장에서의 독점력 때문에 다른 제품으로 전환하려고 해도 비용이 소요된다. 따라서 기존의 사용자는 쉽게 다른 제품으로 전환할 수 없을 것이고 Kodak사의 독점력은 유효하게 된다는 것이다. 전환비용이 비쌀수록 Kodak이 부품·수리시장에서 독점력을 갖게 될 확률이 더 높게 될 것이다.

Grinnell 사건

United States v. Grinnell[19]은 지역시장의 확정 사례로 자주 인용되고 있는 사건 중의 하나다. 이 사건은 중앙 감시식 보호 서비스[20]를 영위하는 여러 개의 회사가 관련된 사건이다. 관련 회사들은 American District Telegraph Co.(ADT), Holmes Electirc Protective Co.(Holmes), Automatic Fire Alarm Co.(AFA) 등이다. 이 회사는 미국에서 제일 큰 3개사이고, ADT는 115개 시에서 121개의 중앙감시소를 운영하여 시장점유율 73%를 점하고, Holmes사는 3개의 대도시에서 12개의 중앙감시소를 운영하여 점유율 12.5%, AFA사는 3개의 대도시에서 3개의 감시소를 운영하고 2%의 시장점유율을 점하고 있었다. Grinnell사는 원래 배관시설 부품과 화재에 대비한 스프링클러 시스템을 제조하는 회사였으나 1900년 초반부터 상기 3개의 중앙감시식 보호 서비스 업체의 주식을 사들여 1960년대에는 ADT주식의 76%, AFA주식의 89%, Holmes주식의 100%를 소유하게 되어 사실상 중앙감시식 보호서비스 시장의 88%를 점하게 되었다.

ADT와 Holmes, AFA사는 이 사건 전부터 동부지역을 시장 분할하는 계약을 체결하거나 상품 분할을 하는 등 셔먼법 1조 카르텔 조항을 위반하고 있었다. Grinnell사는 이렇게 전국적인 독점력을 획득하자, 소비자와 5년간의 장기 계약을 체결하거나 소비자의 건물에 비치된 보호 장비를 자기 소유로 유지하는 방법으로 경쟁자의 진입을 방해하였다. 또한 각 지역별 경쟁 상태에 따라 가격을 차별적으로 부과하였다.

먼저 상품시장을 정의하는 문제는 화재방지서비스와 도난방지서비스를 하나의 시장으로 볼 것인가 하는 것이다. 기술적으로 화재방지와 도난방지서비스는 별개로 매매될 수 있는 제품이다. 그럼에도 불구하고 법원은 그것들을 별개의 시장으로 정의하지 않고 중앙감시식 보호 서비스 전체를 하나의 시장으로 정의하였다. 그 이유는 효과적으로 경쟁하기 위해서는 양자의 서비스를 모두 제공할 수 있어야 한다는 사실 때문이다. 즉 화재방지만 혹은 도난방지만을 별개로 판매하기보다는 양자를 동시에 판매하는 것이 더 유리하다는 시장 상황을 고려한 것이다. 이런 시장 상황 때문에 모든 업체는 화재방지와 도난 방지서비스를 동시에 제공하고 있었다. 전자감응장치에 의한 중앙감시식 보호서비스 이외의 다른 재산보호 서비스는 시장의 범위

---

19 384 U.S. 563(1966).
20 건물에 화재나 외부로부터의 침입이 있을 경우에 전자감응장치가 중앙의 감시소로 신호음을 송신하고 이곳에서 다시 관할 경찰서로 연락하는 방법을 사용하여 시설물을 보호하는 업이다.

에 포함시키지 않았다. 왜냐하면 다른 재산보호 서비스는 중앙감시식 서비스와는 상호 대체 가능하지 않다고 판단했기 때문이다. 그 근거로 법원은 "많은 고객이 중앙감시식 보호서비스 이외의 다른 방법을 고려하지 않고 있다"는 사실을 들고 있다.

이 사건에서 지역시장의 정의는 더욱 복잡한 요소를 고려해야 한다. 각 지역의 중앙감시소는 반지름 40킬로미터(25마일) 이내의 지역만을 서비스 대상으로 하고 있다. 따라서 중앙감시소가 40킬로미터 밖에 위치하고 있다면 서비스를 받을 수가 없게 된다. 그럼에도 불구하고 법원은 지역시장의 범위를 '전국'으로 획정하였다. 그 이유는 Grinnell사가 가격, 판매 조건 등을 결정하면서 전국적인 판매 전략을 갖고 있었기 때문이다. 전국적인 단위의 경영계획, 각 사 간의 영업상의 협상이 전국적인 단위로 이뤄진 점, 경쟁이 있는 지역에서는 가격을 인하하고 독점력을 확보한 지역에서는 가격을 더 높이는 등 전국적인 영업 전략에 의해 가격과 판매 조건을 정하는 점 등이 그 이유이다.

그러나 당시 대법원 판사 중 Fortas와 Stewart는 이러한 지역시장의 정의에 반대 의견을 표명했다. 그들의 논거는 Grinnel사가 전국적인 판매 전략을 갖고 있다는 것과 동사가 각 지역별로 서비스 가격을 인상하고 공급량을 제한할 수 있는 능력이 있는가는 별개의 문제라는 것이다. 다시 말해서 중앙감시식 보호서비스는 가격과 공급량의 변화가 전국적이라기보다는 지역적이라는 것이다. 가령 어떤 지역의 가격이 상승하면 그 지역에 그러한 서비스의 공급이 늘어날 것이고 가격이 인하되면 그 지역의 공급이 감소할 것이며 이것은 Grinnel사가 전국적인 영업 전략을 갖고 있었는지 여부와는 관련이 없다는 것이다. 실제 수요측면에서 고려한다면 시장의 국지성은 더 명백하게 드러난다. 특정 지역의 고객은 다른 지역의 회사에는 서비스를 요청할 수 없으므로 지역적인 한계가 불가피하다고 할 수 있다.

이 사건은 Grinnell사가 행한 셔먼법 2조 독점행위를 시정하는 여러 가지 조치와 동사가 획득한 ADT, Holmes, AFA사의 주식을 처분하는 것으로 결론이 났다. 그러나 이 시정조치 후에도 예컨대 ADT사는 시장점유율 73%를 유지하고 있고 ADT가 운영하는 115개 시중 92개 시에는 독점 사업자로 남아 있게 되었다. 동사의 영업 전략이 전국적이라는 이유로 시장을 전국으로 획정했으므로 이러한 시정 조치가 독점의 폐해를 충분히 제거하는 데는 부족함이 있는 이유이다. 그러나 회사 분할 조치 이외에 전반적으로 부여된 여러 가지 시정조치들은 각 지역에서 독점을 해소하는 효과가 있었음은 물론이다.

상품시장이든 지역시장이든 시장 획정을 할 때 수요와 공급 측면을 어떻게 고려해야 하는

지가 논란이 될 수 있다. 시장의 범위를 정하는 것은 앞서 SSNIP Test에서와 같이 수요의 대체성을 고려하는 것이 원칙이다. 따라서 시장획정 단계에서는 수요 측면에서 대체성을 위주로 분석하여 점유율을 계산한 다음 독점력을 측정하는 단계에서 공급탄력성을 고려하는 것이 논리적으로 타당하다.[21] 상기 Grinnell 사건에서도 시장획정 단계에서는 수요의 국지성, 즉 40킬로미터 밖의 감시서비스로의 수요 대체는 어렵다는 사실을 고려하여 그 반경 이내를 지역시장으로 획정하고, 독점력 측정 단계에서 다른 사업자의 공급탄력성을 고려하는 것이 타당하지 않나 생각된다. 독점력은 식 (2.2)에서 설명한 바와 같이 점유율이 가장 중요한 변수이다. 그러나 점유율은 독점력을 측정하는 중요한 변수 중의 하나일 뿐이다. 다른 기업의 공급탄력성도 고려해야 한다. 이 사건에서는 만약 Grinnell사가 어떤 지역에서 작지만 유의미한 가격인상을 했을 경우 다른 사업자가 얼마나 용이하게 그 지역에 진입할 수 있는가 여부를 살피는 것이다. 공급탄력성을 고려할 때 적시성을 중요 요소로 고려해야 한다. 예컨대 전국적인 사업을 한 경쟁사업자가 이 지역에서 Grinnell이 독점가격을 받고 있다면 얼마나 단기간에 그 경쟁자가 그 지역에 진입함으로써 Grinnell의 독점력 행사를 방지하게 할 수 있느냐가 독점력 측정에 있어 중요한 요소로 고려되어야 한다. 이렇게 시장이 각 지역별로 획정되었다면 독점행위에 대한 시정조치가 각 지역별로 부과되었을 것이다. 실제 경쟁 당국은 ADT의 48개 지역의 중앙감시소를 처분할 것을 법원에 요청하였으나 받아들여지지 않았다.

대한송유관공사 사건[22]

이 사건에서 시장획정의 문제는 대한송유관공사(대송)의 민영화 과정에서 (주)SK가 경영권을 획득함으로써 수직결합의 효과가 발생하여 석유의 수송시장에서 봉쇄효과가 있는지 여부를 판단하기 위한 과정에서 발생하였다.

대송은 송유관을 통한 석유 수송을 담당하는 공기업으로 1990년에 정부, 5개 정유사, 2개 항공사가 공동으로 설립한 공기업이다. 석유류 수송은 송유관, 유조선, 유조차, 유조화차 등 많은 대체 수송수단이 있다. 송유관을 이용한 수송은 유조선 수송 시 발생할 수 있는 좌초 및 침몰에 의한 해양오염 가능성을 배제할 수 있고, 유조차를 이용한 수송 시 발생할 수 있는 교

---

21 실제 우리나라의 기업결합 심사에서는 시장획정 단계에서는 수요측면만을 고려하고 최종 독점력 혹은 경쟁제한성을 측정하는 단계에서 공급탄력성, 즉 신규 진입가능성이나 해외경쟁도입 가능성 등을 고려한다. 그러나 미국의 경우 시장획정 단계나 점유율 계산단계에서 공급탄력성을 같이 고려한다.

22 공정거래위원회 의결 제2001-90호 2001.6.29

통 혼잡 유발 등의 문제를 예방할 수 있으므로 공공적으로 바람직한 수송 형태로 인정되어 공기업으로 설립하게 되었다. 1998년 정부의 "1차 공기업 민영화 계획"에 따라 대송의 민영화 과정에서 SK가 경영권을 획득하게 되어 수직결합[23]이 발생하게 되었다. 제4장에서 자세히 설명하겠으나 수직결합의 경쟁제한성은 봉쇄효과가 발생할 가능성이 있기 때문이다. 봉쇄효과는 수직결합의 하방 또는 상방의 유통단계에서 피합병기업이 독점력을 갖고 있느냐 여부가 중요한 판단 변수이다. 여기서는 SK가 대송을 인수함으로써 석유류의 수송에서 독점력을 갖게 되면 경쟁 정유사인 GS나 S-Oil사가 석유류 수송에 있어 상대적으로 불리한 위치에 놓이게 될 가능성이 있다. 대송이 경쟁사 제품의 수송에 더 높은 수송비를 부담하게 하거나 수송을 아예 거부할 경우가 이에 해당한다. 그래서 이 사건의 핵심 쟁점으로 대송이 독점력이 있는가 여부가 되었고, 그것을 판단하기 위해서 송유관을 통한 석유수송을 다른 대체 수송수단과 같은 시장으로 볼 수 있는가 하는 시장획정 문제가 되었다.

시장획정을 위해 공정거래위원회는 SSNIP test를 시행하였다.

표 2-1 석유류 수송 수단간 비용비교(원/리터)

운송구간	1,2차구분	유조선(A)	송유관(B)	A-B
울산 →서울 강남권 주유소	1차수송	5.760	6.245	−0.485
	2차수송	4.970	3.470	1.500
	계	10.730	9.715	1.015

출처: 공정거래위원회 전원회의 의결 제 2001-090호

송유관 수송시장에 가상의 독점기업이 가격을 5~10% 인상했을 때 정유사들이 다른 대체 수송수단으로 수요를 이전할 것인가를 판단하는 문제이다. 가장 대체 가능성이 높은 유조선 수송과 대체가능성을 보았다. 표 2-1은 울산의 정유공장에서 서울 강남의 주유소까지의 수송 비용을 비교한 표이다. 송유관과 유조선을 이용한 수송의 경로는 수송 수단이 다르므로 다를 수밖에 없다. 먼저 송유관을 이용한 수송은 1차수송이 울산 정유소에서 성남의 저유소까지, 2차수송은 저유소에서 강남의 주유소까지의 수송 경로이다. 유조선의 경우 울산에서 인천항까지가 1차수송이고, 인천항에서 강남주유소까지가 2차수송 경로이다. 각각의 2차수송 수단은 유조차이다.

---

23 수직결합에 대해서는 제4장 '기업결합'을 참고하기 바란다.

1차수송의 경우 유조선을 통한 수송이 더 저렴하나 2차수송에서는 유조선을 이용한 경우가 더 비싸므로 전체 수송비는 유조선 수송이 리터당 1.015원 더 비싸다. 만약 '송유관을 통한 석유류 수송시장'에서 가상의 독점기업이 5%의 가격을 했을 때 1차 수송비에서 0.312원이 상승하게 되나 2차 수송비에서 송유관이 유조선을 이용한 수송보다 1.5원이 더 싸므로 유조선으로의 수요대체는 일어나지 않게 된다. 즉, 송유관을 통한 석유류 수송시장을 별도의 시장으로 획정할 수 있는 것이다. 결국 이러한 시장획정은 이 수직결합이 경쟁제한성이 있는 기업결합으로 결론이 나게 한 결정적인 원인이 되었다. 공정거래위원회는 대송이 경쟁 정유사의 석유류 수송에 있어 SK와 차별하지 않도록 하는 시정명령을 하였다.

일부 학자는 이것을 역 셀로판의 오류라고 비판하고 있다. 유조선 등의 대체 수송수단이 대송의 운송가격 결정에 미치는 영향을 고려하지 않았다는 것이다. 송유관 수송의 대체 수송수단인 유조선 수송이 대송의 운송가격 결정에 영향을 끼쳤다면, 양자는 대체가 가능한 운송수단이고 동일한 시장으로 획정해야 한다는 것이다. 대송은 운송 가격 결정시 대체 수송수단이 있는지 여부를 매우 중요한 요소로 고려하였다. 예컨대, 울산-대전 구간은 294km이고 울산-성남은 432km로서 울산-성남간 거리가 전자의 1.5배였으나, 대체 운송수단이 있는 울산-성남 간 요금은 리터당 6.245원이고 울산-대전 간 운송비는 6.638원으로서 더 비싸게 책정하였다. 이것은 유조선이 송유관의 강한 대체 수단이라고 대송이 간주한 결과라고 볼 수 있는 것이다. 그것이 사실이라면 송유관 수송만을 별도 시장으로 보는 것은 시장을 너무 좁게 획정한 결과가 된다. 이러한 오류를 "역 셀로판의 오류"라고 한다.

무학소주의 대선소주 인수 사례[24]

우리나라의 기업결합 사건 중 EH Test를 이용하여 지역시장을 획정한 사건을 소개하고자 한다. 소주 제조사인 무학이 대선소주를 인수한 기업결합 사건이다.

우리나라 소주시장은 1996년 12월까지 주세법상 "자도 소주 50% 이상 의무구매제도"가 있었던 영향과, 소비자의 브랜드로얄티(brand royalty)가 큰 요소가 복합적으로 작용하고 있다. 현재는 소주의 유통에 아무런 제약이 없음에도 불구하고 이와 같은 이유 때문에 특수 지역에 특정 상품의 소주가 아직까지도 독점력을 행사하는 구도를 유지하고 있다. 무학과 대선도 예외는 아니어서 무학은 주로 경남지역에, 대선은 부산지역에 기반을 둔 기업이다.

24 공정거래위원회 의결 제 2003-27호 2003.1.28

표 2-2   당사회사의 지역별 매출비중(2001년 기준, %)

	부산	경남	기타
무학	7.2	91.0	1.8
대선	85.3	13.8	0.9

상기 표에서 보는 바와 같이 무학은 전체 매출 중에서 91%를 경남지역에 판매하고 있고 대선은 85.3%를 부산지역에 판매하고 있었다.

소주의 지리적 시장을 "전국"으로 본다면 기업결합 당사회사인 무학과 대선의 시장점유율은 매우 미미하다. 대선은 8.5%, 무학은 8.4%에 불과하다. 따라서 기업결합 후의 점유율은 16.9%에 불과하여 이 기업결합은 경쟁제한성이 없을 가능성이 매우 컸다. 그러나 전술한 바와 같이 기업결합 당사회사는 모두 특정 지역인 부산과 경남에 기반을 두고 그 지역에서 독점적인 지위를 누리고 있으므로 지역시장을 전국으로 볼 것인가 부산과 경남지역으로 볼 것인가 하는 지역 시장의 획정 문제가 이 사건의 중요한 결정 요소가 되었다.

공정위는 지리적 시장의 획정을 위해 EH Test를 시행하였다. 먼저 부산지역의 경우 LIFO가 0.84로서 이는 부산지역에 소비되는 소주의 84%가 동 지역에서 생산된 소주, 즉 대선주조가 차지하고 있었다. LOFI는 0.85로서 이 지역에서 생산되는 소주, 즉 대선주조가 생산하는 소주 중 85%가 부산지역에서 소비되고 있었다. 경남지역의 경우 LIFO가 0.84로서 경남지역에서 소비되는 소주의 84%가 무학소주이고, LOFI는 0.91로서 무학이 생산하는 소주 중 91%가 경남지역에서 소비되고 있었다. 부산과 경남지역에서 LIFO와 LOFI가 전부 0.75 이상으로서 지역 시장을 부산과 경남지역으로 획정하는 결정을 했다.

전술한 바와 같이 전국적으로 기업결합 당사회사의 점유율은 16.9%에 불과하나 시장을 부산과 경남지역으로 획정한 결과 부산지역의 경우 양사의 점유율이 결합 전 84.4%에서 91.5%로 증가하고 경남지역에서는 결합 전 84.3%에서 97.2%로 증가하게 되었다. 결국 이 기업결합은 경쟁제한성이 있는 것으로 결론이 났고 공정위는 무학이 취득한 대선의 주식을 제 3자에게 양도하도록 시정명령을 내렸다.

티브르드 강서방송의 시장지배적 지위 남용행위 사건[25]

티브로드 강서방송은 SO(종합유선방송사업자)로서 우리홈쇼핑과 프로그램 송출계약(2005. 1. 1.~2006. 12. 31.)을 체결하고 거래하던 중 2006년 2월부터 같은 해 3월까지 주식회사 티브로드 지에스디방송과 해드앤드(Head-End)통합[26]을 실시하였다.

이에 따라 방송사업자별로 각각 다르게 송출하여 오던 TV 홈쇼핑사업자의 채널을 해드앤드 통합을 실시한 종합유선방송사업자 간에 동일하게 조정하여야 하는 상황이 발생하였고 티브로드 강서방송은 2006년 3월중 채널 변경을 위한 협상과정에서 우리홈쇼핑에게 송출수수료 인상을 요구하였으나, 우리홈쇼핑이 이에 응하지 않자 원래 티브로드 지에스디에서는 S등급인 CH8이었고, 티브로드 강서방송에서는 B등급인 CH15이었는데, 이를 CH18로 변경해버렸다.

이 사건에서는 종합유선방송사업자인 티브로드 강서방송이 시장지배력이 있는지 여부가 쟁점이었다. 유료방송시장은 유선 및 위성방송 프로그램을 방송채널에 공급하거나 시청자에게 송출하는 산업으로서 종합유선방송사업자(system operator: SO), 위성방송사업자(한국디지털유선방송), 콘텐츠를 제공하는 방송채널사용사업자(Program Provider: PP)로 구성되어 있다. 종합유선방송사업자는 당시에 전국 77개 방송구역에서 119개 사업자가 영업 중이고, 위성방송사업자는 방송구역에 제한 없이 방송하는 사업자로서 당시에는 주식회사 한국디지털위성방송이 유일하였다. 즉, SO들이 일반 시청자와 거래하는 프로그램 송출시장에서는 SO들이 각 지역에서 독점적 지위를 누리고 있다. 공정거래위원회는 상품시장의 획정을 '프로그램 송출시장'으로 획정하고 티브로드 강서방송이 시장지배적 지위가 있다고 판단하였다.

그러나 법원은 시장획정을 달리하였다. 이 사건에서 상품시장은 '프로그램 송출시장'이 아니고 SO들이 TV홈쇼핑사업자와 같은 PP들로부터 수수료를 지급받고 송출채널을 통해 프로그램 송출 서비스를 제공하는 '프로그램 송출 서비스 시장'이라는 것이다. 그리고 '프로그램 송출 서비스 시장'은 지역시장이 각 SO들의 방송구역에 국한되는 지역이 아니고 전국이라고 보아야 한다는 것이다. 다시 말해서 우리홈쇼핑은 전국의 SO들과 거래하고 있으므로 티브로드 강서방송이 방송구역만을 별도 분리하여 고려해서는 안 된다는 것이다.

---

25 공정거래위원회 의결 제 2007-153호 2007.3.28
26 종합유선방송 설비의 중복투자, 운영비용 및 인력의 효율적 운영을 위하여 인근 종합유선방송사업자와 방송시설과 그 부속된 토지, 건물 등을 공동 사용하는 것을 말한다.

2-3 독점력 측정을 위한 기타 고려사항

지금까지 Lerner Index로 표시되는 독점력의 개념, 그것을 측정하기 위한 다양한 방법 등에 대하여 알아보았다. Lerner Index는 독점력의 측정을 위한 정확하고 계산 가능한 개념을 제공했음에도 불구하고 한계비용이나 수요의 가격탄력성 등과 같이 추정하기 어려운 변수들을 포함하고 있으므로 경쟁 당국의 일상 업무에서 실제로 적용하기는 쉽지 않다. 대신 시장점유율을 그 대용물로 사용하고 있다는 것도 살펴보았다. 시장점유율을 측정하기 위하여 적정한 시장이 정의되어야 하는데, 이 또한 상품 간에 대체성이 있는지를 추정해야 하는 문제가 있으므로 어려운 작업이라는 것도 알 수 있었다. 뿐만 아니라 시장점유율을 정확하게 추정한다 하더라도 식 (2.2)에 표시된 대로 다른 변수들, 예컨대 시장수요의 가격탄력성, 다른 기업의 공급탄력성 등에 대한 고려도 수반되어야 한다는 점을 알게 되었다. 따라서 미국 법원의 판결 중 '시장획정' 부분은 완벽할 수가 없었고 사후에도 많은 비판의 대상이 되어 왔다는 것도 살펴보았다. 이와 같이 독점력을 정확하게 추정한다는 것은 매우 어려운 작업이므로 시장점유율에 전적으로 의존하기보다는 다른 변수들도 부수적으로 검토하여 당해 기업의 독점력 여부를 가리는 방법을 사용할 필요가 있다. 여기서는 기업의 독점력 여부를 판단하기 위해 사용할 수 있는 여타 요소들을 살펴보기로 한다.

첫째, 기업이 지속적으로 가격차별을 했는지 여부를 조사한다. 독점시장에서 기업이 이윤을 극대화하는 방법으로 수요 형태가 다른 고객 군을 대상으로 다른 가격을 부과 한다. 다른 고객에게 다른 가격을 부과할 수 있으려면 고객 간의 재판매 행위를 차단할 수 있어야 한다. 고객 간의 재판매 거래를 방지할 수 있게 해주는 것이 바로 당해 기업의 독점력이라 할 수 있다. 따라서 가격차별은 당해 기업이 독점력이 없다면 행할 수 없는 행위이다. 그러므로 기업이 지속적으로 가격차별을 행하고 있다면 그 기업은 고객 간의 재판매 거래를 방지할 수 있다는 얘기이고, 따라서 독점력이 있다고 볼 수 있는 것이다. 끼워팔기 사례에서 피고 기업이 독점력이 있는지 여부가 위법성 판단의 중요한 요소가 되는 이유도 끼워팔기가 가격차별 행위의 일종이고 가격차별이 가능하기 위해서는 고객 간의 재판매를 방지할 수 있는 독점력이 중요한 요소가 되기 때문이다.

둘째, 기업이 지속적인 독점이윤을 얻고 있는지를 조사하는 방법이다. 독점기업이라고 해서 반드시 이윤이 높은 것은 아니다. 독점기업은 자기의 수익 중 상당 부문을 독점력의 유지를 위한 정치적 로비에 사용할 가능성이 크고, 자연 독점의 경우 고정비용의 과다한 투자로 인하여 일시적인 이윤 감소를 초래할 수도 있다. 그러나 경쟁 수준보다 높은 이윤을 상당 기간 지속할 수 있다는 것은 당해 기업이 독점력을 갖고 있다는 간접적인 증거는 될 수 있다. 이윤 관련 자료는 회사의 회계장부에 의해 비교적 손쉽게 구할 수 있는 이점도 있다. 한 가지 유의할 점은 독점이윤과 지대(rent)를 혼동하지 말아야 한다는 사실이다. 경쟁시장에서도 기업 간의 비용은 서로 다를 수 있다. 기름진 농지를 소유한 농부와 척박한 농지를 소유한 농부 간의 생산비는 같을 수가 없을 것이다. 마찬가지로 경쟁시장에서도 기업을 효율적으로 운영하는 사업자는 그렇지 않은 자에 비해서 훨씬 높은 이윤을 얻을 수 있는 것이다. 결국 독점이윤을 조사하는 방법으로 독점력을 측정하기 위해서는 독점이윤과 지대(rent)를 구분할 수 있어야 한다. 그러나 양자 간을 구분하는 방법이 간단치는 않다. 따라서 독점이윤은 보조 수단으로 사용되어야 할 것이다.

셋째는 시장 진입의 난이도를 조사하는 방법이다. 진입장벽은 독점력을 측정하는 데 가장 현실적이고 중요한 요소로 사용되고 있다. 최근에는 신규 진입의 난이도가 위법성을 구성하는 중요한 요소로 인식되는 경향이 늘어나고 있다. 식 (2.2)에서도 보았듯이 독점력은 다른 기업의 공급탄력성이 커질수록 더 작아진다. 공급탄력성이 크다는 것은 독점기업이 가격을 인상했을 경우 다른 기업이 빠른 속도, 저비용으로 시장에 진입할 수 있다는 것을 의미한다. 독점기업의 가격 인상이 손쉽게 다른 기업의 신규 진입을 초래한다면 독점기업이 가격을 원하는 데로 인상할 수 없을 것이고 결과적으로 그 기업은 독점력을 갖고 있지 않다고 말할 수 있다. 진입장벽이 생기는 요인은 크게 세 가지로 요약할 수 있다. 먼저, 정부가 제정한 제도에 의해 만들어지는 경우이다. 둘째는 전기, 가스, 통신과 같이 규모의 경제가 작용하여 산업에 한 개 이상의 기업이 존재할 경우 오히려 생산비가 상승하는 경우이다. 이러한 산업을 자연독점이라고 하는데 이 경우는 대체로 많은 고정비용이 소요되는 경우가 일반적이다.[27] 마지막으로 독점기업 자신이 진입장벽을 만들 수가 있다. 승산이 없는 특허 관련 소송을 자주 제기하여 신규 진입을 막는 경우를 예로 들 수 있다. 따라서 잠재적 경쟁자에 대한 상식에 어긋난 지속적인 소송 제기는 기업이 자기의 독점력을 방어하는 행위로 볼 수 있는 것이다.

---

27 G. Stigler는 진입장벽의 정의를 기존 사업자는 부담하지 않으나 신규사업자만이 부담해야 하는 비용이라 하였는데, 이 정의에 의하면 높은 고정비용을 진입장벽에 포함시킬 수 없다.

임계매출감소율 도출

임계매출감소율은 X%의 가격 인상을 하였을 경우 이윤의 변화가 없는 매출 감소율을 의미한다. 여기서 가격 인상 전의 이윤을 π_1, 가격 인상 후의 이윤을 π_2라 하면,

$$\pi_1 = p_1q_1 - (f + cq_1),$$

$$\pi_2 = p_2q_2 - (f + cq_2)$$ 으로 표시할 수 있다.

여기서 p_1은 인상 전 가격, q_1은 이에 따른 매출량, p_2는 가격 인상 후의 가격, q_2는 이에 따른 매출량, 그리고 f는 고정비용 c는 가변비용을 의미한다. 편의상 가변비용은 생산량에 따라 변하지 않는다고 가정한다.

임계매출감소율(CL)의 정의상 $\pi_1 = \pi_2$를 보장하는 매출 감소율을 의미한다.

즉, $p_1q_1 - (f + cq_1) = p_2q_2 - (f + cp_2)$를 보장하는 매출 감소율을 도출하면 되는 것이다.

양변을 정리하면 다음과 같은 식을 도출할 수 있다.

$$p_1q_1 - p_2q_2 = c(q_1 - q_2)$$

상기 식의 양변을 q_1으로 나누면

$$p_1 - \frac{p_2q_2}{q_1} = c(1 - \frac{q_2}{q_1})$$ 가 된다.

양변을 정리하여 다음과 같은 식을 도출한다.

$$-\frac{p_2q_2}{q_1} = c\frac{q_2}{q_1} = c - p_1 \rightarrow \frac{q_2}{q_1}(-p_2 + c) = c - p_1$$

양변을 $(-p_2 + c)$로 나누면

$$\frac{q_2}{q_1} = \frac{c - p_1}{-p_2 + c}$$ 가 되고 각 변을 1에서 빼면

$$1 - \frac{q_2}{q_1} = 1 - \frac{c - p_1}{-p_2 + c} \rightarrow \frac{q_1 - q_2}{q_1} = \frac{-p_2 + c - c + p_1}{-p_2 + c} = \frac{p_1 - p_2}{-p_2 + c}$$

이윤 변동 없는 산출량을 도출하기 위해 양변의 부호를 바꾸면

$$\frac{q_2 - q_1}{q_1} = \frac{p_2 - p_1}{-p_2 + c}$$ 가 도출된다.

우변의 분모에 p_1을 더하고 빼고 분자 분모를 p_1으로 나누면 얻고자 하는 식을 도출할 수 있다.

$$\frac{q_2 - q_1}{q_1} = \frac{p_2 - p_1}{p_2 - p_1 + (p_1 - c)} = \frac{\dfrac{p_2 - p_1}{p_1}}{(\dfrac{p_2 - p_1}{p_1}) + (\dfrac{p_1 - c}{p_1})}$$

여기서 $\frac{q_2 - q_1}{q_1}$ 은 이윤의 변화가 없는 매출 감소율, 즉 임계매출 감소율(CL)이고, $\frac{p_2 - p_1}{p_1}$ 은 X%의 가격 인상률, $\frac{p_1 - c}{p_1}$ 은 마진율(M)이다.

Du Pont사의 독점력

일반적으로 기업이 직면한 수요곡선은 시장 전체의 수요곡선보다는 가격탄력성이 더 높다. 왜냐하면 개별 기업이 가격을 인상할 경우 소비자는 시장 내에서 경쟁한 기업의 제품 간에 소비를 전환할 수 있는 여지가 있는 반면에 시장 전체의 소비는 전환할 대체품이 없기 때문이다. 따라서 개별 기업의 입장에서 본 수요의 가격탄력성이 시장 전체의 그것과 같다는 것은 그 기업이 산업 전체의 수급을 제어하고 있다는 의미가 된다. Du Pont의 사례에서 동사는 Sylvania와의 판매 계약에서 Sylvania의 시장점유율이 Du Pont의 1/3이 초과할 경우 20%의 로열티를 받기로 했으므로 실제 Du Pont사는 전체 시장수요의 3/4 이상을 점할 수 있게 된다. 수요의 가격탄력성은 수요량 변화율을 가격 변화율로 나눈 값이므로 시장 전체의 가격탄력성 ε는 다음 식과 같이 나타낼 수 있다.

$$\varepsilon = \frac{\frac{\Delta Q}{Q}}{\frac{\Delta P}{P}} = \frac{\Delta Q}{\Delta P} \cdot \frac{P}{Q}$$

여기서 Q는 수요량, P는 가격, 앞에 Δ 표시는 증가분을 나타낸다. 한편 Du Pont사의 입장에서 가격탄력성 ε_d는 다음과 같이 표시할 수 있다.

$$\varepsilon_d = \frac{\frac{\Delta Q_d}{Q_d}}{\frac{\Delta P}{P}} = \frac{\Delta Q_d}{\Delta P} \cdot \frac{P}{Q_d}$$

그러나 Du Pont의 수요 Q_d는 시장수요 Q의 3/4, 즉 $Q_d = 3/4 \cdot Q$의 관계가 성립한다. 그러므로 Du Pont사가 직면하는 가격탄력성은 다음과 같이 표시할 수 있다.

$$\varepsilon_d = \frac{\Delta Q_d}{\Delta P} \cdot \frac{P}{Q_d} = \frac{\frac{3}{4} \cdot \Delta Q}{\Delta P} \cdot \frac{P}{\frac{3}{4} \cdot Q} = \frac{\Delta Q}{\Delta P} \cdot \frac{P}{Q}$$

다시 말해서 Du Pont의 입장에서 본 가격탄력성은 시장의 가격탄력성과 같게 됨을 알 수 있다.

독점행위

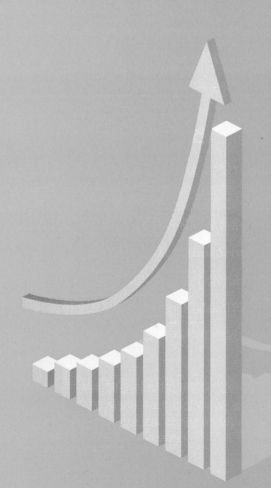

이 장부터는 독점규제법에서 규제한 구체적인 행위에 관해서 공부하게 될 것이다. 앞으로 모든 장에서 해당 행위의 경제적 효과는 무엇이고 왜 기업들이 이런 행위들을 하고자 하며, 기업의 어떤 행위를 규제하는 것이 바람직한가? 등 규제이론 부분을 다룰 것이다. 사례부분에서는 먼저 미국의 제도와 사례를, 그 다음 우리나라의 제도와 사례를 공부하게 될 것이다. 이렇게 순서를 정한 이유는 미국의 셔먼법이 세계 최초로 제정이 되었고, 영미법의 유연한 법체계 때문에 법원의 판례에 의해 법 위반의 기준이 100여 년 동안 지속적으로 진화 발전되어, 그간의 법 위반 기준에 대한 추세를 한눈에 볼 수 있기 때문이다. 미국 법원은 100여 년 동안 특정 시대가 요구하고 필요로 했던 사회적 가치, 경제분석의 발달 정도 등에 따라 법 위반의 기준을 진화시켜왔다. 다른 나라의 독점규제법은 그 후에 도입이 되었고 미국의 사례를 그 기준으로 삼고 있으므로 미국 사례를 먼저 공부하는 것이 많은 부분에서 도움이 될 것이다.

이 책에서 미국 사례는 어떤 특정 사례에 깊이 들어가기보다는 위법성의 기준이 어떻게 변화되어 왔는지의 역사적 추세나 흐름에 대해 대강을 파악할 수 있도록 기술하고 있다. 물론 중요한 사례는 심도 있게 다루고 있기도 하다.

3-1 개요

독점행위[1]란 무엇인가? 영어로 monopolize는 '독점하다' 혹은 '독차지하다'라는 의미를 갖고 있다. 우리는 제2장에서 '독점력'의 개념, 그것을 측정하는 방법에 대해 살펴보았다. 넓은 의미에서 독점행위란 독점력이 있는 기업이 행하는 행위라고 일반적으로 말할 수 있다. 시장에 1개 기업만 존재하는 독점시장에서는 기업은 한계비용보다 가격을 더 높이 책정하여 최적생산량보다 더 적게 생산하게 된다.[2] 따라서 독점시장은 자중손실(deadweight Loss)이라는 사회적 비용을 야기하고 소비자는 선택의 폭이 줄어든다. 그렇다고 독점시장 자체를 금지해야 하는가? 이에 대한 답은 이 "장"에서 예시된 사례를 공부하면서 풀어나갈 것이다.

독점시장이 형성되는 원인은 매우 다양하다. 정부의 인ㆍ허가 규제, 진입규제에 의해 생길

---

1 "시장지배적 지배적 지위 남용행위"와 동일한 의미로 사용한다.
2 제1장의 그림 1-1을 참고하기 바란다.

수도 있고, 기업의 여러 가지 배타적 행위로 인해 경쟁사업자가 시장에서 퇴출되어 생길 수도 있고, 어떤 기업이 기술 개발과 효율적인 경영으로 소비자의 인정을 받아 독점기업으로 성장할 수도 있는 것이다.

그러면 독점기업의 어떤 행위를 독점규제법의 규제 대상으로 삼아야 하는가? 현실적으로 규제 대상이 되는 독점기업의 행위는 각국이 처한 상황에 따라 각자의 입법정책에 의해 독점규제법의 규제 대상이 되는 독점기업의 행위를 정하고 있다. 이것은 좁은 의미의 독점행위라고 말할 수 있고 우리나라를 포함한 대부분의 나라에서 '시장지배적 지위의 남용행위'로 부르고 있다.

여기서는 미국과 우리나라의 제도와 그간의 사례를 통해 어떤 독점기업의 행위를 독점행위로 규제 해왔는지를 살펴보기로 한다. 앞서 설명한 대로 미국의 제도와 사례를 먼저 공부하는 것은 1890년에 최초로 셔먼법이 제정되었고 영미법 계통의 법체계하에서 판례법 위주로 사례가 쌓였고, 따라서 각 위반행위 기준, 분석방법 등에 있어 시장 환경의 변화나 경제분석 기법의 발달 정도에 따라 유연성있는 변화를 가져와서, 위반행위 분석을 위한 유용한 수단을 제공하기 때문이다.

3-2 미국의 제도와 사례

셔먼법 제2조는 독점행위(monopolization)와 독점시도행위(attempt to monopolization)를 금지하고 있고 이의 위반을 중죄로 다스리고 있다. 동조 위반의 경우 법인은 1억 달러 이하, 개인은 백만 달러 이하의 벌금에 처하거나 10년 이하의 징역형에 처하거나 벌금과 징역형을 동시에 부과할 수 있게 되어 있다. 셔먼법 제2조의 내용은 다음과 같다.

Every person who shall monopolize, or attempt to monopolize, or combine or conspire with any other person or persons, to monopolize any part of the trade or commerce among the several States, or with foreign nations, shall be deemed guilty of a felony [. . .]

그러나 제2조에서는 단순히 "모든 거래 분야에서..'monopolize'는 위법이다.."라는 매우 포괄적인 표현을 사용하고 있어 무엇이 monopolize(독점행위)인가에 대한 구체적인 기준은 경쟁 당국과 사법부의 판단에 의하여 개발·발전되어 왔다. 기업의 어떠한 행위가 셔먼법 2조 위반이 되는 독점행위인가를 정한다는 것은 매우 광범위하고 개별적인 판단이 가미된 작업이므로 동조 관련 사법부의 판결도 사건에 따라서 각 시대의 사회적 여건에 따라서 많은 변화를 가져올 수밖에 없었다.

셔먼법 제정이 얼마 안된 초기에, monopolize의 개념이 무엇인가? 즉, 셔먼법 제2조를 위반하기 위해서는 어떤 조건이 충족되어야 하는가에 대한 여러 가지 다양한 의견이 제시되고 토의되었다. 다음과 같은 질문이 셔먼법 2조 위반의 범위에 대한 논쟁을 이해하는 데 도움이 될 것이다. 첫째는 독점기업을 소유·경영하는 것 자체만으로도 위법이 되는가? 다시 말해서 기업의 규모가 크다는 사실, 혹은 독점력을 갖고 있다는 사실만으로도 위법이 되는지 여부이다. 만약 그렇다면 행위에 대한 경제분석이 필요없는 당연위법(per se illegal)[3]이 되고 만다. 둘째는 만약 기업의 규모 자체, 독점기업이라는 사실만으로는 2조 위반이 될 수 없고 별도의 '행위 요소(conduct component)'가 필요한가? 만약 필요하다면 어떤 종류의 행위가 금지되어야 하는가? 이다. 그 행위가 셔먼법 제1조 위반[4]인 '거래제한행위'를 단독으로 행하는 행위로만 볼 것인가, 아니면 그 밖에 다른 행위도 해당하는가 등이다.

독점행위에 대한 가장 극단적인 강력한 해석은 독점기업이라는 사실만으로도 2조 위반 가능성을 인정하자는 견해이다. 독점행위의 개념을 가장 넓게 해석하는 자세이다. 독점행위에 대한 또 다른 극단적인 해석은 셔먼법 2조를 1조의 보조 수단 정도로 생각하는 것이다. 이 견해는 2조 위반이란 여러 기업이 담합하여 행하는 1조 위반인 '거래제한행위'를 단독으로 행하는 경우에만 해당한다고 보는 것이다. 이 견해는 독점행위의 범위를 매우 좁히게 되어 독점행위에 대한 처벌을 매우 관대하게 하는 결과가 된다. 왜냐하면 이 견해에 의하면 독점행위의 범위를 1조에서 금지하는 '거래제한행위'에 국한하게 되어 '약탈적인 행위' 등 독점기업의 다른 행위에 대해서는 독점행위의 위반행위에서 제외되어 버리기 때문이다.

지금까지의 법원의 결정은 상기 양 극단적인 견해의 사이에 위치해 있었다고 볼 수 있다. 어떤 경우는 과다한 생산 시설을 보유하고 있다는 사실만으로도 처벌이 되었고 어떤 경우는 확실한 배타적인 행위를 했음에도 불구하고 무혐의로 결론이 난 경우도 있었다.

---

3   당연위법이란 그 행위의 부당성 여부를 따져볼 필요없이 일정한 요건이 충족되면 그 자체로 위법이라고 판단하는 법칙이다. 보다 자세한 내용은 제5장 '공동행위'를 참고하기 바란다.
4   셔먼법 제1조는 복수의 기업이 합의하여 거래를 제한하는 행위를 위법으로 선언하고 있다. 구체적인 사항은 제5장 '공동행위' 부분을 참조하기 바란다.

셔먼법 2조를 판단함에 있어 가장 유력한 기준으로 인정받아 오늘날까지도 사용되고 있는 기준은 1964년의 *US v. Grinnell*[5] 사건에서 정한 두 가지 요건이다. 즉 ① 해당 기업이 독점력을 갖고 있어야 하고, ② 제품의 우월성(superior product), 사업 경영상의 통찰력(business acumen), 또는 어떤 역사적인 사건(historic accident) 등과 관련 없이 고의적으로 독점력을 획득, 유지하려는 행위가 있어야 한다는 것이다. 후자를 행위 요건(conduct requirement)이라 한다. 기업이 독점행위를 행하기 위해서는 먼저 독점력이 있어야 한다는 것이다. 독점력이 없이는 경쟁자를 배제할 수 있는 능력이 없기 때문이다. 그러나 독점력을 갖고 있다는 사실만으로는 법 위반이 아니고 제품이나 경영 능력상의 우월성과 관련 없이 독점력을 유지·획득하기 위한 고의적인 어떤 종류의 행위가 있어야 한다는 것이다. 독점력뿐만 아니라 고의적인 어떤 행위가 있어야 한다는 점에서 독점력이 있다는 사실 자체를 위법으로 보는 극단론과는 구분이 되고, 경영상의 우월성과 관련 없는 행위는 모두 포함된다는 점에서 1조에서 금지한 담합에 의한 '거래제한행위'를 단독적으로 행하는 경우만을 포함한다는 극단론과도 구분이 된다. 다시 말해서 상기 Grinnell에서 정한 기준은 양 극단적인 견해의 사이에 위치해 있다고 보아야 한다는 것이다.

지금까지의 2조 사건에 대한 판결은 이 기준의 범주에 있다고 보아도 크게 무리는 아닐 것이다. 기업의 독점력은 앞장에서 설명한 대로 측정이 가능하나 행위 요건(conduct requirement), 즉 어떤 행위들이 경영상의 우월성과 관련 없이 독점력을 증가시키는 행위인지는 사전에 열거할 수가 없다. 왜냐하면 독점력을 유지, 획득하는 행위는 예컨대, 수직결합, 가격차별, 끼워팔기, 가격 인상, 거래거절 등 전체 독점규제법에서 금지한 행위를 망라할 수 있을 정도로 광범위하기 때문이다. 실제로 수직결합의 경우는 크레이톤법 제정 전에는 셔먼법 2조에 의해 금지되어 왔다. 따라서 어떤 행위가 셔먼법 2조 위반인지를 알기 위해서는 관련 사례를 검토하여 판결의 변천 과정이 어떠했는지, 구체적인 2조 위반행위가 어떤 것들이 있었는지를 살펴보는 수밖에 없다.

다음 항목에서는 관련 판결 기준의 시대적인 변천 과정, 그간의 판례에 나타난 독점행위의 내용이 무엇인지를 설명하고 있다.

---

5   236 F. Supp. 244(1964).

3-2-1 초기의 사례

1890년도 셔먼법이 제정된 후 초기의 2조에 대한 해석은 1조에서 금지한 공동행위의 위반 사건에 대한 보조 수단으로만 인식하려는 경향이 짙었다. 다시 말해서 2조에서 규정한 독점행위란 1조가 금지한 행위, 즉 여러 기업이 공모하여 행하는 거래제한행위를 독점기업 단독으로 행하는 경우만을 의미하는 것으로 인식하고 있었다. 따라서 2조만을 위반한 독립적인 사건보다는 1조의 담합행위 관련 사건에 부수하여 위반 여부를 판단하는 경우가 많았다.

대표적인 사례가 *Standard Oil v. United States*[6] 이다. 당시 Standard Oil사는 오늘날의 지주회사 형태인 트러스트를 통해 여러 개의 정유 회사를 소유하고 있었고, 또한 지속적으로 확장하여 왔다. 그 과정에서 동사는 부당염매, 기업결합, 철도회사에 대한 원유 수송비의 강제적인 환급 요구 등을 통해서 경쟁사에 비해 유리한 조건을 유지하는 방법으로 경쟁사를 배제하려고 하였다.[7] 동사는 같은 트러스트에 속해 있는, 법적으로는 독립된 여러 정유 회사가 관련된 사건이었으므로 1조의 담합행위 위반으로 처벌을 받았다. 따라서 당시 Standard Oil사가 명백히 독점력을 갖고 있었음에도 불구하고 동사가 행한 행위가 2조인지 위반 여부에 대해서는 심각한 검토가 없었다.

United States v. U.S. Steel Corporation[8]에서는 2조를 약간 더 독립적으로 검토하기 시작했다. 이 사건에서는 기업의 규모 자체만으로는 법 위반이 아니라는 점, 2조 위반이 되려면 명백한 '행위'가 있어야 된다는 점 등을 분명히 하였다.

대법원 판사들 사이에서 이견은 있었으나 다수의견은 US Steel이 독점력을 보유하지 못했다는 것이다. 왜냐하면 US Steel사가 행한 여러 가지 행위는 만약 동사가 독점력이 있었다면 필요하지 않았을 행위이기 때문이라는 것이다. 결정적으로는 US Steel의 생산 시설 용량이 전체시장의 80%에 달하는데도 불구하고 시장점유율이 50% 수준에 머무르고 있는 것은 동사의 독점력 획득 노력이 실패했음을 보여주는 증거라고 판단하고 있다.

그러나 이러한 판단은 잘못되었다. 법원의 결정은 US Steel사의 시장점유율이 낮으므로 동사의 독점력이 없다는 것이다. 그러나 지배기업 모형이 설명하는 바는 생산 능력에 못 미치

6　221 U.S. 1 (1911).

7　당시 철도는 이미 거대 기업으로 성장한 Standard Oil사의 수요 독점적 위치를 고려하여 동사의 원유에 대한 철도 수송비 강제 환급 요구를 거절할 수 없었다.

8　251 U.S. 417 (1920).

는 시장점유율이야말로 동사가 시장을 지배하고 있는 증거가 된다. 제2장의 그림 2-1에서 만약 지배기업이 가격을 경쟁가격 수준에서 결정하였다면 공급곡선인 S_d와 수요곡선의 교차점에서 지배기업의 공급량, q_d가 결정되고 가격은 p_c로 결정될 것이다. 가격이 p_c라면 주변기업의 공급은 q_f로 결정될 것이다. 경쟁가격에서 지배기업의 공급은 동사의 이윤을 극대화시켜주는 공급량보다 더 많아졌고 주변기업의 공급은 오히려 더 작아졌다는 것을 알 수 있다. 따라서 지배기업의 시장점유율은 경쟁가격으로 결정할 때보다 동사가 가진 독점력을 이용하여 이윤을 극대화시키는 수준의 공급을 할 때에 훨씬 더 줄어들게 된다. 여기서 지배기업의 시설 용량이 q_d라면 동사는 시설 용량에 못 미치는 생산을 한 셈이 된다. 따라서 US Steel사가 시설 용량에 못 미치는 매우 낮은 시장점유율을 갖고 있었다면 그 사실 자체가 동사가 지배기업으로서 이윤 극대화를 위해 그 지배력을 사용하고 있다는 증거가 된다.

결론적으로 US Steel법원도 Standard Oil에서 보여준 것과 같이 2조에서 금지한 행위와 1조의 금지 행위 간에 어떤 관계성이 있다는 것을 인정함으로써 2조를 완전한 독립 조항으로서 적용하지는 않았다고 말할 수 있다.

3-2-2　United States v. Aluminum Co. of America(Alcoa)[9]

Alcoa 사건은 셔먼법 제2조와 관련된 독점행위 사건에 대한 그간의 판결 방향에 획을 긋고 오늘날까지 관련 기준의 기초가 되는 전기를 마련한 사례이다.

Alcoa 법원은 독점행위 위반의 요건으로 독점력 분석을 강조하고 있다. 더욱 중요한 것은 그간 셔먼법 1조에 규정된 담합에 의한 거래제한행위를 단독 기업이 행했을 경우에만 2조를 적용한다는 통념을 깨고 그 밖의 행위도 광범위하게 2조의 적용 대상이 된다는 점을 명백히 한 것이다.

Alcoa는 1888년 설립된 순알미늄괴(virgin aluminum ingot)를 제조·판매하는 기업인데, 1895년부터는 알미늄괴를 원료로 하여 알루미늄 제품도 생산하기 시작하였다. 특허권을 갖고 있던 동사는 1909년까지는 알루미늄 제조에 있어서 합법적인 독점권을 유지하고 있었다. Alcoa의 시장지배력은 외국의 경쟁사와 경쟁을 제한하는 계약, 국내의 잠재적 경쟁자에게 전력 공급을 제한하게 하는 전력 회사와의 계약 등을 통하여 더욱 높아지고 있었다. 이러한 경쟁

9　148 F. 2d 416 (2d Cir. 1945).

제한행위는 1912년 법무부의 동의 명령(consent decree)[10]으로 금지된 바가 있었다. 그러나 1912년 이후에도 Alcoa는 국내의 유일한 순알미늄괴 생산자로 남아 있었다. 법무부는 Alcoa가 독점행위에 의해 계속하여 유일한 생산자로 남아 있는 사실이 셔먼법 2조 위반이라 하여 기소하게 되었다.

이 사건 역시 기업의 독점행위로 기소되었으므로 피고 기업의 독점력 여부가 판결의 중요한 관건이 되었다. 당시 알미늄괴의 시장 상황은 아래의 표와 같은 상황이었다. 즉 순알미늄괴의 63%가 Alcoa에 의하여 제조·판매되고 있었고 28%는 재생 알루미늄 시장[11]에 의하여, 나머지 9% 정도를 수입에 의존하고 있었다. Alcoa가 판매한 63% 중 46%는 동사가 1차 가공하는 원료로 사용하고, 나머지 17%를 시장에서 판매하고 있었다. Alcoa가 독점력이 있는지 여부를 살펴보기 위해서는 시장점유율을 측정해야 할 것이고 그러기 위해서는 적정 시장의 정의를 어떻게 하느냐에 따라 결과가 크게 달라질 수밖에 없는 상황이었다.

먼저 경쟁 당국인 법무부는 Alcoa가 생산·판매한 63%를 동사의 시장점유율로 측정하였다. 알미늄괴의 생산·수입은 물론 Alcoa의 내부 사용량, 재생 알루미늄 시장까지를 모두 적정 시장에 포함하였다. 반면에 하급법원에서 정한 시장의 범위는 Alcoa의 자가 소비를 제외한 시장 판매 17%, 재생 알미늄 시장 28%, 수입 9%만을 포함하고 있다. 따라서 Alcoa의 시장점유율은 31.4%에 불과하게 된다($\frac{17\%}{17\%+28\%+9\%}=31.4\%$). 제2순회법원(판사: L. Hand)은 시

알미늄괴의 시장 상황(단위: %)

Alcoa의 생산 판매	63%
(Alcoa가 1차 가공)	(46%)
(시장 판매)	(17%)
재생 알미늄괴	28%
수입	9%

---

10 동의명령이란 미국 연방법원의 판결에 많이 쓰이는 제도로서, 소송 당사자 간의 분쟁을 조정하기 위한 원고와 피고 간의 합의를 바탕으로 법원에 신청하고, 법원은 수용 여부를 결정하고 그 합의가 잘 진행되고 있는지 등을 감독·점검한다. 유사한 제도가 우리나라 공정거래법에 도입된 동의의결제도인데 동의의결을 수용할 것인지 여부를 공정거래위원회가 결정한다는 점에서 동의명령제도와 다르다. 우리나라 동의의결제도에 대해서는 제4장 '기업결합'의 4-3-6항 '우리나라의 기업결합 사례'에서 '마이크로소프트의 노키아 기업결합 건'을 참고하기 바란다.

11 원래 Alcoa에 의하여 제조되었고 나중에 중소 업자들에 의하여 재생·판매된 부문이다.

장점유율이 63% 정도 수준이라면 독점행위가 가능할 정도의 독점력이 있는 것으로, 시장점유율 31.4%는 독점력이 없는 것으로 판단하고 있다. 그러나 법무부나 하급법원이 실시한 시장의 정의는 모두 옳지 않다고 판단하고 있다. Hand 판사가 정의한 시장의 범위는 재생 알미늄 시장을 제외한 Alcoa의 생산분 63%와 수입분 9%로 구성되어 있다. 이와 같은 시장의 정의에서 Alcoa의 시장점유율은 87.5%에 이르게 된다 ($\frac{63\%}{63\%+9\%}=87.5\%$). 첫째는 하급법원에서 제외하였던 Alcoa의 자가소비 분 46%는 시장의 범위에 포함시켜야 한다고 판단하였다. 왜냐하면 Alcoa가 자가 소비하였든 시장 판매를 하였든 알미늄괴 시장에 미치는 영향은 동일하기 때문이다. 예컨대, 자가 소비가 증가하면 시장의 수요가 증가하는 것과 똑같이 알미늄괴의 가격에 영향을 미치므로 시장에 미치는 양자 간의 효과는 기능상 차이가 있을 수 없다는 것이다. 이것은 Alcoa에게는 불리한 결정이다. 왜냐하면 자가 소비분을 분모와 분자에 똑같이 더할 경우 Alcoa의 시장점유율은 더 커지기 때문이다. 둘째는 법무부가 시장의 범위에 포함시켰던 재생 알미늄 시장은 시장의 범위에서 제외시켰다. 재생 알미늄도 Alcoa가 전부 제어·관리할 수 있다는 이유 때문이다. 실제 모든 알미늄괴는 Alcoa가 생산·판매하는 데 알미늄괴가 사용되는 용도(예컨대 항공기, 전선 등)에 따라 얼마만큼의 알루미늄이 재생되는지, 다시 말해서 각 용도에 따른 재생 비율이 얼마나 되는지 등 구체적인 기술적인 정보를 Alcoa사는 전부 갖고 있다는 것이다. 따라서 알미늄괴 신제품을 생산할 때에 Alcoa사는 장래 얼마만큼의 재생 알미늄이 공급될 것인지 등을 정확히 예측할 수 있고, 재생 알미늄을 포함한 시장 전체의 공급 물량의 예측에 근거하여 자기가 생산한 알미늄괴 신제품의 가격과 생산량을 조정하였다는 것이다. Alcoa사는 신제품시장은 물론 재생 알미늄 시장까지를 통제할 수 있다는 것이다. 재생 알미늄 시장을 제외한 결정도 물론 Alcoa에게는 불리한 결정이었다.

재생 알미늄도 Alcoa가 신상품으로 생산하는 알미늄의 대체재가 될 수 있다는 점에서 다소 무리한 주장이라고 생각된다. 또한, 사후에 일부 학자들은 수입 물량(9%)뿐만 아니라 해외의 시설 용량까지를 적정 시장의 범위에 포함시켰어야 되었다는 의견을 제시하기도 하였다.

Hand 판사의 Alcoa의 '행위'에 대한 분석은 매우 다양한 해석이 가능할 정도로 분명하지 않은 점이 많다. 그는 판결문에서 다음과 같은 의견을 제시하였다.

이 표현은 기업의 규모가 크다는 사실 자체만으로 위법이 될 수 있다는 점을 암시한 것 같이 보인다. 초과 시설을 유지한 사실만으로 위법을 선언했다는 점에서 Alcoa법원은 거대한 기업규모에 대해 거부감을 갖고 있었음에 틀림이 없다. Hand 판사의 의견도 2조가 금지한 행위의 범위에는 최소한 1조가 금지한 담합에 의한 거래제한행위를 단독 기업이 행한 경우는 포함된다고 생각했던 것 같다. 그렇다면 1조는 가격을 올리기 위해 여러 기업이 담합하는 것은 위법으로 선언하고 있으므로 2조는 독점사업자 단독으로 가격을 올리는 행위를 위법으로 볼 수밖에 없다는 결론이 된다. 말하자면 독점 사업의 통상적인 사업상의 가격 결정 행위도 위법이 될 수 있는 것이다. 어떤 기업이 독점기업이고 그 기업이 독점가격을 부과했다면 그 사실만으로도 위법이 성립이 되는 당연위법(per se illegal)이 된다. 이에 따라 원고인 경쟁 당국(법무부)은 만약 Alcoa가 독점력을 남용하지 않았다면 그 입증 책임은 Alcoa에게 있다고까지 주장하였다. 왜냐하면 당연위법을 적용하면, 무혐의 주장을 위해 행위의 정당성을 주장하려면 그 정당성의 입증 책임이 피고 기업이 부담해야 하기 때문이다.

이와 같은 순회법원의 입장은 겉으로 보기에는 독점사업자가 거대한 규모를 유지한 사실만으로 당연위법이 되는 것으로 해석한 것처럼 보인다. 그러나 전후 맥락을 살펴보면 2조 위반을 입증하기 위해서는 독점력 이외에 시장구조와 행위 분석이 필요하다는 의견에 가깝다는 것을 발견할 수 있다. 뿐만 아니라 모든 독점사업자가 독점력이 있거나 규모가 크다는 사실만으로 무조건 법 위반은 될 수가 없다는 의견도 개진하였음을 발견할 수 있다. 즉 사업상의 탁월한 능력(skill), 선견지명(foresight), 근면(industry) 등에 의하여 생성된 독점은 책망할 수 없다는 의견도 개진하고 있다. 경영 능력상의 우월성에 근거를 두고 정상적인 시장의 규칙을 준수하여 경쟁에서 승리한 기업가를 독점이라는 이유로 잘못을 물을 수는 없다는 것이다. 독점력을 유지·생성하기 위하여 모종의 적극적인 조치나 행위를 행한 경우에만 2조에서 금지한 독점행위로 볼 수 있다는 것이다. 그러나 모종의 적극적인 행위란 반드시 경쟁자를 배제하는 행위로만 국한할 필요는 없다고 함으로써 독점행위의 범위를 지나치게 좁게 해석하는 것을 방지하려는 노력도 기울이고 있다.

실제 Alcoa는 수요 증가에 대비해 초과 시설을 항시 유지하여 잠재적 경쟁자의 시장 진입을 단념시킴으로써 독점적 지위를 누려왔다. 뿐만 아니라 알미늄괴 가격압착(price squeeze)[12]을 통하여 알루미늄박판(aluminum sheet)제조업자에게 알미늄괴를 자가 소비하는 가격보다 훨씬 더 높은 가격으로 판매함으로써 알루미늄 박판의 제조·판매에 있어 자기와 경쟁을 할 수 없도록 만들었다. 결론적으로 치밀하게 초과 시설을 유지했던 Alcoa의 행위는 여기서 말하는 경영 능력상의 우월성 이외의 방법으로 독점력을 유지하려고 했던 '모종의 적극적인 행위'에 해당한다는 것이다.

Alcoa 사건은 판결의 내용이 일부 모호한 점 때문에 사후의 해석상에 다양한 의견이 제시되고는 있으나 한 가지 분명한 것은 2조 독점행위의 범위를 매우 넓히는 계기가 되었다는 사실이다. 이 사건이 갖는 중요성은 처음으로 시장구조와 행위 분석이 시행되었다는 점, 그리고 그 당시까지 거의 사문화 되었다시피 한 셔먼법 2조를 1조와는 다른 별개의 기준에 의해 판단하기 시작했다는 점일 것이다.

3-2-3 Alcoa 이후의 독점행위 판단 기준

Alcoa 사건 이후 1966년까지는 셔먼법 2조 위반 독점행위가 무엇인가에 대한 명백한 기준을 제시한 사례는 찾아볼 수 없다. 대법원은 Alcoa 사건에서 Hand 판사가 보여준 독점행위에 대한 적용 기준을 같은 해인 1946년 *American Tobacco Co. v. United States*[13]에서 그대로 인정하였다. 그 뒤 *United States v. Griffith*[14]에서는 Alcoa에서 보다 더 진전된 기준이 제시되지는 않았다. 그러나 제2조의 위반 기준으로 독점력을 유지·확장하기 위해서 경쟁을 배제하였거나 배제하려는 의도가 있어야 한다고 함으로써 독점행위의 기준을 결과적으로는 더 좁혀버리는 결과를 초래하였다.

United States v. United Shoe Machinery Corp.[15]에서 Wyzanski 판사는 그때까지 제시되었던 다양한 기준 중에서 어떤 것을 선택해야 할지에 대하여 고심하게 된다. 그는 당시까지 제시되었던 2조 관련 기준은 크게 세 가지로 분류할 수 있다고 생각하고 있다. 첫째는 Alcoa 사

---

12 가격압착(price squeeze)이란 제조업자가 제조의 하위 단계인 유통업까지 겸하고 있을 때에 유통단계에서 자기의 경쟁자에게는 비싼 가격에 판매함으로써 경쟁에서 불리하게 하는 행위를 말한다.

13 328 U.S. 781 (1946).

14 334 U.S. 100 (1948).

15 110 F. Supp. 295 (D.Mass. 1953), *aff'd per curian*, 347 U.S. 521 (1954).

건 이후에 제기된 적이 없기는 하나 셔먼법 2조는 1개 기업 이상이 담합하여 행하는 1조가 금지하는 거래제한행위를 단독 기업이 행하는 것을 금지한다고 생각하는 고전적인 기준이다. 둘째는 Griffith 사건에서와 같이 피고 기업의 독점력이 있고, 경쟁을 배제하기 위한 독점력의 행사가 있어야 한다는 좁아진 기준이다. 셋째는 Alcoa에서와 같이 경쟁을 배제하는 행위에 더하여, 독점력을 유지·획득하기 위한 독점사업자의 적극적 행위가 있으면 법 위반이 가능하다고 보는 견해이다. 실제로는 피고 기업이 경쟁을 배제한 사실이 명백해졌으므로 여러 가지의 기준 중 어떤 것을 적용할 것인지를 결정할 필요가 없게 되었다.

오늘날까지도 2조 독점행위가 무엇인지를 명백하게 밝혀 주는 기준은 *United States v. Grinnell*[16]에서 제시되었다. 이 사건에서 말하는 2조 위반의 독점행위가 되기 위해서는 ① 적정 시장에서 피고 기업의 독점력이 있어야 하고 ② 제품의 우수성(superior product), 사업 수행상의 통찰력(business acumen), 또는 과거에 일어났던 어떤 우연한 사건(historic accident) 등이 아닌 다른 방법, 즉 고의적인(willful) 방법으로 그 독점력을 유지하거나 새로 획득하려는 행위가 있어야 한다는 것이다. 이 사건 이후의 독점행위 관련 판결에서는 대체로 Grinnell의 기준을 따르는 경향을 보인다. 이 기준은 2조 위반이 되기 위해서는 독점력과 어떤 고의적인 행위가 있어야 한다는 점을 분명히 하고 있다. 그리고 그 행위란 '사업 운영상에서 자기가 가진 장점(competitive merit) 이외의 고의적인 방법을 이용하여 독점력을 획득·유지하는 것이 그 주된 목적이 되는 행위' 정도로 인식하고 있다.

앞서 설명한 바와 같이 2조 위반이 되는 독점행위를 사전에 지침으로 정하여 나열할 수는 없다. 그 대상의 범위가 사업 운영상의 자기의 능력이 아닌 모든 행위가 포함될 정도로 광범위하기 때문이다. 따라서 2조 위반의 독점행위가 무엇인지 알기 위해서는 2조를 위반한 과거의 사례를 직접 살펴보는 것이 가장 적절한 방법이다.

---

16   384 U.S. 563 (1966).

3-2-4 미국의 사례에 나타난 독점행위의 종류

가) 신규 진입 방해

Alcoa 사건에서는 과잉 시설을 유지함으로써 잠재적 경쟁자의 신규 진입을 막아 독점적 지위를 지속시키는 행위를 2조 위반이라 판시하였다. 즉 생산 시설을 고의적으로 과잉 보유하고 그것을 과시함으로써 잠재적 경쟁자들로 하여금 감히 경쟁을 할 수 없다는 생각이 들도록 유도하여 알미늄괴의 생산 시장에 진입하는 것을 단념하게 한 행위는 법 위반이라는 것이다. 항시 과잉 시설을 보유함으로써 수요가 증가하였을 경우 다른 기업보다 보다 신속히, 저렴하게 공급할 수 있게 되어 경쟁에서 유리한 고지를 점하려 했다는 것이다. 제2순회법원의 Hand 판사는 "새로운 기회가 생길 때마다 그것을 자기의 것으로 만들어 버리고 신규 진입자로 하여금 자신의 과잉 시설을 보도록(하여 진입할 생각을 단념하도록) 하는 것보다 더 배타적인 행위는 상상할 수 없다"라는 의견을 제시하고 있다.[17]

United States v. United Shoe Machinery Corp.[18]에서 법원은 Alcoa의 과잉 시설 유지 행위 외에 또 다른 신규 진입 방해행위를 규정하고 있다. 바로 장기 대여 행위이다. United Shoe사는 신발 제조기계를 생산하는 독점사업자인데 기계를 직접 판매하는 것이 아니라 10년 단위로 대여하는 방식을 채택하고 있었다. 임차인은 계약기간이 끝나기 전에도 기계를 반납할 수는 있으나 이 경우에는 반납에 따르는 위약금을 지불해야 한다. 그러나 만약 반납 후에 다시 동사로부터 임대하는 경우는 반납 위약금을 인하해 주는 방침을 정하고 있었다. 기계고장에 대한 수리용역도 계약에 포함하고 있었다.

이러한 일련의 행위가 신발제조기 산업은 물론 신발제조기 수리업의 신규 진입을 제한했다는 이유로 법원은 2조 위반을 선언했다. 무엇보다도 장기 대여를 하면서 자사와 다시 계약하는 사업자의 반납 위약금만을 인하해 주는 행위는 고객인 신발 제조업체가 동사의 제품에 얽매이게 하는 효과가 있어 신규 진입자에게 불리하게 작용하였다는 것이다. 뿐만 아니라 장기 임대 계약에 기계의 수리용역까지를 포함시키는 행위도 신발제조기 산업에 진출하려는 사업자에게 기계생산과 수리업까지 겸해야 하는 부담을 주게 되어 신규 진입을 방해한 것이라는 것이다. 또한 임대만을 고집했으므로 신발 제조기 중고 시장의 생성도 방해하고 있다는

---

17 Alcoa의 행위는 Limit Pricing Model에 의하여 설명될 수 있다. 관심 있는 독자는 부록을 참조하기 바란다.
18 347 U.S. 521 (1954).

것이다.

Alcoa나 United Shoe 사건 당시에는 제2조의 독점행위의 위반 요건으로 '행위요건' 자체가 필요한지조차 그 기준이 없었을 때이므로 경제적 효율의 개념을 독점규제법 집행의 기준으로 고려한다는 것은 상상하기 어려웠을 것이다. 그러나 United Shoe에서 경쟁을 배제하는 효과를 놓고 볼 때, 기계를 10년 단위로 임대한 행위와 수명이 10년인 기계를 판매하는 행위는 그 경제적 효과 면에서 다를 것이 없을 것이다. 그러나 수명이 10년인 기계를 그냥 판매하는 행위는 경쟁을 배제했다고 볼 수 없을 것이다.

나) 경쟁사업자 배제

표제 관련 사건의 대표적인 내용은 *Berkey Photo Inc. v. Eastman Kodak Co.*[19]에 나타나 있다. 이 사건은 필름 제조사인 Kodak이 필름 시장에서 자사가 가진 독점력을 이용하여 카메라 시장에서 유리한 고지를 점령하기 위하여 경쟁을 배제했다는 이유로 경쟁사에 의하여 소송이 제기된 사건이다.

Kodak은 필름시장에서 압도적인 점유율을 유지하고 있었고, 이를 바탕으로 필름의 표준 양식을 결정할 수 있는 위치였으므로 카메라 제조사가 코닥이 설정한 표준에 맞춰 카메라를 개발해야 했다.

Kodak은 'Kodak Color II'라는 새로운 형태의 필름을 개발하고 이에 호환되는 카메라를 동시에 출시하였다. 이 필름은 자사가 만든 카메라에만 사용할 수 있게 되어 있었다. 경쟁사인 카메라 제조사는 새로운 필름의 개발 사실을 모르고 있었으므로 신제품이 시장에 출시되는 시점에서 적절한 대응을 하지 못하여 카메라 시장에서 Kodak사에 비해 불리한 조건에 놓이게 되었다는 것이다. 원고는 Kodak사가 필름 시장에서 보유한 독점력을 지렛대로 카메라 시장에서 점유율을 높이려 했다고 주장하였다.

여기서의 논쟁의 초점은 Kodak이 새로운 필름을 개발한다는 사실을 미리 공표하지 않음으로써 경쟁사로 하여금 그 사실을 모르게 한 행위가 2조 위반의 독점행위가 되는가 하는 것이다. 다시 말해서 모든 독점사업자는 새로운 제품을 개발하려면 이를 사전에 공표해야 하는 가이다.

---

19 603 F.2d 263(2d Cir), *cert. denied*, 444 U.S. 1093(1980).

1심 법원은 Kodak의 행위가 부당하게 경쟁을 배제하는 행위라 하여 1억 달러의 3배 손해배상액을 Berkey Photo사에 지불하라고 판시하였다. 그러나 제2순회법원의 결론은 Kodak사의 제품 혁신에 대한 사전 공표 의무가 없다는 것이다. 왜냐하면 Kodak이 새로운 필름을 개발하는 행위는 동사가 필름 시장에서 가진 독점력을 이용한 행위가 아니기 때문이다. 독점기업도 경쟁사업자에게 미치는 충격을 고려하지 않고 제품을 시장에 내놓을 권리가 있다는 것이다. 독점기업에게 혁신 신제품의 신규 개발에 대한 사전 공표의무를 부과할 경우 독점기업의 연구 개발 결과에 경쟁사가 무임승차를 함으로써 독점기업의 혁신 의지를 감소시킬 우려가 있다는 것이다. 또한 기존의 필름을 이용한 카메라는 정상적으로 시장에서 거래된다는 점도 지적하였다.

원고 측은 이에 대해 Kodak은 경쟁사의 카메라와 호환성이 있는 필름과 그 필름의 제조에 필요한 재료 등을 판매 거절한 경력이 있으므로 이번 사건에서 문제되고 있는 신제품에 대한 동사의 사전 공표 의무는 당연하다는 주장이다. 이에 따라 '과거의 거래거절을 한 사실이 장래의 신제품 개발에 대한 사전 공표 의무를 지우는가?'에 대한 답을 찾는 문제도 발생하였다.

먼저 법원은 과거 Kodak사의 그러한 거래거절 행위는 2조의 위반 가능성이 있음을 인정하고 있다. 그러나 이번 신제품의 개발 사실에 대한 사전 공표로 Kodak의 경쟁사가 얻게 될 이익은 과거에 Kodak의 거래거절로 인해 입었던 손해와는 아무런 관계가 없다고 판단하였다. 따라서 Kodak의 과거 거래거절 행위는 이번의 신제품 개발 사실의 사전 미공표가 2조 위반이라는 것을 입증할 정도의 충분한 개연성을 제공하지 못했다는 것이다.

제2순회법원은 상기와 같이 독점기업의 일상적인 사업상의 행위는 광범위하게 허용했다는 점에서 과잉 시설의 유지행위 자체를 위법으로 간주했던 Alcoa 법원의 견해와는 기본적으로 다르다는 것을 알 수 있다. Alcoa 법원은 독점기업에게 허용되는 행위는 매우 소극적이고 수동적인 행위에 한한다고 판단하였다. 반면, 이 사건의 판결문에서 제2순회법원은 독점기업이라도 보다 좋은 제품의 생산, 성능 좋은 보조제품의 생산, 거래비용을 줄이기 위한 적극적인 사업활동은 허용되어야 한다는 입장이다. 이 사건의 결과 독점사업자가 경쟁에서 우위를 확보하기 위하여 행하는 광범위한 행위가 합법적인 것으로 인식되게 되었다.

물리적, 기술적 연계를 통해 경쟁사업자를 배제할 수도 있다. 물리적, 기술적인 연계란 독점력을 행사할 수 없는 제품을 독점력이 있는 시장의 제품에 기술적으로 연계시켜 놓음으로써 자사 독점력의 확대·강화를 기도하는 행위를 예로 들 수 있다. 여기서는 대표적인 두 가지 사례를 살펴보기로 한다.

Formost Pro Color Inc. v. Eastman Kodak Co.[20]에서 Kodak사는 기술적으로 호환성이 없는 필름을 개발하였는데, 이 행위가 카메라와 현상 서비스업 등으로 구성된 '아마추어 사진 시장'에서 독점행위를 행한 결과가 되었다 하여 경쟁사가 소송을 제기하게 되었다. Kodak사가 행한 행위는 특수한 필름을 개발한 것이다. 그런데 이 필름은 Kodak이 제조한 카메라에서만 사용이 가능하고, 또한 사진 현상을 위해 범용으로 사용되는 보통의 인화지, 현상용 화학물질, 현상기계로는 현상을 할 수 없고, Kodak이 만든 인화지, 현상용 화학물질, 현상기계로만 현상이 가능하게 되어 있다. 이와 같은 동사의 행위는 자기가 가진 필름 시장에서의 독점력을 이용하여 카메라와 사진 현상 시장에 경쟁자를 참여하지 못하게 함으로써 동 시장에서 독점력을 확보하려는 행위라는 것이다. 필름이나 카메라, 현상서비스 등을 Kodak사로부터 구입하도록 강요받지는 않았지만 호환성이 없는 필름을 개발함으로써 결과적으로는 그러한 강요가 있는 것과 똑 같은 결과가 되었다는 것이다.

제9순회법원은 호환성이 없는 제품혁신의 2조 위반 가능성을 인정하면서도 호환성이 없는 제품을 개발하여 판매하는 것 자체만으로는 법 위반 가능성이 없다는 의견을 제시하고 있다. 이 사건에서도 기존의 필름을 이용하여 종전 방식대로 사진의 촬영 및 인화는 계속할 수 있다는 점을 감안하였다.

비슷한 유형의 내용은 *California Computer Products Inc. v. IBM Corp.*[21] 에서 찾아볼 수 있다. IBM은 PC 제조업체인데 종전에는 PC의 CPU(중앙처리장치)와 Disc Driver 및 Memory Unit를 분리하는 형태의 제품을 생산해 오다가 새 모델에서는 자기가 생산하는 Disc Driver 와 Memory Unit을 CPU에 합치한 형태의 제품을 개발하여 판매하기 시작하였다. 원고 기업은 컴퓨터의 Disc Driver와 Memory Unit을 생산하는 사업자인데, IBM이 새로운 모델에서 컴퓨터의 주요 부품을 자사가 생산하는 CPU에 부착되도록 설계한 것은 Disc Driver 와 Memory Unit시장에서 경쟁을 배제한 것으로 2조 위반이라고 주장하였다.

제9순회법원은 IBM의 상기 행위가 셔먼법 제2조를 위반하지 않았다고 판시하였다. 그 논거는 CPU와 다른 주변기기가 합치된 새로운 모델의 생산비가 구모델에 비하여 인하되었고 따라서 소비자가 지불해야 하는 가격도 인하되었다는 사실이다. 제9순회법원은 자기 제품에

---

20 703 F.2d 534 (9th Cir. 1983), *cert. denied*, 465 U.S. 1038 (1984).

21 613 F.2d 727 (9th Cir. 1979).

대한 소비자의 관심을 높이기 위하여 생산비를 인하하거나 PC의 성능을 향상시킬 수 있도록 디자인을 바꾸는 것은 IBM의 고유 권한에 속한다는 의견을 피력하고 있다.

상기 두 개의 사례는 자사의 제품만 사용하도록 하는 제품의 혁신을 법 위반이 아니라고 결론을 내리고 있으나, 제품의 성능에 대한 개선이 별로 없거나 가격 인하를 결과하지 않는 제품 혁신은 셔먼법 2조 위반 가능성이 있다는 여지를 남겨 놓았다고 보아야 할 것이다.

다) 거래거절

독점사업자는 특별한 시장조건하에서 경쟁자에게 협조할 의무가 있다는 의견이 1912년 *United States v. Terminal Railroad*[22]에서 처음 제기 되었다. 수 개의 철도회사가 공동으로 St. Louis의 철도 터미널과 미시시피 강을 건너는 철교에 대한 소유·운영권을 획득하게 되었다. 철도 터미널과 철교는 이 지역을 운행하는 철도회사로서는 경쟁에 필수적인 시설이므로 이 시설물에 대한 공동의 소유자들은 그렇지 않은 철도회사에 비하여 상대적으로 유리한 조건으로 경쟁에 임하게 되었다. 실제로는 소유권이 없는 회사들은 경쟁이 불가능한 상태로 볼 수 있다. 이에 대해 법원은 그 시설을 이용한 모든 철도회사가 아니라 그중 일부만 참여하여 그러한 필수적인 시설을 취득하여 배타적으로 운영하는 행위는 셔먼법 1, 2조의 위반이라는 견해를 피력하고 있다. 따라서 결론은 다른 철도회사는 물론 향후 이 지역에서 철도회사를 운영할 사업자도 이 시설의 소유와 운영에 참여할 수 있도록 허용되어야 한다고 판시하였다.

보다 최근 사례는 *Aspen Sking Co. v. Aspen Highland Sking Corp.*[23]에서 찾아볼 수 있다. 이 사건에서 원고인 Aspen Highland사와 피고인 Aspen Sking사는 콜로라도(Colorado)주에 있는 Aspen시의 같은 지역에서 스키장을 운영한 사업자인데 원고인 Highland사는 한 개의 스키장을, 피고인 Aspen Sking사는 세 개의 스키장을 소유하고 있었다. 그들은 한 개의 표로 Aspen에 있는 모든 스키장을 이용할 수 있는 'All-Aspen-Ticket'이라는 공동티켓을 발행하고 있었다. 표 판매에 대한 수입은 스키장의 이용 횟수에 비례하여 배분하는 방식을 취하고 있었다. All-Aspen Ticket은 multi-day, multi-area ticket으로서 전국의 스키어들에게 6일 동안 Aspen의 모든 스키장의 이용권을 주는 내용이다.

그러던 중 피고 기업인 Aspen Sking사는 All-Aspen Ticket 발행을 계속하려면 수입의

---

22 224 U.S. 383 (1912).
23 472 U.S. 585 (1985).

배분 방식을 고정 비율로 바꿔야 한다면서 Highland사가 도저히 받아 드릴 수 없는 배분 비율을 제시하게 되었다. Aspen Sking사는 1978~79년 시즌에 Aspen Highland Sking사에게 12.5%라는 공정 수입 배분율을 제시하였고, 이에 Aspen Highland Sking사는 제3의 공정한 조사기관을 고용하여 산출한 사용횟수를 기준으로 수입을 배분하고 그 조사비용은 자기가 부담하겠다고 제의했다. 그러나 Aspen Sking사는 이 제의마저 거절하였다. 결국 All-Aspen-Ticket(공동티켓)발행 사업은 중단되었다. Aspen Sking사는 자기가 소유한 3-area, 6-day-ticket을 판매하면서 대대적인 마케팅 활동을 전개하였고 Aspen지역을 잘 모르는 스키어에게 이 지역에 자기가 소유한 3개의 스키장만 있는 것처럼 광고를 하였다. Aspen Highland Sking사는 그 지역 주민들만 이용하는 day ski area로 전락하였고, 그 후 4년에 거쳐 Highland사의 시장 점유율은 20%에서 11%로 감소하게 되었다.

대부분의 거래거절 관련 사건에서와 같이 이 사건에서의 핵심 논점은 "독점력 있는 사업자가 작은 경쟁자와 협조할 의무가 있는가?" 하는 것이다. 제10순회법원은 Aspen Sking사의 공동티켓 발행 거절 행위는 독점력을 생성하거나 유지하려는 의도가 있는 행위이므로 동사는 앞서서 살펴본 Terminal Railroad 사례에서와 같이 공동티켓의 발행에 협조해야 할 의무가 있다고 판시하였다.

법원은 독점사업자라 하여 경쟁자와 협조할 의무가 있는 것은 아니나 협조를 거절하려면 '정당한 사업상의 이유(valid business reasons)'가 있어야 된다는 의견을 제시하고 있다. 무엇이 거래거절을 가능토록 하는 정당한 사업상의 이유가 되는가? 앞서 설명한 IBM 사건에서는 CPU와 다른 주변기기의 기술적 연계 행위에 대해, 그 행위가 PC의 생산비를 인하하였고 소비자가 부담해야 하는 가격도 인하하는 결과를 이룬 점에 대해 '정당성'을 인정하였다. 이 사건에서 법원은 Aspen Sking사가 공동티켓 발행을 하지 않기로 한 후에 동사의 수입이나 이윤이 늘어났다는 사실만으로는 정당한 사업상의 이유가 될 수 없다는 것이다. 왜냐하면 경쟁자를 배제함으로써도 이 같은 목적은 달성 될 수 있기 때문이다. Aspen Sking사의 행위가 정당한 이유를 가지려면 동사의 수입의 증가가 경제적 효율증대를 통해 이뤄져야 한다는 것이다. 즉, 공동티켓 발행을 중단한 후 이 지역 스키장의 서비스 비용이 인하되고 이에 따라 수요가 증가하여, 이를 통해 동사의 수입이나 이윤이 증가되어야만 정당성이 인정된다. 그러나 공동티켓 발행 중단 후 이 지역의 스키장 이용객 수가 줄고 Aspen Sking사의 수입도 오히려 감소하였다. 공동티켓 발매를 통해 4- area, 6-day-ticket이 없어짐에 따라 스키어들의 불편이 늘어난데 따른 당연한 결과였다. 경제적 효율이 향상되었다면 Aspen Sking사의 수입, 생산량(스키장 이용자 수) 등은 증가하였을 것이고 가격은 인하되었을 것이다. 결론적으로 Aspen Sking사는 자사의 생산효율 증대, 생산비의 감소 등과 같은 경제적 효율의 증대를 위해서라기보다는 경쟁을 배제할 목적으로 공동티켓 사업을 거절하였고, 따라서 정당한 사업상의 이유 없이 경쟁자의 협조요구를 거절했으므로 셔먼법 2조에서 금지한 독점행위에 해당한다는 것이다. Aspen Sking사의 행위는 경쟁사를 배제하였을 뿐만 아니라 소비자(스키어)들의 불편을 오히려 더 증가시킨 결과를 초래하였다.

Aspen 법원은 '필수설비(essential facility)'에 대한 기준에 대하여는 언급이 없다. 독점력 있는 사업자의 거래거절이 2조 위반이 되기 위해서는 경쟁자가 그것 없이는 유효 경쟁을 할 수 없을 정도의 필요한 요소[24]에 대한 거래거절이 있어야 한다는 것을 의미한다. 어느 정도로 필요한 물건이어야만 필수적인 시설인가에 대한 기준은 이 당시까지만 해도 명백하지는 않았다. 그 시설이 '유일한(unique)' 시설이거나 '필수 불가결한(indispensible)' 시설일 필요는 없다는 것이 다수의 견해이다. 중요한 것은 당해 시설의 사용이 금지됨으로써 경쟁자가 효율적으로 경쟁할 수 없게 되었는지 여부이다. 다시 말해서 특정 시설을 사용하지 못함으로써 경쟁자의 생산비가 현저하게 상승하여 효과적으로 경쟁할 수 없게 된다면, 그 시설은 '필수적인 시설'의 범주에 포함되게 되어 그 시설의 사용에 대한 거래거절은 2조 위반이 된다는 것이다. 소비자의 후생에 얼마만큼의 영향을 미쳤는지도 '필수적 시설'의 기준에 중요한 결정 요인이다. 예컨대, 특정 시설의 사용을 금지함으로써 전체 시장의 생산량이 감소하고 가격이 상승된다면, 그 시설을 '필수설비'로 보는 경향이 많다. Aspen 사건의 경우에도 이상과 같은 기준을 적용할 수 있다. 즉 All-Aspen Ticket 발매의 중단으로 Highland사의 비용이 상승하여 효과적인 경쟁이 어렵게 된 점을 인정할 수 있을 것이다. 이것은 동사의 시장점유율이 급격하게 떨어지는 것으로 알 수 있다. 또한 Aspen Sking사의 매출과 수입이 떨어진 것은 소비자의 이익에 반하는 결과라는 것도 알 수 있다. 따라서 Aspen 사건에서 공동티켓 사업은 이 지역의 스키 사업 운영을 위한 필수적인 요소라 볼 수 있을 것이다.

여기서 필수설비이론(essential facilities doctrine)을 소개하고자 한다. 필수설비란 어떤 종류의 생산요소가 경쟁에 필수적이어서 그것 없이는 경쟁할 수 없는 상태가 되거나 경쟁에 심각

---

24 노동, 특수한 기계 설비, 서비스, 사회 간접 시설 등 생산에 필요한 모든 요소를 망라한다.

한 열위에 놓이게 하는 설비를 말한다. 필수설비가 없는 사업자가 투자하여 그 시설을 설치하면 될 것 아니냐고 생각할 수도 있다. 그러나 필수설비가 되기 위해서는 그것을 신설하는 것이 기술적으로나 경제적으로 불가능한 상태일 것도 요구하고 있다. 신규 진입자나 경쟁자는 그런 설비를 갖출 기술이 없거나 기술은 뒷받침이 되나 경제성이 없는 경우이다. 예를 들어 전력, 통신, 가스, 철도와 같은 인프라망, 항만, 공항시설, 철도역사와 같은 기간설비 등을 들 수 있다. 또한 컴퓨터 운영시스템과 같은 기술표준, 스포츠경기장, 라디오, TV방송국 시설도 경우에 따라서는 필수설비가 될 수 있다. 우리나라의 '시장지배적 지위 남용행위 심사기준'에 필수설비를 다음과 같이 정의하고 있다. 첫째 당해 요소를 사용하지 않고서는 제품의 생산, 판매가 사실상 불가능하거나 당해 거래 분야에서 피할 수 없는 중대한 경쟁열위 상태가 지속될 것. 둘째 특정 사업자가 당해 요소를 독점적으로 소유 또는 통제하고 있을 것. 셋째 당해 요소를 재생산하거나 다른 요소로 대체하는 것이 사실상, 법률상 또는 경제적으로 불가능할 것 등이다.

필수설비이론은 발상지인 미국에서는 "중요한 시설의 소유자는 경우에 따라 제3자에게 그 시설을 개방해 주어야 할 의무가 있으며, 이를 거절하는 경우 셔먼법 제2조 위반이 될 수 있다"는 내용이다. 초창기의 아이디어는 상기에서 인용한 "Terminal Railroad" 사건에서 발아되었다. 1978년의 "Hecht" 사건에서 구체적으로 필수설비이론(Essential Facilities Doctrine)이라는 표현이 등장하였고 1983년의 *MCI Communication Corp. v. AT&T Co.* 사건[25]에서 동 이론의 적용요건을 최초로 구체적으로 적시하고 있다. 아래에서는 MCI 사건의 내용과 필수설비이론에 대해 설명하기로 한다.

통신사업자인 MCI는 장거리 전화서비스 사업자로서 장거리 전화의 지역 확장을 위해 AT&T의 Bell사가 운영하는 지역 통신망과 접속을 희망하였다. 이러한 지역 통신망과의 접속이 없이는 장거리 전화 서비스의 확대는 불가능하였다. 일반적으로 통신망을 보유한 사업자는 자연 독점적[26] 성격이 있어 Bell사는 시내통화에서 독점적 지위를 누리고 있었기 때문이다. 그러나 Bell사는 MCI의 접속을 거부하였고 MCI는 이것이 셔먼법 2조 위반이라 하여 제소하게 된 사건이다. 연방항소법원은 필수설비이론을 적용할 수 있는 4가지 요건을 제시하였다.

---

25 708 F.2d,1132(7th Cir.1983)

26 자연독점이란 규모의 경제가 크게 작용하므로 평균비용이 생산을 할수록 더 감소하게 되어 한개 기업이 시장수요를 전부 공급하는 것이 여러 기업이 공급하는 것보다 더 낮은 비용으로 공급할 수 있는 산업에 나타나는 독점을 말한다. 예컨대 전기, 전화, 도시가스, 소프트웨어 등의 산업에 이러한 특징이 있다.

첫째 시장지배적 사업자가 필수설비를 독점적으로 통제하고 있을 것,

둘째 그 사업자가 다른 사업자의 사용이나 접근을 제한하거나 거절할 것,

셋째 그 시설의 신설이 불가능할 것,

넷째 거절에 대한 정당한 사유가 없을 것이다.

첫째 요건은 필수설비이론을 적용하기 위해서는 법 위반 사업자가 시장지배적 지위를 갖고 있을 것을 요구하고 있다. 여기서 쟁점은 당해 필수설비를 독점적으로 보유한 사업자가 그 필수설비의 하위나 상위시장에도 참여해야 하는지 여부이다. 대부분의 경우, 필수설비 보유자는 그 하위나 상위시장에 참여하고 있다. 만약 필수설비 보유자가 하위나 상위시장에 참여하지 않는 상태로 특정 사업자에 대한 필수설비의 접근 제한을 한다면 필수설비이론을 적용하기보다는 차별적 취급 등 다른 유형의 독점행위 법리를 적용하는 것이 더 적절하다고 할 것이다. 시장지배적 지위 사업자와 거래거절을 당한 사업자 간에 경쟁 관계가 있어야 하는 것이 필수설비이론의 기본 취지에 더 부합한다. 다음으로, 다른 사업자의 사용이나 접근을 제한하거나 거절해야 한다. 제한이나 거절한 행위에는 시설에 접근하는 데 경제적으로 불가능할 정도의 과도한 대가를 요구하는 행위까지도 포함한다. 신설이 불가능하다는 의미는 상기 기술한 바와 같이 기술적인 면뿐만 아니라 경제적으로 불가능한 경우도 포함한다. 정당한 사유란 예컨대 가용능력이 부족하다거나, 설비소유투자에 대한 정당한 보상을 요구하거나, 기술표준이 달라 호환성이 없는 경우 등을 말한다. 정당한 사유가 있다는 것은 법 위반 사업자가 입증해야 한다.

법원은 Bell사의 지역통신망 접속 거부 행위에 대해 필수설비이론을 적용하여 Bell의 행위가 셔먼법 제2조 위반이라고 판시하였다.

라) 가격압착(Price Squeeze)

가격압착이란 예컨대 독점력 있는 원재료의 생산자가 그 원재료를 이용한 1차 가공업까지를 겸하는 경우, 다른 가공업자에게는 원재료의 가격을 인상하고 자기가 생산하는 1차 가공품의 가격을 인하함으로써 경쟁자를 배제하는 경우를 말하는 것으로 셔먼법 2조의 위반 가능성이 있는 행위이다. Alcoa의 사례에서도 Alcoa의 그러한 행위를 독점력을 남용한 것으로 판단하고 있다.

Bonjorno v. Kaiser Aluminum & Chemical Corp.[27]에서 Kaiser사는 경쟁사인 가공업자

에게 원재료를 판매하는데, 일부 가공업자에게 원재료의 가격을 자사가 가공하여 판매하는 최종제품 가격 수준으로 인상하여 판매하였다.

제3순회법원은 독점사업자가 자사의 생산비에는 영향을 주지 않으면서 원재료 가격을 인상하거나 거래를 거절함으로써 경쟁사 제품의 가격이 올라가도록 하였다면 법 위반이라고 판시하였다.

마) 사업활동 방해

경쟁상대방의 사업활동을 방해함으로써 경쟁자의 비용이 상승하면 그 기업의 경쟁력이 약화되어 상대방 기업은 시장에서 가격을 통제할 수 있는 여지가 더 커지게 되고 이에 따라 이윤이 증가하거나 독점력이 향상되거나 기존의 독점력을 유지하기도 용이해지게 된다. 따라서 기업들은 직접, 혹은 간접으로 경쟁 상대방의 비용을 상승시키려는 행위를 자주 행하게 된다.

가장 직접적이고 명백한 예는 경쟁자의 생산 시설을 위해하거나 노동쟁의에 개입하여 조업방해를 사주하는 등의 비윤리적인 행위를 들 수 있다. 그러나 대부분의 경우 경쟁자의 생산요소 중에서 비중이 큰 것들을 통제할 수 있는 경우에 나타난다. 예컨대 어떤 원재료의 공급을 거절하거나 남으로 하여금 거절하게 하여 경쟁자가 더욱 비싼 공급원으로부터 제공받도록 하는 경우를 들 수 있다. 앞의 예에서 살펴보았던 Aspen 사건의 경우에도 스키장의 공동티켓 사업을 거절함으로써 경쟁 스키장의 비용을 상승시켰다고 볼 수 있다.

상대방의 비용을 상승시키는 행위는 매우 다양하고 광범위하다. 교묘하게 진입 비용을 상승시킴으로써 신규 진입자의 새로운 진입을 방해하는 행위도 이 범주에 포함할 수 있다. 예컨대 신규 진입 시에 통상적으로 수행하는 시장조사를 방해함으로써 정확한 시장 정보를 얻는 데 비용이 더 소요되도록 하는 행위를 들 수 있다. 잠재적인 진입자가 시장조사를 행하는 기간에 맞춰 세일을 실시함으로써 정확하지 않은 시장 정보를 제공한다든가, 시장조사를 하는 지역에 대대적인 광고를 함으로써 소비자의 관심이 신규 진입품에 끌리지 않도록 한다든가, 진입자가 초기에 행하는 전략적 판매 기간에 해당 제품 모두를 매점을 하고 사후에 전부 반납하는 방식으로 상대방에게 손해를 유발시키는 행위 등을 예로 들 수 있다. 또한 컴퓨터와 같은 제품에서 볼 수 있듯이 주요 본체와 프린터 케이블과 같은 주변기기를 동시에 공급하는 경우,

---

27 752 F.2d 802 (3rd Cir. 1984), cert. denied, 477 U.S. 908 (1986).

본체를 경쟁자가 공급하는 주변기기와 상호 호환성이 없게 제조함으로써 주변기기를 공급하는 경쟁자가 호환성 있는 제품을 제작하기 위해 많은 비용을 들이도록 하는 행위를 생각할 수 있다. 앞의 사례 Berkey Photo의 경우에도 Kodak이 자사의 카메라에서만 사용할 수 있는 필름을 사전 공표 없이 개발하여 공급함으로써 경쟁자로 하여금 그것이 없었다면 하지 않아도 될 연구·개발을 하게 함으로써 경쟁에서 불리하게 했다고 볼 수 있다. 그 밖에도 컴퓨터의 프로그램을 다른 컴퓨터에서 사용할 수 없도록 함으로써 소비자들이 컴퓨터의 모델을 바꾸기 어렵게 하여 경쟁자의 마케팅비용을 늘리도록 한다거나, 노동조합 활동에 영향을 미치거나 노동시장에 직접 개입하여 임금 수준을 높임으로써 상대적으로 더 노동집약적인 생산 방법을 사용한 상대방의 생산비용을 더 상승시킨다거나, 승산이 없는 소송을 빈번하게 제기하여 주변기업의 사업활동을 방해하는 등 그 예는 헤아릴 수 없이 많다.

그러나 경쟁자의 비용을 상승시키는 이러한 행위가 모두 위법이라고 볼 수는 없다. 왜냐하면 어떤 행위는 소비자에게 이익은 주지 않으면서 고의로 경쟁 상대방에게 해를 끼칠 목적으로 행해지는 경우가 있는 반면에, 대부분의 정당한 경쟁 행위들의 부수 효과로 경쟁 상대방의 비용이 상승되는 경우가 많기 때문이다. 예컨대 현대자동차와 한국지엠이 동급 차종의 선택사양의 범위를 넓힘으로써 자동차의 질을 개선해 나가는 것은 양 사 간의 경쟁의 결과이지 어떤 기업의 고의적인 행위에 의한 것은 아니다. 그렇다면 법 위반과 아닌 행위의 구별을 위한 기준은 무엇인가? 첫째는 해당 기업이 적정 시장에서 독점력이 있는가의 여부이다. 상대방의 비용을 상승시키려면 우선 시장을 통제할 수 있는 능력이 있어야 하기 때문이다. 둘째는 해당 기업의 행위가 제품의 혁신을 가져와서 생산비가 절감되었거나 제품의 품질이 향상되는데 기여를 했는가의 여부이다. 이 경우는 상대방의 비용을 상승시키는 효과가 있다 하더라도 그 의도가 정당한 경쟁의 규칙을 지켰다고 보아야 할 것이다.

바) 수요독점력의 남용

수요독점력의 남용에 의한 법 위반 사례는 그리 많지 않은 것이 사실이나 독점규제법 체계상 셔먼법 2조 위반에 해당한다.

United States v. Griffith[28] 사건에서 Griffith사는 여러 도시에서 극장 체인을 운영하는 사

---

28 334 U.S. 100 (1948).

업자인데, 이들 지역은 동사의 극장 체인만 존재하는 지역과 다른 경쟁자가 있는 지역으로 나눌 수가 있었다. 전자를 "폐쇄 도시(closed town)"라고 칭하고 있다. 폐쇄 도시에서는 Griffith 사가 소비자에 대하여 독점적인 지위를 누리고 있음은 물론 영화 배급사에 대한 수요독점력도 가지고 있었다. Griffith사는 영화 배급사와의 협상에서 폐쇄 지역과 경쟁 지역의 조건을 교묘하게 연계시킴으로써 폐쇄 지역은 물론 경쟁 지역에서도 영화의 개봉권을 획득할 수가 있었다. 그 효과는 경쟁 지역의 영화 상영(극장)시장에서 독점력을 향상시키는 결과가 되었다. 법원은 명시적으로 수요독점력이라는 표현은 하지 않았지만 셔먼법 2조 위반으로 판시하였다.

수요독점력이 처음으로 언급된 사건은 *Kartell v. Blue Shield of Massachusetts*라고 볼 수 있다. 이 사건에서 Blue Shield는 Massachusetts주의 사적 의료보험 가입자의 74%가 가입한 의료보험 회사인데, 동사는 의사들과의 계약에서 의사는 의료보험 가입 환자에게 동사가 지불한 액수 이상으로는 의료비를 청구하지 않도록 하는 조건을 강요하였다. 그런데 Blue Shield 에 가입한 환자는 의료비 수입의 14%를 점하고 있었다.

원고 측의 주장은 Blue Shield사가 수요독점력을 남용하여 의료비(가격)를 경쟁가격 수준보다 낮추도록 강요하였고, 이는 새로운 의사의 시장 진입을 단념시켰을 뿐만 아니라 새로운 의료 기술의 도입도 지연시켰다고 주장하였다.

이에 대해 법원은 우선 Blue Shield가 의료 서비스의 구매자인 점과 독점력이 있다는 점은 인정하고 있다. 그러나 동사의 그러한 행위가 셔먼법 2조를 위반한 것은 아니라고 판시하였다. 왜냐하면 독점사업자가 이윤을 위하여 가격을 인상하는 것이 법 위반이 아니듯이 수요독점자가 가격을 낮추도록 하는 것도 법 위반이라고 볼 수 없기 때문이라는 것이다. 다시 말해서 독점규제법은 독점적인 공급자나 구매자가 상품의 가격이나 특성을 결정하지 못하도록 하기 위한 것은 아니라는 것이다. 그러므로 Blue Shield사의 행위가 (의료 서비스의) 구매자로서의 행위에 더 가까울수록 법 위반의 가능성은 더 낮아진다고 본다는 것이다.

사) 특허권의 남용

특허권은 법에 의하여 인정되는 독점이다. 그러나 특정 조건하에서는 특허권을 이용하거나, 심지어 R&D투자까지도 법 위반인 독점행위가 될 수 있다. R&D투자를 통한 제품의 질 향상, 생산비의 절감, 통상적인 특허권의 취득 등의 활동은 문제가 없다. 독점규제법 사례에서는 아직 찾아볼 수 없으나, 특허 상품에 일반 상품을 끼워 판다거나, 특허를 지속적으로 구매하여 소지하고는 있으나 사용은 하지 않음으로써 신규 진입자가 해당 특허를 이용하여 시장에 진입하는 행위를 방해한다거나, 잠재적 경쟁자의 시장 진입을 단념시킬 목적으로 R&D투자를 하는 행위는 셔먼법 2조에서 금지하는 독점행위라고 볼 수 있다. 물론 전술한 바와 같이 신규 진입을 단념시키는 의도를 가진 특허 취득 및 R&D투자와 그렇지 않은 것을 기술적으로 구분하기가 어려우므로 이와 관련된 사례는 아직까지는 없다.

3-2-5   독점시도행위(Attempt to Monopolize)

셔먼법 2조에는 독점행위(monopolization)뿐만 아니라 독점시도행위(attempt to monopolize)도 위법으로 선언하고 있다. 지금까지 살펴본 바와 같이 초기에 독점행위에 대한 위법의 기준도 정형화되지 못한 상태에서 독점시도행위에 대한 기준까지를 정해야 한다는 사실은 2조 해석상에 어려움을 더욱 가중시키는 결과를 가져왔다. 따라서 독점행위와 독점시도행위가 어떻게 다른가에 대해 많은 논란이 있었다는 것은 오히려 이러한 어려움을 반영하는 자연스러운 결과로 볼 수 있다. 독점시도행위의 정의에 대한 해답을 추적할 수 있는 표현이 *Swift & Co. v. United States*[29]에 나와 있다. 독점시도행위란 어떤 행위가 '독점행위'로 인하여 빚어지는 어떤 상태, 예컨대 독점력이 증가하는 상태까지는 이르지 않았다 하더라도 사업자의 '의도(intent)'가 명백하여 그러한 상태에 이를 수 있는 '위험스러운 확률'이 있는 행위를 말한다는 것이다. 이와 같은 독점시도행위의 정의에 따라 동 행위의 위법성을 입증하기 위해서는 다음과 같은 세 가지 요건이 충족되어야 한다는 기준이 성립되었다.

첫째, 부당염매 등과 같은 어떤 종류의 약탈적(predatory)인 행위가 있어야 한다.
둘째, 명백한 의도(specific intent)가 있어야 한다.
셋째, 위험스러운 성공 가능성(dangerous probability of success)이 있어야 한다.

다시 말해서 독점시도행위란 독점행위의 결과로서 생성되는 어떤 나쁜 결과까지는 이르지 못하였으므로 행위요건(conduct component) 외에 위반 사업자의 의도(intent)와 그러한 행위의 성공 가능성이 높다는 것(dangerous probability of success)까지를 입증할 수 있어야 하는 것이다. 그러나 '의도'란 '행위'에 의하여 추정할 수 있고, 높은 성공 가능성이 있기 위해서는

---

29 196 U.S. 375, 396 (1905).

명백한 '의도'가 필수적이라는 논리에 입각하여 생각하여 보면 '행위' 요건만을 필요로 하는 독점행위와 '의도'와 '성공 가능성'까지를 입증해야 하는 독점시도행위 간의 구분의 실익이 없어지게 된다. 따라서 최근에는 '부당염매'를 제외하고는 독점시도행위를 별도로 취급하지 않고 대부분 독점행위의 범주에 포함시키고 있는 경향이다.

여기서는 부당염매에 대해 자세히 살펴보기로 하자. 부당염매란 경쟁 상대방이 정상적인 방법으로는 수지를 맞추지 못하게 되어 사업을 그만두도록 함으로써 사후에 가격 인상을 통한 독점적 이윤을 얻을 것을 목적으로 자기 제품의 가격을 생산비 이하로 판매하는 행위를 말한다. 행위자가 의도하는 독점적 지위의 확보가 완료된 상태는 경쟁자가 사업에 실패하여 시장에서 퇴출됨으로써 가능해지므로 부당염매를 독점행위로 분류할 경우 경쟁자의 시장 이탈이 발생하지 않는 한 셔먼법 2조 위반으로 처벌할 수가 없게 된다. 따라서 동 행위는 전통적으로 독점시도행위의 범주에 포함되어 왔다. 경제적 관점에서 보면, 부당염매는 행위자가 행하는 일종의 투자 행위라고 볼 수도 있다. 즉 생산비보다도 더 낮은 가격을 책정함으로써 입게 되는 단기적인 손실을 경쟁자가 없어진 후에 독점가격을 책정함으로써 장기적으로 그 손실을 보전하려는 전략이 있기 때문이다.

가) 부당염매의 성공 가능성

사업자가 가격을 인하한다는 것은 경쟁 당국이 오히려 권장할 만한 행위이다. 사실 기업 간의 경쟁을 촉진시켜서 가격을 낮추도록 하는 것이 독점규제법이 추구하는 목표 중 하나이기도 하다. 부당염매 사건을 판단함에 있어서 어려움 중의 하나는 가격 인하가 독점규제법이 추구하는 정책 목표의 하나임에도 불구하고 가격을 낮게 책정하여 판매하는 행위를 처벌해야 하는 데 있다. 따라서 가격 인하가 치열한 경쟁에 기인한 것인지, 경쟁자를 망하게 하려는 나쁜 의도에 의한 것인지를 구분해야 하는 어려움이 가중된다. 여기서는 행위자의 의도가 중요한 역할을 하게 된다. 그러나 앞서 설명한 대로 의도란 행위에 의하여 추정해야 하므로, 결국 치밀한 행위 분석이 필요하게 된다. 즉 사업자가 왜 부당염매를 하는가를 이해해야 한다. 다시 말하면 사업자가 부당염매를 할 경제적인 인센티브가 있는지를 살펴보아야 한다는 의미이다. 이것은 부당염매를 일종의 투자 행위로 보았을 때, 동 행위가 장기적인 독점이윤을 얻기 위해 단기적인 손실을 감수할 만한 경제성이 있는 투자인가라는 질문의 답을 찾는 문제이기도 하다. 이에 대한 답은 경제학의 모형에서 찾아볼 수 있다.

대부분이 경제학자들은 부당염매의 행위자가 그 목적을 달성하기는 매우 어려울 것으로 판단하고 있다. 왜냐하면 그것이 성공하려면 여러 가지 조건이 충족되어야 하고 그 조건을 충족하기가 쉽지 않기 때문이다. 먼저, 행위자는 상대 경쟁자에게 경쟁자가 사업을 단념할 때까지 계속하여 생산비보다도 낮은 가격으로 판매할 것이라는 확신을 심어 줄 수 있어야 한다. 그러나 경쟁자에게 그러한 확신을 심어 준다는 것은 매우 어려운 일이다. 왜냐하면 앞으로 설명할 경제모형이 예측하는 바와 같이 부당염매 행위자가 감수해야 하는 손실이 경쟁자에 비해 훨씬 더 높아서 그러한 행위가 합리적이지 않다는 것을 경쟁자가 알고 있기 때문이다. 또한 만약 경쟁자가 사업을 단념한 후에 행위자가 가격을 인상하여 독점이윤을 얻으려면 신규 진입을 막을 수 있는 능력이 있어야 한다. 왜냐하면 독점이윤을 얻기 위해 가격을 인상하면 잠재적 경쟁자의 즉각적인 시장 진입을 초래할 것이기 때문이다. 그렇지 않다면 행위자는 또다시 가격을 낮춰서 신규 진입자의 사업을 단념시켜야 한다. 그러나 이러한 행위를 반복적으로 지속하기에는 부당염매에 수반되는 비용이 매우 크므로 실현 가능한 행위라고 보기 어려운 것이다.

우선 부당염매의 성공 가능성이 없다는 것을 설명해 주는 경제모형을 소개하고자 한다. 이해의 편의를 위하여 시장에 두 개의 기업이 존재하고 모두 동일한 비용 함수를 갖고 있다고 가정한다. 그림 3-1에서 부당염매 행위자가 경쟁자의 수지를 악화시켜 사업을 단념시키기 위하여 가격을 p^* 수준으로 낮췄다고 가정하자. 가격을 p^*로 낮추기 위해서는 그림에서 수요곡선이 보여주는 바와 같이 공급량이 q^*로 늘어나야 할 것이다. 만약에 경쟁사업자가 이와 같이 낮아진 가격에도 불구하고 생산을 계속한다면 p^*와 한계비용이 같게 하는 생산량인 q_f만큼을 생산하게 될 것이다. 전체 생산량이 q^*가 되기 위하여 행위자는 q_i ($=q^*-q_f$)만큼의 물량을 생산해야 할 것이다. 생산비 곡선에 반영된 것 같이 행위자는 q_i를 생산하기 위해서는 평균비용(AC)과 한계비용(MC)이 경쟁자에 비해 훨씬 더 높게 되어 경쟁자가 입게 될 손실은 짙은 청색으로 표시된 사각형 A에 불과하나 행위자가 입게 될 손실은 사각형 A와 옅은 청색으로 표시된 모형 B를 더한 넓이가 되어 훨씬 더 많은 손실을 감수해야 하는 것으로 나타나 있다. 따라서 경쟁 상대방이 사업을 단념할 때까지 생산비 이하의 가격으로 판매할 것이라는 확신을 상대방에게 심어 준다는 것은 매우 어려운 일이라는 것을 알 수 있다. 왜냐하면 그러한 행위는 합리적이지 못하다는 것을 경쟁 상대방도 알고 있기 때문이다.

전통적인 부당염매에 대한 이론은 기업 규모의 차이를 가정하고 있다. 즉 대기업은 중소 경쟁자에 비하여 자금력이 강하여 손실에 대한 충격에 더 잘 대처할 수 있다는 가정이다. 그러

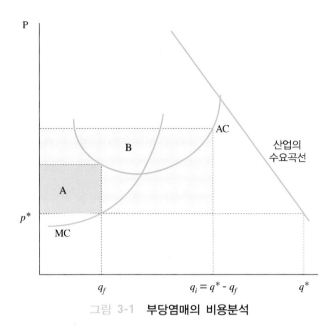

그림 3-1 **부당염매의 비용분석**

나 금융시장이 정상적으로 작동하는 경제에서는 설득력이 없는 주장이다. 왜냐하면 전술한 경제모형이 예측한 바에 의하면, 기업의 규모가 클수록 부당염매에 대한 손실이 더 커질 것이고 비합리적인 행위로 인해 커다란 손실을 초래한 기업보다는 상대적으로 손실이 적은 경쟁기업이 자금 조달에 있어 유리할 것이기 때문이다. 뿐만 아니라 만약 대규모의 기업이 비교 우위를 가진 산업이라면, 왜 중소 경쟁자가 존재하는지를 설명할 수 없다. 그러한 산업이라면 대체로 동일한 규모의 대기업 간의 경쟁이 존재해야 할 것이다.

부당염매 행위자를 기존의 사업자로, 상대방 기업을 잠재적인 진입자로, 그리고 양자 간의 비용구조가 상이하다고 가정하는 모형도 있다. 기존 사업자인 부당염매 행위자는 잠재적 진입자에 비하여 저비용구조를 가질 수도 있고 고비용구조를 가질 수도 있다. 전자의 경우는 잠재적 진입사의 시상 진입에 맞춰 가격을 인하함으로써 신규 진입을 막을 수 있을 것이다. 이 경우 가격은 행위자의 생산비보다는 높고 진입자의 생산비보다는 낮을 수 있으므로 경제성이 있는 부당염매가 가능하다고 할 수 있다. 기존 사업자가 고비용 구조를 가지고 있는 경우에도 신규 진입에 맞추어 가격을 인하하는 가격정책을 사용할 수 있다. 신규 진입자는 기존 사업자의 과거 가격책정 관행에 따라 동 사업자가 고비용 구조를 가졌는지 저비용구조를 가졌는지를 추정하게 될 것이다. 만약 과거에 기존 사업자의 행위가 신규 진입에 맞춰 지속적인 가격 인하정책을 사용하여 왔다면 진입자는 기존 사업자가 실제는 자기보다 더 고비용 구조를 가지고 있음에도 불구하고 더 낮은 비용구조를 가진 것으로 잘못 추정하여 진입을 포기할 수도 있을 것이다. 반면에 진입자는 과거 자기의 가격정책을 상대방에게 보임으로써 자기의 저비용구조를 과시할 수가 없다. 여기에 양자 간의 불균형(asymmetry)이 있게 된다. 이 모델에서는 부당염매가 성공 가능성이 있다. 그러나 이 경우에도 행위자는 커다란 손실을 감수해야 하므로 양자 간의 비용구조의 차이가 크지 않는 한 성공 가능성은 희박하다고 할 수밖에 없다.

이와 같이 부당염매는 매우 비용이 많이 소요되는 투자 행위이므로 성공한 예를 찾아보기 힘들다는 것이 전혀 놀라운 일이 아니다. 부당염매 관련 소송 사건이 빈번하게 제기되고는 있으나 대부분의 경우 생산비보다 더 낮은 가격을 책정한 경우는 흔치 않은 것으로 나타나고 있다. 예컨대 부당염매의 유형으로 가장 자주 인용되는 사건이 Standard Oil 사건인데, 동사는 제품 가격을 인하하여 중소 경쟁 정유사의 사업을 단념시키는 방법으로 경쟁사를 인수한 것으로 알려져 있었다. 그러나 이에 대한 MeGee(1958)의 연구 결과에 의하면 경쟁사는 매우 적정한 가격으로 정유사를 판매한 것으로 드러났다. Koller(1971)는 1890년 이래 부당염매 관련 사례를 조사하였는데 총 26건의 부당염매 사건 중에서 7건만이 비용보다 낮은 가격을 책정했다는 것을 발견하였다. 이 7건 중에서 4건만이 부당염매가 성공하여 경쟁자가 사업을 단념하였고, 그중에서 3건은 기업결합이 수반된 것이었음을 밝혀냈다. 최근의 사례를 분석한 자료에 의해도 대부분의 사건이 부당염매라는 증거가 매우 약하여 약 90%의 경우 피고가 승소한 것으로 나타나고 있다.

부당염매 행위를 기업 간에 흔히 일어날 수 있는 행위로 생각하는 자들은 행위자가 자기는 매우 극렬하게 경쟁하는 사업자라는 평판을 만들 수 있다는 사실에 근거를 두고 있다. 그러나 행위자가 어떻게 그러한 평판을 만들 수 있고 경쟁자가 왜 그것을 믿게 되는지에 대한 설명은 명확하지 않다. 경쟁자에 비하여 훨씬 더 많은 손실을 감수하는 것이 합리적인 행동이 아니라는 것을 경쟁자도 인식하고 있기 때문이다. 대부분의 부당염매 사건은 비효율적인 경쟁자가 가격 경쟁에서 패배하여 호소하는 경우이다. 경쟁이 심한 시장에서는 적법한 경쟁 행위에서도 생산비보다도 낮은 가격으로 판매하는 경우가 빈번하다. 가격이 비용보다도 낮다는 사실만으로 처벌한다면 사업 능력이 탁월한 기업가를 희생하는 대가로 비효율적인 사업자를 보호해 주는 결과가 될 것이다. 부당염매의 경제적 이해도가 높아진 결과 법원은 1986년 부당염매에 대한 아주 중요하고 바람직한 결정을 하게 된다. *Matsushita Electric Industrial Co. v. Zenith Radio Corporation*[30]에서 몇 개의 미국 가전사들은 일본 기업들이 미국 가전사의 사업을 단넘시킬 것을 목적으로 미국 시장에 가전제품을 20년 동안이나 생산비보다 낮게 판매하였다고 주장하였다. 법원은 어떤 기업이 다른 기업의 사업을 그만 두게 하기 위하여 20년 동안이나 손실을 감수하리라고는 상상할 수 없다는 견해를 피력하고 있다. 법원은 "부당염매는 매우 드물게 시도되는 행위이고, 그것보다 더 드물게 성공하는 행위"라는 의견을 제시하고 있다. 당시 법원은 부당염매 행위자가 손실을 완전 보전할 정도로 오랜 기간 독점력을 유지할 수 있다는 것에 대해 회의적인 시각을 가지고 있었음에 틀림없다.

나) Aleeda-Turner 기준

부당염매로 볼 수 있는 가격 수준은 어떤 기준에 결정되어야 하는가에 대해 많은 의견제시가 있었다. 이 중에서 법원이 가장 많이 채택하여 일반적인 기준으로 자리 잡은 것이 Aleeda와 Turner 교수에 의하여 제안된 기준이다. 그들의 이론은 경제학 가격론의 이론 체계에 근거를 두고 있다. 즉 기업의 '단기 한계비용'보다 더 낮은 가격은 약탈적(predatory)이므로 부당염매로 보아야 한다는 것이다. 만약 가격이 한계비용보다 낮다면 생산이 한 단위 늘 때마다 손실이 더 커지므로 이것은 이윤을 추구하는 기업의 합리적인 행동이라기보다는 경쟁자를 퇴출시키기 위한 의도가 있는 것으로 보아야 한다는 것이다. 그러나 부당염매의 기준을 벗어나기 위해 반드시 흑자를 내야 한다는 것은 아니다. 그림 3-2에서 이윤 극대화를 보장해 주는 생산량과 가격은 각각 q^*와 p^*이다. 여기서 가격이 한계비용보다 높기만 하면 그것이 이윤 극대화 수준이 아님에도 불구하고 부당염매로 볼 수 없다는 것이다. 또한 가격과 생산량이 각각 p_1과 q_1인 경우, 비록 가격이 한계비용보다 더 낮음에도 불구하고 평균비용이나 평균가변비용과 같거나 높으므로 부당염매로 볼 수 없다는 것이다.

이론적인 완벽함에도 불구하고 Aleeda-Turner 기준은 실제 적용하는 데 많은 문제가 있다. 무엇보다도 '단기 한계비용'이란 개념이 익숙하지 않을 뿐만 아니라 명확히 측정하기도 불가능하다. 이에 따라 그들은 단기 한계비용 대신 '평균가변비용'을 사용할 것을 제시하고 있다. 평균가변비용은 기계·설비 등에 소요되는 고정비를 제외한 가변비용을 생산량으로 나눈 값이므로 상대적으로 측정이 용이하다는 장점이 있다. 가격이 평균가변비용보다는 높을 경우, 그것이 비록 평균비용에는 미치지 못하더라도 생산을 함으로써 손실을 최소화시킬 수 있다.

---

30 475 U.S. 574 (1986).

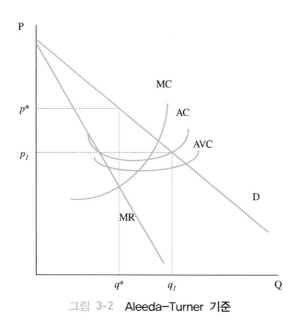

그림 3-2　Aleeda-Turner 기준

그러나 가격이 평균가변비용보다 낮을 경우, 생산량이 증가함에 따라 손실이 더 커지므로 평균가변비용보다 더 낮게 판매하는 행위도 합리적인 행위라기보다는 나쁜 의도가 숨겨져 있는 행위로 간주할 수 있다는 것이다. 평균가변비용이 상대적으로 측정이 용이함에도 불구하고 실제 회계장부에 나타나 있는 여러 비용 항목을 고정비와 가변비로 구분하는 방법은 용이한 일은 아니다. 예컨대 광고비 같은 경우, 소모성 경비라는 점에서 가변비로 볼 수도 있으나 광고비 지출 후 그 효과는 장기간에 거쳐 발생한다는 관점에서 보면 일반 투자비와 같이 고정비로 볼 수도 있는 것이다. 이와 같은 문제를 해결하기 위해 Aleeda와 Turner는 기업의 회계 장부상 고정비로 볼 수 있는 항목을 일일이 열거하고 있다. 여기에는 생산량과 관계없는 이자, 세금, 감가상각비 등이 포함되어 있다. 평균가변비용을 한계비용의 대용물로 사용하는 경우 생산량에 따라 양자 간의 차이가 변한다는 사실을 이해해야 한다. 그림 3-2에서 생산량이 q^*인 경우는 평균가변비용(AVC)과 한계비용(MC)간의 차이는 적으나 생산량이 q_1인 경우 양자 간의 차이는 매우 커져 있음을 알 수 있다.

　이 기준의 두 번째 문제점은 적법한 경쟁 행위 하에서도 가격이 빈번히 평균가변비용보다 낮아지는 경우가 많다는 사실을 간과하고 있다는 점이다. 따라서 경쟁 정책상 바람직한 기업의 행위도 이 기준에 의하여 위법으로 결정될 위험성이 있게 된다. 기업은 여러 가지 이유로 빈번하게 생산비보다 낮은 가격을 책정하는 관례가 있다. 예를 들어 신규 기업이 적극적인 판촉활동을 전개하는 경우 기존 제품에 익숙해 있는 소비자를 유인하기 위해 가격할인을 하거나 견본품을 배포하는 경우가 있다.[31] 이 경우는 Aleeda-Turner 기준으로 보면 부당염매로 판정됨에도 불구하고 법 위반으로 처벌할 수는 없을 것이다. 또한 업종에 따라서는 노동의 생산성이 현장 경험에 의해 증가되는, 소위 "learning by doing"의 법칙이 확연하게 적용되는 경우가 있다. 이 경우에는 금기의 생산량이 장래의 생산성을 결정하게 된다. 이때 가격을 생산비 이하로 인하하고 공급량을 증가시킨다면 단기적 손실이 발생할 수가 있다. 그러나 이러한 손실을 감수하고 금기의 생산량을 늘리는 것은 장기적으로 노동생산성을 향상시키기 위한 합리적인 투자 행위일 뿐 상대 경쟁자를 망하게 하기 위한 불순한 의도로 보기에는 어려운 측면이 많다. 그럼에도 불구하고 Aleeda-Turner기준을 그대로 적용하는 경우 바람직한 기업 활동을 처벌하게 되는 잘못을 범할 수가 있다.

Aleeda-Turner기준의 이와 같은 많은 문제점 때문에 여러 학자들이 다른 제안을 제시하고 있다. Williamson은 기업이 '한계 가격책정(limit pricing)'을 사용하고 있다면 가격이 단기 한계비용보다 더 높은 경우에도 약탈적일 수가 있다는 것이다.[32] 이 경우에는 독점기업이 평소에는 공급량을 줄이고 가격을 높이 책정함으로써 독점이윤을 얻고 있으나 잠재적 경쟁자가 시장 진입을 기도하는 경우 가격을 인하하고 공급을 늘리는 전략을 사용한다. 인하된 가격은 단기 한계비용보다는 높을 수가 있어 Aleeda-Turner기준으로 보면 부당염매라고 볼 수가 없게 된다. 따라서 이러한 한계 가격책정 행위는 신규 진입에 맞춰 공급을 늘리는 행위가 있었는지 여부로 구분할 수 있다. W. Baumol은 사업자가 가격을 인하하여 경쟁 상대방으로 하여금 시장을 떠나도록 했다면 향후 몇 년 동안 가격을 인상하지 못하도록 함으로써 독점이윤의 기회를 박탈해야 한다고 주장하고 있다. 또한 A. Klevorick은 가격을 인하한 사업자가 2년 이내에 다시 가격을 인상한다면 부당염매가 입증된 것이라고 하고 있다.

이와 같이 여러 가지 다른 대안들이 제안되었음에도 불구하고 법원은 Aleeda-Turner기준을 부당염매 사건의 가장 기본적인 분석 수단으로 삼고 있다. 그러나 Aleeda-Turner기준을 단순·기계적으로 적용하지는 않는다. 다만 다른 조건이 동일하다면 평균가변비용보다 낮은 가격으로 판매하는 행위를 부당염매로, 가변비용보다 더 높은 가격은 적법한 것으로 받아들인다. 그러나 이러한 결정은 다른 사실의 입증으로 반증될 수 있는 것으로 이해되고 있다. 예컨

---

31 견본을 무상으로 배포한다는 것은 가격을 영(零)으로 책정한 것과 같다.
32 한계 가격책정에 대하여는 부록을 참조하기 바란다.

대 가격이 평균가변비용보다 낮다 하더라도 다른 사실에 의하여 경쟁 상대방을 퇴출시키려는 의도가 없는 것으로 입증이 되는 경우 부당염매가 아니라는 것을 인정한다는 것이다. 실제로 가장 판단하기 어려운 경우는 가격이 평균가변비용(AVC)보다는 높으나 평균비용(AC)보다는 낮은 경우이다. 가격이 평균비용보다 낮으므로 손실이 발생하는 경우이나, 가격이 평균가변비용보다는 높으므로 생산을 안 하는 것보다는 하는 것이 손실을 최소화시키는 경우이다. 법원은 손실을 최소화시킨다는 점에서 이와 같은 가격책정을 부당염매가 아닌 기업의 합리적 행위로 인정하고 있다. 가격이 평균비용보다 높은 경우에도 한계 가격책정(limit pricing)인 경우 부당염매로 처벌할 수 있다는 의견을 보인 순회법원도 있었으나 다수는 평균비용보다 높은 가격은 적법한 것으로 인정하고 있다.

3-3 우리나라 제도 및 사례

우리나라의 시장지배적 지위의 남용행위는 공정거래법 제3조의 2에 규정되어 있다. 이 조항은 시장지배적 지위 남용행위의 종류로 가격남용, 출고조절, 사업활동방해, 새로운 사업자의 진입 방해, 경쟁사업자 배제, 소비자 이익을 현저히 저해하는 행위 등을 열거하고 있다.

   미국의 사례를 보면서 설명한 바와 같이 시장지배적 지위의 남용행위(독점행위)는 시장지배적 사업자가 '제품의 우월성, 경영능력상의 통찰력, 또는 역사적인 사건과 관련 없이 고의로 독점력을 유지·획득하려는 행위'로 매우 포괄적으로 정의되어 있으므로 사전에 그런 행위들을 법 규정에 열거하는 것은 매우 어려운 일이다. 법에서 열거되지 않은 새로운 형태의 행위가 언제든지 출현할 수 있기 때문이다. 그럼에도 불구하고 우리나라 공정거래법에서 상기와 같이 시장지배적 지위 남용행위를 법에 열거할 수 있는 것은 그간 다른 선진국, 특히 미국의 독점규제법 사례가 제공하는 여러 가지 다양한 형태의 선례가 있고 그 사례를 위에서 열거한 시장지배적 지위 남용행위의 각 항목별로 분류하여 포함할 수 있기 때문이다. 예컨대 미국의 Alcoa 사건의 경우 과잉투자를 통해 알루미늄 제조에 신규 진입을 방해한 행위는 우리나라의 "새로운 사업자의 진입 방해"에 포섭하고 있다. 그러나 실제 이러한 열거주의는 시장지배적 사업자가 행하는 다양한 기업 활동에 비추어 볼 때 모든 남용행위를 전부 포섭할 수는 없는 노릇이다. "소비자의 이익을 현저히 저해"하는 행위가 이 문제를 해결하는 돌파구 역할을 해왔다. 공정거래위원회는 시장지배적 사업자의 남용행위가 제3조의 2에서 열거하는 어떤 항목에도 해당하지 않는다고 판단하면 예외 없이 "소비자의 이익을 현저히 저해"하는 조항을 적용해 왔다. 이 조항이 매우 포괄적이므로 대부분의 남용행위가 이에 해당한다고 해석할 수 있기 때문이다.

시장지배적 사업자의 정의는 법 제2조 제7호에 규정되어 있다. 시장지배적 사업자란 일정한 거래 분야의 공급자나 수요자로서 단독으로 또는 다른 사업자와 함께 상품이나 용역의 가격·수량·품질 기타의 거래조건을 결정·유지 또는 변경할 수 있는 시장지위를 가진 사업자로 정의하고 있다. 그리고 시장지배적 지위를 판단함에 있어서는 시장점유율, 진입장벽의 존재 및 정도, 경쟁사업자의 상대적 규모 등을 종합적으로 고려하도록 되어 있다.[33] 구체적으로 시장지배적 사업자인지 여부의 판단은 법 제4조에 시장지배적 사업자의 추정 조항을 도입하고 있다. 여기서 1사가 시장점유율 50% 이상이거나, 상위 3사의 점유율이 75% 이상이면 시장지배적 사업자로 추정한다는 추정 요건을 규정하고 있다. 즉, 시장점유율이 일정기준 이상이면 시장지배적 사업자로 단정하는 것이 아니고 추정한다고 되어 있다. 이 요건에 해당하더라도 매출액이 40억원 미만이거나 점유율이 10% 미만인 경우는 시장지배적 사업자에서 제외하도록 하고 있다. 여기서 '추정'이라는 의미를 제2장에서 제시한 식 (2-2)와 연계하여 살펴볼 필요가 있다. 이 식에서는 Lerner Index로 표시되는 독점력이 3가지 변수, 즉 시장점유율(s), 시장전체의 가격탄력성(ε), 그리고 주변기업의 공급탄력성(η)에 의해 결정된다고 표시하고 있다. 시장점유율이 독점력을 결정하는 중요한 변수이기는 하지만 다른 변수도 고려해야 한다는 점에서 '추정'이라는 표현을 사용하고 있다. 점유율 이외의 고려 요소는 "시장지배적 지위 남용행위 심사기준"에서 구체적으로 규정하는데 진입장벽, 경쟁 상대방의 규모, 유사품 및 인접 시장의 존재, 시장 봉쇄력 등 다양한 요소를 고려하여 시장지배적 사업자 여부를 판단하고 있다. 이 부분도 식 (2-2)에 의해 설명이 가능하다. 심사기준에서 제시한 여러 가지 요소들이 이 식에서 고려한 변수들을 반영하고 있기 때문이다. 예컨대 진입장벽은 주변기업의 공급탄력성(η), 경쟁 상대방의 규모도 주변기업의 공급탄력성(η), 유사품 및 인접 시장의 존재는 시장 전체의 가격탄력성(ε), 시장 봉쇄력은 주변기업의 공급탄력성(η)을 각각 반영한 것이다. "시장지배적 지위 남용행위 심사기준"에서 규정한 시장지배력 지위에 대한 조항은 독점력을 측정하는 Lerner Index의 산식의 내용을 전부 반영하고 있는 셈이다.

---

[33] 진입장벽의 존재 및 정도란 제2장에서 설명한 Lerner Index에서 주변 기업의 공급탄력성과 관계가 있다.

시장지배적 지위 남용행위에 대한 처벌은 시정조치, 관련 매출의 3% 범위를 초과하지 않는 범위 내에서의 과징금, 형벌로는 3년 이하의 징역이나 2억원 내의 벌금을 부과할 수 있도록 규정되어 있다.

3-3-1 가격남용행위

가격남용행위란 상품의 가격이나 용역의 대가를 부당하게 결정·유지 또는 변경하는 행위를 말한다(공정거래법 제3조의2 제1항 제1호). 시장경제 체제 하에서 가격은 시장에서 수요와 공급에 의해 결정되는 것이 원칙이다. 기업의 가격 결정 행위를 부당하다고 처벌하기 위해서는 그 '부당성'을 입증하는 객관적인 기준이 있어야 할 것이다. 우선 생각할 수 있는 기준은 경쟁가격보다 현저히 높은 가격을 부과했는지 여부를 생각할 수 있다. 그러나 이러한 기준을 정하는 것은 용이하지 않다. 우선 경쟁가격이 얼마인지 측정하는 것은 거의 불가능하다. 또한 경쟁가격이 얼마인지 알 수 있다 하더라도 그것보다 얼마나 높아야 현저히 높은 가격인지에 대해 판단하는 것도 매우 주관적일 수밖에 없다. 그래서 공정거래법 시행령에서 가격남용행위를 다음과 같이 규정하고 있다. 정당한 이유 없이 상품의 가격이나 용역의 대가를 수급의 변동이나 공급에 필요한 비용(동종 또는 유사업종의 통상적인 수준의 것에 한한다)의 변동에 비하여 현저하게 상승시키거나 근소하게 하락시키는 행위를 말한다. 즉, 가격남용행위를 시장지배적 사업자가 절대적인 독점가격을 결정하는 것이 아니라 비용의 상승폭에 비해 현저하게 더 높이 상승시키는 행위로 규정하고 있다.

여기서 가격은 원칙적으로 현금 결제에 적용되는 가격을 기준으로 하되 거래 관행상 다른 가격이 있는 경우에는 그 가격을 적용한다. '수급의 변동'이란 당해 품목의 가격에 영향을 미칠 수 있는 수급요인의 객관적 변동을 말하며, 이 경우 상당 기간에 당해 품목의 수요 및 공급이 안정적이었는지를 고려한다. '공급에 필요한 비용의 변동'은 가격 결정과 상관관계가 있는 재료비, 노무비, 제조경비, 판매관리비 등의 변동을 고려하되 동종 또는 유상 업종의 수준을 감안하여 판단한다. '동종 또는 유사업종'을 고려함에 있어 원칙적으로 당해 거래분야를 위주로 판단하되 당해 거래분야 위주의 판단이 불합리하거나 곤란한 경우에는 유사 시장 또는 인접 시장을 포함하여 고려한다. 어느 정도가 현저한 상승 또는 근소한 하락인가를 판단함에 있어는 최근 당해 품목의 가격변동 및 수급상황, 당해 품목의 생산자 물가지수, 당해 사업자의 수출 시장에서의 가격 인상률, 당해 사업자가 시장에서 가격 인상을 선도할 수 있는 지위에 있는지 여부 등을 종합적으로 고려한다.

상기 기술한 대로 가격남용행위를 비용이나 수급요인보다 더 현저하게 변동시키는 행위로 규정함으로써 부당성의 객관적 기준을 비교적 용이하게 측정할 수 있게 하였다. 그러나 기업의 가격 결정을 직접 규제하는 것은 시장경제의 원칙에 부합하지 않는 측면이 많으므로 1992년 제과 3사의 비스켓류 제품의 용량을 줄여서 생산한 행위[34]를 처벌한 이래 가격남용행위를 적용하여 처벌한 사례는 거의 없다.

3-3-2　출고조절행위

출고조절행위란 상품의 판매 또는 용역의 제공을 부당하게 조절하는 행위를 말한다(공정거래법 제3조의2 제1항 제2호). 구체적으로 시행령에서, 정당한 이유 없이 최근 추세에 비추어 상품 또는 용역의 공급량을 현저히 감소시키거나 유통단계에서 공급 부족이 있음에도 불구하고 상품 또는 용역의 공급량을 감소시키는 행위로 규정하고 있다.

공급량의 측정은 제품별, 지역별, 거래처별, 계절별로 구분하여 판단한다. 공급량을 현저히 감소시킴에 있어 '현저성'의 판단은 다음과 같은 기준에 의한다. 먼저 공급량을 감소시킨 후 가격 인상이 있었는지 여부, 당해 사업자의 당해 품목에 대한 매출액 또는 영업이익이 증가하였는지 여부, 당해 사업자가 기존 제품과 유사한 제품을 출하했는지 여부 등을 고려한다.

출고조절이 있었는지 여부의 판단은 일일 판매량이 평상시에 비해 급격히 감소하였던 기간을 선정, 다른 날과 대비를 통하여 그 기간 동안 판매량을 조절하는 행위가 있었는지 여부를 보고, 그와 같은 판매량의 감소가 있었던 기간을 전후한 무렵에 존재했던 사정을 종합하여 판단한다.[35]

출고조절행위의 부당성 판단은 당해 상품의 수급 등 유통시장의 상황, 생산능력, 원자재조달사정 등 사업자의 경영사정에 비추어 그 조절행위가 통상적인 수준을 현저하게 벗어나서 가격의 인상이나 하락의 방지에 중대한 영향을 미치거나 수급차질을 초래할 우려가 있는지 여부에 따라 판단한다.[36]

34　용량을 줄일 것만큼 가격 인상 효과가 있다.

35　대법원1999.11.3.선고99두10964.

36　대법원2002.5.24.선고2000두9991.

남양유업의 출고조절행위건[37]에서 출고량의 측정방법에 대해 다음과 같이 판시하고 있다. 공급업체로부터 조제분유가 출고되더라도 바로 소비자에게 판매되는 것이 아니고 각 거래처에서의 재고기간 또는 진열기간을 거쳐 소비자에게 판매되는 것이므로 출고량은 당해 공급업체의 출고량과 재고량만으로 출고조절 여부를 판단하는 것은 부당하고 당해 공급업체의 직영대리점이나 판매회사의 출고량과 재고량까지 모두 당해 공급업체(시장지배적 사업자)의 것으로 포함하여 판단해야 한다고 판시하였다.

신동방의 대두유제품 출고조절행위건[38]에서는 출고조절행위에서 제조회사와 판매회사 간의 책임분담관계에 대한 기준을 제시하고 있다. 판매회사가 출고조절행위를 한 경우에도 제조회사와 판매회사가 모자관계에 있어 제조회사가 판매회사를 실제로 지배한 경우에는 판매회사는 제조회사의 수족으로서 그 일체 관계에 의하여 판매조절행위를 한 것으로 보이고, 그렇지 않다 하여도 사실관계에 의하면 적어도 제조회사와 공모하여 판매조절행위를 한 것으로 충분히 볼 수 있으므로 제조회사가 책임을 부담해야 한다고 판단하고 있다.

3-3-3 다른 사업자의 사업활동 방해행위

사업활동 방해행위란 다른 사업자의 사업활동을 부당하게 방해하는 행위로 규정하고 있다(공정거래법 제3조의2 제1항 제3호). 시행령에서는 더 구체적으로, 정당한 이유 없이 다른 사업자의 생산을 위한 원재료 구입을 방해하거나, 정상적 관행에 비추어 과도한 경제적 이익을 제공하는 방법으로 다른 사업자의 사업활동에 필수적인 인력을 채용하거나, 정당한 이유 없이 다른 사업자의 생산, 공급, 판매에 필수적인 요소의 사용 또는 접근을 거절·중단하거나 제한하는 행위로 규정하고 있다. 또한 '시장지배적 지위 남용행위 심사기준'에 의하여 다음과 같은 행위가 사업활동 방해행위로 추가되어 있다. 부당하게 특정사업자에 대하여 거래를 거절하거나, 특정 거래상대방에게 가격이나 거래조건을 차별하여 거래하거나, 부당하게 거래상대방에게 불이익이 되게 거래하는 행위가 그것이다. 여기서 다른 사업자는 경쟁사업자 뿐만 아니라 경쟁 관계가 없는 모든 사업자를 포함한다. 또한 이러한 행위를 직접 행하는 것뿐만 아니라 특수관계인 등 다른 사업자로 하여금 이러한 행위를 하게 한 행위도 포함한다.

---

37 대법원2001.12.24.선고99두11141.
38 대법원1999.11.3.선고99두10964.

포스코의 시장지배적 지위 남용행위건[39]에서 대법원은 사업활동 방해행위 중 거래거절의 '부당성'에 대한 의미 있는 판결을 한다. 이 사건은 포스코가 현대하이스코의 자동차 냉연강판을 제조하는 데 필요한 열연코일의 공급요청을 거절한 사건이다. 여기서 법원은 시장지배적 사업자가 개별 거래의 상대방인 특정 사업자에 대한 부당한 의도나 목적을 가지고 거래거절을 한 모든 경우 또는 그 거래 거절로 인하여 특정 사업자가 사업활동에 곤란을 겪게 되어서 그 특정사업자가 불이익을 입게 되었다는 사정만으로는 그 부당성을 인정하기에 충분하지 않다고 하였다. 부당성을 인정하기 위해서는 시장지배적 사업자가 시장에서 독점을 유지·강화할 의도나 목적, 즉 시장에서 자유로운 경쟁을 제한함으로써 인위적으로 시장 질서에 영향을 가하려는 의도나 목적을 갖고, 객관적으로 그러한 경쟁제한의 효과가 생길 만한 우려가 있는 경우에만 그 부당성을 인정할 수 있다고 판시하였다.[40] 같은 맥락에서 동 법원은 시장지배적 사업자의 거래거절이 지위남용에 해당되기 위한 요건도 제시하고 있다. 그 거래거절이 상품의 가격상승, 산출량의 감소, 혁신 저해, 유력한 경쟁사업자 수의 감소, 다양성의 감소 등과 같은 경쟁제한 효과가 생길만한 우려가 있는 행위로서 그에 대한 의도와 목적이 있었다는 점을 경쟁 당국이 입증해야 한다는 것이다. 즉, 시장지배적 사업자의 거래거절 행위는 경쟁제한성이 있어야 한다는 것을 분명히 한 것이다. 그리고 그 경쟁제한성은 시장지배적 사업자가 속한 시장뿐만 아니라 그 시장의 상품 생산을 위하여 필요한 원재료나 부품 및 반제품 등을 공급하는 시장 또는 그 시장에서 생산된 상품을 공급받아 새로운 상품을 생산하는 시장도 포함한다고 한다. 여기서는 포스코가 생산하는 열연코일 시장뿐만 아니라 자동차용 냉연강판 시장에서 경쟁제한성이 있어도 시장지배적 지위 남용행위에 해당한다는 것이다.[41]

이는 앞서 미국 사례 중 Aspen 사건에서 미국 법원이 보여준 법 위반 기준과 일맥 상통하다는 것을 알 수 있다. 그 사건에서 미국 법원은 거래거절이 정당화되려면 정당한 사업상의 이유가 있어야 하는데 그것이 바로 경제적 효율성의 증대라고 설명한 바 있다. 이 사건에서 결국 Aspen Sking사는 그 거래거절이 공급량을 줄이고 자신의 이익도 줄어드는 결과를 초래하여 법 위반으로 판명이 되었다.

'다른 사업자에게 필요한 필수적인 요소의 사용·제한행위'는 바로 앞서 미국 사례에서 설

---

39 대법원2007.11.22.선고2002두8626,환송심-서울고법20084.24선고200732718.
40 사업활동 방해행위 중 거래거절에 한하고 다른 유형의 부당성은 별도의 해석이 필요하다.
41 포스코 사건에 대해서는 사례에서 구체적으로 설명한다.

명한 필수설비이론을 적용한 내용이다. 여기서 필수적인 요소가 무엇을 말하는지에 대해 "시장지배적 지위 남용행위 심사기준"에서는 다음과 같이 정의하고 있다. ① 당해 요소를 사용하지 않고서는 제품의 생산, 판매가 사실상 불가능하거나 당해 거래 분야에서 피할 수 없는 중대한 경쟁열위 상태가 지속될 것, ② 특정 사업자가 당해 요소를 독점적으로 소유 또는 통제하고 있을 것, ③ 당해 요소를 재생산하거나 다른 요소로 대체하는 것이 사실상, 법률상 또는 경제적으로 불가능할 것 등이다.

다음으로, '다른 사업자'란 필수설비 보유자가 참여하고 있거나 가까운 장래에 참여할 것으로 예상되는 거래 분야에 참여한 사업자를 말한다. 여기서 우리는 필수설비 보유자가 시장지배적 지위를 가져야 되는 시장이 무엇을 말하는가에 대한 해답을 찾을 수 있다. 다시 말해서 필수설비 보유자가 당해 필수설비 시장에서 시장지배력을 가져야 하는지, 혹은 필수설비의 전후방 시장에서 시장지배력을 갖는 것까지를 포함하는지 여부를 결정하는 문제에 대한 해답을 말한다. 여기서는 필수설비 시장뿐만 아니라 그 전후방 시장에서 시장지배력을 가져도 이 조항을 적용할 수 있는 것으로 판단된다. 예를 들어, 시내전화망을 독점적으로 보유한 회사가 필수설비인 전화망 시장에서가 아니라 그 망을 이용하여 서비스를 제공하는 시내전화서비스 부분에서 시장지배력을 보유하고 있어도 이 조항을 적용할 수 있다는 얘기이다.

'거절·중단·제한하는 행위'란 필수설비에의 접근이 사실상 또는 경제적으로 불가능할 정도의 부당한 가격을 제시하는 경우도 포함되고, 필수설비를 사용한 기존 사용자에 비해 현저하게 차별적인 가격을 제시하는 경우까지도 포함하고 있다.

'정당한 이유'란 다음과 같은 경우로 규정하고 있다. ① 필수설비 보유자의 투자에 대한 정당한 보상이 현저히 저해되는 경우, ② 기존 사용자에 대한 공급량을 현저히 감소시키지 않고서는 제공이 불가능한 경우, ③ 필수설비를 새로이 제공함으로써 기존에 제공되고 있는 서비스의 질이 현저히 저하될 우려가 있는 경우, ④ 기술표준이 맞지 않아 필수설비를 제공하는 것이 기술적으로 불가능한 경우 등을 들고 있다.

포스코의 시장지배적 지위 남용행위건[42]

포스코는 현대하이스코가 1999년 2월 냉연강판공장 완공을 전후하여 시험가동 또는 제품생산을 위해 1997년 8월, 1998년 6월, 1998년 10월, 2000년 12월, 2001년 2월 등 수차례에 걸

---

[42] 공정거래위원회 의결 제 2001-068호 2001.4.12

처 냉연강판용 열연코일의 공급을 요청했음에도 불구하고 충분한 검토도 해 보지 않고 제품시장에서의 경쟁사업자인 현대하이스코에 대해 이를 전혀 공급하지 않았다.

철강제품의 하나인 냉연강판의 제조공정은 일반적으로 용광로에 철광석을 녹여 쇳물을 만드는 제선공정, 쇳물의 불순물을 제거하고 첨가물을 참가하는 제강공정, 쇳물을 응고시켜 슬래브를 만드는 연주공정, 응고된 슬래브를 1200~1250℃의 고온에서 압연하여 두께 12~24mm 정도의 열연코일을 만드는 열간압연공정, 열연코일을 상온에서 압연하여 두께 0.17~3.2mm 정도의 냉연강판을 만드는 냉간압연공정 등으로 구성되는데, 냉연강판 제조에는 반드시 열열코일이 필요하다. 냉연강판 제조공정 중 제선, 제강, 연주, 열간압연, 냉간압연 설비 등 모든 공정의 설비를 갖춘 업체를 일관제철업체라고 하는데, 당시 우리나라에는 일관제철업체로는 포스코가 유일했다. 국내 열연코일 시장은 포스코가 1973년 열연코일 생산을 시작한 이래 포스코만이 유일하게 연연코일을 생산하고 있다. 국내 냉연강판 시장은 연합철강공업이 1968년 냉연강판 생산을 시작한 이래 1972년 동부제강, 1977년 포스코, 1999년 현대하이스코 등이 생산을 시작하여 2000년 당시 포스코, 동부제강, 연합철강공업, 현대하이스코 등 4사의 경쟁체제가 유지되고 있는 시장으로 2000년의 시장점유율은 포스코 58.4%, 동부제강 13.7%, 현대하이스코 11.1%, 연합철강공업 7.9%를 유지하고 있다.

포스코의 위 행위에 대해 적용한 법조는 공정거래법 제3조의2(시장지배적 지위의 남용금지)제 1항 제3호, 같은 법 시행령 제5조 제3항 제3호 관련 "시장지배적 지위 남용행위 심사기준"(공정거래위원회 고시 제2000-6호) Ⅳ.3.다.(1)에서 규정한 '부당하게 특정사업자에 대하여 거래를 거절하는 행위'이다. 즉 부당한 거래거절인 것이다.

먼저 포스코가 시장지배적 사업자인가 여부이다. 포스코는 2000년 기준 국내 열연코일 시장에서 점유율이 79.8%인 사업자로서 국내 유일의 일관제철소이자 조강생산량 기준 세계 1위의 사업자로서 국내외 철강시장에 대한 영향력이 매우 크며 일관제철소 건설을 위해서는 수조 원의 자금이 소요된다는 점에서 사실상의 진입장벽이 높다는 점, 국내 열연코일시장에서 경쟁사업자가 존재하지 않는다는 점 등을 고려할 때 시장지배적 지위가 있다고 판단했다.

이에 대해 포스코측은 다음과 같은 반론을 제기한다. 열연코일 중에서도 하이스코가 구입을 원하던 자동차 냉연강판용 열연코일은 제품의 특성이나 제조방법이 다른 종류의 열연코일과는 구분되는 별도의 제품으로서 시장획정 시 자동차 냉연강판용 열연코일 시장을 별도의 시장으로 보아야 한다는 것이다. 그럴 경우 포스코는 동 제품을 외부에 판매한 적이 없고 자체

냉연강판을 제조하는 데 전부 사용했으므로 시장에서 점유율은 0%이고 따라서 시장지배력이 없다고 주장하였다. 그러나 이에 대해 공정거래위원회는 관련 시장획정은 상품의 기능 및 효용과 수요대체성, 공급대체성 등을 종합적으로 고려하여 판단할 때 자동차 냉연강판용 열연코일 시장을 별도의 시장으로 획정할 수 없다고 판단하였다. 열연코일은 제품 성분이나 특성에 따라 등급화 또는 규격화되는 제품으로서 그 기능이나 효용이 운수장비, 가전제품, 건자재 등의 제조에 필요한 강판의 원자재로 사용된다는 점에서 기본적으로 유사하며, 같은 등급의 냉연용 열연코일의 경우 자동차용, 가전용, 건자재용 등 다양하게 사용될 수 있을 뿐만 아니라 같은 자동차용이라고 하더라도 사용되는 차체의 부위나 요구되는 특성에 따라 무수히 많은 제품으로 세분될 수 있으므로 유독 자동차 냉연강판용 열연코일만을 별도의 상품으로 구분하는 것은 타당성이 없다는 것이다. 또한 공급대체성 면에서 볼 때 모든 열연코일은 동일한 설비와 유사한 공정을 통해 생산되는 제품으로서 제조 공정상 수요자의 요구나 제조자의 의사에 따라 용이하게 제품규격 등을 전환하여 생산할 수 있으므로 공급대체성이 매우 용이하다는 점 때문에도 자동차 냉연강판용 열연코일만을 별도의 시장으로 볼 수 있는 타당성이 없다는 것이다. 설사 자동차 냉연강판용 열연코일을 별도의 상품으로 구분한다고 하더라도 포스코는 국내 유일의 자동차 냉연강판용 열연코일 생산자이자 포스코의 의사만 있으면 언제든지 동 제품을 시장에 판매할 수 있는 사실상의 시장참여자(유동적 진입자)로서 시장점유율 산정 시 포스코의 자가소비용을 당연히 포함시켜야 한다는 것이다. 이 경우 2000년 기준 포스코의 자동차용 강판시장점유율은 58.9%에 해당한다.

두 번째 쟁점은 '부당한'의 의미가 무엇이냐 하는 것이다. 3-2-4항에서 본 미국의 Aspen Skiing 사건을 기억할 것이다. 그 사례에서 법원은 독점사업자라 하여 경쟁자와 협조할 의무가 있는 것은 아니나 협조를 거절하려면 '정당한 사업상의 이유(valid business reasons)'가 있어야 한다고 선언하였다. 그리고 정당한 사업상의 이유란 거래거절이 경제적 효율을 향상시키는지 여부로 판단하였다. 경제적 효율이 향상되었다면 Aspen Skiing사의 수입, 생산량(스키장 이용자 수) 등은 증가하였고 가격은 인하되었을 것이다. 그러나 결과는 그렇지 못했으므로 정당한 사업상의 이유가 없는 것으로 판명되었고 그 거래거절은 위법이 되었다.

우리나라 공정거래위원회는 그 '부당성'을 어떻게 적용하였을까? 포스코는 열연코일 시장에서의 국내 독점공급자로서의 자신의 지위를 이용하여 냉연강판시장에서 경쟁사업장인 현대하이스코에 대해 냉연강판 생산에 필수적인 열연코일의 공급을 거절함으로써 냉연강판시장에서의 경쟁사업자인 현대하이스코의 사업활동을 방해하였다는 것이다. 이로 인해 현대하이스코는 열연코일의 구입을 전적으로 수입에 의존할 수밖에 없는 상황에 처하게 되어 수입에 따른 관세나 하역비 등과 같은 추가 비용, 물량의 안정적 확보 곤란, 원료혼용에 따른 생산성 저하, 과다한 운송기간에 따른 시장변화에 대한 신속한 적응 곤란 등의 거래의 불안정성에 직면하게 되었다는 것이다. 또한 국내 구매가 불가능하다는 사실로 인해 외국으로부터 동 제품 수입 시 구매력이 약해지고 거래조건 협상이 불리한 여건에 처함으로써 결과적으로 국민경제적 측면에서도 부정적인 영향을 미친 점 등을 고려할 때 그 부당성이 인정된다는 것이다. 즉 여기서 부당성은 Aspen Skiing 사건에서 부당성과는 분명한 차이가 있어 보인다. 열연코일의 거래거절로 인해 냉연강판 시장에서 경제적 효율이 떨어진다는 점, 즉 냉연강판의 가격이 오르고 공급이 줄어 경쟁을 제한한다는 사실을 부당성의 입증 근거로 제시하고 있지 않다. 여기서 부당성이란 거래상대방이 냉연강판의 생산에 필요한 열연코일을 확보하는 데 있어 상당한 불편함을 겪고 있는 것으로 족하다는 것이다.

이 사건에 대해 대법원은 제1장에서 논의한 독점규제법의 목적이 무엇이 되어야 하느냐에 대한 논란과 관련 아주 중요한 '부당성'의 의미에 대한 판례를 수립하였다. 다음은 이 사건에 대한 대법원 판례의 요지이다.[43]

공정거래법 제3조의2에서 시장지배적 사업자의 지위 남용행위를 규제하면서 지위 남용행위의 하나로 거래거절행위를 규정한 이유는 시장지배적 사업자가 존재한 독과점적 시장에서 시장지배적 사업자의 경쟁을 제한하는 거래거절행위를 규제해야 할 필요성이 있기 때문이라는 것이다. 따라서 동법 제3조의2 제1항3호의 시장지배적 사업자의 지위 남용행위로서 거래거절의 부당성은 '독과점 시장에서 경쟁촉진'이라는 입법 목적에 맞추어 해석해야 할 것이므로, 시장지배적 사업자가 개별거래의 상대방인 특정 사업자에 대해 부당한 의도나 목적을 가지고 거래거절을 한 모든 경우 또는 그 거래거절로 인하여 특정 사업자가 사업활동에 곤란을 겪게 되었다거나 곤란을 겪게 될 우려가 발생하였다는 것과 같이 특정사업자가 불이익을 입게 되었다는 사정만으로는 그 부당성이 부족하다는 것이다. 동법 제3조의2 제1항 제3호의 거래거절이 부당한 거래거절이 되기 위해서는 시장에서 독점을 유지·강화할 의도나 목적, 즉 시장에서 자유로운 경쟁을 제한함으로써 인위적으로 시장 질서에 영향을 가하려는 의도나 목적을

---

43 대판 2007.11.22. 2002두8626

갖고, 객관적으로도 그러한 경쟁제한의 효과가 생길만한 우려가 있는 행위로 평가될 수 있는 성질을 갖는 거래거절 행위를 했을 때 그 부당성이 인정된다는 것이다. 그러므로 시장지배적 사업자의 거래거절행위가 지위 남용행위에 해당하기 위해서는 공정거래위원회가 그 거래거절이 상품의 가격상승, 산출량감소, 혁신의 저해, 유력한 경쟁자 수의 감소, 다양성의 감소 등과 같은 경쟁제한의 효과가 생길만한 우려가 있는 행위로서 그에 대한 의도와 목적이 있었다는 점을 입증해야 할 것이고, 그 거래거절 행위로 인하여 현실적으로 그러한 효과가 나타났음이 입증된 경우에는 그 행위 당시에 경쟁제한을 초래할 우려가 있었고 또한 그에 대한 의도나 목적이 있었음을 추정할 수 있을 것이라고 판단하였다. 그리고 이때 경쟁제한 효과가 문제되는 관련 시장은 시장지배적 사업자 또는 경쟁사업자가 속한 시장(여기서는 열연코일 시장)뿐만 아니라 그 시장의 상품 생산을 위하여 필요한 원재료나 부품 및 반제품 등을 공급하는 시장 또는 그 시장에서 생산된 상품을 공급받아 새로운 상품을 생산하는 시장(여기서는 냉연강판 시장)도 포함될 수 있다고 판단하였다. 결론적으로 대법원은 포스코의 거래거절 행위에도 불구하고 현대하이스코는 일본으로 부터 열연코일을 자신의 수요에 맞춰 수입하여 냉연강판을 생산, 판매하여 왔고, 냉연강판공장이 완공되어 정상조업이 개시된 2001년 이후부터는 지속적으로 순이익을 올리는 등 냉연강판 생산사업자로서 정상적인 사업활동을 영위하여 왔던 사실을 알 수 있으며, 또한 포스코의 이 사건 거래거절행위 이후 냉연강판의 생산이 줄었다거나 가격이 상승하는 등 경쟁이 제한되었다고 볼만한 자료도 나타나지 않으므로 경쟁저해 효과의 결과를 초래했다고 볼 수 없다는 것이다.

대법원의 이 사건에 대한 판례는 Aspen Skiing 사건에서 부당성의 기준인 '경제적 효율' 기준에 근접하였다고 볼 수 있고 결과적으로 우리나라의 시장지배적 지위 남용행위에 대한 위법성 판단에 있어 획기적인 변화를 초래하였다고 볼 수 있다. 물론 공정거래위원회의 법 집행에도 많은 영향을 미쳤다. 포스코 판결이 제시한 부당성 판단 기준에 부응하기 위하여 종전보다 경제분석을 통한 경쟁제한 효과분석에 보다 철저해지고 부당성 판단에 신중해진 것은 긍정적이다. 물론 포스코 판결이 공정거래위원회에 과도한 수준의 부당성 입증을 요구하여 결과적으로 시장지배적 지위 남용행위에 대하여 필요한 규제를 어렵게 만들었다는 비판도 있다. 한편 시장지배적 지위 남용행위의 입증 부담이 커지자 공정거래위원회가 이에 해당할 여지가 있는 사건도 제23조의 불공정거래행위로 규율함으로써 복잡하고 어려운 경쟁제한 효과분석을 회피하려 하는 부작용도 전혀 없지는 않다고 할 수 있을 것이다.

공정거래법 제3조의2 제1항3호의 거래거절행위의 부당성 요건을 경쟁제한성으로 판결하였다하여 동 조항의 다른 시장지배적 지위 남용 유형까지 그 부당성의 의미를 전부 경쟁제한성으로 요구한다고 볼 수는 없으나 배타조건부 거래 등 다른 유형의 시장지배적 지위 남용행위에 대해서도 부당성의 의미를 경쟁제한성으로 국한하는 추세는 증가한 것이 사실이다.

NHN(주)의 시장지배적 지위 남용행위 건[44]

NHN(네이버)은 2006년 5부터 2007년 3월까지 (주)판도라티비 등 9개 UCC 동영상 공급업체와 동영상 콘텐츠 목록자료(색인DB)를 제공받는 계약을 체결하면서 자사의 검색결과에 의해 제공되는 동영상 서비스에 대해 '동영상 상영 전 광고(선광고)'를 금지하는 행위를 하였다.[45] 이용자는 네이버에서 원하는 동영상을 검색한 후 해당 동영상 제공업체 사이트로 이동(아웃링크)하는데, 네이버의 행위로 인해 동영상 제공업체들은 네이버에서 유입된 동영상에는 선광고를 할 수 없게 되었다.

NHN(주)의 이러한 행위는 인터넷 포털 서비스 시장에서의 시장지배적 지위를 이용하여 UCC 동영상 업체의 주요 수익원을 제한하고 UCC 동영상 시장의 공정한 경쟁을 제한한 행위에 해당한다고 판단하였다. 적용 법조는 공정거래법 제3조의2 제1항 제3호이고 시행령 제5조 제3항 제4호에 따른 '시장지배적 지위 남용행위 심사기준 Ⅳ. 3. 라. (3)'을 적용하였다.

법 제3조의2 (시장지배적 지위의 남용금지) ① 시장지배적사업자는 다음 각 호의 1에 해당하는 행위(이하 "남용행위"라 한다)를 하여서는 아니 된다.
3. 다른 사업자의 사업활동을 부당하게 방해하는 행위

법 시행령 제5조 (남용행위의 유형 또는 기준) ③ 법 제3조2(시장지배적 지위의 남용금지) 제1항 제3호의 규정에 의한 다른 사업자의 사업활동에 대한 부당한 방해는 직접 또는 간접으로 다음 각 호의 1에 해당하는 행위를 함으로써 다른 사업자의 사업활동을 어렵게 하는 경우로 한다.
4. 제1호 내지 제3호외의 부당한 방법으로 다른 사업자의 사업활동을 어렵게 하는 행위로서 공정거래위원회가 고시하는 행위

---

44 공정거래위원회 의결 제 2008-251호 2008.11.5
45 9개 동영상 공급업체는 판도라TV, 중앙엠앤비무비(무비워크), 텔미정보통신(풀빵닷컴), 프리챌, 씨비에스아이, 다모임(아우라, 엠엔캐스트), 블루코드테그놀러지(뮤즈), 태그스토리, 픽스카우 등이다.

먼저 인터넷 포털 시장의 특징과 사업구조를 살펴보기로 한다. 포털은 다음과 같은 1s 4c기능을 수행한다. ① search(검색서비스), ② communication(이메일, 메신저 등), ③ community(홈페이지, 온라인 카페 등), ④ contents(스포츠, 금융, 뉴스, 게임 등), ⑤ commerce(온라인 쇼핑 등 전자상거래 서비스 등)를 제공하는 최종 사이트로서의 역할이 그것이다. 공정위의 심의 당시, 국내에 네이버, 다음, 야후, 네이트, 파란, 엠파스 등 20여개 업체가 있었다.

포털시장은 양면시장의 성격을 갖고 있다. 양면시장(two-sided markets 또는 two-sided platforms: 2sp)이란 네트워크를 통하여 두 개 이상의 구분되는 집단(end-user)을 상호 연결될 수 있도록 하는 시장을 의미한다.[46] 여기서는 포털이용자와 콘텐츠 제공자(contents provider: CP) 혹은 이용자와 광고주 등과의 연결을 말한다.

수익구조를 살펴보면, 우선 무료 제공 서비스로서 검색서비스, 이메일·메신저 등 커뮤니케이션 서비스, 온라인 카페·블로그·홈페이지 등 커뮤니티 서비스, 뉴스·부동산 정보 등 콘텐츠 서비스를 들 수 있고, 유료서비스로는 광고게재·유료 콘텐츠 판매·전자상거래 수수료·홈페이지 등록 수수료 및 커뮤니티 서비스 중 아바타·배경음악·배경그림 판매 등을 들 수 있다.

인터넷포털은 네트워크 외부성이 강한 산업적 특성을 갖고 있다. 네트워크의 외부성(network externality)이란 이용자의 효용 또는 편익이 자신 이외의 다른 이용자들의 네트워크 사용에 의하여 직접적 또는 간접적인 영향을 받게 되는 효과를 말한다. 예컨대 이용자 입장에서 많은 콘텐츠가 있는지, 광고주 입장에서 많은 이용자가 있는지 여부가 자기의 효용과 직결되는데 바로 이것이 네트워크의 외부성 때문이다. 네트워크 외부성 때문에 이용자는 가격에 더 민감하게 된다. 많은 무료서비스가 존재하는 이유가 바로 가격에 대한 민감성 때문이다. 예컨대 무료서비스(이메일, 검색 등)에 요금을 부과하면 이용자는 감소할 것이고, 그러면 광고수입이 감소하고 더 좋은 콘텐츠가 감소할 것이며 이것은 다시 이용자 감소로 이어지는 악순환이 되풀이되는 것이다. 이러한 이유 때문에 시장획정시 통상의 SSNIP test는 왜곡될 가능성이

[46] 양면시장이론은 2001년 Jean-Charles Rochet와 Jean Tirole 교수에 의하여 처음 발표된 이후 현재 산업조직론과 독점규제법 분야에서 활발히 논의되고 있다.

많다. 따라서 관련 시장획정은 SSNIP test를 적용하기보다는 포털시장의 특징과 사업구조를 고려한 사고실험(thought experiment)의 방법에 의해 수행하였다.

초기의 포털은 접속포털, 커뮤니케이션/코뮤니티포털, 검색포털 등으로 나뉘었으나 지금은 1s4c의 모든 서비스를 동시에 제공하고 있고 이용자도 각 서비스를 별도로 이용하기 보다는 모든 서비스를 묶음으로 이용하므로 시장은 "인터넷 포털서비스 이용자시장"으로 획정하였다. 우선, 인터넷 사용자들이 '시작페이지'로 포털 사이트를 설정하는 비중이 76%에 달하는데, 특정 개별 서비스만 이용하기 위해 포털 사이트를 방문한다고 이해되기보다는 그때 그때 필요에 따라 불특정 서비스를 이용하기 위해서라고 볼 수 있다. 인터넷 포털사 입장에서도 하나하나의 서비스를 별개로 간주하기보다는 자신들이 제공하는 서비스 전체를 하나로 인식하여 이익 극대화 전략을 구사하고 있다. 왜냐하면 인터넷 포털은 직접 또는 간접적 네트워크 효과가 존재하는 특성이 있어 가급적 많은 이용자를 확보하는 것이 수입의 상당한 부분을 차지하는 광고수입과 직결되어 사업의 성패를 좌우하는 성격을 갖고 있기 때문이다.

지역시장의 획정은 국내 전국시장으로 획정하였다. 인터넷 포털 시장은 인터넷 접속만 가능하다면 전 세계 어디에서나 이용 가능하므로 세계시장적 성격을 가지고 있다고 볼 수 있으나, 이용자 입장에서 가장 중요한 요소는 언어이므로 지역시장은 언어, 즉 한글을 기준으로 정하는 것이 타당하다고 보았다. 한글로 서비스하는 인터넷 포털은 대부분 국내에 본사 또는 지사를 두고 있으며 매출액의 대부분도 국내에서 발생하므로 지역시장을 국내시장으로 한정하게 된 것이다. 시장의 획정은 따라서 '국내 인터넷 포털 서비스 이용자시장'으로 되었다.

상기와 같은 시장에서 NHN(주)이 시장지배력이 있는지 여부를 판단하였다. 국내 인터넷 포털 서비스 이용자 시장에서 NHN의 시장점유율은 매출액 기준 48.5%(2006년), 검색 Query[47] 기준으로는 69.1%(2006년12월)에 달해 동 시장에서 시장지배적 사업자에 해당하는 것으로 판단하게 되었다. 여기서, '포털 이용자시장'인데도 방문자수로 점유율을 계산하지 않은 이유는 순방문자수(UV: unique visitor)나 평균체류시간(ADT: average duration time)은 일반적으로 일별·주별·월별로 집계되는데, 위 두 변수는 집계 시점·기간에 따라 변하고 집계 방식에 따라 차이가 나는 등 객관적인 기준으로 삼기에는 문제가 있기 때문이다. 이용자를 많이 보유하여 생기는 지배력이 광고매출로 연결된다는 점 등을 감안하여 매출액으로도 점유

---

[47] 이용자가 검색창에서 키워드를 입력한 후 검색을 한 총횟수를 말한다.

율을 계산하였다. 포털시장이 이미 임계점 이상에 다다른 성숙단계이므로 진입이 어렵다는 점도 고려하였다.

결과적으로 NHN(주)이 온라인광고시장과 동영상 UCC 서비스 제공시장에서 경쟁 관계에 있는 판도라TV 등 동영상업체의 영업활동을 어렵게 함으로써 동 시장에서의 지배력을 확대하고 경쟁을 제한하게 되었다는 것이다. 특히, 선광고는 UCC 동영상 업체의 가장 중요한 수익원으로 선광고가 제한될 경우 UCC업체의 경영에 상당한 손실을 초래하고, 성장을 저해 가능성이 있다.

공정거래위원회는 선광고 금지가 소비자의 불편을 감소시키는 효과가 있고, 2007년 6월 이후로 NHN(주)이 UCC동영상 제공업체에 대해 동영상 광고게재를 허용하는 등 자진 시정이 이루어진 점을 감안하여 단순 시정명령만을 하였다.

이 사건은 크게 두 가지, 시장획정과 시장지배력남용 여부에 대해 대법원이 공정위 심결 내용을 번복한 사건이다.

먼저 시장획정문제를 살펴보자. 공정위는 1c4s 모두를 제공하는 "인터넷포털 서비스 이용자시장"으로 획정하였다. 그러나 대법원은 이 시장획정이 너무 좁게 획정되었다고 판단하였다. 이 사건의 광고 제한행위는 CP(Contents Provider)의 동영상 콘텐츠에 대한 색인 데이터베이스 제공계약을 체결하면서 NHN의 검색결과로 보이는 동영상 플레이어 내의 동영상에 선광고만을 NHN과 협의 없이 게재할 수 없도록 한 것이므로, NHN의 검색서비스를 통하여 CP와 이용자를 연결해 주는 과정에서 이루어졌다. 그러나 이런 서비스는 반드시 1c4s 모두를 제공하는 인터넷포털 사업자만이 할 수 있는 사업이 아니다. 1c4s 모든 서비스를 제공하지 않는 인터넷 사업자의 검색서비스를 통해서도 CP와 이용자 간의 연결이 충분히 가능하다는 것이다. 따라서 상품시장을 1c4s를 제공하는 인터넷 포털사업자로 한정한 것은 시장을 너무 좁게 획정했다는 것이다. 점유율 계산도 인터넷 포털사의 인터넷 광고시장에서의 매출액까지 포함한 전체매출액을 기준으로 산정했는데, 이것 역시 잘못되었다는 것이다. 공정위의 논리는 인터넷 광고시장에서 매출은 이용자 시장에서의 지배력이 그대로 반영된 결과라는 것인데, 이 점을 받아드린다 하더라도 인터넷 포털사의 전체 매출액을 시장지배적 사업자를 추정하는 시장점유율과 같은 척도로 평가하기에는 관련시장과의 관련성이 희박해진다는 것이다. 즉 상기 매출액에는 인터넷 광고시장에서의 매출액과 관련이 없는 게임관련 매출액, 전자상거래 매출액 등이 포함되어 있어 시장지배력을 측정하는 점유율로서 적절치 않게 된다. 또한 점유율 계산에 있어서 NHN은 전체 매출액을 기준으로 삼으면서 일부 다른 포털사는 게임관련 매출액 등을 누락시키는 등 일관성도 결여되어 있다는 것이다.

다음으로 NHN이 시장지배력을 남용했는가 여부이다. 공정위는 시장지배력을 남용하여 상기 설명한 대로 거래상대방에게 불이익을 주었다고 심의하였다. 그러나 대법원은 포스코의 거래거절 사건과 동일 입장을 취하여 공정거래법 제3조의 2 제1항 제 3호의 시장지배적 사업자의 지위 남용행위로서 불이익 강제행위의 부당성은 '독과점 시장에서의 경쟁촉진'이라는 입법 목적에 맞추어 해석해야 한다고 설파하고 있다. 즉, 시장지배적 사업자가 개별 거래의 상대방인 특정 사업자에 대한 부당한 의도나 목적을 가지고 불이익 강제행위를 한 모든 경우 또는 그 불이익 강제행위로 인하여 특정 사업자가 사업활동에 곤란을 겪게 되었다거나 곤란을 겪게 될 우려가 발생하였다는 것과 같이 특정 사업자가 불이익을 입게 되었다는 사정만으로는 그 부당성을 인정하기에 부족하고, 그중에서도 특히 시장에서의 독점을 유지·강화할 의도나 목적, 즉 시장에서 자유로운 경쟁을 제한함으로써 인위적으로 시장 질서에 영향을 가하려는 의도나 목적을 갖고, 객관적으로도 그러한 경쟁제한의 효과가 생길만한 우려가 있는 행위로 평가될 수 있는 불이익 강제행위를 했을 때 그 부당성이 인정된다는 것이다. 그리고 그 불이익 강제행위가 경쟁제한의 효과가 생길 만한 우려가 있는 행위로서 그에 대한 의도와 목적이 있었다는 점을 공정위가 입증해야 한다는 것이다. 그러나 이 사건에서는 NHN의 광고 제한행위로 인해 CP는 광고수익이 줄어들어 불이익이 발생할 가능성은 있으나, 이것으로 인해 관련 시장에서 가격 및 산출량이 변화하거나 혁신이 저해되거나 다양성이 감소하는 등의 경쟁제한의 결과가 나타날 정도는 아니라고 판단하였다. 결과적으로 NHN의 행위는 공정거래법 제3조의 2 시장지배적 지위 남용행위를 하지 않았다고 판시하였다.

3-3-4　신규 경쟁사업자의 참가 방해행위

잠재적 경쟁자가 시장에 진입하는 것을 부당하게 방해함으로써 시장지배력을 강화·유지시키는 행위를 말하며 시행령에 구체적인 유형이 규정되어 있다(공정거래법 제3조의2 제1항 제4호).

첫째, 정당한 이유 없이 현재 거래한 유통사업자와 배타적 거래 계약을 체결하는 행위이다. 유통업체가 다른 사업자와 거래하지 못하게 함으로써 신규 진입자는 자기 제품의 판매 경로가 봉쇄되어 시장에 진입이 어렵게 된다. 신규 진입자는 유통경로의 확보를 위해서 유통망까지 갖춰야 하므로 진입 비용이 훨씬 커진다.

둘째, 정당한 이유 없이 기존 사업자의 계속적인 사업활동에 필요한 권리 등을 매입하는 행위이다. "계속적인 사업활동에 필요한 권리"란 특허권, 상표권과 같은 지적재산권이나 사업자단체의 면허권 등 인·허가, 기타 당해 거래 분야에서 관행적으로 인정되는 모든 권리를 포함한다.

셋째, 정당한 이유 없이 새로운 경쟁사업자의 상품 또는 용역의 생산·공급·판매에 필수적인 요소의 사용 또는 접근을 거절하거나 제한하는 행위이다. 상기의 '다른 사업자의 사업활동의 방해행위'에서와 같이 필수설비이론을 '새로운 경쟁자'에게도 동일하게 적용하고 있다.

시행령과는 별도로 심사기준에 위반유형을 추가하고 있다. 정당한 이유 없이 신규 진입사업자와 거래하고자 하는 사업자에 대해서 상품의 판매나 구매를 거절하는 행위, 당행 상품의 생산에 필수적인 원재료의 수급을 부당하게 조절함으로써 경쟁사업자의 신규 진입을 어렵게 하는 행위, 특허침해소송이나 특허무효심판 등 사법·행정적 절차를 부당하게 이용하여 경쟁사업자의 신규 진입을 어렵게 하는 행위 등이 그것이다.

그동안 공정거래위원회가 부당한 신규 경쟁자의 참가 방해로서 시정명령 이상의 시정조치를 내린 사례는 찾아볼 수 없다.

3-3-5 경쟁사업자 배제 및 소비자 이익 저해행위

먼저 경쟁사업자의 배제행위는 부당염매나 배타조건부 거래를 통해 경쟁사업자를 부당하게 시장에서 배제시킬 우려가 있는 행위를 말한다(공정거래법 제3조의2 제1항 제5호). 이 조항 전반부의 경쟁사업자 배제행위는 시행령(법 시행령 제5조 제5항)에서 다시 부당염매와 배타조건부 거래로 구체적으로 규정되어 있다. 부당염매란 앞서 설명한 대로 부당하게 제품의 가격을 통상의 거래가격에 비해 낮은 대가로 공급하거나 높은 대가로 구입하여 경쟁사업자를 배제시킬 우려가 있는 경우를 말한다. "낮은 대가의 공급 또는 높은 대가의 구입" 여부를 판단함에 있어서는 통상거래가격과의 차이의 정도, 공급 또는 구입의 수량 및 기간, 당해 품목의 특성 및 수급상황 등으로 종합적으로 고려하도록 되어 있다. 배타조건부 거래란 부당하게 거래상대방이 경쟁사업자와 거래하지 않을 조건으로 그 거래상대방과 거래하는 행위를 말한다.

소비자 이익을 현저하게 저해할 우려가 있는 행위인지 여부는 시장지배적 사업자가 시장지배적 품목의 요건에 해당하는 상품의 취급과 관련하여 소비자의 재산상, 신체상, 정신상의 제반 이익을 현저히 저해하거나 저해할 우려가 있는지 여부를 기준으로 판단한다. 이 조항의 전반부 경쟁사업자 배제행위와는 달리 소비자 이익 저해행위는 시행령 뿐만 아니라 '시장지배적 지위 남용행위 심사기준' 역시 아무런 상세 규정을 두고 있지 않고 있다. 따라서 이 조항은 시장지배적 지위의 남용행위에 관한 보충적인 일반 조항으로 도입된 것으로 이해된다. 즉 이 조항은 향후 일어날 다양한 시장지배적 지위 남용행위를 일일이 구체적으로 열거하는 것이 입법 기술상 불가능하므로 법 제3조의 2에 규정된 시장지배적 지위 남용행위에 열거되지 않은 새로운 형태의 시장지배적 지위 남용행위에 대비하기 위한 것으로 보인다. 후술할 마이크로소프트의 결합판매 행위에 대해서 바로 이 소비자 이익 저해행위 부분을 적용하였다.

인텔사의 시장지배적 지위 남용행위 건[48]

이 사건에서 인텔이 행한 행위는 삼성전자, 삼보컴퓨터 등 국내 PC 제조회사들에게 경쟁사업자인 AMD(Advanced Micro Devices)사의 중앙처리장치(CPU)를 구매하지 않는 조건으로 각종 리베이트를 제공함으로써 관련 시장에서 경쟁사업자를 배제한 내용이다.

인텔사는 1968년에 설립된 대표적인 반도체 생산·판매 회사로서 본사는 미국에 위치하고 있으며 전 세계 각지에서 CPU 등 반도체를 판매하고 있다. 특히 PC용 CPU를 최초로 개발하여 거의 20여 년간 실질적인 경쟁사업자 없이 PC용 CPU 시장을 독점하였던 사업자이다. 2000년 초 AMD가 Athlon XP라는 신제품 출시하여 CPU시장을 잠식하기 시작하자 2002년 3/4분기부터 2005년 2/4분기까지 국내 PC제조 1~2위업체인 삼성전자, 삼보컴퓨터에게 다음과 같은 조건으로 리베이트를 제공하였다. ① AMD의 CPU 구매를 중단, ② 인텔 CPU의 구매비율을 일정비율 이상 유지, ③ 특정 유통채널(홈쇼핑)을 통해 판매되는 PC에 AMD CPU를 탑재하지 않거나 인텔 제품을 일정 비율 이상 유지, ④ AMD의 국내 신제품 출시 행사에 참석하지 않고 신제품 CPU 탑재 PC를 출시하지 않는다는 조건 등이다.

공정거래위원회는 상기 인텔의 행위에 대해 법 제3조의2 제1항 제5호 부당하게 경쟁사업자를 배제하기 위하여 거래하는 행위와 시행령 제5조 제5항 제 2호 배타조건부 거래 조항을 적용하였다.

---

48 공정거래위원회 의결 제2008-295호 2008.11.5

공정거래위원회는 이 사건의 상품시장을 'PC용 x86계열 CPU(또는 마이크로프로세서[49]) 시장'으로 획정하였다. '중앙처리장치(Central Processing Unit: CPU)'란 컴퓨터 전체를 제어하는 장치로서, 다양한 입력 장치로부터 자료를 받아서 처리한 후 그 결과를 출력장치로 보내는 일련의 과정을 제어하고 조정하는 일을 수행하는 장치를 말한다. x86계열 CPU는 인텔사가 개발한 마이크로프로세서를 기반으로 한 CPU로서 x86계열 CPU 이외에도 ARM계열, MIPS계열, PowerPC계열, Sparc계열 등 여러 가지 형태가 존재한다. PC용 x86계열 CPU는 명령어 설계형태, 구동되는 OS프로그램, 주용도, 컴퓨터 제조회사 입장과 최종소비자 입장에서의 전환비용, 가격 수준, 기능 및 안정성, 구매자들의 대체가능성에 대한 인식 등을 종합적으로 고려할 때 다른 종류의 CPU들과 차이가 많다. 이러한 측면에서 공정거래위원회는 x86계열 CPU는 다른 유형의 CPU와 구별되고 대체성이 없다고 판단하였다. CPU거래는 일반적인 소비자를 대상으로 하는 것이 아니라 특정된 PC제조사들과 CPU의 사양 등에 대해 긴밀히 협의를 통해 이뤄지므로 통상의 SSNIP test를 적용하기가 적절치 않다. 따라서 시장획정의 기본 원리인 CPU의 대체가능성을 따져보는 사고실험(thought experiment)에 의해 시장획정을 실행하였다.

먼저 설계방식을 보면, x86계열 CPU는 CISC(Complex Instruction Set Computer)[50]형태의 명령어가 작동되도록 설계된 반면 ARM, PowerPC 등 다른 종류의 CPU는 주로 RISC(Reduced Instruction Set Computer) 형태의 명령어가 작동되도록 설계되어 있다. 사용된 OS[51]측면에서도 x86계열 CPU는 주로 Windows OS가 구동되는 반면 다른 CPU는 Windows OS가 아닌 다른 형태의 OS들이 구동한다.

설계방식과 구동되는 OS가 다른 점 때문에 용도도 다르다. x86계열 CPU는 주로 노트북, 데스크탑 등 PC용 또는 소형 서버 컴퓨터용으로 사용된다. 다른 CPU들은 주로 PC용보다는

---

49 각종 컴퓨터 및 전자장치에 장착되는 중앙연산처리장치를 통칭하는 것이다.

50 CISC와 RISC는 CPU 설계방식이다. CISC는 많은 종류의 명령어를 탑재하여 가능한 모든 명령을 하드웨어에서 처리할 수 있도록 하는 방식이다. CISC 방식은 여러 가지 명령어를 가지고 있으므로 복잡한 프로그램을 적은 수의 명령어로 처리할 수 있다. RISC 방식은 CISC 방식의 모든 명령어 중 실제로 자주 사용되는 명령어는 10% 내외에 불과한 점에 착안하여 사용빈도가 높은 명령어만 탑재하여 명령어 집합을 단순화하는 방식으로 CPU의 성능을 높인 것이다.

51 Operating System(운영체제)의 약자로서 컴퓨터시스템의 전반적인 동작을 제어하고 조정하는 프로그램을 말한다. 컴퓨터의 하드웨어와 소프트웨어 간의 인터페이스 역할을 하면서 중앙처리장치, 주기억장치, 입출력장치 등 컴퓨터의 자원을 관리한다.

통신장비용, 게임용, 대형서버용 등으로 주로 사용된다.

컴퓨터 제조회사의 입장에서 x86계열의 CPU를 다른 유형의 CPU로 대체하기 위해서는 전환비용이 많이 소요된다. 컴퓨터 제조회사가 CPU를 다른 종류로 전환할 경우에는 전혀 새로운 컴퓨터 설계 및 공정이 필요하게 되기 때문이다.

최종소비자 차원에서 살펴보더라도 전환비용이 상당하다고 볼 수 있다. 컴퓨터 CPU가 변하면 OS프로그램도 달라지고 그동안 사용하던 모든 소프트웨어나 주변기기들이 무용지물이 된다. 예컨대, x86계열 CPU를 다른 종류의 CPU로 전환하는 경우 Windows OS가 작동되지 않게 되어 Windows OS에서 구동되는 각종 소프트웨어들도 사실상 무용지물이 된다. 따라서 컴퓨터 최종소비자 입장에서 x86계열 CPU의 가격이 인상되어 그 결과 PC 가격이 오른다고 해도 다른 종류의 CPU가 장착된 PC로 수요를 전환할 가능성은 매우 낮다고 볼 수 있다.

PC용 x86계열 CPU와 서버용 x86계열 CPU는 별개의 시장인지 여부가 쟁점이 되었으나 공정거래위원회는 서버용 x86계열의 CPU를 별개의 시장으로 보았다. PC용 x86계열 CPU는 다음과 같이 서버용 x86계열 CPU와 기능, 효용 및 가격차이가 크고, 소비자가 이를 구분하여 인식[52]하고 있기 때문이다. PC용 CPU는 한 사용자의 명령에 따른 기능만 수행·제어하는 반면, 서버용 CPU는 다수 사용자의 명령에 따른 기능을 수행·제어하므로 훨씬 빠른 작동과 많은 메모리 저장용량을 갖추어야 하고, 365일 24시간 지속적으로 작동되고 주요한 자료들을 저장하고 있으므로 안정성도 뛰어나야 한다. 또한 서버용은 PC용 CPU와 전혀 다른 설계에 의하여 생산하므로 PC용 CPU의 가격은 주로 100~150달러인 반면 서버용 CPU 가격은 이보다 훨씬 비싼 300~900달러 정도에 거래되고 있다. 이에 대해 인텔측은 각 CPU 간 생산전환이 매우 용이하므로 공급 대체성 측면에서 보면 두 제품은 하나의 시장을 형성하는 것으로 보는 것이 타당하다고 주장하였다.

이 점에 대해 공정거래위원회가 검토한 내용은 다음과 같다. 먼저, 시장획정 단계에서 공급탄력성을 고려하는 것이 맞는가? 하는 것이다. 일반적으로 시장획정 단계에서는 수요 대체성 위주로 고려하고 공급탄력성은 시장지배력이 있는지 판단하는 단계에서 고려한다. 다음으로, 전환비용 없이 서버용 CPU 생산업자들이 PC용 CPU를 생산하더라도 CPU는 PC의 성능을 좌우하므로 PC 제조회사들로부터 시장에서 요구되는 CPU의 성능과 사양에 대한 많은 정

---

52 PC용 CPU가격이 상당 기간 의미 있는 수준으로 인상되어도 PC용 수요자가 서버용으로 CPU구매를 전환하지 않을 것이다.

보를 얻어야 한다. 따라서 CPU제조업자는 PC 제조회사들과 신뢰관계 구축이 필요하다. 그러나 신뢰관계는 하루아침에 이뤄지는 것이 아니라 많은 시간이 필요하다. 따라서 서버용 CPU 생산업자들이 바로 PC용 CPU를 생산할 수 있다 하더라도 바로 PC CPU시장에 진입은 쉽지 않을 것이다. 또한, x86계열 서버용 CPU는 PC용 CPU에 비해 판매량이 매우 적으므로 PC용 CPU를 충분히 대체하기 어려운 측면이 있다. 실제로 국내에서 판매된 서버용 CPU는 2002년부터 2005년까지의 기간 동안 수량측면에서 PC용 CPU의 0.3%에 불과하고 매출액 측면에서도 PC용 CPU의 1.4%에 불과하다. 따라서 서버용 CPU시장을 포함한다 하더라도 인텔의 지배력 판단에는 영향이 없을 것이다.

관련 지리적 시장을 공정거래위원회는 국내시장으로 획정하였다. CPU 국내가격이 상당 기간 의미 있는 수준으로 상승할 때 국내 구매자들이 해외지역으로 상품의 구매를 전환할 수 있는지 여부를 중심으로 살펴보았다. 인텔의 영업구역은 그 대상이 전 세계이다. 얼핏 보면 지리적 시장은 전 세계시장으로 획정해야 할 것 같으나 공정거래위원회는 국내시장으로 국한했다. 그 논거는 다음과 같다.

인텔의 전 세계적 판매 전략은 지역별 경쟁상황, 소비자 선호 등을 감안하여 지역별·국가별로 다른 판매 전략을 가지고 접근하고 있다. 또한, 각 나라 또는 지역을 기준으로 시장을 분할하고 분할된 시장에 맞는 판매 전략을 운영한 것이다. 경쟁사업자인 AMD도 세부적인 구조는 다르지만 전 세계시장을 분할하여 각기 다른 전략으로 접근한 것은 인텔과 유사하다. 이러한 상황에서 국내 컴퓨터 제조회사 등 국내 구매자들은 국내에서 판매되는 CPU의 가격이 의미 있는 수준으로 인상되어도 이에 대응하여 해외의 다른 시장에서 CPU를 구매하는 것이 사실상 불가능하다. 시장을 분할하여 통합관리한 CPU 제조회사들은 차익거래(arbitrage)를 불가능하게 하기 위해 국내 구매자들에게는 국내가 아닌 다른 지역에서 CPU를 판매하지 않기 때문이다. 설령 국내 구매자들이 외국 시장에서 CPU를 구매할 수 있다고 해도 외국 시장에서 구매한다는 점 자체는 큰 의미가 없다. 어차피 CPU 제조회사 본사가 모든 판매 전략을 총괄하고 있으므로 한국 구매자들이 전 세계 어떤 시장에서 CPU를 구매하더라도 결국은 국내에서 구매할 때와 동일한 조건으로 CPU를 구매할 수밖에 없기 때문이다. 인텔의 직원 간 이메일에서도 동일한 제품을 한국 시장에서는 다른 나라와 같은 가격에 팔 수 없다는 점을 확인하고 있다.

관련 시장은 상품시장이나 지역시장 뿐만 아니라 거래단계 및 거래상대방에 따라서도 획정할 수 있다. 도매, 소매 등 거래단계별로도 관련 시장을 획정할 수 있고, 구매자의 특성에 의하여 상품이나 거래단계별로 특정한 구매자 군이 존재하는 경우에는 이러한 구매자군 별로 관련 시장을 획정할 수 있는 것이다.

거래단계 및 거래상대방에 따른 시장은 CPU 제조회사들이 국내 PC 제조회사들에게 CPU를 직접 판매하는 시장(직판채널 시장)으로 획정하였다. CPU의 유통구조는 제조사들이 PC제조사에게 직접 판매하는 직판채널과 대리점을 통해 중소 PC제조사들과 도매상에게 판매하는 채널로 양분된다. 직판채널 시장으로 본 근거는 먼저, 마케팅 전략의 차이를 들 수 있다. PC 제조회사들과 같은 대규모 거래상대방에 대해서는 전담 인력을 두고 수시로 접촉하면서 주요 사안에 대해 협의하여 가장 적합한 마케팅 전략으로 접근한다. 따라서 국내 PC 제조회사들이 직판채널에서 CPU 가격이 어느 정도 올랐다고 해서 CPU 수요를 대리점 채널로 쉽게 전환할 수 있는 것이 아니다. 수급의 안정성 면에서, CPU 제조회사들이 대리점 채널에 판매하는 물량도 직판채널에 공급하는 물량보다 훨씬 적어 PC 제조회사들이 대리점 채널을 통해 필요한 CPU 수량을 안정적으로 확보하기 곤란한 상황이다. 2000년부터 2006년 사이 7년간 대리점 채널을 통해 공급된 CPU 규모는 연간 평균 101만개 정도로 전체 CPU 공급량의 3분의 1 수준에 불과하다. 인텔사의 경우 대리점이 3~4개 정도 있는데 각 대리점에서 취급하는 물량은 전체 물량의 10%에도 미치지 못하고 있다. 이 정도 물량은 직판채널에서의 가격 인상에 대응하여 수요를 전환하기에 충분한 물량으로 평가하기 어렵다. 또한 직판과 대리점 간의 가격 차이가 많이 나는 것도 고려하였다. 이상과 같은 시장획정의 결과 인텔사는 관련 시장에서 시장점유율이 2000년부터 2005년 사이에 86.9%에서 96.0%에 이르러 시장지배력이 있는 것으로 판명되었다.

다음으로 살펴볼 사항은 과연 인텔의 상기 행위가 공정거래법 제3조의 2 제5호를 위반하여 경쟁사업자 배제 효과가 있는가 하는 것이다. 인텔의 위법성 입증을 위해 공정위가 검토한 내용은 다음과 같다. 첫째는 인텔이 제공한 리베이트가 PC제조사들에게 구속력이 있는지 여부이다. 먼저, 인텔은 CPU시장에서 독보적인 존재이다. 상기 시장획정의 결과에 따른 인텔의 점유율을 볼 때 PC제조사들은 상당 부분의 CPU를 인텔 제품에 의존할 수밖에 없다. PC제조사들이 인텔에게 구매할 수밖에 없는 물량[53]을 지렛대로 하여 PC 제조사들이 경쟁사업자와

---

53 시장지배적 사업자들은 시장에서의 명성, 생산기술, 소비자선호 등에 있어 경쟁사에 비해 우위에 있으므로 고객들은 일정 구매량 이상을 시장지배적 사업자로부터 구매해야 할 상황에 직면한다.

거래를 중단 혹은 축소하도록 하는 효과를 거둘 수 있는 것은 자명하다는 것이다. 다음으로, 리베이트의 back-end 지급방식[54]에 따라 리베이트 제공 조건을 구매자가 어겼을 때 언제든지 리베이트 금액을 축소하거나 보류할 수 있으므로 구매자는 그 조건을 준수할 유인이 커질 수밖에 없다. 또한 리베이트 지급 금액의 불투명한 점도 PC제조사들이 인텔 제품을 구매할 수밖에 없는 구속력으로 작용한다고 보았다. 리베이트 금액은 일관된 기준에 의하기보다는 거래상대방, 시장 상황 등 여러 가지 요소에 의해 구매자들과 협상에 의해 정해진다. 따라서 구매자가 인텔의 경쟁사 제품 가격과 비교하여 합리적으로 결정하기 어렵게 하고 경쟁사도 얼마에 가격책정을 해야지만 인텔과 경쟁할 수 있는 가격인지 알기 어렵게 하고 있다는 것이다. PC 시장의 경쟁이 치열하므로 CPU가격이 PC의 경쟁력의 중요 요소(원가 중 10~20%가 CPU 구매에 사용됨)가 된다는 사실도 구속력을 높이는 요소로 인식되고 있다.

다음으로 경쟁사업자의 대체 거래선 확보가 용이한가 여부이다. 인텔이 삼성전자와 삼보컴퓨터에 대해 리베이트를 지급했어도 AMD가 이 두 회사 이외의 대체 거래선이 풍부하면 배제 효과는 없을 것이기 때문이다. 그러나 직판시장에서 대체 거래선인 LG전자나 현주컴퓨터는 상대적으로 구매물량이 적고 인텔과의 라이센스 계약으로 인해 대체선으로 역할을 못 하고 있다. 외국계인 HP사나, Dell, 후지쓰 등도 물량이 미미하다. 리베이트를 제공한 거래 상대방의 관련 시장에 갖는 중요성을 볼 때 삼성전자의 PC시장점유율이 37.6%(2006년), 삼보는 점유율 2위 업체이므로 배제 효과는 클 수밖에 없다는 것이다.

리베이트 제공기간도 중요하다. 삼성전자에 대한 리베이트 제공기간은 2002년 3/4분기부터 2005년 2/4분기까지 3년이고, 삼보에 대한 리베이트 제공기간은 2003년 4/4분기부터 2005년 2/4분기까지이다. 이는 배제 효과가 나타나기에 충분한 기간이라고 보았다. 실제 홈쇼핑을 통해 판매하는 PC 중 AMD제품이 정착된 PC의 비중은 삼성이 AMD를 CPU를 도입하기로 한 2002년 1분기 30.2%로부터 2003년 2분기 64.2%까지 상승했으나 삼보가 리베이트를 받기 시작한 2003년 4분기 이후 2004년 2분기에 이르러서는 9.4%로 급락하였고 2005년 3분기에는 6.1%까지 떨어졌다.

다음으로 공정위는 인텔의 이러한 행위는 제품의 다양성을 감소시키고 가격하락을 저해하는 등 소비자피해를 야기하였다고 판단하였다. 먼저, AMD사가 시장에서 배제됨으로써 동

---

54 구매와 동시에 리베이트를 지급하는 것이 아니라 구매 시에는 원래 가격대로 판매하고 일정 기간이 경과한 후 리베이트 제공조건을 충족하는지 여부를 확인하여 리베이트를 제공하는 방식이다.

사의 CPU가 정착된 PC 구매제한을 통해 소비자의 다양한 제품 선택권이 축소되었고 PC 제조회사에 대한 리베이트의 실질적 축소로 인해 가격 인하를 저해하였다는 것이다.

왜 PC제조사에 대한 실질적인 리베이트가 감소되었는지를 살펴보기로 한다. 인텔이 경쟁사업자와 거래하지 아니할 것을 조건으로 PC제조사들에게 리베이트를 제공하는 것은 일반적인 가격할인이나 단순한 수량할인 방식에 비해 더 적은 할인비용으로 자신들이 정한 판매목표를 달성할 수 있도록 하는 효과가 있다.

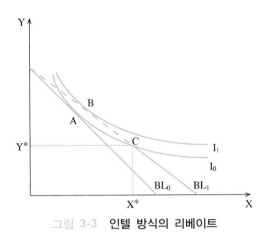

그림 3-3 인텔 방식의 리베이트

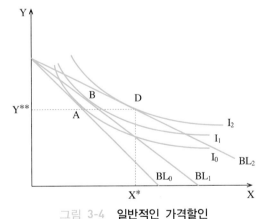

그림 3-4 일반적인 가격할인

위 그림들은 X재와 Y재만을 구매하는 구매자의 예산선과 무차별곡선을 나타내고 있다. X재나 Y재 판매자가 어떠한 가격할인이나 리베이트도 제공하지 않는 경우에 이 구매자는 자신의 예산선인 BL_0과 무차별곡선 I_0이 만나는 점 A에서 X재와 Y재의 구매량을 결정한다.

만약 X재의 판매자가 이 구매자에 대한 판매량을 X^*까지 늘리기 위해 인텔이 제공한 방식의 리베이트를 사용한다면 이 판매자는 예산선이 BL_1이 되는 수준까지만 리베이트를 제공하여 자신의 목표량인 X*의 판매량을 달성할 수 있게 된다. 그림 3-3에서 볼 수 있는 바와 같이 인텔이 제공한 방식의 리베이트 하에서는 구매량 X* 이상이어야만 리베이트가 제공되므로 구매자의 예산선이 구매량이 X* 이하인 경우에는 원래의 예산선인 BL_0을 따르고 구매량이 X* 이상인 경우에는 변경된 예산선인 BL_1(실선인 부분)을 따르게 되는데 이러한 상황에서 구매자는 C점을 선택하여 자신의 효용 수준을 극대화할 수 있기 때문이다.

반면 인텔이 일반적인 가격할인을 사용하여 X^* 수준의 판매량 목표를 달성하기 위해서는 예산선이 BL_2수준이 될 때까지 가격을 할인하여 주어야만 한다. 위의 그림 3-4에서 볼 수 있는 바와 같이 단순한 가격할인의 경우에는 인텔이 직면하는 예산선이 X*를 기준으로 달라지지 않고 가격할인 정도에 따라 BL_1이나 BL_2가 되므로 구매자로 하여금 X* 수준의 구매량을 구매하도록 하기 위해서는 예산선이 BL_2가 될 때까지 가격을 할인해 주어야 하기 때문이다. 이 경우 이 구매자는 BL_2와 무차별곡선 I_2가 만나는 D점을 선택하여 자신의 효용 수준을 극대화한다. 결국 일반적인 가격할인 방식의 경우에는 X* 수준의 판매량 목표를 달성하기 위해서 예산선이 BL_2 수준이 될 때까지 가격을 할인하여 주어야 하는 데 비해 인텔이 지급한 방식의 리베이트를 사용하는 경우에는 예산선이 BL_1 수준이 되는 정도로만 가격을 할인해 주어도 되므로 인텔이 제공한 방식의 리베이트는 일반적인 가격할인 방식에 비해 할인비용이 줄어드는 것이다. 할인 방식 하에서는 PC 제조회사가 보다 자유롭게 자신의 최적 구매량을 선택할 수 있는 반면 인텔의 리베이트 제공 방식 하에서는 PC 제조회사들이 최적 구매량보다 더 많은 수량을 선택할 수밖에 없도록 제약을 가할 수 있기 때문이다. 결국 인텔은 문제 기간 동안 더 적은 할인 비용으로 AMD와 경쟁할 수 있었다. 가격할인이나 단순한 수량할인 방식을 통해 경쟁을 했다면 PC제조사들에게 더 많은 할인을 제공했어야 했다. 따라서 후자 방식에 의했다면 PC가격의 인하로 이어졌을 것이다.

이 사건에서 적용 법조는 공정거래법 시행령 제3조의2 제1항 제5호의 경쟁사업자 배제행위인데 구체적으로 배타조건부 거래를 적용할 것인가 부당염매 조항을 적용할 것인가 하는 것이 쟁점화되었다. 공정거래법 시행령 제5조 제5항 2호의 "부당하게 거래상대방이 경쟁사업자와 거래하지 아니할 것을 조건으로 그 거래상대방과 거래하는 경우(배타조건부 거래)"를 적용할 것인가, 제5조 제5항 제1호의 "부당하게 상품을 통상거래가격에 비해 낮은 대가로 공급하여 경쟁사업자를 배제시킬 우려가 있는 경우(부당염매)"를 적용할 것인가 하는 문제이다. 이 적용 법조의 결정은 매우 중요하다. 왜냐하면 어떤 조항을 적용하느냐에 따라 경쟁 당국의 입증 책임이 달라지기 때문이다. 전 장에서 살펴본 바와 같이 시장지배적 사업자가 부당염매를 통하여 경쟁사업자를 배제하고 독점을 강화하는 것이 매우 어려우므로, 부당염매 조항을 적용할 경우 경쟁 당국의 경쟁제한성 입증 책임이 훨씬 무거워지게 된다.

인텔측은 리베이트를 제공한 결과 PC 제조회사들이 보다 싼 가격에 CPU를 구매했으므로 그 효과는 일반적인 가격할인과 동일하다고 주장하였다. 인텔 측이 '부당염매' 조항을 적용할 것을 주장하였음은 물론이다. 부당염매라는 가격책정으로 인한 경쟁사업자의 배제 효과를 입증하기 위해서는 EU discussion paper의 조건부 리베이트에 대한 경제분석[55]을 통해 리베이트가 경쟁에 미치는 효과를 중심으로 위법성을 판단해야 한다는 것이다. 인텔 측은 실제 이 경제분석을 실시하였고, 경쟁자 배제 효과가 없다는 증거를 제출하였다.

이에 대해 공정거래위원회는 리베이트 제공 자체를 위법으로 인정하는 것이 아니라 '경쟁사업자와 거래하지 아니할 것'을 리베이트의 조건으로 하였다는 점을 문제 삼고 있으므로 배타조건부 거래 조항을 적용하는 것이 타당하다고 판단하였다. 배타조건부 거래 조항을 적용하는 경우 경쟁사업자의 대체거래선 확보의 용이성, 당해거래의 목적과 기간 및 대상자 등을 종합적으로 고려하여 위법성을 판단하는 것으로 충분하고 경제분석이 반드시 필요한 것은 아니라고 판단하였다. 인텔측이 주장하는 경제분석은 EU가 조건부 리베이트에 대한 위법성 판단을 위해 단순 토의 자료로 제의하였고 실제 사건에서는 적용한 적이 없다는 점, 이 경제분석은 CVC, 평균비용 등 투입변수에 따라 결과가 달라져서 신뢰성이 없다는 점도 고려하였다. 결국 인텔의 조건부 리베이트 제공 행위는 경쟁자인 AMD에 대해 배제 효과가 있는 것으로 의결하였다.

공정거래위원회는 인텔에 대해 시정명령과 과징금을 부과하였다. 국내 PC 제조회사들에게 경쟁사업자 CPU를 구매하지 않는 조건 또는 자사 제품 구매비율(MSS, Market Segment Share)을 일정비율 이상 유지하는 조건으로 각종 리베이트를 제공하는 행위를 하지 말 것과 과징금 266억 원을 납부하라는 명령이다.

---

55 조건부 리베이트에 대한 경제분석의 방법에 대해서는 부록을 참고하기 바란다.

마이크로소프트(MS)사의 시장지배적 지위 남용행위건[56]

먼저, 공정거래법 위반으로 결정된 MS의 행위는 다음과 같은 세 개의 카테고리로 나뉜다. ① MS가 독점력을 가진 PC 서버 운영체제(PC Server Operating System)에 윈도우 미디어 서버(Window Media Server: WMS) 프로그램을 결합하여 판매한 행위, ② MS가 독점한 PC 운영체제에 윈도우 미디어 플레이어(Window Media Player: WMP) 프로그램을 결합하여 판매한 행위, ③ MS가 독점한 PC 운영체제에 메신저 프로그램을 결합하여 판매한 행위이다.

공정거래위원회는 상기 MS의 행위에 대해 공정거래법 제3조의2 제1항 제5호 후단 소비자 이익을 현저히 저해하는 행위 조항과 법 제23조 제1항 제3호 부당하게 경쟁자의 고객을 자기와 거래하도록 유인하거나 강제하는 행위 조항에 따른 시행령 제36조 제1항에 의한 시행령의 별표1의2 제5호의 끼워팔기 조항을 적용하였다.

가) 서버운영체제와 WMS의 결합판매

MS사는 2002년 2월부터 윈도우2000 서버에 윈도우 미디어 서비스(WMS)4.1을, 2003년 4월부터 윈도우서버2003에 WMS9를 포함하여 판매하였다.

MS의 상기 3가지 행위 모두 결합판매 형식을 취하고 있어 위법성 판단 기준은 동일하다. 결합판매(끼워팔기)행위의 위법성 구성요건은 ① 주상품시장에서 시장지배적 지위가 있을 것, ② 주상품과 부상품은 별개의 제품일 것, ③ 부상품이 주상품과 함께 구입되도록 강제할 것, ④ 결합판매로 인해 부상품시장에서 경쟁이 제한될 것 등 4가지로 구성된다.[57]

첫째 요건에 대해서는, MS사의 PC 서버운영체제 점유율이 78%(2001년~2003년 평균매출액 기준)로써 주상품시장인 PC 서버 운영체제 시장에서 시장지배력이 있다. 이 점을 입증하기 위하여 시장획정은 주상품인 'PC 서버 운영체제'시장과 부상품인 '스트리밍 미디어 서버' 프로그램 시장으로 획정하였다.[58] 'PC 서버운영체제'는 서버 하드웨어에 탑재되는 CPU가 x86[59] 계열인 소형(PC급)서버 하드웨어에 주로 탑재되는 운영체제를 말하며 중대형 서버운

---

56 공정거래위원회 의결 제 2006-42호 2006.2.24
57 끼워팔기에 대한 위법성 요건에 대해서는 제6장'수직제한' 중 6-3-5항 '끼워팔기'를 참고하기 바란다.
58 주상품시장을 획정함은 ①번 요건인 주상품시장에서 시장지배력이 있는지 여부를 보기 위함이고, 부상품시장의 시장획정은 ④번 요건인 부상품시장에서 경쟁을 제한했는지 살펴보기 위함이다.
59 x86프로세서는 인텔이 개발한 마이크로프로세의 명칭을 단순화하여 부르는 명칭이다.

영체제와 별도 획정하였다. 소형 PC서버 하드웨어에 탑재되는 CPU는 비교적 가격이 저렴하고 어느 운영체제나 탑재될 수 있는 범용 x86계열의 CPU인데 반해, 중대형 서버 하드웨어에 탑재되는 CPU는 가격이 비교적 고가이고 주로 자사의 운영체제만을 탑재할 수 있는 전용 non-x86계열 CPU이다. 그러므로 PC서버 운영체제와 중대형 서버 운영체제는 사용하는 CPU가 완전히 다른 서버에 탑재된다. PC서버 운영체제는 일반적으로 웹서버, 미디어 서버 등 간단한 애플리케이션의 서버 플랫폼으로 사용되는 반면 중대형은 안정성이 중요한 데이터베이스 서버, 비즈니스 애플리케이션 플랫폼으로 사용되는 서버의 운영체제(UNIX계통)이다. 이렇게 사용하는 CPU가 서로 다르므로 PC서버 운영체제와 중대형은 상호 호환성이 없다. 이미 PC 서버 시스템을 사용하는 소비자는 중대형 서버 시스템으로 전환하기 위해서는 새로운 서버 운영체제는 물론 고가의 새로운 서버 컴퓨터와 주변장치를 함께 구입해야 한다. 가격 면에서 PC 서버 운영체제는 하드웨어와 운영체제를 합해 500만원 이하가 보통이고 최근은 100만원대도 출현한 반면 중대형 서버 운영체제는 500만원 이상에서 10억원 이상도 있다. 서버 운영체제 전체로 보았을 때 MS의 점유율은 17.2%(2003년 매출액기준)수준이나, PC 서버 운영체제로 획정할 경우 점유율은 79.1%(2003년 매출액 기준)에 이른다.

둘째, PC 서버운영체제와 WMS는 별개 제품이다. 기능상 서버운영체제는 응용프로그램의 플랫폼 역할을 하는 시스템 소프트웨어 역할을 하는데 반하여 WMS는 스트리밍 미디어 전송기능을 하는 응용프로그램이다. 수요측면에서 미디어서버 프로그램은 인터넷을 통해 방송, 영화, 음악을 제공하는 수요를 충족하는 반면 서버운영체제는 파일, 프린트, 네트워크를 관리하는 수요를 충족한다. 공급측면에서 서버 운영체제와는 별도의 미디어 서버 프로그램만을 개발하여 판매하는 독립된 다수 업체가 존재한다. 예컨대, RealNetworks, 디디오넷 등을 들 수 있다. MS도 과거 운영체제와 별개의 미디어 서버 프로그램을 제공한 적 있다. 윈도우 2000 서버운영체제가 출시되기 전까지 WMS 4.0은 윈도우 NT 서버 운영체제와 별도로 다운로드를 통해 제공하였다.

셋째, 소비자들은 서버운영체제 구입 시 WMS의 구입을 강제당했다. WMS 없는 서버 운영체제의 구입을 선택할 수 없고 윈도우 서버 운영체제를 구입하는 소비자는 예외 없이 WMS를 구입할 수밖에 없다.

넷째, WMS의 편재성과 네트워크효과(network effect) 등에 의해 미디어 서버 프로그램 시장과 서버 운영체제 시장에서 반경쟁적 효과가 발생하였다. 반경쟁적 효과가 있다는 것을 보여

주기 위해서는 부상품시장인 스트리밍 미디어 전송 프로그램 시장에서 상당 수준의 시장봉쇄 효과가 있다는 것을 입증해야 한다. 일반적으로 디지털 콘텐츠를 전송하는 방법은 스트리밍 (streaming) 방식과 다운로드식 전송방식이 있는데, 이 두 가지 전송방식을 별도 시장으로 볼 것인지 여부가 중요하다. 이 사건에서 미디어 서버 프로그램에 대한 관련시장의 획정이 중요한 이유는 윈도우 서버운영체제(Windows Server Operating System)에 WMS(Windows Media Server program)를 끼워팔기 한 행위가 미디어 서버 프로그램 시장에서 쏠림현상(tipping)과 경쟁자에 대한 봉쇄효과를 야기하였는지에 대한 실증적인 판단이 필요하기 때문이다. 여기에 디지털 콘텐츠 전송시장의 시장획정이 필요하다.

스트리밍 미디어 서버 프로그램을 최소 상품(군)으로 선택하자. 그런 다음, 모든 스트리밍 미디어 서버 프로그램의 가격이 5%에서 10%로 인상되었을 때 스트리밍 미디어 서버 프로그 램에 대한 수요가 상당히 감소되어서 가상의 독점기업의 이윤이 줄었는지를 분석하여야 한다. 그러나 WMS가 윈도우 서버운영체제(Windows Server Operating System)와 결합 판매되고 있으므로 WMS의 명시적인 가격을 산정하기 어렵다. 따라서 SSNIP에 따른 실제 매출 감소 율을 추정해야 하는 임계매출분석을 적용하기 어렵다. 따라서 스트리밍 미디어 서버 프로그램 의 용도와 수요탄력성에 대한 사고실험(thought experiment)을 실시한다. 가격 인상으로 인하 여 콘텐츠 제공업자(즉, 스트리밍 미디어 서버 프로그램의 소비자)가 스트리밍 전송 솔루션을 얼마나 포기하는지를 살펴보기 위해서는 콘텐츠 제공업자가 해당 스트리밍 전송 솔루션을 사 용한 이유와 목적, 그리고 해당 스트리밍 전송 솔루션을 다운로드 방식과 같은 다른 전송 솔루 션으로 대체할 수 있는지 여부를 알아볼 필요가 있다.

스트리밍 전송 솔루션의 특징은 멀티미디어 디지털 콘텐츠를 실시간 전송할 수 있고, 클라 이언트 컴퓨터의 하드 디스크에 콘텐츠가 저장되지 않으며, 생방송(live broadcast)과 멀티캐 스팅이 가능하다는 것이다. 이러한 특징은 인터넷을 통한 생방송과 최근 개봉된 영화를 상영 하는 인터넷 극장 등에 필수적으로 요구되는 것이다. 인터넷 극장과 인터넷 생방송(TV, 라디 오)은 예외 없이 모두 스트리밍 솔루션만을 이용하고 있다. 또한 음악, 포털, 영화 사이트의 거 의 모든 동영상 콘텐츠 역시 스트리밍 솔루션에 의해서만 제공된다. 다운로드 전송은 웹 서버 또는 FTP 서버에 의해 가능하나 스트리밍 전송은 별개의 미디어 서버 프로그램이 있어야 가 능하다. 따라서 스트리밍 전송 솔루션을 이용하는 콘텐츠 제공업자는 상당한 비용을 추가로 부담하여야 한다. 이는 상당한 비용이 추가로 소요된다는 사실에도 불구하고 오직 스트리밍 솔루션에 의해서만 충족될 수 있는 수요가 있다는 것을 의미한다. 인터넷 방송 웹사이트의 경우는 일부 동영상 콘텐츠를 다운로드 방식으로도 제공한다. 즉 "영화 & TV 프로그램 재생" 콘텐츠의 일부를 다운로드 포맷으로도 제공하는데, 이는 영화 스튜디오의 사업 모델에서 비디오 대여 사업 기간이 경과한 후 비디오 판매를 시작하는 것과 같다고 볼 수 있다.

오디오 콘텐츠의 경우, 인터넷 방송 웹사이트 및 그 외 웹사이트는 대개 스트리밍 서비스와 다운로드 서비스를 모두 제공한다. 그러나 스트리밍 서비스와 다운로드 서비스의 주 이용자가 구분되어 있을 수 있다. 스트리밍 서비스는 업무상 PC를 이용하는 사람들을 대상으로 하는 반면 다운로드 서비스는 음악을 저장하여 휴대하여 갖고 다니기 좋아하는 10대를 겨냥한 것이라고 한다. 미국에서와 마찬가지로 한국에서도, 스트리밍된 음악은 회원제로 (on a subscription basis) 소비자에게 라이센스되는 반면, 다운로드용 음악은 다운로드 건당 가격이 책정된다. 기본적으로, 다운로드는 CD, DVD, 비디오 판매와 유사한 반면, 스트리밍은 실시간 전송 및 라디오 방송 등과 유사하다고 볼 수 있다. 스트리밍은 사용자가 소유하고 관리할 수 있는 유형의 제품을 제공하지 못하고, 다운로드는 라디오 생방송을 제공하지 못한다.

이상에서 살펴보았듯이, 스트리밍 전송 솔루션은 독특한 기술적 특징과 용도를 가지고 있으며, 콘텐츠 제공업자들은 콘텐츠의 성격과 제공 목적에 따라 전송 방식을 선택한다. 따라서 콘텐츠 제공업자들이 5～10% 가격 상승에 반응해 스트리밍 솔루션을 포기할 것으로 예상하기는 어렵다. 그러므로 다운로드 솔루션이 스트리밍 미디어 서버 프로그램과 동일한 시장에 속한다고 결론지을 수 없다.

이러한 시장을 획정을 바탕으로 살펴보면 2000년 300Kbps급 저화질 미디어 서버 프로그램 시장에서 봉쇄효과가 발생하였다. 1999년 MS의 경쟁사인 RealNetworks의 미디어 서버 시장에서의 점유율이 90%였으나 MS의 결합판매 이후 점점 낮아져, 2004년 8월에는 0%로 떨어지고 말았다. 반면, MS의 점유율은 1999년 9월에는 매우 미미한 수준이었으나 2004년 8월에는 93%까지 상승하였다. 500Kbps 급의 고화질 미디서 서버 프로그램 시장에서도 유사한 봉쇄효과가 발생하였다. 2002년 9월경 MS사가 고화질을 지원하는 WMS9 베타 버전을 발표하고 2003년 4월부터 윈도우서버에 결합판매하기 시작하자 국내업체의 점유율은 급감하고 말았다.

왜 이렇게 단기간에 MS의 시장지배력이 급격하게 증대되었는가? 이 점을 이해하기 위해서는 DMS(Digital Media System)[60]시장의 특성 및 상품의 특징적 기능을 이해할 필요가 있다. 미디어 서버 프로그램 시장에서는 DMS 구성요소 간 상호의존성에 의한 네트워크 효과[61]가 특히 커서 그에 따른 쏠림현상이 나타난다.

이런 네트워크 효과에 의한 경쟁제한성을 구체적으로 설명하기로 한다.

첫째 상호의존성에 의하여 특정 미디어 서버 프로그램의 사용이 증가하면, 그 미디어 포맷으로 인코딩된 디지털 콘텐츠의 배포가 증가하고, 그 디지털 콘텐츠를 스트리밍 받아 재생할 수 있는 특정 미디어 플레이어의 가치를 증가시킨다. 특정 미디어 플레이어의 사용 및 배포가 증가하게 되면, 다시 특정 미디어 서버 프로그램의 가치를 증가시키게 된다. 이에 따라 그 특정 미디어 서버 프로그램은 그 이용자가 많아지고 그 규모가 커질수록 그 가치가 증가하게 되며, 이는 DMS 전체의 가치를 높게 된다. 요약하자면, 특정 미디어 서버 프로그램의 사용증가는 곧 특정 미디어 콘텐츠의 증가를 의미하고 이는 미디어 서버 프로그램을 포함한 전체 DMS의 가치를 증가시키게 되는 네트워크 효과를 발생시킨다.

둘째, 특정 미디어 서버 프로그램을 포함한 DMS 각 구성요소에 대한 보완재적 성격의 소프트웨어가 많이 개발되고 보급될수록 특정 미디어 서버 프로그램을 사용하는 이용자들에게 부가적인 혜택이 주어지게 되는 네트워크 효과[62]가 존재한다. MS의 경우를 살펴보면, 국내에는 MS의 WMT(Window Media Technologies)를 이용하여 다양한 응용프로그램을 개발하는 다수의 독립 소프트웨어 개발자들이[63] 존재하고 이들이 개발한 보완 프로그램은 MS의 WMS 및 WMT의 사용가치를 증가시키게 된다. 예를 들어, (주)아이비인터넷이 개발하여 판매한 Easy Encoder, Streaming Manager, VOD Manager 등이 바로 MS WMT의 기능을 보완하여 수요자들이 사용하기 편리하도록 맞춤 생산한 제품들이다. 따라서 WMS의 사용자들은 필요한 경우에 언제든지 위 제품들을 구매하여 자신의 서비스 품질을 보다 향상시킬 수 있다. 이러한 제품들은 WMT를 기반으로 개발된 것으로 그러한 제품들의 개발 및 판매가 증가한다는 것은 곧 WMS의 효용 및 사용을 증가시키게 되는 효과를 가져온다.

네트워크 효과가 존재하는 시장에서는 어떤 계기에서건 특정 제품이 시장에서 우월한 지

---

60 관련 내용은 부록 3C '마이크로소프트 사건의 용어 정리'를 참고하기 바란다.
61 네트워크 효과는 네트워크 규모가 커질수록 네트워크의 가치가 증가하는 현상을 말한다. 직접적 네트워크 효과는 전화, 팩스, 전자우편 등의 경우와 같이 가입자가 많아질수록 더 많은 통신이 가능해지므로 소비자들이 같은 상품으로 더 많은 효용가치를 얻을 수 있는 경우를 말한다.
62 이를 간접 네트워크 효과라 한다.
63 (주)아이비인터넷, 네오미디어, 대상정보기술 등 다수가 존재한다.

위를 한번 차지할 경우 이로 인해 사용자가 지속적으로 늘어나는 '긍정적 피드백'(positive feedback) 효과를 통하여 쏠림현상[64]이 발생할 가능성이 매우 크다.

이상을 정리하면, 미디어 서버 프로그램 시장에서는 어느 한 제품이 어떤 계기에 의하여 일단 시장에서 우월한 지위를 차지하게 될 경우, 상호의존성 및 네트워크 효과 등에 의하여 쏠림현상이 나타나고 이에 따라 그 우월적 지위가 지속적으로 유지·강화되어 독점적 상태에 이르는 결과가 초래되기 쉽게 된다.[65] 결국 이러한 네트워크 효과, 상호의존성, 쏠림현상으로 인해 미디어 서버 시장에 진입장벽이 형성된다. WMS의 경우 WMS의 배포가 증가하면, MS format의 디지털콘텐츠(digital contents)가 증가하고, 프로그램개발자는 WMS를 위한 응용프로그램을 개발하며, 이러한 디지털 콘텐츠와 응용프로그램의 증가는 다시 WMS를 재확산하게 된다.

MS사의 결합판매행위는 미디서 서버 프로그램 시장뿐 아니라 서버 운영체제 시장에서도 반경쟁적 효과를 야기한다. 스트리밍 미디어 서버 시장이 확대되고 MS의 윈도우 미디어 서버가 시장을 독점하게 됨에 따라 대부분의 미디어콘텐츠(media contents)가 MS 포맷(format)으로 제작·공급되고, 서버 운영체제 시장에서 응용프로그램 및 콘텐츠에 의한 진입장벽이 생기게 된다. 이는 MS의 서버 운영체제의 시장지배력이 더욱 공고해짐을 의미한다. 서버 운영체제 시장에 진입하려는 사업자는 자기의 운영체제에 맞는 미디어 서버와 콘텐츠가 절대 부족하므로 진입이 더욱 어려워지게 되는 것이다. 서버 운영체제 시장에서 기존의 경쟁사업자(리눅스)들도 스트리밍 미디어 서버용 운영체제 판매량이 감소하는 불이익을 받게 된다.

나) PC 운영체제와 WMP의 결합판매

MS사는 1999년 7월부터 윈도우98 SE에 윈도우 미디어 플레이어(WMP)6.1을 결합 판매하기 시작하여 이후 출시된 윈도우2000, 윈도우ME, 윈도우XP 등 모든 윈도우 PC 운영체제에 WMP를 결합 판매하였다. 결합판매의 위법성 요건은 서버운영체제와 WMS의 결합판매의 경우와 동일하다.

---

64 쏠림현상(tipping effect)이란 어떠한 사건을 계기로 수요가 특정사업자에게로 급속히 몰리는 현상을 의미하는데, 네트워크 효과가 발생하는 시장에서는 이러한 현상이 나타나기 쉽다.

65 국내 미디어 서버 프로그램 시장에서, MS의 결합판매로 인하여 위와 같은 네트워크 효과와 쏠림현상이 발생하였으므로 미디어 서버 프로그램 시장에서 단기간 내에 경쟁자에 대한 봉쇄효과가 나타났다는 사실도 상기에 설명한 바와 같다.

첫째, MS사는 PC 운영체제 시장에서 독점사업자이다. 국내 PC 운영체제 시장은 MS가 판매량 기준 약 99%의 시장점유율을 보유하고 있고, 세계시장의 시장점유율 분포도 MS가 압도적인 시장점유율을 보유하고 있다.[66] 이 건에서 관련 상품시장은 주상품인 "인텔호환 PC 운영체제" 시장 및 부상품인 "스트리밍 미디어 플레이어" 시장으로 획정하였다.

PC에서 가장 중요한 구성요소는 중앙처리장치(CPU)이다. 중앙처리장치는 그 제조업체와 연산방식에 따라 인텔사(인텔 호환제품 포함)의 제품과 그 외 다른 회사들의 제품으로 나누어지고, 이에 따라 PC도 탑재되는 중앙처리장치의 종류에 따라 인텔호환 PC(Intel-compatible personal computer)와 비인텔호환 PC(non-Intel compatible personal computer)로 구분된다. 클라이언트 PC 운영체제(이하 "PC 운영체제"라 한다) 역시 이러한 하드웨어의 종류에 따라 인텔호환 PC 운영체제와 비인텔호환 PC 운영체제로 나뉘는데, 전자로는 MS가 제조·공급하는 윈도우(Windows)와 리눅스(Linux) 등이 있고, 후자로는 애플(Apple)에서 제작하는 맥(Mac) 운영체제가 대표적이다. 인텔 호환 PC 운영체제는 비인텔 호환 PC에 설치·운영될 수 없으며, 반대로 비인텔 호환 PC 운영체제는 인텔호환 PC에 설치·운영될 수 없다. 즉, 수용측면에서 상호 간에 대체성이 없다. 공급 측면에서도 양자는 프로그램의 설계 자체가 전혀 다르고 1980년대 이래 확연히 구별된 공급자가 계속 자신만의 영역을 지켜왔으며 이러한 사정이 앞으로 가까운 시일 내에 바뀔 것 같지 않다. 따라서 공급 측면에서도 양자는 대체성이 없다고 판단된다.

국내뿐 아니라 세계적으로도 인텔호환 PC 운영체제가 PC 운영체제의 대부분을 차지하는 현실을 반영하여, 이하에서는 '인텔호환 클라이언트 PC 운영체제'를 'PC 운영체제'로 기재하기로 하고 PC 운영체제 시장획정을 검토한다.

먼저, 수요 대체성 면에서 살펴보기로 하자. 개인용 정보기기의 운영체제 간 대체성은 휴대용 개인정보 단말기(Personal Digital Assistance: PDA)나 스마트 모바일 폰(smart mobile phone)과 같은 개인용 정보기기 운영체제와 PC 운영체제와 비교할 때 상호 간에 대체성이 없음은 명확하다. 개발 및 판매 목적과 실제 용도가 PC에 이용되기 위한 것이 아니기 때문이다.

PC 서버 운영체제와 대체성을 보면, PC 운영체제가 클라이언트 쪽에서 서버 자원을 수동적으로 받아 이용하도록 하는데 반하여 PC 서버 운영체제는 사용자들이 서버를 통하여 클라

---

66 애플의 경우에는 세계시장점유율이 3% 수준에 불과하다.

이언트 PC에 정보나 자원을 제공할 목적으로 이용하는 제품이므로 양자는 그 기능에서 명백히 구별된다고 할 수 있다. 가격 면에 있어서도 PC 서버 운영체제는 PC 운영체제에 비해 상당히 고가로 판매된다. 따라서 PC 운영체제의 가격이 상당한 기간 의미 있는 수준으로 상승하더라도 그 수요가 PC 서버 운영체제로 이동하리라고 보기는 어렵다.

다음으로 공급 대체성 면에서 살펴보더라도 PC 운영체제는 확연하게 구분된다. PC 운영체제의 가격이 일정 기간 의미 있는 수준으로 상승한다 하더라도, 휴대용 개인정보 단말기나 스마트 모바일폰 같은 개인용 정보기기에 설치되는 운영체제나 PC 서버 운영체제 개발자가 그들의 제품을 PC 운영체제 용도로 전환하기는 쉽지 않고 새로운 사업자가 PC 운영체제 시장에 완전히 새로운 제품을 개발하여 진입하는 것은 더욱 어렵다. 왜냐하면 새로운 PC 운영체제를 개발하는 데에는 많은 비용과 시간이 소요되기 때문이다. 비록 소프트웨어 개발자가 새로운 PC 운영체제를 개발하였다 하더라도 이 신개발품을 신규로 시장에 판매하기는 쉽지 않다. 판매시장에 상당한 진입장벽 때문이다. 첫째, 신규 개발자는 이미 확고한 독점력을 보유한 기존의 PC 운영체제가 있음에도 자신의 운영체제에 대한 소비자들의 수요가 존재하며 앞으로 더 증가할 것이라는 시장성에 대하여 PC 제조업체를 설득하여야 한다. 그러나 운영체제와 컴퓨터 하드웨어는 상호 밀접한 관련성이 있어 아직 시장을 통하여 검증받지 아니한 운영체제를 도입한다는 것은 PC 제조업체들에게 상당한 부담으로 작용한다. 따라서 PC 제조업체를 설득하는 데만도 적지 않은 마케팅비용이 추가로 소요되게 될 것이다. 둘째, PC 운영체제 시장에는 응용프로그램에 의한 진입장벽이 존재한다. PC 운영체제는 개인용 컴퓨터의 하드웨어와 응용프로그램 사이에 위치하여 응용프로그램이 잘 작동할 수 있도록 플랫폼 역할을 한다. 따라서 수요자들은 자신의 필요에 맞는 다양한 응용프로그램이 존재하는 PC 운영체제를 선호하게 되고, 이는 응용프로그램에 의한 진입장벽이 형성되는 결과를 초래한다. 결론적으로, 주상품시장은 '인텔호환 PC 운영체제'로 획정하였고 이 시장에서 99%의 시장점유율을 보유한 MS는 시장지배력이 있다.

두 번째 위법성 요건인 PC 운영체제와 WMP가 별개 제품인지 여부이다. 두 제품 간의 별개 제품성은 명백하다. 우선, 기능이 서로 다르다. PC 운영체제는 하드웨어와 응용프로그램 간의 인터페이스(Application Program Interface)역할, CPU, 주기억장치, 입출력장치 등의 컴퓨터 자원을 관리하는 기능을 수행하는 시스템 소프트웨어(system software) 역할을 수행하는 반면, WMP는 디지털 콘텐츠를 재생하는 응용프로그램이다. 수요측면에서 볼 때도, 소비자들은 운영체제와는 달리 별개로 미디어 플레이어를 인터넷을 통해 다운로드하여 통상 PC 1개당 1개의 운영체제인 반면 여러 개의 미디어 플레이어를 설치·사용하고 있다. 공급 측면에서 보더라도, PC 운영체제와는 별도로 RealNetworks, 그래텍 등과 같이 미디어 플레이어만을 개발하여 판매하는 독립 업체가 다수 존재한다.

셋째, 소비자들은 PC 운영체제 구입 시 WMP 구입을 강제당하고 있다. 소비자들은 미디어 플레이어 없는 윈도우 PC 운영체제를 구매할 선택권을 박탈당하고 있다. 윈도우 PC 운영체제를 구입한 소비자는 자신의 의사와 관계없이 미디어 플레이어를 구입할 수밖에 없다.

넷째, WMP의 편재성과 network 효과 등에 의해 미디어 플레이어와 PC 운영체제 시장에서 반경쟁적 효과를 초래하였다. '스트리밍 미디어 플레이어'는 서버 컴퓨터가 인터넷 등을 통하여 제공하는 비디오·오디오 등의 미디어 파일을 다운로드하지 않고도 실시간으로 재생(streaming)시켜 주는 기능을 가진 프로그램이다. 일반적으로 스트리밍 미디어 플레이어는 실시간 재생뿐만 아니라 컴퓨터에 저장된 미디어 파일을 단순 재생(play-back)하는 단순 미디어 플레이어 기능을 기본적으로 갖추고 있다.[67]

미디어 플레이어는 콘텐츠, 인코더(encoder), 미디어 서버 프로그램, 코덱(CODEC), 저작권 보호 프로그램(Digital Rights Management: DRM) 등 여러 가지 제품으로 연결된 디지털 미디어 시스템(DMS)의 수직적 연결고리에서 최종소비자에 가장 가까운 앞단(front-end)에 위치해 있다. 어떤 콘텐츠가 아무리 최고 품질의 인코더, 미디어 서버 프로그램, 코덱, 저작권 보호 프로그램(DRM)을 사용하여 제작·전송된다고 하더라도 최종소비자들이 보유한 미디어 플레이어에서 해당 콘텐츠가 작동될 수 있을 때에만 의미가 있는 것이다. 미디어 플레이어가 전체 DMS에서 가진 이러한 특성 때문에 DMS를 구성하는 개별 요소 제공자들, 예컨대 콘텐츠 사업자, 미디어 서버 프로그램 공급업자 등은 최종소비자들이 어떤 미디어 플레이어를 많이 가진지, 또는 대다수 최종소비자들이 가진 미디어 플레이어에서 작동되는 미디어 포맷이 무엇인지에 대해 커다란 관심을 갖게 된다. 그리고 이들 콘텐츠 사업자의 입장에서는 특정 미디어 플레이어가 최종소비자들에게 많이 배포되어 있을수록, 특정 미디어 플레이어가 지원하는 포맷으로 콘텐츠를 제작할 유인이 증가하게 된다.

미디어 플레이어 역시 스트리밍 미디어 시스템 구성요소로서의 상호의존성 및 네트워크

---

[67] 이 사건에서의 논의는 스트리밍 미디어 플레이어에 초점을 두고 있으므로 이하에서 '미디어 플레이어'라고 할 때에는 특별한 언급이 없는 한 스트리밍 미디어 플레이어를 가리키는 것으로 사용한다

효과가 있다. 특정 업체의 포맷으로 제작된 콘텐츠가 많을수록 소비자들은 더 많은 콘텐츠에 접속하기 위하여 해당 업체의 미디어 플레이어를 사용하게 된다. 또한 특정 업체의 미디어 플레이어를 선택하는 소비자들이 많을수록, 콘텐츠 사업자들의 입장에서는 그 특정 업체의 미디어 기술(인코더, 미디어 서버 프로그램, 저작권 보호 프로그램)을 이용할 유인이 증가한다. 이는 보다 많은 이용자들에게 접근하고 자신의 콘텐츠가 보다 많이 이용되도록 하는 것이 콘텐츠 사업자들이 수익을 창출할 수 있는 본령이기 때문이다.

결국 결합판매로 인해 편재성을 획득한 MS사의 WMP 사용자가 늘어나고, WMP 기반의 콘텐츠 및 소프트웨어가 증가하고, 다시 이것은 WMP의 점유율을 높이고, 다시 이것은 WMP 기반의 콘텐츠 및 소프트웨어의 증가를 가져오는 악순환이 되풀이 되게 될 것이다. 이 결합판매로 인해 PC 운영체제 구입자들이 모두 WMP를 갖게 되어 별도로 경쟁사 제품을 다운로드받아 설치할 유인이 봉쇄되고 MS사는 경쟁사가 누릴 수 없는 편재성을 획득하게 되는 것이다.

MS사가 WMP를 윈도우98 SE에 결합판매하기 시작한 직후인 2001년 3월경 WMP와 Realplayer의 사용비율은 50:50이었으나 2004년 8월경 WMP의 사용비율이 60.5%로 상승한 반면, Realplayer의 사용율은 5.0%로 하락하였다. 이러한 시장 변화는 성능, 품질에 따른 경쟁이 아니라 결합판매로 인해 생긴 경쟁상 우위 때문이다.

한편, MS사의 결합판매행위는 미디어 플레이어 시장 이외에 PC 운영체제 시장에서도 반경쟁적 효과를 야기한다. WMP가 미디어플레이어 시장을 독점하고 모든 미디어 콘텐츠가 MS 포맷으로 제작·공급됨에 따라 PC 운영체제 시장에 응용프로그램 및 콘텐츠에 의한 진입장벽이 생기게 되어 MS사의 PC 운영체제 독점을 더욱 강화하는 효과를 야기하기 때문이다. 다른 PC 운영체제 경쟁업체는 자사에 맞는 미디어 포맷이 없는 상황에서 PC 운영체제 시장에 진입하려면 콘텐츠 제작 및 미디어 플레이어는 물론 코덱, 미디어 서버프로그램, DRM등 모든 DMS의 기술을 전부 개발하여 진입해야 하는 부담을 안게 된다.

다) PC 운영체제와 메신저의 결합판매

MS사는 2000년 9월부터 윈도우Me에 MSN메신저를 포함시켜 2001년 10월까지 판매하였고 2001년 10월부터 윈도우XP에 윈도우메신저를 결합하여 판매하였다. 메신저의 경쟁사업자로는 SK Communications의 NateOn, 버디버디, 다음커뮤니케이션스의 다음메신저[68], 드림위즈의 지니, (주)네오위즈의 '세이클럽 타키'(Sayclub Tarchy) 등이 있다.

위법성 요건에 대한 검토로서 첫째, MS사는 PC 운영체제 시장에서 점유율 99%(2003년 매출액기준)를 차지하는 독점사업자이다.

둘째, PC 운영체제와 메신저는 별개의 제품이다. PC 운영체제는 하드웨어와 응용프로그램간의 인터페이스(interface) 역할 및 CPU, 주기억장치, 입출력장치 등의 컴퓨터 자원을 관리하는 기능을 하는 시스템 소프트웨어이고, 메신저는 인터넷 사용자들 간 상호 인터넷 접속 여부 확인, 실시간 메시지·파일 전송 등의 전혀 다른 기능을 수행하는 응용프로그램(application program)이다. 수요측면에서도 메신저는 실시간 대화 등의 목적으로 사용된다는 점에서 하드웨어를 관리하고 응용프로그램에 대한 플랫폼 기능을 하는 PC 운영체제에 대한 수요와 명백히 구분된다. 소비자들은 운영체제와는 별개로 메신저를 인터넷을 통하여 활발히 다운로드받는 수요 행태를 보여주고 있다. 통상 PC 1대당 1개의 운영체제가 설치됨에 비해 메신저는 여러 개가 중복 설치·사용되고 있다. 또한, 메신저 없는 PC 운영체제를 요구하는 수요가 상당수 존재한다는 점에서 두 제품은 별개의 제품이다. 공급 측면에서도 PC 운영체제와는 별도로 다음커뮤니케이션, SK커뮤니케이션 등 메신저 프로그램만을 공급하는 독립한 업체들이 다수 존재한다.

셋째, 소비자들은 PC 운영체제 구입 시 메신저 구입을 강제당하였다. 소비자들은 메신저 없는 윈도우 PC 운영체제를 구입할 선택권을 박탈당했다. 윈도우 PC 운영체제를 구입한 소비자들은 자신의 의사와 무관하게 메신저를 구입할 수밖에 없다.

넷째, MS의 편재성과 네트워크 효과 등에 의해 메신저와 PC 운영체제 시장에서 반경쟁적 효과는 분명하다. 메신저 시장에서도 네트워크 효과는 명백하다. 네트워크 효과란 자신이 사용하는 메신저의 사용자가 증가하거나 다른 사람의 컴퓨터에 같은 종류의 메신저 설치가 증가할수록 사용자의 편익이 증가하는 효과를 말한다. 당시 국내 메신저 시장에서는 사업자별로 프로토콜(protocol)이 달라 상호접속이 되지 않는 경우가 대부분이었고, 다른 메신저를 이용하는 사용자들 간에는 서로 통신할 수 없으므로 메신저의 네트워크 효과가 사업자가 다른 메신저 별로 발생하게 되는 폐쇄성을 갖게 된다. 예를 들면 다음커뮤니케이션의 메신저와 MS의 메신저는 프로토콜이 다르므로 서로 대화하거나 파일 등을 주고받을 수 없는데, 이러한 상호 비접속은 메신저 사용자들의 편익을 감소시키는 결과를 야기하고 있으며 메신저별로 네트워

---

68 사실 이 사건은 '다음'이 PC 운영체제와 메신저를 결합판매한 MS의 행위를 공정위에 신고한 것으로부터 출발하였다.

크 효과에 의한 시장쏠림의 가능성을 제기하게 된다. 특정 메신저의 가치는 당해 메신저가 갖는 네트워크 효과의 크기, 즉 가입자가 얼마나 많은지 여부 또는 얼마나 많이 설치된지에 따라 결정적으로 달라진다.

이렇게 메신저의 가치가 폐쇄적 특성을 갖는 네트워크 효과에 달려있다는 사실은 메신저 시장에 신규 진입하려는 사업자에게는 진입장벽으로 작용하게 된다. 즉, 이용자들이 메신저를 이용하여 여러 사람과 통신하는 목적을 실효성 있게 달성하기 위해서는 그 메신저를 이용하는 가입자가 어느 정도 이상 존재(critical mass)하여야 하는데, 일정한 숫자 이상의 가입자를 확보하는 것이 신규 사업자에게는 매우 어렵기 때문이다.

메신저 이용에는 고착효과(lock-in effect)가 발생한다.[69] 고착효과의 크기는 결국 이러한 전환비용의 크기에 의해 결정된다고 할 수 있는데, 전환비용에는 대화 상대 목록의 수가 중요한 요인이 되고 그것은 바로 네트워크 효과 때문이다. 이러한 전환비용 및 고착효과의 존재는 이미 성숙단계에 이른 현재의 메신저 시장에서는 기존의 다른 메신저 사용자를 끌어들여야 하는 신규 진입자에게 커다란 진입장벽으로 작용하고 있다.

부상품시장인 메신저 시장에서 봉쇄효과를 살펴보기 위해서는 시장획정이 필요하다. 기본적으로 기업형 메신저와 일반 메신저를 같은 시장으로 볼 것인지 여부와, 전자우편을 같은 시장으로 볼 것인지 여부에 대해 검토가 필요하다.

메신저 프로그램은 크게 일반용과 기업용으로 나눌 수 있다. 기업용 메신저는 보안성이나 제품구성(특정 단체의 조직구성 반영) 등 기능 측면에서 일반용 메신저와 상당한 차이가 있고, 용도와 가격에 있어서도 상당한 차이가 존재한다. 기업용 메신저는 조직 구성원 사이에서만 통신이 가능하나 일반 메신저는 특정 조직에 구애받지 않고 임의로 선택이 가능하고, 기업용은 회사 내 서버하고만 연결되므로 기업의 특수 수요에 맞고 기업의 메신저 서버와 연결되도록 개발되었다. 사업자도 구분되어 있어 일반용 메신저 시장의 주요 사업자는 MS, SK커뮤니케이션, 다음커뮤니케이션, 버디버디, 드림위즈 등이 있으며, 기업용 메신저 시장의 주요 사업자로는 지란지교소프트, 이지닉스, 온누리인포텍, 한국IBM 등이 있다. 일반용 메신저의 가격이 상당 기간 의미 있는 수준으로 상승하더라도 소비자들이 기업용 메신저로 대체하지 못할

---

[69] 고착효과란 기존에 사용한 메신저에서 다른 사업자의 메신저로 교체할 경우 발생하는 비용(전환비용: switching cost)의 존재 때문에 설사 품질 등에 불만이 있더라도 불가피하게 기존 메신저를 사용하게 하는 효과라고 정의한다.

것으로 판단되므로 두 시장은 별개의 시장으로 획정하였다.[70]

메신저와 인접한 상품 중, 전자우편 프로그램이 일반용 메신저를 대체할 가능성을 검토할 수 있다. 그러나 메신저는 대용량 파일이나 문자메시지의 실시간 전송, 화상채팅, 음성채팅 등의 다양한 기능을 갖고 있으므로 이러한 실시간 기능을 갖추지 못한 전자우편(email)과는 기능 면에서 커다란 차이가 있어서 수요측면에서의 대체 가능성은 희박하다고 판단된다.

MS사의 메신저 결합판매는 다른 사업자가 인터넷 다운로드 경로나 새로운 PC에의 탑재 경로를 통해서는 획득할 수 없는 편재성(ubiquity)을 발생시킨다. 이는 네트워크의 크기가 핵심 경쟁요소인 메신저 시장에서 MS사가 다른 사업자에 비해 현격한 격차로 많은 가입자를 확보하고 경쟁사업자들의 시장점유율이 감소하는 쏠림현상이 발생하는데 매우 중요한 요인으로 작용하게 된다. 메신저시장의 쏠림현상을 통해 다른 경쟁사업자들을 시장에서 축출하고 신규사업자의 시장 진입을 억제하는 등 시장을 봉쇄하였다. 윈도우XP가 출시된 2001년 11월부터 2002년 7월까지 MS사 메신저의 시장점유율은 지속적으로 증가하는데 반해 다음커뮤니케이션, 버디버디, 드림위즈 등 다른 메신저의 시장점유율은 대체로 떨어지고 있다. MS 메신저는 29.4%(2001.8)에서 61.0%(2002.11)로 증가한 반면, 주요 경쟁사인 다음메신저는 동기간 동안 20.3%에서 8.3%로 감소하였다. 이러한 결과는 품질, 가격, 서비스 등이 우월해서 발생한 결과가 아니라 단지 MS사가 PC 운영체제 시장의 독점력을 지렛대로 메신저를 결합 판매하였으므로 발생했다는 점에서 부당한 것이다. 소비자들의 메신저 선택이유를 분석한 각종 자료에 의하면, MS사 메신저가 다른 메신저에 비해 특별히 우수한 성능을 가지고 있다고 볼 명확한 근거가 없다는 것이다.

MS사의 결합판매 행위는 메신저 시장 외에 PC 운영체제 시장에서도 반경쟁적 효과를 발

---

70 엄밀히 구별할 때 '메신저'는 '메신저 서비스'와는 다른 시장이다. 즉, '메신저 시장'이란 메신저라는 소프트웨어를 개발하여 판매하는 사업만을 영위하는 시장을 의미하며, '메신저 서비스 시장'이란 메신저 개발을 포함하여 각종 서버(Server) 운영 및 가입자 관리 등을 통해 소비자들이 메신저를 이용하여 메시지나 파일 등을 주고받을 수 있는 서비스를 제공하는 사업으로 정의할 수 있다. 그러나 메신저 소프트웨어 자체는 메신저 서비스를 제공하기 위한 목적으로 제공되는 것으로서 서비스와 연계되지 않은 메신저 소프트웨어의 공급이 그 자체로는 별다른 상업적 의미가 없는 점, 이 건 검토대상이 되는 MS의 메신저 결합판매 행위도 결국 MS의 메신저 서비스를 제공하기 위한 목적에서 실행하는 것이라는 점, MS 및 다른 메신저 사업자의 경우에도 대부분 메신저 개발 및 공급은 메신저 서비스 제공을 위한 하나의 부분사업으로 수행한 점 등을 고려할 때, 여기서 '메신저 시장'이라 함은 별도의 설명이 없는 한 불특정 다수(일반인)를 대상으로 메신저를 개발하여 공급하며 각종 서버를 운용하면서 회원가입, 관리 등 소비자가 메신저 프로그램을 이용할 수 있도록 서비스까지 제공하는 시장을 의미하는 것으로 정의한다.

생시켰다. MS의 이 결합판매가 메신저 시장을 부당하게 봉쇄하고 많은 사용자가 MS사의 메신저를 이용함에 따라, PC 운영체제 시장에 응용프로그램 및 메신저 사용자에 의한 진입장벽이 생기고, 이는 MS사의 PC 운영체제 독점을 더욱 강화하게 하였다.

한계가격책정

한계가격의 책정이란 기존의 독점사업자가 가격과 공급량을 결정함에 있어 수요가 신규 진입자에게 까지는 미치지 못하게 하여 수지를 맞추지 못하게 함으로써 잠재적 진입자의 신규 진입을 못하도록 방해하는 행위이다. 여기서 기존의 사업자가 책정한 가격이 반드시 평균가변비용보다 낮을 필요는 없다는 점에서 부당염매와 구별된다.

전통적인 한계가격책정 모형에서는 신규 진입자가 시장에 진입한 후에도 기존 사업자의 생산량이 변하지 않을 것이라는 것을 신규 진입자가 믿는다고 가정한다. 말하자면 신규 진입자는 자기가 시장에 진입한 후에 시장의 총 공급을 기존 사업자의 현재 공급량에다 자기가 공급할 물량을 더한 것으로 생각한다는 것이다. 그림 3-5에서는 기존 사업자와 신규 진입자의 평균비용(AC)이 같다는 가정 하에 한계가격책정 행위를 설명하고 있다. D는 시장의 수요곡선 AC는 평균비용곡선을 나타낸다. 기존 사업자의 공급량은 q^*이고 시장가격은 공급과 수요

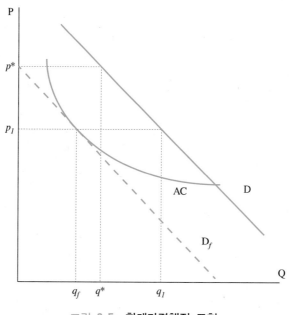

그림 3-5 **한계가격책정 모형**

를 균형시키는 p^*에서 결정되고 있다. 잠재적 진입자는 기존 사업자의 공급량 q^*를 주어진 조건으로 간주하여 자기가 직면하게 될 수요곡선을 추정하게 된다. 현재의 시장가격인 p^*에서 시장수요는 q^*이고 이것은 이미 기존 사업자에 의하여 전량 공급되고 있으므로 자기가 추가로 공급할 수 있는 여지는 없게 된다. 가격이 p_1인 경우에는 수요가 q_1에 이르게 되는데, 기존 사업자의 공급이 q^*이므로 자기가 공급할 수 있는 양은 전체 수요에서 기존 사업자의 공급분을 제외한 나머지, 즉 q_f에 이르게 된다. 이러한 방식으로 잠재적 진입자의 입장에서 본 수요곡선, D_f가 도출되어 점선으로 표시되어 있다. 잠재적 진입자가 직면하는 수요곡선 D_f는 그것이 도출된 방식 때문에 시장의 수요곡선, D와는 평행선을 이루게 되고 양자 간의 가로 방향으로의 거리는 기존 사업자의 현재 공급량인 q^*와 같게 된다. 신규 진입자가 선택할 수 있는 생산량은 q_f밖에는 없다. 왜냐하면 그 외의 생산량에서는 가격이 평균비용(AC)보다도 낮게 되어 손실이 발생하기 때문이다. 신규 진입자의 공급이 q_f로 결정되면 시장가격은 p_1으로 결정될 것이다. 왜냐하면 이 가격 수준에서 전체 시장수요와 공급이 균형을 이루게 되기 때문이다. 생산량이 q_f인 수준에서 신규 진입자의 경제적 이윤은 영(零)이 된다. 다시 말하면 이것은 신규 진입자가 시장 진입을 할 수 있는 한계 상황이 되는 것이다. 만약 기존 사업자가 현재의 가격과 공급 p^*와 q^*를 정함에 있어 잠재적 진입자가 직면할 수요곡선인 Df를 평균비용(AC)보다 더 낮게 되도록 한다면 잠재적 진입자는 신규 진입으로 인해 손실이 발생하는 것을 피할 수가 없으므로 신규 진입이 불가능해지게 된다.[71] 이와 같이 공급량과 가격을 책정하는 것을 한계가격책정이라 한다. 여기서 기존 사업자의 가격과 공급이 실제로 p^*와 q^*일 필요는 없고 신규 진입에 맞춰 q^*를 생산하겠다는 확신을 잠재적 진입자에게 심어 줄 수 있으면 된다.

한계가격의 책정에 대한 고전 이론은 기존의 사업자와 잠재적 진입자 간에 비용 함수 등이 동일한 조건하에서 기존 사업자가 어떻게 q^*만큼의 공급을 지속할 것이라는 확신을 심어 줄 수 있는가를 설명하지 못하고 있다. 기존 사업자가 q^*만큼의 생산을 하겠다는 확신을 심어 줄 수 있다면, 반대로 잠재적 진입자도 시장에 진입하여 q^*만큼의 생산을 하겠다는 확신을 기존 사업자에게 심어 줄 수 있는 것이다. 그럼에도 불구하고 기존의 이론은 후자의 가능성을 논리적인 근거가 없이 배제한 것이다. 이와 같은 문제점을 보완하기 위하여 최근에는 게임 이론을 도입하여 한계가격책정을 설명하려는 시도가 늘고 있다. 게임 이론에 의하면 기존 사업자와

---

[71] 기존 사업자가 현재의 가격인 p*를 더 낮게 책정하였다면 잠재 진입자가 직면하게 될 수요곡선은 현재의 p*보다 더 아래쪽에서 시작하여 우하향하는 형태를 취하게 되어 평균비용보다 더 낮게 위치하였을 것이다.

신규 진입자 간의 비대칭성(asymmetry)을 근거로 하여 한계가격책정을 설명하고 있다. 여기서 말하는 비대칭성은 기존 사업자는 생산 시설에 대한 투자를 먼저 할 수 있다는 데서 찾아볼 수 있다. 즉 게임은 무한한 기간 동안 지속이 되는데, 제1기에는 기존 사업자만이 생산 시설에 투자할 수 있다는 것이다. 제2기에는 기존 사업자와 잠재 진입자 모두가 생산 시설 투자를 하게 된다. 잠재적 진입자는 제1기에서 행한 기존 사업자의 시설 투자를 관찰하여 상대방의 투자 전략을 추정하고 그 결과에 따라 2기에 투자전략을 수립하게 된다. 3기에서는 기존 사업자와 진입자 모두 2기에서 행한 상대방의 투자 행위에 근거하여 투자 전략을 수립하게 되고 이후는 전부 같은 방법으로 게임에 임하게 된다. 만약 제1기에서 기존 사업자가 q^* 이상의 시설 용량에 대한 투자를 했다면 잠재적 진입자는 자기의 진입에도 불구하고 기존 사업자는 q^* 만큼의 공급을 지속하려는 전략을 가지고 있는 것으로 간주하게 될 것이다. 말하자면 1기에는 기존 사업자만이 시설 투자를 할 수 있다는 비대칭성의 도입으로 기존 사업자가 가지고 있는 가격책정에 대한 전략을 잠재적 진입자에게 확신시킬 수 있다는 논리적 근거를 만든 셈이다. 앞서 살펴본 Alcoa의 과잉시설 유지행위도 한계가격책정모형에 의하여 설명할 수 있을 것이다.

132 | 독점규제법과 경제학

APPENDIX
3B

EU discussion paper의 조건부 리베이트에 대한 경제분석방법[72]

우선 "상업적 경합가능 점유율(commercially viable share: CVS)"의 개념을 이해할 필요가 있다. "상업적 경합가능 점유율"이란 어떤 구매자의 총 구매량 중 시장지배적 사업자에게 반드시 구매하지 않아도 되는 구매량의 비율을 의미하는 것으로서 시장지배적 사업자와 경쟁사업자 간에 실질적인 경쟁이 이뤄지는 부분을 의미한다.

조건부 리베이트에 대한 경제분석의 방법은 CVS를 기준으로 하는 유효가격테스트(effective price test) 또는 필요점유율테스트(required share test)를 말한다.

유효가격테스트는 시장지배적 사업자가 조건부 리베이트를 제공하는 경우 CVS부분에 실질적으로 적용되는 유효가격이 얼마인지 계산하여 이를 평균비용과 비교함으로써 경쟁사업자가 시장지배적 사업자와 실질적으로 경쟁할 수 있는지를 판단하는 방법이다

예를 들어, 시장지배적사업자 A가 상품가격이 100,000원이고 평균비용이 70,000원인 상품을 판매하고 유일한 경쟁자는 B라고 가정하자. 상품의 구매자 갑은 총 수요량이 10,000개인데 A의 시장지배력 때문에 80%인 8,000개는 반드시 시장지배적 사업자에게 구매해야 한다. 이런 상황에서 B가 갑에게 팔 수 있는 최대 물량은 2,000개이다. 즉, A와 B가 실질적으로 경쟁이 일어나는 상업적 경합가능 점유율은 20%인 셈이다. 이런 상황에서 A가 갑에게 B의 상품을 구매하지 않는다는 조건으로 전체 구매 물량에 대해 10%의 가격할인율을 적용하여 총 1억원의 조건부 리베이트를 제공한 경우, A는 B와 경쟁 관계에 있는 2,000개를 추가로 판매하기 위해 1억원의 리베이트를 지급한 것이다. 이 경우 A가 판매한 2,000개의 실질적 가격은 1억원의 리베이트를 감안하여 계산된 50,000원이 된다(100,000-(1억원/2000)=50,000). 유효가격은 50,000원인데 평균비용이 70,000이므로 B는 20,000원의 손실을 감수하지 않고서는 갑에게 상품을 팔 수 없게 되어 배제 효과가 있다고 판단할 수 있게 된다.[73] 본 사건에서

[72] EU의 Commission이 2005년에 조건부 리베이트에 대한 향후 위법성 판단을 위해 토의 자료로 발표한 "DG Competition discussion paper on the application of Article 82 of the Treaty to exclusionary abuses"의 내용이다.
[73] A와 B의 비용곡선이 동일하다고 가정한 것이다.

인텔은 이런 경우라야 경쟁사업자에게 배제 효과를 가져올 수 있다고 주장한 것이다. 이 방법은 CVS를 얼마로 보느냐, 조건부 리베이트의 크기, 평균비용의 계산 등 여러 가지 쟁점을 내포한 문제가 있다.

마이크로소프트 사건의 용어 정리

- 운영체제란 컴퓨터시스템의 전반적 동작을 제어하고 조정하는 프로그램의 집합으로서 하드웨어와 응용프로그램 간의 인터페이스 역할을 하고 중앙처리장치, 주기억장치, 입출력장치 등 컴퓨터의 자원을 관리함
  - 중앙처리장치(CPU, Central Processing Unit)란 컴퓨터 전체를 제어하는 장치로서, 다양한 입력 장치로부터 자료를 받아서 처리한 후 그 결과를 출력장치로 보내는 일련의 과정을 제어하고 조정하는 일을 수행하는 장치

- 인터페이스(Interface)는 서로 다른 두 시스템, 장치, 소프트웨어 등을 연결해 주는 부분 혹은 그러한 접속장치

- API(Application Programming Interface)는 인터페이스 중 운영체제와 응용프로그램을 연결해주는 인터페이스

- 프로토콜은 컴퓨터나 시스템 혹은 프로그램 간에 정보를 주고받기 위해 정해진 통신방법에 대한 규칙이나 규약: 상호 간의 접속이나 절단방식, 통신방식, 주고받을 자료의 형식, 오류검출방식, 전송속도 등에 대해 정해진 약속
  - TCP/IP가 인터넷에서 보통 사용한 표준 프로토콜임

- 디지털 콘텐츠(digital contents)는 부호·문자·음성·음향·이미지 또는 영상 등으로 표현된 자료나 정보

- 스트리밍(Streaming)은 인터넷에서 음성이나 영상을 실시간으로 재생하는 기술로써 다운로드가 필요 없이 재생

- 클라이언트는 다른 프로그램 혹은 컴퓨터에 서비스를 요청하는 프로그램 혹은 컴퓨터이고 서버는 클라이언트의 요청에 대해 응답을 해주는 프로그램 혹은 컴퓨터

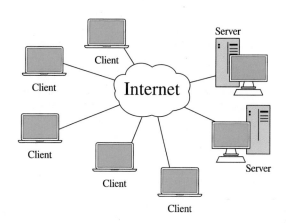

- 스트리밍 미디어 서버는 클라이언트/서버 개념에서 클라이언트의 요청에 의해 인터넷을 통해 디지털 콘텐츠를 실시간으로 전송해 주는 기능을 수행하는 서버용 응용프로그램

- 스트리밍 미디어 플레이어란 PC에 저장된 미디어 파일을 단순 재생하는 것뿐 아니라 스트리밍 미디어 서버에서 제공하는 미디어 파일을 다운로드하지 않고 실시간으로 재생시켜주는 기능을 가진 응용프로그램

- 포맷(format)은 미리 정해진 자료의 배치 방식으로써 데이터의 저장이나 전송 시 구성방법, 파일로 저장할 때 그 파일의 구조 등을 나타냄

- 코덱(CODEC)이란 음성이나 영상의 신호를 압축하여 디지털 신호로 변화하는 코더(coder)와 그 반대로 변환시켜주는 디코더(decoder)의 기능을 함께 갖춘 기술로써 저장 공간을 최소화하기 위해 압축하여 전송하고 이것을 해제하여 보거나 듣는 데 사용

- 엔코더(encoder)는 영상이나 음성 등 소스(디지털 형태로 만들기 전에 실제 장면을 촬영 혹은 녹음한 기록물: source)를 디지털 형태로 전환하는 소프트웨어인데, 그 종류는 RealNetworks의 RealSystem Producer, Helix Producer, Microsoft의 Window Media Encoder 등이 있음

- DRM(Digital Rights Management)은 디지털 콘텐츠의 무단사용을 막아 저작권 관련자들의 이익과 권리를 보호해 주는 기술 및 서비스로써 불법복제를 막고 사용료 부과와 결제 대행 등 콘텐츠의 생성에서 유통·관리까지 일괄적으로 지원하는 기술

▪ DMS(Digital Media System)는 인터넷을 통해 오디오/비디오 파일 등 멀티미디어 콘텐츠를 전송하는 서비스를 제공하는 일련의 시스템; 특정 미디어포맷을 압축하는 encoder, 압축된 디지털 콘텐츠를 인터넷을 통해 전송하는 미디어서버, 전송받은 콘텐츠를 재생하는 미디어 플레이어 등으로 구성

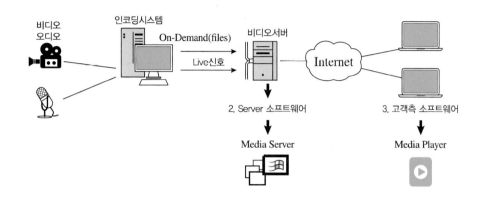

○ 이러한 DMS가 정상적으로 작동하여 디지털 콘텐츠를 성공적으로 보내고, 받고, 재생하기 위해서는 위 세 영역의 프로그램들이 상호호환성이 있어야 할 뿐만 아니라, 일정한 포맷(format), 코덱(CODEC), 저작권보호 프로그램(DRM), 프로토콜(protocol) 등을 지원하여야 함[74]

○ DMS 구성요소 중 어느 한 요소만을 다른 형식의 DMS에서 가져와 사용하는 것은 가능하지 않은 경우가 대부분이고, 같은 DMS에 속하는 요소를 일관하여 사용하여야만 하는 것이 일반적임

○ 이러한 상호의존성에 의하여 구성요소 중 어느 한 요소의 배포 혹은 사용증가는 다른 요소의 확산을 의미하게 되고, 한 시스템 내 다른 구성요소의 사용도 촉진하거나 서로의 효용을 배가하는 결과를 초래하게 됨

○ 세계적으로 널리 알려진 DMS에는 MS의 윈도우 미디어 시스템(Windows Media Technologies: WMT), 리얼네트웍스의 리얼 시스템, 애플의 퀵타임 시스템 등이 있음

○ 국내에는 특정 포맷(MPEG4)을 기반으로 독자적인 미디어 서버 프로그램, 코덱, 저작권보호 프로그램(DRM), 미디어플레이어 등을 개발한 업체들의 DMS가 있는데, 예를 들

---

[74] 이를 DMS 구성요소 간의 '상호의존성'이라 한다.

어 디디오넷의 씨비디오, 쌘뷰텍의 쌘스트림 등이 있음

- 서버 운영체제의 개발사업자 현황

  ○ MS처럼 순수한 소프트웨어 사업자들은 자신이 개발한 운영체제를 컴퓨터 제조업체 (Original Equipment Manufacturer)에 라이센스하여 컴퓨터를 구매하는 소비자가 이를 이용하도록 하거나 직접 소비자에게 라이센스하는 방법으로 공급

  ○ Sun Microsystems Inc.의 Solaris, Hewlett Packard의 HP-UX, IBM의 AIX과 OS/2 Warp, Apple의 Mac OS X 서버 운영체제 등 유닉스(UNIX) 업체들은 각각 고유의 운영체제를 하드웨어와 함께 개발·공급 [75]

  ○ 리눅스 공급업체는 레드햇(Red Hat)리눅스, 수세(SuSE)리눅스, 한컴리눅스, 와우리눅스 등이 있음[76]

  ○ 레드햇 리눅스나 수세 리눅스 같은 대표적인 리눅스 사업자들은 운영체제만을 개발·공급할 뿐 스스로 하드웨어를 개발 또는 공급하지 않음[77]

- 미디어서버 프로그램 경쟁사업자

  ○ 미디어 서버 프로그램 사업자들은 MS, Apple, RealNetworks, Inc., 디디오넷, 쌘뷰텍 등임

  ○ MS나 Apple은 서버운영체제 사업자로서 미디어 서버 프로그램을 개발·판매한 반면, RealNetworks, 디디오넷, 쌘뷰텍은 남이 개발한 운영체제를 바탕으로 독립적으로 미디어 서버 프로그램만을 개발·판매함에 따라 윈도우 서버 운영체제뿐만 아니라 다른 운영

---

[75] 유닉스(UNIX)는 1970년대 미국 벨 연구소가 컴퓨터 프로그램의 연구 및 개발을 촉진하기 위한 환경을 조성하기 위해 개발한 운영체제로서, 기본적으로 다수의 사용자를 전제하여 개발된 것이다. 유닉스는 여러 회사들, 대학, 연구기관 및 개인 등에 의해 새로운 아이디어와 다양한 버전의 제품이 개발됨으로써 대형 프리웨어(freeware) 제품의 한 종류로 진화하였다. 유닉스는 소스 코드가 대부분 공개되어 있어 누구나 이를 수정하거나 개선시킬 수 있으므로 사업자마다 이를 이용한 다양한 제품들을 개발하여 공급하고 있다.

[76] 리눅스(Linux)는 1991년 핀란드 헬싱키 대학 학생이던 리누스 토발즈(Linus Torvalds)가 대형 컴퓨터에서만 작동하던 운영체제인 유닉스를 개인용 컴퓨터(PC)에서도 작동할 수 있도록 개선하여 개발한 운영체제로서 인터넷을 통해 프로그램 소스 코드를 무료로 공개하여 사용자는 원하는 대로 특정 기능을 추가할 수 있을 뿐 아니라 각종 주변기기에 따라 혹은 사용하는 시스템의 특성에 맞게 소스 코드를 변경할 수 있으므로 수많은 사업자가 다양한 리눅스 제품들을 개발하여 공급하고 있다.

[77] 이들은 Sun, HP, IBM, Dell 등 하드웨어 제조업체들과 협력관계를 맺어 이들이 공급하는 하드웨어에 자신의 리눅스 운영체제를 탑재하여 일체로 판매하거나, 하드웨어와는 별개로 소프트웨어만을 소비자에게 직접 판매하는 방식으로 영업하고 있다.

체제에서도 작동

○ 인터넷방송이나 인터넷영화관 등 상업적 목적을 위한 서버프로그램의 유통은 전문적인 solution 업체나 CDN(contents delivery network)서비스 업체 등을 통해서 이뤄짐[78]

○ 미디어 서버 프로그램 공급업체들은 위와 같은 사정에 따라 자신의 소프트웨어가 포함된 솔루션 서비스를 직접 제공하거나(국내업체인 디디오넷, 쌘뷰텍의 경우) 또는 솔루션을 전문적으로 제공하는 협력업체들에게 자신의 소프트웨어를 제공하는 방식으로(리얼네트웍스의 경우) 영업하고 있음

---

78 콘텐츠 사업자들이 스트리밍 미디어 서비스를 함에 있어서 상당수가 전문적인 CDN 서비스를 이용하거나, 그렇지 않은 경우에는 대부분 전문 인터넷방송 솔루션 업체들을 통하여 이를 구축하고 있기 때문이다.

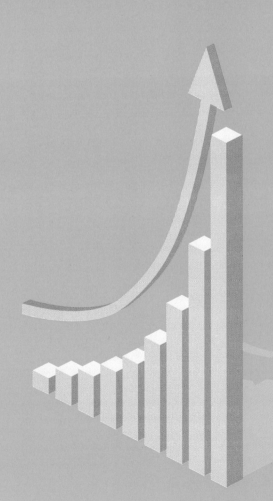

기업결합

4-1 기업결합의 경제적 유인 및 효과

4-1-1 기업결합의 종류 및 경제적 효과

기업결합은 형태에 따라 수평결합, 수직결합, 혼합결합으로 나눌 수 있다. 또한 기업결합의 수단에 따라서는 주식취득, 자산의 취득(영업양수), 합병 등으로 구분할 수 있다. 기업이 다른 기업을 인수·합병하는 이유는 여러 가지가 있고 그 효과 또한 매우 다양하다. 여기서는 기업결합의 유익한 점과 유해한 점을 동시에 살펴보기로 한다.

먼저 수평결합의 경우 경제 효율을 증진시키는 효과가 있다. 수평결합은 비효율적으로 사용되고 있는 기업의 자산을 더 효율적인 용도로 재배치하는 행위라고 말할 수 있다.

미국의 경우 1860년대 이전에는 모든 기업이 지방 단위의 소기업이었다. 철도에 대한 대대적인 투자의 결실로서 1860년대부터 수송비가 대폭 인하되었고, 전화의 발명 등으로 통신비가 저렴하게 되자 인수·합병을 통해 기업의 규모가 커지고 전국적인 규모의 대기업이 나타나기 시작하였다. 이와 같이 생산요소의 가격의 변화에 따라 최적의 기업규모가 커지게 되고, 기업의 규모가 커지면서 규모의 경제(economy of scale) 실현으로 비용의 대폭적인 절감이 수평결합을 통해 가능하게 되었다. 생산규모가 커짐에 따라 비용절감이 가능한 것은 장기평균비용이 우하향하기 때문이다. 최적의 생산규모에 맞춰 기업규모가 단기간에 커지는 것은 기업결합에 의해서 가능해진다. 뿐만 아니라 기업결합은 관리, 구매 등 중복되는 기능을 통합함으로써도 비용절감을 기할 수 있게 한다.

둘째, 수평결합은 범위의 경제(economy of scope)를 실현시켜 시너지 효과를 낳게 해준다. 예컨대 속력이 빠른 엔진 설계에 특화한 자동차 회사와 차체설계에 특화한 자동차 회사 간의 결합은 자동차 제조에 있어서 시너지 효과를 거둘 수 있다.

셋째, 기업결합의 가능성이 열려 있다는 것은 현 경영진의 분발을 촉구하는 효과가 있다. 만약 현 경영진의 경영능력이 부족하여 실적이 나쁘고 주가가 하락하면 기업결합은 보다 더 능력 있는 경영진으로 대체할 수 있게 하고, 기업결합이 실제 발생하지 않더라도 현 경영진의 방만한 경영을 예방하는 효과가 있다. 인수·합병 시장을 통해 적대적 M&A가 가능하기 때문이다.

기업결합은 신규 진입에 수반되는 위험을 분산시켜, 신규 진입을 촉진시키는 작용도 한다.

예컨대 사업에 실패할 경우 합병을 통해 기업을 처분할 수 있다는 사실은 신규 진입에 따른 위험을 분산시키는 효과가 있다. 관련되는 내용으로, 기업결합은 사업 전환을 용이하게 해주는 효과도 있다.

수직결합이란 유통의 상·하위 단계에 있는 기업 간의 결합을 말한다. 수직결합의 경우는 시장을 통한 거래에서 발생하는 거래비용을 절감할 수 있다.[1] 삼성전자는 반도체, PC, TV 등 가전제품, 휴대폰 등 최종 제품과 단계별 원자재 사업을 전부 동일 기업에서 영위하고 있다. 반면, LG전자는 PC, 휴대폰, 가전제품 제조만을 영위하고 나머지 원자재는 외부기업으로부터 구매한다. 이와 같이 어떤 기업은 원자재와 유통까지를 전부 동일 기업에서 해결한 반면 어떤 기업은 그중 일부를 다른 기업으로부터 구매하는 형태를 취하고 있다. 무엇이 기업으로 하여금 이와 같이 수직적 통합을 할지를 결정하게 하는가? 바로 거래비용과 감시비용이다. 수직적 기업이 별개의 회사로 있을 경우 원자재의 거래에 따른 거래비용이 발생하는 반면, 수직적 통합을 이루어 한 개의 기업이 모든 것을 제조하면 감시비용이 늘어난다. 기업은 상기 두 가지 비용을 감안하여 최적의 기업 크기를 결정할 것이다. 바로 거래비용을 줄이기 위해 수직적 통합을 이루는 방법이 수직결합이라는 것은 전술한 바와 같다.

혼합결합은 수평결합과 수직결합 이외의 기업결합을 말한다. 혼합결합은 기업집단이 사업의 구조조정 수단으로 많이 이용하고 있다. 우리나라의 두산그룹은 90년대 초반만 해도 주로 맥주 등 경공업을 위주로 하는 그룹이었으나 전략적인 혼합결합을 통해 지금은 완전히 중공업을 주류로 하는 그룹으로 재탄생하였다. 뿐만 아니라 혼합결합은 장외의 잠재적 경쟁자가 기존 시장의 소규모 기업을 인수하는 소위 발판 만들기 결합(toehold merge)을 통해 신규 진입을 용이하게 하는 효과도 갖고 있다.

이렇게 경제적으로 이로운 기업결합을 왜 경쟁 당국은 규제해야 하는가? 바로 기업결합의 경쟁제한 효과 때문이다. 기업결합은 궁극적으로 경쟁자를 없애는 효과가 있으므로 독점력이 높아지고, 그 결과는 가격 상승과 공급량의 감소로 나타나게 된다. 특히 수평결합의 경우 그렇게 될 가능성이 매우 크다. 경쟁자 간의 결합이므로 독과점을 형성하고 이에 따른 가격 인상 가능성이 매우 크다. 뿐만 아니라 시장에서 경쟁자의 수가 줄어들므로 경쟁자 간 협조 효과가 일어나기 쉬운 구조가 된다. 반드시 담합까지는 이르지 않더라도 경쟁을 회피하기 위한 암묵

1 　보다 자세한 내용은 제6장 '수직제한'의 6-2절 '수직제한의 경제적 유인 및 효과'를 참고하기 바란다.

적 협조가 용이하게 된다. 또한 실제 담합이 일어나기도 쉽게 된다. 수평결합은 소위 재테크에 의한 단기적인 이익만을 추구하게 하고 R&D 투자와 같은 장기적인 기업의 발전에 대하여는 무관심하게 한다는 주장도 있다.

수직결합의 경우는 상위의 원료 구입 단계나 하위의 제품 판매 단계에서 경쟁을 배제할 수 있다는 점이 지적되고 있다. 예컨대 상위의 제조업자가 유통망을 장악한 경우 경쟁사업자의 하위 판매를 방해할 가능성이 크다. 또한 수직결합은 신규 진입을 어렵게 하는 효과도 있다. 기존사업자가 수직결합을 통하여 유통망의 대부분을 장악할 경우 신규 진입자는 자기제품을 판매할 유통망을 확보하기 어렵게 된다. 신규 진입자가 시장에 진입하기 위하여 유통업까지 같이 진출해야 하는 경우도 있을 것이다. 이러한 상황이 진입비용을 상승시켜 신규진입을 어렵게 한다.

혼합결합은 직접 경쟁 관계에 있지도 않고 유통의 상·하위로 연결되어 있지 않은 기업 간의 결합을 의미한다. 예컨대 신규 진입을 준비한 기업이 기존 기업을 인수하는 경우가 대표적인 혼합결합의 예에 속한다. 신규 진입을 준비하는 사업자는 기존기업의 입장에서 볼 때 잠재적 경쟁자에 해당한다. 이와 같이 잠재적 경쟁자인 신규 진입 예정 사업자가 기존 기업을 합병하는 혼합결합은 경쟁을 저해할 가능성이 있다. 왜냐하면 잠재적 경쟁자가 존재하는 것만으로도 기존사업자는 독점력을 행사하는 행위를 자제하였는데, 잠재적 경쟁자가 시장에 진입함으로써 그 존재가 없어졌기 때문이다. 또한 혼합 결합은 결합으로 인해 이전보다 훨씬 광범위한 제품을 공급하게 되면서 생기게 되는 경쟁상의 우위를 점하게 되고 이것을 이용하여 경쟁사를 배제할 가능성이 커진다. 이것을 포트폴리오 효과라고 한다.

이상에서 설명한 기업결합의 유익성과 유해성은 많은 실증 연구에 의해 입증되고 있다. 기업결합에 대한 연구는 주로 합병 전후의 주식가격의 움직임이 어떻게 변화하는지를 비교하는 방법을 사용하고 있다. 그럼으로써 기업결합이 과연 기업의 생산성을 향상시켜 이윤을 증가시키는 방향으로 작용했는지를 볼 수 있기 때문이다. 많은 연구 결과는 피합병기업의 주가가 가장 많이 상승하는 것으로 나타나고 있다. 반면에 합병기업의 주가는 피합병기업의 주가 상승 정도에는 미치지 못하였다. 주가가 상승한 요인은 여러 가지로 설명할 수 있다. 해당 기업의 효율이 증대된 결과 이윤이 증가했을 수도 있고, 기업결합의 결과 독점력이 높아져서 가격을 더 높이 책정할 수 있었기 때문일 수도 있다. 만약 기업의 효율이 증대된 결과라면 합병기업의 경쟁 상대방은 합병기업의 출현으로 이윤이 줄게 될 것이나, 합병기업의 독점력이 높아진 결과라면 가격의 인상이 전제되어야 하므로 경쟁 상대방의 이윤도 더 커질 것이다.

4-1-2 기업결합 심사 기준에 대한 이론적 고찰

기업결합은 경제적 효율 증대 효과와 경쟁을 제한하는 효과도 있다는 것을 알아보았다. 기업결합의 경쟁제한성 때문에 전 세계의 약 60여 개의 경쟁 당국은 기업결합을 심사하고 있다. 경쟁 당국은 심사결과 경쟁제한 효과가 크다면 그 경쟁제한적 효과를 시정하기 위한 여러 가지 조치를 취한다. 일부 영업자산의 매각을 명령할 수도 있고, 일부 특허권을 매각하게 할 수도 있다. 여러 가지 시정조치 방안이 경쟁제한 효과를 완전히 없앨 수가 없다면, 당해 기업결합을 금지할 수도 있다.

그렇다면, 기업결합의 효율성 증대 효과와 경쟁제한 효과를 어떻게 고려하여 기업결합을 심사하는가? 각국은 기업결합의 결과 시장집중률의 심화 정도, 단독으로 가격을 올릴 가능성을 추정하는 등 여러 가지 분석적 수단을 통해 기업결합의 경쟁제한 효과가 있는지 여부를 판단한다. 또한 기업결합 당사회사는 당해 기업결합의 효율성 증대 효과를 추정하여 제시함으로써 당해 기업결합의 정당성을 주장한다. 미국과 우리나라의 기업결합 심사제도 및 사례는 후술하겠으나, 여기서는 경제모형을 이용하여 효율성 증대 효과와 경쟁제한 효과의 개념이 무엇이고, 어떻게 측정할 수 있는지를 설명하고자 한다.

그림 4-1에서 D는 수요곡선이고 기업결합 전의 가격은 p_0, 공급량은 q_0이다. 이때 기업의 평균비용과 한계비용은 상수로서 p_0와 같다고 가정한다. 기업결합의 결과 효율성이 증대되어 평균비용(한계비용)이 c로 인하되었다고 하자. 그러면 기업결합 당사회사는 공급을 늘려 q_2까지 늘리고 가격도 역시 c수준까지 인하할 것인가? 대답은 그럴 가능성은 거의 없다는 것이다. 기업결합 후 이 기업은 독점력이 상승하여 원래 가격보다 높은 p_1 수준으로 올릴 가능성이 있다. 생산은 q_1으로 감소하고 가격은 p_1으로 인상할 가능성이 있다는 가정 하에 경제적 효율성 증과와 경쟁제한 효과를 살펴보기로 한다.

가격이 p_0에서 p_1으로 인상됨에 따라 소비자 잉여는 p_1wzp_0의 면적만큼 감소하게 되었다. 생산자 잉여는 p_1wyc의 면적만큼 증가하였다. 생산자 잉여 증가분 중에서 p_0xyc는 기업결합에 따른 효율 증대에 의해, p_1wxp_0의 부분은 소비자 잉여의 감소분이 생산자에게 이전된 부분이다.

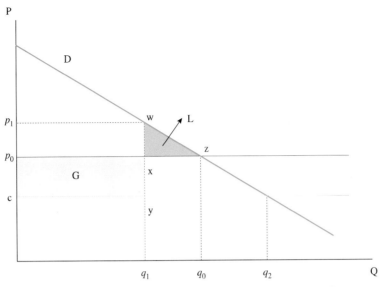

그림 4-1　기업결합의 효율성 증대 효과와 경쟁제한 효과

효율의 순감소는 얼마나 될까? 소비자 잉여 감소 p_1wzp_0 중에서 생산자에게 이전된 p_1wxp_0만큼을 제외한 짙은 파란색으로 표시한 wzx의 면적이 효율의 순 감소분이다. 이 면적을 L(loss)이라고 하자. 효율의 증대는 기업결합에 의해 얻어진 비용 감소 효과, 즉 $p_0$xyc로 표시된 부분의 사각형의 면적이고, 이를 G(gain)라고 하자. 기업결합 심사는 위 면적 L과 G를 구한 다음 L이 G보다 크면 이 기업결합이 경쟁제한 효과가 크므로 이에 따른 시정 방안을 강구하면 된다.

그러나 실제 실무에서 이런 작업은 가능하지 않다. 먼저, 수요곡선과 공급곡선을 추정하는 것은 쉽지 않다. 물론, 최근에는 '기업결합 시뮬레이션 모형'이나 '가격상승압력지수'를 활용하여 가격 인상 효과를 직접 추정하는 시도를 하고는 있으나 통상의 기업결합심사에서 계량경제학적 추정 방법을 사용하는 것은 쉽지 않다. 둘째, 만약 상기의 면적, G와 L을 측정했다 하여도 현실적인 문제에 부딪혀 효율 증대와 감소 효과를 기업결합 심사결과에 엄밀하게 적용할 수 없는 경우가 많다. 예컨대, G가 L보다 크게 측정되었다고 하자. 효율 증대 효과가 감소 효과보다 더 크므로 이 기업결합을 승인할 수 있을 것인가? 이 기업결합의 결과 가격은 오르고 비용은 절감되었다. 소비자의 잉여가 상당 부분 생산자에게 이전되었다. 이 기업결합으로 인해 소비자의 피해가 발생이 예상된다면 효율 증대 효과가 크다는 이유만으로 기업결합을 승인하기는 현실적인 어려움이 있다. 독점규제법의 궁극적인 목적(기업결합을 심사하는 목적)이 시장에서 경쟁을 촉진하여 공급을 늘리고 소비자의 후생을 극대화하는 것이라는 것을 고려하면 단순히 효율 증가를 이유로 기업결합을 허용하기에는 현실적인 부담이 있다.

실제 경쟁 당국은 시장집중률 분석, 단독효과와 협조 효과 등 후술할 여러 가지 방법으로 경쟁제한 효과를 입증한다. 기업결합 당사회사는 기업결합의 효율 증대 효과를 증명하고 이를 바탕으로 기업결합의 승인을 요구한다. 그러나 기업결합 당사회사가 제시한 효율성 증대 효과에 의해 기업결합이 승인된 사례는 거의 없다.

4-2 미국의 제도 및 사례

4-2-1 개관

기업결합관련 내용은 크레이톤법 제7조에 규정되어 있다. 1914년 크레이톤법이 제정되기 전에는 셔먼법의 적용을 받았다. 기업결합과 관련된 첫 번째 사건은 1904년의 *Northern Securities Co. v. United States*[2]로서 당시 법원은 경쟁자 간의 기업결합은 언제나 경쟁을 제한한다고 생각했으므로 기업결합에 대하여는 거의 당연위법과 유사하게 처리할 정도로 강경한 입장을 취하고 있었다. 그러나 1911년의 Standard Oil 사건에서는 법원의 입장이 많이 바뀌어 있음을 발견할 수 있다. 이 사건은 광범위한 내용의 분석이 필요한 합리의 원칙이 적용되었고, 그 결과 이 사건에 포함된 여러 건의 기업결합 중에서 일부는 허용되었다. 이 사건 이후 기업결합에 대한 법원의 입장은 더욱 완화되어서 해당 기업이 독점을 획득하려는 의도가 있는지와 실제로 독점을 획득한 경우만을 금지해야 하며 단순히 시장점유율을 높이는 기업결합은 부당하게 거래를 제한하는 것이 아니라는 의견을 갖게 되었다. 1914년 국회가 크레이톤법을 제정하게 된 이유 중의 하나가 Standard Oil 사건에서 보여준 기업결합에 대한 법원의 관대한 처분 때문이었다.

크레이톤법 제정 당시의 제7조는 주식취득을 통한 기업결합만을 그 적용대상으로 규정하였고 자산(asset)취득을 통한 기업결합은 규제의 대상에 포함되지 않았었다.[3] 뿐만 아니라 경

---

2   193 U.S. 197 (1904).

3   크레이톤법이 제정된 후인 1920년, US Steel Corp. 사건에서는 동사가 자산의 취득을 통하여 기업결합

쟁자 간의 경쟁을 제한하는 기업결합, 즉 수평결합만을 적용대상에 포함시킴으로써 수직결합이나 혼합결합은 규제대상에 포함되지 않았었다.

크레이톤법 7조의 내용은 1950년과 1980년 두 차례에 거쳐 기업결합을 보다 더 강하게 규제하는 방향으로 개정되었다. 특히 1950년도에 단행된 개정이 더욱 획기적이고 중요하다. 당시 시대적 배경은 대공황 이후 기업의 인수·합병이 매우 성행하게 되어 전 산업에 거쳐 시장에 참여한 기업의 수가 줄어들고 있었다. 이에 FTC는 전반적인 인수·합병실태를 조사하고 이를 우려하는 보고서를 발간하게 되었고 국회도 이 보고서의 지적사항에 대하여 공감하게 되었다. 이에 따라 크레이톤법 7조의 개정이 이루어지게 되었다. 이것을 Celler-Kefauver 개정이라 한다.

당시 기업결합은 거대한 전국적인 기업이 지방의 중소업체를 인수·합병하는 형태가 많았다. 국회를 중심으로 당시의 정치적 분위기는 거대기업에 의하여 지역의 중소업체가 합병당하는 것은 바람직하지 않다는 것이었다. 따라서 7조 내용이 더욱 강화되는 방향으로 개정될 것이라는 것은 충분히 예측할 수 있는 일이었다.

Celler-Kefauver 개정의 주요 내용은 기업결합에 대한 법 적용의 범위를 대폭 넓히는 것이었다. 첫째, 주식취득에 의한 결합뿐만 아니라 자산의 취득을 통한 결합도 법 적용의 대상이 되도록 하였다. 둘째, 수평결합뿐만 아니라 수직결합과 혼합결합도 법 적용의 대상에 포함토록 하였다.

법 적용의 대상인 기업결합은 넓혀졌음에도 불구하고 크레이톤법은 심대하게 경쟁을 저해하는 기업결합만을 금지하고 있다. 또한 크레이톤법의 전반적인 특징인 예방적 차원의 조치가 기업결합에 대하여도 적용된다. 즉 기업결합의 경쟁저해 효과가 나타나기 전이라도 그 개연성이 충분할 경우, 그것을 금지할 수 있는 것이다.[4]

기업결합 사건은 그 성격상 민간 기업 간의 이해를 다투는 내용이 아니므로 대부분의 사건이 행정부 경쟁 당국의 심사 혹은 소송에 의하여 처리되고 있다. 이에 따라 법무부와 FTC는 기업결합의 심사기준을 정하기 위해 '기업결합지침(Merger Guideline)'을 제정·운영하고 있고, 일정기준 이상의 기업결합에 대해 정부에 신고하게 하는 사전신고제도[5]를 두고

을 했으므로 셔먼법을 적용하였다.

4 사실 경쟁 당국이 기업결합을 사전에 심사하여 경쟁제한성을 시정하는 것 자체가 사전 예방적 조치라고 할 수 있다.

있다.

4-2-2　사전신고 절차

기업결합의 당사자는 크레이톤법 7A조의 규정에 의하여 FTC와 법무부에 소정의 양식에 따라 신고해야 한다. 이러한 사전신고[6]를 하지 않거나 기업결합 신고기간(waiting period)이 지나지 않으면 그 기업결합은 법적으로 완성되지 않게 된다. 기업결합 당사회사는 산업별 업무영역에 따라 FTC 혹은 법무부 독점규제국에 사전신고를 해야 한다.

개략적인 신고 절차는 다음과 같다. 먼저 기업결합을 합의한 다음 합병기업은 필요한 서류를 갖춰 FTC와 법무부 독점규제국의 두 기관에 각각 신고해야 한다. 두 기관 중에서 누가 담당할 것인지를 정한 다음, 담당기관은 예비적인 조사에 착수한다. 이 예비조사는 필요한 자료를 수집하는 일, 기업결합의 양쪽 당사자와의 면담, 합병기업의 경쟁자, 고객 등과의 인터뷰 등이 포함되어 있다. 예비조사 기간은 30일로 되어있다. 만약 이 기간에 반경쟁적인 요소가 없는 것으로 판명되면 30일 전이라도 당해 기업결합을 허용할 수 있고, 이에 따라 기업결합 계약이 성립하게 된다. 만약 경쟁을 제한할 가능성이 발견되면 담당기관은 더 면밀한 조사에 착수하게 된다. 30일이 지나면 조사의 연장 여부를 결정해야 한다. 조사를 연장하기로 결정하면 더 광범위한 자료의 요구가 뒤따르게 된다.[7] 요구한 모든 자료가 제출되면 담당기관은 20일의 추가 조사 기간을 갖게 된다. 당국은 추가 조사 기간보다 더 장기의 조사 기간이 필요할 경우도 있다. 이때는 기업결합 계약의 체결을 연장하도록 당사자를 설득한다. 그러한 설득에도 불구하고 당사자가 이에 따르지 않으면 당국은 연방 법원에 제소하는 절차를 밟게 된다.

이러한 과정 중에서 주목할 만한 부분은 이해관계자들의 회합이라 할 수 있다. 기업결합의 당사자는 물론 그들의 변호사, 경제 전문가, 당국자 등이 참석하는 회의가 수시로 열려 논점이 되는 사항에 대하여 토론하는 기회를 갖는다. 이러한 회의는 기업결합 사건을 다루는 데 있어 매우 중요한 과정으로 간주되고 있다. 왜냐하면 결정적인 결과가 이 회의에서 정해지기 때문이다. 예컨대 매년 약 4,000여 건의 기업결합 신고 중에서 대부분은 이 회의에서 결론이 나고

5　크레이톤법 7A조에서 규정하고 있다. 일명 Hart-Scott-Rodino법이라고도 한다.

6　우리나라의 경우는 사후신고도 인정을 하나, 미국의 경우는 사전신고만 인정이 된다. 사전신고와 사후신고에 대해서는 4-3절 '우리나라의 제도 및 사례'를 참고하기 바란다.

7　조사 기간의 연장에 따라 추가 자료를 요구하는 것을 Second Request라 한다.

소송이 제기되는 경우는 4%에 불과하다. 뿐만 아니라 이 회의를 통하여 독점당국이 반경쟁적인 것으로 판단하여 우려하는 항목을 기업결합의 항목에서 제외하고 새로운 합병계약으로 수정하는 일도 빈번하게 발생하고 있다. 즉 경쟁 당국의 의견을 수용하는 선에서 새로운 합병계약을 체결하게 되는 것이다.

4-2-3 기업결합 심사 절차

기업결합 심사 절차는 기업결합지침(merger guideline)에 규정되어 있다. 법무부 독점규제국은 1968년 처음으로 기업결합지침을 제정하였고 그 후 82년과 84년에 일부를 개정하였다. 1992년에는 FTC와 공동으로 수평결합지침을 마련하였다. 따라서 수평결합 이외의 기업결합, 즉 수직결합과 혼합결합은 1984년에 개정된 지침의 적용을 받고 있다. 82년 기업결합지침에서 집중도의 측정지표로서 Herfindal-Hirschman Index(약자로 HHI라 한다.)를 도입하였다. HHI는 시장에 참여한 기업의 시장점유율을 제곱하여 합한 수치이다.[8] 예컨대 시장에 3개 기업이 있고 시장점유율이 각각 50%, 30%, 20%인 경우 HHI는 3800이다.[9] 종래에 사용하던 상위 4개 기업 집중률(Concentration ratio: CR_4)은 상위 4개 기업의 시장점유율을 단순히 합한 수치이다. 따라서 두 기업이 50%씩 점유한 경우와 한 개의 독점기업이 있는 경우 CR_4는 모두 100이다. 즉 두 개 기업이 있는 경우와 한 개 기업만 있는 독점시장의 경우를 구분할 수 없는 문제가 있었다. 그러나 HHI는 시장점유율을 제곱하므로 높은 시장점유율에 더 많은 가중치를 주게 되어 더 정확한 집중도의 측정이 가능하게 된다. 상기 예에 따라서 HHI를 계산하여 보면, 두 기업이 50%씩의 시장점유율을 가진 시장은 5,000, 한 개의 기업만 있는 독점시장은 10,000이 되어 양자 간의 HHI가 다르게 나타나는 것을 볼 수 있다. HHI는 완전독점인 경우는 10,000, 완전경쟁인 경우는 0으로서, 0부터 10,000까지의 범위를 가진다.

　기업결합의 위법성을 판단할 때에 처음 시작하는 작업은 바로 시장획정이다. 기업결합 심사에서 중요한 고려 요소는 기업결합 후에 해당 기업의 독점력이 어떻게 변하게 될 것인가 하는 것이고, 독점력을 추정할 수 있는 시장점유율의 계산이 필수적이기 때문이다. 시장획정에 대해서는 제2장 '독점력'에서 충분히 설명하였으므로 여기서는 생략한다.

---

8 HHI는 1982년 도입되었으며 이전에는 상위 4개 기업의 시장점유율을 단순히 합한 수치(CR_4)를 사용하였다.

9 $50^2 + 30^2 + 20^2 = 2500 + 900 + 400 = 3800$

가) 수평결합

(1) 수평결합지침

수평결합의 심사 절차는 '수평결합 지침'에 규정되어 있다. 수평결합은 92년에 지침이 제정된 후 97년에 경미한 개정을 거쳐 2010년에 매우 중대하고도 근본적인 개정을 하게 되었다.

종전에 기업결합 심사는 시장획정과 이에 따른 점유율 계산 그리고 시장집중률 분석을 주요 수단으로 사용하였다. 사실 경쟁제한성 판단에 대해서는 비교적 추정하기 용이한 시장집중률 분석에 의존했으므로 어느 정도 심사 결과에 대한 예측이 가능했다. 그러나 2010수평결합 지침의 개정으로 인해 시장집중률 분석은 아주 보조적인 수단으로만 사용하거나 어떤 사례에서는 아예 사용조차 하지 않은 경우도 나타나고 있다.

사실 수평결합 심사 기법은 82년 기업결합 지침 개정 이후 지속적으로 발전하여 왔다. 82년 지침에서 처음 도입된 HHI에 의한 분석은 지나치게 점유율 위주로 경쟁제한성을 판단한 나머지 재계의 불만을 초래하였다. 그런 식의 기업결합 심사는 미국기업이 일본기업과 효과적으로 경쟁하지 못하게 한다는 것이다. 이에 따라 84년의 기업결합지침은 시장구조나 점유율이 경쟁에 미치는 효과를 측정하는 기준을 조금 완화하였다. 즉 "시장점유율과 시장집중률은 기업결합이 경쟁에 주는 영향 분석에 있어서 시작단계에 불과하다"는 규정을 삽입한 것이다. 92년에 제정된 수평결합지침은 이에 한 걸음 더 나가서 HHI 분석의 중요성 대신에 경쟁에 영향을 주는 다른 요소에 대한 분석의 중요성을 강조하게 되었다. 경쟁을 저해하는 효과의 분석으로 소위 단독효과와 협조 효과분석을 도입하였다. 그럼에도 불구하고 92년 지침은 기업결합 심사의 첫 단계로서 당해 결합으로 인해 시장집중률이 심대하게 증가하는지 여부를 분석하는 데 중점을 두고 있었다. 즉 아직도 HHI 분석을 그대로 규정하고 있었다. 그러나 기업결합 심사 기법은 날로 면밀한 분석방법으로 발전하고 있었고 경쟁 당국은 92년 이후 많은 사례에서 지침의 규정을 벗어나서 새로운 기법에 의한 심사를 진행하게 되었다.

경쟁 당국이 수행하는 기업결합 심사에 있어 92년과 2010년 사이에 어떤 변화가 일어났는가? 예컨대 우선 HHI의 적용 기준도 92년 지침에 규정된 HHI가 1800 이상인 고집중 시장에서 100 이상 증가해도 경쟁제한성이 있는 것으로 추정하지 않고, HHI가 2400 이상인 시장에서 200 이상 증가해야지만 경쟁제한성 있는 것으로 추정하기 시작했다. 기업결합이 경쟁제한성이 있으므로 법원에 소송을 제기해야 한다는 경쟁 당국 내의 스탭권고안(staff recommendation)

에서 조차 적정 시장의 범위가 어디까지인지 등의 언급이 거의 없을 뿐만 아니라 HHI에 대한 언급은 더 드물게 하게 되었다. 대신에 단독효과를 분석한다거나, 기업결합 당사회사가 경쟁한 곳과 그렇지 않은 곳의 가격비교가 가능한 경우 이용할 수 있는 가격효과를 제시하거나, 기업결합 시뮬레이션 모형(merger simulation model) 등에 훨씬 더 많이 의존하고 있다. 92년 지침에서 괴리된 경쟁 당국의 이러한 기업결합 심사는 시장을 너무 좁게 획정하거나 너무 자의적으로 획정한 결과를 낳게 되었다. 그러나 법원은 아직도 92년 수평결합 지침에 의거 기업결합의 경쟁제한성을 판단하고 있었으므로 기업결합 관련 소송에서 경쟁 당국이 패소하는 경우가 많아지게 된다. 이와 같은 지침과 괴리된 경쟁 당국의 기업결합 심사, 경쟁 당국의 경쟁제한성 기준과 다른 기준을 가진 법원의 입장 등 때문에 '경쟁법 근대화 위원회(Antitrust Modernization Commission: AMC)'는 92년 지침의 개정을 권고하게 되었다. 또한, 경쟁 당국은 이러한 상황에서 법원에게 시장획정이 왜 필요하지 않게 되었는지, 시장을 기업결합 당사회사로만 획정하여 경쟁에 미치는 영향만을 집중적으로 검토해도 아무런 문제가 없는지 등을 설득해야 하는 문제에 직면하게 된다.

이와 같은 배경 하에 2010수평결합지침이 탄생하게 되었다. 2010지침은 기업결합 심사는 시장획정으로부터 시작할 필요도 없고 또 그것이 필요하지도 않다고 명백히 선언하고 있다. 시장구조에 의한 경쟁제한성 추정을 기업결합의 첫 단계로서 인정하고 있지도 않다. 그 대신 시장획정은 당해 기업결합에서 경쟁에 영향을 미치는 상품시장이나 지역시장의 범위를 정하거나, 당해 기업결합이 경쟁에 미치는 효과가 어디까지인지를 알아내는 용도로만 사용하게 되었다. 그러나 당해 기업결합이 경쟁제한적인 효과가 있다면 면밀한 시장획정 없이도 기업결합이 경쟁제한적이라고 결정할 수 있도록 규정하고 있다.

시장집중률 분석 대신 주요 분석적 방법(principal analytical techniques)과 기업결합을 심사할 수 있는 증거물(types of evidence used to assess a merger)들을 규정하고 있다. 회사의 문서, 증언, 명시적, 묵시적인 회사의 의사결정, 대체재나 시장의 경쟁에 미치는 효과 등에 대한 고객들의 의견 등 다양한 자료들이 그런 것이다. 어떤 분석방법을 사용하느냐에 따라 결과가 달라질 수 있으므로 종전의 가이드라인에 비해 기업결합의 심사결과에 대한 예측을 어렵게 하는 문제를 야기하였다. 또한, 이러한 변화 때문에 2010가이드라인에 규정된 내용을 보면 종전보다는 훨씬 기업결합을 경쟁제한적으로 판단할 가능성이 커졌다.

2010지침은 분명 기업결합 심사 방법에 대해 새로운 방향전환을 제시하고 있음에도 불구하고 다음과 같은 문제를 야기하고 있다. 첫째, 종전의 시장구조 접근방법을 폐기함으로써 기업결합 심사에 대한 예측 가능성이 없어져서 당사회사의 경영계획의 수립에 차질을 주는 문제가 있다. 둘째, 새로운 지침에서도 HHI에 의한 추정 조항이 있는데도 불구하고 경쟁 당국의 시장집중률 분석에 대한 경시적인 태도 때문에 시장획정, 시장점유율의 분석 없이도 경쟁제한성 있는 기업결합이라고 법원을 설득하는 데 어려움이 있다. 셋째, HHI 대신 사용한 단독효과에 대한 분석방법인 가격상승압력지수(the upward pricing pressure index: upp)나 한계분석은 심각한 어려움에 봉착해 있다. 먼저 upp는 기업결합 심사에서 검증이 되지 않은 문제가 있다. upp가 예측하는 가격에 대해 이것을 뒷받침하는 경험적 분석이 제공되지 않고 있다. 또한 이 방법을 사용하는 데는 실무적으로나 개념적으로 한계가 있다. 궁극적으로 기업결합 심사 방법론에 대한 신뢰를 높이기 위한 경제학적 연구가 더 필요하다 하겠다.

(2) 시장집중률 분석

92년 수평결합지침까지의 수평결합 사건에서 가장 먼저 고려하는 사항은 시장의 집중도이다. 시장의 집중도를 중요시하는 까닭은 시장의 집중도가 높을수록 경쟁자 간의 담합 가능성이 커지는 것은 물론, 기업결합으로 인해 공급이 줄고 가격이 상승될 가능성이 더 크기 때문이다. 먼저 92년 지침을 중심으로 설명하고 2010지침에서 개정된 내용에 대해 보충설명하기로 한다.

　　HHI에 의해 표시된 시장은 그 집중도에 따라 세 가지로 구분하게 되어 있다. ① HHI가 1000 이하인 비집중 시장, ② HHI가 1000부터 1800 사이인 저집중 시장, ③ HHI가 1800 이상인 고집중 시장이 그것이다.

　　기업결합 후의 HHI가 1000 이하인 비집중 시장으로 남아 있는 경우, 예외적인 경우를 제외하고는 기업결합을 허용하고 있다. 이와 같이 집중도가 낮은 시장에는 많은 경쟁자가 있으므로 기업결합으로 인해 가격 인상이나 담합이 촉발될 것으로 예상되지 않기 때문이다.

　　기업결합 후에 HHI가 1000에서 1800 사이에 놓이게 되는 저집중 시장이 되는 경우는 여러 가지 상황에 따라 결론이 달라진다. 첫째 HHI가 기업결합으로 인해 100 이하로 증가할 경우는 기업결합은 대체로 허용된다. 둘째 HHI가 100 이상 증가하면서 다음과 같은 조건이 충족되지 않으면 기업결합은 금지될 가능성이 크다. ① 그 산업에 종사하는 기업들의 재정 상태가 좋거나, ② 그 산업에의 진입이 상대적으로 용이하거나, ③ 잠재적 경쟁자가 존재하므로 기업결합이 경쟁을 심대하게 저해할 가능성이 없어야 한다. 그러나 이 경우에도 기업결합이 효율 증대를 위해 필요하다는 명백하고 설득력 있는 증거를 당사자가 제시하면 허용하게 되어있다. 그러나 그 효율 증대가 기업결합 외에 다른 방법으로도 성취될 수 있는 것이라면 당사자의 주장은 받아들여지지 않는다. 즉, 효율성 증대 효과는 당해 기업결합이 아니면 달성될 수 없는 (merger specific)것이어야 한다.

기업결합 후에 HHI가 1800 이상인 고집중 시장이 되면 다음과 같은 방법으로 결정한다. 첫째 기업결합으로 인해 HHI가 50 이하로 증가하면 대체로 기업결합을 허용한다. 둘째, 기업결합으로 인해 HHI가 50 이상 증가하면 다음과 같은 조건이 충족되지 않으면 기업결합은 금지될 가능성이 크다. ① 그 산업에 종사하는 기업들의 재정 상태가 좋거나, ② 그 산업에의 진입이 상대적으로 용이하거나, ③ 잠재적 경쟁자가 존재하므로 기업결합이 경쟁을 심대하게 저해할 가능성이 없어야 한다. 셋째 기업결합으로 인해 HHI가 100 이상 증가하면 예외적인 경우를 제외하고 그 기업결합은 금지된다.

2010년 지침에서는 HHI 지수의 관문심사(threshold test) 기준도 많이 완화되었다. 비집중 시장은 HHI가 1500 이하인 시장이고 이 시장은 대체로 기업결합으로 인한 경쟁제한적인 문제를 유발하지 않는 것으로 추정한다. 저집중 시장은 HHI가 1500~2500으로 상향 조정되었고 이 시장에서 기업결합으로 인해 HHI가 100 이상 증가하지 않으면 문제없는 것으로 추정하고 있다. 고집중 시장은 HHI가 2500 이상인 시장으로서 이 시장에서 기업결합으로 인해 HHI가 200 이상 증가하면 경쟁제한성이 있는 것으로 추정한다. 그러나 경쟁 당국은 예전처럼 HHI의 기계적인 관문심사에 많이 의존하지 않고 있다. HHI의 결과와 관계없이 경쟁에 미치는 다른 요소에 의해 경쟁제한성이 있다고 판단되면 심사의 결과가 달라진다.

이와 같은 HHI의 중요성에도 불구하고 시장점유율이나 시장의 집중도 분석은 기업결합이 경쟁에 미친 효과분석을 위한 출발점에 불과하다. 특히 1992년의 수평결합지침은 시장점유율이나 HHI 분석 외에 고려해야 할 사항을 그 전의 지침에 비하여 훨씬 더 정교하게 규정하고 있다. 여기서는 92년의 수평결합지침에 규정된 HHI 분석 외에 추가로 고려해야 할 세 가지 기준을 살펴보기로 한다.

(3) 단독효과와 협조 효과

단독효과(unilateral effect)란 기업결합 당사회사가 단독으로 가격 통제 능력이 생기는지, 경쟁 배제 능력이 생기는지 등의 결합 후의 시장에 미치는 효과를 말한다. 단독효과에 의하여 경쟁이 제한되는 대표적인 사례는 기업결합 후에 가격이 상승되고 공급이 줄어드는 경우이다.

협조 효과(coordinated effect)란 결합 후에 가격, 수량, 거래조건 등에 관한 사업자 간의 협력적인 행위를 수월하게 하여 경쟁을 저해할 가능성이 있는 경우이다. 기업결합으로 인해 시장에 사업자 수가 감소하기 때문이다. 협력적인 행위란 공동행위까지 나가지는 않더라도 사업자 간 경쟁을 저해할 정도의 협력적인 관계로 발전하는 경우이다. 협조 효과에 의해 공동행위 가능성도 커질 수 있다.

(4) 효율성 증대 효과

92년 지침은 그 전보다 훨씬 더 기업결합의 효율성 증대 효과를 중시하고 있다. 92년 지침에는 기업결합이 경쟁을 저해하더라도 효율성 증대 효과가 경쟁제한 효과를 상쇄하고도 남을 경우 그 기업결합은 허용하도록 되어 있다.

기업결합의 효율성 증대 효과는 기업결합 당사회사가 입증 책임이 있다. 효율성 증대 효과는 당해 기업결합이 아니고는 달성 할 수 없는 것(merger specific)이어야 한다. 사례에서 구체적으로 살펴보겠으나, 대부분의 결합 당사회사는 당해 기업결합 없이도 달성될 수 있는 효율성 증대 효과를 주장하는 경향이 있다.

(5) 신규진입 분석

기업결합이 시장 참가자의 숫자를 줄이고 기업규모를 확대시킴에도 불구하고, 신규 진입이 용이하다면 기업결합으로 인해 독점력이 높아지거나 그것을 남용할 가능성이 별로 없을 것이다. 92년 지침에는 신규 진입의 난이도를 중요한 고려요소로 규정하고 있다. 신규 진입이 용이한가의 여부를 파악하려면 '작지만 의미 있고 일시적이 아닌' 가격 인상이 있을 경우 신규 진입 가능성이 얼마나 큰지를 판단해야 한다. 이를 위해 92년 지침은 세 가지의 검토사항을 제시하고 있다.

첫째, 진입의 적시성(timliness)이다. 적시성이란 기업결합으로 인한 시장가격의 변화에 신규 진입이 얼마나 빨리 반응할 수 있는가 하는 것이다. 지침에 의하면 신규 진입이 기업결합 후 2년 이내에 실현될 수 있으면 적시성이 있다고 본다. 2년이 지난 후에 이루어지는 신규 진입은 기업결합으로 인한 가격상승을 막는 데 충분하지 않다고 보는 것이다.

둘째, 가능성(likelihood)이다. 가능성이란 신규 진입이 가능한 정도의 이윤이 보장되고 있는가 하는 것이다. 그 산업의 현 상황이 그러한 이윤을 보장해 주지 않는다면 신규 진입을 기대할 수 없기 때문이다. 이윤이 보장되는지의 여부를 판단하기 위해서는 그 산업의 가격 자료를 이용하는데, 기업결합 전의 가격을 사용한다. 왜냐하면 기업결합이 완료된 후에는 그 결합기업이 높아진 독점력을 이용하여 신규 진입을 막거나 신규 진입자의 시장점유율이 상승하는 것을 견제할 목적으로 일시적으로 가격을 인하할 수가 있기 때문이다.

셋째, 충분성(sufficiency)을 검토한다. 충분성이란 잠재적 신규 진입자가 신규 진입을 실현시킬 만한 조건을 갖추고 있는가 하는 것이다. 신규 진입을 실현시킬 수 있는 조건은 예컨대 당해 시장에 대한 지식, 자금능력 등 여러 가지를 생각할 수 있다. 충분성이 중요한 요소로 검토되어야 하는 이유는 이런 조건을 갖추고 있어야만 실제로 신규 진입이 가능함은 물론, 합병기업 측에 의해 실질적으로 가능성이 있는 진입자로 인식되어 그들이 가격 인상을 억제하도록 하기 때문이다.

나) 수직결합

지침에 의하면 수직결합은 두 가지 형태로 경쟁을 제한한다는 것이다. 첫째는 새로운 진입장벽을 만들어 신규 진입을 어렵게 하고, 둘째는 담합을 용이하게 한다는 것이다.

(1) 진입장벽의 형성

지침은 다음 세 가지 조건이 충족되면 수직결합이 진입장벽을 새로이 만든 것으로 본다.

첫째는 수직결합으로 인해 잠재적 신규 진입자가 1차 시장에 진입하기 위해서는 2차 시장의 진입도 필수적으로 필요하게 되어야 한다.[10] 만약 2차 시장에서 해당 기업결합에 포함되지 않은 시설, 예컨대 수직결합 후에도 합병기업의 통제에서 벗어나 있는 도·소매 시설이나 원료 공급 시설 등이 1차 시장의 신규 진입자에게 필요한 만큼의 판로를 제공하거나 원료를 공급할 수 있을 정도로 충분하다면 신규 진입자는 2차 시장까지 진입할 필요가 없을 것이다. 얼마만큼의 판로나 원료공급이 있어야 충분하다고 할 수 있는가 하는 문제에 대하여 지침은 수직결

---

10 여기서 1차 시장이란 합병기업이 속해 있는 시장을, 2차 시장이란 피합병기업이 속해 있는 시장을 말하며, 유통단계상 1차 시장의 전 단계 혹은 다음 단계가 된다. 예컨대 1차 시장이 제조 단계이면 2차 시장은 도•소매의 유통단계이거나 원료 공급 단계가 된다.

합에 포함되지 않은 2차 시장의 시설이 1차 시장에서 경쟁에 필요한 최소효율규모(minimum efficient scale)[11]의 생산이 두 개 기업 이상에서 가능할 정도로 충분할 것을 요구하고 있다. 신규 진입자가 1차 시장에 진입하여 합병기업과 경쟁하기 위해서는 적어도 최소효율규모의 생산은 이루어져야 하므로, 그 정도의 생산이 가능할 만큼의 2차 시장의 시설이 수직결합을 단행한 기업의 통제로부터 벗어나 있어야 한다는 의미이다. 또한 지침은 한 걸음 더 나아가, 한 개의 기업이 아니라 두 개의 기업이 최소효율규모로 생산할 수 있도록 해야 한다고 규정하고 있다.

둘째, 1차 시장에 진입하려면 2차 시장에도 동시에 진입해야 한다는 상황 때문에 1차 시장에의 진입이 어려워지고, 따라서 신규 진입이 일어날 것 같지 않아야 한다. 무엇이 2차 시장도 동시에 진입해야 한다는 사실 때문에 1차 시장의 진입을 어렵게 만드는가? 지침은 그것이 2차 시장에의 진입 난이도라는 것이다. 즉 2차 시장의 진입이 어려울수록, 2차 시장도 동시에 진입해야 하는 부담 때문에 1차 시장의 진입을 어렵게 한다는 것이다.

셋째 1차 시장에의 진입이 어렵게 된 점이 그 시장에 반경쟁적 영향을 미친 원인이 되어야 한다는 것이다. 무엇이 1차 시장에 진입이 어렵게 되므로 그 시장을 반경쟁적으로 만드는가? 예를 들어 1차 시장이 집중도가 낮은 시장이라면 신규 진입이 어려우므로 실현될 것 같지 않다고 해서 그 시장에 반경쟁적 영향을 끼쳤다고 볼 수는 없을 것이다. 반면에 1차 시장이 소수의 기업만이 존재하고 있어 담합과 상호 협렵적인 관계의 설정이 용이한 상황이라면 신규 진입의 어려움이 동 시장의 반경쟁성을 심화시킬 수 있는 것이다. 지침은 1차 시장의 HHI가 1800 이상이면 신규 진입의 어려움이 동 시장의 반경쟁적 효과를 심화시킬 수 있다고 규정하고 있다.

지금까지의 설명을 요약하면 수직결합이 진입장벽을 새로이 형성한다는 것을 인정하려면 세 가지 사항이 충족되어야 한다는 것이다. ① 수직결합으로 인하여 2차 시장의 시설 여유분이 부족해졌으므로 1차 시장을 진입하려는 기업이 2차 시장까지 진입하지 않으면 안 되게 되는가. ② 2차 시장에의 신규 진입이 어려우므로, 2차 시장까지 진입해야 하는 사실이 1차 시장의 진입에 부담을 주어 그것을 어렵게 하였는가. ③ 1차 시장의 집중도가 높으므로 1차 시장에

---

11 최소효율규모란 장기 평균비용을 최소화하게 하는 생산량 중 가장 작은 생산량 규모를 말한다. 기업의 비용구조가 각 기업 간에 동일하다면 최소한 최소효율규모를 생산할 수 있어야만 다른 기업과 경쟁을 할 수 있게 된다.

의 진입이 어렵다는 사실이 그 시장에서 반경쟁적인 영향을 미친 원인이 되었는가 등이다.

이상과 같은 세 가지 요건이 충족되면 수직결합이 진입장벽을 새로이 만들었다고 간주하게 된다.

(2) 담합의 촉진

수직결합이 경쟁을 제한할 수 있는 두 번째 가능성은 그것이 담합을 촉진할 수 있기 때문이다. 수직결합이 담합을 용이하게 할 수 있는 것은 다음과 같은 이유 때문이다. 담합이 가능하기 위해서는 참가자들이 약정을 잘 지키는지 여부를 효율적으로 감시할 수 있어야 한다. 왜냐하면 담합 참가자들은 약정된 가격보다 더 싸게 판매함으로써 이익을 높이려는 동기가 있기 때문이다. 그런데 일반적으로 도매가격보다는 소매가격의 감시가 더 용이하다. 예컨대 제조업자가 도매가격을 통하여 담합약정을 하는 경우는 상호 간에 감시가 어려우므로 담합이 성공하기 어렵다. 그러나 담합 참가자들이 소매상을 각각 수직결합 하여 소매가격을 이용한 담합을 추진한다면, 소매가격에 대한 감시비용이 적으므로 담합의 성공 가능성이 훨씬 커진다. 지침은 1차 시장의 HHI가 1800 이하인 시장은 수직결합으로 인해 담합이 용이해지지 않을 것으로 판단하고 있다. 뿐만 아니라 수직결합 후에 많은 부분의 판매량이 피합병된 유통점을 통하여 판매되지 않을 경우에도 담합을 용이하게 하지 않을 것으로 판단하고 있다.

그러나 다음과 같은 특별한 상황은 수직결합을 허용하지 않을 가능성이 크다. 첫째, 수요독점력이 있어 제조업체의 가격 결정에 영향을 미칠 수 있는 거대한 소매점과의 수직결합인 경우이다. 이 경우에도 상위단계인 제조업의 HHI가 1800 이상이어야 한다. 둘째, 통신과 전력 등과 같이 요금이 규제되고 있는 산업의 기업이 그 요금규제를 피하기 위해 상위단계의 기업과 수직결합을 하는 경우이다. 이 경우 합병기업은 상위단계의 기업을 합병하여 원료 구매가격을 허위로 인상함으로써 규제요금의 인상이 정당하다는 것을 인정받으려 한다.

다) 혼합결합

지침에서 검토한 혼합결합의 형태는 시장에 참여하고 있지 않은 잠재적 경쟁자가 시장에 참여한 기업을 인수함으로써 그 기업이 잠재적 경쟁자로서 수행했던 가격상승 억제기능을 상실하게 되는 경우이다. 시장밖에 잠재적 진입자가 존재한다는 사실만으로 기존 기업의 반경쟁적 가격 인상을 억제하는 효과가 있다고 설명하는 이론이 '인지된 잠재경쟁자 이론(perceived potential entrants theory)'이다.

지침은 이와 같은 혼합결합으로 인하여 경쟁이 제한되는지 여부를 판단하기 위해 다음 네 가지 항목을 검토하고 있다.

첫째, 시장의 집중도이다. 피인수기업이 속해 있는 산업의 HHI가 1800 이하이면 다른 요인 때문에 담합이 일어날 것 같지 않은 한, 혼합결합을 허용한다.

둘째, 신규 진입이 용이하면 잠재경쟁자가 소멸되었더라도 반경쟁적 효과가 미미하다는 것이다. 따라서 그 산업의 신규 진입이 용이한 업종의 경우 혼합결합은 대부분 허용하고 있다. 신규 진입이 용이한지 여부는 전술한 92년 수평결합지침을 참고하도록 하고 있다.

셋째, 실제 혼합결합을 단행한 잠재적 경쟁자는 이 산업에 진입한 결과가 되었는데, 과연 그 기업이 다른 잠재적 경쟁자에 비하여 진입에 유리한 점이 있었는가 하는 것을 검토한다. 왜 이러한 검토가 중요한가 하는 것은 다음의 예에서 명확해진다. 즉, 3명의 잠재적 경쟁자가 시장의 외곽에서 대기하고 있고, 그 세 개 기업의 진입 준비 상황이 전부 같다고 가정하자. 다시 말해서 3명의 잠재적 경쟁자의 진입조건이 전부 동일하여 특정인이 진입에 더 유리한 입장에 놓이지 않았다는 것이다. 만약 상황이 이와 같다면 혼합결합으로 인한 반경쟁적 효과는 미미할 것이다. 왜냐하면 한 명의 잠재적 경쟁자는 없어졌으나, 아직 두 명의 잠재적 경쟁자는 남아 있기 때문이다. 그러나 혼합결합을 단행한 잠재적 경쟁자가 다른 두 명에 비하여 진입을 위한 준비가 훨씬 더 앞서 있었다면 혼합결합은 거의 수평결합과 같은 반경쟁적 효과를 갖게 된다. 따라서 수평결합과 동일하게 취급하게 된다. 즉 기존 기업과 잠재적 진입자 간에 직접적 경쟁 관계가 있다고 간주하는 것이다.

넷째, 피합병기업의 시장점유율을 검토한다. 피합병기업의 시장점유율이 5% 이하이면 혼합결합은 허용된다. 왜냐하면 그 정도의 소규모 기업을 인수한다는 것은 소위 말하는 신규 진입을 위한 '발판 만들기 합병(toehold merger)'으로 볼 수 있어 친 경쟁적 성격이 강하기 때문이다. 피합병기업의 시장점유율이 20% 이상이고 전술한 세 개의 조건이 충족되면 혼합결합을 금지할 가능성이 커진다.

4-2-4 사례

가) 수평결합

맨 처음의 수평결합 사건은 *Northern Securities Co. v. United States*[12]로 기록되고 있다. 이 사건은 크레이톤법이 제정되기 전에 발생했으므로 셔먼법에 의하여 처리되었다. 이 사건에서 법원은 '경쟁자 간의 기업결합은 경쟁을 제한한다.' 라는 단순한 논리를 수용하여 거의 당연위법에 가까운 결정을 내렸다.

그러나 이러한 법원의 강경한 입장은 점차 완화되어 갔다. Standard Oil(1911) 사건에서는 광범위한 합리의 원칙을 채택하여 기업결합을 일부 인정하게 되었다. *United States v. Columbia Steel Co.*[13]에서도 당시 철강 산업이 집중도가 높은 산업이었고, 당해 기업결합으로 인해 시장점유율이 24%로 상승되었음에도 불구하고 법원은 기업결합을 허가하였다. 법원의 이러한 결정은 철강 산업의 시장에 더 강한 경쟁자가 있었다는 점, 기업결합 당사자의 '의도'가 독점을 형성하려는 것이 아니라는 점 등을 고려한 결과였다.

50년도 Celler-Kefauver개정으로 크레이톤법은 기업결합에 대하여 셔먼법보다 더 강화된 모습을 갖게 되었다. Celler-Kefauver 개정은 당시 급격한 증가 추세에 있던 인수 · 합병의 물결에 의하여 많은 중소기업이 희생당하고 이것을 방치할 경우 미국의 산업이 소수의 대기업에 의해 지배될지도 모른다는 우려 아래서 이루어졌다. 어쨌든 법원은 이러한 법 개정의 취지를 존중하여 당시까지 셔먼법에 의하여 관대하게 처리해 오던 입장에서 벗어나 기업결합에 대해 더 강경한 태도로 변화하게 되었다. 그러나 그 후에 기업결합의 친 경쟁적인 효과를 인정하게 되어 70년대 중반부터는 단순히 시장점유율이나 집중도에 의하여 기계적으로 판단하기보다는 신규 진입의 난이도, 기업결합의 효율 증진 효과에 대하여도 중요성을 강조하는 등 기업결합에 대한 입장이 점진적으로 완화되어 가는 모습을 보여주고 있다.

Celler-Kefauver 개정 후 처음으로 대상이 된 사건은 *Brown Shoe v. United States*[14]이다. 이 사건은 신발 제조와 그 판매를 위해 유통업까지 겸업을 한 Brown Shoe사와 경쟁사인

---

[12] 193 U.S. 197 (1904).

[13] 334 U.S. 495 (1948). 이 사건은 자산취득을 통한 기업결합이었고 수평결합과 수직결합의 두 가지 기업결합이 복합된 형태였으므로 주식취득을 통한 기업결합과 수평결합만을 대상으로 하던 당시 크레이톤법의 적용을 받은 것이 아니라 셔먼법에 의해 처리된 사건이다.

[14] 370 U.S. 294 (1962).

Kinney사 간의 기업결합 다루고 있다.[15] 양사의 시장점유율이 각각 4%와 1.2%에 불과했는데도 불구하고 법원은 법 위반을 선언하였다.

사건의 개요는 다음과 같다. Brown Shoe사는 미국에서 4번째의 판매고를 가진 신발 제조업체인데 1,230여 개의 신발 소매점을 동시에 운영하고 있었다. Kinney사는 8번째 규모의 신발 제조업체인데 350여 개의 신발 소매점을 운영하고 있었고, 소매점의 연간 매출은 42백만 달러에 이르고 있었다. Kinney사의 소매점에서는 합병 당시 Brown Shoe사로부터 신발을 전혀 구매하지 않고 있었다. 또한 신발제조업은 비교적 집중도가 낮은 산업으로 분류되고 있었다.

경쟁 당국에 의하면 당해 기업결합이 전국적 지역의 신발제조 시장과 신발의 소매판매 시장에서 심대하게 경쟁을 제한했을 뿐만 아니라 잠재적인 경쟁자도 없앴다는 것이다. Kinney의 소매 판매액인 42백만 달러만큼은 다른 신발 제조업체와 도매상이 판매할 수 없게 되는 배제 효과도 있다는 것이다. 경쟁 당국에 의한 시장획정은 다음과 같다. 우선 상품시장은(line of commerce affected) 신발 시장 전체로 볼 수도 있고, 남자용 신발, 여자용 신발, 아동용 신발 시장으로 세분화하여 획정할 수도 있다고 판단하였다. 지역 시장은(section of country affected) 신발제조 시장과 신발판매 시장으로 구분하여 검토하였다. 신발 제조 시장의 경우 전국을 통괄하는 지역일 수 있고, 신발 소매판매 시장의 경우 Brown Shoe와 Kinney가 소매판매를 한 시나 그 시의 교외 지역까지를 포함하는 지역으로 볼 수도 있다고 판단하였다.

이 사건은 합리의 원칙을 적용하였다. 법원은 먼저 개정된 크레이톤법 7조 하에서 기업결합의 위법성 판단을 위한 네 가지 검토사항을 제시하였다. ① 시장점유율, ② 시장의 집중도, ③ 산업의 전반적인 추세, 특히 M&A 추세, ④ 진입장벽 등이 그것이다. 법원은 지역시장을 양 당사자가 신발판매를 한 인구 10만 이상과 그 주변 지역으로 획정하였다. 이렇게 획정된 시장에서 두 회사의 시장점유율은 대부분 20% 이상이었고 어떤 곳은 50%에 가까운 지역도 있었다. 그러나 신발의 제조·판매에 있어 전국적인 시장점유율은 각각 4%와 1.2%로서 두 회사 모두 미미한 수준이었다. 이러한 미미한 시장점유율에도 불구하고 당해 기업결합을 허가하지 않기로 결정한 논거를 법원은 당시 신발 산업에 인수·합병이 성행하고 있다는 전반적인 산업 내의 추세에 두고 있다. 이러한 논거를 합리화시키기 위해 법원은 많은 분량에 거쳐 50년도의 크레이톤법 개정 배경을 설명하고 있다. 특히 법 개정의 주요 이유 중의 하나가 예방적 차원의

---

15 기업결합의 당사자 모두가 신발의 제조와 판매 유통점까지 겸하고 있었으므로 수평결합과 수직결합이 동시에 발생한 경우이다.

조치를 강화하기 위한 것이었다는 점을 강조하고 있다. 예컨대 기업결합이 지금 당장은 경쟁을 제한하지 않더라도 이러한 산업의 전반적인 추세를 방치할 경우 소수의 대기업만 남게 되어 경쟁은 사라지고 종국적으로 가격 상승과 공급량 축소를 초래할 것이라고 예상하고 있다. 따라서 신발 산업의 집중도가 현재는 낮다 하더라도 이 산업에 만연한 M&A 선풍을 감안하여 이 기업결합을 허가해서는 안 된다는 것이다. 이와 같은 결정은 당시 모든 산업에서 만연하던 M&A의 추세를 감안할 때 개정된 7조 하에서는 기업결합이 거의 불가능할 것이라는 인식을 심어 주기에 충분했다.

그러나 법원은 그러한 인식이 확산되는 것을 원하지는 않았던 것 같다. 그러한 인식을 불식시키기 위해 노력한 흔적이 여러 곳에서 발견되었다. 예컨대 대규모 기업에 대항하기 위한 중소기업 간의 결합이라든가, 사업을 실패한 기업을 결합하는 경우 등은 허용되어야 하는 점을 강조하고 있다.[16] 또한 7조 개정을 단행한 국회의 의도는 "경쟁을 보호하려는 것이지 경쟁자를 보호하려는 것은 아니다"라는 그 유명한 명언을 남기면서, 경쟁을 저해하지 않은 기업결합은 허용하자는 것이 법이 추구하는 목표라고 해석하고 있다. Brown Shoe와 같이 시장의 집중도가 낮은 산업의 경우는 합리의 원칙을 적용하였으나 다음에 검토할 Philadelphia National Bank에서와 같이 집중도가 높은 업종에서 수평결합은 다른 정황의 검토가 없이 법위반을 선언하는 원칙이 세워졌다.

United States v. Philadelphia National Bank[17] 사건에서는 Philadelphia의 각 2위와 3위 규모의 은행 간 수평결합이 이루어졌는데, 그 결과 Philadelphia를 포함한 인접 네 개 군 (county)의 은행 매출의 30%를 점하는 제1의 은행을 탄생시키게 되었다. 금융 산업이 전반적으로 집중도가 높고, 이 사건의 당사 은행들의 시장점유율도 높았으므로 법원은 이 기업결합에 반경쟁성이 내재해 있다고 판단하였다. 이 기업결합이 Philadelphia지역 밖의 거대한 은행과 효과적으로 경쟁할 수 있도록 하는 측면이 있었음에도 법원은 이 기업결합을 허가하지 않았다. 특정 시장에서 친 경쟁적 효과가 있다는 사실이 다른 시장에서 반경쟁적 효과를 정당화시키지 못한다는 것이다. 시장의 집중도가 높은 산업에서 시장점유율을 과도하게(undue) 높이는 수평결합은 그것의 반경쟁성이 그 안에 내재해 있으므로 위법성의 추정이 가능하다는 것

---

16 기업결합은 경쟁제한성이 인정되더라도 효율성 효과가 더 높거나 사업이 실패하여 시장에서 퇴출될 기업을 인수하는 경우는 예외적으로 허용된다. 후자의 경우 failing firm defense라 한다. 기업이 시장에서 퇴출될 경우 그만큼의 공급이 감소하므로 그런 기업결합의 경우 경쟁을 제한할 가능성이 없기 때문이다.

17 374 U.S. 321 (1963).

이다. 그러나 '과도한' 시장점유율의 개념이 이 사건의 기업결합 결과 나타난 30% 정도를 의미하는지에 대하여는 명확한 입장을 보이고 있지 않다. 왜냐하면 집중도가 심한 업종에서 시장점유율을 30% 이상으로 높이는 수평결합이라도 전부 위법은 아닐 수 있다는 의견도 제시하고 있기 때문이다. 즉 집중도가 높고 시장점유율을 과도하게 상승시키는 경우에도 기업결합 당사회사가 경쟁을 제한하지 않았다는 방어수단을 제시한다면, 위법성의 추정이 번복될 수 있다는 것이다. 판결문의 전후 맥락에서 살펴보건대, 경쟁을 제한하지 않았다는 방어수단으로써 경제적 효율을 높인다는 주장은 받아들이기 어려운 반면, 사업실패 기업과의 결합은 받아들일 수 있다는 의견을 가지고 있었던 것으로 추정된다. 효율 증진을 방어수단으로 인정하기 어려운 이유는 효율 증진 효과는 측정하기 어렵기 때문이다.

반경쟁성이 내재해 있으므로 위법성을 추정할 수 있다는 생각은 다음 사건에서도 이어진다. *United States v. Von's Grocery*[18]에서 법원은 LA지역에서 3번째와 6번째로 규모가 큰 식품점간의 수평결합을 허가하지 않았다. 이 기업결합의 결과 합병된 식품점은 2번째 규모가 되고 판매는 2억 달러로 증가하였다. 그러나 두 식품점의 시장점유율 합계는 7.5%에 불과하였다. 법원이 이 수평결합을 금지하게 된 배경은 당시 LA지역의 식품점들 간의 인수·합병이 매우 성행했기 때문이다. 이러한 식품점들 간의 기업결합 추세를 그대로 방치할 경우 식품점의 수가 점차 줄어들어 소수의 대형 식품점에 의하여 시장이 지배될 것이라는 우려를 한 것이다. 법원은 그 근거로 1개 점포만 소유한 식품점 수는 대략 60% 정도 감소했고, 2개 이상의 체인을 소유한 식품점은 대략 60% 정도 증가했다는 사실을 들고 있다.

이 사건의 판결은 사후에 많은 비판을 받았다. 무엇보다도 문제가 된 점은 관련 산업의 집중도가 높아지는 추세만으로 기업결합을 금지하는 것이 타당한가 하는 것이다. 전술한 바와 같이 기업결합은 여러 가지 경쟁 촉진적인 효과가 있을 뿐만 아니라 업종 전환을 용이하게 해 주므로 진입에 따른 위험을 분산하여 신규 진입을 촉진하는 역할도 수행한다. 또한 중소기업을 보호하기 위해 기업결합을 금지하는 것이 반드시 중소기업을 보호하는 결과를 초래하지도 않는다. Von's Grocery 사건의 판결에 대해 문제점이 부각되면서 기업결합에 대한 친 경쟁적인 인식이 단계적으로 확산되는 계기가 되었다.

1970년대부터는 시장점유율이나 집중도 등 시장구조 관련 자료에 주로 의존하던 기존의

---

18 383 U.S. 270 (1966).

방식으로부터 경쟁에 영향을 미치는 여러 가지 다른 요소들까지 검토 범위가 넓어지고 있었다. 이 과정에서 수평결합 위법성 판단 기준도 단계적으로 완화되기 시작하였다. *United States v. General Dynamic Corp.*[19]은 전국적으로 10위권 내에 있는 석탄광업자 간의 결합 사건을 다루고 있다. 시장획정의 결과 지역시장에서 결합 후의 시장점유율은 23%이었다. 시장획정의 방법에 따라 달리 획정된 지역시장에서는 11%에 달하였다. 경쟁 당국의 주장은 석탄 산업의 집중도가 확연하게 심화되는 추세에 있어 그대로 방치할 경우 소수의 사업자에 의하여 지배되는 결과를 가져올 것이므로 이 기업결합을 허가해서는 안 된다는 것이다.

법원은 과거 사례의 기준에 의한다면 정부가 제시한 증거만으로 법 위반을 인정할 수 있다는 의견을 보인다. 그럼에도 불구하고 이 기업결합은 법 위반이 아니므로 허가해야 한다는 것이다. 그 이유는 법원이 과거 사례의 기준 이외의 고려사항을 검토했기 때문이다. 법원의 입장은 시장점유율이나 집중도 관련 자료가 매우 중요하기는 하나 결정적인 요소는 될 수 없다는 것이다. 이 수평결합의 결과 단순히 집중도가 상승한다거나 시장점유율이 높아진다는 것 이외에 원고는 이 기업결합이 심대하게 경쟁을 제한하는 효과가 있다는 것을 입증해야 한다는 것이다. 법원은 이 사건의 경우 시장점유율보다는 석탄 매장량이 장래의 독점력을 결정하는 중요 변수가 된다는 의견을 제시하고 있다. 양사의 석탄 매장량이 모두 빈약한 상태였으므로 이 기업결합은 경쟁을 심대하게 제한하지 않았다는 것이다.

General Dynamic 사건은 크레이톤법 7조 해석에 있어서 획기적인 전환점이 되었다. 시장점유율이나 집중도가 판결의 결정적인 역할을 해 온 것과는 달리, 기업결합의 당사자가 별로 강하지 않은 기업이라는 것을 보이거나 기업결합이 친 경쟁적인 효과가 있다는 것을 보임으로써 집중도와 같은 시장구조 관련 자료에 의한 결과를 번복할 수 있게 된 것이다. 이와 같은 논리는 반대로 시장점유율과 집중도가 낮다 하더라도 경쟁을 심대하게 저해하는 경우는 그 기업결합이 위법일 수 있다는 의미도 된다. General Dynamic 사건의 경우는 경쟁 당국에 의해 일단 위법으로 증명된 사건이었는데도 불구하고 경쟁을 위한 당사자들의 활력이나 힘이 부족했다는 이유로 기업결합을 허용한 경우이다. 그러나 다른 요인들에 의하여 반증이 어려운 경우는 시장구조 관련 수치는 여전히 경쟁제한성을 추정하는 결정적인 단서가 된다는 점도 놓쳐서는 안 될 것이다.

---

19 415 U.S. 486 (1974).

United States v. Citizens & Southern National Bank[20]에서도 시장점유율이나 집중도 이외의 요소를 중시하는 경향이 이어지고 있다. Georgia 주는 주의 법률로 대규모 은행의 지점 개설을 금지하고 있었는데, 이러한 규제를 피하기 위해 Southern National Bank(이하 SNB라 한다.)는 교외의 소규모 은행에 대한 지원, 통합관리 등을 통해 그 은행이 실질적으로 SNB의 지점 역할을 하도록 하였다. 주법의 개정으로 그러한 규제가 없어지고 지점 개설이 허용되자 SNB는 동 소규모 은행을 인수하기로 하였다.

법원은 SNB가 주법의 규제를 피하기 위해 교외의 은행들과 유지해 온 실질적인 본·지점 관계는 친 경쟁적인 효과가 크다고 판단하였다. SNB가 교외의 소규모 은행들과 실질적인 지점관계를 유지한 것은 SNB가 실제로 그쪽 지역에 신규 진입한 것과 동일한 효과가 있으므로 동 지역에서 경쟁을 촉진했다는 것이다. SNB는 주 정부가 정해 놓은 인위적인 시장분할을 비켜 가기 위한 방편으로 해당 지역의 소규모 은행과 지점관계를 유지한 것이다.

SNB가 지방의 은행을 인수함으로써 시장점유율은 분명히 커질 것이고, 금융 산업은 집중도가 높은 업종이므로 종래의 기준으로는 다른 증거가 필요 없는 7조 위반이 되었을 것이다. 그러나 법원은 실제의 본·지점 관계를 유지하고 있다는 자체가 친 경쟁적이고 실제적인 지점 관계인 은행을 인수하는 것은 효과 면에서 인수하기 전과 아무런 차이가 없으므로 '다른 증거가 필요 없는 7조 위반'이라는 가설은 번복되는 것이라는 입장을 견지하고 있다.

General Dynamics 사건 이후 하급법원의 경향은 Philadelphia의 '위법성 추정'에 의한 단순 기계적인 판단은 지양하는 방향으로 선회하고 있다. 즉 시장구조 관련 자료는 여러 가지 고려요소 중의 하나가 되었고, 그 밖에 진입장벽, 제품의 내구성, 제품의 차별성, 담합을 촉진시키는 상 관행의 존재 여부, 수직결합의 심화정도 등 다양한 요소를 검토하게 된 것이다. 이 중에서 가장 주목받고 있고 그 중요성이 커지고 있는 항목은 그 업종에 진입장벽이 얼마나 높은가 하는 것이다. *United States v. Baker Hughes*[21]에서 D.C. 항소법원은 기업결합 후의 HHI가 4,000이 넘어가는 수평결합을 그 업종에의 신규 진입이 용이하다는 이유로 허용하였다.

최근의 기업결합 심사는 전통적인 시장구조 분석이나, 점유율 계산에 의존하지 않고 직접 기업결합 후의 예상되는 시장가격을 계량경제학적 방법으로 추정하는 분석 기법을 많이 도입하고 있다고 이미 설명한 바가 있다. 여기서는 대표적인 사례로서 Staples 사건을 소개하고자 한다.

---

20 422 U.S. 86 (1975).

21 908 F.2d 981 (D.C. Cir. 1990).

Staples v. US[22]

1996년 9월 대형 사무용품 판매장(office superstores: oss)을 운영하고 있는 Staples Inc.사가 역시 사무용품 대형매장을 운영하는 Office Depot, Inc.의 지분과 자산을 매입하는 기업결합을 발표하였다. Staples사는 델라웨어주법에 의해 설립된 사무용품 판매회사로서 미 전역에 약 550개의 대형 사무용품 판매장을 소유·운영하고 있었고 Office Depot는 델라웨어주법에 의해 설립된 사무용품 판매회사로서 미 전역에 500여 개 이상의 oss를 소유·운영하고 있었다. oss시장은 3개사가 존재하고 있었는데 이 중 두 번째 규모인 Staples사가 가장 큰 규모인 Office Depot를 인수하는 내용의 기업결합이다. 나머지 한 개 사는 Office Max사이다.

이 사건은 여러 가지 새로운 분석 기법을 도입함으로써 기업결합 심사에 있어 변환점을 마련한 의의 깊은 사건이다. 여러 가지 쟁점을 차례로 기술하고자 한다.

우선 시장획정 관련 사항이다. 사무용품을 판매하는 매장은 oss 이외에 Wal-Mart, Target, K-mart과 같은 대형 유통업체가 있고, CompuUSA, Best Buy, Computer City와 같은 computer superstore도 있으며, Price Costco, BJ's, Sam's Club과 같은 회원제 할인 마켓도 있다. 이슈는 이러한 유통 매장을 사무용품 판매시장으로 oss시장에 포함할 것이냐 하는 문제이다. 결론적으로, FTC는 대형 사무용품 판매장(oss)을 통하여 소비재 사무용품(consumable office products)[23]을 판매하는 시장으로 시장획정을 하였다. Staples와 Office Depot의 매출액의 절반이 소비재 사무용품에 해당한다. 이렇게 획정할 경우 결합 후 당사회사의 시장점유율은 75%에 달하게 된다.

Staples측은 관련 상품시장을 사무용품 판매 시장 전반(the overall sale of office products: mass merchandisers; Wal-Mart, Target, K-mart/ Computer superstores; CompuUSA, Best Buy / warehouse club; Price Costco, BJ's, Sam's Club)까지를 포함하는 시장이라고 주장하였다. oss 시장은 전체 사무용품 판매의 10% 수준에 불과한 하위시장(sub-market)이라는 것이라는 것이다. 이렇게 정의할 경우 Staples와 Office Depot의 점유율 합계는 96년에 북미 총판매의 5.5%에 불과하게 된다.

---

22 FTC v. Staples, Inc. 970 F. 1066(D.D.C. 1997)

23 소비재라는 뜻은 제품이 소모되고 폐기되어 소비자가 정기적으로 구입해야 하는 성질의 재화라는 의미로서 종이, 펜, 파일폴더, 포스트잇, 플로피디스켓, 토너 카트리지 등을 예로 들 수 있다. 반면, 컴퓨터, 팩스기, 복사기 등은 자본재 성격을 갖는 제품으로 소비재에 포함되지 않는다.

FTC는 oss만을 관련 시장으로 획정하였고 법원도 FTC의 손을 들어주었다. 다음은FTC가 이 사건의 시장획정을 "oss시장을 통하여 소비재 사무용품(consumable office products)을 판매하는 시장"으로 정한 논거이다.

첫째, oss체인점은 여타의 사무용품 소매업자[24]가 주지 못하는 one-stop 쇼핑의 편의성과 큰 가격할인을 제공하고 있다. oss는 다양한 상품 종류와 각 상품별로 충분한 재고를 항시 보유하여 모든 사무용품을 한꺼번에 쇼핑할 수 있는 편의를 제공한다는 것이다. oss는 약 7,500개의 아이템을 항시 재고로 유지하는 반면, K-mart나 Target은 570여개, Wal-mart는 1,000~2,400개의 아이템만을 취급할 뿐이다.

둘째, 다른 사무용품 소매업자는 oss의 가격책정 행태에 영향을 끼치지 않는다는 것이다. oss의 다른 oss 경쟁자가 있는 지역, 즉 경쟁적 시장에서는 oss가 아닌 소매업자는 oss의 가격 결정에 영향을 주지 못한다는 것이 계량분석에 의해 확인되었다. 비경쟁적 시장, 즉 다른 oss가 없는 시장에서는 warehouse club이나 computer store같은 non-oss가 oss의 경쟁자가 될 수 있음은 인정하고 있다. 그러나 이 사실 때문에 non-oss를 같은 시장에 포함시킨다는 것은 셀로판의 오류(cellophane fallacy)[25]에 해당할 가능성이 크다는 것이다. 왜냐하면 이미 독점 가격을 받는 상황에서 가격 인상은 다른 대체품으로 소비이전 가능성이 크기 때문이다.

셋째, SSNIP test를 적용할 경우도 oss는 별도 시장으로 구별될 수 있다. oss만으로 독립된 시장 획정이 가능한지 여부는 Staple와 Office Depot가 합병하여 독점 사업자가 되는 경우 소비성 사무용품의 가격을 5% 인상할 수 있는가? 에 대한 질문에 어떻게 답할 수 있느냐로 판단할 수 있다. 의미 있는 가격 인상이 가능한 경우 시장을 oss시장 이상으로 확대할 필요가 없기 때문이다. 계량분석의 결과 합병 후 oss는 8.49%의 가격상승이 가능한 것으로 추정되었다. 즉 가상의 독점기업(Staples와 Office Depot의 합병기업)이 의미 있는 가격 인상을 할 수 있기 때문이다. 이것은 합병 후 독점기업이 가격을 인상했을 경우 소비자들은 oss 이외의 사무용품 매장으로 소비이전을 하지 않는다는 의미가 된다.

넷째, Staples 내부 문건은 동사의 경영진이 oss시장을 가장 가까운 경쟁시장으로 파악하고 있음을 보여주고 있다. 그들은 oss 시장의 경쟁자들이 자사의 가격에 어떻게 영향을 미치는

---

24 상기 예시한 Wal-mart와 같은 대규모 유통점, computer superstore, Price club과 같은 회원제 할인매장을 말한다. 대규모 유통점의 규모가 매우 크므로 Wal-mart의 소비재 사무용품(consumable office products) 판매액이 당해 기업결합 당사회사의 매출액과 거의 동일한 수준을 유지하고 있다.

25 제2장의 시장획정의 사례 중 Du Pont 사건을 참고하기 바란다.

지를 보여주는 문건을 갖고 있고, 스스로를 oss시장으로 분류하고 있다. 또한 Staples사의 내부 문건은 경쟁자를 제거하는 것이 합병의 주된 유인이 되었음을 보여주는 내용이 있었다.

지리적 시장은 전국시장이 아니라 Staples와 Office Depot가 경쟁하는 대도시권으로 획정하였다. 양사가 경합하는 oss 시장은 42개 대도시권에 펼쳐있고 각 지역별로 광고활동을 수행한다. Staples의 사무용품 가격은 oss업체 3개 모두 경쟁하는 지역에서 가장 싼 가격에, 두 개가 경쟁하는 지역은 더 비싸게, 독점하는 곳에서는 제일 비싸게 판매되고 있었다. Office Depot도 유사한 가격책정을 하고 있었다. 즉, oss 사업자 간의 경쟁 정도에 따라 지역별 가격차별이 유지되었으므로 지리적 시장은 지역시장으로 보는 것이 옳다는 것이다.

다음은, 이 기업결합이 경쟁을 제한하는지 여부를 판단한다. FTC는 다음과 같은 이유로 본 건 기업결합이 경쟁제한 효과가 있다고 주장하고 법원은 이 주장을 대부분 받아들였다. 경쟁제한 효과분석은 주로 단독효과(unilateral effects) 중심으로 진행되었다. 즉, 합병 후 합병회사는 단독으로 가격을 인상할 수 있다는 것이다.

첫째, 구조적 증거이다. 합병 전 HHI는 지역에 따라 3,600~7,000에 달하고 합병에 따라 HHI가 평균 2,715 증가한다. 당사회사가 경합하는 15개 도시의 합병회사 점유율은 100%에 달할 것으로 예상되었다. 또한, 합병 전 3개사가 경쟁했던 27개 도시에 결합회사의 점유율은 47~94%에 이르게 될 것으로 예상되었다. 뿐만 아니라, Staples가 합병이 없었을 경우 시장구조를 예측한 결과를 보면 이 사건 결합으로 인해 생길 독점 및 복점화의 심각성을 여실히 보여주고 있다. 표 4-1은 Staples가 1995년 대비 2000년도에 oss 시장구조가 어떻게 변할 것인지를 예측하는 모습을 보여주는데, 이 예측이 이 합병이 가져다줄 경쟁제한 효과를 여실히 보여주고 있다. Staples사는 42개 권역별 시장 중 자기가 독점인 시장은 95년에 17%에서 12%로 줄고, 자기와 Office Depot가 경쟁하는 지역은 95년에 29%에서 7%로 줄며, oss의 3개사가 경쟁하는 지역은 17%에서 69%로 늘어날 것으로 예상하고 있다.

표 4-1 합병을 전제로 하지 않은 Staples의 시장구조 예측

Year	Staples Only	Staples & Office Depot	Staples & Office Max	All Three	Total
1995	17%	29%	37%	17%	100%
2000	12%	7%	12%	69%	100%

둘째, 실증적 증거이다. 먼저 표 4-2에 의하면 경쟁조건이 다른 지역시장의 가격을 보았을 때 양사의 합병으로 인한 가격 상승효과가 가장 클 것으로 예측이 된다. Staples와 Office Depot가 경쟁하는 지역은 Staples가 독점인 지역보다 11.6%나 낮고, 양사가 경쟁하는 지역은 Office Depot가 독점인 지역보다 8.6%나 낮은 점을 감안할 때 양사의 합병이 주는 효과가 제일 경쟁제한적이라는 점을 쉽게 알 수 있다. 말하자면, Office Depot는 Staples의 가장 강력한 견제세력이었다는 것이다.

본 사건에서 의미 있는 경제분석의 활용은 시장집중률 분석을 넘어서서 계량분석[26]을 통해 가격상승을 지역별로 예측했다는 점이다. 계량분석 결과 Office Depot의 존재 여부 및 점포의 수에 의해 Staples의 가격이 가장 많이 영향을 받은 반면 non-oss는 Staples의 가격에 영향을 주지 못한 것으로 추정되었다. 또한 당해 합병은 합병 당사 두 기업이 경쟁하는 시장에서 가격을 평균 7.3%나 인상시키는 것으로 예측되었다.

한편, 주식시장을 통한 주가변동 예측도 이 합병이 경쟁제한성을 입증하는데 일조하고 있다. 일반적으로 기업결합의 결과, 시장지배력 확대에 따라 가격이 상승할 것으로 예상된다면 합병 당사기업과 다른 경쟁기업 모두에게 이득이 될 것이다.

표 4-2 **지역시장의 경쟁여건에 따른 가격 차이**

Benchmark OSS Market Structure	Comparison OSS Market Structure	Price Reduction
Staples only	Staples+Office Max	11.6%
Staples+Officer Max	Staples+Office Max+Office Depot	4.9%
Office Depot only	Office Depot+Staples	8.6%
Office Depot+Office Max	Office Depot+Office Max+Staples	2.5%

합리적 주식시장에서는 이를 예상하여 그 산업의 모든 기업의 주가가 상승하게 될 것이다. 반면, 합병결과 경제적 효율이 증가한다면 합병에 따른 비용절감은 합병 당사자에게만 귀속이 되고 경쟁기업에게는 가격 경쟁의 압박으로 작용할 것이다. 합리적 주식시장에서는 합병 당사자의 주가는 상승하는 반면, 경쟁기업의 주가는 하락하게 될 것이다. Warren-Boulton and Dalkir(2001)의 실증분석 결과 합병기업과 경쟁 관계에 있는 Office Max의 주가를 12%로 상승시키는 효과가 있는 것으로 예측이 되었다. 이는 이 합병이 실증적 경쟁제한 효과가 있다는

---

26 구체적인 계량분석의 내용은 부록을 참고하기 바란다.

또 다른 증거가 된다. 다른 non-oss의 주가는 별 영향이 없는 것으로 예측되었다. 이 예측 결과는 상기 시장획정의 또 다른 근거가 되기도 하겠다.

경쟁제한성이 있다면 예외 인정의 요건으로 과연 oss시장의 진입장벽이 있는지 여부를 살펴볼 차례이다. Contestable market theory에 의하면 신규 진입에 매몰적 성격의 진입 비용이 적고, 기존 기업의 가격 대응이 신속하지 않으며, 진입장벽이 없고, 각 공급자의 생산기술 수준이 동일하다면 시장의 가격은 시장구조에 의해서가 아니라 잠재적 경쟁자에 의해 경쟁가격을 유지한다는 이론이다. Contestable market theory를 oss시장에 대입해 보면 이 시장은 이 이론이 적용될 수 없음을 알 수 있다. oss시장은 진입을 위해서는 대량의 자본 투자가 소요되는, 그래서 진입 비용의 상당 부분이 매몰비용이고, 기존 기업의 가격 반응이 매우 신속하고, 후술하는 바와 같이 상당한 진입장벽이 있으며, 각 공급자의 oss운영 능력은 유사하다고 할 수 있다. 따라서 oss시장은 Contestable market theory가 적용되는 시장이 아니며 잠재적 경쟁자의 존재만으로 기존 경쟁자의 경쟁 압력을 강화하기 힘든 시장이다.

다음으로 oss시장은 진입장벽이 상당하다. oss시장은 다점포 운영에 의한 규모의 경제가 존재한다. 다점포 운영은 지역 신문이나 방송에 광고하기에 충분한 지역 내 수요와 점포를 확보하여야 한다. 또한 전국적인 신문이나 방송에 광고하기에 충분한 전국 차원의 수요와 점포를 확보함으로써 규모의 경제를 달성할 수 있어야 한다. 이렇게 oss시장 진입을 위해서는 전국적으로 많은 점포를 동시에 신설하여 진입해야 하므로 적지 않은 최소자금이 소요된다. 따라서 기존의 oss와 경쟁하면서 규모의 경제를 달성하기에 충분한 시장 확보가 여의치 않다고 할 수 있다. 과거 여러 지역에서 가격 상승에도 불구, 새로운 진입은 없었다. 일례로 94년에 Best Buy가 oss시장에 진입을 시도했으나 2년 후에 진입을 포기한 사례가 있다. 결론적으로 충분한 규모의 시장 진입이 가까운 장래에 일어날 개연성 없는 것으로 판단되었다.

기업결합 당사회사는 이 합병으로 효율성 증대 효과가 충분하다고 주장하였다. 결합 당사자는 각각 보유한 구매 정책을 결합하여 납품업체에 대해 보다 커진 구매 비중을 활용하여 효율성을 창출한다는 것이다. 조달, 행정, 마케팅, 광고, 배송 상의 효율성 개선 효과가 뚜렷하고 이러한 효율성 개선에 따른 비용 절감의 2/3가 가격 인하로 이전된다고 주장하였다. 결합 당사회사는 계량분석을 통해 합병으로 인한 가격 인상은 0.8%인 반면, 효율성 개선에 따른 가격 인하 효과는 3%이므로 순 가격 인하효과는 2.2%에 달한다고 주장하였다.

그러나 효율성 증대 효과는 결합특유적(merger-specific)이어야 한다. 결합특유적이란 제안된 기업결합이 없이는 달성이 불가능한 효율성 증대만을 당해 합병의 효율성 증대의 효과로 인정한다는 의미이다. 그러나 결합 당사회사가 주장하는 효율성 증대의 수단은 당해 합병이 없이도 달성될 수 있는 효율성 증대라는 것이다. 규모 관련 효율성은 내부 성장을 통해서 가능하고 조달에 있어서 규모의 경제는 합병이 아니라도 체인 점포들 사이의 합동 우편주문이나 계약을 통해서도 달성 가능하다는 것이다. 또한 규모의 경제는 무한하지 않으므로 현재 Staples와 Office Depot가 누리고 있는 규모의 경제를 넘어서는 새로운 규모의 경제는 미미할 수밖에 없다는 것이다. 결합이 없었더라도 양사는 결합 회사만큼 커질 가능성이 많을 정도로 급격한 성장을 하고 있었다. 결론적으로 결합의 당사회사가 주장하는 효율성 증대 효과는 대부분이 결합특유적인 효율이 아니라고 판단하였다. 뿐만 아니라 일부 효율성 증대 효과를 인정한다 하더라도 그것이 가격 인하로 이어질지에 대해서도 의문을 제기하였다. 구매에서 효율성을 달성한다더라도 경쟁자가 없어지므로 그것이 소비자들에 전달되지 못할 것으로 예측하였다. 1997년 지방법원은 FTC의 예비금지명령(preliminary injunction)을 받아들였고, 이에 따라 양사는 이 합병거래를 중단하였다.

이 기업결합 사건은 여러 가지 측면에서 기업결합 심사에 획기적인 전환을 기록한 사건으로 기억되고 있다. 기업결합 심사의 기본인 SSNIP test에 의한 시장획정에 무게를 두기보다는 계량분석에 의해 합병 후 가격 인상을 직접 추정함으로써 시장획정의 중요성을 약화시켰고, 결국 이러한 추세에 의해 2010년도 수평결합지침을 개정하는 데 일조하였다. 또한 기업결합 심사에 있어 협조 효과보다는 단독효과를 중시했다는 것도 그 전의 사건 심사와 다른 면이라 할 수 있다.

나) 수직결합

1950년의 법 개정 전에는 크레이톤법이 수평결합만을 그 대상으로 했으므로 수직결합은 셔먼법 2조의 적용을 받았다.

United States v. Yellow Cab[27]에서 영업용 택시 제조업체인 Checker Cab사는 몇 개의 주요 도시에서 택시회사를 인수하였다. 이 수직결합의 결과 시카고 같은 도시에서 택시영업의 80%를 동사의 인수기업이 점유하는 등 대부분의 도시에서 시장점유율이 높아지게 되었다.

---

27 332 U.S. 218 (1947).

법원은 수직결합의 행위자가 경쟁을 배제하려는 '의도'가 있었다면 셔먼법 2조를 위반한 것이라는 의견을 제시하고 있다. 그런데 이 수직결합은 그러한 '의도'가 있는 것으로 볼 수 있다는 것이다. 왜냐하면 Checker Cab이 택시회사를 인수했으므로 그 택시회사는 Checker Cab으로부터만 택시를 구매할 것이고, 따라서 Checker Cab의 경쟁사들은 그 만큼을 그 택시회사에게 판매하는 것이 배제될 것이기 때문이라는 것이다. 택시회사가 지불해야 할 택시의 구매가격은 상승할 것이고 결국 이것은 택시요금의 상승을 통하여 소비자에게 전가될 것이라는 것이다. 또한 택시의 판로가 보장되므로 택시 제조자는 택시의 성능을 개선하거나 비용을 절감하려는 R&D투자도 게을리하게 될 것이라는 것이다.

수평결합의 사례에서 검토한 바 있는 *United States v. Columbia Steel Co.*[28] 사건에서 수직결합 내용은 철강 공급자인 Columbia Steel사가 철 구조물 조립업체인 Consolidated사를 인수한 내용이다. 법원은 Yellow Cab 사건에 나타난 수직결합의 위법성 기준을 독점을 획득하기 위한 불법적인 '의도'가 있거나 시장에 심대한 영향을 미쳤다는 것을 입증해야 것으로 해석하고 있다. 행위자의 의도가 독점력을 획득하려는 것이 아니었다면 셔먼법 2조 위반은 아니라는 것이다. 단순히 자회사로 하여금 자기가 생산한 제품을 구매토록 하는 정도는 독점력을 획득하려고 의도했다고 보기 힘들다는 것이다. 이 사건에서 Consolidated사가 구매한 압연철의 비중은 전체 시장의 3%에 불과했으므로 독점을 시도하려는 의도가 있었던 것도 아니고 경쟁을 심대하게 배제하지도 않았다는 것이다. 결국 법원은 경쟁 당국이 동 수직결합이 셔먼법 2조를 위반했다는 것을 입증하지 못했다고 선언하였다. 나머지 97%의 압연철 판매가 다른 철강 업자에게도 열려 있기 때문이다.

크레이톤법이 개정되고 난 후 처음으로 적용된 사건은 *United States v. E.I. du Pont de Nemours & Co.*[29]이다. Du Pont사는 우리가 알고 있는 일반 화학제품 이외에 자동차의 일부 부품인 자동차 마무리용 페인트와 시트용 직물을 생산·판매한다. 그런데 이 Du Pont이 거대한 자동차 제조업체인 GM사 주식의 23%를 취득하였다. 법원은 배제이론에 입각하여 크레이톤법 7조 위반을 선언하였다.

법원은 법 위반을 입증하기 위하여 두 가지 증거가 필요하다는 의견을 보인다. 첫째는 기업결합으로 인해 영향을 받는 시장의 규모가 커야 하고, 둘째는 그 수직결합에 의하여 배제되

---

28 334 U.S. 495 (1948).
29 353 U.S. 586 (1957).

는 비율이 심대해야 한다는 것이다. 여기서 문제가 되는 수직결합은 상기 두 가지를 모두 충족시켰다는 것이다. 첫째 자동차의 직물과 페인트 시장은 그 규모가 매우 크고, 둘째 Du Pont사와 GM사의 시장점유율이 매우 높으므로 Du Pont의 경쟁사가 GM에게 판매하지 못하게 되는 배제 효과가 심대하다는 것이다.

법원은 상품시장을 자동차용 페인트와 자동차용 직물 시장으로 획정하였다. 일반 페인트도 자동차용으로 사용될 수 있다는 점을 고려할 때, 시장을 너무 좁게 획정했을 가능성이 있다. 시장을 이와 같이 좁게 정의한 결과 Du Pont의 경쟁사가 자동차용 페인트와 직물을 GM에게 판매할 수 없게 되는 배제 효과가 매우 크게 나타났다. Du Pont은 GM의 페인트 수요의 67%를 공급하고 있었고 GM은 자동차 시장의 약 50%를 점하고 있었으므로 자동차 페인트 시장의 약 33% 정도가 배제되는 결과가 되었다. 뿐만 아니라 법원은 크레이톤법 7조의 위법성은 경쟁을 배제할 가능성이 있는 경우까지를 포함하므로 그 배제 효과가 나타나지 않는 초기에도 금지시킬 수 있다는 점을 강조하였다.

Du Pont법원은 Yellow Cab보다 수직결합에 대해 훨씬 더 엄격한 입장에 있었다는 것을 알 수 있다. 왜냐하면 Du Pont사가 GM의 주식을 23% 인수한 사실이 동사의 독점적 지위를 보장해 줄 정도의 지배력이 생겼다고 볼 수는 없기 때문이다. Du Pont이외의 다른 공급자가 더 저렴한 가격으로 입찰에 임할 경우 GM사는 페인트와 직물을 Du Pont이 아닌 다른 공급자로부터 구매한 적이 많았다는 사실이 이점을 설명하고 있다. 법원은 다만, GM이 Du Pont으로부터 구입한 비율만큼 시장에서 배제효과가 나타났다는 점 만을 강조하고 있다.

수평결합의 사례에서 살펴본 바 있는 *Brown Shoe Co. v. United States*[30]에서 양쪽의 해당 기업의 시장점유율이 모두 낮았는데도 불구하고 당시에 신발업계의 수직결합 추세가 성행하고 있다는 이유를 들어 수평결합뿐만 아니라 수직결합도 금지하였다. 신발업계의 기업결합이 성행하고 있다는 이유만으로 이 수직결합을 금지시킨 근거는 크레이톤법 7조를 예방차원의 조치도 허용하고 있다는 것으로 해석한 결과이다. 다시 말해서 현재의 시장집중도는 높지 않더라도 기업결합 추세를 그대로 방치할 경우 집중도가 커질 가능성이 있다면 그 기업결합을 금지할 수 있다고 7조를 해석한다는 것이다. 그 결과, 판매규모에서 4위의 신발 제조업자와 8위의 신발 소매업자 간의 기업결합을 금지하게 되었다.

---

30 370 U.S. 294 (1962).

수직결합이나 수직제한이 효율을 증진시킨다는 인식이 확산되면서 수직결합에 대한 법원의 입장도 보다 관대해지기 시작하여 최근에는 수직결합 관련 사건 자체가 줄어들고 있는 상황이다. 비가격 수직제한에 대해 획기적인 전환점이 되었던 Sylvania 사건[31]이 발생한 지 2년 후에 발생한 *Fruehauf Corp. v. FTC*[32] 사건이 법원의 입장 변화가 명확하게 나타난 대표적인 사건이라 할 수 있다. Fruehauf사는 미국 최대의 트럭 제조업체인데 트럭의 바퀴와 브레이크를 제조하는 Kelsey-Hayes(이하 K-H사라 한다)사를 합병하였다.

FTC의 설명은 다음과 같다. 이 수직결합으로 인해 K-H의 경쟁사가 바퀴 프레임과 브레이크를 Fruehauf에게 판매할 기회가 배제되었고, Fruehauf사는 공급이 부족할 때 경쟁사보다 우선해서 부품 조달이 가능해졌다는 것이다. 따라서 이 수직결합이 트럭의 바퀴 프레임 시장과 브레이크 시장에서 경쟁을 제한했다는 것이다.

법원은 FTC의 그러한 주장을 받아들이지 않았다. K-H사의 부품 공급은 Fruehauf사를 포함한 전체 트럭 제조업자의 구매의 7% 미만이므로 K-H사는 Fruehauf사의 경쟁사업자에게 대단히 중요한 부품 공급자가 될 수 없다는 것이다. 또한 이 업종의 오랜 관행과 독점규제법의 규정 때문에 부품이 부족할 경우에도 K-H사는 Fruehauf사에게만 부품을 공급할 것 같지 않다는 것이다.

실제 트럭의 바퀴 프레임 시장의 CR_4는 65~71%에, CR_8은 93~95%에 이르고 있어 매우 집중도가 높은 산업이었고, 공장 설립비용이 10~20백만 달러에 이르는 등 진입도 어려운 산업이었다. 그럼에도 불구하고 법원이 이 수직결합을 허용한 중요한 이유는 이 산업에 수직결합의 추세가 성행하지 않았다는 사실이다. 뿐만 아니라 아주 미미한 비율의 거래(7%)만이 배제되었던 점도 경쟁제한성이 없는 것으로 인정하는 요인이 되었다.

지금까지 판례에 나타난 수직결합의 위법성 판단 기준은 다음과 같은 네 가지로 요약할 수 있다. ① 합병기업의 경쟁자가 시장으로부터 배제되는지의 여부, ② 그 산업에 수직결합의 추세가 성행하는지의 여부, ③ 경쟁을 배제하려는 의도나 동기가 있는지의 여부, ④ 그 수직결합으로 인해 진입장벽이 새로 생기는지의 여부 등이다.

---

31 제6장 '수직제한' 6-3-3항 '영업구역 및 고객제한'을 참고하기 바란다.
32 603 F.2d 345 (2rd Cir. 1979).

다) 혼합결합

혼합결합은 직접적인 경쟁 관계에 있는 사업자 간, 혹은 직접 거래관계에 있는 사업자 간의 기업결합이 아니므로 경쟁에 직접적인 영향을 주지도 않을 뿐만 아니라 시장점유율이나 집중도에도 영향을 주지 않는다. 그럼에도 불구하고 독점규제법에서 혼합결합을 규제하게 된 이유는 다음 두 가지의 사실에 근거한다. 첫째는 혼합결합이 잠재적 경쟁자를 없애기 때문이다. 잠재적 경쟁자가 없어지면 기존의 사업자가 가격 인상을 더 자유롭게 하게 될 것이다. 둘째는 혼합결합이 기존 기업의 재정적 조건을 더 유리하게 하거나 영업능력이 전반적으로 커져서 신규진입을 막을 수 있기 때문이다. 이것을 포트폴리오 효과(portfolio effect)라고 한다. 잠재적 경쟁자 문제로 인해 경쟁이 제한될 가능성이 훨씬 더 크다.

첫 번째의 혼합결합 사건은 *United States v. Sidney W. Winstow*[33]으로 기록되고 있다. 이 사건은 신발 제조기계 생산업자 간의 기업결합을 다루고 있다. 신발제조에 여러 단계의 공정이 있는데 각각 다른 기계를 사용하고 있다. 세 개의 신발 제조기계 생산업자가 단행한 기업결합이 바로 혼합결합에 해당한다. 그들은 '신발 모양 제조기계(shoe lasting machine)'를 생산하는 기업(시장점유율 60%), '신발 뒤축 부착기계(shoe heeling machine)'를 생산하는 기업(시장점유율 70%), 그리고 '신발 옆가죽 부착기계(shoe welt-sewing machine)'를 생산하는 기업(시장점유율 80%) 등 세 개의 기업이다. 이들 3개 기업은 경쟁 관계에 있지 않으므로 이들 간의 결합은 물론 혼합결합의 일종이다.

법원은 세 개 기업이 각각 별도로 세 개의 기계를 제조하는 경우와 기업결합을 단행하여 한 개의 기업이 세 개의 기계를 제조하는 경우는 시장의 경쟁에 아무런 영향을 주지 않으므로 동 기업결합은 허가해야 한다고 판결하였다. 즉 그들은 경쟁 관계에 있지 않았으므로 그들 간의 기업결합도 경쟁을 제한할 수 없다는 것이다.

그러나 이와 같은 결정은 잠재적 경쟁자 효과를 간과한 것이다. 즉 상기 기업결합의 결과 막강한 잠재적 경쟁자가 없어져 버린 결과가 되었다. 기업이 합병되기 전에는 '신발 모양 제조기계' 제조업자는 자기 제품의 가격을 인상할 경우 다른 잠재적 경쟁자, 예컨대 '신발 뒤축 부착기계' 제조업자가 진입할 것이라는 우려 때문에 자기의 의사대로 자기 제품의 가격을 인상할 수 없었다. 세 개의 잠재적 경쟁 관계에 있는 기업 간의 결합을 허용한 결과 잠재적 경쟁자

---

33 227 U.S. 202 (1913).

가 없어지게 되었고 이에 따라 종전에 사용하지 못하고 있던 60%의 독점력을 완전하게 사용할 수 있게 된 것이다.

United States v. Continental Can Co.[34]에서 Continental Can사는 알루미늄 캔의 제조에서 두 번째 규모의 기업인데, 병 제조업에서 세 번째의 규모인 Hazel-Atlas사와 결합하게 되었다. 하급법원은 먼저 캔과 병이 대체성이 있는 제품인지에 대하여 분석하였다. 결론은 맥주업계에서만 캔과 병을 대체품으로 사용할 뿐, 다른 업종은 두 제품을 대체적으로 사용하고 있지 않으므로 대체성이 없다고 판단하였다. 따라서 기업결합의 두 당사기업 간은 경쟁 관계가 아니라고 인정하여 이 혼합결합을 허용하였다.

법원은 캔과 병의 공급자가 판촉활동을 하기에 따라서는 캔을 사용하던 사업자가 병으로 대체할 수도 있고, 또 그 반대의 경우도 발생할 수 있으므로 양자 간에는 대체성이 있다고 판단하고 있다.[35] 양 제품 간에 대체성이 있다면 캔과 병은 하나의 시장으로 정의될 것이고 해당 기업은 경쟁 관계에 놓이게 된다. 따라서 이 사건은 수평결합의 분석방법과 차이가 없게 된다. 캔과 병을 하나의 시장으로 정의했을 경우 Continental사의 시장점유율은 21.9%, Hazel-Allas사의 그것은 3.1%인 것으로 나타났다. 법원은 기업결합 당사회사가 이 정도의 시장점유율을 가지는 것만으로도 경쟁제한성이 있다고 판단하고 있다. 이 기업결합을 허용한다면 동종 산업의 기업결합이 급격하게 증가할 것이라고 우려했기 때문이다.

United States v. El Paso Natural Gas Co.[36]에서 잠재적 경쟁자이론(potential competitor theory)이 처음으로 등장하였다. El Paso는 캘리포니아에서 천연가스를 공급하는 다른 주의 기업인데 Pacific Northwest사를 인수하게 되었다. Pacific Northwest사도 역시 다른 주의 천연가스 공급 기업인데, Pacific Northwest사는 당시까지의 지속적인 노력에도 불구하고 캘리포니아에 천연가스 판매를 못하고 있었다.

법원은 Pacific Northwest사가 캘리포니아에 진출하지 못했으므로 양 당사자는 직접적인 경쟁 관계는 아니지만, Pacific Northwest사가 동 주에 진출하기 위해 노력한다는 사실만으로 El Paso사가 캘리포니아에서 천연가스의 가격을 인상하지 못하도록 하는 효과를 가져왔다는 의견을 제시하였다. 다시 말해서 Pacific Northwest사는 El Paso사의 잠재적 경쟁자의 역할을

---

34 378 U.S. 441 (1964).
35 이와 같은 다른 제품 간의 경쟁을 법원은 '산업 간의 경쟁(inter-industry competition)'이라고 부르고 있다.
36 376 U.S. 651 (1964).

했으므로 이 기업결합은 캘리포니아의 천연가스 시장의 경쟁을 심대하게 제한했다는 것이다.[37]

United States v. Penn-Olin Chemical Co.[38]은 joint venture에 대해 잠재적 경쟁자이론에 입각하여 크레이톤법 7조를 적용한 최초의 사건이다. Pennsalt Chemicals사와 Olin-Mathieson사는 나트륨 염소산염을 생산하여 동남부 지역에 판매하기 위하여 Penn-Olin사를 설립하였다. 이 joint venture전에 양 사는 나트륨 염소산염을 생산하지는 않았으나 다른 화학제품의 동남부 지역에서의 시장점유율이 90%에 이르고 있었다. 양사는 모두 이 joint venture 없이 독자적인 진입은 고려하지 않고 있었다.

하급법원은 이 joint venture가 나트륨 염소산염 시장에 참가하는 기업 수를 50%나 증가시키는 친 경쟁적인 효과가 크므로 적법한 것으로 결정하였다. 이에 대하여 법원은 잠재적 경쟁자 이론에 입각하여 이 joint venture의 허가여부를 결정해야 한다는 입장을 취하고 있다. 법원은 만약 두 기업 중 한 개 기업만 시장에 진입하고 나머지 기업은 잠재적 경쟁자로 남아 있을 가능성이 있다면 이 joint venture는 잠재적 경쟁자를 없앰으로써 경쟁을 제한할 가능성이 있으므로 이 점을 재검토하도록 사건을 하급법원으로 반송하였다. 그러나 하급법원은 양 사 모두 독자적인 시장 진입은 고려하지 않고 있다는 사실을 알고 있었다. 즉 한 기업이 다른 기업의 잠재적 경쟁자로 남아 있을 가능성이 없으므로 이 joint venture를 허용하였다.

FTC v. Procter & Gamble Co.[39]에서도 역시 잠재적 경쟁자이론이 적용되었다. Procter & Gamble(P&G)사는 비누, 세척제 등 다양한 가정용 소모품을 제조·판매하는 기업인데 세제시장의 54.4%를 점유하고 있었다. 동사는 시장점유율 48.8%를 점한 표백제 제조 기업인 Clorox사를 인수하고자 하였다.

법원은 크게 두 가지 이유를 들어 이 혼합결합을 허용하지 않았다. 첫째, 잠재적 경쟁자이론을 적용한 결과이다. 즉 P&G사는 동사가 영위하는 업종의 성격상 표백제의 제조에 진입할 수 있는 잠재적 진입자로 인식되어 왔다는 것이다. Procter & Gamble사가 표백제 시장의 밖에 존재한다는 사실만으로도 Clorox사로 하여금 표백제 가격을 인상하지 못하도록 억제하는

---

37 Pacific Northwest가 실제 캘리포니아에 진출하고 있지는 않았지만, El Paso의 잠재적 경쟁자라기보다는 실제적 경쟁자로 볼 수도 있다.

38 378 U.S. 158 (1964).

39 386 U.S. 568 (1969).

작용을 해 왔는데, 이 기업결합으로 인해 잠재적 경쟁자가 없어지게 되었다는 것이다. 둘째, 포트폴리오 효과가 생길 것에 대한 우려 때문이다. P&G사가 가진 광고 전략상의 우위 때문에 표백제 시장의 경쟁 관계에 영향을 미칠 것이라고 예상했다. 표백제는 모든 기업의 화학적 성분이 동일하므로 제품의 차별성을 부각하여 시장을 잠식하기 위해서는 광고에 의존할 수밖에 없다는 특징이 있다. 그런데 P&G사는 비용의 많은 부분을 광고비로 책정하는 적극적인 광고 전략을 채택한 기업이었다. 따라서 당시 표백제 제조 기업에 비하여 훨씬 더 많은 광고비를 사용하고 있었다. 만약 기업결합을 허용한다면 이러한 동사의 광고 전략상의 우월성이 이미 독점력을 가진 Clorox사의 잠재력을 더욱 강화시켜 신규 진입을 어렵게 한다는 것이다.

United States v. Marine Bancorporation, Inc.[40]에서 법원은 잠재적 경쟁자이론을 적용할 수 있는 기준을 제시하고 있다. Marine은행은 워싱턴주 시애틀 소재의 은행인데, 같은 워싱턴 주의 동쪽 끝에 위치한 스포캐인의 은행을 인수하여 지역시장의 확장을 도모하고자 하였다. Marine은행은 워싱턴주에서 두 번째 규모의 은행이고 피합병은행은 같은 주에서 아홉 번째 규모의 은행이었다. 이 기업결합이 혼합결합으로 분류된 이유는 시애틀은 워싱턴주의 태평양 연안에 위치해 있고 피합병은행은 같은 주의 동쪽 끝에 있으므로 양 은행의 지역시장이 달라서 직접적인 경쟁 관계에 있는 은행들이 아니기 때문이다. 법무부 독점규제국의 주장은 두 은행 간의 결합이 금지되면 시애틀의 Marine은행은 Spokane에 진출하기 위해 보다 덜 경쟁제한적인 방법을 택할 것이라는 얘기이다. 다시 말해서 Marine은행은 Spokane에 있는 보다 더 작은 은행을 인수하여 확장하고 경쟁력을 갖추게 하는 방법으로 동 지역에 진출할 것이므로 그 지역의 경쟁이 더 활발해질 것이라는 주장이다.

법원은 잠재적 경쟁자이론을 적용할 수 있기 위해서는 다음과 같은 세 가지 조건이 충족되어야 한다고 했다. ① 관련 시장의 집중도가 높아야 한다. 여기서는 Spokane의 금융시장을 말한다. ② 합병기업이 잠재적 경쟁자로 인식되어야 한다. 즉 여기서는 Spokane에 있는 은행들이 Marine은행을 잠재적 경쟁자로 인식할 수 있어야 한다는 의미이다. 그러려면 동 은행이 Spokane지역에 신규 진입할 수 있는 기업결합 이외의 대체적인 방안이 존재해야 한다. ③ 그러한 대체적 방안이 Spokane지역에서 경쟁을 촉진할 수 있어야 한다.

법원은 이 혼합결합이 위 세 가지 조건을 충족시키지 못했다고 판단하였다. 당시 워싱턴주

---

40 418 U.S. 602 (1974).

의 주법은 은행의 신규지점 개설을 금지하고 있었으므로 Marine은행이 Spokane에 진출하기 위해서는 그 지역에 있는 다른 은행을 인수하는 방법밖에는 없었다. 따라서 시애틀의 Marine은행은 Spokane에 있는 기존의 은행들에 의해 잠재적 경쟁자로 인식되지 않았다는 것이다. 왜냐하면 워싱턴주의 은행에 대한 규제에 의해 Marine은행이 독자적으로 지점을 개설하는 것은 가능하지 않았다는 사실을 Spokane의 은행들도 알고 있었기 때문이라는 것이다.

제2순회법원은 *Tenneco, Inc. v. FTC*[41]에서 자동차 충격흡수기 제조기업과 자동차의 다른 부품 제조기업 간의 합병을 승인하였다. 이 기업결합이 법을 위반하지 않은 이유도 잠재적 경쟁자이론을 적용하기 위한 조건에 미치지 못했기 때문이다. Tenneco사는 충격흡수기 외의 자동차 부품을 제조하는 기업인데 충격흡수기 제조 시장에 진출하기로 하였다. 그러나 충격흡수기 생산의 경제성 있는 규모가 너무 크므로 신규 진입보다는 기존의 제조업체를 인수하는 방법을 택하기로 한 것이다.

제2순회법원은 충격흡수기의 제조에서 경쟁력 있는 규모가 되려면 연간 6백만 개 이상을 생산할 수 있는 시설을 갖춰야 하므로 이 산업의 진입장벽이 매우 높고, 이러한 사실은 기존 기업들이 Tenneco사를 잠재적 경쟁자로 받아들이지 않게 작용한다는 것이다.

지금까지 혼합결합 관련 사례에 나타나 있는 잠재적 경쟁자이론을 적용하기 위한 조건을 요약하면 다음과 같다. ① 피합병기업이 속해 있는 시장의 집중도가 높아야 한다. ② 합병기업이 기존의 시장 참가자에 의하여 잠재적 경쟁자로 인식이 되어야 한다. 그러기 위해서는 기업결합 이외의 방법, 즉 신규 진입이나 발판 만들기 합병(toehold merger) 등의 방법으로 진입할 합리적인 가능성(reasonable possibility)이 있어야 한다. 여기서 합리적인 가능성이란 합병기업이 재정적, 기술적, 법적 능력과 동기가 있어서 진입할 가능성이 크다는 것을 의미한다. ③ 이러한 인수나 합병 이외의 다른 방법에 의한 시장 진입이 집중도를 완화하거나 경쟁을 촉진하는 효과가 있어야 한다.

---

41 689 F.2d 346 (2rd Cir. 1982).

4-3 우리나라의 제도 및 사례

4-3-1 신고대상 · 시기 · 기한

결합당사회사(특수 관계인 포함)의 직전 사업 연도 자산총액 또는 매출액이 3,000억 원 이상인 기업이 300억 원 이상인 기업을 결합하거나 그 반대의 경우에 신고 의무가 생긴다.[42] 해외기업 간의 기업결합의 경우, 위의 요건 이외에 국내 매출액이 각각 300억 원을 초과하면 우리나라의 공정위에 신고 의무가 생긴다.

기업결합의 신고는 다음 네 가지의 형태로 나눌 수 있다.

첫째 주식취득의 방법이다. 다른 회사 발행 주식 총수(의결권 없는 주식 제외)의 20%(상장등록법인은 15%) 이상을 소유하게 되는 경우 기업결합의 신고 의무가 있다. 둘째 임원겸임의 경우이다. 대규모 회사(신고대상 회사 및 그 계열회사의 자산총액 또는 매출액 합계가 2조 원 이상인 회사)의 임원 또는 종업원이 다른 회사의 임원을 겸임하는 경우가 이에 해당한다. 셋째 합병이나 영업양수를 하는 경우이다. 넷째 회사설립 참여하면서 최다출자자가 되는 경우이다.

다음은 각 기업결합 형태별 신고 시기에 대해 알아보자. 신고에는 크게 사전신고와 사후신고로 나눌 수 있다. 대부분의 선진국들은 원칙적으로 사전신고제를 채택하고 있으나 우리나라는 사후 신고를 폭넓게 인정하고 있다. 사전신고에 해당하는 기업결합은 신고 후 30일(추가 연장 90일)이 경과할 때까지는 기업결합완료행위, 즉 합병등기, 영업양수 계약의 이행행위, 주식인수행위가 금지된다. 이것은 당해 기업결합이 시장에 미치는 영향력을 감안하여 기업결합을 완료하기 전에 심사토록 하기 위한 것이며, 신고하자마자 기업결합을 완료해버리면 완료 전 신고의 의미가 없어지기 때문이다. 지금까지 설명한 각 형태별 기업결합의 신고 시기는 아래 표와 같이 요약할 수 있다.

---

[42] 2017년 9월 개정된 공정거래법 시행령의 내용이다. 그 전까지는 기업결합 신고 대상이 자산이나 매출액이 2,000억원 이상인 기업이 200억원 이상인 기업을 인수한 경우였다.

표 4-3 기업결합 신고 및 기한

구 분	신고 의무자	기업결합 유형	신고 시기
사전신고	대규모회사[43]	주식취득	계약일부터 30일
		합병	
		영업양수	
		회사신설 참여	주총(이사회) 의결일부터 30일
사후신고	대규모회사 외의 자	주식취득	주권교부일 등으로부터 30일
		합병	합병등기일부터 30일
		영업양수	대금지불 완료일부터 30일
		회사신설 참여	주금납입기일 다음날부터 30일
	대규모회사	임원겸임	겸임되는 회사의 주주총회(사원총회)에서 선임이 의결된 날부터 30일

사전·사후 신고를 막론하고 기업결합 신고 의무가 발생하기 이전에 구체적인 기업결합 계획에 대한 법 위반여부를 심사받을 수 있다. 이를 임의적 사전심사제도라 한다(법 제12조 제7항). 기업결합을 하기 전에 경쟁제한성, 즉 법 위반여부를 판단 받을 수 있으므로 기업의 투자결정시 매우 유용한 제도이다.

공정위는 신고 후 30일 이내에 심사하여 신고인에게 통보하여야 한다. 다만, 기업결합이 경쟁제한 가능성이 커서 심사 기간이 길어질 수 있는데, 이때 공정위는 필요하다고 인정할 경우 90일까지 심사를 연장할 수 있다. 그러나 이 90일도 자료제출 기간 등을 제외하므로 실제로는 90일 이상까지 연장될 수 있다.

4-3-2 경쟁제한성 판단 기준

가) 관련시장(Relevant Market) 획정

먼저, 경쟁제한성 판단을 위한 전 단계로 당해 기업결합이 영향을 미칠 수 있는 관련시장으로 상품시장과 지리적 시장을 획정한다. 기업결합 심사기준 상 '관련시장'이란 특정상품(지역)의 가격이 상당 기간 어느 정도 의미 있는 수준으로 인상될 경우 당해 상품(지역)의 대표적 구매자가 이에 대응하여 구매를 전환할 수 있는 상품(지역) 전체를 의미하는 것이다.[44]

---

43 자산총액 또는 매출액 규모가 연간 2조원 이상인 회사를 말한다.

'상품시장'은 소비자가 상품의 특성, 가격, 사용목적 등을 고려하여 대체할 수 있다고 여기는 상품 또는 서비스 집합을 의미하고, '지리적 시장'은 기업결합당사회사가 상품이나 서비스를 공급하는 지역 중 경쟁조건이 매우 동질적이어서 인접 지역과는 구별될 수 있는 지역을 의미한다.

나) 시장집중도 평가

기업결합의 심사는 시장집중도를 분석함으로써 시작한다. 시장집중도는 경쟁제한성 여부를 판단하는 가장 기본적이면서도 중요한 지표이다. 다만 시장집중도 분석은 기업결합이 경쟁에 미치는 영향을 분석하는 출발점으로서의 의미를 가지며, 경쟁이 실질적으로[45] 제한되는지 여부는 시장의 집중상황과 아래 설명할 여러 가지 요소들을 고려하여 판단한다.

시장집중도 분석에서 주목할 점은 시장집중도가 일정기준 이하이면 경쟁제한성이 없다고 추정함으로써 기업결합 심사의 효율을 기하고 있다는 점이다.[46] 즉, 기업결합 후 일정한 거래분야에서의 시장집중도 및 그 변화 정도가 일정기준에 해당하는 경우에는 경쟁을 실질적으로 제한하지 않는 것으로 추정되며, 그렇지 않은 경우에는 경쟁이 실질적으로 제한될 가능성이 있다고 보는 것이다.

경쟁제한 추정요건에 해당하는 경우, 당사회사가 경쟁제한성이 없음을 반증하지 못하거나 반증하더라도 그 내용의 타당성이 인정되지 않으면 경쟁제한성이 인정된다.

기업결합의 경쟁제한성은 취득회사와 피취득회사 간의 관계를 고려하여 수평형 기업결합, 수직형 기업결합, 혼합형 기업결합 등 유형별로 구분하여 판단한다.

수평형 기업결합으로써 다음의 어느 하나에 해당하는 경우에는 경쟁을 실질적으로 제한하지 않는다고 판단한다. ① HHI가 1,200에 미달하는 경우, ② HHI가 1,200 이상이고 2,500 미만이면서 HHI 증가분이 250 미만인 경우, ③ HHI가 2,500 이상이고 HHI 증가분이 150 미만인 경우인데, 다만 당사회사의 시장점유율 등이 법 제7조 제4항[47]의 요건에 해당하는 경우에

---

44 제2장의 SSNIP test를 소개하면서 이미 설명하였다.

45 미국의 크레이튼법에 "substantially lessen competiton"에서 'substantially'를 '실질적으로'로 번역한 결과 이 표현을 사용하고 있으나, 'substantially'는 크레인톤법의 해석이나 미국 법원 판결문의 의미를 고려할 때 '심대하게'로 번역하는 것이 맞다. 우리나라 공정거래법의 각종 규정이나 문헌에 '실질적으로'라는 표현을 많이 사용하고 있으므로 여기서도 그냥 '실질적으로'를 사용하기로 한다.

46 일종의 안전지대(safe harbor)의 개념이다.

는 상기 HHI기준에도 불구하고 경쟁제한성이 있다고 추정한다.

수직형 또는 혼합형 기업결합으로써 다음의 어느 하나에 해당하는 경우에도 경쟁을 실질적으로 제한하지 않는다고 판단한다. ① 당사회사가 관여한 일정한 거래분야에서 HHI가 2,500 미만이고 당사회사의 시장점유율이 25/100 미만인 경우, ② 일정한 거래분야에서 당사회사가 각각 4위 이하 사업자인 경우이다.

시장집중도를 평가함에 있어서는 최근 수년간의 시장집중도의 변화추이를 고려한다. 최근 수년간 시장집중도가 현저히 상승하는 경향이 있는 경우에 시장점유율이 상위인 사업자가 행하는 기업결합은 경쟁을 실질적으로 제한할 가능성이 커질 수 있다. 이 경우 신기술개발, 특허권 등 향후 시장의 경쟁 관계에 변화를 초래할 요인이 있는지 여부를 고려한다.

시장집중도 분석은 기업결합 심사의 첫 단계에 불과하므로 HHI의 분석 결과 안전지대에 포함되지 않은 경우, 경쟁제한성 분석에서 구체적으로 단독효과, 협조 효과, 봉쇄효과, 경쟁사업자 배제 효과 등 구체적인 분석이 필요하다. 다음은 시장집중도 분석 다음 단계의 각 기업결합 형태별 경쟁제한성 분석방법에서 대해 살펴보기로 한다.

다) 수평형 기업결합

수평형 기업결합이 경쟁을 실질적으로 제한하는지 여부에 대해서는 기업결합 전후의 시장집중상황, 단독효과, 협조 효과, 해외경쟁의 도입수준 및 국제적 경쟁상황, 신규 진입의 가능성, 유사품 및 인접 시장의 존재여부 등을 종합적으로 고려하여 심사한다.

단독효과란 경쟁 관계에 있던 기업 간의 결합으로 경쟁이 없어지면서, 결합 후 해당 기업

---

47 ④ 기업결합이 다음 각 호의 어느 하나에 해당하는 경우에는 일정한 거래분야에서 경쟁을 실질적으로 제한하는 것으로 추정한다. <신설 1996.12.30, 1999.2.5, 2007.8.3>
1. 기업결합의 당사회사(제1항 제5호의 경우에는 회사설립에 참여하는 모든 회사를 말한다. 이하 같다)의 시장점유율(계열회사의 시장점유율을 합산한 점유율을 말한다. 이하 이 조에서 같다)의 합계가 다음 각 목의 요건을 갖춘 경우
가. 시장점유율의 합계가 시장지배적 사업자의 추정요건에 해당할 것
나. 시장점유율의 합계가 당해거래분야에서 제1위일 것
다. 시장점유율의 합계와 시장점유율이 제2위인 회사(당사회사를 제외한 회사 중 제1위인 회사를 말한다)의 시장점유율과의 차이가 그 시장점유율의 합계의 100분의 25 이상일 것
2. 대규모회사가 직접 또는 특수 관계인을 통하여 행한 기업결합이 다음 각목의 요건을 갖춘 경우
가. 「중소기업기본법」에 의한 중소기업의 시장점유율이 3분의 2 이상인 거래분야에서의 기업결합일 것
나. 당해기업결합으로 100분의 5 이상의 시장점유율을 가지게 될 것

의 제품 가격이 상승하는 효과를 말한다. 단독효과는 기업결합 후 당사회사가 단독으로 가격인상 등 경쟁제한행위를 하더라도 경쟁사업자가 당사회사 제품을 대체할 수 있는 제품을 적시에 충분히 공급하기 곤란한 경우에 나타나며 그 결과 기업결합이 경쟁을 실질적으로 제한할 수 있다.

단독효과는 다음과 같은 사항을 종합적으로 고려하여 판단한다. ① 결합당사회사의 시장점유율 합계, 결합으로 인한 시장점유율 증가폭 및 경쟁사업자와의 점유율 격차, ② 결합당사회사가 공급하는 제품 간 수요대체가능성의 정도 및 동 제품 구매자들의 타 경쟁사업자 제품으로의 구매 전환가능성, ③ 경쟁사업자의 결합당사회사와의 생산능력 격차 및 매출증대의 용이성 등이다. 그러나 위 판단 기준의 적용에 있어서는 시장의 특성도 함께 감안하여야 한다. 예컨대, 차별적 상품시장에 있어서는 결합 당사회사 간 직접경쟁의 정도를 측정하는 것이 보다 중요하고 그에 따라 시장점유율보다는 결합당사회사 제품 간 유사성, 구매전환 비율 등을 보다 중요하게 고려한다.

협조 효과란 기업결합에 따른 경쟁자의 감소 등으로 인하여 사업자 간의 가격, 수량, 거래조건 등에 관한 협조가 이루어지기 쉽거나 그 협조의 이행 여부에 대한 감시 및 위반자에 대한 제재가 가능한 경우에 나타나며 이 경우 경쟁을 실질적으로 제한할 가능성이 커질 수 있다. 여기서 협조 효과란 공동행위뿐만 아니라 경쟁사업자 간 거래조건 등의 경쟁유인을 구조적으로 약화시켜 가격 인상 등이 유도되는 경우를 포함한다.

사업자 간의 협조가 용이해지는지의 여부는 다음과 같은 사항을 고려하여 판단한다. ① 시장 상황, 시장거래, 개별사업자 등에 관한 주요 정보가 경쟁사업자 간에 쉽게 공유될 수 있는지 여부, ② 관련시장 내 상품 간 동질성이 높은지 여부, ③ 가격책정이나 마케팅의 방식 또는 그 결과가 경쟁사업자 간에 쉽게 노출될 수 있는지 여부, ④ 관련시장 또는 유사시장에서 과거 협조가 이루어진 사실이 있는지 여부, ⑤ 공급자와 수요자 간 거래의 결과가 경쟁사업자 간에 쉽고 정확하게 공유될 수 있는지 여부, ⑥ 공급자에 대하여 구매력을 보유한 수요자가 존재하는지 여부, ⑦ 결합당사회사를 포함해 협조에 참여할 가능성이 있는 사업자들이 상당한 초과 생산능력을 보유하는지 여부 등이다.

수평결합에서 마지막으로 구매력 증대에 따른 경쟁제한 효과를 고려한다. 당해 기업결합으로 인해 결합 당사회사가 원재료 시장과 같은 상부시장에서 구매자로서의 지배력이 형성 또는 강화될 경우 구매물량 축소 등을 통하여 경쟁이 실질적으로 제한될 수 있는지를 고려한다. 이러한 경쟁의 실질적인 제한 가능성 판단에 있어서는 시장집중도 및 그 변화추이를 고려한다.

라) 수직형 기업결합

수직형 기업결합이 경쟁을 실질적으로 제한하는지 여부에 대해서는 시장의 봉쇄효과, 협조 효과 등을 종합적으로 고려하여 심사한다.

시장의 봉쇄효과란 수직형 기업결합을 통해 당사회사가 경쟁 관계에 있는 사업자의 구매선 또는 판매선을 봉쇄하거나 다른 사업자의 진입을 봉쇄할 수 있는 경우를 말하며 이 경우 경쟁을 실질적으로 제한할 수 있다.

시장의 봉쇄 여부는 다음 사항들을 고려하여 판단한다. ① 원재료 공급회사(취득회사인 경우 특수 관계인 등을 포함한다)의 시장점유율 또는 원재료 구매회사(취득회사인 경우 특수 관계인 등을 포함한다)의 구매액이 당해시장의 국내 총 공급액에서 차지하는 비율, ② 원재료 구매회사(취득회사인 경우 특수 관계인 등을 포함한다)의 시장점유율, ③ 기업결합의 목적, ④ 수출입을 포함하여 경쟁사업자가 대체적인 공급선, 판매선을 확보할 가능성, ⑤ 경쟁사업자의 수직계열화 정도, ⑥ 당해 시장의 성장전망 및 당사회사의 설비증설 등 사업계획, ⑦ 사업자 간 공동행위에 의한 경쟁사업자의 배제가능성, ⑧ 당해 기업결합에 관련된 상품과 원재료의존 관계에 있는 상품시장 또는 최종산출물 시장의 상황 및 그 시장에 미치는 영향, ⑨ 수직형 기업결합이 대기업 간에 이루어지거나 연속된 단계에 걸쳐 광범위하게 이루어져 시장 진입을 위한 필요최소자금규모가 현저히 증대하는 등 다른 사업자가 당해 시장에 진입하는 것이 어려울 정도로 진입장벽이 증대하는지 여부 등이다.

협조 효과란 수직형 기업결합의 결과로 경쟁사업자 간의 협조 가능성이 증가하는 경우로서 이 경우 경쟁을 실질적으로 제한할 수 있다.

경쟁사업자 간의 협조 가능성 증가 여부는 다음 사항들을 고려하여 판단한다. ① 결합 이후 가격정보 등 경쟁사업자의 사업활동에 관한 정보입수가 용이해지는지 여부, ② 결합 당사회사중 원재료구매회사가 원재료공급회사들로 하여금 협조를 하지 못하게 하는 유력한 구매회사였는지 여부, ③ 과거 당해 거래분야에서 협조가 이루어진 사실이 있었는지 여부 등이다.

마) 혼합형 기업결합

혼합형 기업결합이 경쟁을 실질적으로 제한하는지 여부는 잠재적 경쟁의 저해 효과, 경쟁사업자 배제 효과, 진입장벽 증대 효과 등을 종합적으로 고려하여 심사한다.

잠재적 경쟁의 저해는 혼합형 기업결합이 일정한 거래분야에서 잠재적 경쟁을 감소시키는 경우 발생하는 것으로서 경쟁을 실질적으로 제한할 수 있다.

잠재적 경쟁의 감소 여부는 다음 사항들을 고려하여 판단한다. ① 상대방 회사가 속해 있는 일정한 거래분야에 진입하려면 특별히 유리한 조건을 갖출 필요가 있는지 여부, ② 당사회사 중 하나가 상대방 회사가 속해 있는 일정한 거래분야에 대해 잠재적 경쟁자인지 여부, ③ 일정한 거래분야에서 결합당사회사의 시장점유율 및 시장집중도 수준, ④ 당사회사 이외에 다른 유력한 잠재적 진입자가 존재하는지 여부 등이다. ②항에서 잠재적 경쟁자가 되기 위해서는, 첫째, 생산기술, 유통경로, 구매계층 등이 유사한 상품을 생산하는 등의 이유로 당해 결합이 아니었더라면 경쟁제한 효과가 적은 다른 방법으로 당해 거래분야에 진입하였을 것으로 판단되고, 둘째 당해 거래분야에 진입할 가능성이 있는 당사회사의 존재로 인하여 당해 거래 분야의 사업자들이 시장지배력을 행사하지 않고 있다고 판단되어야 한다는 두 가지 요건이 충족되어야 한다.

경쟁사업자를 배제하는 경우는 당해 기업결합으로 당사회사의 자금력, 원재료 조달능력, 기술력, 판매력 등 종합적 사업능력이 현저히 증대되어 당해상품의 가격과 품질외의 요인으로 경쟁사업자를 배제할 수 있을 정도가 되는 경우를 의미하며 경쟁을 실질적으로 제한할 수 있다.

또한, 당해 기업결합으로 시장 진입을 위한 필요최소자금규모가 현저히 증가하는 등 다른 잠재적 경쟁사업자가 시장에 새로 진입하는 것이 어려울 정도로 진입장벽이 증대하는 경우에는 경쟁을 실질적으로 제한할 수 있다.

4-3-3 경쟁제한성 완화요인

다음에 해당하는 경우 경쟁제한성을 완화할 수 있고 상기 경쟁제한 효과와 비교하여 종합적으로 판단한다.

첫째 해외경쟁의 도입수준 및 국제적 경쟁상황이다. 상당 기간 어느 정도 의미 있는 가격 인상이 이루어지면 상당한 진입 비용이나 퇴출비용의 부담 없이 가까운 시일 내에 수입경쟁이 증가할 가능성이 있는 경우에는 기업결합에 의해 경쟁을 실질적으로 제한할 가능성이 작아질 수 있다.

둘째 신규 진입의 가능성이다. 당해 시장에 대한 신규 진입이 가까운 시일 내에 충분한 정도로 용이하게 이루어질 수 있는 경우에는 기업결합으로 감소되는 경쟁자의 수가 다시 증가할 수 있으므로 경쟁을 실질적으로 제한할 가능성이 작아질 수 있다. 신규 진입이 충분하기 위해서는 기업결합으로 인한 경쟁제한 우려가 억제될 수 있을 정도의 규모와 범위를 갖추어야 한다. 특히, 차별화된 상품시장에서는 결합 당사회사의 제품과 근접한 대체 상품을 충분히 공급할 수 있는 능력과 유인이 존재하는지를 고려한다.

셋째 유사품 및 인접 시장의 존재 여부도 경쟁제한성을 완화하는 데 중요하다. 기능 및 효용 측면에서 유사하나 가격 또는 기타의 사유로 별도의 시장을 구성하고 있다고 보는 경우에는 생산기술의 발달 가능성, 판매 경로의 유사성 등 그 유사상품이 당해 시장에 미치는 영향을 고려한다. 거래지역별로 별도의 시장을 구성하고 있다고 보는 경우에는 시장 간의 지리적 근접도, 수송수단의 존재 및 수송기술의 발전 가능성, 인접 시장에 있는 사업자의 규모 등 인근 지역시장이 당해 시장에 미치는 영향을 고려한다.

넷째 강력한 구매자가 존재하는지 여부를 확인한다. 결합 당사회사로부터 제품을 구매하는 자가 기업결합 후에도 공급처의 전환, 신규 공급처의 발굴 및 기타 방법으로 결합 기업의 가격 인상 등 경쟁제한적 행위를 억제할 수 있을 때에는 경쟁을 실질적으로 제한할 가능성이 작아질 수 있다. 이 경우 그 효과가 다른 구매자에게도 적용되는지 여부를 함께 고려한다.

4-3-4 효율성 증대 효과 및 회생이 불가한 회사의 판단 기준

경쟁제한성과 완화요인을 종합적으로 판단한 후 경쟁제한 효과가 큰 기업결합이라 하드래도 당해 기업결합이 효율성 증대 효과가 크거나 회생이 불가한 회사에 대한 결합인 경우 예외가 인정된다.

효율성 효과는 생산비용 하락 등 경제적 효율성을 의미하는 것으로 손익구조의 개선이나 부의 이전 등은 효율성 효과를 의미하는 것은 아니다. 효율성 증대 효과는 당해 기업결합 외의 방법으로는 달성하기 어려운 효과(merger-specific efficiency)로서 가까운 시일 내에 발생할 것이 명백해야 한다. 그 입증 책임은 기업결합 당사회사에 있다. 이는 효율성 증대 효과가 결합 후 사업자의 경쟁능력과 경쟁유인을 증대시켜 가격 인하, 생산량 증대, 서비스 강화 등과 같은 소비자 후생의 증대를 가져올 수 있기 때문이다.

보다 구체적으로는, 설비확장, 자체기술개발 등 기업결합이 아닌 다른 방법으로는 효율성 증대를 실현시키기 어려워야 하고, 생산량의 감소, 서비스질의 저하 등 경쟁제한적인 방법을 통한 비용절감이 아니어야 하며, 또한 효율성 증대 효과는 가까운 시일 내에 발생할 것이 명백하여야 하며, 단순한 예상 또는 희망 사항이 아니라 그 발생이 거의 확실한 정도임이 입증될 수 있는 것이어야 한다. 효율성 증대 효과는 당해 결합이 없었더라도 달성할 수 있었을 효율성 증대 부분을 포함하지 않는다.

기업결합의 예외를 인정하기 위해서는 위에서 규정하는 효율성 증대 효과가 기업결합에 따른 경쟁제한의 폐해보다 커야 한다.

회생이 불가한 회사라 함은 회사의 재무구조가 극히 악화되어 지급불능의 상태에 처해 있거나 가까운 시일 내에 지급불능의 상태에 이를 것으로 예상되는 회사를 말한다. 시장에서 퇴출될 정도의 부실기업이라면 이를 허용하더라도 경쟁구조가 더 나빠진다고 볼 이유가 없으므로 예외인정이 가능하다.

부실기업으로서 예외인정은 다음과 같은 사항을 고려하여 판단한다. ① 상당 기간 대차대조표상의 자본총액이 납입자본금보다 작은 상태에 있는 회사인지 여부, ② 상당 기간 영업이익보다 지급이자가 많은 경우로서 그 기간 중 경상손익이 적자를 기록한 회사인지 여부, ③ "채무자 회생 및 파산에 관한 법률" 제34조 및 제35조의 규정에 따른 회생절차개시의 신청 또는 동법 제294조 내지 제298조의 규정에 따른 파산신청이 있는 회사인지 여부, ④ 당해회사에 대하여 채권을 가진 금융기관이 부실채권을 정리하기 위하여 당해회사와 경영의 위임계약을 체결하여 관리하는 회사인지 여부 등이다.

기업결합의 예외를 인정받기 위해서는 회생이 불가한 회사로 판단되는 경우에도 다음의 요건에 해당되어야 한다. ① 기업결합을 하지 아니하는 경우 회사의 생산설비 등이 당해 시장에서 계속 활용되기 어려운 경우, ② 당해 기업결합보다 경쟁제한성이 적은 다른 기업결합이 이루어지기 어려운 경우 등이다.

4-3-5 기업결합 시정조치

경쟁제한성이 있는 기업결합으로 판단되는 경우 공정위는 경쟁제한으로 인한 효과를 제거하거나 감소시키기 위해 당해 행위의 중지(기업결합의 불허), 주식의 전부 또는 일부의 처분, 임원 사임, 영업의 양도, 경쟁제한의 폐해를 방지할 수 있는 영업방식 또는 영업범위의 제한 등의 조치를 취할 수 있다(법 제16조 제1항).

결합당사회사가 공정위의 시정조치를 이행하지 않을 경우, 불이행 기간 동안 매 일 단위의 이행강제금이 부과한다. 계속 이행하지 않을 경우, 매 일단위로 이행강제금이 계속 부과된다. 구체적인 이행강제금 규모는 결합유형, 결합금액 등을 고려하여 정한다.

지금까지 이행강제금 부과사례는 (주)코오롱에 대해 부과된 1건이 있다(2003년 5월). (주)코오롱의 (주)고합 영업양수 건에 대한 시정조치의 이행기간인 2003년 4월 30일까지 이행이 이루어지지 않음에 따라 공정위는 2003년 5월 1일부터 매 1일당 618만원의 이행강제금을 부과했으며 이에 따라 (주)코오롱은 27일간의 시정조치 불이행에 대해 총 1억 6,680만원의 이행강제금을 납부한 바가 있다.

4-3-6 우리나라의 기업결합 사례

이마트의 월마트 인수건[48]

이 기업결합은 신세계가 월마트의 주식을 100% 취득함으로써 성사되었다. 이마트와 월마트는 소매 유통업의 한 형태인 할인점을 운영한 사업자이다. 다른 기업결합 사건과 마찬가지로 이 사건 역시 시장획정, 특히 지역시장의 획정이 경쟁제한성 여부를 결정짓는 중요한 요소가 되었다. 이에 시장획정을 중심으로 설명하고자 한다.

가) 상품시장의 획정

소매유통업은 백화점, 할인점, 슈퍼마켓, 전문점, 편의점, 재래시장으로 구분된다. 논의 시작은 이 업태별 소매유통업을 같은 시장으로 볼 것인가, 각각 별도의 시장으로 볼 것인가 이다. 전통적인 SSNIP test는 임의의 소매유통업, 예컨대 할인점에 이윤 극대화를 추구하는 가상의

---

48 공정거래위원회 의결 제2006-264호 2006.11.14

독점기업이, 작지만 의미가 있고 일시적이 아닌 가격 인상을 했을 때 소비자들이 다른 소매점으로 소비를 전환하여 그 가상의 독점기업이 이윤 극대화를 유지하는지를 보아야 할 것이다. 그러나 소비자가 어느 특정 소매유통업을 이용하는 것은 어느 특정 상품을 구매하기 위한 것이 아니라 유통 서비스를 구매하는 것이므로 SSNIP test를 직접 적용하기는 어려움이 있다. 다시 말해서 특정 상품의 가격뿐 아니라 쇼핑의 편의성, 매장의 레이아웃 등 유통서비스가 주는 전반적인 가격으로 보아야 하므로 명시적인 가격책정이 곤란하다. 그래서 마이크로소프트 사건에서와 같이 사고실험(thought experiment)에 의해 시장획정을 실시하였다. 각 소매유통업별 법률상 특성, 상품 가격, 상품 구색, 매장규모, 이용편의성 등 기능과 효용 면에서의 특성, 소비자들의 일반적인 인식 등을 종합적으로 검토하여 유통업태 간 경제적으로 유의미한 경쟁 관계가 있는지를 고려하여 상품시장을 획정하였다. 외국 경쟁 당국도 유통업태 별로 다양한 측면에서 차이가 있다는 사실을 근거로 부분시장(sub-market)을 획정한 사례가 있다. 미국의 사례 중 'Staples 사건'에서 '대형 사무용품 전문매장(oss: office super store)'을 상품시장으로 획정한 사례는 이미 설명한 바와 같다.

먼저 할인점은 법·제도적인 분류[49]에서 독자적인 위치를 차지한다. 특히 점포규모, 상품 구색, 가격 등의 측면에서 다른 유통 업태와 구별된다. 할인점은 다른 유통 업태와 판매상품이 어느 정도 중복 되는 측면은 있으나 상품 가격, 매장 규모, 상품 구색, 서비스 수준, 물리적 외관, 점포의 레이아웃, 소비자 접근도(입지), 이용 편의 등 다양한 측면에서 차이가 있다. 먼저, 매장규모 면에서 백화점과 유사하나 백화점은 고품질, 고가 위주, 전문판매원이 있다는 점, 상품구성 면에서도 할인점에 비해 의류비중이 높다는 점 등에서 다르다. 대형 슈퍼마켓은 상품 구성에 있어 식품의 비중이 높으나 할인점은 식품은 물론, 가전 등 생활용품 전반을 취급한다는 점에서 취급하는 상품 품목 수가 훨씬 많고, 가격도 슈퍼마켓보다 훨씬 저렴하다. 전문점은 의류, 가선, 생활용품 등에 각각 특화되어 있다는 점에서 할인점과는 상품의 품목 수에 있어 현격한 차이가 있다. 이에 따라 매장 면적에서도 할인점은 슈퍼마켓이나 전문점에 비해 평균적으로 10배 이상 큰 규모이다. 소비자들에 대한 인식 조사에서도 할인점을 이용하는 소비자와 슈퍼마켓을 이용하는 소비자들이 구분되어 양 유통업체 간에는 경쟁 관계가 성립되지 않는다는 사실이 밝혀졌다.

---

49 통계법 및 유통산업발전법을 말한다.

결론적으로 공정위는 관련 상품시장을 3,000m²이상의 매장 면적을 갖추고 식품, 의류, 생활용품 등 one-stop shopping이 가능하며, 이러한 다양한 소비용품을 통상의 소매가격보다 저렴하게 판매하는 유통 업태인 '대형 할인점 시장'을 상품시장으로 획정하였다.

나) 지리적 시장의 획정

사실 본질적이고 중요한 부문은 지역 시장의 획정이다. 이 기업결합의 심사 당시인 2005년 말 기준, 18개 사업자가 할인점을 운영하고 있었고 전국에 298개의 지점을 설립하여 영업하고 있었다. 취득회사인 이마트는 전국에 79개의 점포를, 피취득회사인 월마트는 9개 도시에 16개 점포를 운영하고 있었다. 할인점의 점포 분포 상황을 보면, 특정지역에 집중되지 않고 전국에 골고루 경쟁한 상황이다.

상품시장과 마찬가지로 지역시장의 획정 역시 특정 지역에 가상의 독점기업이 유의미한 가격 인상을 했을 때 그 지역의 대표 소비자가 이에 대응하여 구매를 전환할 수 있는 지역 전체가 어디까지 인지를 보아야 할 것이다. 유통업의 특성상 가상의 독점기업이 가격 인상을 했을 때, 구매자가 전국의 다른 지역을 찾아 구매 지역을 전환한다는 것은 상식적으로 납득하기 어렵다. 전국시장이 아니라면 어느 지역까지를 적절한 지역시장으로 볼 것인가 하는 문제이다.

Staples 사건에서와 같이 지역적으로 흩어져 있는 수많은 할인점의 점포들의 경쟁 관계가 어느 지역까지 유지되고 있는지를 보는 것이 첫 출발점이다. 우선 할인점의 상품 가격은 본사에서 기본 가격을 책정하나 각 점포별로 경쟁상황을 반영하여 각 품목별로 가격을 조정하고 있다. 즉, 각 점포별로 실질적인 가격 경쟁을 하고 있다는 것을 의미한다. 둘째, 할인점들의 광고 전단지 등을 통한 할인 행사도 지역적으로 별도로 실시되고 있다. 즉, 할인 행사는 해당 지역의 경쟁상황에 따라 개별 점포별로 실시하는 것이다. 셋째, 할인점들은 최저가격 신고보상제[50]를 적용하는 지역 범위를 동일 상권 내의 다른 할인점의 판매가격과 비교하는데, 비교 대상 점포는 대게 반경 5km 이내이다. 신고 보상 이후의 가격 인하조치도 당해 점포 차원에서만 이뤄질 뿐, 전국의 모든 점포에 적용되지는 않는다. 이는 반경 5km 이내의 다른 할인점을 실질적인 경쟁상대로 본다는 강력한 증거이자 지역시장의 범위를 정하는데 상당히 중요한 암시를 주고 있다.

---

50 상품판매와 관계없이 소비자의 신고에 의해 다른 할인점이 더 낮은 가격으로 판매하는 경우 신고한 소비자에게 가격 차액의 2~10배의 금액이나 일정액의 상품권으로 보상해주는 제도이다.

할인점 이용 고객인 소비자들의 거주 지역별 분포는 각 할인점의 회원가입 현황을 통해 파악할 수 있다. 이에 따라 소비자들의 할인점 이용 실태를 확인해 보면, 이마트의 6개 지역 16개 점포의 회원 누적 분포가 각 점포로부터 반경 5km 이내에 회원이 80% 이상 분포하는 점포가 8개로 나타나고 있다. 회원의 50~70%가 5km 이내에 분포하는 점포는 7개가 된다. 즉, 5km 반경이 동일 상권이라는 추정이 매우 합리적이라는 결론이 소비자들의 할인점 이용 실태에서도 나타나고 있다. 그런데 이러한 소비자의 할인점 이용 실태는 서울과 지방 도시와의 차이가 발생하는데, 이것은 지역별 도로사정, 교통 환경, 인구분포 등에 따라 거리가 달라질 수 있기 때문이다. 할인점 회원의 70~80%가 분포된 지역은 서울이나 대도시권의 경우 점포로부터 반경 5km 이내이나 지방도시의 경우 약 10km 이내로 나타났다. 참고로, 5km 또는 10km 내외의 거리는 자동차로 대략 15분 내외 정도의 운전 거리라는 것이 시가지 평균주행속도 자료에 의해 밝혀졌다.

결론적으로, 지리적 시장의 획정은 대도시권(서울특별시, 광역시 및 그 인접도시)의 경우 "피취득회사의 각 점포로부터 5km", 그 외의 지방의 경우 "피취득회사의 각 점포로부터 반경 10km" 내의 범위를 지역시장 획정의 출발점으로 보았다.[51]

집중심사 대상 지역의 지리적 시장을 획정하기 위해서 중첩원의 합집합(A Union of Overlapping Circles) 접근방법을 고려하였다. 이 방법은 EU 심결사례 중 Tesco-까르푸('05년) 사례에서 이용된 것으로, 관련 상품시장에 속하는 사업자들을 중심으로 일정한 반경(radius)의 원을 그릴 때 중첩되는 원들이 있고 그 중첩의 정도가 상당한 경우 동일한 지역시장으로 판단하는 것이다. 예컨대, 아래 그림과 같이 '가'와 'A'의 두 할인점을 기준으로 반경 3km 또는 5km의 원을 그리는 경우 다른 할인점들은 각각의 원에 포함되거나 포함되지 않게 된다. 이 경우 왼쪽 그림과 같이 반경 3km를 지역시장으로 획정한다고 가정하면 3km의 원들이 서로 중첩되지 않는 경우 각각의 지역을 별개의 지역시장으로 본다. 따라서 '가' 지역의 할인점 시장은 '가' 지점의 독점상태이고, 'A' 지역에서는 3개 지점(A, B, E)이 각각 경쟁한다. 그런데 오른쪽 그림과 같이 반경 5km를 지역시장으로 획정한다고 가정하면 5km의 원들이 서로 중첩되고 이 경우 그 합집합(union)을 하나의 지역시장으로 보는 것이다. 이에 따라 '가' 및 'A'의 할인점이 속한 지역시장에서는 총 15개의 지점이 서로 경쟁하는 것이 된다. 중첩원의

---

51 피취득회사의 각 점포로부터 반경을 고려하는 이유는 이 기업결합의 경쟁제한성은 결국 새로운 점포를 인수함으로써 생기는 효과이므로 피취득회사인 월마트의 각 점포를 중심으로 보기 위함이다.

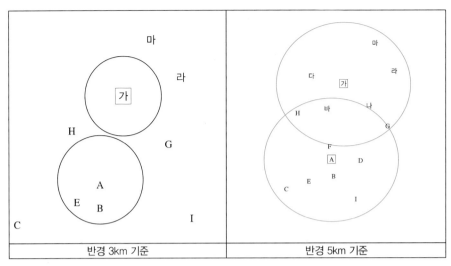

| 반경 3km 기준 | 반경 5km 기준 |

그림 4-2 **지리적 시장 획정을 위한 중첩원의 합집합 개념도**

합집합을 같은 지역시장으로 보는 근거는 다음과 같다. 오른쪽 그림에서 'A'와 '바' 점포간 지역이 서로 중첩되고 '바'와 '마' 점포 간 서로 중첩되면 '바' 점포를 매개로 'A'와 '마' 점포도 서로 경쟁 관계가 성립되는 대체관계의 연쇄현상이 발생하기 때문이다.

　이 기업결합 사건에서는 이러한 접근방법을 기본적으로 채택하면서 다음 세 가지 점에 유의하였다. 첫째, 지역시장의 범위(즉, 거리)를 획정하는 문제이다. 이 문제는 이미 살펴본 바와 같이 각 할인점포를 중심으로 반경 5㎞(지방도시는 10㎞)로 결정하였으므로, 특별한 지역적 특성 등이 없다면 계속 동일한 거리를 적용하였다. 둘째, 중첩원이 계속 연속되는 경우의 시장 획정 문제이다. 이 경우 이론적으로 지리적 시장이 무한정 확장될 수 있으나,[52] 사업자의 상권 범위, 소비자의 할인점 회원가입 현황 등을 볼 때 지역범위가 무한정으로 확장될 수는 없는 것이다. 따라서 중첩원의 연속을 일정한 기준으로 제한하는 것이 현실적이고 타당한 지리적 시

---

[52] 영국과 EU의 경쟁정책 집행기관의 시장획정지침에서 제시된 '연쇄적 대체관계(chains of substitution)'의 개념에 따르는 경우 지리적 시장은 무한정으로 확장될 수 있다. EC Commission(1997, para 57)은 "연쇄적 대체관계가 존재하는 경우에는 시장의 양극단에 있는 상품이나 지역이 직접적으로 대체 가능하지 않아도 관련시장으로 획정할 수 있다(in certain cases, the existence of substitution might lead to the definition of a relevant market, where products or areas at the extreme of the market are not directly substitutable.)"라고 보고, 그 예로서 공장들이 서로 떨어져 있는 경우에 이동비용을 고려한 공장의 주변지역들이 중첩되면 가격책정에 이 중첩지역에서의 경쟁이 영향을 미칠 수 있으므로 관련 지역시장을 두 지역을 포함하여 확대할 수 있다고 하였다. 그리고 이러한 확장은 연쇄적으로 가능하다고 보았다. (UK OFT(2004, para 57)도 동일한 점을 지적)

장확정 방법이 된다고 할 수 있다. 이에 따라 이 사건 기업결합에서는 피취득회사 월마트의 지점을 중심으로 일정 거리(반경 5km 또는 10km)의 원에 포함된 모든 할인점을 기준으로 다시 동일한 거리의 원을 중첩시켜 이 중첩원에 포함된 지역만을 지리적 시장으로 획정하기로 하였다. 그러나 중첩원에 새로 포함된 지역에 소재하는 할인점을 중심으로 또다시 원을 계속 중첩시키지는 않도록 한다. 이렇게 함으로써 일정 범위의 지역시장을 획정할 수 있다. 셋째, 이렇게 2차에 걸친 지역시장 획정의 결과가 당해 지역의 지리적 특성에 부합하지 않는 경우에는 지역시장의 범위를 합리적으로 조정할 필요도 있었다. 예를 들어 동일한 지리적 시장으로 획정된 지역이라 하더라도 전통적인 행정구역이나 간선도로, 강 등의 인문자연 지리적 특성에 의해 실제로는 하나의 생활권으로 보기 어려운 경우에는 이를 반영하도록 하였다.

우선 효과적인 심사를 위해 취득회사와 피취득회사의 경쟁 관계가 없는 지역을 제외하고 결합 당사회사 간 경쟁 관계가 성립되는 지역이라도 '기업결합 심사기준'에서 정한 시장집중도가 경쟁제한성 요건을 충족하기 어려운 지역을 제외한 나머지 지역을 집중심사지역으로 선정하였다. 그 결과 7개 지역이 집중심사지역으로 선정되었다. 이 지역에 취득회사 이마트의 23개 점포와 피취득회사 월마트의 10개 점포가 포함되었다. 7개 지역은 '서울 강남 인근 지역', '인천·부천 지역', '안양·평촌 지역', '성남·용인지역', '대구 서북부지역', '대구 시지·경산 지역', '포항지역'이다.

결론적으로, 이 사건 기업결합의 경쟁제한 여부를 심사하기 위한 관련 상품시장은, 3,000㎡ 이상의 매장면적을 갖추고 식품·의류·생활용품 등 one-stop shopping을 위한 다양한 구색의 소비용품을 통상의 소매가격보다 저렴하게 판매하는 유통 업태인 대형종합소매업의 할인점 시장으로, 관련 지역시장은 시장집중도가 높은 상기 7곳의 지역시장으로 획정하였다.

다) 경쟁제한성 검토

경쟁제한성은 이 장의 4-3-2항에서 설명된 경쟁제한성 판단 기준에 의해 진행되었다. 즉, 공정거래법 제7조 제4항에서는 기업결합의 당사회사의 시장점유율의 합계가 ① 시장지배적 사업자의 추정요건[53]에 해당하고, ② 당해 거래분야에서 1위이며, ③ 시장점유율 2위인 회사의 시장점유율의 차이가 그 시장점유율의 합계의 100분의 25 이상인 경우, 당해 기업결합은 일정

---

[53] 법 제4조에 의하면, 1사업자의 시장점유율이 100분의 50 이상, 3 이하의 사업자의 시장점유율의 합계가 100분의 75 이상인 경우 일정한 거래분야에서 시장지배적 사업자로 추정한다고 규정하고 있다.

한 거래분야에서 경쟁을 실질적으로 제한하는 것으로 추정한다고 규정하고 있다. 한편, 심사기준 Ⅶ.에 의하면, 수평결합에 있어 경쟁제한성은 시장의 집중상황, 해외경쟁의 도입수준 및 국제적 경쟁상황, 신규 진입의 가능성, 경쟁사업자 간의 공동행위의 가능성, 인접 시장의 존재 여부 등을 고려하여 판단하도록 규정되어 있다.

먼저, 시장집중도 분석결과 성남·용인 지역, 대구 서북부 지역, 대구 시지·경산 지역, 포항지역 등 4개 지역은 법 제7조 제4항에 의한 경쟁제한성 추정요건에 해당하였고, 인천·부천 지역, 안양·평촌 지역의 경우 법상 추정요건에는 해당하지 않으나 심사 지침의 시장집중도 기준에 의하면 경쟁제한성 인정 요건에 일응 해당하는 것으로 파악되었다.

시장집중도 분석 이외에 경쟁제한성 판단 기준을 추가 검토한 결과는 다음과 같다. 먼저 신규 진입 분석이다. 할인점 출점에 대한 "유통산업발전법" 상의 규제가 사실상 허가제로 운영되고 있는 점, 입지 및 비용의 과다 문제, 장기간의 소요 기간을 고려할 때 할인점에의 신규 진입 가능성은 매우 낮은 것으로 판단하고 있다. 협조 효과에 의한 공동행위 가능성도 큰 것으로 나타났다. 경쟁제한성이 추정되는 4개 지역에서 경쟁사업자의 수가 감소함으로써 유력사업자 간 명시적·암묵적 합의의 가능성은 증대한다. 특히 3개 이하의 사업자의 시장점유율이 70% 이상인 과점적 시장구조가 더욱 고착화되는 지역에서는 이와 같은 사업자 간 합의만으로도 경쟁제한의 우려가 발생한다. 할인점 간의 구매전환율[54] 분석에서도 월마트를 이용하는 소비자의 대부분은 이마트와 홈플러스를 가장 밀접한 대체재로 인식한 것으로 조사되었다.[55] 다시 말하면, 이 사건 결합 후 월마트가 없어질 경우 기존에 월마트를 주로 이용하던 소비자들의 대부분은 이마트 또는 홈플러스로 옮겨갈 것으로 예상할 수 있다. 따라서 소비자가 인식하는 대체성의 측면에서 이마트-월마트 또는 홈플러스-월마트 간 결합은 다른 할인점업체와 월마트 간 결합에 비해 상대적으로 더 경쟁제한적이라고 볼 수 있다.

최종적으로 4개 지역을 경쟁제한성이 있는 지역으로 판단하였다.

첫째 인천·부천 지역은 법상 경쟁제한성 추정 기준에는 못 미치고 심사지침상의 시장집중도 분석결과 경쟁제한성 인정 요건에 해당되었다. 이 지역에서 결합후 상위 3사의 시장점유

---

54 구매전환율이란 특정 사업자(A)가 가격 인상·폐업 등으로 인해 더 이상 매력적인 구매처가 되지 못할 경우 이로 인해 잃게 되는 고객들 중 다른 사업자(B)로 옮겨가는 고객의 비중을 일컫는다. 즉, A-B간의 구매전환율이 A-C 간의 구매전환율보다 높다면 A와 더 밀접한 대체재(close substitute) 관계에 있는 것은 C보다 B라는 것을 의미한다.

55 AC Nielsen "소비자 소비행태 조사보고서 2005"의 내용이다.

율이 1위인 결합기업 32.9%, 홈플러스 29.6%, 이랜드+까르푸(까르푸 매장 4개) 21.3% 등 총 83.8%에 이르게 된다. 시장집중도의 증가분도 7.5%에 이른다. 결합 전 월마트는 이 지역 내에 3개의 지점을 골고루 분포시킴으로써 다른 지역에 비해 상대적으로 높은 시장점유율을 갖고 있었다. 말하자면, 월마트는 이 지역에서 유력한 대체적 경쟁사업자로서 존재했다. 이 기업결합으로 이 지역에서 잠재적 독행기업(maverick firm)이 사라지게 됨으로써 경쟁사업자 간 협조 효과의 가능성을 높이게 되어 경쟁을 제한할 가능성이 있다.

둘째, 안양·평촌 지역도 법상 경쟁제한성 추정요건에는 해당하지 않으나, 심사기준에서 정한 경쟁제한 요건에는 해당이 된다. 뿐만 아니라, 이 기업결합으로 인해 지역의 경쟁자 수가 5개에서 4개로 감소하여 과점화가 심화된다. 이에 따라 협조 효과에 의한 경쟁제한의 우려가 발생한다. 또한 이 지역에서 이마트(안양점)와 월마트(평촌점)는 상호 간 거리가 2.6㎞로서, 제품 구색 등의 측면에서 서로 밀접한 대체재의 관계에 있다. 따라서 이 사건 결합 후 월마트 평촌점에서 판매되는 제품의 가격을 일정 정도 인상하더라도 이로 인해 다른 할인점으로 옮겨가는 소비자 중 상당수가 이마트로 옮겨가게 됨으로써 결합당사회사는 결합 전에 비해 손실 없이 가격을 인상할 가능성이 더 커진다 할 것이다.

셋째, 대구 시지·경산 지역은 법상 경쟁제한성 추정조항에 해당할 뿐 아니라 심사기준에서 정한 경쟁제한성 기준에도 해당된다. 또한 이 지역은 당해 기업결합으로 인해 이마트만 존재하는 독점시장이 된다.

넷째, 포항 지역의 경우도 법상 경쟁제한성 추정조항에 해당할 뿐 아니라 심사기준에서 정한 경쟁제한성 기준에도 해당된다. 이 지역은 결합 이전에도 이마트가 50% 이상의 시장을 장악하고 있었고, 월마트 이외에는 메가마트나 동아마트와 같은 지역의 중소규모의 사업자밖에 존재하지 않았다. 따라서 이 기업결합으로 인해 이마트는 이 지역에서 독보적인 시장점유율을 확보하게 되었다.

7개 지역 중 나머지 지역은 경쟁제한의 우려가 없거나 미미했다. 성남·용인 및 대구 서북부 지역의 경우 법상 경쟁제한성 추정요건에는 해당이 되나, 심사기준에서 정한 경쟁제한성 요건에는 미치지 못한다. 당해 지역에서 이 기업결합으로 인한 시장집중도 증가분은 각각 4.6%, 3.7%에 불과하여 매우 미미한 수준에 그쳐 공정거래법상 독점력 강화나 경쟁제한 우려가 거의 없다. 서울 강남 지역의 경우 법상 경쟁제한성 추정요건에 해당하지 않을 뿐만 아니라, 이 기업결합 후에도 경재사업자 수가 7개로 많고, 결합 당사회사 및 상위 3개 사업자의 시장점유율도 심사기준상 경쟁제한성 해당 요건을 충족하지 못하여 경쟁제한의 우려가 거의 없다고 판단하였다.

라) 효율성 증대 효과 및 회생불가 회사와의 기업결합 해당 여부 판단

상기에서 설명한 바대로 경쟁제한 효과가 있는 기업결합이라도 효율성 증대 효과가 경쟁제한 효과보다 더 크거나 회생불가 회사와의 기업결합의 경우 예외 인정이 된다.

먼저 효율성 증대 효과 발생 여부에 대한 판단이다. 효율성 증대 효과는 기업결합 당사회사가 이를 입증하여야 한다. 이마트측은 결합에 특유한 효율성 증대 효과로 ① 이마트의 효율적 경영기법을 월마트에 적용함으로써 판매관리비 절감 등 연 479억원과 ② 이마트의 물류센터 중복투자비용 절감효과 175억원이 기대된다고 주장한다.

판매관리비 절감 등 연 479억 원의 구체적 내역은 다음과 같다. 매출액 대비 판매관리비의 비율이 이마트 15.4%(1조원/6조6천억원), 월마트 20.7%(1천5백억원/7천2백억원)로 양자 간에 크게 차이가 나타나고 있는바, 결합 후 월마트의 판매관리비 등을 이마트 수준으로 절감할 경우 연간 383억원의 효율성 증대 효과가 기대된다는 것이다. 또한, 현재 월마트의 평당 매출액은 이마트의 46% 수준[56]에 그치고 있으므로, 단기적으로 월마트의 매출액이 30% 증가한다고 가정할 경우 추가로 창출되는 사회적 부가가치는 연 96억 원으로 추정된다고 하면서, 이러한 비용절감분은 매년 적용될 수 있다고 한다.

다음으로, 판매관리비 인하 등 이마트의 효율성 확대적용에 따른 가격 인하 효과가 연간 156억원[57]에 이른다고 한다. 즉, 2005년 이마트와 월마트의 전 점포에서 공통적으로 판매하는 79개 품목을 기준으로 평균판매가격을 비교해 보면, 이마트가 월마트에 비해 약 2.14% 저렴한 것으로 확인되었는바, 기업결합 후 월마트코리아는 이마트와의 통합구매에 의하여 매입원가를 절감하고 지원부문의 운영비용을 절감하는 등으로 이마트와 동일한 수준의 판매가격을 적용할 수 있을 것이므로, 이를 2005년 월마트코리아의 매출액에 곱하여 산정한 약 156억원[58]이 소비자 지출액의 감소로 이어진다고 주장한다.

---

56 2005년 기준 이마트의 평당 매출액은 3,550만원 인데 비해, 월마트코리아의 평당 매출액은 1,640만원에 불과하다.

57 또한 이마트의 제품가격이 월마트보다 평균 2.14% 낮으므로, 결합 후 월마트 가격이 이마트 수준으로 작아질 경우 이중 156억원이 소비자에게 가격 인하의 형태로 이전될 수 있다고 주장하였다.

58 2005년 월마트코리아 매출액 7,287억원× 절감률 0.0214 = 156억원

세 번째로, 월마트 매출증가로 인한 협력업체 영업이익 증대 효과가 연간 약 96억원에 달할 것이라고 주장한다. 즉, 이마트가 월마트를 인수할 경우 브랜드 효과, 소비자 선호 및 인지도, 발달된 마케팅 기법의 적용 등으로 단위 면적당 매출액이 약 30% 정도 인상될 것으로 기대되는바, 이는 협력업체의 매출액 증가로 이어져, 협력업체 전체적으로는 연간 약 1,766억원의 매출 신장이 발생하고, 여기에 2005년도 한국은행 기업경영분석 자료에 근거한 한국 전 산업의 매출액 대비 순이익률 5.41%를 적용할 경우, 연간 약 96억원의 이익 창출 효과가 기대된다.

마지막으로, 자원의 공동 활용에 따라 납품업체의 물류비용이 절감되고 물류센터 부지 등의 중복투자를 배제하여 얻게 되는 비용절감 효과가 있다고 주장한다. 월마트가 확보한 물류센터 부지를 이마트가 이용할 수 있게 됨으로써 절감되는 중복투자비용(물류센터 추가매입비용)을 175억원으로 계산하고 있다.

이와 같은 이마트의 효율성 증대 주장에 대한 검토 결과는 다음과 같다. 우선, 기업결합에 대한 규제의 예외인정사유인 효율성 증대 효과는 당해 기업결합에 의해서만 달성될 수 있는 기업결합의 특유성(merger-specific efficiency)이 있어야만 인정될 수 있을 것이나, 이마트가 주장하는 효율성 증대 효과는 이마트 외의 다른 사업자가 월마트를 인수할 경우[59]에도 판매관리비 절감과 평당 매출액 증가 등을 달성할 수 있을 것이라는 점에서 당해 기업결합에 특유하거나 고유한 효율성 증대 효과라고는 할 수 없다. 또한, 이마트의 주장은 이 사건 결합 없이는 월마트가 스스로의 노력을 통해 현재의 판매관리비 비중과 평당 매출액 수준을 개선할 수 없을 것으로 가정하고 있으나, 월마트가 할인점 90개 지점에 물류를 공급할 수 있는 초대형 물류센터의 건설을 준비하고 있었다는 점으로 미루어 월마트가 향후 독자적으로 공격적 확장경영에 나설 가능성이 있었음을 알 수 있는바, 이는 당해 기업결합만으로 달성할 수 있는 효율성 증대 효과라고 볼 수가 없다는 것이다. 뿐만 아니라, 이마트가 주장하는 효율성 증대 효과는 전국 차원에서 발생하는 효과를 산정한 것으로 이 사건 기업결합에서 경쟁제한성 여부가 문제되고 있는 집중심사지역에 대한 효율성 증대 효과는 이 중 일부에 국한될 수밖에 없다. 이 밖에도, 이마트의 효율성 증대 효과는 자의적인 기준에 의해 산정한 것으로 대부분 객관적인 계량화가 곤란하여 증명가능(cognizable)하지 않은 것으로 판단하여 이를 받아들이기 곤란하다. 결과적으로, 이마트가 주장하는 효율성은 반드시 이 사건 기업결합이 아니면 달성하기 어려운

---

59 홈플러스와 롯데마트 등 다른 할인점 사업자들이 까르푸 매각을 위한 입찰에 적극 참여했던 점으로 미루어, 이 사건 결합이 아니었다면 월마트는 다른 경쟁사업자에 의해 결합되었을 가능성이 충분하다는 것이다.

것은 아니며, 가까운 시일 내에 발생할 것이라는 점을 인정하기에는 구체적인 증거가 부족하고, 무엇보다도, 이 사건 기업결합으로 인한 효율성 증대 효과가 경쟁제한으로 인한 폐해보다 크다고 인정할 수는 없다는 것이다. 효율성 증대 효과는 인정되지 않았다.

다음은 회생불가 회사와의 기업결합에 해당하는지 여부에 대한 판단이다. 월마트코리아(주)는 2005년 당기순손실이 99억 원에 달하는 등 매출부진에 따른 경영상의 어려움을 겪고 있는 것은 사실이나, 전 세계적으로 제1위의 유통업체인 월마트의 계열회사로서 회생이 불가한 회사로 볼 수는 없다고 판단하였다. 또한 이 사건 결합 외에는 인수 의사가 있는 다른 사업자가 없거나 당해 시장에서 영업을 계속하기 어려운 형편에 있는 사정도 보이지 않는다는 것이다.

마) 공정위의 시정조치 내용

총 4개 지역의 4~5개 점포를 매각하도록 하였다. 매각 지역과 점포는 다음과 같다. 양도대상 할인점 지점은 피취득회사의 계양점 및 중동점 또는 인천점, 평촌점, 대구시지점, 포항점이다. 월마트 인천점을 매각할 경우는 총 4개를 매각해야 하고, 계양점 및 중동점을 매각할 경우는 5개 점포를 매각하여야 한다.

매각 상대방은 다음 3개 요건을 충족해야 한다는 조건이 있다. ① 특수관계인이 아닐 것 ② 해당 지역시장의 매출액 기준 상위 3사가 아닐 것 ③ 매각대상 할인점 점포를 기존 용도로 운영하고자 하는 사업자일 것 등이다.

하이트맥주의 진로소주 인수건[60]

하이트맥주는 군인공제회 등과 컨소시엄을 구성하여 진로가 발행하는 회사채 및 주식 100%를 인수(인수액 3조4천억)하기로 하는 계약을 체결하고 2005년 4월 13일 공정위에 임의적 사전신고 방식으로 기업결합 신고를 하였다(정식 신고는 2005년 8월 5일).

가) 관련 시장의 획정

취득회사인 하이트맥주는 소주, 맥주, 먹는 샘물을, 피취득회사인 진로는 소주, 먹는 샘물을 생산판매하고 있었다. 따라서 먹는 샘물, 소주, 맥주를 중심으로 시장 획정을 할 필요가 있다.

---

60 공정거래위원회 의결 제 2006-009호 2006.1.24.

일단, 소주와 먹는 샘물은 수평결합임이 자명하나, 주종품인 소주와 맥주가 같은 시장인지 여부에 따라 수평결합인지 혼합결합인지가 결정이 난다.

먹는 샘물은 상품 특성상 부패, 변질 등의 우려가 크지 않고, 전국적 판매를 제한하는 지역 간 장벽도 없으므로 관련 시장은 "국내 먹는 샘물시장"으로 획정이 가능하다.

소주와 맥주 시장의 획정은 보다 심도 있는 분석이 필요하다. 소주와 맥주는 상품특성, 소비패턴, 계량분석 결과, 국내외 심결사례 등을 고려할 때, 두 주류는 서로 별개 시장으로 판단된다. 소주는 주정을 원료로 알코올 도수가 21~25도, 맥주는 맥아, 홉 등을 원료로 하여 알코올 도수가 4~5도에 이르고 있는 등 원료, 맛, 도수 등 상품특성에 상당한 차이가 존재한다. 소비패턴 상으로도 연령, 성별, 계절별로 뚜렷한 차이가 나타난다. 연령의 경우 맥주는 연령이 젊을수록, 소주는 연령이 높을수록 비교적 각 주류의 선호도가 높은 것으로 나타나고, 성별의 경우 맥주는 남성과 여성의 소비 비중이 55:44로서 성별간 차이가 크지 않으나, 소주는 67:33으로 남성의 소비 비중이 훨씬 크다. 계절의 경우 맥주는 여름철 매출이 가장 높으며, 소주는 겨울철 매출이 높다.

계량적 시장획정 도구인 임계매출분석을 실시한 결과도 소주와 맥주가 별개의 시장으로 획정되는 것으로 나타났다.[61] 아래 표4-4에 소주 시장의 임계매출분석 결과가 나타나 있다. 가상적 독점기업이 소주, 맥주의 가격을 각각 5%, 10% 인상할 경우, 모든 경우에 임계매출감소율이 실제매출감소율보다 커서 이윤이 증가하므로 시장의 범위를 확대할 필요가 없다. 즉, 소주는 소주 시장 자체로 시장획정이 가능하다. 표4-5에는 맥주 시장의 임계매출 분석결과가 나타나 있다. 맥주 시장 역시 가장의 독점기업이 작지만 의미 있고 일시적이 아닌 5%와 10%의 가격 인상을 했을 때 임계매출감소율이 실제매출감소율보다 커서 독점기업의 가격 인상에도 불구하고 대체재로의 이전이 많지 않았다. 즉, 맥주시장도 자체 획정이 가능하다.

표 4-4 **소주 독점기업의 임계매출감소분석(마진율: 29.9%)**

가격 인상률	실제매출감소율	임계매출감소율	가격 인상여부	시장확대 여부
5%	5.6%	14.3%	Yes	NO
10%	10.6%	25.0%	Yes	NO

---

61 하이트맥주가 임계매출감소분석을 실시하여 그 결과를 공정위에 제출하였고 공정위는 국내외 논문연구, 외부 경제학자(3명)의 타당성 여부 검증 등을 통해 하이트맥주의 분석결과가 타당하다고 판단하였다

표 4-5　맥주 독점기업의 임계매출감소분석(마진율: 27.8%)

가격 인상률	실제매출감소율	임계매출감소율	가격 인상여부	시장확대 여부
5%	13.2%	15.3%	Yes	NO
10%	22.1%	26.5%	Yes	NO

이 기업결합의 이해 당사자인 경쟁 기업, OB맥주(주)도 임계매출 분석을 하여 맥주와 소주가 동일 시장이라고 주장하였다. 아래 표4-6과 표4-7은 OB맥주가 제출한 임계매출분석 자료이다.

표 4-6　소주 독점기업에 대한 임계매출감소분석(마진율: 52.6%)

가격 인상률	실제매출감소율	임계매출감소율	가격 인상여부	시장확대 여부
5%	14.1%	8.7%	NO	Yes
10%	28.1%	16.0%	NO	Yes

표 4-7　맥주 독점기업에 대한 임계매출감소분석(마진율: 53.1%)

가격 인상률	실제매출감소율	임계매출감소율	가격 인상여부	시장확대 여부
5%	10.2%	8.6%	NO	Yes
10%	20.3%	15.8%	NO	Yes

소주와 맥주 모두 각각 52.6%와 53.1%의 마진율에서 실제매출감소율이 임계매출감소율보다 더 커서 소주 시장과 맥주 시장을 더 확대해야 한다는 것이다. 그러나 OB맥주 측의 주장은 다음과 같은 오류가 있다. 첫째, 실제매출감소율 측정 표본으로 전국 할인점의 POS 데이터를 이용하는데, 주류 전체매출 중 할인점 비중은 약 15%에 불과하여 동 자료는 전체 소비자 모집단을 대표하지 못하는 문제가 있다.[62] 둘째, 마진율 산정 시 가변비용과 고정비용의 구분 시계(time horizon)를 독점력 행사가 예상되는 상당한 기간으로 보지 않고 1년 기준으로 판단하여 마진율을 과대 추정하였다. 1년 기준의 단기 기준 때문에 매출원가 중 노무비, 수선비, 세금과공과, 교육훈련비를, 판매비와 관리비 중 급여, 퇴직급여, 복리후생비, 수선비, 광고 선전비, 수수료, 교육훈련비를 고정비용으로 분류하였다. 셋째, 경제 이론적으로
특정 마진율에서 발생 가능한 실제매출감소율의 최대치를 초과하는 실제매출감소율을 주

---

62 할인점 이용소비자는 여타 소비 집단과 비교하여 소비패턴, 소득, 연령 측면에서 전체 소비자를 대변하지 못할 가능성이 크다.

장하는 오류를 범했다. 즉, $AL = \dfrac{X}{M - \varepsilon_c} \prec \dfrac{X}{M}$ 인데[63] OB맥주 측이 주장하는 마진율 하에서 5% 가격 인상에 따른 실제매출감소율의 최대치는 소주와 맥주 부문에서 각각 9.5%, 9.4%인데, OB맥주 측은 이보다 큰 14.1%, 10.2%의 실제매출감소율을 주장하고 있기 때문이다. 결론적으로 소주와 맥주는 다른 시장으로 획정이 되었다. 결국 소주와 맥주의 결합은 혼합형 결합으로 판명되었다.

다음은 지리적 시장의 획정 문제에 대해 살펴본다. 먼저, 먹는 샘물은 상품 특성상 부패, 변질 등의 우려가 크지 않고, 전국적 판매를 제한하는 지역 간 장벽도 없으므로 전국시장으로 획정하는 것은 무리가 없다.

맥주의 경우도 상품 특성상 부패, 변질 등의 우려가 크지 않고, 전국적 판매를 제한하는 지역 간 장벽도 없으므로 관련 시장은 전국 맥주 시장으로 획정함은 명확하다.

소주시장의 획정은 다소 심층적인 분석이 필요하다. 제2장 2-2-5항의 시장획정 사례 중 '무학소주의 대선소주 인수 사례'에서 보듯이 우리나라 소주 시장은 주류도매상이 자도 소주를 50% 이상을 의무적으로 구매해야 하는 규제가 1996년까지 주류법에 규정되어 있어서 소주 소비의 지역성이 많이 남아 있기 때문이다.

취득회사의 계열사인 하이트주조는 전북지역에서만 소주(하이트21)를 생산하고 주된 판매지역도 전북지역에 한정되어 있다. 대선-무학 사건에서의 시장획정의 예와 같이 소주 시장을 전북으로만 한정할 것인가? 하는 문제가 제기 된다. SSNIP test에 의거한 추정은 '전북지역 소주 시장에 이윤 극대화를 추구하는 가상의 독점기업이 작지만 의미 있고 일시적이 아닌 가격 인상을 했을 경우 소비자들이 다른 지역으로 소비를 대체하는가?'에 대한 답을 찾는 것으로 출발할 수 있다.

이를 위해 소주시장의 전북지역에서 임계매출분석을 실시하였다. 아래의 표 4-8과 표 4-9는 각각 음식점/술집과 소매점을 기준으로 실시한 임계매출분석 결과이다.

---

63 왜냐하면 ε_c는 수요의 교차탄력성이고 이것은 영보다 크기 때문이다. 모든 기호는 2-2-2항 "임계매출분석"과 동일하다.

표 4-8 전북지역 임계매출감소분석(마진율: 29.4%, 음식점/술집)

가격 인상률	실제매출감소율	임계매출감소율	가격 인상여부	시장확대 여부
5%	21.8%	14.5%	No	Yes
10%	36.1%	25.4%	No	Yes

표 4-9 전북지역 임계매출감소분석(마진율: 29.4%, 소매점)

가격 인상률	실제매출감소율	임계매출감소율	가격 인상여부	시장확대 여부
5%	20.7%	14.5%	No	Yes
10%	37.0%	25.4%	No	Yes

상기 표에서 보는 바와 같이 음식점/술집, 소매점 기준 분석결과 모두 실제매출감소율이 임계매출감소율보다 더 높게 계산되었다. 즉, 소주의 지리적 시장은 전북지역보다는 더 넓혀야 한다는 것이다. 무학의 대선주조 기업결합건(의결 제2003-27호, '03.1)에서 소주의 지리적 시장을 부산, 경남지역으로 획정하였는데, 전북지역은 부산, 경남 등과 달리 지역주민들의 자도주에 대한 선호도가 매우 낮으므로 이런 결과가 나왔을 것이라고 추정된다.

Elzinga-Hogarty Test상으로도 부산, 경남지역의 LIFO값이 86%, 80%에 달하는 반면, 전북지역의 LIFO 값은 42.5%에 불과하다. Elzinga-Hogarty Test결과도 전북지역의 소비자들이 자도주에 대한 선호도가 낮은 것으로 나타나서, 임계매출분석 결과와 일관성을 보여주고 있다.

소주의 지리적 시장은 전북지역보다 더 넓다는 것을 확인했다. 그러면 전북지역을 넘어 어느 지역까지 확대해야 하느냐? 하는 문제가 남았다. 이 문제를 해결하기 위하여 제2장의 시장 획정 사례 중 무학의 대선주조 인수 사례를 상기할 필요가 있다. 이 사례에서 Elzinga-Hogarty Test결과 부산, 경남지역을 지리적 시장으로 획정한 결과를 보았다. 기업결합 당사회사가 부산, 경남지역에서 대부분의 매출이 발생하고, 유통망 확보 등 사실상의 진입장벽이 존재하는 상황에서 자도주의 점유율이 80% 이상으로 독점적 지위를 누리고 있다는 점 등도 고려하였다. 그렇다면 전북지역의 소주시장을 외연으로 확대하면서 적어도 부산·경남 지역까지 확대할 수는 없다는 추론이 가능하다. 부산·경남 이외의 지역은 어떠한가? 다른 지역 중에서 부산·경남처럼 시·도 단위의 지역시장을 형성하는 곳이 있다면 그 지역도 제외해야 할 것이다.

하이트주조와는 달리 진로는 전북 이외의 지역에서 훨씬 높은 매출을 기록하고 있으므로 소주의 지리적 시장을 전북지역 이외로 확대할 경우 진로의 각 지역별 매출액, Elzinga-Hogarty Test 등을 활용하여 지역 범위를 정하는 것이 합리적이다. 진로의 지역별 시장점유율을 보면 부산, 경남, 경북, 전남, 제주 지역을 제외한 나머지 지역에서 모두 높은 점유율을 확보하고 있으므로, 일단은 이 지역은 제외하는 것이 합리적이라는 생각이 든다. 이러한 추론은 Elzinga-Hogarty Test 결과에 의해 검증이 되었다.

표 4-10 2004년 지역별 LIFO-LOFI 및 결합회사의 점유율 비교

	부산	경남	경북	전남	제주
LIFO	86.0%	80.0%	94.2%	80.4%	91.1%
LOFI	82.4%	89.7%	98.6%	86.6%	99.7%
결합회사 점유율	5.4%	4.1%	5.7%	19.6%	8.8%

상기 표는 진로가 점유율이 낮은 다섯 개 지역의 Elzinga-Hogarty Test결과인데 각 지역은 그 지역만으로 지역시장의 획정이 가능하다. 이 지역에서의 결합회사 시장점유율도 매우 낮음을 알 수 있다. 결론적으로 소주의 지리적 시장은 부산, 경남, 경북, 전남, 제주를 제외한 전국시장으로 획정하였다.

나) 경쟁제한성 검토

먼저 먹는 샘물시장의 경쟁제한성 여부이다. 먹는 샘물 시장의 경우, 결합회사의 점유율이 16.7%로 매우 낮고, 점유율 격차가 크지 않은 경쟁사업자들이 다수 존재하므로 단독으로 과도한 가격 인상 등을 할 가능성은 거의 없다고 판단하였다. 또한, 이 기업결합으로 인해 시장의 집중도가 크게 높아지지 않으며, 관련시장 내에 비슷한 규모의 사업자 수가 많아 이 결합으로 인해 공동행위 가능성이 높아진다고도 보기 어렵다는 것이다.

앞서 살펴본 대로 소주의 지리적 시장은 부산, 경남, 경북, 전남, 제주를 제외한 전국으로 보았다. 이 시장에서 결합 후 결합회사의 점유율은 84.9%로 1위 사업자가 되나, 본건 결합으로 인한 점유율 증가분이 2.5%로서 5% 미만이므로 심사기준상 시장집중도 요건에 해당하지 않는다. 즉, 이 결합으로 인한 점유율 증가분이 매우 미미하여 이 결합으로 인해 결합회사의 시장지배력이 강화된다고 보기 어렵다. 이는 하이트주조의 점유율이 매우 미미하기 때문이다.

맥주와 소주의 혼합형 기업결합은 많은 문제를 내포하고 있다. 하이트는 맥주 시장에서,

진로는 소주 시장에서의 주력 사업자로서 결합회사의 자금력이나 영업력이 커져서 경쟁을 제한할 우려가 매우 크게 된다.

　먼저, 경쟁사업자 배제 가능성이 크다. 하이트맥주나 진로의 주류유통망에 대한 영향력은 결합 전에도 큰 상태였으나, 결합 이후에는 더욱 커질 것으로 예상된다. 당시에 주류 도매업자는 전국적으로 1,226개, 주류 중개업자를 포함하면 총 1,543개의 주류 유통업자가 있다. 주류 도매상은 2004년 현재 평균 매출액이 약 33억 정도인 영세규모이므로 주류 제조업체에 대응하는 구매력이 없다고 보아야 한다. 반면, 주류도매상을 통한 주류의 판매가 전체의 71%에 달해서, 주류 제조업자 입장에서는 매우 중요한 유통채널이라 할 수 있다. 결합회사의 대표 브랜드인 '하이트'와 '참이슬'은 주류도매상 매출에서 각각 34.5%, 22.1%의 비중을 차지하고 있어 매우 중요한 영업상품이므로, 주류도매상이 위 두 주류를 취급하지 못하게 된다면 영업상 타격을 받게 될 것이다. 하이트맥주와 진로의 유통망은 서로 동일하므로 본건 결합에 의해 유통망 강화효과가 발생할 것으로 예상된다. 구체적으로 수도권지역에서 진로, 영·호남지역에서 하이트맥주의 지배력이 지렛대가 되어, 서로 해당 지역으로 진출할 수 있는 토대가 마련될 수 있다. 결합회사는 주류도매상에 대한 끼워팔기를 통해 서로 지배력이 약한 지역에 지배력을 강화할 기회가 생기게 된다. 주류도매상이 가진 주류 수요에 대한 영향력 때문에, 끼워팔기는 결합기업의 판매력을 증대시킬 것으로 예상된다. 예를 들어, 음식점에서 맥주 또는 생맥주를 소비하는 경우, 브랜드 선호가 명확히 표출되지 않고 수요 되는 경우가 많으므로, 주류도매상이 직·간접적으로 최종소비자의 수요에 영향을 미칠 수 있다고 할 수 있다. 결합기업이 결합 후 증가된 유통망에 대한 영향력을 이용하여 끼워팔기를 통해 취약지역에서 지배력을 강화할 경우 경쟁사업자들은 주류도매상을 통한 유통에 상당한 타격을 입을 것으로 예상된다.

　둘째, 진입장벽이 증대될 것으로 예상된다. 이 기업결합으로 인해 결합기업의 유통망에 대한 영향력이 증대되고, 이는 진입장벽을 증대시키는 결과를 초래할 것으로 예상된다. 주류 제조에 신규 진입하려는 사업자는 전체 유통의 71%를 책임지고 있는 주류도매상을 통한 유통에 의존할 수밖에 없다. 그런데 결합회사가 주류도매상에 대한 영향력을 행사할 경우 신규 진입자는 제품의 유통에 어려움을 겪을 수밖에 없고 이것은 진입 비용을 증가시키는 것으로 작용하여 신규 진입을 어렵게 할 수 있다. 하이트맥주도 맥주 시장 내에서 판매 인프라 구축이 진입장벽으로 기능한다고 스스로 밝히고 있다. 또한 본 기업결합의 당위성으로 맥주 시장의 방어를 명시적으로 인정하고 있다. 결과적으로 진로 인수를 위해 컨소시엄을 구성하여 참여했던 해외 주류업체 위주의 제3의 경쟁자가 맥주시장에 진입할 수 있는 기회를 봉쇄하게 되었다.

셋째, 잠재적 경쟁저해 가능성이 있다. 하이트맥주는 소주 시장의 잠재적 경쟁자이다. 진로는 소주가격을 인상할 때 맥주가격 인상률 등 맥주업계의 동태를 고려하여 의사결정을 하고 있으므로 하이트맥주의 존재자체가 소주업체들이 시장지배력을 행사하는데 일정한 억제력을 제공하고 있었다고 판단된다. 이러한 잠재적 경쟁자가 실제 소주 시장에 진입했으므로 소주 가격의 인상을 억제하고 있던 잠재적 경쟁자가 없어지게 되었다.

넷째, 시장지배력(가격 인상) 행사 가능성이 매우 크다. 가격 선도기업 간의 결합으로 가격 억지력이 사라지는 것은 명확 관화하다. 결합 전 당사회사는 각각 소주·맥주업계에서 가격설정자로서 가격 결정시 다른 업계의 동향을 고려하는 등의 행태를 보였으나, 이 결합으로 더 이상 이러한 제한을 받지 않고 가격을 결정할 수 있게 될 것이므로 가격 결정력이 커진다고 할 수 있다. 뿐만 아니라, 투자비용 회수를 위해 가격을 인상할 유인이 있다. 하이트맥주의 현금흐름을 고려할 때, 이 결합으로 하이트맥주의 현금흐름이 악화됨에 따라 가격을 인상시킬 유인이 존재한다.

다) 예외 인정 가능성 여부

먼저, 효율성증대 효과에 대한 검토이다. 하이트가 효율성 증대 효과라고 주장하는 항목 중 물류센터 통합에 따른 관리비, 운송비 등 절감(연간 207억), 영업지점 및 사무실 통합에 따른 비용절감(연간 21억) 효과가 인정되나, 그 규모가 경쟁제한 폐해보다 크다는 명백한 증거가 없고 이러한 비용절감 효과가 발생한다고 하여 이 기업결합의 경쟁제한 폐해가 줄어드는 것이 아니라고 판단하였다. 효율성 증대 효과는 인정되지 않았다.

다음으로 피취득 기업인 진로가 회생불가 회사에 해당되는지 여부이다. 진로는 2004년 9월, 영업이익이 1,936억에 이르고, 2004년 4/4분기에 당기순이익도 흑자로 돌아서는 등 재무구조가 호전되고 있으며, 하이트맥주 이외에 진로 인수를 희망하는 사업자들이 많은 점, 즉 보다 덜 경쟁제한적인 결합이 존재하기 때문에 회생불가회사에 해당한다고 볼 수 없다고 판단하였다.

라) 시정조치 내용 및 그 이유

첫째, 결합회사가 생산판매하는 소주 및 맥주의 출고원가를 5년간 소비자물가 상승률 이상으로 인상하는 행위를 금지하였다. 가격 선도 기업 간 결합으로 상호 간 작용하던 가격억지력이 사라지고, 과다한 인수금액에 따른 재무적 부담으로 가격 인상 우려가 있기 때문이다.

둘째, 주류도매상에 대한 거래강제, 거래상 지위남용행위 등을 방지할 수 있는 구체적 방안을 3개월 내에 수립하여 공정위의 승인을 받고, 5년간 이행하도록 하였다. 경쟁사업자 배제, 진입장벽 증대, 잠재적 경쟁저해 효과는 모두 이 결합으로 결합회사가 주류도매상에 대해 영향력이 커지게 되어 발생하는 효과이므로 원천적으로는 연결고리를 끊어주어야 할 필요가 있기 때문이다.

셋째, 5년간 결합회사의 영업 관련 인력과 조직을 분리 운영하도록 하였다. 두 거대 주류제조업 간의 결합으로 영업력이 확대되고 이를 통해 지배력이 강화되는 것을 사전에 예방하기 위한 조치이다.

넷째, 5년간 결합회사의 주류도매상에 대한 주문대비 출고내역을 반기별로 보고토록 하였다. 주문대비 출고내역을 보고토록 함으로써 사후적으로 끼워팔기, 출고조절 등의 행위를 감시하기 위함이다.

마이크로소프트의 노키아 기업결합 사건[64]

가) 기업결합의 개요 및 관련시장 현황

이 사건은 마이크로소프트가 노키아를 인수·합병한 사건이다. 마이크로소프트 코퍼레이션(Microsoft Corporation, 이후 '마이크로소프트'라 칭함)은 컴퓨터 소프트웨어와 하드웨어 기기를 고안, 개발 및 공급하고 이와 관련된 서비스를 제공하는 사업자이고, 노키아 코퍼레이션(Nokia Corporation, 이하 '노키아'라 칭함)은 이동통신 기기를 제조·판매하는 사업자이다. 마이크로소프트는 2014년 4월 노키아의 자회사 38개의 주식을 취득하고 노키아 본사의 이동통신 기기 및 서비스 사업관련 자산을 양수하기로 계약을 체결하였다. 이 기업결합의 당사회사는 모두 외국 회사이지만 공정거래법 제12조와 공정거래법시행령 제18조 제3항에 의거, 당사회사의 국내 매출액이 모두 200억 원 이상이 되므로 우리나라 공정거래위원회에 기업결합

---

64 공정거래위원회 의결 제 2015-316호 2015.8.24

신고를 했고 심의절차가 진행 중인 2014년 8월27일 공정거래위위원회에 시정 방안을 제출하면서 동의의결을 신청한 사건이다.

이 기업결합의 내용을 이해하기 위해서는 관련 모바일 생태계의 시장구조 및 실태를 알아볼 필요가 있다. 모바일 생태계는 크게 3개의 시장으로 구성되어 있다. 스마트폰과 같은 기기 시장, 운영체제와 같은 소프트웨어 시장, 그리고 기기 제조와 소프트웨어 작동에 필요한 모바일 특허 시장이 그것이다.

좀 더 구체적으로 설명하면, 모바일 생태계는 스마트폰, 태블릿 등의 기기와 그 기기에서 작동하는 광범위한 소프트웨어제품 및 서비스(운영체제, operating system: OS), 응용프로그램(application or app), 메일서버 소프트웨어 및 통신 프로토콜)로 구성되어 있다. 또한 이러한 하드웨어나 소프트웨어를 제작하기 위한 각종 모바일 특허기술 시장도 포함되어 있다. 즉, 단말기, OS, 앱 등에는 통신, 네트워크 등과 관련하여 다양한 특허기술이 사용되고 있어 해당 특허기술도 모바일 생태계를 구성하는 한 축이 된다. 결론적으로 모바일 생태계는 크게 모바일 단말기 시장, 모바일 OS 및 소프트웨어 시장, 모바일 특허기술 시장으로 구성된다.

먼저 모바일 단말기 시장에서, 스마트폰은 휴대전화 기능에 인터넷 기반의 데이터통신 기능을 결합한 단말기로서 앱을 설치하여 전자우편, 일정관리 등 다양한 기능을 수행할 수 있다. 태블릿은 터치스크린 방식으로 작동하는 소형의 컴퓨터를 말하며 일반적이 PC와는 달리 문서 작업보다는 동영상, 음악, 게임 등의 콘텐츠를 재생하는 용도로 사용된다.

모바일 OS는 모바일 단말기 구동을 위한 기본 운영프로그램으로서 모바일 단말기의 기능을 제어하고 필요한 앱을 작동할 수 있도록 하는 기능을 수행한다. 구글이 개발한 안드로이드, 애플이 개발한 iOS, 마이크로소프트가 개발한 윈도우모바일(Window Phone OS(스마트폰용)와 Window 8, Windows RT OS(태블릿용)), 블랙베리가 개발한 블랙벨리 등이 있다. 세계시장의 시장점유율은 안드로이드가 78%, iOS가 15%, 마이크로소프트는 3% 수준이다.

모바일 앱은 PC에 설치하는 프로그램과 마찬가지로 모바일 단말기에 설치하여 다양한 기능을 수행하는 프로그램을 말한다. 2013년 기준 전 세계의 모바일 앱 시장규모는 다운로드 회수 기준 총 1021억 개이고 판매수익, 광고 수익 등 수익기준은 267억 달러인 것으로 추산 된다

메일서버 소프트웨어는 메일 서버를 통한 메일 송수신을 처리하는 소프트웨어를 말하며, 최근에는 달력, 일정관리 등의 기능도 수행하고 있다. 마이크로소프트의 익스체인지 서버(Exchange Server)는 대표적 메일 서버 소프트웨어 중 하나이며 그 밖에 IBM의 Lotus

Notes/Domino, Novell의 GroupWise, VMware의 Zimba 등이 있다. 통신 프로토콜은 모바일 단말기에서 전자우편 및 일정관리 등 동기화 기능을 원활하게하기 위해서 사용하는 모바일 기기(메일 클라이언트)와 메일 서버를 연결하는 기술이다. 모바일 단말기 제조업체는 자신의 단말기에 프로토콜을 미리 설치하여 해당 프로토콜을 지원하는 소프트웨어를 통한 동기화 기능을 지원한다. 마이크로소프트의 액티브싱크(Exchange ActiveSync: EAS), IMAP(Internet Message Access Protocol), POP3(Post Office Protocol 3) 등이 있는데 2010년~2012년 사이에 유럽시장에서 판매된 스마트폰의 80~90%, 세계시장에서 판매된 스마트폰의 60~80%가 EAS기술을 사용한다고 한다.[65]

모바일 특허기술은 모바일 단말기, OS 및 소프트웨어의 생산이나 구동과 관련된 기술을 말한다. 모바일 단말기와 관련되는 특허기술에는 메모리 및 키보드와 같은 하드웨어를 제어하기 위한 기술, 통신·네트워크 표준 기술이 포함되어 있다. 모바일 OS 및 소프트웨어와 관련해서는 안드로이드 OS 시스템을 구성하는 요소인 리눅스 커널(Linux Kernel)[66], Library[67] 등에서 사용되는 특허기술이 있다. 신청인 마이크로소프트(이하 '신청인'이라 한다.)는 OS관련 특허를 포함한 다수의 모바일 특허기술을 보유하고 있다. 이러한 특허에는 EAS 및 VFAT, Wi-Fi, 블루투스, NFC와 같은 근거리 무선통신 기술, 영상/음악 재생에 사용되는 코덱 등의 기술이 있다. 노키아는 근거리 무선 통신 기술과 함께 GSM, UMTS, CDMA 및 LTE와 같은 2G, 3G 및 4G 모바일 통신 표준에 관한 다수의 모바일 특허기술을 보유하고 있다. 마이크로소프트가 제출한 자료에 따르면 스마트폰과 관련된 표준필수특허는 2014년 1월 1일 기준 12,000개로 추산이 된다.

여기서 '표준필수특허'와 '비표준특허'의 개념을 알아볼 필요가 있다. 특허기술은 표준화기구(Standard Setting Organization: SSO)가 공인한 표준특허와 그렇지 않은 비표준특허로 구분된다. 표준필수특허(Standard Essential Patents: SEPs, 이하 '표준특허'라 한다)는 표준화기구에서 공동으로 채택한 공식 표준에 포함된 특허기술을 말한다. 표준특허가 지정되면 해당 표준특허의 경쟁기술은 경제적 가치를 잃게 되어 시장에서 거의 사용되지 않게 되므로 표

---

65 European Competition Commission, Case Comp/M.7047-Microsoft/Nokia(2013.12.4.)참조
66 안드로이드 작동을 위한 가장 기초적인 요소로서 각종 기기 작동을 위한 드라이버(터치스크린, 오디오, USB 등)가 존재한다.
67 여러 프로그램에서 자주 사용되는 부분 프로그램을 모아 놓은 것으로서 동영상코덱 등이 있다.

준특허를 보유한 기업이 독점력을 행사할 우려가 있다. 그래서 표준화기구는 표준특허 보유 사업자가 특허권을 남용하지 않도록 하기 위해 통상 공정하고 합리적이며 비차별적으로 특허를 라이선스 한다는 FRAND(Fair, Reasonable, And Non-Discriminatory) 원칙을 조건으로 표준특허를 인정한다. 비표준특허는 표준화기구에서 공식 표준으로 채택하지 않은 특허기술을 의미한다. 비표준특허의 상업적 가치는 그에 내재된 특허기술의 기술적 중요성에 따라 달라진다.

모바일 특허기술의 경우 통상 특허기술 보유업체와 모바일 단말기 제조업체 간 라이선스 계약을 통해 거래가 이루어진다.[68] 특허기술 보유업체는 라이선스 계약 시 개별 특허기술별로 사용료를 책정하기보다는 전체 특허기술에 대해 사용료를 책정하는 경향이 있다. 예를 들어, 신청인은 "안드로이드 라이선싱 프로그램(Android Licensing Program)"이라는 이름으로 자신이 보유한 특허기술 포트폴리오 전체에 대해 특허료를 책정하여 라이선스 계약을 체결하고 있다.[69] 구체적인 특허실시료는 특허기술 보유업체와 단말기 제조업체 간 협상에 따라 결정된다.

나) 경쟁제한성의 판단

우선 시장획정에 대해 알아본다. 본 건 기업결합은 모바일 이동통신과 관련된 것으로, 상품시장의 경우 위에서 살펴본 바와 같이 모바일 단말기 시장, 모바일 OS 및 소프트웨어 시장, 모바일 특허기술 시장으로 획정한다. 지역시장의 경우 상품의 특성, 구매자나 판매자의 분포 등에서 국가별 차이가 크지 않으므로 세계시장으로 획정될 가능성이 있다.[70]

이렇게 복잡한 관련 시장이 얽혀 있어 기업결합의 유형도 복잡하다. 본 건 기업결합의 당사회사는 아래 표 4-11과 같이 스마트 모바일 기기를 중심으로 하는 다양한 상품시장에서 사업을 영위하고 있어 결합의 형태도 복합적으로 나타난다. 예를 들어, ① 스마트폰/태블릿 OS

---

68 애플 iOS의 경우 모바일 특허기술과 단말기 제조가 수직 통합되어 있으므로 라이선스 계약이 필요하지 않다. 안드로이드 OS의 경우 OS 자체는 안드로이드 단말기 제조업체에게 무료로 제공되나, OS에 포함된 특허기술에 대해서는 안드로이드 단말기 제조업체와 특허기술 보유업체 간 특허 라이선스 계약을 통해 거래가 이루어진다.

69 이 경우 실시료를 부과하는 특허와 무료로 사용하는 특허 간 구분이 불가능하며 특허별로 실시료가 구분되지 않고 특허 전체에 대해 실시료가 책정된다.

70 시장획정과 관련하여, 모바일 단말기 시장을 스마트폰과 태블릿으로 세분하여야 하는지, 지역시장을 국내시장으로 보아야 하는 것은 아닌지 등에 대한 논의가 있을 수 있으나, 동의의결은 신청인의 자발적인 시정 방안에 따른 것으로 위법 여부까지 판단하지는 않으므로 시장을 명확하게 획정하지 않았다.

와 단말기 간 결합, ② 모바일 관련 특허와 단말기 간 결합, ③ 모바일 앱(Application)과 단말기 간 결합, ④ 태블릿 단말기 간 결합 등 다양한 측면에서 결합이 이루어진다. 이 중 ①, ②, ③번은 모바일 기기의 원재료라고 할 수 있는 OS, 특허, 앱과 최종 산출물인 모바일 단말기 간 수직형 기업결합이고, ④번은 태블릿 단말기를 생산하는 경쟁사 간 수평형 기업결합이다.

표 4-11　결합 당사회사가 생산하는 주요 상품

구분		신청인	노키아
상방시장	모바일 OS	Window Phone OS, Window 8, Window RT	-
	어플리케이션	오피스 모바일, Skype	-
	특허기술	OS·SW 관련 특허기술	통신·네트워크 관련 특허기술
		-	모바일 단말기 디자인 특허
하방시장	단말기 제조부문	태블릿	휴대폰, 태블릿

각 형태의 복합적 기업결합에 대한 경쟁제한 가능성을 살펴본다.

먼저, 수직결합으로 인한 잠재적 봉쇄효과[71] 우려가 있다. 신청인이 안드로이드 OS에서 채택한 특허기술을 상당수 보유한 지위를 토대로 경쟁 단말기 제조업체에 대한 특허료 인상 등을 통해 생산요소(OS) 공급을 잠재적으로 봉쇄할 수 있는 능력이 있다는 우려가 제기된다. 안드로이드 OS는 구글이 오픈 소스 코드[72]로 제작한 모바일 운영체제로서 그 자체는 모바일 단말기 제조업체들에게 무료로 배포되고 있다. 이러한 안드로이드 OS의 시스템 체계(system architecture)를 구성하는 각 계층에는 여러 특허기술이 사용된다. 안드로이드 단말기 제조업체들은 이러한 특허기술 사용을 대가로 특허 보유자에게 일정한 특허료를 지급한다. 최소한 268개 이상의 마이크로소프트의 특허기술이 안드로이드 라이선싱 프로그램에 의하여 안드로이드 폰 제조업체들에게 제공되고 있다. 이러한 특허 중에는 표준특허(SEP)가 73개 있는 것으로 확인된다. 표준특허는 안드로이드 폰의 생산을 위해 필수적이다.

---

[71] 본 건 기업결합의 나머지 유형(모바일 OS 및 앱-단말기 간 수직결합, 태블릿 단말기 간 수평결합)은 경쟁을 실질적으로 제한하지 않는 것으로 판단된다.

[72] 소프트웨어 등을 만들 때, 해당 소프트웨어가 어떻게 만들어졌는지 알 수 있도록 일종의 프로그래밍 '설계지도'인 소스 코드(source code)를 무료로 공개 및 배포하는 것으로 리눅스(Linux), 안드로이드(Android)가 대표적이다.

나머지 약 200개의 특허는 비표준특허(non-SEP)로서 FRAND 조건에 구속되지 않는다. 그러나 이해관계자들은 이러한 특허기술이 다른 제품이나 기술로 대체하기 어렵다는 점에서 상업적으로 매우 중요한 의미를 갖는다고 주장한다. 구글이 신청인의 특허기술을 안드로이드에 포함시키기로 함에 따라, 다른 안드로이드 단말기와의 호환성 측면에서 신청인의 특허기술은 필요하다는 것이 그 이유다. 만약 개별 단말기 제조업체가 안드로이드 소스 코드(source code)에 규정된 신청인의 특허기술을 임의로 빼거나 바꾸게 되면, 이는 더 이상 안드로이드가 아닌 별개의 새로운 OS가 된다. 이는 수많은 애플리케이션과 안드로이드 단말기들로 구성된 기존의 안드로이드 생태계에서 홀로 이탈하는 것이므로 단말기 제조업체 입장에서는 사실상 선택할 수 없는 대안이라는 것이다.

다음으로 잠재적 봉쇄 유인에 대해 살펴본다. 마이크로소프트는 안드로이드 OS에 사용되는 특허의 실시료를 과도하게 올려서 자신의 윈도우 단말기와 경쟁 관계에 있는 안드로이드 단말기의 제조업체의 생산비용을 증가시킬 유인이 있다는 우려가 제기된다. 이해관계자들의 주장에 따르면 신청인이 안드로이드 OS에 사용되는 특허의 실시료를 인상하면 안드로이드 단말기 판매는 줄어드는 반면, 신청인의 윈도우 단말기 판매는 늘어난다. 물론 안드로이드 단말기 판매량이 줄어들면 신청인의 특허 실시료 수입이 감소하는 효과가 있을 수 있다. 그러나 이러한 특허 실시료 수입 감소분보다 자신의 윈도우 단말기 판매량 증가로 인한 수입 증가분이 크다면 전체적으로는 신청인의 이윤은 커질 것이다.

다음으로 신청인이 특허료 인상을 통해 신규 기업의 시장 진입을 저지할 유인에 대한 우려도 제기된다. 기업결합 이전에는 하방의 모바일 단말기 시장에 안드로이드 OS나 윈도우 OS를 사용하는 신규 기업이 진입하면 신청인에게는 특허료 수입이 증대되는 이득만이 존재하였으나, 결합 이후에는 동일하게 신규 진입이 일어나더라도 모바일 단말기 시장에서 경쟁이 심화되어 신청인의 윈도우 단말기 판매수입이 감소함에 따라 전체적으로 손실이 발생할 수 있기 때문이라는 것이다.[73]

사업제휴계약으로 인한 잠재적 협조 효과 우려도 예상된다. 마이크로소프트는 2011년 9월 모바일 단말기를 제조하는 특정 국내 단말기 제조사(OEM)와 7년간의 사업제휴계약(Business Collaboration Agreement, 이하 "BCA"라 한다)을 체결하였다. BCA는 양사가 신

---

[73] 신청인은 비록 위와 같이 수직결합으로 인한 잠재적 경쟁제한 우려가 있다는 주장을 인정하지는 않으나, 그러한 우려가 있다는 가정 하에 시정 방안을 준수함으로써 잠재적 경쟁제한 우려를 해소하기로 하였다.

제품(윈도우 휴대전화)을 공동 개발하기 위해 제품 개발계획을 수립한 후 사양, 개발일정, 제품디자인 등의 정보를 교환하고, 마케팅계획을 공동으로 수립하며, 단말기 판매량, 마케팅 비용 등의 다양한 정보를 교환하도록 규정하고 있다. 기업결합 이후 모바일 단말기 시장의 경쟁사업자가 되는 양사가 이렇게 경영상 핵심정보인 신제품 개발계획 및 마케팅계획을 공유하고, 관련 정보를 교환할 경우 시장경쟁에 악영향을 미칠 우려가 제기된다. 즉, 양사가 가격, 거래조건, 생산량 등을 상호 조절함으로써 경쟁수준을 낮출 가능성이 있다는 것이다.[74]

다) 동의의결의 적법성 판단

동의의결의 요건을 먼저 살펴보기로 한다. 위원회는 신청인의 해당 행위 및 시정 방안이 법 제51조의2에 규정된 아래와 같은 요건을 모두 충족한다고 판단되는 경우, 해당 행위 관련 심의 절차를 중단하고 시정 방안과 같은 취지의 의결인 동의의결을 할 수 있다. 소극적 요건으로는 ① 해당 행위가 법 제19조(부당한 공동행위의 금지) 제1항에 따른 위반행위에 해당하지 아니하여야 하고, ② 제71조(고발) 제2항에 따른 고발요건에 해당하지 아니하여야 한다. 적극적 요건으로는 ① 신청인이 제출한 시정 방안이 공정하고 자유로운 경쟁질서나 거래질서를 회복시키거나 소비자, 다른 사업자 등을 보호하기에 적절하다고 인정되어야 하고, ② 신청인이 제출한 시정 방안이 위원회의 조사나 심의의 대상이 되는 행위가 법을 위반한 것으로 판단될 경우에 예상되는 시정조치, 그 밖의 제재와 균형을 이루어야 한다.

이에 공정위은 다음과 같이 동의의결 요건 충족 여부를 판단하였다.[75] 먼저, 수직결합으로 인한 잠재적 봉쇄효과 관련 사항이다. 신청인은 다음과 같은 시정 방안을 제출하였다.

표준특허에 대해서 신청인은 표준특허와 관련하여 다음과 같은 원칙을 준수한다.

① 신청인은 표준특허를 FRAND 조건으로 라이선스한다.
② 신청인은 대한민국에 본사를 두고 있는 스마트폰 또는 태블릿 제조사가 생산한 스마트폰 또는 태블릿에 대하여 표준특허를 침해하였다는 이유로 판매금지명령 또는 수입금지명령을 청구하지 않는다.
③ 신청인은 위와 같이 표준특허를 라이선스하면서 실시권자(licensee)에게, 그 실시권자의 특

---

74 신청인은 위와 같은 협조 효과의 우려를 인정하지 아니하나, 그럼에도 불구하고 BCA를 수정하여 해당 OEM과 위와 같은 정보를 교환하지 않기로 하였다.
75 여기서는 적극적 충족요건에 대해서만 기술하기로 한다.

허가 동일한 산업표준에 필수적인 경우 외에는, 해당 실시권자의 특허에 대한 라이선스를 신청인에게도 제공하도록 요구하지 않는다.

④ 신청인은 표준특허의 양도와 관련하여, 양수인이 (i) 위와 같은 원칙을 고수하고, (ii) 양수인이 이를 재양도할 경우 재양수인에게 위와 같은 원칙을 고수할 것을 요구하겠다고 동의하지 않는 이상 표준특허를 제3자에게 양도하지 않는다.

다만, 위와 같은 원칙은 호혜적인 것이다. 즉, 신청인의 제품과 관련하여 표준특허를 가진 자가 위와 동일한 원칙을 준수하기로 약속한 경우에만 신청인이 위 원칙을 준수한다.

신청인은 비표준특허와 관련하여 다음과 같은 원칙을 준수한다.

① 신청인은 대한민국에 본사를 두고 있는 스마트폰 또는 태블릿 제조사에게 스마트폰 및 태블릿의 대한민국 내 제조, 사용 또는 판매를 위한 비표준특허를 비독점적으로 계속하여 라이선스한다.

② 신청인은 본 건 라이선스를 (i) 본 건 기업결합일 이전의 신청인의 기준에 따른 실시료율, 또는 현재 신청인의 실시권자인 경우 해당 실시권자와의 현행 계약에서 정한 실시료율을 초과하지 않는 실시료율로, 또한 (ii) 비가격(non-pricing) 조건의 경우 본 건 기업결합일 이전 신청인의 라이선스 프로그램에 따른 일반적 조건, 또는 현재 신청인의 실시권자인 경우 해당 실시권자와 체결한 계약에 따른 조건과 실질적으로 유사한 조건으로, 계속하여 제공한다.

③ 대한민국에 본사를 두고 있는 스마트폰 또는 태블릿 제조사와의 기존 교차 실시허락으로 인하여 비표준특허에 대한 실시권이 부분적으로 허여된 경우, (i) 신청인은 위와 같은 잔존 비표준특허에 대한 실시허락("잔존 실시허락")을 해당 제조사에게 적절히 제공하고, (ii) 잔존 실시허락의 실시료율은 위 ② (i)에서 규정한 상한에 따르고 해당 제조사의 기존 교차 실시허락의 가치에 따라 적절하게 감액될 것이며, (iii) 잔존 실시허락의 비가격 조건의 경우 안드로이드 프로그램 라이선스의 조건과 실질적으로 유사한 조건으로 계속하여 제공한다.

④ 신청인은 별첨 목록 1, 2에 기재된 비표준특허를 동의의결일 이후 5년 동안 제3자에게 양도하지 않는다. 나아가 5년의 기간이 경과한 이후에도, 신청인은 양수인이 동의의결일 이전에 신청인에 의해 이루어진 라이선스 관련 약정을 준수하고 위 비표준특허의 재양수인에게도 동의의결일 이전에 신청인에 의해 이루어진 라이선스 관련 약정을 준수하도록 요구하기로 동의하지 않는 이상 위 비표준특허를 제3자에게 양도하지 않는다.

⑤ 동의의결일 이후 신청인은 대한민국에 본사를 두고 있는 스마트폰 또는 태블릿 제조사가 본 건 라이선스 협상에 성실하게 임하지 않는다고 판단되는 경우에만 비표준특허를 침해하였다는 이유로 판매금지명령 또는 수입금지명령을 청구한다.

마지막으로, 사업제휴계약으로 인한 협조 효과를 없애기 위해 신청인은 다음과 같이 시정방안을 제출하였다.

신청인은 BCA를 수정하여 스마트폰 또는 태블릿 하드웨어 관련 경쟁상 민감한 영업정보의 교환에 관한 조항 및 이행의무를 삭제한다.

또한 신청인은 수정 BCA를 이행하는 과정에서 위 국내 스마트폰 및 태블릿 제조사와 스마트폰 또는 태블릿 하드웨어 관련 경쟁상 민감한 영업정보를 교환하지 않는다.

이에 대한 공정거래위원회의 요건 충족여부에 대한 판단은 다음과 같다. 첫째, 신청인의 시정 방안 중 표준특허와 비표준특허 관련 사항은 수직결합으로 인한 잠재적 봉쇄효과 우려를 충분히 해소한 것으로 판단하였다. 우선 신청인은 표준특허에 대하여는 FRAND 원칙에 따라 라이선스하고, 비표준특허에 대하여는 신청인의 기준에 따른 실시료율이나 현행 계약에 따른 실시료율로 라이선스한다. 또한 특허를 양도할 경우 양수인도 이러한 원칙을 준수하도록 한다. 이에 따라 특허료의 인상으로 인한 안드로이드 단말기 제조업자의 비용 증가 우려가 없다. 또한 신청인이 표준특허의 경우 침해를 이유로 판매금지명령 또는 수입금지명령을 청구하지 않고, 비표준특허의 경우 라이선스 협상에 성실히 임한다면 침해를 이유로 판매금지명령 또는 수입금지명령을 청구하지 않으므로 단말기의 판로 차단에 대한 우려도 없다는 것이다.

둘째, 사업제휴계약관련 신청인의 시정 방안도 계약상으로 그리고 행태적으로 경쟁상 민감한 영업정보를 교환하지 않겠다는 것으로 경쟁사업자 간 협조 가능성을 실효성 있게 제거한 것으로 판단하였다.

APPENDIX

4A

Staples 사건의 계량경제분석 모형

경제분석 모형의 기본 식은 Staples 각 점포의 가격이 경쟁자의 존재 여부에 의해 어떻게 변하는지를 기본 모형에 의해 추정하고 합병 후 각 지역에서 평균적으로 가격이 얼마나 상승할지를 예측하는 것으로 되어 있다.

먼저 가격 지수는 다음과 같은 방식으로 계산한다. Staples는 7,000여개의 개별 상품을 기준으로 하는 재고관리단위(stock-keeping units: SKU)로 재고관리를 한다. 가격 지수는 이 개별 상품을 대상으로 계산한다. 먼저 이 상품을 크게 4개의 상품군으로 나눈다. 4개의 상품군으로 나누는 기준은 Staples가 가격을 점검하는 빈도에 따라 나누는데, 가장 빈번하게 가격을 점검하는 상품군은 그 매출이 가격에 가장 민감하게 반응하는 상품의 집합[76]이다. 그래서 각 상품군의 가격지수를 먼저 계산한다. 예컨대 점포 i의 시간 t의 상품군 k의 가격 지수는 다음과 같은 가중 평균에 의해 계산한다.

$$p_{itk} = \sum_{j \in k} \omega_j^* \, p_{itj} \tag{4-1}$$

여기서 ω_j는 SKU에 속한 상품 j의 수량 기준의 가중치를 말하고 p_{itj}는 점포 i에서 t시점의 상품 j의 가격이다.

최종적으로 점포 i에서 가격 지수는 다음과 같이 정의 한다.

$$\ln p_{it} = \sum_k \omega_k^* \ln p_{itk} \tag{4-2}$$

여기서 ω_k는 상품군 k의 매출비중이고 k는 4개의 상품군, 즉 1~4까지를 값을 취한다. 최종 회귀분석을 위해 가격은 자연 대수를 취하였다. Staples가 지역 대도시 권역(metropolitan statistical area; MSA)에서 경쟁 점포의 존재 여부, 경쟁 점포의 수에 의해 어떤 가격을 책정했는지 추정하기 위한 회귀분석의 기본 모형은 다음과 같다.

---

76 예를 들어 복사지와 같이 가격에 가장 민감한 제품 등과 같이 가격에 민감한 제품에 대해서는 Staples는 자주 가격 체크를 하는데 이 제품군을 price-sensitive items로 분류한다.

$$\ln p_{it} = \alpha_i + \sum_z \beta_{1z} D_{zit} + \sum_z \beta_{2z} \ln N_{zit} + \sum_t \gamma_t D_t + \varepsilon_{it} \qquad (4\text{-}3)$$

Staples 각 점포 i의 t시점에서의 가격은 오른쪽 독립 변수에 의해 결정된다. 여기서 α_i는 점포 i의 고정효과 D_{zit}는 시간 t에 Staples 점포 i가 있는 지역에서 다른 경쟁점포 z가 있으면 0, 없으면 1인 dummy variable, N_{zit}는 Staples 점포 i가 있는 지역에서 경쟁점포 z의 t시점에서의 점포 수, D_t는 time dummy variable이고, ε_{it}는 평균이 0인 교란항(disturbance term)이다. 이 산식은 패널 데이터를 이용하여 추정되었다. 자료는 40여 개 MSA의 400개 이상의 Staples 점포의 자료와 18개월간의 주간 자료가 이용되었다.

합병 후에 가격이 얼마나 오를 것인가는 Staples가 있는 점포 중 Office Depot가 없는 지역의 가격이 Office Depot가 한 개 이상으로 있는 지역의 가격보다 얼마나 더 높은가를 계산함으로써 추정할 수 있다.

Office Depot가 없는 경우 모든 지역에서 모든 시간의 Staples 가격지수는 다음과 같다

$$\ln p = \sum_i \alpha_i + \sum_{i,t} \beta_{1od} D_{odt} + \sum_t \gamma_t D_t + \varepsilon \qquad (4\text{-}4)$$

식 (4-3)에서 Office Depot의 개수가 0이므로 β_2계수는 식 (4-4)에서는 나타나지 않는다. 여기서 제로의 자연대수는 제로로 간주하였다. D_{odt}는 Office Depot가 있는 지역은 0, 없는 지역은 1이 되는 dummy variable이다.

Office Depot가 하나 이상 존재하는 모든 지역에서 모든 시간의 Staples의 가격은 다음과 같다.

$$\ln p = \sum_i \alpha_i + \sum_{i,t} \beta_{2,od} \ln N_{od,i,t} + \sum_t \gamma_t D_t + \varepsilon \qquad (4\text{-}5)$$

여기서 β_2계수는 Office Depot가 존재하므로 dummy variable $D_{od,t}$가 0이 되어 사라지게 된다. $N_{od,i,t}$는 i지역에서 t시점에 Office Depot가 몇 개인지를 나타낸다. 식 (4-4)에서 식 (4-5)를 빼면 Staples 점포가 있으면서 Office Depot가 없는 모든 지역 모든 시간의 가격지수가, Staples가 점포가 있으면서 Office Depot가 하나 이상 있는 모든 지역의 모든 시간의 가격 지수에 비해 얼마나 상승했는지를 보여준다. 즉, 합병으로 인해 모든 지역에서 Office Depot가 사라졌을 경우 가격이 얼마나 증가하는지를 보여주게 된다. 이때 합계는 사용된 자료상 Staples가 있는 모든 시간과 지역에 Office Depot가 하나 이상 있는 지역을 모두 합한 것이다.

우리는 이 지역의 수를 n개라고 가정한다. 그러면 합병으로 인한 가격 인상 효과를 추정할 수 있게 되고 다음 식으로 도출된다.

$$\Delta p = \frac{\sum_{i,t}[\beta_{1,od} - \beta_{2,od}\ln(N_{od,i,t})]}{n} \tag{4-6}$$

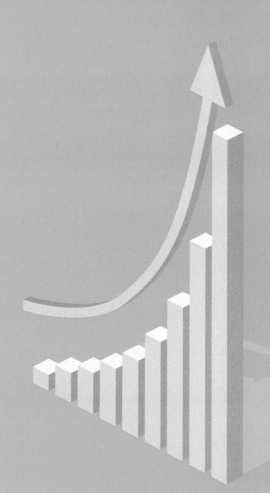

공동행위

5-1 개관

공동행위는 영어로 'cartel'이라고 한다. Cartel(카르텔)의 어원을 추적하면 '휴전'이라는 의미가 있다. 단어의 어원에서 그 의미가 있듯이 카르텔은 사업자 간에 경쟁을 하지 않거나 제한적으로 하자는 내용의 합의를 말한다. 그 합의의 내용은 매우 다양하다. 가격을 올린다거나 거래조건을 동일하게 한다거나 공급량을 줄인다거나 여러 가지 방법을 동원할 수가 있는 것이다. 카르텔은 사업자 간의 합의이므로 그 행위가 성립되려면 두 개 기업 이상이 참여해야 하는 성격이 있다. 그 참여자는 대부분이 경쟁 관계에 있으므로 경쟁을 제한하는 효과가 다른 어떤 유형의 위반행위보다도 더 크다고 할 수 있다. 시장에서 경쟁에 의해 결정되어야 할 변수들이 합의에 의해 왜곡되어 시장 질서의 메커니즘(mechanism)을 근원적으로 없애버리기 때문이다.

카르텔에 참여한 기업들은 경쟁 관계에 있다 하더라도 독점기업의 행위와 유사하다. 그러나 그 폐해는 독점기업의 행위보다 더 심각하다 할 수 있다. 독점기업은 규모의 경제 실현으로 인한 효율성 향상을 기대할 수 있으나 카르텔에서는 그런 효율성 향상 효과를 기대할 수 없다. 독점기업은 시장에서 그 독점력을 남용할 때에 비로소 발생하나 카르텔은 그 자체로 시장에서 경쟁이 사라지므로 높은 가격과 낮은 품질, 선택권의 제약으로 인해 소비자에 대한 피해가 직접적이다.

카르텔은 이와 같이 경쟁제한 효과가 가장 크고 명확한 행위이므로 각국의 경쟁 당국은 카르텔의 근절에 최우선의 정책 목표를 두고 있고 위반행위에 대해서는 가장 무거운 처벌을 하고 있다. 미국은 카르텔을 ferony, 즉 중죄로 다스리고 있고 담당 임원에 대해 징역형까지 부과하는 등 강경조치를 취하고 있다. 우리나라 공정거래법도 카르텔에 대해 제일 무거운 제재를 하도록 되어 있다. 카르텔 가담자는 검찰 고발이 원칙이고 과징금도 다른 위반행위는 관련 매출액의 2~3%로 되어 있으나 카르텔은 10%까지 부과할 수 있도록 되어 있다.

최근은 기업 활동이 세계화되어 있으므로 한 나라의 기업 활동이 다른 나라에 미치는 영향이 커져서 특히 경쟁제한성이 많은 카르텔에 대해서는 역외적용[77]이 늘어나고 있다. 우리나라의 기업들도 카르텔 혐의로 미국 경쟁 당국에 의해 처벌받은 사례가 있고, 우리나라의 공정거

---

[77] 다른 나라 기업이 자국의 독점규제법을 위반하였고 그 영향이 자국 시장에 미칠 경우 자국 법을 적용하여 시정하는 원칙이다.

래위원회도 외국기업을 제재하는 경우가 늘어나고 있다. Microsoft사와 인텔사를 시장지배적 지위 남용행위로 처벌한 바 있고, 비타민 국제 카르텔, 흑연전극봉 등 국제 카르텔에 대해서도 과징금 부과 등 제재를 가하였다.

이 장에서는 우선 카르텔이 형성되는 경제적 동기, 카르텔을 형성·유지를 용이하게 하는 요인들이 무엇인지를 살펴보고, 미국 사례를 위주로 공동행위 행위에 대한 판결에서 주로 논점이 되어 왔던 당연위법과 합리의 원칙에 대한 내용, 공동행위에 대한 판결의 변천 과정 등을 살펴본 다음 가격담합, 시장분할, 집단의 거래거절 등 구체적인 공동행위의 유형에 대한 사례를 살펴볼 것이다. 더불어 공동행위가 성립하기 위한 복수(複數)요건, 담합을 입증하기 위한 조건 등이 무엇인지에 대하여도 검토해 보기로 한다. 끝으로 우리나라의 제도와 주요 사례도 소개할 것이다.

5-2 카르텔의 경제적 동기

5-2-1 카르텔 형성의 경제적 유인

왜 카르텔이 성행하는지 그 이유는 널리 알려져 있다. 가격이론을 이용하여 카르텔의 형성 유인을 체계적으로 살펴보면 왜 카르텔 참여자가 다른 참여자를 속이려는 동기가 있는지, 왜 카르텔이 오래 지속할 수 없는지, 왜 어떤 산업은 카르텔이 성행하고 다른 산업은 그렇지 않은지, 카르텔을 용이하게 하는 업종의 특별한 관행이 무엇인지 등 카르텔에 대한 훨씬 더 폭넓은 이해가 가능해진다. 여기서는 경제모형을 이용하여 카르텔의 형성유인이 무엇인지에 대해서 살펴보고자 한다.

우선 n개의 동일한 기업이 존재하는 경쟁시장을 가정해 보기로 하자. 그림 5-1에서 왼쪽은 개별 기업의 평균비용(AC)과 한계비용(MC)곡선, 오른쪽은 산업의 수요 및 공급곡선을 나타내고 있다. 산업의 공급곡선은 개별 기업의 공급곡선인 한계비용곡선을 가로 방향으로 더한 것과 같다. 경쟁가격은 산업의 수요와 공급이 교차하는 p_c에서 결정이 된다. 개별 기업의 생산량은 각각 $q_c(=Q_c/n)$ 수준으로 결정될 것이다. 왜냐하면 경쟁시장에서 개별 기업은 가격 순응자(price taker)이므로 시장에서 결정된 가격 p_c가 개별 기업 입장에서는 한계수입과 같게

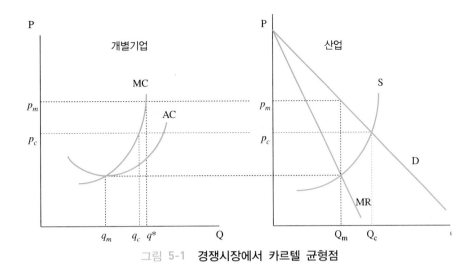

그림 5-1 경쟁시장에서 카르텔 균형점

되어 한계수입이 한계비용과 교차하는 생산량, q_c가 이익을 최대화시켜 주는 생산량이 되기 때문이다.

그러나 산업 전체의 입장에서 보면 수요곡선이 우하향의 모습을 갖고 있으므로 한계수입 곡선은 수요곡선의 밑에 위치하게 된다. 따라서 경쟁가격 수준에서 수급을 같게 하는 생산량, Q_c를 생산하게 되면 한계수입이 한계비용보다 더 낮게 되어 이윤 극대화를 이룰 수 없게 된다. 산업 전체의 이윤이 극대화되기 위해서는 생산량을 한계비용과 한계수입이 같게 되는 Q_m 수준으로 낮춰야 한다. 산업 생산량이 줄기 위해서는 개별 기업이 각각의 생산량을 $q_m (= Q_m/n)$ 수준으로 줄여야 할 것이다. 그러나 경쟁시장에서 개별 기업은 생산량을 줄이려는 동기가 없다. 왜냐하면 q_c가 이미 그들의 이익을 극대화 시켜 주는 수준이기 때문이다. 만약 개별 기업 단독으로 생산량을 줄인다면 시장가격은 미미하게 인상될 것이고 이에 따른 이익은 다른 기업에게로 돌아갈 것이다. 경쟁시장에서 생산량을 줄이려는 개별 기업의 노력은 외부효과 (externality)가 있게 된다.[1] 그러나 모든 기업이 공동으로 생산량을 줄이면 그 이익은 모든 개별 기업에 돌아갈 수 있는 것이다. 따라서 공동행위란 외부효과(externality)를 내부화

---

1   외부효과란 공기, 공해 등과 같이 경제적 가치가 있거나 부(負)의 가치가 있는 재화나 용역이 시장에서의 거래가 불가능하므로 가격이 존재하지 않거나 틀린 가격을 가지고 있는 현상을 말한다. 외부효과가 있으면 경제 주체의 행위에 대한 결과가 행위자에게뿐만 아니라 다른 경제 주체에까지 미치게 된다. 일반적으로 후생경제학 분야에서 사용하고 있으나, 여기서는 전체 시장에서 생산량을 줄이는 행위에 대한 가치가 개별 기업의 입장에서 정당하게 가치 있는 것으로 인식되지 못한다는 뜻으로 사용하였다. 외부효과에 대한 자세한 설명은 제6장 '수직결합'을 참고하기 바란다.

(internalize)하는 행위라고 할 수 있다. 한 가지 강조할 점은, 공동으로 생산량을 줄임으로써 가격은 p_m으로 상승하게 되고 개별 기업의 이윤은 경쟁가격일 때보다 더 늘어나게 되는데, 개별 기업의 생산량인 q_m은 p_m의 가격 수준에서는 최적생산량이 아니라는 것이다. 다시 말해서 가격이 p_m이라면 그림의 왼쪽에서 한계비용과 교차하는 점인 q^*가 개별 기업의 최적생산량이 된다는 점이다. 모든 개별 기업이 이윤을 늘리기 위하여 q^*로 생산을 늘릴 경우 결국 카르텔로 정한 가격 수준인 p_m을 유지할 수 없게 된다. 그러나 어느 특정 기업이 다른 카르텔 참여자 몰래 생산량을 q^*수준으로 늘리는 것은 가능할 것이다. 왜냐하면 한 개 기업의 생산량은 산업 전체의 그것에 비해 아주 미미할 것이기 때문이다. 이와 같이 모든 카르텔은 그 참여자가 다른 참여자를 속여서 자기 이익을 올리려는 동기를 갖고 있다. 따라서 카르텔이 성공하느냐 여부는 카르텔 참여자의 이러한 동기를 얼마나 효과적으로 적발하여 막을 수 있는가에 달려 있다.

기업의 카르텔 유인과 효과에 대해서 과점시장 모형을 이용해 더 현실적으로 설명할 수 있다. 과점시장은 시장에 소수의 기업이 경쟁하고 있으며 새로운 기업들의 시장 진입이 어려운 시장구조를 의미한다. 기업들이 생산하는 제품은 자동차처럼 차별화되어 있을 수도 있고 철강처럼 차별화가 되어 있지 않을 수도 있다.

과점시장에서 기업들의 의사결정은 상당히 복잡하다. 왜냐하면 소수의 기업이 서로 경쟁하고 있으므로 기업은 자신의 행동이 경쟁기업에게 어떤 영향을 주며 그에 따라 경쟁기업은 어떤 반응을 할 가능성이 있는가를 충분히 판단하여 의사결정을 해야 하기 때문이다. 이점이 완전경쟁시장과 독점시장에서 의사결정 과정과의 가장 큰 차이점이다. 완전경쟁시장에서 기업은 가격을 주어진 변수로 보고 자기 이윤 극대화를 의해 한계비용과 한계수입을 동일수준이 되게 자기의 생산량을 결정한다. 독점기업도 역시 한계수입과 한계비용이 동일한 점에서 자기의 생산량을 정하고 가격을 책정한다.

과점기업은 이렇게 단독으로 가격과 생산량을 정할 수가 없다. 상대 경쟁기업이 나의 의사결정에 어떻게 반응할 것인지를 염두에 두고 의사결정을 해야 하기 때문이다. 즉, 각 기업은 경쟁기업들의 의사결정을 고려한 자신의 의사결정을 하며 자신의 경쟁기업도 그렇게 할 것이라고 가정한다. 이러한 과점시장에서의 균형을 설명할 수 있는 기초적 개념이 수학자인 내쉬(John Nash)에 의해 제시되었다. 따라서 이러한 개념을 적용할 때 나타나는 균형을 내쉬균형(Nash equilibrium)이라 한다. 내쉬균형은 경쟁기업들의 행동이 주어졌을 때 각 기업이 자신이 할 수 있는 최선의 선택을 함으로써 나타나는 균형을 말한다. 내쉬균형의 개념을 이용하여 과점시장에서 기업들의 다양한 전략적 의사결정 방법과 균형을 설명할 수 있다. 기업들이 생산량으로 경쟁하는 꾸르노 모형, 스타켈버그 모형, 가격으로 경쟁하는 베르뜨랑 모형 등이 대표적이다.

여기서는 차별화된 제품으로 가격 경쟁을 한다는 전제하에 카르텔의 동기와 경제적 효과를 설명하고자 한다. 일반적으로 과점시장에서 제품들은 약간씩 차별화되었다고 보는 것이 보다 현실적이다. 제품이 차별화된 시장에서는 각 기업들의 시장점유율이 가격에 의해서만 결정되는 것이 아니라 제품의 성능, 디자인, 내구성 등의 차이에 의해서도 결정된다.

차별화된 제품의 가격이 어떻게 나타나는지를 보기 위해서 다음과 같은 예를 살펴보기로 한다. 두 개의 복점기업이 직면하는 수요곡선은 다음과 같다고 가정한다.

$$\text{기업 1의 수요} : Q_1 = 12 - 2P_1 + P_2 \tag{5-1}$$

$$\text{기업 2의 수요} : Q_2 = 12 - 2P_2 + P_1 \tag{5-2}$$

두 기업의 비용은 고정비용이 30원이고 변동비율은 0이라고 가정한다. P_1과 P_2는 각각 기업 1과 기업 2의 제품 가격이며, Q_1과 Q_2는 각 가격에서의 각 기업의 판매량(수요량)이다. 상기 수요곡선에 의하면 각 기업의 판매량은 자신의 가격이 올리는 경우 감소하고 경쟁기업이 가격을 올리는 경우에는 증가한다.

우리는 두 기업이 가격을 동시에 결정할 뿐만 아니라 각 기업은 상대방 경쟁기업의 가격이 고정된 것이라고 생각하고 자신의 가격을 책정한다고 가정한다. 따라서 우리는 최종적으로 나타나는 가격을 알아보기 위해 내쉬균형의 개념을 사용할 수 있다. 기업 1의 경우를 먼저 살펴보자. 기업 1의 이윤 π_1은 총 수입 P_1Q_1에서 비용 30원을 뺀 것과 같다. 식 (5-1)을 이용하면 기업 1의 이윤은 다음과 같은 식으로 표현할 수 있다.

$$\pi_1 = P_1 Q_1 = 12P_1 - 2P_1^2 + P_1 P_2 - 30 \tag{5-3}$$

여기서 기업 1은 이윤 극대화를 위해서 P_1을 얼마로 책정하겠는가? 이에 대한 대답은 기업 1이 고정된 것이라고 생각하는 기업 2 제품의 가격, P_2에 따라 달라진다. 따라서 P_2를 주어진 것이라고 생각할 때 기업 1의 이윤 극대화 가격은 아래 조건을 만족하는 가격이다.

$$\frac{\Delta \pi_1}{\Delta P_1} = 12 - 4P_1 + P_2 = 0 \tag{5-4}$$

상기 식을 내쉬균형에서 가격으로 경쟁했을 때 기업 1의 가격 결정 원칙 또는 반응곡선

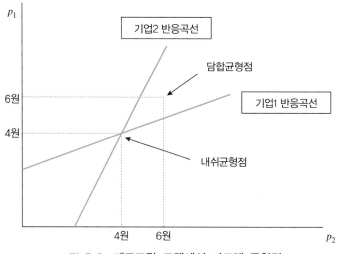

그림 5-2 베르뜨랑 모델에서 카르텔 균형점

(reaction curve)라 한다.

$$\text{기업 1의 반응곡선} : P_1 = 3 + \frac{1}{4}P_2 \qquad (5\text{-}5)$$

이 반응곡선은 기업 2가 설정하는 가격 P_2가 주어졌을 때, 기업 1이 책정해야 하는 가격을 나타내준다. 이와 마찬가지로 기업 2의 반응곡선도 아래와 같이 구할 수 있다.

$$\text{기업 2의 반응곡선} : P_2 = 3 + \frac{1}{4}P_1 \qquad (5\text{-}6)$$

상기 그림은 이러한 기업들의 반응곡선을 보여주고 있다. 내쉬균형은 두 기업의 반응곡선이 교차하는 점에서 나타난다. 이 점에서 각 기업의 가격은 4원의 가격을 책정하며 각각 2원의 이윤을 얻고 있다.

이 점에서 각 기업은 상대방 기업이 책정하는 가격이 주어진 상황에서 자신이 할 수 있는 최선의 선택을 하고 있으므로 어느 기업도 자신의 가격을 변화시키려는 인센티브를 갖지 않는다. 바로 내쉬균형이기 때문이다.

이제 두 기업이 담합을 한다고 해보자. 기업들은 각자의 가격을 독립적으로 책정하는 것이 아니라 협의하여 동일한 가격을 책정한다. 그 가격은 그들의 공동이윤을 극대화하는 가격일 것이다. 이 경우 기업들은 6원의 가격을 책정하고 각자 6원의 이윤을 얻으므로 담합함으로써 더 나은 상태에 있게 된다.[2] 상기 그림은 이러한 담합 균형점도 보여주고 있다. 두 기업은 담합을 함으로써 4원의 추가 이윤이 발생하였다. 담합을 예방하기 위해서는 경쟁 당국의 과징금 수준이 얼마나 되어야 하는지에 대한 기준을 제시하고 있다.

5-2-2　카르텔의 형성·유지를 용이하게 하는 요인

카르텔은 기업이 공동으로 생산량을 줄임으로써 가격 인상을 도모하자는 기업 간의 약정이라 할 수 있다. 그 약정을 모두 잘 지키는 경우 이익은 카르텔 참여자 모두에게 돌아갈 수 있다. 그러나 앞 절에서 살펴본 바와 같이 모든 참여자는 카르텔 약정을 어김으로써 이득을 취할 수 있으므로 누구나 약정을 위반하여 생산을 늘리려는 동기가 있다. 따라서 카르텔이 형성이 용이하려면 카르텔을 조직하는데 소요되는 비용이 적게 들어야 함은 물론 참여자의 약정위반행위를 효과적으로 막을 수 있어야 할 것이다. 카르텔의 조직이나 약정위반자에 대한 적발의 용이성은 각 산업의 특성에 따라 다르다. 카르텔이 성행하는 산업과 그렇지 않은 산업이 구분되는 이유도 카르텔 형성을 위한 비용, 위반자의 적발에 대한 용이성 등이 각 산업마다 다르기 때문이다. 여기서는 카르텔을 용이하게 하는 요인들을 카르텔의 형성과 유지관리 부분으로 나눠서 살펴보기로 한다.

가) 카르텔 형성을 용이하게 하는 요인

카르텔이란 결국 공동으로 생산을 줄여서 가격을 인상하는 것이 목적이므로 공급의 감소로 가격이 많이 상승할 수 있어야 한다. 그런데 이것은 수요곡선의 모양에 의하여 결정된다. 즉 수요의 가격탄력성이 낮을수록 공급 감소로 인한 가격 상승이 더 크므로 가격탄력성이 낮은 제품이 카르텔 형성에 더 유리하다 할 수 있다.[3]

　또한 카르텔이 성공하려면 카르텔에 참여하지 않은 국외자가 없어야 한다. 왜냐하면 참여자가 생산량을 줄여 가격을 인상할 경우 국외자는 생산량을 줄이는 노력 없이 이윤을 늘릴 수 있으므로 가격 인상 효과가 크지 않을 뿐만 아니라 오래 지속할 수도 없기 때문이다. 따라서 신규 진입이 어려운 업종일수록 카르텔 형성이 용이하다. 카르텔로 인하여 가격이 오를 경우 신규 진입이 가속화되고 진입자는 국외자로서의 역할을 행하기 때문이다. 신규 진입이 어렵다

---

[2]　담합하여 동일한 가격을 책정하므로 $P_1 = P_2$로 놓고 π_1을 극대화하면 이와 같은 결과를 얻을 수 있다.

[3]　그림 5-1에서 수요곡선이 더 가파를수록 공급 감소로 인한 가격 상승의 폭이 더 커짐을 알 수 있다.

는 것은 그 산업의 공급탄력성이 낮다는 말과 같다. 따라서 낮은 공급탄력성을 가진 산업에서 카르텔은 성행할 소지가 많다.

다음으로 카르텔을 조직하는데 비용이 적게 소요될수록 카르텔 형성이 더 용이하다. 카르텔의 조직 비용은 참여자간의 협상 비용과 관련이 있다. 아주 복잡한 협상이 필요로 하는 카르텔은 그 조직 비용이 많이 소요될 것이다. 협상 절차를 복잡하게 하는 요인은 카르텔에 참여하게 될 기업의 수, 그 업종의 시장집중도, 제품의 동질성 등에 의하여 결정된다. 이 요인들에 대해 구체적으로 설명하고자 한다.

첫째, 카르텔에 참여할 사업자 수가 많으면 그 협상이 매우 복잡해질 것이다. 왜냐하면 각 기업이 처한 환경이나 조건이 달라 모든 기업의 욕구를 충족시킬 만한 공통분모를 찾기 힘들 것이기 때문이다. 경제학자들은 OPEC이 원활하게 작동하지 못한 이유를 참여국 수가 너무 많아서 이해 조정에 실패했기 때문으로 생각하고 있다. Fraas와 Greer(1977)는 1910년부터 1972년 사이에 법무부의 가격담합 사례를 조사하였는데 담합에 참여한 평균 기업 수는 16.7, 중위 수는 8, 최빈도(mode)는 4개 기업으로 나타나고 있다.[4] 평균 참여 기업 수를 말할 때 산술 평균치인 16.7은 극단적인 숫자에 의하여 영향을 받으므로 바람직한 통계치라고 볼 수 없고, 중위 수나 최빈도가 오히려 적합한 통계치라고 보았을 때 개략적으로 평균 4~8개 기업이 참여한 것으로 결론지을 수 있다. 학자들은 효과적인 운영을 가능하게 하는 카르텔의 참여자 수를 대충 10개 기업 정도로 보고 있다.

둘째는 산업의 집중도가 높을수록 카르텔 형성이 용이하다. 소수의 기업이 생산량의 대부분을 점한 경우에는 주변의 중소기업의 참여가 없이도 카르텔 형성이 가능할 것이다. 과점시장(oligopoly)은 시장에 소수의 기업만이 존재하고 있으므로 가격과 생산량을 결정하면서 언제나 다른 기업의 반응을 의식하게 되어 모든 기업의 의사결정 과정이 상호의존적인 성격을 갖게 된다. 이러한 성격 때문에 과점시장에서는 묵시적인 담합이 용이하게 이루어진다. Hay와 Kelly(1974)의 연구 결과에 의하면 법무부의 총 가격담합 사례 중 상위 4개 기업 집중도(CR_4)가 75% 이상인 경우가 42%로 나타나 있고, 나머지 34% 사례의 CR_4는 51~75%인 것으로 판명되어 산업의 집중도가 카르텔 형성에 중요한 변수라는 사실을 뒷받침하고 있다.

셋째, 제품 간의 동질성이 높을수록 카르텔 형성을 위한 협상이 용이해진다. 각 기업 간 제

---

4 중위 수는 표본 관찰치를 작은 수부터 나열하였을 경우 중간에 위치한 관찰치를 말하고, 최빈도란 가장 많이 나타나는 관찰치를 의미한다.

품의 사양이나 질이 다양할 경우 가격을 어느 수준으로 고정시킬 것인지에 대한 합의가 어려워질 것이다. 또한 어느 특정 기업이 자기 제품의 질을 개선하였다면 또 다른 가격 합의가 필요해지게 된다. 예컨대 시멘트와 같이 동질성이 강한 제품은 고급 여자 의류와 같이 디자인과 질이 다양한 제품에 비하여 가격에 대한 합의 도출이 훨씬 더 용이할 것이라는 것을 쉽게 알 수 있다. Hay와 Kelly(1974)의 연구 결과도 대부분의 가격담합 사례가 동질적인 제품으로 구성된 산업에 집중된 것으로 나타나고 있다. 다만 제품의 사양이나 질이 다양한 산업에서의 담합은 매우 단편적이고 단기적인 경우가 많다. 예컨대 수영복 제조업자 간에 성수기가 끝날 무렵의 할인 판매를 연기하자는 합의를 하는 것과 같이 담합행위의 기간이 단기적임을 알 수 있다.

사업자단체가 있는 경우, 혹은 정부의 처벌 의지가 약할수록 카르텔 형성이 용이해질 것이다. 사업자단체가 있는 경우 회합에 따른 경비를 절감할 수 있다. 정부의 카르텔에 대한 처벌이 강해질수록 카르텔이 가져다주는 기대비용이 커지게 되어 카르텔 형성이 어려워 질 것이다. 미국의 경우 카르텔에 대한 법 적용이 느슨한 기간 동안 가격담합이 매우 성행했음을 보여주고 있다. 또한 독점규제법이 금지한 국내 기업 간 담합보다는 독점규제법의 집행기관이 없는 국제적 기업 간의 카르텔이 더 성행한 사실도 참고가 될 수 있을 것이다.[5]

나) 카르텔 유지관리를 용이하게 하는 요인

일단 카르텔이 형성되었으면 참여자 간의 약정이 잘 지켜지도록 그것을 집행할 수 있는 체제가 갖추어져야 할 것이다. 앞에서 살펴본 바와 같이 카르텔 참여자는 약정을 위반함으로써 이윤을 증가시키려는 동기가 있으므로 그러한 행위에 대하여 적절한 처벌 방법을 강구할 수 있어야만 카르텔이 유지될 수 있을 것이다. 여기서는 어떠한 요건들이 카르텔 약정의 용이한 집행을 가능하게 하는지를 살펴보기로 한다.

카르텔이 처한 상황이나 업종에 따라 특정 참여자의 약정 위반행위에 대한 적발이 용이한 경우가 있다. 물론 그러한 업종에서는 담합행위가 성행할 가능성이 클 것이다.

첫째, 담합에 참여하는 기업의 수가 적을수록 속임수에 대한 적발이 용이할 것이다. 참여 기업 수가 적으면 카르텔의 형성도 용이하지만 참여자 간의 약정을 적은 비용으로 집행하는 데도 도움이 된다고 하겠다. 둘째, 산업의 수요가 안정적이지 못하거나, 생산에 사용되는 생산

---

5   최근에는 국제카르텔에 대한 각국 경쟁 당국의 감시·시정이 강화되고 있다.

요소의 가격이 자주 변하여 제품 가격을 자주 변경시켜야 하는 경우에는 다른 참여자가 책정하는 가격을 정확히 관측하는 것이 어려우므로 속임수에 대한 적발이 어려워진다. 왜냐하면 이러한 가격 변화가 수요 변동이나 요소 가격의 변화에 따라 조정하는 과정인지 상대 참여자의 속임수에 의한 것인지를 구분하기 쉽지 않기 때문이다. 이런 경우 담합을 유지하기가 더 어려워진다. 셋째, 담합에 참여하는 모든 사업자가 같은 유통단계의 사업자일 경우 속임수에 대한 적발이 용이해진다. 그러나 사업자가 참여하는 유통단계가 다르거나 복수로 참여하는 경우는 적발이 어려워진다. 예컨대 특정 참여자가 제품의 제조와 도매단계의 유통업에까지 진출해 있는 경우, 동사업자가 약정가격을 어기더라도 제조단계에서 어겼는지 도매단계에서 어겼는지 분간하기 어렵게 된다.

어떤 상황에서는 약정위반을 하여 얻게 되는 기대수입이 적발됨으로써 부담해야 하는 기대비용(처벌)에 비해 훨씬 작아서 위반하려는 동기가 매우 낮게 되는 경우가 있다. 이 경우에도 카르텔 약정의 집행이 용이해져서 카르텔이 성행하게 될 가능성이 크다. 어떤 상황이나 업종에서는 생산요소의 공급이 비탄력적이어서 소량의 생산을 증가시키기 위하여 매우 높은 추가 비용을 감수해야 하는 경우가 있다. 한계비용 곡선이 매우 가파른 경우가 이에 해당한다. 그림 5-1에서 한계비용 곡선(MC)이 가파를수록 경쟁가격 수준의 생산량 q_c와 담합 가격에서의 최적생산량 q^*간의 간격이 가까워지는 것을 알 수 있다. 말하자면, 다른 담합 참여자를 속임으로써 얻게 되는 추가 수입이 매우 미미해짐을 알 수 있다. 따라서 이 경우에는 카르텔 약정을 어기려는 동기가 낮아지게 된다. 어떤 종류의 카르텔 약정에는 이와 같이 추가 생산에 따른 추가 비용을 매우 높게 만들어 참여자의 약정위반행위에 대한 동기를 낮게 하려는 시도를 하기도 한다. 예컨대 카르텔 약정에 종업원들의 시간외 근무 수당을 두 배로 인상하자는 약정을 추가하는 경우이다. 이 경우에는 특정 담합 참여자가 인상된 가격에 맞춰 생산을 증가하려고 해도 높은 추가 비용 때문에 그렇게 할 수 없게 되어 약정을 위반하는 참여자가 생길 가능성이 매우 낮아지게 된다. 둘째, 생산비 중에서 고정비가 차지하는 비율이 낮을수록 속이려는 동기가 더 낮아진다. 왜냐하면 고정비의 비율이 낮을수록 생산 증가에 따른 평균비용의 증가 속도가 더 커질 것이기 때문이다. 이 경우 담합 가담자가 약정을 어기고 추가 생산을 하더라도 추가로 얻는 이익이 작아진다. 반대로 고정비 비율이 더 높다면 추가 생산에 따라 평균비용의 증가가 현저히 낮아지므로 생산이 증가할수록 기대 이윤이 더 커진다. 다시 말해서 참여자가 카르텔 약정을 어겨서 생산을 증가하려는 동기가 더 커지게 된다는 것이다.[6] 셋째, 고객이 어떤 계층에 특화되어 있지 않아서 그 숫자가 많거나, 거래 관행상 소액 구매와 빈번한 거래가 성행하는 업종에서는 카르텔 참여자의 약정위반 동기가 낮아지게 된다. 카르텔 약정을 어겨서 가격을 인하하려는 경우, 가격 인하 사실을 자기의 고객에게 널리 알려야 하나 고객이 일반 소비자로서 그 수가 많을 경우 그 사업자의 약정위반행위가 즉각적으로 적발이 될 것이므로 위반하려는 동기가 낮아지게 된다. 반대로 수요가 특정 대규모 수요자에 제한되어 있고, 빈번한 거래는 없으나 한꺼번에 대량의 거래가 이루어지는 업종에서는 사업자가 은밀하게 약정위반을 추진할 수 있어 그렇지 않은 경우에 비해 약정위반을 하려는 동기가 더 크게 된다. 건설 공사에 대한 입찰의 경우가 후자의 대표적인 사례이다. 따라서 입찰담합의 경우 통상의 카르텔 약정 방식으로는 위반자의 적발이 어려우므로 낙찰자의 순번을 정하는 방법, 말하자면 위반자의 적발을 용이하게 하는 방법을 택하고 있다.

5-3 미국의 공동행위 사건의 판결 기준

5-3-1 부수적 제한설

셔먼법 1조는 거래를 제한하는 모든 계약, 연합, 공모는 위법이라고 선언하고 있다. 글자대로 해석하면 정당하든 부당하든 거래를 제한한 모든 담합은 위법이라는 해석이 가능하다. 또한 아무리 미미한 거래제한이라도 위법이 될 수 있고 그 거래제한행위가 경제에 유익한 영향을 미쳤어도 거래를 제한했다는 사실만으로 위법이 된다. 기업 간의 모든 계약은 경중의 차이는 있겠으나 다소간의 거래를 제한하는 효과가 있다고 본다면, '기업 간의 모든 계약이 1조 위반이 된다'라는 의견도 가능한 일이다. 그러나 국회가 법 제정을 한 목직이 모든 계약을 위법으로 하고자 하지 않았음은 자명하다. 셔먼법이 사용한 이와 같은 여러 가지 해석이 가능한 표현 때문에 법원은 초기에 1조의 위반이 되는 공동행위가 무엇인지에 대한 기준을 찾기 위해 고심하였다.

---

6   장치산업의 경우 약정을 어겨서 추가 생산을 하려는 동기가 더 커질 것이므로 카르텔 유지비용이 많이 들어서 카르텔 발생 가능성이 작아진다. 그러나 실제 이런 산업에서 카르텔이 많이 발생하는 이유는 다른 이유로 인해 카르텔 유지비용이 적게 들기 때문이다. 즉, 장치산업의 경우 산업에 참여한 기업체 수가 적기 때문이다.

초기에는 글자 그대로 해석하려는 경향이 많았다. 가격담합(price fixing), 시장분할(market division), 공동의 거래거절(concerted refusal to deal) 등이 그 주요 유형으로 된 공동행위는 그 참여자가 경쟁 관계에 있는 사업자이므로 참여자 간의 약정에 포함된 분야의 경쟁은 없어져 버리고 만다. 따라서 다른 어떤 유형보다도 경쟁을 제한하는 효과가 크다고 인식되어 왔다. 특히, 담합이 시장의 '가격'에 영향을 미치는 것이라면 다른 요소를 고려해 볼 필요도 없이 위법이라는 견해가 지배적이었다. *United States v. Trans-Missouri Freight*[7]에서 피고 기업들은 미시시피 강 서쪽 지역을 운행하는 철도 사업자였다. 그들이 속해 있는 협회는 당시에 치열한 요금 경쟁으로 인한 철도회사의 수지 악화 문제를 해결하기 위해 회원사 간에 요금 경쟁을 못 하도록 철도 요금을 단일화하자는 담합을 단행하였다. 법원은 부당하게 거래를 제한하는 경우만을 법 위반으로 분류해야 한다는 주장을 일축하고 거래를 제한하는 모든 담합은 1조 위반이라는 견해를 피력하였다.[8]

이와 같이 셔먼법 제정 초기에는 법조문을 글자 그대로 해석하려는 경향이 우세하였다. 그러나 1899년, 오늘날까지도 공동행위 관련 사건의 판결에 유효하게 적용되는 기준이 제6순회법원의 Taft 판사에 의하여 수립되었다. 바로 "부수적 제한설(Ancillary Restraint Doctrine)"이 그것이다. *United States v. Addyston Pipe*[9] 에서 피고 기업은 주철관 생산업자들인데 담합에 참여한 각 사업자별로 판매 지역을 할당하고 가격을 고정시키는 담합을 단행하였다. 담합의 목적은 가격을 각자의 생산비보다는 높지만 신규 진입은 어려울 정도의 낮은 수준을 유지함으로써 인위적인 진입장벽을 만들려는 것이었다. 그들의 주장은 담합의 목적이 단순히 출혈 경쟁을 막아 보려는 것이고 가격도 정당한 수준에서 결정하였다는 것이다.

Taft 판사는 거래를 제한하는 모든 담합은 합법적인 주된 계약에 부수되는 내용이 아니면 위법이라고 선언함으로써 부수적인 거래제한 계약은 위법이 아닐 수 있다는 여지를 만들었다. 이것은 실로 대단히 획기적인 법 해석상의 변화라고 할 수 있다. 왜냐하면 종래는 거래를 제한하는 모든 계약이 위법이라는 생각에 벗어나지를 못하고 있어, 가격에 영향을 미치는 담합은 그 부당성 여부를 검토할 필요도 없이 위법이라고 인식하고 있었기 때문이다. 이 사건에서는

---

7   166 U.S. 290 (1897).

8   물론 소수의 반대 의견을 피력한 White 같은 대법원 판사는 그러한 1조 해석은 모든 계약을 위법으로 인정하게 되어 국민의 자유를 부당하게 제한할 가능성이 있다는 의견을 제시하고 있다.

9   85 F. 271 (6th Cir. 1898), *aff'd*, 175 U.S. 211 (1899).

판매지역을 분할하고 가격을 고정시키는 계약은 그것 자체가 담합의 본래 목적이므로 합법적인 주된 계약에 부수되는 계약이라고 볼 수 없는 것으로 결론이 났다.

어쨌든, Addyston Pipe 사건에서 '부수적 제한설'이 정립되었다. 부수적 제한설이 정하는 기준은 다음과 같다. 모든 직접적 제한행위는 그 행위의 부당성 여부와 관계없이 바로 그 사실에 의하여(*ipso facto*) 위법이 된다. 부수적인 제한은 만약 그 행위가 부당하다면 위법이 된다. 그러나 부수적인 제한이 정당한 것이라면 적법한 것이 된다. 부수적 제한설을 간략하게 요약하면 아래 표와 같이 정리할 수 있다. Addyston에 대한 제6순회법원의 의견은 대법원에 의해 그대로 수용되었다.

표 5-1 **부수적 제한설에 의한 위법성 기준**

	직접적 제한	부수적 제한
정당한(reasonable) 제한	위 법	적 법
부당한(unreasonable) 제한	위 법	위 법

Addyston Pipe사건 이후, 거래를 제한하는 모든 계약이 위법이라는 글자 그대로의 1조 해석 대신 그 부당성 여부가 위법성 판단의 중요한 요소가 된다는 생각이 자리 잡기 시작하였다. *Standard Oil Co. v. United States*[10]에서 Standard Oil사는 37개의 정유 회사로 구성된 지주 회사인데, 경쟁 상대방에 대한 약탈적인 행위를 한 혐의로 피소된 사건이었다. 이 사건에서 법원은 Standard Oil의 지주회사에게 분할 명령을 내렸다. 그러나 그때까지 통용되던 단순한 법 적용 대신, 담합행위의 부당성 여부를 검토하는 "합리의 원칙(rule of reason)"을 최초로 적용하였다. 뿐만 아니라 직접적인 거래제한이라도 정당한 것이면 적법일 가능성이 있다고 함으로써 Addyston Pipe에서 정립된 부수적 제한설을 일부 완화시켰다. Addyston법원이 직접적인 제한은 그 부당성 여부를 검토할 필요 없이 "당연위법(per se unlawful)"[11]이라는 의견을 제시한 반면, Standard Oil에 보여준 대법원의 의견은 직접적 제한이든 부수적 제한이든 간에 그것이 정당한 제한인지 여부를 검토하는 '합리의 원칙(rule of reason)'[12]을 적용해야 한다는 것이

---

10 221 U.S. 1 (1911).

11 여기서 "당연위법"이란 그 행위의 부당성 여부를 따져볼 필요 없이 일정한 요건이 충족되면 그 자체로 위법이라고 판단하는 법칙이고 "합리의 원칙"은 그 행위의 부당성 여부를 분석한 후 행위의 위법성을 판단하는 법칙을 말한다.

12 영어 원문의 'rule of reason'을 합리의 원칙으로 번역하는데, 여기서 reason을 '합리'로 번역하는 데서

었다. 그럼에도 불구하고 경쟁자 간의 '가격담합'은 부당성 여부와 관계없이 법 위반으로 간주되는, 소위 '노골적 제한(naked restraint)'[13]이라는 의견, 즉 당연위법이라는 의견을 피력하고 있다.

전술한 바와 같이 부수적 제한설은 오늘날까지도 유용하게 적용되고 있다. *Polk Bros., Inc. v. Forest City Enterprises, Inc.*[14]에서 Forest City사(피고)와 Polk Bros사(원고)는 Polk Bros.사가 건물을 짓고 두 기업이 그 건물 안에서 가정용 각종 비품 소매점을 운영하되 어느 한 기업이 그 건물 안에서 독점적으로 취급하기로 한 제품을 다른 기업은 취급하지 않기로 약속하였다. 초기에는 약정이 잘 지켜졌으나 경기가 어려워지자 Forest City사가 그 약정을 깨고 상대방의 독점 품목까지 취급하기 시작하였다. 이에 Polk Bros.사가 계약 위반으로 소송을 제기하여 계약 조항을 강제 집행하려 하자, Forest City사는 그 시장분할 계약은 셔면법 1조를 위반한 당연위법이므로 무효이고, 따라서 집행할 수 없다고 주장하게 되었다. 이 사건에서 핵심적인 고려사항은 한쪽 기업이 독점적으로 취급하는 품목을 다른 기업이 취급하지 않기로 한 상품시장의 분할 행위가 과연 '부수적인 제한'인가의 여부를 판단하는 것이다. 제7순회법원의 Esaterbrook 판사는 만약 그러한 시장분할 행위가 부수적인 제한이라면 합리의 원칙을, 직접적인 제한이라면 당연위법을 적용해야 한다는 의견을 제시하고 있다. 그런데 두 기업 간의 공동 사업 계약은 Polk Bros.사가 건물을 세우고 두 기업이 그 건물에서 소매점을 열기로 한 부문이 주된 목적이고, 시장분할을 하기로 한 부문은 그와 같은 새로운 사업 수행을 하기 위한 부수적인 계약에 불과하다는 것이다. 다시 말해서 상품시장의 분할은 그 목적이 생산을 줄이고 가격을 올리려는 것이 아니라 공급을 늘리는 효과가 있는 새로운 사업 수행(건물 건설, 소매점의 개설)을 시작하기 위한 합법적인 계약에 부수되는 계약일 뿐이라는 의미이다. 또한 그들이 시작한 새로운 사업에 의해 공급이 늘어났다면 소비자의 이익 증진에도 도움이 된다는 점을 강조하고 있다. 따라서 본 사건은 같은 건물 내에서 경쟁을 안 하기로 한 계약이 전체 계약의 핵심 부문임에도 불구하고 당연위법이 아니라 합리의 원칙을 적용해야 한다는 것

오는 오류가 있다고 생각한다. 'rule of reason'이란 당연위법을 적용하지 않고 그 행위의 당·부당 여부를 분석을 통해 추론한 다음 그 위법성을 판단한다는 의미에서, 여기서 'reason'의 의미는 '추론', '판단력', '이성', '논거' 등의 의미로 해석함이 타당하다. 우리나라는 대부분의 문헌이나 책에서 '합리의 원칙'으로 사용하고 있으므로 이 책에서도 이를 따르기로 한다.

13 가격담합, 시장분할 등과 같이 당연위법을 적용하는 경성카르텔(hard core cartel)과 같은 범주에 속한다.

14 776 F.2d 185 (7th Cir. 1985).

이다. 이와 같은 판단을 하면서 제7순회법원은 문제가 되고 있는 시장분할 계약이 새로운 사업을 성공시키는데 기여를 하였는가를 묻고 있다. 왜냐하면 그러한 거래 제한적인 계약이 새로운 사업의 성공을 위한 필요한 요소라면 그 행위를 1조 위반으로 선언할 경우, 소비자에게 혜택을 가져다 줄 새로운 사업의 수행을 어렵게 할 가능성이 있기 때문이다. 제7순회법원의 결론은 시장분할을 통한 거래제한이 공짜승객(free rider)문제를 해결하여 오히려 경제 효율을 높이는 작용을 하고 있으므로 새로운 공동 사업의 성공을 위해 필요한 요소가 되어 위법이라고 볼 수 없다는 것이다.[15]

어쨌든 제7순회법원은 정당한 거래제한행위를 적법한 것으로 인정하고 있다는 점에서 부수적 제한설을 적용한 대표적인 사례가 되었다. 그 거래제한이 '정당한' 것으로 판명되는 데는 공짜승객(free rider)문제를 올바르게 인식한 것이 중요한 요소로 작용하였다.

5-3-2 당연위법과 합리의 원칙

부수적 제한설은 셔먼법 1조를 해석하기 위한 기본적인 윤곽을 제공했을 뿐만 아니라 위반행위가 경쟁에 미치는 유해성과 유익성을 종합적으로 고려하여 부당성 여부를 결정해야 한다는 '합리의 원칙(rule of reason)'에 대한 기초적 개념도 제공하고 있다. 앞서 설명한 대로 가격과 생산량에 영향을 주는 모든 담합행위는 그 경쟁제한 효과가 매우 크므로 행위에 대한 부당성 여부를 따져볼 필요 없이 그 자체로 위법이라고 결정하는 법칙이 성립되어 있었다. 이것을 "당연위법(per se unlawful)"의 법칙이라 한다. 당연위법의 범주에 속해 있는 행위는 그 행위가 경쟁에 미치는 유해성과 유익성을 분석할 필요 없이, 그 행위가 있었다는 사실만으로 위법이 선언되므로 원고는 그 행위가 있었다는 사실만을 입증하면 된다. 반면에 "합리의 원칙(rule of reason)"은 행위가 경쟁을 저해하는 효과가 있다 하더라도 경쟁을 촉진하는 효과 또한 무시할 수 없는 경우, 그 행위가 경쟁에 미치는 유해성과 유익성을 종합적으로 고려하여 위법 여부를 결정하는 방식을 말한다.

당연위법은 여러 가지 면에서 장점을 가지고 있다. 우선 사법적 결정을 내리는 데 소요되는 비용을 절감할 수 있다. 합리의 원칙을 적용할 경우 관련 자료 수집, 산업에 대한 조사, 필요한 경제분석 등 많은 시간과 재원이 소요되나 당연위법을 적용할 경우 그러한 비용을 절감할

---

15 공짜 승객(free rider)문제는 제6장 '수직제한'을 참조하기 바란다.

수 있는 이점이 있다. 당연위법이란 어떤 위반유형은 그 부당성 여부를 조사해 보기도 전에 유해성이 유익성보다 훨씬 더 크다는 것이, 독점금지법 집행의 오랜 경험에 의해, 자명해졌다는 의미이다. 그러므로 위법성 기준의 투명성과 판결의 법적 안정성을 확보할 수 있어 법 위반을 예방하는 효과를 거둘 수 있는 이점이 있다. 반면에 합리의 원칙은 모든 결정을 각각의 사례에 따라 경제분석과 판단에 의존하므로 기준의 투명성, 판결의 안정성 및 예측 가능성을 기대하기 어렵게 된다. 그러나 당연위법의 경우도 매우 중대한 문제점을 내포하고 있다. 당연위법은 그 범주에 속하는 위반유형을 객관적인 공식에 의하여 사전에 정해 놓을 수 없으므로 자칫하면 경쟁에 유익한 행위를 위법으로 단정해 버리는 우를 범할 수 있다. 경쟁을 제한하는 행위를 처벌 안 하는 것보다 경쟁을 제한하지 않은 행위를 잘못 처벌하는 것이 경제적으로 더 해로울 수 있으므로 이러한 당연위법의 문제점은 간과해서는 안 된다.

당연위법의 그러한 문제점이 부각된 이유는 어떤 유형이 당연위법에 속하고 어떤 유형은 합리의 원칙을 적용해야 하는가에 대한 객관적인 기준이 없기 때문이다. 가격담합, 시장분할 등과 같이 노골적인 제한의 범주에 속한 것은 그것이 가격을 상승시키고 공급을 줄이는 효과가 명백하므로 당연위법의 범주에 속해 온 것은 사실이다. 그러나 행위의 유형을 보다 세분하면 가격담합 중에서도 여러 가지 복잡한 정황이 결합되어 있을 수 있다. 예컨대 가격담합을 단행한 산업의 집중도, 제품의 동질성 여부, 담합 참여자의 시장점유율, 대규모 국외자가 있는 여부 등 여러 가지 조건에 따라 그 가격담합이 경쟁에 미치는 효과가 다르게 될 것이다. 따라서 가격담합은 무조건 당연위법이라는 식으로 간단하게 결정할 수 있는 문제가 아니다. 이러한 어려움 때문에 당연위법과 합리의 원칙을 구분하는 법원의 판결도 일관성이 결여된 경우를 많이 발견할 수 있는 것이다.

모든 기준을 계량화할 수 있다면 당연위법과 합리의 원칙에 속하는 행위를 사전적으로 구분할 수 있을 것이다. 이해를 돕기 위해 위반행위의 유형별로 경쟁에 미치는 유해성과 유익성을 계량화할 수 있다고 가정하자. 그리고 유해성과 유익성은 각각 1에서 10까지의 단위로 나타낼 수 있다고 가정하자. 예컨대 가격담합의 유해성은 9, 유익성은 1, 그리고 joint venture의 유해성은 5, 유익성을 5라고 가정했을 때, 그림 5-3에서 본 것과 같은 2차 공간에 각 행위유형별 위치를 나타낼 수 있다. 행위의 유해성이 클수록, 유익성이 작을수록 당연위법의 범주에 포함될 가능성이 더 클 것이다. 그림에서 당연위법의 범주에 속하게 될 행위의 범위가 파란색 면에 나타나 있다. 그 파란색면의 넓이와 위치는 물론 지금까지의 축적된 경험, 경제이론의 예측

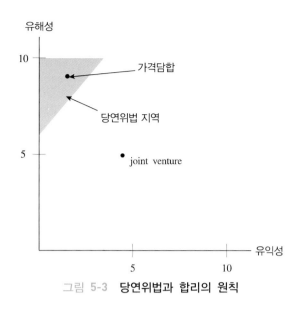

그림 5-3 **당연위법과 합리의 원칙**

등에 근거하여 결정하게 된다.

그러나 현실 세계는 그림에서와 같이 모든 기준을 계량화할 수 없으므로 당연위법과 합리의 원칙이 적용되는 행위 유형을 명백하게 구분할 수 없게 되는 것이다. 당연위법에 속하는 파란색 부분의 위치와 면적이 법원의 판결에 따라 일정치 않다는 사실이 행위 유형을 양자로 구분한다는 것이 얼마나 어려운 과제인가 하는 것을 입증해 보인다. 그러나 장기적인 추세는 뚜렷하게 나타나고 있다. 1950~60년대에는 당연위법에 속하는 행위 유형의 비중이 매우 높았으나 최근 들어 합리의 원칙이 적용되는 경우가 증가하는 추세임을 발견할 수 있다. 그 원인은 여러 가지를 생각할 수 있겠으나, 무엇보다도 경제분석 방법의 발달로 종래에는 경제에 해를 끼친다고 여겨졌던 많은 행위 유형들이 경제에 오히려 유익하다는 것을 알게 되었기 때문이다. 새로운 행위 유형이 많이 생겨난 것도 합리의 원칙을 적용하는 비중을 높게 한 원인이 되고 있다. 왜냐하면 새로운 유형은 과거의 사례가 없으므로 그 행위의 목적과 효과가 알려지지 않는 경우가 대부분이어서 당연위법으로 취급하기 어렵기 때문이다. 최근에는 당연위법이냐 합리의 원칙을 적용할 것이냐의 초기의 판단에 의하여 거의 위법 여부가 결정되어 버리는 사례가 늘어나고 있다. 따라서 명백히 당연위법이라고 볼 수 없는 사례에 대하여는 당연위법이나 합리의 원칙 중 어떤 것을 적용할 것인지를 판단하기 위해서도 심도 있는 경제분석이 필요하게 되었다.

합리의 원칙에 대한 고전적인 사례는 *Chicago Board of Trade v. United States*[16]이라 할

수 있다. 시카고 현물 거래소의 회원들이 거래소의 개장 시간 외에 곡물을 거래하기 위해서는 그날의 마감 가격으로만 거래해야 한다는 협약을 체결하였다. 거래소의 개장 시간 외에 거래하는 곡물의 가격을 고정시켰으므로 당시로서는 일종의 노골적인 제한으로 보는 시각이 지배적이었다. 그러나 법원은 동 사건을 당연위법으로 결정하지 않고 합리의 원칙을 적용하기로 하였다. 먼저 고려한 사항은 "이와 같은 가격담합이 거래를 제한했는가?" 이다. 현물 거래소의 개장 시간 외에는 수급에 의한 곡물 가격이 형성되지 않으므로 거래가 이루어지지 않는 것은 당연하다. 개장 시간외 거래를 위하여 당일 마감 가격으로 거래하기로 한 약정은, 따라서 그렇지 않으면 이루어지지 않을 시간 외 거래를 가능케 하였다. 그러므로 회원 간의 가격담합은 거래소 개장 시간이라는 시간적 제약을 뛰어넘어 오히려 거래를 증대시키는데 기여를 하였고, 그럼으로써 현물 거래 시장이 가진 시장의 조건을 더 완전하게 하였다. 다시 말하면 회원들 간의 가격 약정은 경쟁제한의 효과보다는 오히려 경쟁을 촉진하는 효과가 더 크다는 것이다. 또한 당시에는 대규모의 창고 시설을 보유한 회원만이 시간외 거래를 할 수 있었으나 회원들 간의 가격 약정으로 중소규모의 모든 회원까지도 시간외 거래에 참여할 수 있게 한 점도 동 행위가 법을 위반한 것이 아니라는 결론을 내리는 데 일조를 하고 있다. 위법성의 판단 기준에 경제 효율뿐만 아니라 중소기업의 보호라는 고려 요소를 포함시켰다는 점에서 동 사건이 채택한 합리의 원칙을 넓은 범위의 합리의 원칙이라 칭하고 있다. *Appalachian Coals, Inc. v. United States*[17] 도 노골적 제한으로 인식되어 있던 가격담합 행위에 대해 합리의 원칙을 적용한 사례이다. 피고 기업은 Appalachia 지역의 137개 역청탄 생산업들인데, 그들의 제품을 판매할 Appalachian Coal, Inc. 라는 독점 판매회사를 설립하기로 합의하였다. 판매가격은 종전 개별적으로 판매할 때에 가장 높은 가격을 책정했던 사업자의 가격으로 결정하였다. 한편, 담합에 참여한 사업자들은 미시시피 강 동쪽 지역의 역청탄 12%를, Appalachia 지역의 74%를 생산하고 있었다.

대 공황 시대였던 당시의 상황이 말해 주듯이 법원이 관심 있게 고려한 사항은 석탄 산업의 전반적인 경기 상황, 공동판매하기로 한 피고 기업들의 계획이 역청탄 가격과 기타 요소에 미칠 영향, 공동판매 계획의 성격 등이었다. 당시 석탄 산업은 전반적인 불경기와 다른 대체 연료의 개발 등으로 어려움을 겪고 있었다. 따라서 공동으로 판매회사를 설립한 목적은 경쟁

---

16 246 U.S. 231 (1918).
17 288 U.S. 344 (1933).

을 제한하기보다는 어려운 여건 하에서 판매촉진을 통한 기업의 수지 개선을 위한 것이라는 피고 기업의 의견을 수용하게 된다. 뿐만 아니라 당시 석탄 산업은 경쟁이 매우 치열한 산업 중 하나이므로 공동판매 회사를 설립했다 하더라도 그 회사가 역청탄의 가격을 조절할 수 있을 정도의 독점력을 갖기 힘들 것으로 판단하고 있다. 예컨대 그들의 공동판매 회사가 가격 인상을 시도할 경우 다른 석탄 생산업자에 의한 즉각적인 공급 증가가 예상되므로 공동판매 회사의 설립이 가격 인상으로는 이어지지는 않을 것이라는 얘기이다. Appalachia 지역 역청탄 생산의 74%를 점하고 있다고는 하나 그중에서 동 지역에 공급되는 비중이 미미한 점을 고려하면 이 시역에서도 그늘의 독점력을 기대하기 힘들다는 것이다. Chicago Board of Trade의 경우와 같이 이 사건도 석탄 산업의 전반적인 경기 상황까지를 고려했다는 점에서 넓은 범위의 합리의 원칙을 적용한 사례에 속하게 되었다.

상기 두 사건은 합리의 원칙의 확대 적용에 많은 기여를 했다고 평가되고 있다. 그 후에는 판매 시설을 공동으로 이용하기로 하는 사업자 간의 약정이나 경제 효율을 증대시키는 담합에 대한 위법성 결정이 당연위법이 아니라 그 부당성 여부를 종합 검토한 후 최종 결정을 내리는 방향으로 정착되어 갔다.

5-3-3　당연위법 적용을 위한 고려사항

어떤 공동행위가 당연위법에 속하는지, 합리의 원칙을 적용해야 할 것인지를 결정하는 기준이나 그 행위의 법 위반 여부를 판단하는 기준을 명확하게 설정하는 일은 매우 중요하다. 유익성은 전혀 없는 노골적 제한과 같이 당연위법이 명백한 경우를 제외하고는 행위가 당연위법인지 아닌지를 구분한다는 것은 쉽지 않은 과제이다. 그것이 쉽지 않은 이유는 고려해야 할 요소들이 너무 다양하고 복잡하게 얽혀 있기 때문이다. 원칙적으로는 5-2절 '카르텔의 경제적 동기'에서 다루었던 카르텔 형성과 유지를 용이하게 하는 요인들을 전부 고려해야 할 것이다. 왜냐하면 같은 위반행위라 하더라도 참여자가 처해 있는 주변 여건, 시장 상황 등에 따라 그 경쟁제한성이 매우 다르기 때문이다. 예컨대 경쟁자 간의 가격정보 교환 행위를 놓고 볼 때에 참여사업자의 수가 적을수록, 개별 기업의 한계비용 곡선이 더 가파를수록, 제품의 동질성이 더 높을수록, 그 산업의 집중도가 더 높을수록, 정보 교환 행위가 가격담합과 거의 동일한 경쟁제한효과를 유발할 수 있다. 지금부터는 법원이 셔먼법 제1조 사건의 위법성 여부를 판단하기 위해 검토한 주요 고려사항이 무엇인지를 알아보고자 한다.

무엇보다도 최우선적인 고려사항은 특정 행위가 가격을 상승시켰고 생산량을 줄이는 효과를 가져왔는지 여부이다. 특히 가격에 대해서는 매우 민감한 태도를 견지하고 있다. 심지어는 "가격을 고정시키려는 담합은 목적을 달성하기 위한 수단을 가지고 있지 않더라도 셔먼법 제1조 위반이다"라는 입장이다. 다시 말해서 담합의 참여자가 주변의 중소기업이어서 독점력이 없으므로 가격을 인상하고자 하는 그들의 목적을 달성하지 못했어도 담합행위만으로 위법을 구성한다는 것이다. 가격담합과 같은 노골적 제한은 피고 기업의 독점력을 조사해 볼 필요도 없이 위법으로 판단하고 있다. 담합행위로 인하여 공급이 줄었는지도 중요한 고려 요소 중의 하나이다. Chicago Board of Trade 사건에서 피고 기업 간의 가격담합이 적법한 것으로 결정된 이유도 따지고 보면 회원 사간의 담합이 그렇지 않았으면 가능하지 않았을 시간외 곡물 거래를 가능케 함으로써 전체 곡물 거래(거래소 측에서 보면 거래 서비스의 공급)가 늘어났기 때문이다.

전반적인 산업의 특성도 중요한 고려 요소가 된다. 특히 경쟁 관계에 있는 사업자 간에 가격정보를 교환하는 행위와 같이 부당성 여부를 검토해야 하는 행위의 위법성 판단을 위해서는 그 산업에 대한 분석이 필수적이다. 시장구조가 과점이어서 소수의 대기업이 대부분의 시장을 점유한 산업은 그렇지 않은 산업에서보다 훨씬 가격에 영향을 미치는 정도가 심할 것이기 때문이다. 또한 동질성이 높은 제품의 시장에서의 경쟁은 오직 가격 경쟁만 있으므로 단순한 가격정보 교환 행위도 가격에 주는 효과가 그렇지 않은 산업에 비하여 훨씬 클 것이다. 비탄력적인 수요함수를 가진 산업에서는 미세한 공급의 변화에도 가격 상승의 폭이 크므로 다른 조건이 같다면 그렇지 않은 산업에 비하여 카르텔 형성이 용이하다. 따라서 법원은 수요의 가격탄력성도 위법성 판단의 고려 요소로 검토한 경우가 있었다.

지금까지 법원에서 위법성 판단이나 당연위법 적용 여부를 위해 검토한 고려사항을 개략적으로 살펴보았다. 그들의 구체적인 적용 사례는 다음절부터 시작하는 행위 유형별 사례에서 살펴보기로 한다.

5-4 미국의 사례

5-4-1 가격담합[18]

가격담합은 경쟁의 가장 중요한 분야인 가격 경쟁을 없애므로 그 부당성 여부를 분석해 볼 필요도 없이 부당할 것이라고 인식되어 당연위법의 범주에 포함되어 왔다. 최소가격담합은 물론 최대가격의 지정도 법 위반에 해당된다. 또한 가격할인, 판매 조건 등에 대한 담합도 그것이 가격을 구성하는 일부분에 대한 담합이므로 가격담합의 범주에 포함시키고 있다. 가격담합은 당연위법에 속한다고 인식되어 왔으므로 가격담합 사건에 관한 한 사법적 판단의 범위는 좁을 수밖에 없고, 그러한 담합이 있었는지 여부만이 중요한 위법성 요소로 간주되어 왔다. 가격담합의 사실이 발견되면 더 이상의 조사는 필요가 없고 불법적인 목적과 의도가 그 담합으로부터 당연히 추정된다는 것이다.

처음으로 당연위법과 합리의 원칙의 구분을 선명하게 했던 Standard Oil 사건 이후, 당연위법을 적용한 첫 번째의 사건은 *United States v. Trenton Potteries Co.*[19] 이라 할 수 있다. 법 위반 기업은 목욕탕에서 사용되는 세면기 등 위생도기를 생산·판매하는 23개의 법인기업과 20개의 개인사업자로 구성되어 있었는데 제품가격을 담합한 혐의로 기소되었다. 법원은 당연위법으로 취급하였다. 그러나 법원의 판결문 중에 "The aim and result of every price-fixing agreement, if effective, is the elimination of one form of competition"이라는 표현 때문에 'if effective'가 피고 기업들의 독점력이 당연위법이 되기 위한 조건인가의 여부를 놓고 많은 논란을 불러일으키게 되었다. 즉 가격담합 행위가 당연위법이 되려면 가격담합이라는 효과를 발휘할 수 있어야 하는 것인가의 여부 문제이다. 다시 말해서 피고 기업들이 연합된 독점력이 있어 가격에 대한 통제 능력이 있어야만 위법이 되는 것인가의 여부이다. 이와 같은 질문은 가격담합 행위의 위법성 판단에 있어서 매우 중요한 요소가 된다. 왜냐하면 대규모의 국외자가 존재하는 주변의 소기업 간의 가격담합만으로는 가격을 효과적으로 통제할 수 없어 법 위반이 아닐 수도 있기 때문이다. 이와 같은 논란은 13년 후 *United States v. Socony-Vacuum Oil Co.*[20]

---

18 가격담합은 대체로 생산량 감소와 동시에 일어나므로 "공급량 제한"도 이 항에서 다룬다.

19 273 U.S. 392 (1927).

20 310 U.S. 150 (1940).

에서 결론이 내려지게 된다. Socony 법원은 그 유명한 각주(footnote)59에서 가격담합 사건에서 독점력은 당연위법을 적용하기 위한 필요조건이 아니라고 결론을 내렸다. 즉 가격담합 행위는 관련 기업들이 가격담합이라는 목적을 실현시킬 수 있는 능력이 있든 없든, 또한 그것을 성공했던지 실패했던지 간에 셔먼법 1조 위반이라고 선언했다. 다시 말하면, 담합 가담자들이 독점력이 있든 없든, 담합을 실행했든 아니든 법위반이라는 것이다. 이 사건의 관련 기업들은 그들이 판매한 석유류 제품의 공급을 제한하기로 하는 약정을 체결한 혐의로 기소되었다. 그들의 공급 제한 담합은 비록 가격담합 행위는 아니지만 직접적으로 석유류의 가격에 영향을 미치므로 그 행위 자체의 성격이나 효과가 전혀 사회적인 효용에 기여할 수 없다는 것이 법원의 의견이다. 따라서 그들의 공급 제한행위는 더 이상의 조사나 분석이 필요 없이 (당연)위법이라는 것이다. 이 사건은 가격담합에 대하여 당연위법을 적용해야 한다는 의견 중에서 가장 강력한 것으로 기록되기에 충분하다. 왜냐하면 가격담합의 범주를 가격에 직·간접으로 영향을 미치는 광범위한 시장 활동까지로 넓혔고, 담합 가담자들의 독점력 여부나 담함의 실행여부와 관계없이 합의만으로도 법위반이 성립된다고 판단했기 때문이다.

전술한 바와 같이 당연위법은 무엇이 법 위반에 속하는 행위인가를 사전에 사업자들에게 명백하게 해주는 장점이 있다. 그럼에도 불구하고 대부분의 경제학자들은 Socony 법원이 제시한 당연위법의 기준에 대해서는 반대하고 있다. 담합행위 가담자의 독점력이 없는데도 불구하고 처벌하는 것이 바람직한가에 대해서 회의적이다. 가격담합이 경제에 해로운 이유는 가격을 상승시키고 공급을 줄이기 때문이다. 담합 참여자들이 독점력이 없는 경우는 그러한 목적을 달성할 수 없다. 왜냐하면 그들이 가격을 인상한다면 국외자인 대기업이 공급을 늘려서 가격은 원상으로 회복될 것이기 때문이다. 따라서 독점력이 없는 경우는 당연위법으로 취급해서는 안 된다는 것이다. 독점력 없는 사업자들 간의 협조 행위가 경쟁을 촉진하는 유익한 측면이 있는 데도 불구하고 독점규제법의 집행으로 그러한 행위가 일어나지 않도록 하는 부작용을 초래할 것이라는 것이다.

Socony의 결정이 가져온 또 하나의 문제는 가격에 간접적으로 영향을 미친 경우까지를 당연위법으로 취급할 것인가에 대한 명백한 언급이 없어서 혼란을 야기했다는 것이다. 이 문제는 40년 후인 *Catalano, Inc. v. Target Sales, Inc.*[21] 사건에 와서야 명백하게 언급된다. 이 사

---

21 446 U.S. 643 (1980).

건에서 피고기업은 신용 판매를 하지 않기로 담합하였는데, 법원은 그와 같은 판매 조건을 동일하게 하는 행위도 가격할인과 같이 가격을 구성한 부문에 대해 영향을 미치므로 당연위법으로 처리해야 한다고 판시하였다. 어떤 행위가 가격을 구성한 일부분과 구분할 수 없는 요소에 영향을 미쳤다면 당연위법이라고 선언함으로써 가격에 간접적인 영향을 주었다 하더라도 당연위법에 속한다는 점을 명백히 하고 있다.

당연위법의 원칙은 최고가격을 지정한 경우에도 적용되고 있다. *Arizona v. Maricopa County Medical Society*[22] 에서 의료보험 조합에 가입한 환자에게 청구되는 각 진료 내용별 의료서비스의 최고가격을 정한 의사들 간의 합의를 당연위법으로 처리하였다. 일반 환자에 대한 요금은 그러한 최대가격을 지정하지 않고 있었다. 법원은 최대가격을 합의하는 행위도 최소가격을 지정하는 것과 같은 정도의 반경쟁적 효과가 있다고 하면서 다음과 같은 논리를 전개하고 있다.

당연위법은 가격 경쟁이 가격을 낮추도록 유도하여 경쟁에서 승패를 가리게 한다는 시장의 법칙에 근거를 두고 있다. 이 사건에서 (최대)가격의 제한은 의사들 개인 간의 능력, 경험, 훈련 정도, 새로운 치료 방법을 적극적으로 도입하려 노력했는지 등 개인 간의 능력 차이를 무시하고 전부 같은 보상을 보장케 함으로써 시장의 법칙을 어겼다. 그와 같은 가격 제한은 신규 진입을 어렵게 할 뿐만 아니라 (의료 기술에 대한) 새로운 실험이나 개발도 억제하게 된다. 또한 최대가격 제한은 통상의 가격담합을 하기 위한 위장 수단일 수도 있어, 추후 그러한 성격의 담합이 나타날 수도 있는 것이다.

결국 법원은 최소가격담합과 마찬가지로 최대가격의 지정도 그것이 경쟁 촉진적인 측면이 있음에도 불구하고 당연위법의 범주에 속한다고 결론을 내렸다.

가격담합은 경제에 미치는 유해성이 지대하므로 당연위법에 속한다는 전반적인 판결 추세와 함께 그 효과가 확실하지 않은 가격담합 행위에 대해서는 경쟁에 미치는 유해성과 유익성을 종합적으로 검토하는 합리의 원칙을 적용하는 경향이 늘어가고 있다. 이와 같은 법원의 태도 변화는 가격담합에 대한 분석방법이 더욱 어려워지게 되었음을 뜻한다. 왜냐하면 어떤 수

---

22 457 U.S. 332 (1982). Medical Society는 의사와 소비자들이 회원으로 가입하고 있다. 이때 의사는 가입비를 지불하나 소비자는 가입비가 없이 회원 가입이 가능하다. Medical Society가 제공하는 서비스는 환자가 발생했을 때, 환자의 증세에 따라 그 환자를 치료할 최적의 의사 중에서 환자의 위치와 가장 가까운 의사를 소개하는 기능을 수행하는 것이다.

평담합이 가격담합인지 여부를 판단하기 위해 종전보다 훨씬 더 복잡한 분석단계를 거쳐야만 하게 되었기 때문이다.

수평담합에 대한 법원의 태도가 변했다는 것을 보여주는 최초의 사건은 *National Society of Professional Engineers v. United States*[23] 라 할 수 있다. 엔지니어 협회는 구조물이나 건물의 설계를 담당한 엔지니어들의 단체인데 동 협회의 윤리 강령(cannon of ethics)이 회원들의 개별적인 경쟁 입찰을 금지하고 있었다. 법무부의 독점규제국은 그 윤리 강령이 셔먼법 1조 위반이라 하여 동 협회를 기소하게 되었다. 협회 측은 그들의 담합이 경쟁을 제한하는 측면이 있기는 하나, 무분별한 경쟁으로 인한 저질의 설계 용역이 공공 시설물의 안정성을 해치는 것을 막아 주는 역할도 하므로 합리의 원칙을 적용해야 한다고 주장하였다. 이 사건의 핵심 쟁점은 전문 직종의 엔지니어들이 경쟁 입찰에 참여할 경우 질이 낮은 설계·시공 용역의 제공으로 공공의 안정성을 해칠 우려가 있으므로, 그러한 가능성을 최소화하기 위해 제정한 윤리 강령이 셔먼법에 의해 정당화될 수 있는가이다.

법원은 합리의 원칙을 채택하기로 결정하게 된다. 그러나 Chicago Board of Trade에 본 것과 같은 경제 외적 요소까지를 검토하는 광범위한 합리의 원칙 대신, 경제적인 측면만을 고려하는 방식(focused rule of reason)을 채택하였다. 이러한 법원의 태도는 독점규제법 사건에 경제분석이 중요하게 인식되기 시작한 당시의 시대적 여건을 반영한 것으로 볼 수 있다. 법원의 기본적인 시각은 당연위법이든 합리의 원칙이든 독점규제법 분석의 목적은 어떤 행위가 경쟁에 미치는 심대성(significance)만을 보기 위한 것이지 그 행위가 일반 공공의 이해관계나 그 산업에 종사하는 자들의 이익에 어떻게 관계되는지 여부를 보기 위한 것은 아니라는 것이다. 이 사건에서 협회 측이 주장하는 공공의 안정성 확보를 위해 경쟁 입찰을 금지해야 한다는 주장은 받아 들여 지지 않았다. 법원이 협회의 주장을 받아들이지 않은 이유는 다음과 같다. 셔먼법이 의지한 이론적 근거는 "경쟁은 가격을 낮추고, 더 질 좋은 상품과 서비스를 제공케 한다."는 사실이다. 따라서 위반행위의 효과를 분석하는 데 있어 경쟁에 미치는 영향이나 경제적 효율 이외의 기준, 이 사건에서 협회가 주장하는 공공의 안정성 확보라는 목적은 법원이 위법성 기준으로 고려해야 하는 대상은 아니라는 것이다. 셔먼법이 추구하는 가치는 경쟁의 촉진이지 공공의 안정성 확보는 아니라는 것이다. 협회의 윤리 강령은 경쟁을 촉진하는 유익

---

[23] 435 U.S. 679 (1978).

성은 없고 가격과 공급량(경쟁 입찰)을 제한했으므로 위법이라는 것이다.

이 사건이 보여준 또 하나의 중요한 점은 셔먼법은 경쟁자들이 어떤 형태의 경쟁, 예를 들어 상품이나 서비스의 질을 통한 경쟁을 하기 위하여 다른 형태의 경쟁, 예컨대 가격을 통한 경쟁을 하지 않기로 합의하는 것을 금지하고 있다고 해석한 점이다. 법원의 논지는 소비자들이 상품이나 서비스를 구매할 때 각자의 선택 기준에 따라서 다양한 선택이 가능해야 한다는 것이다. 어떤 소비자는 열등한 제품을 저렴하게 구매하기를 원할 것이고 다른 소비자는 고가의 고급 제품을 원할 수도 있을 것이다. 이 사건과 관련해서도, 열등하지만 저렴한 건설비가 소요되는 건물을 원하는 건물주가 있을 것이라는 의미이다. 법원은 상품의 질을 획일화시켜 소비자 선택의 폭이 줄어드는 것을 셔먼법은 금지하고 있다고 해석한 것이다.

Professional Engineers 사건은 가격에 대해 영향을 미치는 경쟁 입찰 금지 행위를 당연위법으로 취급하지 않았다는 점에서 Socony 사례에 비하여 합리의 원칙의 범위가 커져가는 추세임을 보여주었다. 또한 합리의 원칙 아래서도 경쟁에 미치는 효과만을 고려함으로써 사회·정치적 요소까지를 고려했던 Chicago Board of Trade 사례의 광범위한 합리의 원칙과는 다른 집중화된 합리의 원칙(focused rule of reason)을 채택하였다.

Broadcast Music, Inc. v. Columbia Broadcasting System[24] 에서 법원은 전문 직업인 간의 수평담합뿐만 아니라 일반 상업적 면허계약에까지 합리의 원칙을 적용하고 있다. 원고 기업인 Columbia Broadcasting System은 미국의 3대 방송사의 하나인 CBS사인데 작곡가와 작가의 모임인 American Society of Composers, Authors and Publishers(ASCAP)와 Broadcast Music, Inc.(BMI) 및 그 회원들에 대해 셔먼법과 저작권법 위반으로 소송을 제기한 사건이었다. 저작권 보유자들의 오래된 과제 중의 하나는 "그들의 저작권을 어떻게 보호하느냐"하는 것이었다. 특히 작곡가들은 그들이 작곡한 음악을 이용(연주)하는 개인과 단체가 전국에 산재해 있어 일일이 면허계약(license arrangement)을 맺기 어려울 뿐만 아니라, 무단으로 이용하는 자를 단속하기란 더욱 어려운 상황이었다. 상기 두 개의 단체는 저작권자의 이러한 문제점을 해결하고, 그들의 저작권 면허 수입을 배분할 수 있는 어음결제원(clearing house)과 같은 역할을 할 수 있도록 설립되었다. ASCAP은 1914년에 설립되어 22,000명의 회원을 갖고 있고 BMI는 1939년에 설립되어 10,000개의 출판사, 20,000여 명의 작곡가와 작가가 소속되어

---

24 441 U.S. 1 (1979).

있다.

두 기관은 저작권자를 대표하여 저작권 사용자들과 비독점 면허계약(non-exclusive license arrangement)[25]을 맺고 로열티는 사전에 정한 일정한 기준에 의하여 그 회원들에게 배분하는 역할을 하고 있었다. 면허계약은 면허사용자(licensee)에게 모든 회원의 음악을 원하는 횟수만큼 연주할 수 있게 하는 "일괄 면허계약(blanket license arrangement)"의 형식을 취하고 있었다. 일괄 면허계약에 대한 로열티는 면허사용자 수익의 일정 비율, 혹은 일정 금액(flat dollar amount)으로 지불하도록 하고, 음악을 사용하는 횟수와는 관계가 없었다. 대부분의 음악사용자들은 라디오와 TV방송사들인데, 모두 ASCAP 및 BMI와 일괄 면허계약을 맺고 있었다. CBS사도 1940년도부터 상기 두 기관과 일괄 면허계약을 맺고 있었다. 그런데 동사는 일괄 면허계약이 회원들의 저작권(음악)사용료를 담합하는 가격담합의 효과가 있다는 이유를 들어 셔먼법 1조 위반으로 소송을 제기하게 된 것이다.

법원은 순회법원이 채택한 당연위법의 적용을 기각하였다. 당연위법의 적용을 기각한 이유 중의 하나는 저작권에 대한 일괄 면허계약이 과거의 사례에는 찾아볼 수 없는 내용이므로 부당성 여부를 검토할 필요가 있었기 때문이다. 부당성 여부의 검토 기준은 그 행위가 경제적 효율을 높이는데 기여했는지 경쟁을 제한했는지 여부만을 고려해야 한다고 함으로써 집중화된 합리의 원칙(focused rule of reason)을 채택하겠다는 의사를 밝히고 있다. 법원은 일괄 면허계약이 음악 사용료의 경쟁가격 형성을 방해한 점을 인정하고 있다. 그럼에도 불구하고 일괄 면허계약이 작곡가들의 개별적인 면허계약보다는 효율(cost efficiency)이 높다는 점을 강조하고 있다. 왜냐하면 작곡가가 개별적으로 면허계약을 체결하는 경우 계약체결에 따른 비용이 매우 높았을 것이고, 무단 사용자에 대한 단속은 거의 불가능할 것이기 때문이라는 것이다. 법원은 이 사건을 순회법원에 반송하면서 합리의 원칙을 적용하도록 하였다. 또한 작곡가가 개별적인 면허계약을 체결하는 경우 높은 거래비용 때문에 경쟁시장의 효율적인 작동이 불가능할 정도인지를 검토하도록 하였다.

하급법원은 개별적인 면허계약의 거래비용이 너무 높아서 효율적인 경쟁가격의 형성이 어려운 것으로 판단하였다. 일괄 면허계약은 거래를 제한하고 가격을 상승시키기보다는 개별적인 면허계약에 의해서는 이뤄지지 못했을 음원의 거래를 가능하게 하였다는 것이다.

---

25 여기서 비독점 면허계약이란 ASCAP과 BMI가 맺는 면허계약과는 별도로 저작권자 자신이 개별적으로 이용자들과 면허계약을 체결할 수 있다는 의미이다.

Maricopa 사건의 의사들과는 달리 작곡가들은 자신들의 저작권 거래가 가능하게 되기 위해서는 일괄 면허계약이 필수적인 조건이 된다. 결국, 일괄 면허계약은 무혐의로 결론이 났다. 무혐의라는 결론에 영향을 미친 또 다른 중요한 요소는 회원들이 일괄 면허계약과는 별도로 자기의 작품을 판매할 수 있었으므로 일괄 면허계약이 공급을 제한하지 않았다는 사실이다.

BMI 사건은 가격담합의 분석방법에 획기적인 전환을 초래하게 하였다. 즉 가격에 영향을 미치는 경쟁자 간의 모든 담합이 전부 당연위법은 아니라는 것이다. BMI 법원은 Professional Engineers 사건에서와 같이 가격담합에 대한 경제분석에서 경쟁에 미치는 심대성만을 집중적으로 검토하는 집중화된 합리의 원칙을 채택하였고, 다시 이것을 효율 분석이라는 관점으로 정리하여 다음과 같은 기준을 제시하였다. ① 담합행위가 효율제고를 통한 비용절감(cost-reducing efficiency)을 달성하기 위해 필수적인 조건인지 여부, ② 담합행위를 통해 얻은 효율 증진효과가 경쟁을 제한하는 효과보다 더 큰지 여부 등이다.

집중화된 합리의 원칙(focused rule of reason)의 등장은 독점규제법 분석방법의 획기적인 전환을 뜻한다. 법원은 경쟁에 미치는 영향을 평가하는 방법으로 경제적 효율을 사용하기 시작했다. 위반행위가 직접 가격에 영향을 주었다고 하더라도 그 행위의 유익성을 고려해야 한다는 입장이다. 또한 이러한 효율 제고가 생산량의 희생 없이 이루어졌는가도 고려사항에 포함하고 있다. Professional Engineer에서부터 BMI에 이르기까지 수립된 경제분석방법에 대한 이러한 기준이 가격담합에 대한 법원의 기본적인 시각으로 자리를 잡게 되었다.

이러한 경향은 *NCAA v. Board of Regents*[26]에 까지 이어진다. NCAA는 National Collegiate Athletic Association의 약자로서 대학 스포츠 연맹이다. NCAA는 모든 대학 스포츠팀의 경기를 조직하고 TV에 방영될 경기의 일정을 조정하는 일을 하고 있다. 이 사건으로 대학의 스포츠 활동도 영리를 목적으로 하는 경우 셔먼법의 대상이 된다는 판례가 수립되었다.[27]

NCAA는 각 대학의 스포츠팀을 대표하여 대학 축구의 TV 방영권 문제에 대해 다음과 같은 계약을 TV 방송사와 체결하였다. TV에 방영될 전체 게임 수를 제한하고, 어느 특정 팀이 방영되는 횟수를 정했으며, 모든 대학의 게임이 최소 횟수 이상 방영될 수 있도록 방송사에 요구하고 있고, 게임 중계료를 정하고 있다. 이와 같은 NCAA와 방송사간의 계약이 거래를 제

---

26 468 U.S. 85 (1984).
27 셔먼법은 우리나라의 공정거래법과 같이 적용대상이 되는 사업자를 규정하고 있지 않다.

한하는 가격담합이라는 이유를 들어 두 개의 대학이 소송을 제기하게 된 것이다.

법원은 그러한 계약이 공급을 제한하고 가격을 고정했다는 원고 측의 주장에 동의하고 있다. 즉, NCAA의 상기 행위가 노골적 제한에 해당하는 것으로 판단하였다. TV에 중계되는 총 게임 수와 한 개의 팀이 중개되는 횟수를 제한했으므로 공급을 제한한 것이 되고, 방송 중계료를 정하고 있으므로 가격담합이라는 것이다. 그럼에도 불구하고 법원은 당연위법의 적용을 거부하고 있다. 그 이유는 대학 축구라는 게임은 경쟁자 간의 협조와 상호의존 관계 하에서만 공급될 수 있는 제품이기 때문이라는 것이다. 대학의 스포츠팀 간에 어떤 종류의 수평적인 약정이 없이는 대학 축구라는 제품이 공급될 수 없으므로 NCAA라는 그들의 연맹을 통한 방송사와의 거래 제한적인 계약도 당연위법이 될 수는 없다는 것이다. 따라서 법원은 BMI에서와 같이 NCAA와 방송사 간에 체결된 계약이 다른 경쟁 촉진적인 측면이 많아서 거래제한 효과를 상쇄하고도 남는 유익성이 있는지를 검토하는 데 초점을 맞추고 있다. 따라서 피고인 NCAA가 이러한 행위에 대해 BMI 경우와 같은 친경쟁적 효과를 입증하면 위법이 아닌 것으로 판명이 될 예정이었다.

NCAA는 그 계약이 가지고 있는 세 가지 친 경쟁적인 측면을 부각시키기 위해 노력하였다. 첫째 방송 횟수를 제한한 것은 경기장 관중의 감소로 인한 손실을 최소화하자는 것이고, 둘째 그것은 대학 축구라는 상품을 통해 얻을 수 있는 수입의 감소를 최소화하기 위한 것이며, 셋째 TV방송 중개 수입을 보다 많은 대학 팀에게 고루 배분함으로써 많은 대학팀이 경쟁에 참여하게 하기 위한 것이었다고 주장하였다.

그러나 법원은 상기 세 가지 주장을 전부 수용하지 않았다.

첫째, 게임의 방영 횟수를 제한하는 것은 경기장 참여 관중의 감소로 인한 손실을 최소화시켜 주지 못한다는 것이다. 왜냐하면 경기는 생중계로 방영되므로 TV에 방영되는 게임의 관중은 줄어드는 것이 당연한데, TV 중개 횟수를 제한한다고 해서 경기장 참여 관중의 감소로 인한 손실을 최소화한다는 보장이 없기 때문이라는 것이다. 즉, 경기장 관중을 극대화하기 위해서는 한 게임도 TV중계를 하지 않아야 하는 논리가 성립된다. 뿐만 아니라 경쟁자는 어떤 형태의 경쟁(경기장)을 늘리기 위해 다른 형태의 경쟁(TV 중개)을 제한해서는 안 된다는 것이다.

둘째, 방송 횟수를 제한하는 것이 대학 축구 프로그램의 수입의 감소를 최소화시켜 줄 수도 없다는 것이다. 왜냐하면 글자 그대로 방영 횟수를 줄이는 것만큼 수입이 줄어들 것이기 때문이다. 더 중요하게는, 방송 횟수의 제한은 TV를 통한 대학축구의 중개라는 서비스공급을 줄어들게 한 결과를 초래했다는 것이다.

마지막으로, NCAA의 세 번째 주장은 일견 문제가 없어 보이나, 결국은 방영되는 게임 수가 줄어들어서 대학 축구팀의 수입이 줄어들게 하므로 더 많은 대학에 수입을 배분코자 하다는 NCAA의 주장은 타당하지 않다는 논리이다.

법원은 NCAA의 행위에서 친 경쟁적인 정당성을 발견할 수 없으므로 법 위반이라고 판단하였다. 이 사건이 위법 판결을 받은 이유는 BMI와는 달리 공급 제한과 가격담합을 상쇄할 만한 효율 증진 효과가 없었다는 데 있다. 뿐만 아니라 BMI에서는 없었던 공급 제한도 있었다. BMI의 경우는 음악이라는 상품이 거래되기 위해서는 거래비용을 줄이기 위해 공급자 간 협업에 의한 일괄 면허계약이라는 최소한의 제한이 필요하나, NCAA의 경우 대학 축구 경기를 제공하기 위해 TV 중개 횟수 제한이라는 합의가 필요 없다는 것이다.

NCAA의 행위가 위법이라는 결정을 하면서 법원은 독점력 분석이 원고 측의 입증 책임이어야 한다는 주장을 받아들이지는 않았다. 가격과 공급을 제한한 위반자가 그 유해한 효과를 상쇄할 만한 친 경쟁적 효과가 있다는 것을 입증하지 못한다면 그 행위는 노골적인 제한이라고 볼 수 있으므로 위법이라는 것이다. 따라서 원고는 가격과 공급의 제한행위가 있었다는 것과 그 행위가 친 경쟁적인 정당성이 부족하다는 것을 보이는 것으로 위법이 입증된다는 것이다. 다만 원고가 가격 및 공급 제한 효과가 있다는 것을 보이지 못할 때는 위반자의 독점력을 입증할 필요가 있다는 것이다.

지금까지 Standard Oil에서부터 Socony를 거쳐 NCAA 사건에 이르는 가격담합에 대한 여러 가지 사례를 살펴보았다. 이러한 사례들을 통하여 법원이 제시한 위법성 판단의 기준을 요약·정리하면 다음과 같은 원리를 발견할 수 있게 된다.

가격을 고정하거나 공급을 제한하고자 하는 경쟁자 간의 합의는 다음 두 가지 조건이 충족되지 않으면 위법이다. 첫째, 그러한 합의가 가져다주는 경쟁제한 효과를 상쇄할 만한 친 경쟁적인 효율 증진 효과, 예컨대 거래비용을 줄이거나 외부효과를 없애는 것과 같은 유익성이 있어야 한다. 둘째, 첫째 항목의 목적을 달성하기 위해 보다 덜 제한적인 방법이 존재하지 않아야 한다.

BMI에서는 일괄 면허계약에 의하지 않고는 개별 작곡가에 의한 저작권 면허계약이 성립할 수 없다는 점에서 친 경쟁적 효율 증진 효과가 제한 효과를 능가했다고 볼 수 있다. Professional Engineers와 NCAA에서는 제한 효과를 상쇄할 만한 친 경쟁적 효율 증진을 입증하지 못하였다. Maricopa에서 의사들의 최고가격 지정행위는 비용절감이라는 목적만을 위하기에는 너무 과도한 제한이라는 이유 때문에 법 위반의 판결을 받았다. Socony 사건의 경우는 친경쟁적인 효과는 전혀 없었고 가격에 영향을 미치는 노골적인 거래제한행위로서 경쟁제한 효과만 있었다.

5-4-2 시장분할

셔먼법 제1조가 금지한 거래제한행위 유형 중의 하나에 시장분할이 포함된다. 시장분할이란 각자의 시장 영역을 할당하여 다른 사업자의 영역에서는 경쟁하지 않기로 하는 경쟁자 간의 약정을 말하며, 분할하는 대상에 따라 네 가지로 분류할 수 있다. 지역시장의 분할은 가장 보편적인 시장분할의 형태로서 시장을 지리적인 구역으로 나누는 것을 말한다. 지역시장의 분할은 대체로 가격담합과 함께 나타난다. 고객시장의 분할은 시장을 특정 고객별로 할당하여 상대방에게 할당된 고객에 대해서는 판매를 하지 않기로 하는 경우를 말한다. 시장의 기능적 분할이란, 예컨대 도매와 소매와 같이 유통단계가 다른 시장을 분할하는 경우를 말한다. 제품시장의 분할이란 제품의 종류에 따라 시장을 분할하는 경우를 말한다. 가전시장에서 녹음기, 라디오와 같이 부피가 작은 가전제품과 세탁기, 냉장고와 같이 부피가 큰 제품으로 시장을 분할하는 경우가 그 예이다.

대부분의 수평적 시장분할은 상기 네 가지 유형 중의 하나이거나 두 가지 유형 이상이 복합된 형태를 취하고 있다. 시장분할 계약이 완전하게 작동하면 각 참여자는 자기의 영역에서 완전 독점기업의 역할을 하게 된다. 이 경우의 시장분할은 가격담합에 못지않은 경쟁제한 효과가 있다. 시장분할은 가격담합에 비하여 약정위반자를 적발하기가 훨씬 수월하므로 가격담합에 비하여 쉽게 합의가 가능하다. 한편, 시장분할은 어떤 측면에서 가격담합보다 훨씬 더 경쟁제한적일 수가 있다. 가격담합은 여러 가지 형태의 경쟁, 예컨대 가격 경쟁, 제품의 질을 통한 경쟁, 효율적인 AS 등 그중에서 가격 경쟁만을 하지 않기로 한 합의인 반면, 시장분할이 완벽하게 작동하면 모든 형태의 경쟁이 없어지기 때문이다.

시장분할에 관한 첫 번째 사건은 '부수적 제한설'로 유명한 *United States v. Addyston Pipe & Steel Co.*[28]인 것으로 기록되고 있다. 이 사건에서 피고 기업들은 주철 파이프를 생산·판매

---

28 85 F. 271 (6th Cir. 1898), *aff'd*, 175 U.S. 211 (1899).

하는 경쟁 관계에 있는 사업자들인데 각 사별 주철 파이프의 판매 지역을 할당하고 판매가격도 고정하기로 합의하였다. 그들 간에 약정된 가격은 신규 진입이 어려울 정도의 낮은 수준이되, 경쟁가격보다는 높은 수준으로 되어 있었다. 피고 기업들의 주장은 담합의 목적이 출혈 경쟁을 막아 보자는 것이고 약정한 가격도 정당한 수준이므로 적법한 것이라고 주장하였다.

제6순회법원의 Taft 판사[29]는 경쟁을 제한하고자 하는 약정은 그것이 합법적인 그 약정의 주된 목적에 부수되는 것이 아니면 위법이 된다는 부수적 제한설을 제의하였다. 이 사건에서 피고 기업의 시장분할과 가격담합 담합은 그것 자체가 주된 목적인 행위이므로 부수적인 제한이 아니라는 것이다. Addyston Pipe사건은 주로 가격담합 행위에 대한 분석에 초점이 맞춰져 있으므로 시장분할 행위의 위법성 판단을 위한 기준 제시에는 미흡한 감이 있다.

Timken Roller Bearing Co. v. United States[30]에서 Timken사는 마찰 방지를 위한 베어링을 제조하는 기업인데 베어링을 제조하는 다른 경쟁 기업들의 지분을 일부 소유하고 있었다. Timken사와 동사가 지분을 일부 소유한 부분 자회사들은 Timken이라는 상표의 면허계약 (license agreement)을 체결하게 되었다. 그런데 이 계약에는 Timken 베어링을 판매하기 위한 각 사의 판매지역을 할당하는 내용과 어느 한 기업이 다른 기업의 지역에 들어가서 판매하게 될 경우에 부과하게 될 판매가격을 지정하는 내용이 포함되어 있었다.

피고 기업은 시장분할과 가격담합을 위한 그들 간의 합의 내용은 'Timken' 상표의 보호를 위한 합법적인 계약에 부수되는 것이고, 상표면허계약의 법적 효력을 강화하려는 목적이 있는 것이라고 주장하였다. 그들은 자기들의 계약이 조인트 벤처의 성격이라는 점을 강조하려고 노력하였다.

법원의 결론은 피고 기업들의 시장분할과 가격담합 행위는 계약의 주된 목적에 부수되는 내용이 아니라, 경쟁제한 자체가 주된 목적이 되는 행위이므로 법 위반이라고 결론을 내렸다. 이러한 결론을 내리기까지 법원이 적용한 원리는 '최소제한적인 대안의 검토(a least restrictive alternative test)'이다. 즉 경쟁제한적인 위반행위가 합법적인 목적을 달성하기 위하여 가장 덜 제한적인 수단이었는가를 검토하는 것이다. 피고 기업 간의 계약에 나타난 시장분할 합의는 Timken 상표 베어링의 제조·판매에만 적용되는 것이 아니라 다른 상표의 경우에도 적용되는 것이므로 상표 내의 경쟁(intra-brand)뿐만 아니라 상표 간의 경쟁(inter-brand)

---

29 후에 대법원 판사가 되었다.
30 341 U.S. 593 (1951).

에도 영향을 미쳤다는 것이다. 따라서 그들의 제한행위는 상표 보호라는 목적을 달성하기 위한 최소한의 것이 아니라 그것을 훨씬 넘어섰다는 것이다.

Timken 법원은 이 사건에서 행한 시장분할 행위가 당연위법에 해당하는 것인지에 대하여 명백한 입장을 밝히고 있지 않다. 당연위법의 판결문에서 자주 사용한 표현이 나타나 있지 않을 뿐만 아니라 피고의 독점력을 검토한 점은 오히려 합리의 원칙에 가깝지 않나 하는 생각이 든다. 그러나 다음에 검토할 Sealy 사건에서는 Timpken 사건에 대해 언급하면서 가격담합을 수반한 시장분할은 명백한 셔먼법 1조 위반이므로 그 행위의 부당성을 검토할 필요가 없다는 의견을 제시함으로써 합리의 원칙보다는 당연위법으로 인정하는 입장을 보인다. 그럼에도 불구하고 Sealy 사건 후의 경향은 반드시 시장분할은 당연위법이라는 일반적인 공식을 그대로 대입하고 있지 않는 것을 발견할 수 있다.

United States v. Sealy, Inc.[31]에서 법 위반으로 기소된 피고 기업들은 침대 매트리스 제조업자들이다. 그들은 공동으로 Sealy, Inc.라는 회사를 설립하였다. 그런데 Sealy사는 동사 주식의 대부분을 보유한 30개의 매트리스 제조업자와 상표 면허계약을 체결하게 되었다. 그 계약의 내용은 면허사용자, 즉 30개의 매트리스 제조업자에게 Sealy 라벨이 붙은 매트리스를 독점 판매할 수 있는 각자의 지역을 할당하는 것이었다. 그러나 Sealy 라벨이 없는 매트리스의 판매는 판매 지역의 할당과는 관계없이 자유로이 판매할 수 있게 하였다. 그 면허계약은 또한 Sealy 라벨이 붙은 매트리스의 판촉활동에 소요되는 비용을 보장하기 위해서 최소 소매가격(minimum retail price)을 정하는 내용도 포함하고 있었다.

피고들은 판매지역분할은 Sealy사와 여러 면허 사용자(licensee) 간에 체결한 수직적 약정에 불과하다고 주장하였다. 그러나 법원은 Sealy와 면허 사용자 간의 계약이 표면적으로는 수직제한처럼 보이지만 실질적으로는 수평적 제한이므로 피고들의 주장은 타당하지 않다고 판단하였다. 면허 사용자인 매트리스 제조업자들은 Sealy사의 주주로서 혹은 이사로서 동사의 경영에 참여하고 있을 뿐만 아니라, 그들 상호 간의 관계는 명백히 경쟁자의 관계이므로 그들의 경쟁제한행위는 본질상 별도의 법인(Sealy)이 독립된 제조업자에게 행한 수직적 제한이 아니고 수평적 제한이라는 것이 법원의 논리이다. Sealy라는 동일 상표를 이용하여 경쟁자 간의 수평적 제한을 위장하였을 뿐이라는 것이다. 법원의 의견은 여러 상품이 경쟁한 시장에서

---

31 388 U.S. 350 (1967).

(inter-brand market) 가격담합을 수반하는 지역시장의 분할은 당연위법이라는 것이다. 그러나 가격담합이 없이 지역시장의 분할만으로도 당연위법이 되는가에 대해서는 명백한 언급을 하지 않고 있다. 다만 가격담합을 수반하지 않는 시장분할이 상표 내(intra-brand)에서의 분할일 경우는 합리의 원칙을 적용해야 한다는 의견을 제시하고 있다.

United States v. Topco Association, Inc.[32] 에서 지금까지 명백하지 않았던 가격담합이 없는 시장분할의 당연위법 여부에 대한 법원의 의견이 명백해지게 된다. Topco Association은 수십 개의 지방 슈퍼마켓 체인으로 구성된 식품점 협회인데 그 회원들을 위한 공동의 구매 기능을 수행하고 있었다. Topco는 전국적인 체인망을 가지고 있고 자기 상표(label)를 붙인 제품을 판매한 대형 슈퍼마켓 체인과 효과적으로 경쟁하기 위해 지방의 소규모 식품 체인점들이 설립한 협회이다. Topco의 회원인 그 지역의 슈퍼마켓 사업자들은 Topco를 통해 발휘된 대규모 구매력을 이용하여 Topco의 라벨이 붙은 제품을 구입할 수도 있게 되고 광고도 공동으로 할 수 있게 되는 등 효과적인 판촉활동이 가능하게 되었다. 그럼에도 불구하고 그들의 시장점유율은 6%에 불과하여 독점력은 없는 상태였다. 그들은 지역시장을 분할했다는 혐의로 기소되었다. Topco와 각 회원사 간에 체결한 상표 면허계약이 문제가 되었다. 즉 Topco의 라벨이 붙어 있는 제품을 독점 판매하기 위하여 각 회원사별로 판매지역을 할당한 것이다.

Topco측은 오히려 경쟁을 촉진했다는 것이다. 그들의 행위가 회원 슈퍼마켓의 효율을 향상시켜 전국적인 대형 슈퍼마켓과 경쟁하게 했으므로 시장분할이 오히려 경쟁을 촉진했다고 주장하였다. 법원은 그들의 주장을 받아들이지 않으면서, 지역시장을 분할하는 경쟁자 간의 합의는 그 하나만으로도 당연위법이라고 선언하였다. 지역시장의 분할은 그 제한행위의 성격이 수직적 제한이 아니고 수평적 제한이라면 그것 하나만으로도(...standing alone...) 당연위법이 된다고 선언함으로써, Sealy 사건에서 가격담합을 수반하지 않은 시장분할에 대해 당연위법이 되는지에 대한 명확한 의견을 보이시 않던 법원의 입장이 명백해지게 되었다. Topco 사건은 그 전반적이 기조가 당연위법으로 처리되었다는 인상을 주고 있음에도 불구하고 피고 기업의 독점력을 분석한 대목에서는 제한적이나마 합리의 원칙을 고려하고 있다고 볼 수 있겠다.

이후의 담합 사건에 대한 법원의 태도는 70년도 중반의 가격담합 관련 사건인 BMI나 NCAA에서와 같이 모든 담합을 당연위법으로 볼 수는 없다는 쪽으로 기울어 가고 있음을 볼

---

32 405 U.S. 596 (1972).

수 있다.

Sealy나 Topco의 경우는 일견 수직 관계로 보이는데도 실질적인 관계를 수평적 관계로 간주한 경우이다. 만약 그들의 관계가 실질적으로 수직적 관계였다면 지역시장의 분할은 외부효과(externality)의 일종인 '공짜승객(free rider)' 문제를 해결하는 데 기여했을 것이다. 따라서 서면법이 그것을 위법으로 선언하여 금지시키면 경제 효율이 오히려 저하되는 결과를 초래할 수도 있다.[33]

수평적 시장분할 사례에서 공짜승객 문제를 검토한 사건이 5-3-1항에서 잠깐 언급한 *Polk Bros., Inc. v. Forest City Enterprises, Inc.*[34]이다. 원고인 Polk Bros.사는 가구를 포함한 가정의 제반 설치물을 취급하는 사업을 하고 있고, 피고인 Forest City사는 가정용 건축 자재, 목재, 가정용 공구 및 관련 제품을 판매하고 있었다. 두 사업자가 취급한 상품의 이와 같은 보완성을 고려하여 그들은 공동 건물을 마련하여 그 건물에 각각의 소매점을 열기로 합의하였다. 그들의 합의 내용은 다음과 같다. Polk Bros.사가 건물을 설립하고 Forest City사에 임대하되 만약 Forest City사가 원하면 점포의 구매도 가능하도록 하고, 그들의 공동 사업의 이익을 극대화하기 위해 상대방이 취급하는 품목을 중심으로 각 사업자가 그 건물 안의 점포에서 취급해서는 안 되는 품목을 정하였다. 이것은 상대방이 취급하는 품목에 대해서는 경쟁을 하지 않기로 상호 간에 합의한 것으로서 제품시장을 분할하는 행위에 해당한다. 점포를 개설한 지 약 7년이 지난 시점에서 Forest City사는 상호 간에 취급하지 않기로 한 합의를 파기하여 자사가 취급하지 않기로 한 품목을 판매하기로 결정하게 된다. 이에 Polk Bros.사는 소송을 제기하여 계약의 강제이행을 도모하게 된 것이다.

Forest City사는 시장분할을 합의한 조항은 당연위법이므로 집행할 수 없다고 주장하였다. 이에 대해 제7순회법원은 수평담합은 그것이 "노골적(naked)"인 것이라야 당연위법이고, 부수적인 제한인 경우는 합리의 원칙을 적용해야 한다면서 Addyston Pipe사건의 부수적 제한설을 인용하고 있다. Foerst City의 당연위법이라는 주장은 받아들여지지 않았다. 그렇다면 이 사건은 합리의 원칙을 적용해야 하는 것이고, 그 근거는 시장분할의 제한행위가 부수적인 제한이라는 것을 의미한다. 왜 부수적인 제한인가? 법원은 다음과 같은 논리를 펴고 있다. 이 사건에서 두 기업 간의 계약은 그들이 취급한 제품이 보완성이 있다는 사실에 근거하여 건물

---

33 제6장 '수직제한'을 참고하기 바란다.
34 776 F.2d 185 (7th Cir. 1985).

을 설립하고 동일 건물 안에서 각각의 사업장을 개설하고자 하는 것이 주된 목적이므로 상대방 품목을 취급하지 않기로 한 제한행위는 새로운 사업장을 개설하기로 한 주된 목적에 부수되는 내용이다. 따라서 본 사건은 합리의 원칙을 적용해야 한다는 것이다.

부당성 여부를 검토하면서 법원은 상대방 품목을 취급하지 않기로 합의한 시장분할 행위가 공짜승객(free rider) 문제를 해결하기 위한 합법적인 행위가 될 수 있다는 것을 인식하고 있다. 즉 Polk Bros.사 입장에서는 건물 임대 계약을 체결할 때 시장분할 조항이 없는 경우 동사가 실시한 광고에 의해 그 건물을 찾아오는 고객의 일부는 Forest City의 점포에서도 제품을 구매하는 문제에 관심을 가질 수밖에 없을 것이다. Forest City는 광고를 하지 않았으므로 상대적으로 적은 비용이 들었고, 따라서 더 저렴한 가격으로 경쟁 제품을 팔 수 있게 될 것이다. 말하자면 Forest City는 Polk Bros.의 광고에 공짜승객이 되는 것이다. 이러한 공짜승객의 문제도 어떤 경제 행위(광고)에 대한 결과가 그것을 행한 자뿐만 아니라 그 외의 경제 주체에도 영향을 미치게 되는 현상이라는 점에서 외부효과의 일부로 간주되고 있다. 어떤 기업의 판촉활동에 대해 공짜승객이 있는 경우에는 경제적 효율이 저하된다. 왜냐하면 사회적으로 최적 수준의 판촉활동이 공급되지 않을 것이기 때문이다.[35] 따라서 그 제한 규정은 Forest City가 무임승차를 못하도록 하기 위한 Polk Bros.의 합법적인 행위로 보아야 한다는 것이다. 두 사업자가 시행하기로 한 공동 사업, 즉 건물을 설립하고 새로운 점포를 그 건물에 신설하기로 한 사업으로 인해 공급이 증가되었고 소비자의 후생은 그만큼 향상되었을 것이다. 그런데 그러한 시장분할을 보장하지 않는 경우, Polk Bros.는 건물을 설립하지도 않았을 것이고 Foerst City에게 상가를 임대하지도 않았을 것이다. 다시 말해서 그들의 공동 사업은 존재하지도 않았을 것이라는 의미이다. 시장분할 조항은 소비자에게 이익을 가져온 그들의 공동 사업이 성립되기 위해 필요한 조건이라는 것이다. 결국 시장분할을 합의한 계약은 무혐의로 판명되었다.

Polk Bros. 사건에서는 시장분할 행위에 대해 합리의 원칙을 적용하고 결국 적법한 것으로 인정한 반면, 13년 전의 Topco의 시장분할 행위는 당연위법을 적용하였다. Topco에서나

---

35 완전경쟁시장이 파레토 최적의 경제 효율을 달성한다는 이론적 근거는 외부효과가 없다는 가정 하에서만 성립이 된다. 완전경쟁시장은 제품이나 서비스를 판매하는데 생산비 이외의 비용이 소요되지 않는다고 가정한 시장 모형이다. 그러나 현실 세계에서는 제조 단계뿐만 아니라 광고 등을 통한 제품 정보의 제공, 물건의 수송 등 제조에서 소비 단계에 이르기까지 많은 활동이 필요하다. 이 중의 하나인 판촉활동도 외부효과가 없는 경우 시장의 원리에 의해 수급이 결정되는 것이 경제 효율을 증진하기 위해 가장 바람직하다. 자세한 내용은 제6장 '수직제한'을 참고하기 바란다.

Polk Bros.에서 모두 관련자의 독점력은 없었다. 그럼에도 불구하고 같은 시장분할에 대하여 한쪽은 당연위법으로, 다른 사건에서는 합리의 원칙을 적용하여 적법한 것으로 인정하고 있다. Polk Bros.에서 제7순회법원의 담당 판사인 Easterbrook은 이 사건을 당연위법으로 취급하지 않은 이유를 다음과 같이 설명하고 있다.

> 부수적 제한과 노골적 제한을 구분하는 이유는 그들의 시장분할을 위한 합의가 시장의 공급을 늘릴 것으로 기대되는 그들의 협동 사업의 일부분을 구성하는 가를 판단하기 위한 것이다. 만약 그들의 합의가 협동 사업의 일부분이 된다면 그것을 당연위법으로 처리해서는 안 된다.......그 협동 사업이 가져다주는 유익성은 그 사업이 시행되어야만 극대화되는 것이다.

즉 Polk Bros.에서는 공짜승객 문제를 해결하지 않고는 그들의 협동 사업 자체가 가능하지 않았을 것이므로 이 사건에서 나타난 시장분할은 노골적인 제한이 아니라 부수적 제한이라는 것이다. 그렇다면, 같은 논리에 의하여 Topco의 경우에도 그들의 시장분할 계약이 대형 슈퍼마켓과 효과적으로 경쟁하기 위한다는 합법적인 목적에 부수되는 제한이라고 할 수 있느냐 하는 것이다. Topco에서 시장분할과 가격담합 행위는 Timken 사건에서와 같이 경쟁제한 자체가 주된 목적이므로 주된 계약에 부수적인 계약이라 할 수 없다는 차이가 있다. Sealy 사건에서도 판매지역 분할은 수직제한의 형태를 취했지만 실질적으로는 수평적 제한이므로 당연위법을 적용하였다. 두 사건간의 또 다른 차이점은 Polk Bros.에서는 새로운 사업이 시작이 되고 그것이 공급을 증가하는데 기여를 한 반면, Topco에서는 새로운 사업이 시작되지 않고 공급을 증가시키는 효과도 없었다.

5-4-3 다른 유형의 카르텔

가) 공동의 거래거절

공동의 거래거절(concerted refusals to deal or group boycott)이란 경쟁 관계에 있는 사업자들이 공모하여 제3자와의 거래를 거절하거나 남으로 하여금 거절하게 하는 행위를 말한다.

여러 가지 유형의 공동 거래거절을 생각할 수 있다. 유통의 특정 단계, 예컨대 제조업자들이 공모하여 그들과 경쟁 관계에 있는 다른 제조업자와 거래하는 유통의 상위단계에 있는 원료 공급자와는 거래하지 않기로 합의하는 형태도 생각할 수 있고, 제조업자들이 공모하여 경쟁 관계에 있는 다른 제조업자와 거래하는 유통의 하위 단계에 있는 고객과는 거래하지 않기로 합의하는 경우도 있다. 경쟁자 간의 수평적 합의는 아니지만 각각 유통단계가 다른 사업자 간의 합의에 의하여 그들의 경쟁자와의 거래를 거절하는 경우도 있다. 예컨대 제조업자와 소매업자가 담합하여 경쟁자인 다른 소매업자에게는 그 제조업자가 물건을 판매하지 않기로 하는 경우가 대표적이 사례이다. 이 경우는 그 합의의 성격이 수평적인 것은 아니나 거래거절의 목표가 경쟁자인 다른 소매업자라는 점에서 그 제한 효과는 수평적이므로 셔먼법 1조의 적용을 받는다.

공동의 거래거절은 그 형태에 따라 경중의 차이는 있을지 모르나, 경쟁을 저해할 가능성이 크다. 공동의 거래거절은 지나친 가격 인하를 단행하여 다른 경쟁자에게 피해를 자주 입히는 사업자를 응징하거나, 산업의 오래된 관행이나 기준을 지키지 않는 사업자를 응징하거나, 다른 경쟁자가 사업을 단념하도록 유도함으로써 공모에 참여한 사업자들의 독점력을 높이는 등 여러 가지 이유에 따라 행해지고 있다. 어떤 종류의 공동 거래거절, 특히 조인트 벤처의 성격을 가진 공동의 거래거절은 시장을 더 경쟁적으로 만들거나 효율을 증진시키는 효과가 있을 수 있다. 또 다른 종류는 공짜승객 문제를 해결하기 위한 것일 수도 있다. 이와 같이 그 목적과 효과가 매우 다양하므로 공동의 거래거절 관련 사건은 개별적인 사례에 따라 당연위법일 수도 있고 합리의 원칙을 적용하는 경우도 있다. 또한 공동 거래거절의 이와 같은 특성 때문에 관련 사건의 위법성을 판단하기 위하여 법원은 그 행위의 목적과 효과를 중점적으로 분석하는 방법을 사용하고 있다. 경우에 따라서는 거래거절에 가담한 사업자들이 독점력이 있는지의 여부가 그 행위의 부당성을 판단하는 데 중요한 요소가 되기도 한다. 그러나 분명한 추세는 초기에는 당연위법의 적용이, 최근에는 합리의 원칙이 더 많아지고 있다.

다음은 공동의 거래거절에 대한 중요한 사례이다.

Eastern State Retail Lumber Dealer's Assn. v. United States[36]에서는 처음으로 공동의 거래거절 사례를 다루고 있다. 피고는 동부지역 목재 소매상 협회인데, 협회의 회원들과 거래하던 몇 개의 목재 도매상들이 소매업까지 겸하게 되어 회원 소매상과 경쟁 관계에 놓이게 되었다. 목재 소매상 협회는 소매상까지 겸업하기 시작한 목재 도매상들의 목록을 작성하여 회원들에게 배포하였다. 법무부는 목록을 작성하여 배포한 행위가 셔먼법 1조 위반이라 하여 기

---

36 234 U.S. 600 (1914).

소하게 되었다.

법원은 소매상 협회의 목록 작성 및 배포 행위가 위법이라는 법무부의 의견에 동의하고 있다. 소매업까지 진출을 꾀했던 도매상들로 하여금 그 지역에서 소매단계의 영업을 하지 못하도록 그들의 목록을 작성하여 회원들에게 배포한 행위는 소매단계의 치열한 가격 경쟁으로부터 협회의 회원을 보호하기 위한 수단이었고, 결국 가격에 영향을 주어 회원들의 독점력을 보호하려는 것이 그 목적이라는 것이다.

그러나 "단순한 명단 배포 행위만으로 어떻게 소매상들의 담합을 입증할 수 있는가" 하는 문제가 대두된다. 법원은 도매상들의 명단을 배포한 행위만으로도 집단적인 담합이 추정된다는 것이다. 왜냐하면 협회가 명단을 배포하는 행위는 결과적으로 회원들로 하여금 거래거절을 하게 하는 목적이라는 것을 합리적으로 추정할 수 있기 때문이다. 협회 회원인 소매상들이 개별적으로 거래거절을 했다면 셔먼법 위반이 아니었을 것이나 집단적인 담합에 의한 거래거절은 그것이 공공에, 혹은 개인에게 해를 끼쳤다면 그 행위는 금지되어야 하고 처벌을 받아야 한다는 것이다.

Fashion Originator's Guild of America, Inc. v. FTC[37]에서 Fashion Originator's Guild 라는 사업자단체는 고급 숙녀복의 디자인과 제조를 영위한 사업자들의 단체인데, 그들이 디자인하는 숙녀복의 복제품이 성행하자 이에 대한 대책을 강구하게 되었다. 복제품을 제조·판매하는 사업자와 거래하는 소매상과는 거래하지 않기로 한 합의가 그것이다. 이와 같은 사업자단체의 방침에 대해 12,000개가량의 소매상들이 그들의 결정에 협조하기로 동의하게 되었다. FTC는 사업자단체의 이와 같은 행위는 시장에서 보장되어야 하는 의사결정의 자유를 박탈한 행위라는 것이다. 즉 그 회원들에게는 자기 제품을 판매할 대상이 되는 소매상의 범위를 줄이는 결과가 되었고 소매상에게는 제품 구매의 범위를 좁히는 결과를 초래하였다는 것이다. 법원은 FTC의 의견을 받아들여 당연위법에 가까운 결정을 내렸다. 당연위법의 결정에도 불구하고 법원은 그 행위의 목적, 피고 기업의 독점력(고급 숙녀복시장에서 60%의 시장점유율) 등 몇 가지 고려사항을 점검하였다. 그들의 거래거절행위에서 공공의 이익 증진이라는 목적을 찾아볼 수 없고 오직 회원들의 이익만을 향상시키려는 의도만이 발견된다는 것이다. 또한 법원은 사업자단체가 달성하려는 목적, 즉 복제품의 방지를 위해 민사소송의 제기와 같은 보다

---

37 312 U.S. 457 (1941).

덜 제한적인 방법이 있었다는 점도 지적하고 있다.

이 사건은 공짜승객의 문제가 깊이 인식되기 전에 발생했으므로 당연위법이라는 결론에 도달한 것으로 보인다. 1970년도 중반부터는 이러한 공짜승객 문제를 포함한 광범위한 외부 효과를 제거하기 위한 수직제한을 합법적인 것으로 인정하고 있다. 따라서 이 사건이 오늘날 일어났더라면 다른 결론이 났을 것으로 추정된다.

Klor's Inc. v. Broadway-Hale Store, Inc.[38]에서는 공동 거래거절 행위를 그 전보다 더 명백히 당연위법으로 취급하고 있다. Broadway는 가전제품의 소매사업자인데, 가전제품 제조사가 경쟁사인 Klor사와 거래를 하지 않던지, 혹은 자사보다 더 비싼 가격으로 판매하기로 가전제품의 제조업자들과 합의하였다. Broadway는 그들의 행위가 소비자나 공공의 이익을 해치지 않았다고 주장하고 있다. 왜냐하면 Klor사가 위치한 몇 블록 안에 자사를 포함하여 수많은 가전제품 판매상이 있었으므로 소비자의 선택을 제한하거나 가격을 상승시키지 않았기 때문이라는 것이다.

법원은 다음과 같은 이유로 당연위법을 선언하였다. 공동의 거래거절은 이제까지 그 유익성을 분석할 필요도 없이 위법으로 취급(당연위법)해 왔고 이 사건에 나타난 행위도 다음과 같은 측면에서 경쟁을 제한했다는 것이다. Klor사가 자유롭고 개방된 시장에서 제품 구입을 못하게 되었던 점, Klor사가 공동의 거래거절에 가담한 가전사들의 판매 대리점이 될 수 없었던 점, 가전사들이 Klor사에게 판매할 수 없게 된 점 등이 경쟁을 제한하는 요소라는 것이다. 법원은 만약 이러한 행위가 시정이 안 될 경우 Klor와 같은 작은 경쟁자는 사업을 접게 되고 이것은 결국 소매가격을 상승시킬 뿐만 아니라 시장의 독점화 현상도 심화시킬 것이라는 우려를 했던 것으로 보인다. 이와 같은 법원의 논리를 인정한다 하더라도 수많은 경쟁자가 있는 지역의 일개 소매상인 Broadway가 그 독점적 구매력을 이용하여 어떻게 RCA나 GE와 같은 굴지의 가전사로 하여금 Klor와 거래하지 않도록 할 수 있었는가 하는 점은 설명하기 어렵다.

지금까지 공동의 거래거절 사건에서 보여준 법원의 입장은 "그것이 수평적인 합의이건 수직적인 합의이건, 소매나 도매 등 어떤 유통단계에 있는 경쟁자를 겨냥하여 판매 시설의 이용, 원류 공급 등에 제한을 가하려는 행위는 위법이다." 라는 것으로 요약될 수 있다. 공동 거래거절 사건의 성격에 따라 그 행위의 목적, 가담자의 독점력 여부, 그 행위의 효과 등을 고려하기

---

[38] 359 U.S. 207 (1959).

는 했으나 대체로 당연위법에 가까운 결정을 하였다.

그러나 이러한 경향에도 불구하고 전통적인 당연위법 사건의 분석에서와 같이 그 행위의 정당성을 완전히 무시하는 것은 아니었다. 이러한 분석 방향은 1985년 *Northwest Wholesale Stationers v. Pacific Stationery and Printing Co.*[39]에 확연히 나타나고 있다. 이 사건의 판결문은 당연위법에서 통상 볼 수 있는 표현, 예컨대 "~의 행위는 그 부당성 여부를 분석할 필요도 없이 지금까지 위법으로 취급하여 왔다" 와 같은 문구가 없다. 이 사건에서 Northwest Wholesale Stationers는 100개의 문구상으로 조직된 문구류 협동 구매체인데 그 회원인 문구상에 대해 도매상의 역할을 하여 왔다. 비회원도 협동 구매체를 통한 문구류 구입이 가능하였다. 그러나 회원들은 구매액의 일정 비율을 환급받는 방법을 통하여 그 협동 구매체의 이익을 배분받게 되어 있어 비회원에 비하여 가격 경쟁에서 유리하게 되어 있었다. 협동 구매체는 그 회원들에게 창고의 저장 시설도 제공하고 있었다. 원고인 Pacific문구사는 당초에 협동 구매체인 Northwest Wholesale Stationers의 회원이었는데 동사가 소매는 물론 도매업까지 진출하자 정당한 절차(silver due process)없이 제명당하게 된 것이다. 동사가 회원이었을 때는 매년 약 만 불 정도의 환급을 받았으나 그 환급이 없어지자 소매단계의 경쟁에서 불리하게 되었다. 피고인 Northwest 협동 구매기구는 협동 구매의 목적과 효과가 규모의 경제를 얻음으로써 구매와 재고보관(warehousing)에서 거래비용을 절약하기 위한 것이라고 주장하였다.

법원은 먼저 정당한 절차(silver due process)와 독점규제법과의 관계를 다음과 같이 정리하고 있다. 정당한 절차가 있었는지 여부는 독점규제법 분석에 어떤 영향도 줄 수 없다. 만약 협동 구매체의 행위가 당연위법이라면 정당한 절차가 있었다 하더라도 그것을 면할 수 없고, 만약 그 행위가 적법한 것이라면 정당한 절차가 없었다 하더라도 당연위법이 되는 것은 아니다. 왜냐하면 독점규제법은 협동구매체가 Pacific문구사를 제명함으로서 행한 공동의 거래거절행위의 위법성요건으로 제명에 대한 정당한 절차를 요구하고 있지 않기 때문이다..

법원은 당연위법으로 처리한 순회법원의 결정을 번복하여 합리의 원칙을 적용하도록 결정하였다. 그렇게 하기 위해 법원은 과거의 공동 거래거절 사례를 조사하여 다음과 같은 사실을 확인하였다. 공동 거래거절이 당연위법으로 처리된 경우는 경쟁자 간의 공동노력을 통하여 직접 거래거절을 하거나, 원료 공급자나 고객을 회유하거나 강압하여 다른 경쟁자와 거래를 못

---

[39] 472 U.S. 284 (1985).

하도록 하여 경쟁자를 불리하게 하는 경우에 한하였다. 따라서 지금까지 법 위반자는 상대방을 강압해야 하므로 대부분 독점력을 갖고 있었고 그들의 행위는 효율을 높이는 등의 경제적 이익을 가져다주지 못하였다. 그러나 이번 사건의 경우 협동 구매체는 물건 구입이나 제품의 저장 등 도매 거래를 위한 상업 활동에서 규모의 경제를 실현하여 효율을 증진하는데 기여하고 있다. 그리고 협동 구매가 없었으면 달성하지 못했을 제품의 원활한 공급에도 기여하고 있다. 만약 당연위법을 적용하려면 협동 구매체가 독점력이 있던지, 혹은 경쟁에 필수적인 요소에 오직 협동 구매체만이 접근 가능해야 한다.

이 사건에 대해 합리의 원칙을 적용한다는 것은 원고 측의 입증 부담이 증가하게 되었음을 뜻한다. 위법성 입증을 위한 출발점은 다음 세 가지 사항 중 하나를 확인하는 것으로부터 시작된다. ① 법 위반자의 독점력이 있는지 여부, ② 거래거절의 대상이 되는 제품이 경쟁에 있어서 필수적인 요소인데 오직 법 위반자만이 그것을 획득할 수 있는가의 여부, ③ 행위의 효율 증진 효과가 전무한지의 여부 등이 그것이다. 이 사건 이후 공동 거래거절은 그 유해성이 명백한 극소수의 유형을 제외하고는 더 이상 당연위법으로 처리되지 않게 되었다. 이것은 합리의 원칙의 범위가 넓어지는 추세를 반영하는 것으로서 가격담합의 BMI나 NCAA 사건 등에서 이미 살펴본 바가 있다.

1986년의 *FTC v. Indiana Federation of Dentist*[40]도 당연위법으로 처리되지 않았다. 인디아나주의 치과의사 협회가 환자의 X-Ray 필름을 보험회사에 제공하지 않기로 합의한 행위가 문제로 제기된 사건이다. 법원은 당연위법으로 처리하지 않는 이유를 다음과 같이 설명하고 있다. 공동의 거래거절이 당연위법인 경우는 독점력을 가진 기업들이 원료 공급자나 고객으로 하여금 자기의 경쟁자와의 거래를 중지시킬 목적으로 그들(원료 공급자나 고객)과 합의하는 경우인데 본 건은 이 경우에 해당하지 않는다는 것이다. 거래거절의 목적이 그들의 경쟁자와 거래를 중지시키고자 하는 것이 아니므로 당연위법의 범주에 속하지 않는다는 것이다. 그럼에도 불구하고 그 행위는 위법으로 결론이 났다. 그 이유는 치과의사 협회는 독점력이 있는 데다 그들의 행위가 효율을 증진시킬 수 있다는 정당성은 없이 고객에게 어떤 종류의 서비스(필름을 제공하는 행위)를 하지 않기로 합의했기 때문이라는 것이다. 그러한 합의는 환자들의 치료비 인상을 촉진시킬 수도 있다는 것이다.

---

40 476 U.S. 447 (1986).

전반적으로 이와 같이 공동의 거래거절에 대해서 합리의 원칙을 적용하는 사례가 많아지고 있었으나 가격 상승과 공급 제한에 대한 효과가 명백한 경우에는 당연위법으로 취급기도 하였다. *Superior Court Trail Lawyer's Association v. FTC*[41]에서 콜롬비아 지역의 변호사 협회는 시 정부가 변호사 요금을 인상해 주기 전까지는 콜롬비아 지역의 상급 법원에서 극빈 자의 형사범에 대한 변론을 하지 않기로 합의하였다. 법원은 동 지역 변호사들의 담합을 당연 위법으로 처리하였다. 법률 서비스의 공급을 제한하여 그 가격을 인상시키는 행위는 노골적 제한(naked restraint)이라는 것이다. 가격담합은 어떠한 경제적 정당성이 있다고 하더라도 법 은 그 정당성에 대한 고려를 허락하지 않고 있다는 의견을 피력하고 있다.

지금까지 살펴본 바와 같이 공동 거래거절 행위에 대해서는 그 행위의 성격에 따라 당연위 법과 합리의 원칙을 나누어서 적용하고 있다. 그런데 합리의 원칙이 적용되는 범위가 점점 더 넓어지고 있다.

나) 사업자단체의 행위

다음으로 살펴볼 내용은 사업자단체가 관련된 담합이다. 사업자단체는 다양한 기능을 수행한 다. 이 중에서 가장 대표적인 기능은 여러 가지 정보와 자료를 회원사들에 배포하는 행위를 들 수 있다. 이러한 자료에는 가격, 생산, 재고, 공급수준 등에 대한 단순한 자료인 경우가 많은데 이러한 자료교환도 가격에 영향을 줄 수 있다. 경쟁에 미치는 영향은 산업구조, 교환된 자료의 성격, 기업이 그러한 자료교환에 어떻게 반응했는지 등에 의하여 결정된다. 예컨대 시장의 집 중화의 정도가 매우 낮은 산업구조하에서는 시장 정보가 많을수록 자원 배분의 효율화를 기할 수 있다. 왜냐하면 소비자의 수요가 정확히 생산자에게 전달되어 적정량의 생산이 가능하고 소비자는 가장 싼 가격의 제품을 선택할 수 있게 되기 때문이다. 그러나 산업의 집중도가 높아 서 소수의 기업이 시장의 대부분을 점하고 있거나 제품 간의 동질성이 높은 산업의 경우는 가 격의 교환이 가격담합을 부추길 가능성이 더 커진다. 자료교환의 내용과 목적에 따라서도 경 쟁제한 효과가 다르다. 원자재의 원활한 공급을 위한 정보 교환, 생산 혁신 기술의 공유, 제품 의 표준화를 기할 수 있는 정보의 협조 등은 경쟁을 촉진시킬 수 있다. 이와 같이 경쟁자 간의 정보 교환은 그 효과가 친 경쟁적일 수도, 경쟁제한적일 수도 있으므로 합리의 원칙을 적용하

---

41 493 U.S. 411 (1990).

고 있다. 위법성 기준으로 고려하는 사항은 산업구조, 제품의 동질성 정도, 위반 사업자의 독점력, 자료교환 행위의 목적과 효과 등이다.

American Column and Lumber Co. v. United States[42]에서 목재 협회는 그 회원들에게 판매, 구매, 생산 관련 자료를 정기적으로 제출할 것과 가격을 변동시킬 경우 즉시 협회에 보고하도록 요구하였다. 또한 동 협회는 과잉시설을 경고하는 비공식 회의 문서를 회원사에게 배포하고, 그 후속 조치로 공급을 줄이고 가격을 유지시키기 위한 회원사 간의 회의를 개최하였다. 협회의 회원사는 전 산업생산의 33%에 불과하나 그러한 협회의 적극적인 활동으로 목재류의 가격이 인상되는 효과가 나타났다. 법원은 이러한 행위의 목적과 효과는 공급을 제한하고 더 높은 가격을 책정하기 위해 회원사를 독려하기 위한 것이라는 것을 알게 되었다. 법원은 회원사 간의 자료교환과 월례회의는 직접적이든 암묵적이든 회원사 간에 합의가 도출되고 그것을 유지하게 해줄 수 있는 회원 간의 연합이 있다는 것을 의미한다는 것이다. 생산량의 추계를 통해 생산제한과 가격유지를 유도하는 것과 같이 미래의 시장조건에 대해 회원들에게 경각심을 심어 주는 행위는 법 위반의 가능성이 크다는 것이다. 결국, 목재 협회의 행위는 법 위반으로 결정되었다.

몇 년 후에 발생한 *Maple Flooring Manufacturing Assoc. v. United States*[43] 에서 법원은 이 협회의 자료교환 행위를 적법한 것으로 판단하였다. 이 협회가 교환한 자료가 과거의 가격 자료, 요약 자료, 개인 고객의 개별적인 신상 자료를 포함하지 않은 총괄적인 자료였기 때문이다. 또한 이 사례에서 교환된 자료는 협회의 회원은 물론 회원의 고객, 일반인, 산업 내의 구매자와 판매자에게도 모두 공개되어 인지되고 있던 자료였다. 피고 기업의 생산량이 70%를 점한 상황이었음에도 불구하고 법원은 경쟁에 영향을 미치는 정보나 지식의 자유로운 교환은 허용되어야 한다고 판단하고 있다. 이 경우는 비록 시장이 완전경쟁은 아니었으나 회원들 간의 정보 교환이 경쟁을 촉진했다는 점을 인정하고 있다. 또한 협회의 정보 교환 행위로 인해 가격이 인상되지 않은 점도 적법 판정을 받는 데 일조했다고 보인다.

지금까지 법원의 정보 교환에 대한 주요 사례를 요약하면 다음과 같이 위법성 기준을 정리할 수 있다. 자료의 내용이 요약된 과거의 자료이거나, 개별적인 거래나 고객의 신상이 드러나 있지 않은 총괄적인 자료인 경우 다음과 같은 조건이 충족되면 적법한 것으로 간주하는 경향

---

[42] 257 U.S. 377 (1921),
[43] 268 U.S. 503 (1925).

이 많다. ① 현재나 미래에 대한 정보가 포함되지 않아야 한다. ② 자료제출에 대해 회원들에게 강요하거나 자료 미제출자에게 불이익을 주지 말아야 한다. ③ 비회원도 그 정보를 적정가격에 구입할 수 있어야 한다. ④ 그 산업의 산업구조가 집중화되어 있지 않고 사업자 간에 담합하는 경향 없어야 한다.

다) 합작사업

합작사업도 공동행위의 범주에 들 수 있다. 여기서 말하는 합작사업이란 두 개 이상의 독립된 기업이 연구, 생산, 혹은 마케팅을 공동으로 수행하기 위해 별도의 단독 사업체를 설립하는 것을 말한다. 합작사업이 가져다주는 효과는 매우 다양하다. 예컨대 기술의 공유, 위험 분산, 규모의 경제 이익 보장, 거래비용의 절감 등을 가능케 하는 합작사업은 참여자의 효율을 높여 주는 효과가 있다. 두 개의 신규 기업이 자본, 자산을 통합하고 각자가 갖고 있던 기술 정보를 공유한다면, 그렇지 않았으면 불가능했을 신규 진입을 가능하게 하여 경쟁을 촉진하게 될 것이다. 그러나 합작사업은 대부분 경쟁자, 잠재적 경쟁자, 혹은 수직적 관계에 있는 기업 간에 이루어지므로 가격담합, 공급제한, 시장분할과 같은 경쟁제한 효과가 있을 수도 있다. 이와 같이 매우 광범위하고 다양한 효과 때문에 합작사업의 위법성 여부는 그 유형에 따라 달라진다. 합작사업의 성격상 유해성과 유익성이 있으므로 합리의 원칙이 적용된다.

합작사업에 대한 독점규제법 분석의 핵심은 다음 네 가지 사항을 검토하는 것이다. ① 경쟁을 저해하였는가? ② 합작사업이 참여자들의 경쟁 행위를 어느 범위까지 통제하는가? ③ 중요한 경쟁자가 참여하지 않고 있는가? ④ 합작사업의 목적과 효과는 무엇인가? 등이다. 합작사업의 성격이 순수한 연구·개발에 가까울수록 적법일 가능성은 더 커진다. 반대로 그 성격이 생산이나 마케팅에 가까울수록 독점규제법상의 더 많은 주의를 받게 된다. 합작사업으로 인해 가격과 공급량의 결정을 공동으로 수행할 수 있고 그것이 담합으로 발전할 수도 있다. 이 경우는 제한행위가 합작 투자의 본래 목적을 달성하기 위한 부수적인 제한의 범위를 벗어 난 것이 된다.

합작사업 관련 사례에 대한 법원의 검토 단계는 다음과 같이 요약할 수 있다. 먼저 특정 합작사업의 성격을 검토한다. 즉 공동 연구를 위한 사업인지, 혹은 생산이나 마케팅의 공동 수행을 위한 것인지를 살펴보고, 또한 합작사업의 목적이 무엇인지도 검토한다. 다음 검토사항은 합작사업 참여자들 간의 경쟁 관계이다. 직접적인 경쟁 관계에 있는 사업자 간의 참여는 그렇지 않은 경우보다 경쟁제한 효과가 클 것이다. 참가자들의 독점력도 중요한 고려사항 중의 하나이다. 시장이 집중되어 있을수록 더 주의 깊은 조사와 분석이 뒤따르게 될 것이다. 합작사업에 포함되고 있는 사업의 내용이 얼마나 광범위한지, 중요한 경쟁자가 참여하는지 여부도 중요한 요소이다. 합작사업이 시장의 상당 부문을 통제할 수 있을 정도로 큰 규모이거나, 산업에 종사한 대부분의 기업이 참여하는 합작사업은 법 위반일 가능성이 높을 것이다. 합작사업에 의해서 가해지는 제한의 범위, 그 유효기간 등을 검토하고 그것이 그 합작사업의 목적 달성을 위해 정당하게 필요한 것인지 과도한 제한인지를 판단하게 된다. 그 제한의 범위가 넓을수록, 제한의 유효기간이 길수록 법 위반의 가능성이 커진다. 합작사업에 의하여 생성된 제한이 가격담합, 공급량 제한, 시장분할, 고객할당, 거래거절 등을 포함하게 되면 당연위법으로 처리된다. 그러나 그러한 제한행위가 합법적인 합작 계약에 부수되는 것이고 사업의 목표 달성을 위해 정당하게 필요한 것이라면 적법한 것이 된다.

법무부가 제정한 기준에 의하면 다음과 같은 제한행위는 적법한 것으로 간주하고 있다. ① 그 합작사업과 관련된 분야 중 과거에 수행했던 연구 결과를 교환해야 한다는 의무 부과. ② 공동 연구의 결과 특허를 획득하기 전까지는 제삼자에게 공개하지 않도록 하는 의무 부과. ③ 그 연구의 특정 분야를 참가자 간에 분할하는 행위 등이다.

International Raw Materials, Ltd. (IRM) v. Stauffer Chemical Co.[44] 사건에서는 합작사업이 성립되기 위한 요건을 정하였다. International Raw Materials(IRM)사는 항구의 터미널을 운영하는 사업자인데 소다회를 포함한 수출품의 선적을 담당하고 있었다. 동사는 소다회 생산자협회(ANSAC)와 그 회원사가 터미널 수수료를 고정시키기 위해 담합하였다는 이유로 소송을 제기하게 되었다. IRM사는 협회가 설립되기 전에는 터미널 사용을 위해 소다회 생산자가 개별적으로 협상을 제의하여 왔으나 협회 실립 후에는 협회가 그 회원늘을 대신해 회원 모두에게 공통으로 적용할 터미널 사용료를 제시해 왔다고 주장하였다. 뿐만 아니라 협회는 IRM사의 경쟁사인 Hall-Buck사와 계약을 통해 협회가 Hall-Buck사의 새로운 터미널 사업에 참여하는 것을 조건으로 IRM사의 요금보다 훨씬 더 저렴한 요금으로 터미널 서비스를 제공하기로 약정하였다는 것이다. IRM은 이러한 행위가 터미널 사업의 경쟁을 제한한 행위라고

44　827 F.2d 1318 (3rd Cir. 1992).

주장하였다.

이에 대해 소다회 생산자협회는 Webb-Pomerene법에 의하여 수출 조합에 주워지는 셔먼법 적용의 면제 신청을 하게 되었다.[45] 터미널 사용료의 결정을 위한 협회의 행위는 그 서비스가 수출과 관련이 되므로 Webb-Pomerene법의 적용이 가능하나 IRM의 경쟁사와 새로운 터미널 사업의 참여를 조건으로 한 터미널 사용료의 할인은 그 터미널 사업이 합작사업인 이상 Webb-Pomerene법의 적용을 받기 어렵게 되어 있었다. 왜냐하면 셔먼법 면제 대상은 수출과 관련된 담합행위이나, 터미널 합작사업은 수출과는 관계없는 국내 사업이기 때문이다. 법원은 합작사업이 성립되는 네 가지의 요건을 제시하였다. ① 참가자들이 합작사업을 하기로 한 의사표시나 암묵적인 합의가 있었는지 여부. ② 합작사업의 참가자들이 그 합작사업의 주요 내용에 대하여 공동의 이해관계를 공유하는지 여부. ③ 그 합작사업을 통하여 나타날 이익이나 손해를 공유하는지 여부. ④ 합작사업을 운영하는 데 있어 참가자들이 그 의사결정 권한을 공유하는지 여부 등이다.

법원은 협회와 Hall-Buck사 간의 터미널 공동 수행 계약이 실제적 혹은 잠재적 손실에 대해 공유하겠다는 명백한 합의가 없으므로 합작사업으로 볼 수 없다고 판시하였다. 따라서 협회의 행위는 Webb-Pomerene법의 셔먼법 면제 대상이 된다는 것이다.

1984년 국회는 National Cooperative Research Act(NCRA)를 통과시켜 친 경쟁적인 공동 연구 사업을 촉진하도록 하였다. 여기에는 셔먼법상의 3배 배상 의무를 면제해 주는 내용이 포함되어 있다. 이 법에 의한 혜택을 받으려면 공동 연구 사업의 성격과 목적, 참가자 등 필요한 정보를 사전에 법무부와 FTC에 통지해야 한다. 1993년에는 National Cooperative Production Amendment Act(NCPA)를 제정하여 공동 연구뿐만 아니라 공동 생산까지 독점규제법 적용의 면제를 확대하였다. 공동의 생산으로 인한 독점규제법상의 손해 배상 의무를 제한하는 내용이 포함되어 있다. 다만 공동 생산에 필요한 시설이 미국 내에 있어야 한다는 조건이 있다. 법무부와 FTC에 사전 통지 의무도 NCRA의 경우와 같다. 공동의 마케팅과 유통은 독점규제법 면제에서 제외하고 있다.

---

45 Webb-Pomerene법은 사업자가 자기가 생산한 제품의 국내 거래를 제한하지 않거나, 비회원의 수출을 방해하지 않는 한 수출 카르텔 형성에 대해 셔먼법의 적용을 면제해주고 있다.

5-4-4   공동행위의 성립 요건

셔먼법 1조는 거래를 제한하는 모든 계약, 연합, 공모는 위법이라고 선언하고 있다. 셔먼법 제1조가 금지한 연합이나 공모는 특정 기업이 단독으로 행하는 행위는 아니다. 그 명칭이 '계약'이든 '연합'이든 '담합'이든, 두 개 이상의 기업 간에 어떤 종류의 '합의'나 '동의'가 존재해야 하는 행위인 것이다. 따라서 공동행위가 성립되려면 두 개 이상의 사업자가 존재해야 하고, 그 사업자들이 거래제한 행위를 하기로 합의했다는 것이 입증되어야 한다. 합의는 공식적인 문서에 의할 수도 있고 묵시적인 형태를 취할 수도 있다.

가) 합의의 입증

공동행위에 참여하는 기업이 명시적으로 합의한 증거, 예컨대 회사의 공식 문서와 같은 자료가 있으면 명백한 입증이 된다. 그러나 대부분의 담합행위에서 이와 같은 명시적인 입증 자료는 발견하기가 어렵다. 이와 같은 어려움 때문에 법원은 담합 참여자들이 유사하게 행하는 특정한 행위가 있다는 것만으로 그들 간에 합의가 있었다는 것을 추정할 수 있도록 하고 있다. 즉, 의사의 일치가 있었다는 상호 인식이나 이해 등 묵시적 합의까지를 합의의 입증 증거로 인정하고 있다. 문제는 이 합의의 입증을 위하여 어느 정도 유사성이나 상호인식이 있어야 되느냐 하는 것이다.

이와 관련하여 중요한 기준이 *Interstate Circuit v. United States*[46]에서 제시되었다. 이 사건에서 피고 기업은 8개의 영화 배급사와 수 개의 극장 사업자들로 구성되어 있다. 이 영화 배급사들은 미국에서 상영되는 1급 수준 영화의 75%를 관장하고 있었다. 가장 규모가 큰 극장 사업자 중의 하나가 8개의 영화 배급사들에 향후 극장 사업자와 영화 배급 계약의 체결 시에 다음의 두 가지 항목을 추가할 것을 제안하는 내용의 편지를 보내게 된다. 첫째 개봉 영화의 경우는 적어도 ¢40 이상을, 그 외의 영화는 적어도 ¢25 이상을 받도록 극장주에게 요구하는 조항과, 둘째 개봉 영화를 상영하는 극장은 동시상영을 하지 못하도록 하는 조항이 그것이다. 그 후에 8개의 영화 배급사들은 대부분의 극장주와의 계약에서 상기 두 개의 요구를 포함하는 조항을 추가하였다. 그러나 영화 배급사들이 특정 극장주로부터 그러한 내용의 편지를 받았다는 사실 외에는 8개의 배급사 간에 담합을 했다는 흔적은 찾아볼 수 없었다. 그러나 대형 극장

---

46 306 U.S. 208 (1939).

주는 자기의 로고가 박힌 편지지를 사용하였고, 수신자인 8개 배급사의 이름을 일일이 편지에 명기하였다. 편지를 받은 배급사들은 다른 배급사도 같은 내용의 편지를 받았을 것이라고 생각했을 것이다. 이 같은 배급사의 행위 중에서 극장의 영화 관람료를 제한한 행위는 재판매가격 유지행위의 일종으로 볼 수 있고 동시상영을 금지한 행위는 공급량을 제한한 것과 같은 효과가 있다고 할 수 있다.

법원은 어떤 대규모 극장주가 8개 영화 배급사에 대해 행한 제안과 그것을 거의 만장일치로 수용한 배급사들의 행위는 그들 간에 합의가 있었다는 것을 추정하기에 충분하다는 의견을 제시하고 있다. 법원의 논지는 다음과 같다. 만약 특정의 영화 배급사가 단독으로 그러한 재판매가격 유지행위나 동시상영을 못 하도록 했다면 극장주는 그 영화 배급사와 거래관계를 청산하고 다른 배급사와 거래를 시작할 것이다. 그러므로 특정 배급사 단독으로 그런 행동을 했다면 그 배급사의 이윤은 급격히 낮아질 것이다. 단독으로 그 행위를 했다면 그 행위는 매우 비합리적인 행위일 것이다. 따라서 8개 배급사의 행위는 단독으로 한 행위라고 볼 수 없다. 그들이 보여준 일련의 행위로서 합의를 추정할 수 있다는 것이다.

이와 같은 결론을 내리는 과정에서 법원은 합의를 추정할 수 있는 몇 가지 추가 요소(plus factor)를 예시하고 합의가 추정되기 위해서는 추가 요소 중 일부 항목이 충족되어야 한다는 기준을 제시하였다. 추가 요소의 내용은 다음과 같다. ① 피고의 행위가 그전의 관행에 비하여 많이 변화하였는가? ② 피고가 담합행위에 참여하도록 권유를 받았는가? ③ 특정 피고가 다른 피고도 담합행위에 참여하도록 권유를 받았다는 사실을 알고 있는가? ④ 모든 참여자가 그러한 담합을 통하여 실제로 이윤을 증대시키려는 동기(motives)가 있는가. ⑤ 피고가 실제로 담합에 참여하여 그들이 행하기로 합의한 집단적인 행동에 실질적으로 동참했는가? ⑥ 모든 피고가 집단적으로 행하지 않고 어느 특정 기업이 단독으로 행할 경우 그 행위자에게 이익을 주지 않는다는 점에서 그들이 행한 행위가 그들 간의 상호작용에 의한 것이라는 것을 보여줄 수 있는가 등이다.

여기서 영화 배급사가 단독으로 극장의 입장료에 대한 재판매가격을 지정하거나 동시상영을 금지하였다면 그 배급사의 행위는 합리적인 것이 못 된다. 왜냐하면 극장주는 그러한 제한을 가하는 배급사와는 거래를 안 하게 되어 그 배급사의 이윤이 적어질 것이기 때문이다. 그러나 모든 배급사가 집단적으로 그런 행위를 한다면 모두에게 이익이 돌아가게 된다. 이것은 상기 추가 요소(plus factor)의 ④항과 ⑥항을 충족시킨 것이 된다. 편지를 받았다는 사실은 ②항을 충족시킨다. 편지에 8개 배급사 모두를 수신인에 포함시켰으므로 ③항도 충족한다. 배급사들의 실제 행위는 ①항과 ⑤항을 자동적으로 충족한다. 실제 위 담합 가담자들의 행위는 상기 추가요소 ①~⑥항을 모두 충족하였다고 보아도 무방하다.

그러나 추가 요소 중 일부를 충족시켰다고 하더라도 합의를 하지 않았다는 충분한 증거를 제시하는 경우는 합의에 대한 추정의 효력이 없어지게 된다. 그런데 이 사건에서는 피고가 그런 증거를 보이는 데 실패했다. 피고인 배급사들은 회사를 대표하여 의사결정을 할 수 있는 위치에 있지 않은 하위직 직원을 증인으로 채택하여 각 사가 독립적으로 한 행동이라고 주장하게 함으로써 오히려 자기들에게 불리하게 작용하는 결과를 초래하였다.

추가 요소(plus factor)에 대한 증거가 없어 합의에 대한 입증이 되지 않은 경우가 있다. *Theatre Enterprises, Inc. v. Paramount Film Distributing Corp.*[47]가 대표적인 사례이다. 원고는 Baltimore의 교외에서 Crest라는 극장을 운영한 사업자인데 영화 제작사와 배급사들이 공모하여 개봉 영화(first run film) 상영권을 제한하고 clearance[48]를 부당하게 정했다는 이유로 3배 손해배상의 소송을 제기하게 되었다. 원고인 Crest 극장은 1949년 극장을 개설한 이래 개봉관이 되기 위해 많은 노력을 기울여 왔다. 영화 제작사와 배급사에 개별적으로 접근하여 독점 개봉권을 요구하였고, 나중에는 'day and date basis'[49]로 개봉권을 요구하게 되었다. 모든 제작사와 배급사들은 이러한 요구를 거절하고 계속하여 Baltimore의 시내에 위치한 8개의 극장에 대해서만 개봉권을 주고 있었다.

제작사와 배급사들이 주장한 내용은 다음과 같다. Day and date의 조건으로 개봉권을 주는 경우는 관련된 두 개의 극장이 경쟁 관계가 아닌 경우에 한한다. 왜냐하면 경쟁 관계에 있는 두 개의 극장에게 동일한 영화의 개봉권을 주는 경우 두 극장 모두 수지를 맞출 수가 없기 때문이다. 그런데 교외에 위치한 Crest 극장과 다운타운의 8개 극장은 경쟁 관계에 있다. 그러므로 Crest 극장이 개봉 영화를 상영하려면 독점으로 해야 한다. 그런데 Crest는 교외에 있는 작은 쇼핑몰(shopping mall)에 있는 극장으로서 지역적 범위로 본 관객규모가 다운타운의 1/10에 불과하다. 따라서 이렇게 작은 규모의 관객으로 개봉 영화를 상영하는 것은 경제적 타

---

47 345 U.S. 538 (1954).

48 clearance란 어떤 지역에서 동일한 영화를 두 번 상영할 경우 그 사이의 기간을 말한다. 여기서는 Crest극장 이외의 다른 8개 극장에게 부여한 clearance권한을 말한다.

49 day and date basis란 두 극장이 동시에 개봉 영화를 상영하는 경우를 말한다.

당성이 없는 사업이다. 또한 다운타운이 지역적으로 많은 관객을 확보할 수 있어 일정 수준의 수입이 보장되므로 그곳의 극장들은 개봉 영화의 상영에 맞춰 그 영화에 대한 광고비를 지출할 수 있는 여건이 된다. 다운타운의 극장들에 clearance 권한을 준 이유는 그들이 행한 광고의 효과가 다음에 그 영화를 상영하게 될 극장에까지 혜택이 연장되므로 실제로 광고비를 지출한 다운타운 개봉관의 정당한 경제적 권한을 확보해 주기 위한 것이다.[50]

법원은 이러한 주장을 받아들여 영화 제조업자와 배급사 간에 합의가 이루어지지 않았다고 판시하였다. 법원의 논지는 다음과 같다. 피고 기업 상호 간에 합의가 이루어졌다고 볼만한 직접적인 증거가 없고, 추가 요인(plus factor)의 한 항목도 충족시키지 못하였다. 뿐만 아니라 단독 개봉권을 주지 않은 이유, day and date 조건으로도 개봉권을 주지 않은 이유, clearance 권한이 왜 다운타운에 있는 극장에 있어 하는지 이유 등이 모두 경제적인 정당성을 가지고 있다. 따라서 그러한 행위를 배급사가 따로, 단독으로 하였더라도 그 행위는 경제적 타당성을 갖고 있다.

법원이 피고 기업 간에 합의가 없었다고 결론 내린 이유는 Interstate Circuit과는 달리 추가 요인이 충족되지 않았기 때문이다. 추가 요인이 충족되지 않은 이유는 피고 기업의 행위들이 경제적인 정당성을 가지고 있어 그들이 집단적으로 그러한 행위를 할 까닭이 없다는 것이다. 왜냐하면 개별 배급사 단독으로 행한 경우에도 경제적 타당성이 있기 때문이다. 결정적인 요인은 아니나 피고 기업의 증인들로 책임 있는 의사결정자들이 채택되었다는 점도 Interstate Circuit과는 다른 점이라 할 수 있다.

인도가격[51] 책정 (base point delivered pricing) 행위도 전형적으로 명시적인 합의가 없는 담합의 한 형태이다. *FTC v. Cement Institute*[52]에서 시멘트협회와 74개의 회원에 대하여 내린 FTC의 시정명령(cease and desist order)에 대해 시멘트협회는 항소하였다. 협회의 회원은 시멘트 생산업자인데 여러 지역을 기준 지역으로 하는 인도가격을 책정하였다. 그 결과 구매자가 국내 어느 곳에 위치하든지 간에 모든 사업자가 단일 가격을 책정하게 되어 가격담합과 같은 경쟁제한 효과가 발생하게 되었다. 시멘트 산업은 시장의 집중도가 매우 높아, 80여 개의

---

50 영화 제조사와 배급사들의 직접적인 언급은 없었으나 clearance 권한을 다운타운 극장에게 준 것은 공짜 승객 문제를 해결하기 위한 수단으로도 이해될 수 있다.

51 인도가격(base point delivered price)이란 판매자가 특정 기준 지역에 제품을 구매자에게 인도하는 조건으로 부과하는 가격을 말하며 제품가격과 수송비를 포함한 가격을 말한다.

52 333 U.S. 683 (1948).

업체 중 상위 10개 사가 절반 이상의 공장을 소유하고 있었다. FTC는 협회의 이러한 행위가 FTC법 제5조에서 규정한 불공정한 경쟁의 방법에 해당한다는 것이다.[53]

이 사건의 핵심 논점은 기준 지역 인도가격책정을 매개로 한 피고 기업들의 집단적인 유사(parallel)행위가 그들 간의 공동행위가 있었다는 FTC의 주장을 입증할 수 있는 증거가 될 수 있는지 여부였다. 협회는 입찰 참가자 간에 직접적, 혹은 묵시적 합의가 없이도 정확하게 동일한 응찰 가격을 제시한 것은 시멘트 업계의 오랜 관행이라고 주장함으로써 인도가격책정을 위한 담합은 없었다는 점을 강조하였다.

법원은 협회 회원 간의 합의가 있었다는 FTC의 결정을 인정하였다. 그 논지는 다음과 같다. 협회가 그 회원들과 협력하여 여러 지역을 기준 지역으로 하는 인도가격 체제를 유지하기 위해 적극적으로 행동한 점, 그리고 그 인도가격 체제가 전국에 거쳐 동일한 가격과 판매 조건을 가능하게 하였다는 점 등이 입증되었으므로 협회 회원들 간에 명시적이든 묵시적이든 어떤 종류의 '양해(understanding)'가 있었다고 추정할 수 있다는 것이다. 법원은 시멘트 산업의 시장집중도가 높을 뿐만 아니라 제품의 동질성도 매우 높아서 가격담합이 용이하다는 사실도 고려하고 있다.[54] 또한 공공 기관의 공개경쟁 입찰에서 시멘트의 응찰 가격이 penny를 나타내는 소수점까지 동일한 경우도 있었다. 이러한 사실을 종합적으로 고려하여 법원은 시멘트 업계의 인도가격책정이 가격 경쟁을 없애는 데 효과적으로 이용되었다는 점을 인정하게 되었다.

Triangle Conduit & Cable Co. v. FTC[55]에서도 역시 법원은 유사한 인도가격책정 행위(두 개의 기준 지역을 설정)를 행한 14개의 도관 제조업자들에 대해 FTC법 5조 위반을 선언하였다. 경쟁자 간에 그러한 집단적인 행동이 결국 동일한 가격으로 판매하게 될 줄을 알면서 개별사업자가 인도가격책정에 참여하였다면, 그 행위는 FTC법 5조에서 금지한 불공정한 경쟁의 방법에 해당한다는 것이 법원의 의견이다. 또한 수요와 공급에 의하지 않는 인위적인 가격이 책정되었고 그 가격이 경쟁자 간에 동일하다는 사실이 밝혀졌다면, 그 사실이야말로 상거래를 제한하기 위한 판매자 간의 합의, 양해, 또는 어떤 종류의 공동행위가 있었다는 증거가 된다는 것이다.

그러나 *Boise Cascade Corp. v. FTC*[56]에서 제9순회법원은 합판 제조업자의 인도가격책

---

53 FTC는 셔먼법에 대해서는 집행권이 없으므로 FTC법 5조를 이용하여 공동행위 사건을 처리하고 있다.

54 5-2절 '카르텔의 경제적 동기'를 참고하기 바란다.

55 168 F.2d 175 (7th Cir. 1948), *aff'd by an equally divided court*, 336 U.S. 956 (1949).

정에 대해 법 위반을 인정하지 않았다. 즉 인도가격책정을 통해 경쟁을 하지 않기로 하는 합의가 있었다는 명백한 증거가 없는 상황에서는 그러한 인도가격책정이 실질적으로 가격을 고정시키는 효과가 있다는 것을 FTC가 입증해야 한다는 것이다. 즉 가격담합의 효과가 없다면 인도가격책정이라는 경쟁자 간에 단순한 유사(類似; parallel) 행위는 FTC법 5조 위반이 될 수 없다는 것이 법원의 의견이다.

인도가격책정 행위에 대해 Cement Institute 및 Triangle Conduit와 Boise Cascade가 다른 결론이 난 이유가 양자 간의 가격담합 효과가 다르기 때문인지, 혹은 Boise Cascade에서는 산업 발달의 초기 단계에서 FOB 가격책정이 인도가격과 유사하게 보인다는 점을 인식하여 인도가격책정이 아니라고 생각했기 때문인지는 명확하지 않다.

과점시장에서 경쟁자 간에 가격이 유사하게 변하는 현상을 공동행위 결과로 보아야 하는지 여부가 문제가 될 수 있다. 과점시장이란 소수의 생산자로 구성된 시장을 말한다. 시장이 소수의 생산자로 구성되어 있으므로 시장의 집중도가 매우 높고, 어느 특정 기업의 전략이나 행동이 다른 경쟁자의 전략과 행동에 지대한 영향을 미치므로 기업 간의 상호의존성(interdependence)이 높은 특성이 있다. 상호의존성이란 특정 기업이 가격과 생산량을 결정할 때에 경쟁자가 어떻게 반응할 것인지를 염두에 두고 결정하는 경우를 말한다. 그러므로 과점시장의 가격 결정 이론은 기업의 의사결정에 경쟁 상대방의 행위가 중요한 변수로 등장하는 게임 이론을 많이 도입하고 있다.

과점시장에서는 특정 기업이 가격을 인하하고 생산량을 늘리는 경우 경쟁 상대방도 같은 행동을 취하게 되어 있다. 그렇지 않을 경우 가격을 낮추지 않은 기업은 시장점유율을 잃게 될 것이 확실하기 때문이다. 결국 초기에 가격 인하를 주도했던 기업은 자기의 가격 인하 행위가 경쟁기업의 가격 인하를 부추기게 될 것이므로 가격을 인하하는 방법으로는 자기의 시장점유율을 높이지 못한다는 사실을 알게 된다. 따라서 과점시장은 각 사업자의 시장점유율이 변하지 않고 항시 일정한 수준을 유지하게 하는 특성이 있다. 가격 경쟁은 모두에게 손해라는 공통의 인식이 생성되어 가격 경쟁을 하지 않기로 하는 암묵적인 이해가 형성되어 있다고 볼 수 있다. 물론 과점시장의 가격은 경쟁가격보다는 높은 가격에서 결정된다. 반면에 과점시장에 참여한 기업들의 행위는 과점시장이라는 특수한 환경을 주워진 조건으로 이윤 극대화라는 목적

---

56 637 F.2d 573 (9th Cir. 1980).

을 위하여 명시적 합의가 없이 개별 기업 단독으로 행하는 행위라고 볼 수도 있다. 문제는 독점규제법에서 과점시장에 참여한 기업들의 상호의존적인 행위를 어떻게 취급할 것인가 하는 것이다. 두 가지 대표적인 견해가 있다.

첫째는 과점시장에서 가격책정 행위는 상호의존적이라는 시장의 특수성에 따라 경쟁 상대방의 반응을 예측하면서 행하는 합리적인 개인행동일 뿐, 경쟁자 간의 합의에 따라 행하는 집단적인 행위는 아니므로 셔먼법상의 담합행위로 볼 수 없다는 Turner(1962)교수의 의견이다. 반면 Posner(1969) 교수는 과점시장에서 비경쟁가격이 형성되는 것은 그 시장의 상호의존적 특성에 기인하지만 이러한 결과가 피할 수 없는 결과는 아니라는 의견을 제시하고 있다. 즉 과점시장에 경쟁자 간에 볼 수 있는 자발적인 동조 행위는 전통적인 카르텔에서 보는 행위와 매우 유사하며, 유일하게 전통적 카르텔과 다른 점은 명시적 합의가 없다는 것뿐이라는 것이다. 과점시장에서 흔히 나타나고 있는 가격에 대한 신호교환(price signaling), 무언의 동조(tacit acceptance), 협동적인 가격 결정 등으로 그곳에 합의가 있다는 것을 추정할 수 있다는 것이다.

법무부 독점규제국과 FTC는 1970년대에 Posner 교수의 이론에 입각하여 높은 가격, 낮은 생산량, 높은 시장집중도 등으로 특징 지워진 과점시장을 의욕적으로 공략하였다. 그러나 그 결과는 성공적이지 못했다. *E.I. du Pont de Nemours & Co. v. FTC*[57]에서 자동차 엔진의 흔들림을 예방하기 위한 휘발유 첨가물을 제조·판매하는 4개 기업이 행한 과점시장의 가격 결정 행위가 FTC법 5조를 위반했다 하여 시정명령을 내렸다. FTC가 주장한 그들의 위반행위는 가격을 변동시킬 경우 그 사실을 상대방에게 사전에 신호하여 알려주는 관행을 지속하였다는 것이다. 뿐만 아니라 인도가격책정을 지속하였고 최혜국 조항을 적용하는 등 명시적인 합의는 없었으나 그들의 행위는 FTC법 5조를 위반한 불공정한 경쟁 방법에 해당한다는 것이다. 4개 기업의 시장점유율 합계는 80%에 달하고 있었다. 그들은 FTC의 결정에 불복하여 항소(제2순회법원)하게 되었다.

항소심에서 FTC는 다음과 같은 논리를 펴고 있다. 먼저 FTC법 제5조는 셔먼법과는 달리 사업자 간의 합의 입증을 요구하지 않고 있다는 것이다. 업계에서 성행한 관행이 경쟁을 저해하고 셔먼법의 입법 취지에 반하는 것이라면, 비록 그 행위가 셔먼법의 적용대상에 포함되지 않는 것이라도 FTC법 5조 위반이 된다는 것이다. FTC는 관련 시장에 대한 면밀한 분석을 통

---

57 729 F.2d 128 (2d Cir. 1984).

하여 암묵적인 담합이 있었다는 것을 입증할 수 있는 모든 증거를 모으는 데 힘을 모았다. 시장집중도가 매우 높고 기업 간의 생산비가 거의 동일하다는 점, 정부의 규제에 의하여 진입장벽이 높은 산업이라는 점, 비탄력적인 수요, 제품의 동질성이 높은 점, 다른 화학제품의 경우보다 이익률이 50%가량 높은 점 등이 FTC가 제시한 증거이다.

제2순회법원은 이러한 FTC의 주장을 받아들이지 않았다. 과점시장은 시장의 한 형태이지 경쟁을 회피하기 위한 수단은 아니라는 것이다. 과점시장에서 소수의 기업이 가격을 결정하는 과정에서 행한 '의식적 유사행동'(consciously parallel pricing)만으로는 독점규제법 위반을 구성할 수 없다는 것이다. 명시적인 합의가 없는 상태에서 FTC법 5조 위반이 되기 위해서는, 반경쟁적인 의도(intent)나 목적(purpose)이 있어야 하고, 그 행위가 필요하다는 사업상의 정당한 이유가 없어야 한다는 것이다. 이 사건에서 문제가 되고 있는 관행은 각 개별 기업이 독립적으로 채택한 것이고 사업상의 정당한 이유가 있다는 것이다. 결국 법원은 묵시적 담합을 찾아볼 수 없다고 판단하였다.

나) 복수기업 요건

공동행위에서 합의가 가능하려면 적어도 두 명 이상의 사업자가 필요하다. 누구든 자기 자신과 담합은 할 수 없으므로 어떤 담합행위에 두 명 이상의 사업자가 참여하고 있다는 것을 입증하지 못할 경우 그 공동행위는 성립되지 않는다.

먼저 모기업과 완전 자회사와가 공동행위 성립요건인 두 개의 별도 사업자가 될 수 있는지에 대해 살펴보기로 하자. 모기업과 그 모기업이 100%의 지분을 소유한 자회사는 동일체(single entity)이기 때문에 양자간에는 담합이 가능하지 않은 것으로 본다. *Copperweld Corp. v. Independence Tube Corp.*[58]에서 하급법원은 모회사와 100% 소유한 자회사 간의 담합을 인정하였으나 항소법원은 양자 간의 담합을 인정하지 않고 있다. 또한 동일한 모기업이 100% 소유한 두 개의 자회사 간의 담합도 성립할 수 없는 것으로 간주되고 있다.

그렇다면 완전 자회사는 아니지만 모기업과 그 모기업이 지분의 일부를 소유한 자회사 간의 관계는 어떠할까? 모기업과 부분적으로 소유한 자회사 간은 양자 간의 실질 관계를 조사하여 판단하고 있다. 즉 모기업과 부분 소유한 자회사 간의 실질 관계, 자회사의 소유주가 두 명

---

58 467 U.S. 752 (1984).

이상이므로 그 소유주간의 관계 등을 고려하여 결정한다. 대체로 복수요건이 성립되는 것으로 인정하는 경향이 많은 편이다. 예컨대 의결권이 있는 보통주의 100%를 보유하고 있고, 의결권 없는 우선주의 79%를 보유한 모기업과 자회사 간의 담합을 인정한 경우도 있었다. 반면에 다른 항소법원은 80%를 소유한 모기업과 자회사간의 공모를 성립할 수 없는 경우로 결정한 경우도 있다. 결국 모기업과 부분 소유 자회사간의 담합은 케이스별로 양자 간의 실질 관계를 고려하여 결정할 수밖에 없다는 것이다.

회사와 대리인은 복수요건을 충족시키는가? 대리인은 회사가 고용한 직원, 혹은 회사의 고문 기구 등과 같이 회사가 추구하는 목표와 일치하는 이해관계를 갖고 있으므로 1952년 사례에서는 회사와 대리인 간의 담합은 성립할 수 없다는 견해를 보인다. 그러나 그 후의 사례에서는 대리인이나 직원이 회사가 추구하는 목표와는 다른, 자신의 개인적 이익을 추구하는 목표가 있는 경우는 회사와 대리인 간에도 담합이 성립할 수 있다는 견해가 우세해졌다.

최근에는 기업의 구조 및 당사자 간의 실질적인 관계를 고려하는 추세이다. 제8순회법원은 담합의 성립 요건을 기업과 그 대리인 간의 실질 관계에 근거하여 분석하고 있다. 즉 회사와 그 대리인은 그 대리인이 별도의 독립된 법인이라 할지라도 다음과 같은 요건이 충족되면 양자 간의 담합은 성립하지 않는다는 것이다. ① 대리인이 그 회사의 실체를 구성하는 데 필수적인 일부분이 되는 경우, ② 회사의 유통 체인에서 별개의 어느 한 단계를 대표하지 않을 경우, ③ 회사의 이익을 위해 행동할 경우, ④ 회사의 고용인과 기능 면에서 구분되지 않을 경우 등이다. 그러나 회사와 대리인 간의 이해가 상반되거나 대리인이 그에게 주워진 권한 밖의 일까지 하거나 대리인이 자기의 이익을 위하여 행동하는 경우는 복수요건이 충족된다는 것이다.

Nurse Midwifery Association(NMA) v. Hibbett[59]에서 2명의 조산원과 감독 관계에 있는 산부인과 의사들, 그리고 3명의 고객이 3개 병원과 그 병원의 일부 의사에 대해 소송을 제기하였다. 그들은 피고인 병원과 그 의사들이 공모하여 해당 병원에서 조산서비스의 제공을 거절했다는 것이다. 제6순회법원은 병원과 소속 의사는 의사가 그 병원의 대리인으로서 역할을 하므로 양자 간의 담합은 성립되지 않는다고 판시하였다. 즉 의사들이 개인적인 입장에서 경쟁한 시장(의사로서 의료 서비스의 판매)에 영향을 미치지 않는 분야에서 병원을 위하여 행하는 의사결정이나 의학적인 권고에 관하여는 병원의 대리인이 된다는 것이다. 그러나 만약 자기와

---

59 918 F.2d 605 (1990).

경쟁한 의사들과 관련된 분야에 대해 의사결정이나 권고를 행하는 경우는 병원의 대리인이라 기보다는 자기 개인의 이익을 추구하는 행위로서 대리인의 한계를 벗어난 행위이므로 복수요건이 충족된다는 것이다. 이와 같이 회사와 대리인 간의 관계도 그들 간의 실질적 경제 관계를 분석하여 복수 여건의 충족 여부를 결정하게 되는 것이다.

Sport League Team 간에도 담합이 성립할 수 있는가? NCAA의 예에서 본 바와 같이 각 스포츠 리그도 담합의 성립이 가능하다고 인식하고 있다. 그러나 이러한 일반적인 인식에도 불구하고 법원의 판단에 따라 예외가 인정된다. 프로야구는 셔먼법에서 말하는 주간(州間)의 상거래에 해당하지 않으므로 셔먼법의 면제가 된다는 판례가 있다. 그러나 프로야구 이외의 프로 스포츠에 대해서는 명백한 입장이 없다.

사업자단체는 단수인 조직체임에도 불구하고 담합의 성립이 가능하다는 입장이다. 예컨대 법률 서비스에 대한 최소가격을 지정한 변호사 협회의 규칙을 법 위반이라고 선언한 사례가 있다. National Society of Professional Engineers에서 공개 입찰을 금한 협회의 윤리 강령을 위법으로 선언한 예도 이미 살펴보았다. 뿐만 아니라 사업자단체는 비영리 단체이든 아니든 민사상의 책임도 면할 수 없으므로 3배 손해 배상의 책임도 있다.

비영리 재단의 회원도 그들의 행위가 경제적인 시장행위라면 담합이 가능하다는 입장이다. Maricopa 사건에서 Maricopa County Medical Society도 그 회원이 의사들인 재단법인이었는데 최대가격의 설정으로 위법 판정을 받았다.

행정행위를 한 지방 정부와 그 대상인 민간인이 복수요건을 충족할 수 있는가 하는 문제가 있다. *Fisher v. City of Berkely California*[60]에서 시 정부가 주택 임대료를 제한하는 고시를 제정하자 임대인이 시 정부를 상대로 소송을 제기하였다. 고소인의 주장은 임대료를 제한하는 고시를 제정했다는 것은 시와 그 공무원 간의 담합행위로 간주할 수도 있고, 그 고시가 임대료를 획일화시켰으므로 시와 주택 소유자 간에 담합으로 간주할 수도 있다는 것이다. 법원은 정부의 고시에 의해 일방적으로 가해지는 제한은 국민이 지켜야 하는 의무가 있으므로 그 고시로 인하여 임대료가 동일하게 된다는 사실만으로 담합이 성립된다고 볼 수 없다고 하였다. 시 정부와 정부의 고시를 지켜야 하는 민간인 간의 담합은 성립할 수 없다는 것이다.

그러나 정부가 민간에게 가하는 모든 제한이 셔먼법 1조의 범위를 벗어난 정부의 일방적

---

60 475 U.S. 260 (1986).

인 행위는 아니라는 의견도 대두되었다. 즉 어떤 정부의 행정행위는 기업 간의 담합을 조장하게 되어 정부의 일방적인 강제행위와 사업자 간의 담합행위가 연결된 경우가 있는데, 이 경우에는 사업자 간의 담합이 성립된다는 것이다. *California Liquor Dealers v. Medical Aluminum*[61]에서 California주는 포도주 제조업자와 도매상들에게 그들이 책정할 포도주 가격을 주 정부에 신고하도록 하였다. 그리고 주 정부의 면허를 받게 된 포도주상에 대해 그들이 소매점에 판매할 때에 신고 가격으로 판매하도록 의무화하였다. 이러한 주 정부의 시책을 이용하여 포도주 제조업자들은 가격 경쟁을 하지 않기로 하는 가격담합을 단행하였다. 이 경우 포도주 상인들은 주 정부의 시책을 지켜야 하는 의무가 있음에도 불구하고 법원은 그들 간의 담합이 성립될 수 있다는 입장이다. Fisher 사건의 경우 임대료는 시의 임대료안정국(Rent Stabilization Board)의 완전 통제하에 있으므로 임대인의 통제권 밖에 있었으나, 이 사건은 정부의 일방적인 강제행위를 넘어서는 사업자 간의 합의가 있으므로 Fisher의 사례와는 구분된다는 것이다. 법원은 다음과 같이 결론을 내리고 있다. 정부와 정부의 고시를 지켜야 하는 민간 기업 간에는 담합이 성립될 수 없다. 그러나 외견상은 정부의 강제행위에 의한 것 같지만 실제는 사업자 간의 담합에 의한 것이라면 당연히 그 담합은 셔먼법 1조의 위반이 된다.

5-5 우리나라의 제도 및 사례

5-5-1 우리나라의 제도

가) 부당한 공동행위의 금지(공정거래법 제19조)

카르텔에 관한 공정거래법 조항은 제19조 제1항부터 제22조의2에 거쳐 규정되어 있다. 먼저 제19조 제1항의 본문 내용은 다음과 같다.

> 제19조 (부당한 공동행위의 금지) ① 사업자는 계약·협정·결의 기타 어떠한 방법으로도 다른 사업자와 공동으로 부당하게 경쟁을 제한하는 다음 각 호의 어느 하나에 해당하는 행위를 할

---

61 445 U.S. 97 (1980).

것을 합의(이하 "부당한 공동행위"라 한다)하거나 다른 사업자로 하여금 이를 행하도록 하여서는 아니 된다. <개정 1992.12.8, 1994.12.22, 1996.12.30, 1999.2.5, 2004.12.31, 2007.8.3>

공정거래법상 카르텔은 사업자가 다른 사업자와 공동으로 법 제19조 제1항 각 호의 어느 하나에 해당하는 행위를 할 것을 "합의"하는 행위이다. 여기서 "합의"란 둘 이상의 사업자 간의 의사의 합치를 의미한다. 따라서 복수의 행위주체 간에 '의사 연결의 상호성'이 인정되면 합의가 존재하는 것으로 판단할 수가 있으며, 이러한 '의사 연결의 상호성'이 인정되는 한 그 방법이나 형식에는 특별한 제한이 없다. 본문에 "계약·협정·결의 기타 어떠한 방법으로도.."라고 규정하고 있다. 즉, 명시적인 합의뿐만 아니라 묵시적 합의 내지는 암묵의 요해(了解)까지도 포함하는 개념이다.

"부당한 공동행위"가 성립되기 위해서는 "합의"하는 것만으로 충분하고, 그 합의를 실행했는지 여부는 묻지 않는다.[62] 예컨대 시멘트 제조사들이 가격을 인상하기로 합의하고 실제로 가격을 공동으로 인상하지 않았더라도 공정거래법 제19조 위반이 성립되어 "부당한 공동행위"를 행한 것이 된다. 그럼에도 불구하고, 나중에 설명하겠지만, 합의를 실행하는 경우와 그렇지 않은 경우는 제재의 수준을 달리한다는 심결례가 성립되어 있다.

제19조의 각호는 카르텔의 유형을 나열하고 있다.[63] 가격담합, 생산량 제한, 거래지역이나 상대방을 제한하는 행위, 거래조건을 결정하는 행위, 입찰담합, 영업을 공동수행하기 위한 회사설립 등 당연위법인 경성 카르텔과 합리의 원칙을 적용해야 할 연성 카르텔이 혼재되어 있다. 그런데 본문에 "부당하게 경쟁을 제한하는"이라는 내용은 각 호에 나열된 모든 행위에 대해 적용해야 하므로 당연위법인 가격담합까지도 합리의 원칙을 적용해야 하는 것처럼 해석될

---

62 미국의 *US v. Socomy-Vacuum Oil Co.(1940)*사례에 확립된 판례인 것은 앞 절에서 살펴본 바와 같다.

63 1. 가격을 결정·유지 또는 변경하는 행위
2. 상품 또는 용역의 거래조건이나, 그 대금 또는 대가의 지급조건을 정하는 행위
3. 상품의 생산·출고·수송 또는 거래의 제한이나 용역의 거래를 제한하는 행위
4. 거래지역 또는 거래 상대방을 제한하는 행위
5. 생산 또는 용역의 거래를 위한 설비의 신설 또는 증설이나 장비의 도입을 방해하거나 제한하는 행위
6. 상품 또는 용역의 생산·거래 시에 그 상품 또는 용역의 종류·규격을 제한하는 행위
7. 영업의 주요부문을 공동으로 수행·관리하거나 수행·관리하기 위한 회사 등을 설립하는 행위
8. 입찰 또는 경매에 있어 낙찰자, 경락자(경락자), 투찰(투찰)가격, 낙찰가격 또는 경락가격, 그 밖에 대통령령으로 정하는 사항을 결정하는 행위
9. 제1호부터 제8호까지 외의 행위로서 다른 사업자(그 행위를 한 사업자를 포함한다)의 사업활동 또는 사업내용을 방해하거나 제한함으로써 일정한 거래분야에서 경쟁을 실질적으로 제한하는 행위

소지가 있다. 이에 대해 공정거래위원회는 법문의 내용에 따라 카르텔에 대하여 위법성을 인정하기 위해서는 부당한 경쟁제한성이 인정되어야 한다는 입장을 갖고 있다. 다만, 경성 카르텔에 대하여는 구체적인 경제분석에 의한 경쟁제한성을 입증하지 않고도 부당한 경쟁제한성이 인정된다는 입장을 갖고 있다. 물론, 연성 카르텔에 대해서는 공정거래위원회가 구체적으로 경제분석을 하여 경쟁제한성을 입증해야 하고, 이때 효율성 증대 효과를 분석하여 경쟁제한성과 효율성 증대 효과를 비교하여 경쟁제한성이 더 큰 경우만을 위법성으로 인정하고 있다. 법원도 이와 같은 공정거래위원회의 심결례를 인정하는 태도를 취하고 있다.

카르텔에 대한 처벌은 시정조치, 관련 매출액의 10%를 초과하지 않는 범위 내에서의 과징금, 형벌로는 3년 이하의 징역이나 2억원 내의 벌금으로 규정하고 있다.

카르텔은 본질은 합의이다. 따라서 경쟁 당국이 카르텔을 제재하고 시정하기 위해서는 복수의 사업자들 간에 합의가 있었다는 것을 입증하는 것이 핵심과제라 할 수 있다.

나) 합의의 입증

앞서 살펴본 바와 같이 공정거래법상 '합의'는 묵시적인 것까지 포함하여 넓게 인정되고 있으므로 입증의 방법도 매우 다양하다.

먼저 가장 이상적인 입증 방법은 현장 조사를 통하여 직접증거를 확보하는 것이다. 직접증거란 요증사실[64]을 직접적으로 증명하는 증거를 의미한다. 합의서나 합의에 참가했다는 회사의 내부 보고서와 같이 직접 합의 사실을 기록한 문서, 합의 상황을 녹화한 영상물이나 녹음테이프, 합의에 참가한 자연인의 진술 등이 이에 속한다. 직접증거가 있으면 곧바로 '합의의 존재'가 인정될 수 있으므로 가장 바람직한 입증 방법이라 할 수 있지만, 카르텔에 대한 제제 수준이 높아짐에 따라 합의 참가자들이 이러한 직접증거를 남기지 않는 경우가 대부분이므로 직접증거에 의하여 합의의 존재를 입증하는 경우는 그리 흔하지 않다.

대부분의 합의 입증은 간접증거에 의하고 있다. 간접증거란 요증사실을 간접적으로 추인할 수 있는 사실, 즉 간접사실을 증명하는 증거를 의미한다.[65] 간접증거가 있으면 간접사실이 증명되고, 다시 간접사실에 의하여 요증사실이 추정되는 2단계의 과정을 통하여 궁극적으로 요증사실이 입증되는 것이다. 간접증거의 대표적인 예는 사업자들 사이의 가격정보 교환, 주

---

64 그 입증을 위해서 증거가 필요한 '합의'를 했다는 사실
65 간접증거를 정황증거라도 말한다.

기적인 접촉과 같은 의사 연락의 증거, 합의가 아니고는 나타날 수 없는 경제적 현상 등 경제적 증거 등을 들 수 있다. 이러한 간접증거에 의한 요증사실의 추정을 뒤에 나오는 '법률상 추정'과 구분하기 위해 '사실상 추정'이라고 한다. 간접증거에 의한 요증사실의 추정의 예는 다음과 같다.

> 흰 눈이 하얗게 내리는 언덕에서 포수가 토끼 한 마리를 쫓고 있다. 토끼가 언덕을 넘어가 버리는 바람에 포수의 시야에서 사라지고 말았다. 그러나 하얗게 쌓인 흰 눈 위로 토끼의 발자국이 남아 있으므로 포수는 그 발자국을 좇아 따라갔다. 그런데 그 발자국이 조그마한 동굴 앞에 멈춰있다. 포수는 토끼가 분명히 그 동굴로 들어갔을 것이라는 것을 경험에 의해 추정할 수 있는 것이다.[66]

여기서 간접사실은 '(토끼의) 발자국이 조그마한 동굴 앞에 멈춰있는 것'이고 동굴 안에 토끼가 있다는 사실이 요증사실이 된다. 즉 포수는 간접사실에 의해 요증사실을 추정한 것이다.

간접증거에 의한 사실상의 합의 추정과 관련하여 주요 한 가지 짚고 넘어갈 사항은 5-4-4항의 내용중 과점시장의 가격책정에서 미국의 사례로 소개된 '의식적 유사행동(conscious parallelism)'을 우리나라의 공정거래법상 부당한 공동행위의 합의로 볼 것인가 하는 문제이다. 미국 사례에서 설명한 바와 같이, 소수의 생산자만 존재하는 과점시장에서 각 기업은 자신의 행동이 경쟁기업에 어떤 영향을 주며 그에 따라 경쟁기업은 어떤 반응을 할 가능성이 있는가를 충분히 판단하여 의사결정을 한다. 과점시장에서 특정기업이 가격을 낮춰, 자기 제품에 대한 수요를 증가시킬 전략을 채택하는 경우 경쟁기업은 똑같이 가격을 내릴 가능성도 있고 조금 더 내릴 수도 있는 것이다. 이와 같이 과점시장에서 기업의 의사결정은 상호의존적이므로 각 기업의 가격이나 생산량이 유사하게 변하는 모습을 띠게 된다. 이 의식적 유사행동은 외관상으로는 각 기업의 행동이 일치하는 모습을 보이나 복수의 상대방의 합의의 결과는 아닌 것이다. 특정 기업은 상대 경쟁기업이 어떤 반응을 보일 것인가를 염두에 두면서 각각 독립적으로 의사결정을 한 것이므로 그들 간의 '의사연결의 상호성'은 없었다고 보아야 한다. 따라서 의식적 병행행위는 Interstate Circuit 사례와는 달리 외형상의 유사행동 자체만으로는 합의가 있었다는 것을 추정할 수 없고 거기에 추가적 요소(plus factor), 즉 다른 정황증거가 있어야만 합의를 추정할 수 있다는 것이 일반적인 견해이다.

---

[66] "임영철. 2007.공정거래법 −해석과 논점" 216페이지 각주 12)의 사례를 인용하였다.

공정거래법 제19조 제5항은 "2 이상의 사업자가 제1항 각 호의 어느 하나에 해당하는 행위를 하는 경우로서 해당 거래분야 또는 상품·용역의 특성, 해당 행위의 경제적 이유 및 파급효과, 사업자 간 접촉의 횟수·양태 등 제반 사정에 비추어 그 행위를 그 사업자들이 공동으로 한 것으로 볼 수 있는 상당한 개연성이 있는 때에는 그 사업자들 사이에 공동으로 제1항 각 호의 어느 하나에 해당하는 행위를 할 것을 합의한 것으로 추정한다."고 규정되어 있다. 이처럼 법률에서 명시적으로 일정한 요건 사실이 존재하면 요증사실이 추정되도록 규정하는데, 이러한 법률 규정에 의하여 하나의 사실로부터 다른 사실의 존재를 추인하는 것을 '법률상 추정'이라고 한다.

부당한 공동행위를 공정거래위원회가 적발하여 시정하기 위해서는 무엇보다도 당사자 간의 합의가 있었다는 것을 입증해야 하는데 은밀하게 진행되는 카르텔의 속성상 합의 입증이 용이하지 않으므로 사업자들의 합의를 입증하는 것에 갈음하여 사업자 간의 외형상 일치(유사행동) 등 다른 간접사실들만 입증하여도 합의 입증이 되도록 함으로써 카르텔 규제의 실효성을 확보하기 위해 도입된 제도이다. 법률상 합의 추정을 하기 위해서는 몇 가지 추정요건이 갖춰져야 한다.

제19조 제5항을 보면 "2 이상의 사업자가 제1항 각 호의 어느 하나에 해당하는 행위를 하는 경우로서..."라고 표현하고 있다. 즉, 먼저 둘 이상의 사업자가 제19조 제1항 각호의 행위를 하고 있어야 한다. 합의의 추정은 제19조 제1항의 각호에 나와 있는 유형의 합의를 추정하는 것이다. 그런데 합의 추정의 요건으로 각 사업자가 제19조 제1항 각 목의 행위를 하고 있을 것을 전제로 하고 있다. 즉, 우리가 궁극적으로 추정해야할 행위를 추정의 요건으로 제시한 것이다. 논리적으로는 모순인 것처럼 보인다. 그러나 실무에서는 사업자들 간의 외형상 일치가 있으면 법 제19조 5항에 표현된 "2 이상의 사업자가 제1항 각 호의 어느 하나에 해당하는 행위를 하는 경우"로 본다. 다시 말해서 사업자들 간의 가격이 유사하게 인상되는 것과 같은 외형의 일치가 있는 것을 보이면 법률상 추정 조항인 법 제19조 제5항의 "2 이상의 사업자가 제1항 각 호의 어느 하나에 해당하는 행위를"하고 있다고 보는 셈이다. 외형의 일치는 가격을 동시에 인상하는 행위, 상당 기간 동안 경쟁사업자들 간에 가격이나 거래조건이 동일하게 유지되고 있는 경우 등을 그 예로 들 수 있다. 어느 정도 동일해야 하는가? 법원은 다음과 같이 동시성에 어느 정도 유연성을 부여하고 있다.[67] 즉, 가격 인상 시기에 1개월 정도의 차이가 나고 인상 정도에 약간의 차이가 있다 하더라도 "소비자 선택에 영향을 미칠만한 차이"가 아니라면

외형상 일치가 있는 것으로 본다.

　　다음의 추정요건으로는 공동으로 한 것을 볼만한 '상당한 개연성'이 있어야 한다. 상당한 개연성이란 행위의 외형상 일치와 합의 사이에 고도의 인과관계를 요구하는 것이 아니라 사회통념상 합의에 의한 것이라고 볼만한 합리적인 사유가 있는 경우 외형상의 일치가 합의에 의한 것이라는 것을 인정하는 경우를 말한다. 상당한 개연성을 증명하는 것을 정황증거라고 한다. 법 제19조 제5항 본문에 상당한 개연성이 있는 정황증거의 요건을 정하고 있다. 즉, 상품·용역의 특성, 해당 행위의 경제적 이유 및 파급효과, 사업자 간의 접촉의 횟수·양태 등 제반사정을 종합적으로 고려하도록 되어 있다. 여기서는 공정거래위원회가 제정한 "공동행위 심사기준"에 규정된 정황증거의 내용을 소개하기로 한다.

　　먼저 사업자들 간에 직·간접적인 의사 연락이나 정보 교환 등의 증거가 있는 경우이다. 구체적으로 보면, 해당 사업자 간에 가격 인상, 산출량 감축 등 비망록 기입 내용이 일치하는 경우, 비밀 회합을 하고 그 회합 이후 행동이 통일된 경우, 가격이나 산출량에 관한 정보를 교환하기로 합의하거나 정기적으로 정보를 교환하는 모임을 갖는 경우 등을 말한다. 둘째, 공동으로 수행되어야만 당해 사업자들의 이익에 기여할 수 있고 개별적으로 수행되었다면 당해 사업자 각각의 이익에 반하리라고 인정되는 경우이다. 구체적인 예로는, 원가 상승요인도 없고 수요가 감소되고 있음에도 불구하고 가격을 동일하게 인상하는 경우, 재고가 누적되어 있음에도 불구하고 가격이 동시에 인상되는 경우 등을 들 수 있다. 셋째, 당해 사업자들의 행위의 일치를 시장 상황의 결과 설명할 수 없는 경우이다. 원재료의 구입가격, 제조과정, 임금 인상률 등이 달라서 제조원가가 각각 다른데도 가격변동 폭이 동일한 경우, 시장 상황에 비추어 보아 공동행위가 없이는 단기간에 높은 가격이 형성될 수 없는 경우가 이에 해당한다. 넷째, 당해 산업구조상 합의가 없이는 행위의 일치가 어려운 경우이다. 구체적으로 살펴보면, 제품의 차별화가 상당히 이루어진 경우에도 개별 사업자들 간의 가격이 일치하는 경우, 거래 빈도가 낮은 시장이나 수요자가 전문지식을 갖춘 시장과 같이 공급자의 행위의 일치가 어려운 여건에서도 행위의 일치가 이루어진 경우 등이다.

　　결론적으로 공정거래법 제19조 제5항에 의한 합의의 법률상 추정은 '외형의 일치'와 '공동으로 한 것으로 볼 수 있는 상당한 개연성(정황증거)'이 있으면 합의를 추정할 수 있는 것이

67　서울고법 2002.5.27.선고 2002누17073 판결

다.[68]

카르텔은 가장 경쟁제한성이 큰 위반행위이고 따라서 거액의 과징금 등 제재수준이 높으므로 단순히 경쟁 당국의 합의 추정에 의해 카르텔로 처벌을 받게 되는 경우 합의가 없었는데도 억울한 사례가 발생할 수 있다. 이에 법원은 특정 요건이 충족되면 경쟁 당국의 합의 추정을 번복할 수 있는 길을 열어 놓았다.[69] 첫째, 외부적으로 드러난 동일 유사한 가격책정행위가 실제로는 아무런 명시적, 묵시적 합의나 상호 간의 요해 없이 각자의 독자적인 경영판단에 따라 이루어졌음에도 마침 우연한 일치를 보게 된 경우이다. 둘째, 경쟁 관계에 있는 사업자와 공통적으로 관련된 외부적 요인[70]이 각자의 가격 결정 판단에 같은 정도의 영향을 미침으로써 부득이 동일 유사한 시기에 동일 유사한 행동을 할 수밖에 없었던 경우이다. 셋째, 특히 과점시장의 경우 가격선도업체가 독자적인 판단에 따라 가격 결정을 하자 후발업체가 이에 동조하여 일방적으로 선도업체의 가격을 단순히 모방한 경우이다. 이 경우 합의 추정을 번복하기 위해서는 상기 사항에 대해 사업자가 입증 책임이 있다.

다) 카르텔 자진신고자 감면제도(Leniency Program)

카르텔 자진신고자 감면제도는 카르텔 가담자가 합의의 입증에 필요한 증거를 제출하고 공정거래위원회에 카르텔 가담 사실을 자백한 경우 제재를 감면해주는 제도이다. 전술한 바와 같이 카르텔은 은밀하게 이뤄지므로 이를 적발하는 것이 용이하지 않다. 자진신고자 감면제도는 이러한 카르텔 조사의 특수성을 고려하여 처음 미국에서 도입한 이래 세계의 많은 경쟁 당국이 도입·운영하고 있고, 최근에는 카르텔 적발에 많은 효과를 발휘하고 있다.

이 제도는 게임이론의 고전적 예인 '죄수의 딜레마(prisoner's dilemma)'에 그 작동 원리를 찾을 수 있다. 원래 죄수의 딜레마는 과점기업들이 직면하는 문제를 설명하기 위해 제시되었고, 그 내용은 다음과 같다. 두 죄수가 공범으로 기소되었다. 이들은 별도 수감되었고 각자는 자백을 하도록 권유받았다. 만약 두 죄수 모두 자백한다면 각자는 5년의 감옥살이를 한다. 만약 아무도 자백을 하지 않는다면 각각 2년의 감옥살이를 한다. 만약 한 죄수가 자백을 하고

---

68 주의 깊은 독자들은 이 정황증거가 미국의 사례 중 5-4-4항 '공동행위의 성립요건'의 Interstate Circuit 사건에서 제시한 정황증거와 유사하다는 것을 알 수 있을 것이다.

69 서울고법 2000.12.15 선고 99누5247

70 예컨대 원유 가격의 상승과 같은 원가 상승, 환율의 변동 등을 들 수 있다.

다른 죄수가 자백을 하지 않는다면 자백한 죄수는 1년의 감옥살이만 하며, 자백을 하지 않은 죄수는 10년의 감옥살이를 하게 되는 것이다. 아래 표의 보수행렬은 가능한 결과를 요약해서 보여주고 있다(보수는 감옥살이이므로 음(−)으로 표시되어 있다.)

표 5-2 **죄수의 딜레마**

		죄수 B	
		자백함	자백안함
죄수 A	자백함	−5, −5	−1, −10
	자백안함	−10, −1	−2, −2

표 안의 숫자는 왼쪽이 죄수 A, 오른쪽이 죄수 B가 살아야 할 감옥살이를 말한다. 표에서 알 수 있듯이 죄수들은 딜레마에 직면해 있다. 그들은 자백하지 않기로 동의하고 실제 자백하지 않는다면 각자는 2년간의 감옥살이만 할 것이다. 그러나 그들은 서로 의논할 수 없도록 격리되어 있다. 의논할 수 있다 하더라도 믿을 수가 없을 것이다. 두 죄수는 모두 자백하는 경우 더 이익을 얻을 수 있다. 죄수 A가 자백을 한 경우, 죄수 B는 자백을 한 경우 5년의 감옥살이를 하나 자백을 하지 않으면 10년을 살아야 한다. 죄수 A가 자백을 하지 않는 경우, 죄수 B가 자백을 하면 1년의 감옥살이만 하면 되나, 자백을 하지 않는다면 2년을 살아야 한다. 즉, A가 어떤 선택을 하든 B는 자백을 하는 경우 더 이익이다. 그럼에도 그들의 의사결정은 딜레마에 빠져있다. 둘이서 협조하면 각각 2년의 감옥살이만 하지만 둘 다 자백하면 5년의 감옥살이를 하므로 서로 믿을 수만 있다면 끝까지 자백을 안 하는 것이 더 이익이 되기 때문이다.

카르텔 가담 사업자는 상기 죄수가 처한 처지와 유사하다 할 수 있다. 그들은 서로 협조하여 끝까지 카르텔 가담 사실을 모두 부인함으로써 공정거래위원회의 제재를 피하든지 남보다 먼저 자진신고를 하여 감면을 받을 것인지를 결정해야 한다. 그러나 상기 '죄수의 딜레마'에서 보았듯이 상대방이 어떤 결정을 하더라도 자기가 먼저 자백을 하는 것이 더 유리하게 된다. 최근에 감면제도를 통한 카르텔의 적발 건수가 우리나라뿐만 아니라 전 세계적으로도 급격히 늘어나고 있는 이유이다.

우선 공정거래법 제22조의2에는 카르텔 자진 신고자에 대해 '시정조치'나 '과징금', '고발'을 감경 또는 면제할 수 있다고 규정되어 있다. 카르텔은 가장 경쟁제한성이 큰 위반행위이므로 그 제재수준은 다른 어떤 위반행위보다도 더 높다고 전술한 바와 같다. 따라서 자진신고에 대한 유인은 매우 크다고 할 수 있다.

한편, 감면의 요건 및 구체적인 기준은 공정거래법 시행령 제35조에 규정되어 있다. 먼저 카르텔 자진신고자는 공정거래위원회가 조사를 시작하기 전에 신고했는지 조사를 시작한 후에 했는지에 따라 '자진신고자'와 '조사에 협조한 자'로 구분된다. 자진신고자이든 조사에 협조한 자이든 최초 신고자와 두 번째 신고자까지만 감면 대상이 되고 세 번째 신고자부터는 감면이 안 된다. 바로 이런 사정 때문에 공정거래위원회가 일단 카르텔 조사를 시작하면 카르텔 가담 사업자는 상대 기업이 자진신고를 했는지 여부에 대해 촉각을 곤두세우게 되고 첫 번째 신고자가 되기 위해 경쟁하는 모습을 보이게 된다.

먼저 첫 번째 자진신고자는 과징금과 시정조치가 완전 면제된다. 첫 번째 자진신고자가 되는 요건은 공정거래위원회가 조사를 시작하기 전에 자진 신고한 자로서 다음과 같은 요건을 갖춰야 한다. ① 카르텔을 입증하는 데 필요한 증거를 단독으로 제공한 최초의 자일 것. ② 공정거래위원회가 카르텔에 대한 정보를 입수하지 못했거나 합의 입증에 필요한 충분한 증거를 확보하지 못한 상태에서 자신 신고하였을 것. ③ 카르텔 관련 사실을 모두 진술하고 관련 자료를 제출하는 등 조사가 끝날 때까지 성실하게 협조하였을 것. ④ 카르텔을 중단했을 것 등이다.

조사 개시 전 두 번째 자진신고자는 과징금의 50%를 감경하고 시정조치를 감경할 수 있다. 조사 개시 전 두 번째 자진신고자가 되기 위해서는 공정거래위원회가 조사를 시작하기 전에 자신 신고한 자로서 다음과 같은 요건을 갖춰야 한다. ① 카르텔을 입증하는 데 필요한 증거를 단독으로 제공한 두 번째 자일 것. ② 카르텔 관련 사실을 모두 진술하고 관련 자료를 제출하는 등 조사가 끝날 때까지 성실하게 협조하였을 것. ③ 카르텔을 중단했을 것 등이다.

조사 개시 후 최초의 조사협조자는 과징금을 면제하고 시정조치는 감경하거나 면제한다. 최초의 조사협조자가 되기 위해서는 공정거래위원회가 조사를 개시한 후 자진 신고한 자로서 다음과 같은 요건을 갖춰야 한다. ① 카르텔을 입증하는 데 필요한 증거를 단독으로 제공한 최초의 자일 것. ② 공정거래위원회가 카르텔에 대한 정보를 입수하지 못했거나 합의 입증에 필요한 충분한 증거를 확보하지 못한 상태에서 자신 신고하였을 것. ③ 카르텔 관련 사실을 모두 진술하고 관련 자료를 제출하는 등 조사가 끝날 때까지 성실하게 협조하였을 것. ④ 카르텔을 중단했을 것 등이다.

조사 개시 후 두 번째 조사협조자는 과징금의 50%를 감경하고 시정조치를 감경할 수 있다. 두 번째 조사협조자가 되기 위한 요건은 다음과 같다. ① 카르텔을 입증하는 데 필요한 증거를 단독으로 제공한 두 번째 자일 것. ② 카르텔 관련 사실을 모두 진술하고 관련 자료를 제출하는 등 조사가 끝날 때까지 성실하게 협조하였을 것. ③ 카르텔을 중단했을 것 등이다.

자진신고를 보다 활성화하기 위해 추가감면제도(Amnesty Plus)도 운영하고 있다. 추가감면제도란 특정한 카르텔에 '자진신고자'나 '조사에 협조한 자'의 지위를 놓친 경우라도 그 사업자가 다른 카르텔에 대해 자진신고자나 조사에 협조한 자의 지위를 획득할 경우 당해 카르텔에 대해서도 과징금을 감경하거나 면제하고 시정조치를 감경할 수 있는 제도이다.

한편 자진신고자나 조사에 협조한 자의 지위에 해당되더라도 다른 사업자에게 그 의사에 반하여 카르텔에 참여하게 하거나 이를 중단하지 못하도록 강요한 사실이 있는 경우에는 시정조치와 과징금의 감면을 하지 않도록 되어 있다. 또한 두 번째 자신신고자나 조사협조자의 지위에 해당할지라도 공동행위에 참여 사업자가 2개 사업자이거나, 첫 번째 자진신고자나 조사협조자가 자진신고나 조사 협조한 날로부터 2년이 지나 자진신고 하거나 조사 협조한 경우 과징금이나 시정조치를 감경하지 않도록 규정되어 있다. 자진신고나 조사협조자가 실질적인 지배관계에 있는 계열사이거나 회사의 분할 또는 영업양도의 당사회사로서 공정거래위원회가 정하는 요건에 해당하면 복수의 사업자가 자진신고 또는 조사 협조한 경우라도 단독으로 제공한 것으로 보도록 되어 있다. 이 조항은 대규모기업집단의 계열사가 동일한 공동행위에 참가한 경우 그 공동행위에 참가한 계열사가 전부 자신신고나 조사협조를 했을 때 어느 한 회사만을 첫 번째 자진신고나 조사협조자로 인정하지 않고 전부를 인정하기 위한 것이다.

실제로 카르텔에 대한 자진 감면 신청은 조사가 개시되기 전의 자신 신고는 거의 찾아볼 수 없고, 조사 개시 후에 조사협조자로서의 지위를 인정받는 경우가 대부분이다. 그것도 조사를 시작한 후 막바지에 이르러 신고하는 경우도 많다. 그 이유는 우리나라에 널리 퍼져 있는 동업자 간의 끈끈한 유대감 때문이라고 생각된다. 사실 자진신고 감면제도가 도입된 1997년에는 서양과는 달리 동업자간의 의리를 중요시하는 우리나라의 기업 문화 때문에 이제도가 성공하리라고 믿는 사람은 그리 많지 않았다. 실제 제도가 도입된 1997년부터 2005년 사이에는 자진신고 감면신고 건수가 1년에 1~2건에 불과 했다. 이 제도의 도입으로 카르텔의 적발률이 높아졌다고는 평가할 수는 없는 초라한 실적이다. 그러나 카르텔을 강하게 제재하려는 국제적인 움직임에 맞춰 우리나라도 지속적으로 제재수준, 특히 가장 강력한 제재수준인 과징금 부과액을 지속적으로 인상시켜왔다. 1990년에 관련 매출액의 1%이던 과징금 상한선이 1995년 5%, 2005년에는 10%로 제재가 강화되어 왔다. 뿐만 아니라 공정거래위원회의 카르텔 조사

기법도 나날이 발전하여 합의 입증의 확률도 높아지게 되었다. 이것은 상기 설명한 죄수의 딜레마의 설명 표에서 자기가 자백을 안 하고 상대방이 자백을 할 경우 10년이 아니라 20년의 감옥살이를 하게 되는 것으로 보수행렬이 바뀌는 것과 같다. 즉, 자백을 안 하게 되어서 입게 되는 비용이 훨씬 더 커지게 된 것이다. 카르텔 가담자들은 자연스럽게 자백을 하여 그 위험부담으로부터 벗어나기를 바라게 되었다. 실제 2005년 이후에는 자진신고 건수가 급격하게 늘어나고 있다. 2005년에는 7건으로 늘어났고, 매년 증가하여 2015년에는 무려 48건에 달하고 있다. 과징금이 부과된 카르텔 사건 중 자진신고자 감면제도가 활용된 사건의 비중이 2005년 선에는 6.7~9.1%에 불과했으나 2005년은 28.6%, 2015년에는 76.1%에 이르고 있다.

최근에는 카르텔 자진신고를 통해 과징금을 전액 면제받은 기업이 업계의 대표적 주자로서 점유율 1~2위 업체이고 카르텔을 주도했던 기업이라는 점에 대해서 자진신고 기업을 도덕적으로 비난하고 자진신고제에 대한 비판이 많아진 것은 사실이나, 이 제도가 시장경쟁질서를 근본적으로 파괴하는 카르텔을 근절하는 데 기여하고 있다는 점도 고려해야 할 것이다.

라) 과징금 부과 제도 및 산정기준

다른 공정거래법의 위반행위도 과징금 부과 대상이나, 카르텔을 다루는 '장'에서 과징금 부과 제도를 설명하는 이유는 전술 한 바와 같이 카르텔에 대한 과징금 부과 한도가 관련 매출액의 10%로 제일 높고, 따라서 피조사기업과 공정거래위원회 간에 과징금 부과 기준에 대한 다툼이 제일 많이 일어나는 부분도 바로 카르텔 사건이기 때문이다.

과징금 부과는 카르텔을 억지하는 가장 유효한 제재 수단이다. 카르텔은 경쟁제한성이 가장 큰 위반행위이므로 원칙적으로 과징금을 부과하고, 그 상한도 관련 매출액의 10%까지 부과할 수 있다. 그러나 과징금은 국민에 대한 막대한 재산적인 손실을 입히는 처벌이므로 그 부과는 투명하고 객관적인 기준에 의해서 행해져야 한다. 과징금 부과에 대한 기본사항은 법 제55조의 3과 시행령 제61조에 규정되어 있고, 공정거래위원회는 "과징금 부과 세부기준 등에 관한 고시"를 제정하여 각 위반행위에 대한 과징금 부과의 일반 원칙과 객관적인 기준을 제시하고 있다.

일반적으로 과징금 부과 여부는 위반행위의 '내용' 및 '정도'를 우선적으로 고려하고 시장 상황을 종합적으로 참작하여 결정하되, 위반행위로 인해 자유롭고 공정한 경쟁질서의 저해 효과가 중대하거나 소비자 등에게 미치는 영향이 큰 것으로 판단되거나 위반행위로 인해 부당이득이 발생한 경우는 원칙적으로 과징금을 부과하도록 되어 있다.

과징금의 산정기준은 여러 가지 요소를 복합적으로 고려한다. 예컨대, 위반행위 내용 및 정도, 위반회수, 위반기간, 조사에 협조적인지 여부, 합의를 실행했는지 여부 등 매우 다양하다. 그런데 그 요소들을 동시에 한꺼번에 고려하다 보면 객관적인 적정 과징금액을 산정하기가 용이하지 않다. 따라서 과징금 부과에 있어 고려해야 할 각 요소들을 4단계로 나눠서 객관적이고 투명하게 적용하여 계산한다.

첫 단계로 각 위반행위 유형별 산정기준으로 법 제55조의3의 규정에 의한 참작사유 중 위반행위의 '내용' 및 '정도'에 따라 위반행위를 "중대성이 약한 위반행위", "중대한 위반행위", "매우 중대한 위반행위"로 구분하고, 각 위반행위의 유형에 따라 위반행위의 중대성의 정도별로 정하는 기준[71]에 의하여 산정한 금액으로서 과징금 산정의 기초가 되는 금액을 계산한다. 즉, 첫 단계에서는 위반행위의 '내용'과 '정도' 등 과징금액의 결정을 위한 가장 중요하고도 기본적인 사항을 고려하므로 과징금액의 대강의 금액이 결정된다고 볼 수 있다. 카르텔의 경우 위반행위 '내용'은 카르텔이 가격담합이나 공급량의 제한, 지역제한 등과 같이 경성 카르텔인지 여부, 합의 내용을 이해하기 위해 감시·제재수단을 활용했는지 여부를 고려한다. 당연위법인 경성카르텔의 경우, 혹은 합의내용을 이행하기 위해 감시수단을 사용하는 경우는 더 고율의 과징금이 부과된다. 위반행위의 '정도'는 카르텔 참가자의 시장점유율, 위반사업자의 관련매출액규모, 카르텔로인한 피해규모 및 부당 이득액, 카르텔이 포괄하는 지역적 범위 등을 고려한다. 이와 같이 위반행위 '내용'이나 '정도'에 따라 '매우 중대한 위반행위'로 판명이 되면 관련 매출액의 7~10%, '중대한 위반행위'의 경우 3~7%, '중대성이 약한 위반행위'의 경우 0.5~3%의 과징금이 부과된다.

다음으로 위 산정기준에 의한 과징금액을 법 제55조의3의 규정에 의한 참작사유 중 위반행위의 '기간' 및 '횟수'를 고려하여 위에 산정기준에 의해 산정된 과징금에서 가중하여 계산한다. 이때 위반행위 기간이 장기일 경우 최대 100분의 80까지, 과거 위반횟수가 많은 경우 역시 100분의 80까지 가산할 수 있으나 총 가산비율은 100분의 100의 범위에서 하도록 규정하고 있다.[72] 이것을 "1차 조정"이라 한다. 위반행위의 기간은 관련 매출액 계산이 가능한 경우

---

71 이것을 "산정기준"이라 한다.
72 원래는 100분의 50 범위 내에서 가중했으나, 장기간 또는 반복적인 범위반 행위에 대한 제재 정도가 좀 더

관련 매출액의 개념에 기간이라는 요소가 포함되어 있으므로 1차 조정 단계에서는 별도로 고려하지 않는다. 위반행위의 횟수는 과거 5년간 법 위반 횟수에 따라 산정기준에 의한 과징금에서 가중하여 정한다.

2차 조정은 1차 조정과징금에 법 제55조의3의 규정에 의한 각 참작사유에 영향을 미치는 위반사업자의 고의·과실 등 행위자 요소, 위반행위의 성격과 사정 등의 사유를 고려하여 1차 조정 과징금에 가중 또는 감경하는 방식으로 정한다. 카르텔에 응하지 않은 다른 사업자에 대하여 보복조치를 하는 행위는 가중 사유가 되고, 카르텔을 합의하고 실행하지 않았거나, 카르텔로 인해 인상된 가격을 다시 인하하는 등 자진시정을 하였거나, 조사에 협조한 경우 등은 감경 사유에 해당한다. 2차 조정 과징금의 조정은 1차 조정 과징금액의 100분의 50 범위 내에서 가중 혹은 감경된다.

마지막 단계로 최종 부과과징금은 2차 조정과징금이 위반 사업자의 현실적 부담능력, 당해 위반행위가 시장에 미치는 효과, 기타 시장 또는 경제여건 및 위반행위로 취득한 이익의 규모 등을 충분히 반영하지 못하여 현저히 과중하다고 판단되는 경우에 이를 감액(면제를 포함한다)하여 부과하는 금액을 말한다. 부과과징금은 2차 조정 과징금액 100분의 50의 범위 내에서 감액할 수 있는 것이 원칙이나 불가피하게 100분의 50을 초과하여 감액하는 할 수도 있다. '현실적 부담능력' 및 '시장여건 또는 경제여건'과 관련하여 2차 조정된 산정기준을 조정할 필요가 있다는 사실을 증명하기 위하여 위반사업자는 공정위에 이를 입증하기 위한 객관적 자료를 제출해야 한다.

카르텔에 대한 과징금 부과는 '관련 매출액'을 계산할 수 있으면 원칙적으로 '관련 매출액'의 10%의 범위 내에서 이뤄진다.[73] 따라서 관련 매출액을 얼마로 산정하느냐 하는 문제는 과징금 부과 금액을 결정하는 매우 중요한 변수가 된다. '관련 매출액'이란 위반 사업자가 위반행위 기간 동안 일정한 거래분야에서 판매한 관련 상품이나 용역의 매출액 또는 이에 준하는 금액을 말한다(시행령 제9조 제1항). 여기서는 관련 매출액을 산정하는 두 가지 기준, '관련 상품' 및 '위반행위 기간'에 대해 살펴보기로 한다.

관련 상품은 위반행위로 인하여 직접 또는 간접적으로 영향을 받는 상품의 종류와 성질, 거래지역, 거래상대방, 거래단계 등을 고려하여 행위유형별로 개별적·구체적으로 판단한다.

강화되도록 법 위반기간 또는 횟수관련 가중수준을 각각 상향한 결과이다(2017년 9월 시행령 별표의 2 개정).
[73] 관련 매출액 산정이 어려운 경우 정액과징금을 부과한다.

관련 상품에는 당해 위반행위로 인하여 거래가 실제로 이루어지거나 이루어지지 아니한 상품이 포함된다. 쉽게 예를 들면, L사는 생활용품인 치약, 세재, 비누는 물론 의약품까지도 제조·판매하는데, 치약에 대해서 가격담합을 했다면 관련 매출액은 치약의 매출액이 된다는 것이다. 우리는 제2장에서 시장획정을 공부할 때 관련 상품시장을 획정하는 원칙을 배웠다. 그때의 시장획정은 독점사업자가 의미 있는 가격 인상을 했을 때 소비자가 대체품을 찾을 수 있는 범위를 고려했다는 것을 기억할 것이다. 그러나 여기서 말하는 관련 상품이란 시장 획정에서 말하는 개념과는 다르다. 여기서 관련 상품이란 담합에 의해 직접 혹은 간접적인 영향을 받은 상품을 말한다. 즉, 소비자의 입장에서 본 대체성 여부와는 무관하다. 관련 매출액의 이해를 돕기 위해 몇 가지 사례를 들기로 한다.

사례 1: TV, 냉장고, 세탁기를 생산하는 업체가 30인치 TV에 대해서만 담합의 경우 30인치 TV만 관련 매출액에 포함.

30인치 TV에 대해 담합이 일어났다면 그 담합으로 인해 다른 크기의 TV나 냉장고, 세탁기의 가격에 영향을 미치지는 않을 것이다.

사례 2: 에어컨을 생산하는 사업자가 소비자에게 직접 판매하는 패키지 에어컨을 담합했는데, 이 사업자가 OEM방식으로 주문생산업체에게 판매하는 패키지 에어컨 가격에 영향을 미치지 않았다면 OEM방식으로 납품한 PAC 에어컨은 관련 매출액에 산정하지 않음(대판 2001두 10387(3003.1.10)

일반 유통채널을 통해 소비자에게 판매하는 에어컨을 담합하였으므로 같은 유형의 에어컨이라도 OEM 방식으로 생산 판매하는 에어컨 가격에는 영향이 없으므로 관련 매출액은 일반 소비자에게 판매하는 부분만을 포함한다.

사례 3: 슬래그분말의 확대를 막기 위해 시멘트 제조업자가 그 사업에 진출하려는 레미콘 제조업자에게 레미콘 제조의 주원료인 시멘트의 공급을 제한하는 합의를 하여 레미콘제조를 어렵게 했다면 카르텔의 대상품목은 보통 시멘트지만 시장에 미치는 영향은 슬래그분말을 포함한 전체 시멘트시장이므로 관련 매출액은 슬래그분말을 포함한 전체 시멘트시장을 포함.

슬래그분말은 보통 제철소에서 철광석을 녹여 선철을 뽑아낸 찌꺼기인데 시멘트의 대체품으로 사용된다. 상기의 예는 담합에 의해 실질적 거래관계와 시장 상황을 종합하여 경쟁제한 효과가 미치는 상품까지 관련 매출액을 확대한 예이다. 실제 담합은 시멘트 공급을 제한했으므로 시멘트의 매출액만으로 관련 매출액을 한정해야 할 것 같으나, 슬래그 분말이 시멘트의 대체품이어서 슬래그 분말 가격에 영향을 미치므로 슬래그 분말까지를 포함한 전체 시멘트 시장의 매출액을 관련 매출액으로 본 사례이다.

다음으로 관련 매출액의 크기에 영향을 미치는 변수는 '위반행위의 기간'이다. 카르텔에서 위반행위 기간이란 카르텔을 시작한 시기(始期)와 카르텔을 끝낸 종기(終期)가 언제이냐 하는 문제이다. 먼저 '시기'는 카르텔을 할 것을 합의한 날로 보는 것이 원칙이다. 그러나 상기 살펴본 대로 카르텔은 매우 은밀하게 진행되므로 합의 입증에서 명시적으로 합의한 날을 정하는 것은 매우 어렵다. 따라서 합의 실행 개시일을 시기로 보는 것이 일반적으로 받아들여지고 있다. 그러나 카르텔 가담자가 카르텔을 숨기기 위해 가격 인상을 일시에 하는 것이 아니고 각 사업자별로 단계적으로 시기를 달리하여 가격을 인상하는 경우가 보편적이다. 이때는 언제를 시기(始期)로 볼 것인가 하는 문제가 생긴다. 법원은 이때 실행 개시일을 '가격을 결정·유지 또는 변경하는 행위'와 '경쟁을 실질적으로 제한하는 행위'라는 두 가지 간접사실이 모두 갖추어졌을 때를 의미한다고 판시하여 문제를 해결하였다.[74] 즉, 카르텔 가담자가 일시에 가격을 인상하지 않고 각 사업자별로 시기를 달리하여 인상했을 경우, 맨 먼저 가격을 인상한 사업자가 가격 인상을 한 시기(時機)를 시기(始期)로 보지 않고 점차 가격 인상을 한 사업자의 수가 늘어남에 따라 그 사업자들의 시장점유율, 관련 시장의 종합적 특성 등을 고려하여 시기를 정해야 한다는 것이다.[75]

'종기'는 카르텔이 더 이상 존속하지 않게 된 날을 말한다. 카르텔은 가격의 결정 등 부당하게 경쟁을 제한하는 행위를 하기로 합의하면 성립하고 그 합의에 기한 실행행위를 그 요건

---

[74] 대법원2003.5.27.선고2002두4648, 서울고등법원2002.4.23.선고2000누15035 환영철강공업 등 8개사의 철근가격 공동결정행위 건

[75] "원고 환영철강, 한국제강이 철근가격을 인상한 2000.2.1.에 과연 그들의 가격 인상행위가 '경쟁을 실질적으로 제한하는 행위'에 해당하는지에 관하여는 의문이 드는 데도 원심은 위 가격 인상행위가 '경쟁을 실질적으로 제한하는 행위'에 해당하는지 여부를 판단하는 전제가 되는 그들의 시장점유율, 그들이 생산판매하는 국내 철근공급시장의 특성과 현황 등을 살펴보지 아니한 채 곧바로 그들이 철근가격을 인상한 2000.2.1.을 위반행위의 시기인 실행개시일로 단정한 행위는 과징금산정의 기준이 되는 위반행위의 시기에 관한 법리를 오해한 것으로 보인다."(대법원2002.5.28.선고2000두6121, 대법원2003.5.27.선고2002두4648, 서울고등법원2002.4.23.선고2000누15035 환영철강공업 등 8개사의 철근가격 공동 인상행위 건)

으로 하지는 않고 있으므로 이러한 행위가 종료한 날이라 함은 이러한 합의가 더 이상 존속하지 않게 된 날을 의미하고, 합의가 더 이상 존속하지 않게 되었다 함은 이러한 합의에 정해진 조건이나 기한이 있었는데 그 조건이 충족되거나 기한이 종료한 경우, 또는 당해 사업자가 탈퇴하거나 당사자 사이에 합의를 파기하기로 한 경우 또는 사업자들이 합의에 의하여 인상한 가격을 다시 원래대로 환원하는 등 위 합의에 명백히 반하는 행위를 함으로써 더 이상 위 합의가 유지되고 있다고 인정하기 어려운 사정이 있는 경우 등이 이에 해당한다. 다만, 단순히 합의를 파기하기로 선언한 후 합의 내용을 그대로 준수하는 등 사회 관념상 합의의 근본이 훼손되지 않고 존속하는 것으로 볼 수 있는 경우에는 위반행위가 종료한 것으로 볼 수 없다.[76]

　‘시기’와 ‘종기’를 언제로 보는가 하는 것은 관련 매출액 산정은 물론 과징 금액을 결정하는데 매우 중요한 변수이다. 왜냐하면, 과징금의 부과 한도가 90년대 말 이후 단계적으로 상향되었는데 카르텔의 ‘시기’에 따라 구법과 신법 중 어떤 것을 적용할 것인지가 결정되어 과징금의 부과 한도가 관련 매출액의 3% 내지 10%까지 변할 뿐만 아니라, 관련 매출액의 크기에도 직접적인 영향을 미치기 때문이다. 아래 두 개의 사례 역시 공동행위의 ‘시기’와 ‘종기’의 결정이 쟁점으로 부각된 대표적인 경우이다.

5-5-2　우리나라의 사례

KT와 하나로통신의 시내전화 요금 담합 사건[77]

가) 배경

국내 시내전화 시장은 1999년 4월 하나로통신(이하 ‘하나로’라고 칭한다.)의 진입으로 과거 KT의 독점체제에서 경쟁체제로 전환 되었다. 그러나 KT가 여전히 약 94~96%대의 시장점유율을 차지하고 있고 하나로의 점유율 증가는 소폭에 그치고 있는 상황이었다.

　시내전화 요금은 가입비, 기본료, 통화료(시내통화료, LM 통화료[78]), 부가서비스 요금으로 구성되며, 가입비(가입설치비)제도는 기존 ‘설비비 부담형[79]’에 추가하여 1998년 9월 ‘가

76　서울고법 2004. 8. 19. 선고 2002누6110 판결

77　공정거래위원회 의결 제2005-130호 2005.8.18

78　유선전화에서 무선이동통신으로 발신하는 LM(Land to Mobile)통화를 의미한다.

79　설비투자에 소요되는 설비비를 부담하고 전화설치 및 개통에 따른 장치비를 별도 납입하는 대신 계약해지 시 계약자가 부담한 설비비를 반환받는 조건(보증금 형태)으로 가입하는 형태이다.

입비 납입형[80]'이 도입되었으며 KT는 2001년 4월 15일자로 신규 가입은 '가입비 납입형'으로만 단일화시켰으나, 하나로는 신규 가입 시 위 두 가지 가입비 형태를 운영하고 있었다. 한편 KT는 2002년 10월 시외전화와 함께 시내전화에도 동일한 형태의 맞춤형 정액요금상품[81]을 한시적으로 출시하였으며, 하나로는 2002년 10월 15일부터 (완전)정액요금제[82]를 시행한 이후 2004년 7월부터는 KT와 동일한 형태의 맞춤형 정액요금상품을 출시하고 있다. 하나로는 시내전화 시장에 신규 진입자로서 초기의 막대한 시설 투자 때문에 당기순이익이 적자임에도 불구하고 KT에 비해 저렴한 가격 정책을 통하여 공격적인 마케팅을 지속하고 있었다.

사업자 간 경쟁을 촉진하고 소비자의 선택권 보장을 위해, 시내전화 가입자가 기존의 전화번호를 그대로 유지하면서 시내전화사업자를 변경할 수 있는 '번호이동성제도'(전기통신사업법 제38조의 4)가 2003년 6월 30일부터 시행되었다. 2003년 6월 30일에는 일부지역(안산, 청주, 김해, 순천)에 한하여 시행되다가 2003년 하반기부터는 기타 지역으로 확대되었으며, 2004년 8월부터는 서울 등 대도시 지역까지 번호이동성이 도입되었다. 대도시 지역 확대로 인해 사업자 간 가입자 유치 경쟁이 촉진되고, 경쟁 환경 개선효과가 실현되어 가는 상황이었다.

KT는 시내전화 역무제공과 관련하여 이용요금 및 이용조건 등을 이용약관에 규정하여 정보통신부장관의 인가를 받아야 하는 사업자로 지정(전기통신사업법 제29조 제1항 단서, 동법 시행규칙 제19조의2)되었으며, 반면 하나로는 이용약관을 정보통신부장관에게 신고하도록 되어 있다(동법 제29조 제1항 본문).

나) 행위사실

KT의 요금전략팀, 통화사업팀 등의 실무 책임자들은 2003년 4월 10일부터 같은 달 11일까지 하나로 외에 (주)데이콤, (주)온세통신의 임원 및 실무 담당자들이 참가한 유선사업자 워크숍(Workshop)을 개최하였고, 이 워크숍을 통해 KT와 하나로는 향후 시내전화 요금변경과 관련하여 양사 간 공조의 계기를 마련하게 되었다.

이후 KT의 요금전략팀은 2003년 4월 중순 경 하나로의 전화사업팀에 시내전화 기본료 인

---

80 설비비 부담이 없는 대신 전화설비 신규접속 및 설치 개통에 소요되는 가입비(계약해지 시 미반환)를 납입하는 조건으로 가입하는 형태이다.

81 가입자의 월평균이용료에 맞춰 월정액 요금(시내통화료)을 추가로 납부하고 시내통화를 무제한 할 수 있는 요금제이다.

82 월정액 시내통화료만 부담하면 시내통화를 무제한 이용할 수 요금제이다.

상, 가입비 부활, KT의 LM요금 인하예정에 따른 하나로의 LM통화요금 조정 등 요금부분에 관한 양사 간 협의를 제안하였고, KT의 요금전략팀 책임자는 2003년 4월 15일 하나로와 시내 요금 구조개선 등 공조추진 및 요금 측면의 출혈 경쟁 자제 유도를 목적으로 하나로의 시내전화 실무 책임자와 시내전화 요금조정과 관련된 협의를 하였다. 2003년 4월 15일에 있었던 양사 실무자 간 협의 결과, 양사는 'KT의 LM 통화료 인하예정에 따른 요금(안)', '가입비/기본료 현실화 방안', '시내전화 10초 과금제 도입 검토' 등을 논의하기 위해 실무 공동전담반을 운영하기로 합의하였는데, KT는 위 공동전담반의 작업결과를 하나로와의 기본료 격차축소 유도, 하나로의 가입비 회복(3만원), 향후 LM 정액제, 10초 과금제 공조추진 등에 활용할 계획이었음이 확인되었다.[83] 참고로, 당시 KT는 시내전화 가입 시 가입설치비(가입비)를 받고 있었으나, 하나로는 2002년 7월 7일부터 기존 시내전화 신규 설치 시의 가입설치비(가입비)를 폐지하였다.

양사는 2003년 5월부터 2003년 6월 중순경까지 양사 실무자 간, 팀장 등 실무책임자 간 세부협의를 수차례 가졌는데, 그들 간의 세부협의에서 KT는 하나로에 당시 양사 간 시내전화 요금이 가입자당 평균매출액(ARPU, Average Revenue Per User/Unit) 기준으로 50% 격차가 나는데 이를 10% 수준으로 축소되도록 하나로가 시내전화 요금을 인상해주되 이를 시내전화 번호이동성제도의 시행 전에 실행해줄 것을 요구하였고, 아울러 하나로가 KT의 요구대로 요금인상을 추진할 경우 향후 5년간 하나로에 시내전화 시장점유율을 일정 비율씩 이관해주고 이관 부족분에 대해서는 보상을 해주겠다고 제안하였다.

2003년 6월 23일 양사 간의 최종 합의 내역은 다음과 같다.

첫째, 하나로의 시내전화 요금조정 방안이다. 하나로는 KT와의 요금 격차를 줄이기 위해 2003년 8월 1일부터 하나로 시내전화 요금을 인상하며, LM 통화료는 KT 수준으로 조정하기로 한다. 이를 위해 가입비를 3만원으로 다시 부활하고, 기본료를 1천원 인상(단독형, 번들형)하며, 시내전화 통화료를 현행 요금(39원/3분)으로 유지하고, 신규자를 대상으로 한 정기계약 요금할인제를 폐지하며, CID(발신자번호표시 서비스) 요금을 1천원 인상하고, LM 통화료를 KT 수준으로 조정하기로 한 것이다.[84]

---

83 당시 KT의 요금전략팀이 2003년 4월 16일 작성한 "요금관련 하나로통신 협의내용"이라는 제목의 문건에 의한 것이다.

84 KT가 2003년 7월경 LM 통화료를 인하 조정할 예정이므로, 이에 맞추어 하나로도 LM 통화료를 조정하기로 한 것이다.

둘째, KT의 시장점유율 이관관련 합의 내용이다. 하나로의 위 시내전화 요금인상 또는 조정에 대한 조건으로 KT는 하나로에 2003년부터 2007년까지 매년 순증 점유율 1.2%(가입자기준 및 매출기준 모두 충족 조건)를 이관하기로 한다. 매분기 M/S(점유율) 이관 목표 미달 시, KT는 하나로에 목표 미달분을 100% 정산 보상해 주기로 한다.[85] KT의 위와 같은 M/S 이관을 위해, 양사는 다음과 같이 마케팅 활동을 하기로 합의한다. 먼저 KT는 신규시장 마케팅 활동금지, 탈환마케팅 활동금지, 번호이동성 고객모집 지양, 지사별 디마케팅(De-Marketing) 목표 부여, KT 고객 해지 시 하나로에서 해지대행을 수행하기로 한다. 하나로는 다음과 같은 조치를 하기로 한다. 정상적인 마케팅 활동을 수행하되 공격적 마케팅 활동 자제하고, 전화모집 관련 위탁 수수료를 25,000원에서 7,500원으로 인하한다.

셋째, 하나로는 KT가 향후 추진할 시내전화 요금 리밸런싱에 적극 동참하기로 한다.

양사가 상기와 같이 합의했던 배경은 당시 양사 간 요금 격차를 유지한 상태로 시내전화 번호이동성을 시행할 경우 하나로에 의한 시장잠식이 불을 보듯 뻔했으므로 이를 효율적으로 방어해야 하는 KT의 이해와, 매출 증대 등 손익중심으로 사업을 운용하여야 할 하나로의 내부 사정의 입장이 서로 일치했으므로 가능했다고 요약할 수 있다.

다) 쟁점 정리

먼저, 이 카르텔이 정보통신부의 행정지도에 의한 것인지 여부이다.

우선 공정거래법의 적용에 있어 행정지도가 어떤 의미를 갖고 있고 어떤 영향을 미치는지 일반 원칙에 대해 살펴보기로 한다. 공정거래법 제58조는 다른 법령에 따른 정당한 행위에 대해서 공정거래법의 적용을 제외하도록 규정하고 있다. 제58조 (법령에 따른 정당한 행위)는 "이 법의 규정은 사업자 또는 사업자단체가 다른 법률 또는 그 법률에 의한 명령에 따라 행하는 정당한 행위에 대하여는 이를 적용하지 아니한다."고 규정하고 있다.

공정거래위원회는 "행정지도가 개입된 부당한 공동행위에 대한 심사지침"에서 행정지도가 개입된 카르텔에 대한 객관적인 법 집행 기준을 제시하고 있다. 첫째는 행정지도가 법령의 근거가 있는지 여부이다. 행정기관이 법령상 구체적 근거 없이 사업자들의 합의를 유도하는 행정지도를 한 결과 부당한 공동행위가 행해졌다면 그 부당한 공동행위는 원칙적으로 위법하

---

[85] 계산방식: 목표 미달분 × 10,000원 × 3월(분기별)

다고 규정하고 있다. 다음의 판례가 이를 지지한다.

<관련 법원 판례>
농수산물공사가 도매사업자들에게 위탁수수료 내지 장려금에 대한 조건을 공동으로 결정하도록 지시하였더라도, 공정거래법 제58조의 취지 및 관련규정에 따르면 농수산물공사가 도매시장법인의 권한인 위탁수수료 내지 장려금의 요율을 직접 결정하거나 지시할 권한이 없으므로 공정거래법 제58조 소정의 법령에 의한 정당한 행위라고 볼 수 없음(서울고법 2004.5.12 선고 2003누5817 판결)

행정기관의 행정지도에 의해서 행한 카르텔이라도 그 행정지도에 대한 법적 근거가 없으면 공정거래법의 적용제외 대상이 아니다. 다만, 다른 법령에서 사업자가 제19조 제1항 각 호의 1에 해당하는 행위를 하는 것을 구체적으로 허용한 경우와 다른 법령에서 행정기관이 사업자로 하여금 법 제19조 제1항 각 호의 1에 해당하는 행위를 하는 것을 행정 지도할 수 있도록 규정한 경우로서, 1) 그 행정지도의 목적, 수단, 내용, 방법 등이 근거법령에 부합하고 2) 사업자들이 그 행정지도의 범위 내에서 행위를 한 경우에는 법 제58조(법령에 따른 정당한 행위)에 해당하는 것으로 보아 공정거래법을 적용하지 않는다.

<관련 법원 판례>
"당해 사업의 특수성으로 경쟁제한이 합리적이라고 인정되는 사업 또는 인가제 등에 의하여 사업자의 독점적 지위가 보장되는 반면 공공성의 관점에서 고도의 공적규제가 필요한 사업 등에 있어서 자유경쟁의 예외를 구체적으로 인정한 법률 또는 그 법률에 의한 명령의 범위 내에서 행하는 필요 최소한의 행위"여야 한다.(대법원 1997.5.16. 선고 96누150 판결 참조)

둘째는 행정행위와 사업자들의 합의 간의 인과관계가 있는지 여부이다. 행정기관이 사업자들에게 개별적으로 행정지도를 하였고 사업자들이 이를 개별적으로 따른 경우에는 부당한 공동행위에 해당하지 않는다. 그러나 행정기관이 사업자들에게 개별적으로 행정지도를 한 경우, 사업자들이 이를 기화로 제19조 제1항 각 호의 1에 해당하는 사항에 관하여 별도의 합의를 한 때에는 부당한 공동행위에 해당한다. 예컨대, 행정기관이 가격 인상률을 5% 이하로 하도록 행정지도 하는 데 대해 사업자들이 별도의 합의를 통해 가격 인상률을 최대치인 5%로 통일한 경우, 부당한 공동행위는 성립된다.

<관련 법원 판례>
행정지도를 받고 이를 이행하는 과정에서 자동차업무부장들 사이에 세부사항에 관한 의견을 교환한 사실을 뒷받침할 뿐 위 행정지도에 앞서 원고들 사이에 인상률에 대한 별도의 합의를 하였다거나 또는 행정지도를 기화로 인상률을 동일하게 하기로 하는 별도의 합의를 하였음을 입증하기에는 부족(대법원 2005. 1. 28. 선고 2002두12052 판결)

행정지도에 의한 카르텔이 공정거래법 제58조(법령에 따른 정당한 행위)의 정당한 행위에 해당하는지 여부에 대한 상기 공정위의 지침과 판례를 바탕으로 카르텔이 행정지도에 의한 정당한 행위인지 여부를 살펴보기로 한다.

먼저, 정보통신부가 행한 행정지도의 내용이 무엇인가를 살펴볼 필요가 있다. 그 행정지도의 내용은 공정거래위원회가 KT에 대한 현장조사를 마친 후인 2004년 이후에 KT에 의해 제출된 자료에 근거를 둔 것이다.

정보통신부 담당자(과장, 사무관 등)들은 2002.11.21. 양사의 실무자들과 함께한 회의에서 'KT가 지배적 사업자로서 하나로 시장점유율 확대에 협조하고, 시내전화는 하나로가 5년 내에 선진국 수준으로 확보할 수 있도록 KT 협조 필요', '하나로는 시내전화 요금을 원가에 근거하여 현실화하되 KT는 이를 마케팅에 활용하지 않도록 협조 필요'라는 의견을 제시한 것으로 기재되어 있음[86]

KT는 다음과 같이 주장하였다. 당시 경영악화 상태에 빠져있던 하나로의 퇴출을 막기 위해 정통부가 전기통신사업법 제33조의4에 근거하여 '정당한 유효경쟁정책'의 일환으로 2002. 10. 16~11. 12. 사이에 양사에 사실상 구속력이 있는 '구체적인 행정지도'를 하였고, 이에 따라 KT와 하나로는 이 사건 합의 내용과 유사한 내용을 담고 있는 합의서에 서명하게 되었으며, 이 사건 2003년 6월 23일 합의는 정통부의 위 행정지도를 세부적으로 이행하고자 하는 취지에서 부득이하게 체결된 것이므로, 이는 법 제58조에서 규정한 "법령에 따른 정당한 행위"에 해당하거나 최소한 책임이 감면되는 경우에 해당한다는 것이다.

이에 대해 공정거래위원회는 다음과 같은 판단을 하였다.

첫째, 상기 행정지도가 "법령에 따른 정당한 행위"인지에 관하여 검토하였다. 법 제58조의

---

[86] 이 내용은 KT가 공정거래위원회에 제출한 "시내전화/초고속인터넷 시장안정 관련 회의결과 보고(통화사업팀 2002.11.22.자 작성)"라는 문서에 나와 있는 내용의 요약이다. 이 회의에서 정보통신부의 권유로 양사 간의 구체적인 합의서가 진술에 의해 확보되었으나 여기서 인용은 생략하기로 한다.

"법령에 따른 정당한 행위"에 해당하기 위해서는 자유경쟁의 예외를 구체적으로 인정하는 법률 또는 그 법률에 의한 명령의 범위 내에서 행하는 필요 최소한의 행위여야 할 것인데, 전기통신사업법 제33조의4는 "정보통신부장관은 전기통신사업의 효율적인 경쟁체제의 구축과 공정한 경쟁 환경의 조성을 위하여 노력하여야 한다."라는 선언적인 규정만을 두고 있고, 같은 법 제33조의5 내지 38조의6[87]에서 소위 '유효경쟁'을 위한 구체적인 정책 수단들을 나열한 바, 이 사건 합의와 같이 사업자 간 합의를 통한 요금결정이나 인위적인 시장점유율 이관을 규정하는 조항은 존재하지 않는다는 것이다. 다시 말해서 정보통신부의 유효경쟁(또는 관리경쟁) 정책도 그 구체적인 집행은 '시장경제 원리 및 시장경쟁을 최소한도로 제한하는 범위 내'에서 마련된 '구체적인 법령'에 근거한 필요 최소한의 행위에 한해서만 허용되는데 사업자에 대한 일방적인 요금조정 요구, 시장경제원리의 근간에 전면 배치되는 인위적인 시장점유율 이관 요구, 사업자 간 합의에 따른 요금조정 요구 등은 명백히 자유경쟁 원리에 반하는 사항이므로, 반드시 구체적인 법령에 근거한 것이어야 함에도 그런 근거 규정이 없다는 것이다. 따라서 정보통신부가 유효경쟁 정책을 명분으로 법령의 구체적인 근거나 기준이 없이 위와 같은 요구를 하는 것은 전기통신사업법이 정한 정당한 유효경쟁 정책 집행권한을 벗어난 것으로 판단하고 있다. 결과적으로, 이 사건 합의가 전기통신사업법 제33조의4에 근거한 정당한 행위라고 보기 어렵다고 결론 내렸다.

둘째 행정지도가 있었느냐 하는 것이다. 상기 자료에 의할 때, 정보통신부 담당자들은 당시 단순히 의견을 제시한 것에 불과할 뿐 직접적으로 KT의 시장점유율을 언제, 얼마나, 어떻게 이관해주라는 언급은 전혀 없었으며, 또한 '하나로와의 요금조정 합의를 통해 시장점유율을 이관하라'는 등으로 이 담합을 직접적으로 지시·요구하는 언급은 없었다고 결론 내렸다.

셋째 행정지도와 이 카르텔 간의 인과관계가 있느냐 여부이다. 이 카르텔에 의한 합의는 2003년 6월에 발생한 것으로서 정보통신부에 의한 행정지도는 이보다 7개월 전에 발생하였다. 정보통신부가 하나로의 점유율을 확대해야 한다는 의견제시에 대하여 당시에는 KT가 반대 의사를 명시적으로 표시했던 점, 그 이후 이 합의 전까지 실제로 점유율 이관을 이행한 사실도 없었던 점, KT가 당시 정통부 담당자들의 위와 같은 의견제시를 거부하고서 약 7개월이나 지난 시점에서 이 합의를 하게 된 것은, 양사 간 요금 격차를 줄여야 한다는 KT 자신의 목

---

87 전기통신설비제공, 가입자선로의 공동 활용, 무선통신시설의 공동이용, 상호접속, 사전선택제, 번호이동성 등 법 제33조의4에 따른 경쟁촉진을 위해 한정적으로 허용된 수단들에 불과하다.

적 또는 필요에 의해서였다는 점, 시내전화 번호이동성 시행을 앞두고 양사 간 기존 요금 격차가 유지될 경우 하나로에 의한 급격한 시장잠식을 우려한 나머지 요금 격차 축소를 목적으로 시급히 추진하게 되었던 것이지 결코 정통부의 '하나로 시장점유율 확대에 KT 협조'라는 행정지도에 의해 부득이 하게 추진된 것은 아니라는 점 등을 고려할 때 정보통신부의 행정지도와 이 합의와는 인과관계가 없다고 판단하고 있다.

한편 상기와 같은 행정지도와 본 카르텔과의 관계 판단에 대해 서울고등법원과 대법원은 모두 공정위 심리 결정에 문제없음을 선언하였다.

둘째, 합의 파기 및 종기(終期) 관련 쟁점이다.

공정거래위원회가 결정한 법 위반행위 기간의 시기(始期)는 피심인들이 이 사건 합의를 한 2003년 6월 23일로, 법 위반행위 기간의 종기(終期)는 다음과 같은 이유 때문에 이 사건 합의가 파기된 2004년 8월 16일로 정했다. 첫째, 시내전화 번호이동성과 관련하여, KT가 하나로로 번호이동을 신청한 가입자에게 철회를 종용하거나 가입자의 의사에 반하여 임의적으로 번호이동을 취소하고 아울러 번호이동 개통도 지연시키고 있는 등 전기통신사업법 등을 위반하는 행위를 하였다는 이유로 하나로가 2004년 8월 2일 통신위원회에 신고서를 제출하는 등 같은 해 8월경 피심인간 시내전화 번호이동 가입자 유치를 위한 마케팅이 치열하게 전개되었다는 점, 둘째, 하나로는 2004년 8월 16일 시내전화 매출의 약 40~50%를 차지한 이 사건 합의의 주요 사항 중 하나인 LM 통화료를 당시 KT의 인하예정 수준인 10초당 14.50원보다 더 낮은 수준인 10초당 13.9원으로 신고하기 위하여 정보통신부와 사전 협의를 한 사실이 있는 점 등에 비추어, 이는 이 사건 합의로 소멸되었던 요금 격차를 다시 발생시켜 피심인 간 요금 경쟁을 시도한 것으로 볼 수 있기 때문이다.

이에 대하여 KT는 합의 이후 하나로가 유통망에 대한 수수료를 다시 인상하고, 2003년 9월 22일부터 일방적으로 가입비를 면제하고, 기본료 1월분을 면제하는 등 내용으로 하는 특판 행사를 시행함으로써 이 합의는 2003년 9월 22일자로 이미 파기되었다고 주장하였다. 또한, KT는 당초부터 M/S 이관합의를 전혀 이행하지 않았으며 하나로의 위와 같은 특판 행사로 합의가 파기된 상황에서 2003년 10월 27일 하나로의 M/S 이관 부족분에 대한 정산보상 요구를 거부하였음을 고려할 때, 이 합의는 이미 종기에 다다랐다는 취지의 주장을 하였다.

이와 같은 주장에 대해 공정거래위원회의 검토는 다음과 같다. 하나로의 상기 요금면제 프로모션(특판 행사) 등은 하나로가 이 합의를 파기하기 위해 일방적으로 한 것이 아니라, 합의를 유지하기 위해 KT와의 사전협의를 거쳐 실행한 것으로 본 것이다. 하나로가 유통망 수수료를 합의 이전 상태로 인상하고, 2003년 9월 22일부터 기본료 면제, 가입비 1개월 면제 등의 프로모션을 시행한 것은 이 합의를 파기하는 차원에서 일방적으로 실행한 것이 아니라, 하나로가 약관요금 조정으로 합의사항을 이미 이행한 상태에서 KT의 시장점유율 이관을 정상적으로 협조받기 위해 'KT와의 사전협의를 거쳐' KT의 용인하에 실행하였다는 것이다. 이 카르텔의 핵심은 KT의 요구대로 하나로가 요금을 인상조정해 주면 KT가 하나로에 일정률로 M/S를 이관해 주겠다고 합의한 것이다. 즉, KT가 약속한 M/S의 이관 협조는 하나로의 요금 인상을 KT의 요구대로 이끌어 내기 위한 수단으로 활용되었고 볼 수 있다. 합의 핵심은 요금 격차를 줄여서 요금 경쟁을 피하자는 것이다. M/S 이관 부족분에 대한 정산보상은 시장점유율 이관을 담보하기 위한 세부방안으로 제시된 것에 불과하다. 이 합의의 주목적인 '요금 격차 축소'는 KT가 2003년 7월 1일자로 LM 통화료를 인하하고, 하나로가 2003년 8월 1일자로 LM 통화료를 조정하여 합의가 이미 달성된 상황에서, 합의일로부터 약 3개월이 지난 후에 발생한 2003년도 3/4분기 시장점유율 이전 부족분에 대한 정산보상의 이행여부 문제는 이 담합의 위법성 및 시정조치 수준 판단에 전혀 영향을 미치지 못한다는 것이다. 이 합의로 양사 간 요금 격차가 좁혀진 이후 양사 간의 약관요금을 독자적으로 변경·조정하여 요금 격차가 다시 조정되지 않았으며, 합의에 따른 약관요금 또는 요금 격차가 그대로 유지되고 있다는 점도 합의가 지속되고 있다는 증거라고 판단하였다.

이와 같은 공정거래위원회의 심리 결정에 대해 서울고등법원은 이 카르텔의 종기를 공정위가 정한 2004년 8월 16일이 아닌 2004년 4월 1일로 정하고 있다. 다음은 서울고등법원이 이 사건의 종기를 2004년 4월 1일로 정한 논거이다.

하나로가 2003년 11월 10일 KT에 대한 시장점유율 미이관분에 관한 정산금 지급 요구가 받아들여지지 아니할 경우 공조 파기 후 공격적 마케팅을 할 것을 검토한 사실이 있다. 또한 2003년 10월 31일경부터는 가입비 면제 등의 특판 행사를 적극적으로 홍보하고 2004년 1월 1일 전화모집 위탁수수료를 인상하는 등 마케팅 활동을 강화한 사실이 있다. 2004년 4월 1일에는 정기계약요금 할인제도의 일종으로서 시내전화 매출액 중 상당한 비중을 차지하는 다량회선요금 할인제도를 시행한 사실이 있으므로 이를 종합하면 결국 하나로는 정기계약요금 할인제도를 부활시킴으로써 원고와의 이 사건 합의를 파기하고 독자적인 경영활동을 시작하였다고 할 것이므로 2004년 4월 1일 이 사건 합의가 종료되었다고 판단한다.

이에 대해 대법원은 다시 종기를 공정거래위원회가 원래 결정한 2004년 8월 16일이 옳다고 판단하게 되었다. 이하는 대법원의 논거이다.

이 사건 합의의 주요 내용은 시내전화 요금의 결정·유지 또는 변경에 관한 것이다. 하나로는 2004년 4월 1일 시내전화 매출액의 14% 내지 21%를 차지하는 다량회선 요금할인제도를 시행함으로써 '가입비 부활, 기본료 인상, 시내전화 통화료 현행대로 유지, 정기계약요금 할인제도 폐지, LM 통화료 원고 수준으로 조정' 등의 이 사건 합의 사항 중 정기계약요금 할인제도의 일부를 부활시켰으나, 자신의 시내전화 매출액의 약 55%를 차지하고 KT의 시내전화 매출액의 약 45%를 차지하는 LM 통화료 등 다른 시내전화 요금은 인하하지 아니한 채 그대로 유지한 사실을 알 수 있고, 이에 비추어 보면, 하나로가 시내전화 요금에 관한 대부분의 합의 사항을 준수한 채 다량회선요금 할인제도를 시행하였다는 사정만으로는 이 사건 합의가 파기되었다고 보기 어렵고, 달리 기록상 공정거래위원회가 이 사건 부당공동행위의 종료일로 본 2004년 8월 16일까지 사이에 이 사건 합의가 파기되었다고 볼 만한 사정을 찾아볼 수 없으므로, 적어도 위 2004년 8월 16일까지는 이 사건 부당공동행위가 지속되었다고 봄이 상당하므로, 이 점에 관한 원심의 판단은 부당하고 판시하였다.

셋째, 관련 매출액 관련 쟁점이다.

당초 공정거래위원회의 원심결에서 관련 매출액은 가격담합의 대상인 피심인 양사의 '시내전화 서비스'를 이용하는 가입자가 서비스 이용 대가로 지불하는 요금으로서 이 합의에 의해 직·간접적인 영향을 받는 시내전화 가입비, 기본료, 시내통화료, LM 통화료 매출을 전부 포함하였다.

이에 대해 KT의 주장은 다음과 같다.

첫째, 이 합의가 '가격담합'이 아닌 'M/S 이관 담합'에 불과하므로 M/S 이관 대상이 될 수 없는 "시내전화 맞춤형정액제 가입자 매출(기본료, 시내통화료, LM 통화료 매출)"은 제외되어야 한다. 둘째, 본건은 'M/S 이관 담합'이므로, 하나로의 시내전화 서비스가 제공되지 않는 통화권 지역은 KT의 M/S 이관 협조가 불가능하므로 하나로가 미진출한 통화권 지역 매출은 제외된다고 주장한다.

이에 대한 공정거래위원회가 검토한 내용은 다음과 같다. 첫째, 이 사건은 가격담합에 해당하며 맞춤형정액제 가입당시(2002.9월~12월)정해진 '정액 통화료'는 이 합의에서 정해진 시내통화료에 영향을 받지 않으므로 맞춤형정액제 가입자의 '시내통화료 매출' 부분만 제외된다. 둘째, 시내전화 시장은 전국시장으로서 단일 약관이 적용되어 통화권별로 약관요금이 동일하고, KT가 요금 격차 축소의 기준으로 삼은 것도 양사의 약관요금을 대상으로 한 것이었으므로 요금축소를 위해 조정·유지된 양사의 약관요금이 전국시장에 동일하게 적용되었고, 또한 이 가격담합의 수단으로 작용한 'M/S 이관' 합의도 '통화권별 M/S 이관'이 아니라 '전체 시장에서 가입자 수를 기준으로 한 M/S 이관'으로 합의였다는 이유를 들어 KT의 위 주장을 수용하지 않았다.

라) 공정거래위원회의 원 처분 및 소송 결과 과징금 재산정

공정거래위원회는 이 사건 공동행위가 구 "독점규제 및 공정거래에 관한 법률"(2002. 1. 26. 법률 제6651호, 2004. 12. 31. 법률 제7315호로 개정되기 전) 제19조 제1항 제1호에 위반된다고 판단하여, 피심인들에 대해 시정명령, 공표명령 및 KT 113,048백만 원, 하나로 2,155백만 원의 과징금 납부명령을 하였다.

서울고등법원은 피심인들의 이 사건 합의가 공동으로 가격을 결정·변경·유지하는 행위에 해당하여, 시내전화 시장에서의 가격 경쟁을 부당하게 제한하는 행위임이 인정되므로 시정명령 및 공표명령이 적법하다고 판시하였다.[88] 다만, KT와 하나로에 대한 과징금 납부명령은 재량권을 일탈·남용한 잘못이 있어 위법하므로 이를 취소한다고 판시하였다. 앞서 설명한 대로 위반행위의 종기를 잘못 판단하여 위반행위 기간이 아닌 기간을 포함시켜 매출액을 산정했다는 것이다. 이 카르텔의 종기를 2004년 4월 1일로 본 것이다. 또한, 이 사건 합의로 피심인들이 취득한 이득액과 사실상의 행정지도의 영향 등을 제대로 고려하지 않고 과징금 적용부과율을 정했다고 판단하였다. 예컨대 KT의 경우 KT가 취득한 이득액[89] 및 정보통신부의 행정

---

88 서울고법 2007. 7. 11. 선고 2005누20230판결, 서울고법 2007. 8. 23. 선고 2005누20902판결

89 서울고등법원이 KT의 부당이득과 관련하여 판시한 내용은 다음과 같다.
"원고의 통화사업팀은 2003. 5월경 작성한 "전화부문 HTI(하나로)와 공정경쟁 협상 관련 보고"라는 문서에서 이 사건 합의가 이루어진 경우에는 합의가 이루어지지 않았을 때에 비하여 매출감소 및 판촉비용 등 비용증가가 방지됨으로써 2003년 109억원, 2004년 614억원 등 2007년까지 총 4,762억원의 수지개선 효과가 있는 것으로 분석한 사실, 원고는 또 번호이동성 제도를 도입할 경우 2003. 6. 30. 청주, 안산 등에서 시행 후 37억 내지 86억원, 2003. 10. 31. 울산, 광주 등에서 시행 후 147억원 내지 342억원, 2003. 12. 고양, 성남에서 시행 후 25억원 내지 58억원, 2004. 3. 대구, 인천에서 시행 후 95억원 내지 222억원, 2004.7. 부산에서 시행

지도가 있었던 점을 고려할 때 위원회가 이 사건 과징금을 산정함에 있어서 관련 매출액의 3%를 적용부과율로 정한 것은 부당하고, 하나로의 경우도 이 사건 합의에 이르게 된 경위가 정보통신부의 행정지도와 관련이 있고, 하나로가 취득한 이득규모나 과징금 납부능력(2003년 당기순이익이 1,650억원 가량 적자, 부채 총계 1조 6,000억원에 달함) 등을 고려할 때 관련 매출액의 2%를 적용부과율로 정한 것은 과중하거나 또는 위와 같은 점을 감경 사유로 적용하지 않은 것은 재량권의 일탈·남용에 해당된다는 것이다.

이에 대한 대법원은 이 사건 합의가 경쟁제한성 및 부당성이 없다고 주장한 피심인들의 상고를 기각하고, 이 사건 위반행위의 종기가 2004년 4월 1일이고, 적용부과율이 과다하다는 서울고등법원의 판단이 부당하다는 공정위의 상고에 대하여는 다음과 같이 판단하였다.

하나로가 시내전화 요금에 관한 대부분의 합의사항을 준수한 채 다량회선요금 할인제도를 시행하였다는 사정만으로는 이 사건 합의가 파기되었다고 보기 어렵고, 달리 기록상 위원회가 이 사건 공동행위의 종료일로 본 2004년 8월 16일까지 사이에 이 사건 합의가 파기되었다고 볼 만한 사정을 찾아볼 수 없으므로, 적어도 위 2004년 8월 16일까지는 이 사건 공동행위가 지속되었다고 봄이 상당하다는 것이다.

적용법령에 대해서는, 독점규제 및 공정거래에 관한 법률 시행령(2004. 4. 1. 대통령령 제18356호) 부칙 제2항은 "이 영 시행 전의 위반행위에 대한 과징금의 부과는 종전의 규정에 의한다."고 규정한바, 이 조항의 "이 영 시행 전의 위반행위"를 판단함에 있어서는 위반행위의 종료일을 기준으로 하여야 한다. 개정 시행령 시행 후까지 지속된 이 사건 공동행위에 대한 과징금 부과에 관하여는 개정 시행령 규정이 적용되어야 할 것인데, 위원회는 구 시행령을 적용하여 과징금을 산정하였으므로, 이 사건 과징금 납부명령은 위법하다고 판시하였다.

따라서 원심결 과징금 납부명령은 법원의 확정판결에 따라 전부 취소되었고 공정거래위원회는 대법원 판결의 취지에 따라 개정 시행령 및 과징금부과 세부기준 등에 관한 고시(2004. 4. 1. 공정거래위원회 고시 제2004-7호)를 적용하여 과징금을 재산정 하게 되었다.

공정거래위원회는 과징금을 재산정하면서 서울고등법원의 판단처럼 부당이득에 비하여

후 60억 내지 140억원, 2004.8. 서울에서 시행 후 199억 내지 464억원 등의 매출감소를 가져올 것으로 분석한 사실을 인정할 수 있는바, 위 인정하는 사실에 의하면, 원고의 분석결과에 의하더라도, 이 사건 과징금액은, 앞서 인정된 법 위반행위 기간에 해당하는 2003. 6. 30.부터 2004. 3. 31.까지의 기간 동안 원고가 취득한 이익(예컨대, 을제3호증의9에 나타난 수지개선효과 금액에 따를 때 2003년분 109억 및 2004년분 중 1/4에 해당하는 약 153억원 등 합계 약 262억원에 불과하다)을 훨씬 초과하는 금액이 된다고 보인다."

임의적 조정과징금이 과중하다고 여겨질 수 있는 여지가 있는 점, 정부시책이 이 사건 합의에 일정 부분 영향을 미친 점 등을 종합적으로 고려하여 KT에 대해서는 94,960백만원, 하나로에 대해서는 1,809백만원의 과징금을 부과하였다.

석유화학 제조사들의 합성수지 담합 사건[90]

가) 기초 배경

9개사의 석유화학 제조사가 가담한 카르텔 대상 제품은 합성수지이다. 합성수지는 원유에서 추출되는 석유화학 원료인 납사(나프타)를 열 분해시켜 생산되는 에틸렌과 프로필렌을 주원료로 하여 생산되는 제품을 말하고 폴리올레핀이라고도 한다. 폴리올레핀은 폴리프로필렌 (Poly propylene: 이하 'PP'라 약칭한다)과 폴리에틸렌(Polyethylene: 이하 'PE'라 약칭한다) 으로 구분된다.[91] PP는 프로필렌을 촉매로 중합한 것으로 투명하며 내열강도, 전기절연성, 내약품성 및 내굴곡성이 우수하고 무독성인 특성을 가지고 있다. PP의 용도는 주로 필름(식품용), 자동차 성형제품, 섬유, 어망, 로프, 각종 용기 등 다양한 제품의 원료로 사용된다. 반면에 HDPE[92]가 주요 원료로 활용되는 제품은 쇼핑 비닐백, 맥주 상자, 우유 용기, 수도관, 가스관 등이다. 합성수지 제품은 구분에 따라서 사출, Film, Yarn, Pipe, Coating과 같은 용도 (Application)로 구분된다. 용도 중에서 시장에서 대중화되어 광범위하게 사용되고 있는 제품들을 범용규격이라 한다.

PP의 유통구조는 크게 직거래 판매와 대리점 판매로 구분된다. 대리점의 판매비율은 10~20% 정도로서 80% 이상이 직거래 판매로 유통되고 있다.

PP의 판매가격은 크게 기준가격과 직거래처 판매가격으로 구분된다. PP의 제품은 용도별로 구분되는데 이들 용도 중에서 모든 합성수지제조사들이 품질의 차이 없이 생산하여 시장에서 광범위하게 사용되고 있는 제품을 범용제품이라고 하고 이러한 범용제품에 대한 판매가격을 기준가격이라고 한다. 기준가격을 기초로 각 사는 세분화된 그레이드별로 제품의 판매가격을 결정한다. 기준가격은 매월 원료가격, 국제 PP가격, 국내시장 상황 등 가격 결정 요인을 고

---

90 공정거래위원회 의결 제 2007-301호 2007.6.5

91 석유화학 제조사들의 가격담합을 한 제품은 폴리프로필렌과 폴리에틸렌이 이었으나 담합의 방법이나 형태가 유사하므로 여기서는 폴리프로필렌 담합 사건만 다루기로 한다.

92 고밀도폴리에틸렌(High Density Polyethylene)으로 비중 0.94 이상인 PE제품을 말한다.

려하여 결정한다. 각 사의 영업사원들이 위 기준가격을 기초로 직거래처에 대한 판매영업을 수행하면서 적용하는 가격을 직거래처 판매가격이라고 한다. 대리점에 대해서는 직거래처와 달리 결정된 기준가격을 그대로 적용하여 판매한다. 직거래처와의 거래형태는 주로 계속적인 거래관계에 있으므로 영업사원들은 월초에 대략적인 가격에 대하여만 협의하여 우선적으로 공급하고 월말 또는 다음 달 초에 월중 환율변동, 원유가격 변동, 합성수지의 국제가격 변동, 내수시장 상황 등을 반영하여 최종 정산가격을 결정하게 되는데 이를 마감가격이라고 한다. 회사별로 명칭은 다르나 특수규격으로 구분되어 판매되는 제품이 있는데, 이들 제품의 가격 결정은 기준가격에 특수규격에 따른 추가원가를 반영하여 결정한다.

나) 행위사실

카르텔 가담자들은 1994년 4월경부터 2005년 3월까지[93] 사장단회의, 영업본부장회의, 영업부장회의 또는 영업실무자 모임 등을 개최하여 PP의 당월 판매 마감가격과 다음 달 판매 기준가격을 매월 합의하여 결정하였다. 담당 직급별 순차적 모임을 통해 PP만을 지칭하거나 PP의 대표용도(Film, Yarn 등)를 지칭하여 가격을 결정하는 방식 또는 대표용도 내 다양한 규격(Grade)이 제시된 가격 인상안에 대해 결정하는 방식으로 합의를 하였다. 특히, PP의 판매 기준가격을 합의함에 있어, 인상폭을 결정하거나 최저 가격을 결정하는 방식으로 합의하면서 특정 제품에 대해서는 일정 기간의 할인을 허용하기도 하였다. 합의로 기준가격이 결정되면 기준가격을 바탕으로 PP의 세부 GRADE별로 생산원가, 시장인지도, 제품의 특화정도 등을 감안하여 카르텔 가담자의 개별 가격을 각각 책정하였다. 카르텔 가담자 중 6개사는 1994년 1월부터 1999년 12월까지 사장단회의 및 영업본부장 회의 등을 통하여 연도별 또는 매분기별로 전체적인 감산방안과 각 사별 판매량을 합의하여 결정하고 실행 여부를 점검하였다.

다) 쟁점

먼저, 이 카르텔이 실행되었는지 여부이다.

카르텔 가담 사업자들은 이 사건 공동행위의 합의가 실현되지 않았다는 주장하는데 그 근거는 다음과 같다. 첫째 각 사별로 실제 가격 인상금액이 서로 달랐으며, 인상된 가격도 합의한

---

[93] 오랜 기간 동안의 카르텔이므로 가담자가 기간별로 다르다.

기준가격에 비해 크게 낮거나 인상되지 않은 경우가 있다. 둘째, 2000년 1월부터 2005년 12월 사이에 각 사별 합성수지 용도제품의 평균 가격이 큰 차이가 나타난다. 셋째, 특히 내수가격과 수출가격 간의 격차가 특별히 두드러지지 않은 것도 담합이 실행되지 않았음을 의미한다.

이에 대해 공정거래위원회의 검토 결과는 다음과 같다. 첫째, 합의의 실행여부와 그 실행 효과의 크고 작음은 별개 문제이므로 각 사별 가격 인상액에 차이가 있다고 하여 합의의 실행이 없다고 보기는 곤란한 바, 각 회사별로 그 수준에 다소 차이가 있었다 하더라도 PP 합성수지 제품의 가격 인상이라는 동일한 결과가 발생한 이상 카르텔이 실행되지 않았다는 주장은 근거가 없다는 것이다. 또한, 상기 행위 사실에서 본바와 같이 카르텔 가담 회사들이 기준가격의 최저수준을 합의하거나 기준가격을 합의하면서 일정 수준의 할인을 허용하기도 한 점, 거래처에 대한 판매가격을 협상하는 영업사원들에게 일정한 가격재량[94]이 부여되고 있었던 점 등을 고려하면 각 회사들 간에 가격 인상폭 등의 차이가 있었다는 사정만으로 합의의 실행이 없었다고 보기 어렵다는 것이다. 더욱이 앞에서 본 바와 같이 카르텔 가담자들은 매월 해당 월의 기준가격과 다음 달의 마감가격을 합의하는 등 합의준수 효과를 높이기 위해 이전 합의사항의 이행을 점검한 후 새로운 합의를 진행하는 방식을 취한 점을 보더라도 합의의 실행이 있었음을 알 수 있다는 것이다. 둘째, 각 회사들 간의 동일 용도제품의 평균 가격에 차이가 있더라도 이는 업체 간 기술력, 시장에서의 제품에 대한 평판 등에 따라 당연히 발생할 수 있는 것이므로 기준가격을 합의한 이상 가격 편차가 크다는 이유로 공동행위의 합의가 실행되지 않았다는 주장은 타당하지 않다. 셋째, 관련 시장이 상이한 내수시장과 수출시장의 가격을 동일한 기준으로 비교할 수는 없으며, 담합이 없었다면 국제가격의 움직임과 관계없이 내수가격이 더 떨어질 수도 있으나 2000년 이후 가격이 같이 움직인 것은 지속적인 담합의 결과로도 볼 수 있다는 것이다.

다음으로, 이 사건 공동행위가 정부의 행정지도에 기인한 것인지 여부이다.

카르텔 가담자들은 이 사건 공동행위가 정부의 적극적인 개입과 행정지도를 통하여 유도된 것이므로 이 카르텔은 불가피한 것이었다고 주장한다. 이 사건 공동행위가 석유화학산업의 불황 확대를 막기 위한 다음과 같은 정부의 행정지도로부터 기인했다고 한다.

---

[94] 합의된 기준가격에서 5%까지 할인하는 것에 대하여는 완전한 재량을, 5% 이상 할인하는 것에 대하여는 영업팀장으로부터 사후승인을 받도록 재량을 부여하였다.

- 석유화학공업 수급안정대책(1992) 및 석유화학 정상화대책(1993) 수립
- 폴리올레핀 시장 질서 유지대책 수립(1994.4.)
- 유화사와 '불황카르텔' 인가 추진(1993.10.)
- 석유화학산업 장기발전 방향 수립(1995.10.): 석유화학협회에 설비투자 관련 '민간자율조정협의회'를 구성·운영하는 방안 포함
- 석유화학산업에 대한 중점 추진과제 발표(1997.1.)
- 석유화학산업 경쟁력 강화방안 마련(1997.8.)
- 정부 주관으로 석유화학사 기획임원회의, 민간협의회를 통해 과잉설비 대응책 논의(1998)

이에 대한 공정거래위원회의 검토 내용은 다음과 같다.

합성수지의 감산 및 판매물량 제한과 관련하여 정부의 행정지도가 일정 부분 있었던 점은 인정된다. 당시 상공부의 '석유화학공업 수급안정 대책'이라는 문건(1992. 3.)에 따르면, 합성수지 부문이 1991년부터 시설과잉으로 전환되었다고 하면서, "과잉투자로 인한 부작용을 최소화하기 위하여 합성수지 부문 등 이미 시설과잉이 발생하였거나 앞으로 과잉이 예상되는 부문에 대해서는 투자를 자제토록 행정지도"라고 기재되어 있다. 그러나 다음과 같은 점에서 이 사건 공동행위가 정부의 행정지도에 기인하였다고 보기는 어렵다.

먼저, 행정지도는 합성수지의 감산 및 판매물량과 관련하여 1994년부터 1995년까지 2년 간 이루어졌으나 그것이 법에 근거한 것이 아니고 적극적인 행정지도도 아니며 행정지도가 주로 '업계 선(先) 건의 및 정부 후(後) 지원·협조' 형태로 이루어져 행정지도의 적극성·주도성이 인정된다고 보기도 어렵다. 당시 상공부가 업계에서 제시한 내용을 수용하여 마련한 '폴리올레핀 시장 질서 유지대책(1994. 4.)'을 보면 생산량 감축 기간은 2년에 불과한 것으로 나타나 있다. 그러나 A사의 '협의사항'(1995. 8. 5.)이라는 문건은 "95년 이후의 시장 질서 유지방안"이라는 항목에 "Quota 실시 기간 : 1996. 1~1998. 12(3년간)"이라고 기재하고 있으며, B사의 '99년 판매량 배정(안)'(1998. 12.)은 "기본방향 : 97~98년과 동일한 방식으로 배분"이라고 기재하면서 각 사별 1998년 실제 판매량과 1999년 조정 판매량이 적시된 표를 첨부하고 있어 1996년부터는 정부의 행정지도 없이 피심인들 간 합의로 각 사별 판매량을 배분하였음을 알 수 있다는 것이다.

한편, 행정지도에 따른 법 위반행위와 관련하여 공정위는 다음과 같은 판례를 인용하고 있다. 법원은 "행정지도는 비권력적 사실행위에 불과한 것이어서 그에 따름이 강제되는 것이 아니므로 사업자단체로서는 독자적으로 공정거래법 위반 여부를 판단하여 행동하였어야 할 것이고, 공정거래법의 운영은 행정부 내에 있어서 독립된 지위를 가진 공정거래위원회의 권한으로 되어 있으므로 설령, 원고와 소외회사 간의 위 합의가 상공부의 행정지도에 의한 것이라 하더라도 그것만으로 위법성이 조각된다거나 또는 그 시정을 명함이 금반언(禁反言)의 원칙[95]에 반하여 허용될 수 없다 할 수 없다."고 판시한 바 있다.[96] 또한, 카르텔 가담자들의 PP 가격 인상 담합과 관련하여 2007년 2월 14일 공정거래위원회 심의에 이 사건에 대한 참고인으로 출석한 산업자원부 철강석유화학팀장도 위원들의 질문에 당시 합성수지의 가격 인상과 관련해서는 행정지도가 이루어진 바가 없었다고 명백히 진술한 바 있다는 점도 제시하고 있다.

셋째의 쟁점사항으로는, 11년간의 카르텔이 하나의 카르텔인가 수개의 별개 카르텔인가로 구분되는지 여부이다.

카르텔 가담자들은 이 사건 11년여에 걸친 가격 합의는 그 대상과 범위, 방법, 효과 및 의도 등을 기준으로 시기를 구분할 수 있고 각 시기에 따라 별개의 공동행위로 구분되므로 전체를 하나의 공동행위로 볼 수 없으며, 각각의 공동행위 중 종기가 5년이 지난 것은 이 법의 처분 대상에서 제외하여야 한다고 주장한다. 즉, 이 사건 공동행위의 경우 계속적으로 합의를 통해 가격을 변경한다는 원칙을 선언하거나 구체적인 가격 결정의 주체 및 방법 등에 관한 기본적 합의를 한 사실이 없다고 한다. 또한, 이 사건 전체 합의기간을 그 대상과 범위, 태양, 참가자 및 효과에 따라 시기 구분이 가능하며, 각각 별도의 행위를 구성한다고 한다고 주장하면서, C사의 경우 ① 1994. 4.~1996. 9.(정부의 행정지도를 계기로 film, 사출, yarn 등 대표규격 합의) ② 1996. 10.~2001. 1.(대부분의 용도제품 합의, 1998.부터 해외투자유치 과정 중 가격준수 저하) ③ 2001. 2.~2003. 9.(film, 사출, yarn 등 대표규격 합의, 효율성 위해 2002. 6.부터 PP·HDPE 모임 분리) ④ 2003. 10.~2005. 3.(film, 사출, yarn 등 대표규격 합의, 수출호조로 합의참여에 절박하지 않음) 등으로 시기의 구분이 가능하다고 한다. 2000년을 전후하여 가격

---

95 법률관계에 있어 전에 한 행위로 상대방에게 일정한 신뢰를 준 경우, 나중에 이에 모순되는 행위를 함으로써 상대방의 신뢰를 저버리는 것은 신의 성실의 원칙에 위배되므로 나중에 한 행위를 금지하는 원칙을 말한다.

96 서울고법 1992. 1. 29. 선고 91구2030 판결

합의가 경제적·사회적 사실관계의 본질적 측면에서 상이하므로 하나의 공동행위로 볼 수 없다고 하는 바, 감산 및 판매량 배분합의가 없어진 점, 합의대상 품목 및 범위가 대부분의 범용 용도에서 대표 범용 용도로 축소된 점, 실무자모임이 거의 열리지 않았거나 실무자모임에서 더 이상 세부적인 기준가격 합의가 이루어지지 않은 점을 그 이유로 제시하고 있다.

먼저 사업자들이 왜 이러한 주장을 하는지 배경을 살펴볼 필요가 있다. 첫째 당시의 공정거래법 제49조 제 4항에 의하면 위반행위가 종료한 날로부터 5년이 경과한 위법행위에 대해서는 제재를 하지 않도록 규정되어 있다.[97] 만약 본 건의 카르텔을 물량 감축 합의가 종료되었던 1999년 12월을 구분으로 나눈다면 그 이전의 카르텔은 공정거래법상 처벌 대상이 되질 않는다. 당연히 관련 매출액이 낮아지고 과징금 수준도 대폭 작아질 것이다. 둘째, 카르텔에 대한 과징금 부과 한도가 94년 이래 계속 높아져 왔다. 공정거래법에 규정된 카르텔에 대한 과징금 한도는 90년 1월에 관련 매출액의 1%였으나 95년 4월 5%로 높아졌고 2005년 4월에는 10%가 되었다. 실제 과징금 부과는 법과 시행령, 그리고 과징금 부과 고시의 구체적인 기준에 따른다. 따라서 공정거래법과 과징금 부과 고시에 규정된 구체적인 기준에 따라 카르텔에 대한 과징금 부과 한도를 살펴보면 1995년 3월까지는 매출액의 1%(공정거래법), 2004년 3월까지는 매출액의 3%(과징금 부과준칙), 2005년 3월까지는 매출액의 5%(과징금 부과고시), 2005년 4월 이후는 매출액의 10%(과징금 부과고시)로 되어 있다. 2004년에 법상 과징금 부과 한도가 관련 매출액의 5%임에도 불구하고 과징금부과고시에 따라 과징금부과율을 누적 감소의 방법을 적용했으므로 실질적으로는 부과한도가 3%가 되었던 것이다. 11년간 지속된 이 카르텔이 수 개의 카르텔로 나눈다면 각 연도별 적용되는 과징금 부과 한도가 다르므로 먼 과거의 카르텔에 대해서는 지금보다 훨씬 낮은 부과율을 적용하게 되어 총 과징금액은 11년간의 카르텔을 한 개의 카르텔로 보는 것보다 훨씬 적어지게 될 것이다.

이와 같은 쟁점에 대한 공정거래위원회의는 이 카르텔은 11년간 지속된 하나의 카르텔인 것으로 최종 판단하였다.

첫째, 이 사건 가격 합의는 기본적 합의를 토대로 지속되었다고 보았다. 사업자들은 1994년 4월 28일 가격조정의 내용, 시기 및 방식과 가격조정 선도 회사를 결정하는 등 가격에 관한

---

[97] 제 49조 ④공정거래위원회는 이 법의 규정에 위반하는 행위가 종료한 날부터 5년을 경과한 경우에는 당해위반행위에 대하여 이 법에 의한 시정조치를 명하지 아니하거나 과징금 등을 부과하지 아니한다. 다만, 법원의 판결에 의하여 시정조치 또는 과징금부과처분이 취소된 경우로서 그 판결이유에 따라 새로운 처분을 하는 경우에는 그러하지 아니하다. <신설 1994.12.22, 1996.12.30, 2001.1.16>

기본원칙에 합의하였으며, 이후 매월 기준가격 및 마감가격을 합의하고 조정된 가격을 간사회사가 중심이 되어 통보하거나 간사회사가 각 회사들 간 모임을 주선하는 등 기본합의의 취지에 부응하여 합의를 유지해 왔다. 또한, 11여 년에 걸친 기간 중 일부 사업자가 신규로 참여하거나 탈퇴한 적은 있으나 담합에 참여한 사업자들이 2005년 4월까지 가격을 그간 합의와 다른 방식으로 새로이 정하였다는 사정을 발견하기도 어렵다는 것이다.

둘째, 이 사건 공동행위는 수년간에 걸쳐 가격을 높은 수준에서 유지시키려는 동일한 목적을 수행하기 위하여 가격 인상과 그 보조적인 수단으로써의 판매물량 제한 등 유사한 합의와 실행이 계속 반복되었다. 카르텔 가담자들 간의 신뢰관계가 붕괴되어 합의 준수가 저조했다고 주장하는 2000년 이후에도 사업자들은 내수가격 합의를 위해 지속적으로 만나 공동으로 합의사항 이행여부를 점검하거나 상호 교차점검을 통해 합의준수를 독려해 왔다는 것이다.

셋째, 가격이 등락을 반복하던 시기에도 사업자들 간에 수없이 많은 의사의 교환이 있었고 담합 기간 중 피심인들 중 전부 또는 일부가 이 사건 합의를 인위적으로 파기했다고 볼 만한 정황도 발견할 수 없다고 판단하였다.

넷째, A사가 작성한 판가결정 관련 증거에 의하면 사업자들은 합의한 기준가격을 반영하여 용도별 또는 세부 규격(grade)별로 판매가격을 결정하였으므로 가격합의의 대상이 다르다고 합의 시기를 구분하여 각각 별개의 공동행위로 볼 수도 없다는 것이다.

다섯째, 사업자들은 매월 가격합의를 하면서 직전월 합의로 조정된 가격을 기준으로 새로운 합의를 하고 있어 공동행위가 기간의 단절 없이 연속적으로 이루어지고 있다고 볼 수 있으며 이러한 사실은 사업자들이 전월의 판매가격과 기준가격을 기준으로 다음 달 판매 기준가격을 결정했던 다수의 증거에서 확인된다고 보았다.

여섯째, 가격 인상 합의 후 사업자별로 가격 인상폭이 일부 상이했던 점은 합의파기에 의한 것이라기보다는 직거래처와의 관계 등 외적 요인에 의한 것이며 사업자들은 거래처에 대한 판매가격을 협상하는 영업사원들에게 일정의 가격 재량을 부여하였으므로 피심인들 간 실제 가격 인상폭에는 다소 차이가 나타날 수 있다는 것이다.

넷째의 쟁점은 과징금 부과 대상이 되는 관련 매출액의 산정과 관련된 쟁점이다.

앞 절에서 설명한 대로 관련 매출액은 카르텔의 시기와 종기, 그리고 관련 상품에 의해 결정된다. 그리고 시기, 종기, 관련 상품의 개념도 이미 설명을 했다.

우선 카르텔의 시기와 종기에 대해 살펴보면, 9개의 사업자가 11년 동안이나 유지한 카르텔이므로 도중에 탈퇴나 새로운 가입이 발생하여 전체 사업자의 시기나 종기가 동일한 것은 아니다.

우선 시기를 살펴보면, 6개 사업자는 명시적인 합의서가 증거로 제시되었으므로 1994년 4월 28일을 최초로 가격 합의가 있었던 날, 즉 시기로 보았다.

종기에 대해서는 5개 사업자는 2005년 4월 이후에는 PP 합성수지에 대해 합의를 했다는 증거가 없으나 A사가 작성한 PP, HDPE의 GRADE별 '마감가격과 판매 기준가격' 자료 (2003. 12.~2005. 3.) 중 2005년 3월 자료를 볼 때, 사업자들이 2005년 3월의 판매 마감가격을 합의하면서 2005월 4월의 판매 기준가격에 대해서도 합의하는 것이 확인되므로 2005년 4월 30일을 법 위반행위의 종기로 보았다. D사의 경우 담당 부장이 팀장회의에 참석하지 않겠다고 외부에 의사 표명한 사실이 인정되는 2003년 3월을, E사의 경우 PP 영업팀장 모임에 참석한 사실이 인정되는 2003년 6월 30일을 각각 법 위반의 종기로 보았다.

한편 관련 상품의 범위에 대해 공정거래위원회는 PP 합성수지 전 품목으로 보았다. 이 사건 공동행위는 PP 합성수지의 가격 하락을 방지하여 이익을 극대화할 목적 하에 행해진 것으로서 PP 합성수지의 거래관계 및 시장 상황, 공동행위에 따른 소비자 피해, 경쟁제한 효과 등을 고려할 때, 사업자들이 생산하는 모든 PP 합성수지가 이 사건 부당한 공동행위로부터 직접 또는 간접적으로 영향을 받았다고 할 수 있기 때문이다.

사업자들은 관련 상품의 범위에 대해 이의를 제기하였다. 특정 용도의 대표 규격제품에 대한 기준가격 합의는 다른 용도의 규격제품에는 영향을 미치지 않으므로 합의대상인 PP의 대표 규격으로서 기준가격 합의의 대상이 된 사출, yarn 이외의 제품은 관련 상품에서 제외해야 한다는 것이다. 또한 이번 카르텔에서는 범용제품에 대해서만 합의를 하였으므로 특수규격 또는 연간 고정가격으로 거래하는 특정거래처에 판매되는 품목이나 규격품에 비해 품질이 떨어지는 불량품은 관련 상품이 아니라고 주장하였다.

이에 대해 공정거래위원회는 용도별 대표규격의 기준가격을 합의하여 결정하면 그 합의로부터 PP의 전 품목이 영향을 받는다는 사실을 증명하였다. 이런 사실을 뒷받침하기 위해 감면신청을 한 A사가 제출한 자료를 근거로 제시하고 있다. 이 자료에 따르면 PP의 용도별 대표규격의 판매가격이 합의되면 이를 바탕으로 용도별 각 규격, 특수규격, 단독 생산제품, 거래처별 판매가격 등이 결정되고 있음을 알 수 있다. 그 외에도 특수규격 및 단독 생산제품 또는 특정

거래처에 대해 공급하는 합성수지 제품의 판매가격도 합의된 기준가격에 직·간접적으로 영향을 받았음을 확인할 수 있는 증거들을 제시하고 있다. 우선, D사가 '가격조정안'과 함께 작성한 'GRADE별 기준가격 결정 근거'라는 제목의 문건에 적시된 내용을 보면, 특수용도 및 단독제품 등의 경우에도 합의로 결정한 기준가격을 참조하여 가격을 결정하고 있음을 알 수 있다. H사는 "합성수지 제조·판매사들의 판매가격을 결정하는 방식은 각 사별로 약간의 차이가 있으나 기본적으로는 유화사 간의 각 제품별·용도별 대표 Grade에 대한 협의가격이 결정되면 각 유화사들은 합의된 협의가격을 바탕으로 각각 Grade의 생산원가, 시장에서의 인지도, 제품의 특화정도, 할인율 등을 감안하여 결정하였습니다. 특수규격에 대해서는 각 유화사별 산정기준에 따라서 자체적으로 결정하나 범용규격에 특수규격에 따른 추가원가를 반영하여 결정하므로 범용규격을 결정하면 특수규격에 대해서는 별도로 합의할 필요성이 없습니다."라고 진술하였다.

PP 및 HDPE내 전 품목은 동일 원료를 이용해 하나의 제조공정을 통해 생산되므로 원가 기초가 동일하여 범용제품에 대한 가격합의를 하면 PP 및 HDPE내 전 용도제품에 영향을 미치게 된다는 점도 고려하고 있다.

또한 불량품은 동일한 원료를 가지고 다양한 용도제품을 생산하는 석유화학제품 제조과정의 특성상 언제라도 산출될 수 있는 것으로서, 바가지, 함지박, 육묘상자, 플라스틱 화분 등 저급 플라스틱 용기를 제조하는 가공업체에 판매되고 있는 이상 상품으로써의 가치가 있어 합의가격으로부터 영향을 받았다고 보는 것이 타당하다고 판단하였다.

라) 공정거래위원회의 처분

9개 사업자에 대해서는 시정명령, 8개 사업자에 대해서 총 550억 원의 과징금, 3개 사에 대해서는 검찰 고발 조치를 하였다.

수직제한

6-1 개관

소비자에게 최종 제품이 도달하기까지는 제조와 유통의 여러 단계를 거친다. 그중 한 단계의 활동에 종사하는 기업이 상위단계 혹은 하위 단계의 영업활동까지 수행하는 수가 있다. 이것을 기업의 수직적 결합이라 한다. 반면에 수직제한이란 수직결합과 같이 다른 유통의 단계의 영업을 직접 영위하지는 않으나 제품을 판매하거나 구매하면서 다른 단계에 참여한 기업의 활동에 여러 가지 제한을 가하는 경우를 말한다. 수직결합은 다른 유통단계의 활동을 100% 통제할 수 있는 반면 수직제한은 그 일부분만을 통제할 수 있다는 점에서 수직결합은 수직제한의 극단적인 한 형태라고 말할 수 있다.

수직제한은 재판매가격 유지행위, 영업구역 제한, 배타조건부 거래, 끼워팔기, 판매량 할당, 이부가격(two part pricing)의 책정 등으로 구체화할 수 있다. 재판매유지행위는 유통의 상위단계 사업자가 하위단계의 사업자에게 판매가격을 지정하여 강제하는 경우를 말하고, 영업구역제한은 하위단계 사업자들의 영업구역을 할당하는 것을 말한다. 배타조건부 거래는 자신 이외의 사업자와 거래하지 않는 조건으로 거래하는 행위, 끼워팔기는 주상품을 구매하기 위해서 부상품을 의무적으로 구매하도록 제한하는 행위를 말한다. 판매량 할당은 하위 단계의 사업자에게 판매목표를 설정하는 행위, 이부가격책정이란 가격책정을 두 단계로 나눠서, 상품을 구매할 수 있는 자격을 얻기 위해 일정 금액을 1단계로 부과하고 2단계로는 통상의 경우와 같이 상품의 구매량에 따라 가격을 부과하는 방법을 말한다.[1] 여기서 전통적으로 독점규제법의 관심을 받는 행위는 재판매가격 유지행위, 영업구역제한, 배타조건부 거래, 끼워팔기이다.[2] 여기서 재판매가격 유지행위와 영업구역제한은 상표내의 제한이고 배타조건부 거래와 끼워팔기는 상표 간 제한에 속한다.

수직제한은 거래비용의 절감, 경제적 효율의 증대, 무임승차의 해소 등 여러 가지 친경쟁

[1] 통신료에서 기본요금 혹은 가입비와 통화요금을 구분하여 징수하는 사례, 놀이공원에서 입장료를 별도로 받고 놀이기구를 이용하는데 따른 요금을 별도로 부과하는 경우가 이에 해당한다. 보다 구체적인 설명은 6-2-4항을 참고하기 바란다.
[2] 후술하겠으나 판매량할당 행위도 우리나라의 공정거래법에서는 금지하고 있다. 우리나라의 공정거래법 제23조(불공정거래행위의 금지)에 판매목표할당은 물론 거래상 지위 남용금지 등 다수의 경제적 약자 보호를 위한 내용이 규정되어 있다.

적 효과가 있다. 그럼에도 불구하고 독점규제법에서 금지한 이유는 경쟁을 저해할 가능성도 있기 때문이다. 그렇다면 어떤 경우가 친 경쟁적이고 어떤 경우가 경쟁제한적이고 그것을 어떻게 알 수 있는가? 바로 이점이 수직제한에 대해 독점규제법을 적용할 때 풀어야할 숙제이다. 사실 수직제한의 구체적인 사례에 들어가서 경쟁제한 효과와 경쟁촉진효과를 비교해서 법 위반 여부를 판단하기 위해서는 면밀한 경제분석이 필요하다. 말하자면 모든 수직제한의 위법성 검토를 위해서는 합리의 원칙을 적용하는 것이 마땅하다. 그럼에도 불구하고 초기 사례는 대부분 당연위법을 적용하였다. 당시에는 수직제한에 대한 친경쟁적 효과에 대한 충분한 경제적 지식이 부족했기 때문이다.

이 장에서는 먼저 수직제한의 경제적 유인 및 효과를 살펴보고 미국과 우리나라의 제도 및 사례에 대해 설명하고자 한다.

6-2 수직제한의 경제적 유인 및 효과

6-2-1 거래비용의 절감

시장에서 타 기업과 거래하기 위해서는 거래 비용(transaction cost)이 든다. 거래비용은 직접적으로는 운송비, 정보탐색비 등이 있고 보다 복잡하게는 거래조건에 대한 협상, 계약체결, 계약의 집행 등의 제반 행위에 소요되는 비용으로 나눌 수 있다. 기업이 원료조달, 생산, 유통 등의 영업활동을 각각 따로 영위하여 각 부분의 영업활동을 다른 기업과 거래를 통해서 해결할 것인가, 아니면 한 기업이 이 모든 영업활동을 모두 영위할 것인가는 거래비용이 얼마나 소요될 것인가와 관련이 있다. 즉, 거래비용이 많이 소요된다면 기업은 여러 가지 영업활동을 외주를 주지 않고 자기가 전부 해결하려고 할 것이다. 거래비용의 크기는 영위하는 업종, 영업환경, 거래 대상인 재화의 특화 정도, 계약의 복잡성의 정도 등 여러 가지 요소에 의해 영향을 받는다.

계약체결만 하더라도, 미래를 정확히 예측하기는 힘들므로 일어날 수 있는 모든 상황에 대비하여 사전에 모두 계약에 정해 놓기는 매우 어려운 일이다. 상황의 변화에 따라 계약을 갱신하는 경우도 비용이 수반된다. 원재료 가격의 급격한 상승으로 다른 원재료로 대체해야 하는 경우 새로운 판매 조건, 제품의 배달 기한, 새 제품의 품질 조건 등 모든 내용을 다시 정해야 하는 것이다. 상황의 변화에 따라 거래의 어느 일방이 거래 상대방에 대해 기회주의적 행동(opportunistic behavior)을 취할 수 있다. 특히 거래의 어느 한쪽에게 매우 유리한 조건이 조성되면 기회주의적 행동을 취할 가능성이 더 커지게 된다. 계약의 내용이 애매할 경우는 자신에게 더 유리하게 해석하려고 노력할 것이다. 곡물 거래와 같은 간단한 계약의 경우는 기회주의적 행동을 초래할 가능성이 희박하나, 보다 복잡한 계약일수록 모든 상황을 사전에 규정하지 못하므로 상황의 변화에 따라 거래의 한쪽을 불리하게 하는 조항을 포함하게 될 가능성이 커진다. 다시 말해서 거래비용은 계약의 내용이 복잡하여 모든 상황을 고려할 수가 없어서 기회주의적 행동을 초래할 가능성이 많을수록 더 커질 것이다. 결론적으로 시장에서 다른 기업과 거래한다는 것은 매우 위험스러운 불확실성을 내포하고 있다고 보아야 한다.

다음은 거래비용을 높이는 요인이 무엇인지를 살펴보기로 한다.

첫째, 제품이 특정 용도에 특화되어 있을수록 기회주의적 행동을 초래할 가능성이 크다. 예컨대 자동차의 부품이 어느 특정 자동차 제조업자의 특정 모델에만 사용되는 것일 경우, 부품의 공급자와 구매자 모두 상대방의 기회주의적 행동에 대해 대비하게 될 것이다. 공급자는 구매자가 구매를 중단할 경우 다른 판로가 없으므로, 구매자는 공급자가 공급을 중단할 경우 대체품을 구하기 어려운 점 때문에 각각 상대방의 기회주의적 행동을 예방하기 위한 방안을 모색하려고 노력할 것이다. 물론 궁극적인 예방의 방법은 특화된 제품을 자기 자신이 공급하는 방법, 즉 수직결합을 통해서이다. 호텔 투숙객만을 위한 수영장은 호텔이 소유하고 있고, 특수 화학제품을 수송하는 화물차는 그 제품을 제조하는 사업자가 소유한 사실이 대표적인 예이다. 특화된 자본뿐만 아니라 특화된 인적 자본도 동일한 논리가 적용된다. 예컨대 특정 제품의 제조에 전문화된 엔지니어는 제조업자가 시장을 통해 엔지니어의 서비스를 구매하기보다는 직접 고용하는 편이 상호 간의 기회주의적 행동을 예방하는 방법이 되는 것이다. 어떤 공장이 지역적으로 특화된 경우도 있다. 예컨대 제품의 원료 제조공장이 최종 제품 공장의 바로 옆에 위치해 있는 경우 그 원료 제조공장은 제품 제조공장에 지역적으로 특화 되어 있다. 이러한 지역적인 특화도 수직결합을 촉진하는 요인으로 작용한다.

시장의 상황이 급격하게 변화하는 경우도 거래비용이 높게 되어 기업이 다른 생산 및 유통 단계의 활동에까지 참여하려는 동기가 더 높아지게 된다. 가격이 급변하는 상황에서는 구매자와 판매자가 상황 변화에 따라 재계약을 해야 하는 경우가 매우 빈번하게 생기게 될 것이다.

시장 상황의 변화에 따라 적용할 거래가격을 아무리 정교하게 공식화해 놓았다 하더라도 효율적이고 신축적인 대응은 어렵기 때문이다. 예를 들어 원자재의 제조비용이 매우 급격하게 상승한 경우 거래가격이 어떻게 변화해야 하는 가를 정하는 문제도 용이한 것은 아니다. 무엇보다도 원료 판매자의 주장을 구매자가 믿으려 하지 않을 것이다. 특히 원자재 제조비를 구매자가 알 수 없는 경우는 더 심할 것이다. 또한 구매자는 시장 상황의 변화에 따른 거래가격의 변화를 투명한 공식에 의해 정하기로 했음에도 불구하고 구체적인 구매가격이 계약에 나타나지 않을 경우는 계약체결을 꺼리게 될 것이다.

거래의 내용에 정보나 지식이 포함되는 경우 거래비용이 비싸진다. 왜냐하면 구매자는 자기가 구매한 정보나 지식을 평가할 수 있는 위치에 있지 않은 경우가 대부분이기 때문이다. 예를 들어 어떤 기업이 생산비를 줄이는 공정을 개발하기 위하여 대학의 연구소에 대규모 용역을 의뢰했다고 가정하자. 장기간의 연구 끝에 용역의 결과가 '생산비를 줄이는 공정은 없다'라는 것이라면, 기업은 막대한 투자에도 불구하고 생산비를 줄이는 공정을 도입할 수 없게 될 것이다. 이때 이 기업은 '생산비를 줄이는 공정이 없다'라는 결론이 사실인지 아닌지 여부를 평가할 만한 정보가 없다. 또한 이 기업은 용역을 맡긴 연구소가 최선을 다했는지 판단할 만한 정보도 갖고 있지 않다. 따라서 정보나 지식 등 무형의 경제재를 거래하는 경우는 대체로 자가 생산하는 경우가 많다.

이와 같이 거래비용이 더 많이 들수록 수직결합을 통해 모든 영업활동을 한 기업이 수행하려는 동기는 더 높아진다. 그러나 수직결합을 통하여 생산과 유통의 다른 단계에까지 기업 활동을 넓히는 경우 조직의 비대화에 따른 '감시비용(monitoring cost)'이 증가하게 된다. 제조업자가 자기의 유통채널까지 소유하게 되는 경우, 그 유통채널에 고용된 고용인이 업무에 충실한지를 감시하기 위한 조직 비용이 더 들게 된다. 어떤 경우는 이러한 조직에 대한 감시비용이 수직결합을 통해 얻게 되는 거래비용의 절감액보다도 더 클 수가 있다. 어떤 기업이 영업의 어떤 부분까지를 자기가 수행하고 어떤 부분을 외주를 줄 것인가는 결국 거래비용과 관리·감시비용에 의해 결정될 것이다.

수직제한은 이렇게 수직결합의 필요성은 있으나 수직결합으로 인한 감시비용이 많이 소요되는 경우 그 대안으로 모색된다. 수직제한은 조직의 비대화가 없이 거래비용을 줄이는 효과가 있다. 수직결합을 통해 조직을 비대화할 필요 없이 거래비용을 절감하는 수단으로 이용하는 것이다. 예컨대 제조업자와 유통업자 간의 배타조건부 거래의 경우 제조사는 자사 제품의 판매를 늘릴 수 있고 유통업자는 안정적인 제품 공급이 가능해져서 거래비용의 절감 효과가 있다. 끼워팔기의 경우도 거래비용을 절감하는 효과가 있다. 디지털카메라의 보급으로 현재는 사진을 찍기 위해 필름을 사용 하지 않으나, 70년대에 코닥사는 자사 필름을 판매하면서 현상 서비스를 끼워 팔았다. 자사 제품의 필름에 찍힌 사진을 자신이 현상함으로써 사진의 질을 보장하기 위해서이다. 일정한 수준의 질을 보장하기 위해 코닥 이외의 자가 사진 현상을 했을 경우 생기는 거래비용을 절감하기 위함이다.

6-2-2   경제적 효율 증대

수직제한의 경제적 효율 증대 효과를 설명하기 위해 다소 극단적인 예이기는 하나, 이중의 독점이윤이 발생하는 시장의 예를 들기로 하자. 이중의 독점이윤은 연속적인 유통의 두 단계, 예컨대 제조단계와 유통단계가 모두 독점시장일 경우에 발생한다. 제조업자는 한계비용과 한계수입이 같게 되는 점에서 생산량을 결정하고 독점가격에 의해 유통업자에게 판매한다. 유통업자는 자신들의 구매가격을 한계비용으로 간주하여 독점가격을 책정하게 된다. 두 단계에서 독점가격이 책정되므로 소비자의 부담이 커질 뿐만 아니라 사업자의 독점이윤도 작아지게 된다. 먼저 이중의 독점가격이 가져다주는 전반적인 경제적 손실을 살펴보고 수직제한이 어떻게 이러한 이중의 독점가격책정을 방지하게 되는지 보기로 한다.

이중의 독점이윤에 따른 효과를 살펴보기 위해 제조와 유통단계가 독점시장으로 구성된

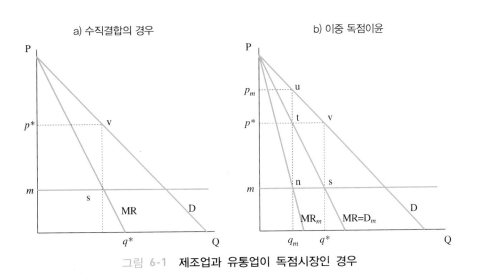

그림 6-1   제조업과 유통업이 독점시장인 경우

산업에서 제조업자가 유통단계를 수직결합 한 경우와 그렇지 않은 경우를 비교해 보기로 하자. 독점 제조업자의 한계비용은 생산량과는 관계없는 일정 금액, m이라 가정한다. 그림 6-1에서 왼쪽 그림은 독점 제조업자가 유통단계에 대해 수직결합을 행한 경우이다. D는 최종소비자의 수요곡선이다. 이 경우는 통상의 독점시장 모형이 예측한 것처럼 한계비용, m과 한계수입이 만나는 q^*에서 생산량이 결정되고 가격은 p^*로 결정된다. 독점이윤은 $msvp^*$인 직사각형의 넓이가 된다. 그러나 수직결합이 없는 경우에는 제조와 유통이 연속적으로 독점시장으로 구성되어 있어 이중의 독점이윤이 존재하게 된다. 오른쪽의 그림이 그러한 상황을 나타내고 있다. 유통업자(예컨대 소매상)가 직면하게 되는 수요곡선은 D이며 이것은 왼쪽 그림의 D와 같다. MR은 수요곡선에서 도출된 소매상의 한계수입 곡선이다. 이 또한 왼쪽, 수직결합이 일어났을 경우의 MR과 같다. 제조업자가 직면하게 되는 수요곡선은 D_m으로 표시되는데, 이것은 소매상의 한계수입 곡선인 MR과 같게 된다. 왜냐하면 제조업자가 책정하는 (독점)가격이 소매상의 입장에서는 한계비용이 되고 소매상은 한계비용과 한계수입이 같게 되는 점에서 자신의 공급량을 정하게 되는데 자기의 공급량이란 결국 자기가 제조업자로부터 수요하는 양이 되기 때문이다. 다시 말해서 소매상은 제조업자가 책정하는 가격을 한계비용으로 간주하고 자기의 한계수입 곡선을 따라 제조업자로부터 제품을 구매하게 되는데, 이러한 소매상의 반응이 제조업자의 입장에서 보면 가격에 따라 변하는 소매상의 수요량이 되기 때문이다. MR_m은 이러한 제조업자 입장에서 본 소매상의 수요곡선에 의하여 도출된 제조업자의 한계수입 곡선이다. 제조업자의 한계비용인 m과 한계수입이 교차하는 지점인 n에서 제조업자의 생산량이 결정된다. 즉 q_m만큼의 생산을 하게 된다. 가격은 p^*에서 결정될 것이다. p^*는 소매상의 입장에서는 한계비용이므로 소매상은 p^*가 한계수입인 MR과 교차는 점, t에서 공급량을 결정하게 되고[3] 소매가격은 p_m으로 결정된다. 제조업자의 독점이윤은 직사각형, $mntp^*$의 넓이가 되고 소매업자의 독점이윤은 직사각형 p^*tup_m의 넓이가 된다. 소비자의 후생은 수직결합에 의하여 이중 독점이윤이 없는 경우보다 더 낮아졌다. 왜냐하면 소매가격이 더 높아졌고 생산량은 더 적어졌기 때문이다. 다시 말해서 사다리꼴인 p^*vup_m만큼의 소비자잉여가 수직결합의 경우보다 더 낮아졌다. 기업의 이윤은 제조업자와 소매상의 독점이윤의 합계인 $mnup_m$인데 이것도 수직결합의 경우인 $msvp^*$보다 더 작게 된다. 왜냐하면 기업결합의 경우의 생산량인 q^*는 수요

---

3 이것은 결국 제조업자가 소매상에게 판매한 양인 q_m과 일치하게 된다.

곡선 상에서 최대의 이윤을 보장하는 수준인데 q_m의 생산 수준은 그보다 더 낮은 수준의 생산이기 때문이다. 이와 같이 이중의 독점이윤으로 인해 소비자와 기업의 경제적 후생이 더 낮아졌다면 수직결합에 대한 강한 동기가 있게 된다. 그러나 전술한 바와 같이 수직결합은 감시비용이 수반되므로 경제성이 없을 수가 있고 지역적으로 멀리 위치하여 물리적으로 불가능할 경우도 있어 그 대안으로 수직제한이 모색되게 된다.

여기서 수직제한이 어떻게 경제적 효율을 증대시킬 수 있는지 살펴보기로 하자. 먼저 생각할 수 있는 수직제한은 소매상이 책정할 수 있는 최고 소매가격을 지정하는 경우이다. 재판매가격 유지행위를 하는 것이다. 제조업자는 최고 소매가격을 가능한 한 자기의 이윤 극대화를 보장해 주는 가격 수준인 p^*와 가깝게 정하려고 노력할 것이다. 만약 소매상이 책정 가능한 최고 가격을 p^*와 같게 할 수 있다면, 수직제한의 효과는 수직결합의 경우와 같게 될 것이다. 대부분의 경우 제조업자가 지정하는 최고 소매가격은 p^*와 p_m의 사이에서 결정된다. 따라서 공급량도 q^*와 q_m 사이에서 결정되게 될 것이다.

다음으로 제조업자는 유통업자(소매상)에게 판매량의 할당과 같은 수량 제한을 가할 수 있다. 유통업자가 일정량 이상의 물건을 판매하도록 의무를 지우는 형태이다. 판매량할당을 q^*로 정할 경우 수직결합의 경우와 동일해지게 된다. 판매량 할당의 제한을 가할 경우 가격에 대한 제한이 필요 없게 된다. 왜냐하면 일정량 이상을 판매하기 위해서는 유통업자가 가격을 인하해야 할 것이기 때문이다. 자동차 딜러, 컴퓨터의 소매상 등에 대하여 이러한 종류의 수량 제한이 가해지는 경우가 많다.

마지막으로 제조업자가 소매상에게 단순히 단위당 p^*를 부과하기보다는 좀 더 복잡한 가격 책정 방식을 채택하는 수가 있다. 예컨대 가격이 두 부분의 독립된 요소로 구성된 경우가 이에 해당한다. 첫째 요소는 구매량과는 관계없이 자기 제품을 구매할 수 있는 권리에 대해 일정 금액(lump-sum)을 부과하는 것이고 둘째 요소는 구매량에 따라 통상의 가격을 부과하는 부분이다. 이부가격책정(two part pricing)을 하는 것이다. 이부가격책정이 어떻게 제조업자로 하여금 이중 독점이윤의 문제를 해결하는 데 도움을 주는가? 그림 6-1의 오른쪽 그림에서 제조업자가 소매업자에게 p^* 대신 자신의 한계비용인 m을 부과하였다고 가정하여 보자. 소매업자는 p^*의 가격으로 q^*만큼을 공급할 것이다. 즉 가격과 공급량은 왼쪽 그림에 나와 있는 수직결합의 경우와 동일하게 될 것이다. 그런데 제조업자가 소매상에게 부과한 가격은 자기의 한계비용인 m이므로 제조업자의 이윤은 없게 된다. 단위당 가격을 m으로 책정하는 대신, 제조업자가 제품을 구매할 수 있는 권리로서 일정 금액을 소매상에게 부과한다면 이부가격을 책정한 결과가 된다. 이때 정액 부과금을 직사각형 msvp[*]만큼 부과한다면 제조업자는 수직결합과 동일한 효과를 거둘 수 있는 것이다. 결국 이부가격의 책정으로 이중의 독점이윤을 완전하게 없애는 결과가 되었다. msvp[*]는 소매상에게 부과할 수 있는 정액 부과금의 최대치이다. 왜냐하면 그 이상 부과할 경우 소매상이 손실을 입게 되어 거래가 일어나지 않게 될 것이기 때문이다.

이중의 독점이윤 해소를 통한 효율증대 이외에도 수직제한은 경쟁 촉진을 통해 경제적 효율 증대를 유발한다. 배타조건부 거래의 경우 소매상 입장에서는 한 가지 상표에만 전념하여 영업할 수 있으므로 상표 간 경쟁을 촉진하는 효과가 있다. 이것이 상품과 용역의 생산을 늘리고 가격을 내릴 수 있다면 경제적 효율증대 효과가 있다고 말할 수 있다.

끼워팔기도 경제적 효율 증대 효과가 있다. 구두와 구두끈의 예를 보자. 만약 구두와 구두끈을 끼워 팔지 않고 별도 구매를 하게 하면 소비자의 편익은 훨씬 줄어들 것이다. 자동차와 타이어의 경우도 같다. 만약 자동차를 판매할 때 타이어를 끼워팔지 않는다면 소비자 입장에서 자동차를 사기 위해 많은 거래비용이 들고 그것 때문에 훨씬 거래가 줄 것이다. 프랜차이즈 업종은 제공하는 상품의 사양이나 질을 균등하게 하기 위해 가맹점에게 많은 원재료를 그 프랜차이즈와 함께 끼워 팔고 있다. 이것은 모든 가맹점에서 제공하는 상품의 질을 높이고 균등하게 유지함으로써 프랜차이즈 가맹본부 간 경쟁을 촉진하는 효과가 있다.

6-2-3 무임승차(free riding)의 해소

제조업자의 입장에서 가장 바람직하다고 생각하는 유통업자의 행동과 유통업자의 입장에서 자신에게 가장 유리한 행동은 일반적으로 일치하지 않는다. 제조업자는 유통업자가 일정 수준의 판촉활동을 수행하기 원하는 반면, 유통업자는 제조업자의 평판이나 다른 유통업자의 판촉 노력에 무임승차하려는 동기가 있다. 경제학자들은 제조업자와 유통업자 간의 관계를 '주인-대리인 문제(principal-agent problem)'[4]로 해석한다. 유통업자 간의 무임승차는 '외부효과(externality)'를 초래하여 경쟁시장에서도 경제 효율을 떨어뜨리는 작용을 한다. 제조업자는

---

4 주인-대리인 관계는 주인이 자기의 목표를 달성하기 위하여 대리인을 고용하고 대리인이 그러한 목적에 부합하게 행동하도록 유도하려고 하나, 대리인을 완전히 통제할 수 없는 문제가 있다. 이러한 상황에서는 여러 가지 외부효과가 발생하여 완전경쟁시장이 경제 효율을 증진하는데 기여하지 못하게 된다. 주인-대리인 문제는 가격이론의 한 분야로 발전하여 왔다.

이러한 외부효과를 내부화(internalize the extenalities)하기 위해 여러 가지 수직제한을 하게 된다. 제조업자가 다른 제조업자의 판촉활동에 무임승차하는 경우도 있다. 수직제한이 무임승차 문제를 해결하여 외부효과를 없앨 수 있다면, 그 결과는 경제 효율을 향상시키게 되어 기업과 소비자의 후생을 증진하는데 기여하게 된다

여기서는 외부효과의 개념이 무엇이고 그것이 어떻게 자원의 효율적인 배분을 방해하는지 등 외부효과의 전반적인 문제에 대해 검토를 한 후, 유통업자 간의 무임승차와 제조업자 간 무임승차의 구체적인 방법 및 그 형태를 알아보고, 그러한 무임승차를 없애기 위해 어떠한 수직제한이 사용되고 있는지를 알아보고자 한다.

가) 외부효과

우리는 상품과 용역의 가격이 시장에서 수요와 공급에 의하여 결정된다는 것을 가격이론을 통해 알고 있다. 소비자들이 그 상품이나 서비스에 대해서 얼마나 가치를 부여하는가, 생산자가 그것을 생산하는데 얼마의 비용이 소요되는가에 따라 시장에서 가격이 결정된다. 소비자와 생산자가 시장에서 결정된 가격을 주워진 변수로 하여 각각 효용의 극대화와 이윤의 극대화를 추구하면 우리 사회가 가진 한정된 자원이 효율적으로 배분된다는 것이다. 그러나 어떤 제품이나 서비스는 그것이 경제적 가치(혹은 경제적 부(負)의 가치)가 있음에도 불구하고 시장에 의하여 가격이 정해지지 않는 경우가 있다. 그 이유는 그러한 재화의 특성이 특정 경제 주체가 소유할 수 없어 시장거래가 불가능하기 때문이다. 예컨대 공기, 공해, 쓰레기, 정보 등이 이에 해당한다. 공기는 인류의 생존에 없어서는 안 될 재화이나 우리는 공기를 어떤 상인으로부터 구매하지는 않는다. 공기는 특정인이 소유할 수 없는 제품이기 때문이다. 따라서 공기의 가격은 없다. 공해는 대표적인 부(負)의 외부효과이나 그것을 발생시키는 사람이 그것으로부터 피해를 입은 사람들에게 일정 금액의 대가를 지불하지 않는다. 공해의 책임소재를 정확하게 정의할 수 없기 때문이다. 따라서 공해를 거래하는 시장은 없다. 공공재로 대표되는 국방, 치안, TV와 라디오의 방송 등도 외부효과가 존재하는 분야로 볼 수 있다.

이와 같이 경제적 가치, 혹은 부(負)의 경제적 가치가 있는 어떤 상품이나 용역이 가격이 없거나 틀린 가격을 가지고 있는 현상을 경제학에서는 외부효과(externality)라 한다. 외부효과는 좋은 결과를 주는 것과 나쁜 결과를 주는 것으로 구분되는데, 전자를 양(陽)의 외부효과 후자를 부(負)의 외부효과라 한다. 외부효과가 있는 경우 좋은 결과와 나쁜 결과에 대한 책임

이 정확하게 정의되지 않으므로 특정 경제 주체의 행위에 대한 결과가 그 행위자에게만 귀착되는 것이 아니다.[5] 예컨대 다른 유통업자가 어떤 제품에 대해 광고를 하면 광고를 행한 사업자뿐만 아니라 동일 제품을 취급한 다른 유통업자도 혜택을 보게 된다. 따라서 광고 행위는 외부효과를 갖는다고 말할 수 있다. 어떤 아파트의 페인트를 새로 칠하면 그것을 보는 사람의 기분도 상쾌해지므로 그 혜택이 그 아파트 주민이 아닌 사람에게까지 돌아간다. 포드(Ford)사가 자동차 생산에서 생산효율을 높일 수 있는 어셈블리 라인(assembly line)을 개발한 행위로 인해 다른 제조업자도 혜택을 입은 사실도 외부효과의 일종이다.

외부효과는 특정 경제 주체의 행위의 결과가 타 경제 주체에까지 전파되므로 완전경쟁시장에서도 파레토 최적을 달성할 수 없다. 경쟁시장에서 가격의 역할은 시장에 참여한 모든 경제 주체가 각각의 재화에 대해 부여한 경제적 가치를 상호 신호(signaling)해 줌으로써 희소한 자원이 경제적 가치가 가장 큰 부분으로 배분되도록 하는 역할을 한다. 이에 따라 각종 재화와 용역의 생산은 경제 주체가 부여한 각각의 가치에 따라 적당한 양으로 결정된다. 그러나 경제적 가치가 있는 재화가 외부효과로 인하여 가격이 존재하지 않게 된다면 이러한 신호가 불가능해진다. 예컨대 많은 공해를 배출하는 제품의 제조업자는 공해의 피해자들에게 일정 금액(가격)의 대가를 지불하지 않으므로 사회적으로 최적인 생산보다 더 많이 생산하게 된다. 왜냐하면 시장에서 결정된 그 제품의 가격은 공해의 피해를 감안하지 않은 것이므로 사회적으로 평가된 그 제품의 경제적 가치보다 더 높게 결정되어 있고, 그러한 틀린 신호(가격)를 관측한 제조업자는 오직 그 가격에 의해 자기의 생산량을 결정했기 때문이다.

외부효과는 왜 발생하는가? 중요한 요인은 재산권이 명백하게 정해지지 않기 때문이다. 재산권에 대한 정의는 그 사회의 법제에 의하여 확립된다. 극단적인 예로 구 사회주의 국가들을 들 수 있다. 사유재산권이 없는 사회에서는 자기의 모든 경제 행위의 결과가 자신에게 귀착되지 않는다. 만약 공해에 의하여 손실을 본 경제 주체의 재산권 침해 내역을 명확하게 정의할 수 있고 이것을 공해 배출자에 의해 보상하게 해줄 수 있는 체제를 확립할 수 있다면 공해 문제도 시장의 원리에 의하여 해결할 수 있을 것이다. 환경 규제는 결국 공해 배출에 대한 책임을 명확히 하는, 즉 재산권을 명확히 정의하기 위한 수단인 것이다. 컴퓨터의 소프트웨어에 대한 무단 복제가 성행하는 것도 소프트웨어 개발자에게 그 이익이 돌아가지 않고 타인에게 일

---

5   외부효과가 없는 경우는 경제 주체의 시장 활동 예컨대 가격 결정, 생산량 결정, 생산요소 투입 비율의 결정 등 모든 행위의 결과가 행위자 자신에게 귀착된다.

부가 돌아간다는 점에서 외부효과의 일종이라 말할 수 있다. 따라서 무단 복제는 소프트웨어의 공급을 사회적으로 최적인 수준보다 더 적게 만든다. 소프트웨어의 무단 복제를 불법으로 선언하고 처벌을 강화하는 것도 따지고 보면 소프트웨어의 재산권을 명확히 해주는 행위인 것이다. 재산권이 명확히 정해지지 않는 사회는 경쟁시장이라도 경제적 효율을 달성할 수 없다.

나) 유통업자의 무임승차 해소

유통업자에 의한 판촉활동이 요구될 때가 많다. 광고, 제품의 진열공간설치, 판매원에 대한 교육, 구매자에 대한 교육, 제품 질의 유지 등이 유통업자에게 요구되는 판촉활동의 종류이다. 그러나 이러한 유통업자의 판촉 노력은 다른 유통업자에게도 도움을 주게 된다. 판촉활동을 하지 않는 유통업자에게 무임승차의 기회가 주어지기 때문이다. 이와 같이 자기의 판촉 노력에 대한 대가가 전부 자기에게 귀속되는 것이 아니므로 유통업자는 사회적으로 최적인 수준의 판촉활동을 하지 않게 된다. 예컨대 어느 특정 소매상이 자기가 취급한 제품에 대해 광고를 했다고 가정해 보자. 그 광고의 효과는 동일한 물건을 취급한 모든 소매상에게 도움을 준다. 그런데 광고를 행한 소매상은 광고비만큼의 비용을 더 지출했으므로 광고를 시행하지 않은 소매상에 비해 더 불리하게 된다. 광고의 효과는 모든 소매상에게 돌아가고 광고비는 광고하는 소매상만 지불해야 된다면 아무도 광고하려고 하지 않을 것이다.

또한 자동차나 일부 가전제품, 예컨대 오디오기기 같은 제품은 구매자가 그 형태를 직접 관찰하고 시험 작동을 해보고 나서야 구매 여부를 결정하므로 관련 소매업자는 커다란 진열매장을 설치하여 여러 가지 모델을 진열해야 한다. 제품의 진열 공간을 확보하는 일, 진열할 제품이 재고에 묶이는 일 등 모든 것에 막대한 비용이 소요된다. 동일한 제품을 취급하면서 그러한 시설 투자를 안 한 경쟁자는 진열 공간을 투자한 소매상에게 무임승차하는 결과가 된다. 왜냐하면 소비자는 자기가 구입할 모델을 선택하기 위해 진열 공간이 있는 소매점을 방문하여 제품을 관찰·시험하고 실제 구매는 진열 공간이 없는 소매점에서 하게 되기 때문이다. 왜냐하면 진열 공간에 투자하지 않은 소매점이 훨씬 더 싸게 판매하기 때문이다. 여기서 미국 캘리포니아의 Berkeley대학 부근의 전축 소매상들 사이에서 일어났던 사건을 소개하고자 한다.

Berkeley대학 근처에 바닥에 카펫을 깔고 포근한 조명 시설을 갖춘 전축 소매상이 있었다. 이 소매점은 여러 가지 모델의 전축을 진열하여 소비자들이 안락한 환경에서 자기가 원하는 모델을 선택할 수 있도록 해 주었다. 바로 그 옆에 다른 전축 소매상이 들어섰다. 그러나 이 가게는 전축을 창고에 쌓아 둔 채 전축의 목록만을 비치하고 있었다. 바닥은 허름한 비닐 장판에 조명도 어두웠다. 그런데 이 허름한 가게의 유리문에 다음과 같은 표지가 걸려 있었다. "옆의 가게로 가세요. 거기에서 당신이 원하는 물건을 고르세요. 그리고 여기에 와서 더 싸게 사세요."

진열 공간에 투자한 소매상의 노력이 그렇지 않은 자에 의하여 무임승차를 당한다면 아무도 그러한 노력을 하지 않을 것이다. 제품의 제조에서 최종소비자에게 도달하기까지 많은 비용이 소요되고 그러한 판촉 노력이 경제적 가치가 있는 것이라면 이에 대한 정당한 가격이 정해지지 않아서 생기는 무임승차와 같은 외부효과는 경제 효율을 저해하는 것이 된다.

또 다른 종류의 판촉 노력으로 판매원에 대한 교육을 들 수 있다. 특히 컴퓨터나 비디오카메라 등과 같이 일반 소비자가 그 상품에 대한 지식이 부족한 제품에 대해서는 판매원의 역할이 소비자의 선택에 중요한 요소가 된다. 물론 전문적인 판매원을 길러 내는 일은 적지 않은 비용을 필요로 한다. 이때도 판매원에 대한 투자를 한 소매업자의 노력에 그러한 투자를 하지 않은 소매상이 무임승차하게 된다. 예컨대 컴퓨터에 대해 지식이 없는 소비자가 훌륭한 판매원이 있는 가게를 방문하여 컴퓨터에 대한 자세한 설명을 듣고, 자기가 원하는 모델을 선택한 다음 우편 주문을 하여 구입하거나 판매원이 없는 컴퓨터 가게에서 구입하는 경우이다. 판매원에 대한 투자를 하지 않은 소매상이 더 유리한 가격 조건을 가지고 있음은 물론이다. 이러한 무임승차가 성행한다면 아무도 전문적인 판매원을 길러 내지 않을 것이다.

다른 유통업자가 소비자로부터 얻어낸 제품에 대한 품질 보증에 대해 무임승차하는 경우도 있다. 백화점은 좋은 건물과 안락한 쇼핑 공간의 확보는 물론, 구매 전문가를 고용하여 질 좋은 제품을 구매하고 제품에 대한 광고에도 많은 투자를 한다. 이와 같은 막대한 투자의 덕택으로 백화점은 자기가 판매하는 제품에 대해서는 소비자들의 신뢰를 얻게 된다. 이러한 좋은 평판을 얻기 위해 아무런 노력과 투자도 하지 않은 유통상이 백화점이 취급하는 동일한 제품을 판매하게 된다면, 그 소매상은 백화점이 쌓아 놓은 명성에 무임승차한 결과가 된다. 제조업자는 제품을 백화점에만 판매하도록 할 경우 판매 실적을 많이 올리기가 어렵게 되고, 모든 소매상에 판매를 허용할 경우 자기 제품의 평판을 좋게 해주는데 기여를 하였던 백화점의 노력에 대한 보상을 할 수 없게 되는 딜레마에 빠질 수가 있다.

유통업자가 제품 자체의 좋은 평판에 무임승차 할 수도 있다. 맥도날드와 버거킹 같은 식품 체인점은 전 세계적으로 통일된 질의 음식을 제공하고 있으므로 소비자가 세계 어느 곳의 점포에서 구매하든 동일한 수준의 음식을 기대할 수 있다. 그런데 어느 한 점포가 비용을 절약하기 위하여 제품의 질을 떨어뜨렸을 경우, 그러한 행동을 한 점포를 포함하여 다른 모든 점포에 대한 인식이 나빠지게 된다. 즉 비용을 절약함으로써 얻는 이익은 그 행위를 행한 점포에만 돌아가나, 그로 인해 발생한 상표에 대한 나쁜 인식은 모든 점포에 귀착된다.

무임승차는 어떤 사업자의 행위에 대한 결과가 다른 사업자에게 귀속하여 발생하는 외부효과이므로 경제 효율을 저해하게 된다. 무임승차로 인하여 유통업자는 사회적으로 최적인 수준의 판촉활동을 하지 않게 됨에 따라 판매와 관련된 제반 재화와 서비스가 최적의 생산량보다 더 적게 생산되는 결과를 초래하게 된다. 그러나 유통업자로 하여금 자기가 행한 판촉활동의 이익이 자신에게 돌아오도록 해줄 수 있다면 외부효과가 없어져서 경제 효율을 향상시킬 수 있게 된다. 제조업자가 유통업자에게 가하는 수직제한은 유통업자의 판촉활동에 대한 이익이 그것을 행한 사업자에게 귀착되게 함으로써 그러한 외부효과를 없애기 위한 경우가 많다.

가장 보편적인 방법은 유통업자에게 독점적인 영업구역을 할당하는 방법이다. 제조업자가 유통업자 간에 일정한 거리를 유지하게 하거나 유통업자의 수를 제한함으로써 가능하게 된다. 유통업자 입장에서는 자기 구역에서 어느 정도 독점적 지위를 갖게 되므로 자기가 행하는 판촉 노력의 결실이 자기에게 귀속하게 되어 무임승차의 문제가 해결된다.

무임승차를 해결하기 위한 또 다른 수직제한의 방법은 재판매가격의 유지이다. 이는 제조업자가 각 유통단계별로 유통업자가 부과할 수 있는 최소가격을 미리 정하는 것을 말한다. 재판매가격 유지행위는 제조업자가 유통업자로 하여금 가격보다는 다른 차원의 경쟁, 예컨대 판촉활동 등을 통해 경쟁하도록 유도하는 것이라고 이해할 수 있다. 소매상이 부과해야 할 최소가격을 지정하는 경우, 소매상은 다른 소매상의 판촉활동에 무임승차할 수가 없다. 왜냐하면 판촉활동에 소요되는 비용을 절약해 보았자 최소가격 이하로 더 싸게 판매할 수 없기 때문이다. 즉 당초에 판촉활동을 하지 않고 무임승차하려는 의도는 그렇게 함으로써 절약한 비용으로 가격 인하를 주도하는 것이었으나, 최소가격이 설정됨으로써 그렇게 할 수 없게 되는 것이다.

제조업자가 유통업자를 위해 직접 광고 등 판촉활동을 하고 그 비용을 유통업자에게 가격을 통하여 전가하는 방법도 사용되고 있다. 이 방법은 유통업자의 무임승차 문제를 해결할 수는 있으나 판촉활동은 지역이나 고객에 따라 특성에 맞게 시행해야 한다는 원칙에 입각하여 볼 때 효율적인 방법은 아니다. 특히 유통업자가 그 지역에 대한 정보를 제일 많이 보유하고 있을 때는 더욱 그러하다. 또한 제품의 진열 공간을 설치하는 것은 유통업자만이 할 수 있는 판촉활동이다. 이와 같은 문제를 해결하기 위하여 유통업자에게 진열 공간의 확보나 판매원의 교육을 위해 일정 금액 이상을 투자하도록 요구하는 경우도 있다. 또한 유통업자가 판촉활동을 하는지 여부를 감시·확인하고 이에 대한 비용을 지원해 주는 방법도 사용되고 있다.

다) 제조업자의 무임승차 해소

제조업자가 경쟁 상대방인 다른 제조업자의 판촉활동에 무임승차하는 경우가 있다. 경쟁 관계에 있는 두 개의 제조사가 동일한 유통채널을 이용하여 제품을 판매하는 경우를 가정해 보자. 한 제조업자가 광고를 통하여 자기 제품에 대한 소비자들의 관심을 고조시키면 당연히 취급 점포에 소비자들의 방문이 늘어날 것이다. 그 유통체인에 다른 경쟁제품도 동시에 취급하고 있으므로 점포에 고객의 방문이 늘어나면 광고를 하지 않은 다른 제조업자에게도 혜택이 돌아가게 된다. 뿐만 아니라 광고를 행하지 않은 제조업자는 광고비를 절약한 만큼 제품을 더 싸게 판매할 수 있게 된다. 따라서 유통업자는 내방한 고객에게 더 가격이 저렴한 경쟁사의 제품을 권유하게 되는 것이다. 다시 말해서 광고의 효과는 그것을 행한 제조업자보다는 무임승차를 한 제조업자에게 귀속될 가능성이 더 크다는 것이다.

제조업자가 유통업자에게 제품의 판매를 위해 전문적인 정보를 제공하거나 애프터서비스를 위한 수리기술을 전수하는 경우에도 유사한 무임승차의 문제가 발생한다. 유통업자가 제품의 판매나 수리기술을 전수받았다면 당해 제품뿐만 아니라 경쟁사 제품의 판매·수리에도 도움이 될 것이다. 경쟁 제조업체가 유통업자에 대한 교육 프로그램에 무임승차한 결과가 된다. 또한 공짜승객인 경쟁 제조업자는 유통업자에게 교육을 제공한 제조업자보다도 제품을 더 싸게 판매할 수 있게 된다.

제조업자가 유통업자에게 고객의 명단을 조사하여 제공하는 경우도 다른 제조업자에게 그 혜택이 돌아가므로 유사한 무임승차의 문제가 발생한다.

이와 같은 경쟁사의 무임승차로 인하여 제조업자는 사회적으로 최적 수준의 광고, 유통업자에 대한 교육 등 판촉활동을 하지 않게 된다. 이러한 종류의 무임승차 문제를 해결하기 위해 사용되고 있는 수직제한이 '배타조건부 거래(exclusive dealing)'이다. 이는 전속 대리점과 같이 경쟁 제조사의 제품을 취급하지 않도록 하는 수직제한을 말한다. 자동차 딜러, 일부 가전제품, 정유사가 운영하는 주유소 등에서 사용되고 있다.

6-2-4 기타 경제적 효과

앞 절에서 기술한 수직제한의 경제적 효과 이외에도 여러 가지 다른 경제적 효과가 있다.

우선 이부가격책정의 경우 비선형 가격책정의 효과가 있다. 비선형의 가격을 책정하게 되면 소비자의 총 지출액이 구매량에 정비례하여 선형으로 증가하지 않게 된다. 구매량에 따라서 구매단가, 즉 가격이 달라지는 것이다. 비선형 가격책정은 독점사업자가 독점이윤을 증가시키는 방법으로 이용되고 있지만 경쟁촉진이나 경쟁제한적이라는 어느 일방적인 효과가 있다기보다는 독점규제법적으로는 중립적이라고 할 수 있다. 끼워팔기도 비선형가격책정효과가 있다.

이부가격이란 판매자가 부과하는 가격이 두 부분으로 나누어져 있는 가격책정 방식을 의미한다. 첫째 항목은 그 제품을 구매할 수 있는 권한을 획득하는 데 따른 일정 금액으로 구성되어 있고, 둘째 항목은 통상의 가격과 같이 구매량에 비례하여 증가하는 부분을 말한다. 소비자가 지불해야 할 단가, 즉 가격은 구매량에 따라 변화하므로 비선형 가격책정 방식 중의 하나가 된다.

놀이 공원의 입장료를 지불하고 그 내부에서 놀이 시설을 이용한 회수만큼 다시 이용료를 지불하는 방식이거나, 전화 회사가 매달 부과하는 전화요금에 일정액의 가입비와 통화 수에 따라 증가하는 통화료를 포함하는 경우, 랜트카(rent car) 회사에서 자동차를 빌려주는데 하루에 일정 금액을 부과하고 자동차를 운영하는 거리에 따라 추가로 부과하는 경우, 폴라로이드 (Polaroid) 카메라는 폴라로이드필름 만을 사용하도록 제조되어 있어 카메라에 대해 일정 금액을 지불하고 필름은 그 사용량에 비례하여 지불하게 되는 경우 등이 모두 이부가격을 책정한 사례이다.

기업이 이부가격을 책정하려면 고객 상호 간의 재판매를 금지시킬 수 있어야 한다. 왜냐하면 고객 간에 재판매가 가능하다면 특정인이 모든 제품을 다 구매하여 다른 고객에게 판매하는 경우, 구매권을 획득하기 위한 정액요금을 면제할 수 있으므로 더 낮은 가격으로 공급이 가능해지기 때문이다.

그림 6-2를 이용하여 이부가격책정의 경제적 효과를 알아보고자 한다. 우선 두 가지 유형의 소비자, A유형과 B유형의 소비자가 있다고 가정한다. A유형의 소비자에 비하여 B유형 소비자의 수요곡선이 더 완만하게 되어 있어 B유형의 소비자가 해당 제품을 더 선호한다는 사실

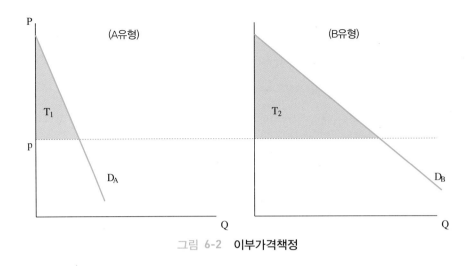

그림 6-2 이부가격책정

을 나타내고 있다. 만약 기업이 개별 고객의 유형을 알 수 있다면 이부가격의 책정으로 소비자 잉여를 전부 탈취할 수 있다. 즉 A유형의 고객에게는 T_1만큼의 정액 요금을, B유형의 고객에게는 T_2만큼을 각각 부과하고 가격을 p로 책정함으로써 소비자잉여 부분까지를 전부 지출하도록 만들 수가 있는 것이다. 그러나 고객이 어떤 유형에 속해 있는지를 모를 경우, 정액요금을 T_1으로 부과해야 할지 T_2로 부과해야 할지 알 수 없다. 만약 T_1이상을 부과할 경우에는 A유형의 고객은 1단위도 구매하지 않을 것이다.

그림에서와 같이 가격을 인하할 경우 높은 정액 요금을 부과할 수 있고 가격을 인상할 경우 정액 요금은 낮춰야 하는 기업의 딜레마가 있다. B유형의 소비자는 높은 정액 요금과 낮은 가격을 선호할 것이고 A유형의 소비자는 정액 요금을 더 낮추는 대신 다소 높은 가격을 더 선호할 것이다. 왜냐하면 B유형은 구매량이 상대적으로 더 많으므로 싼 가격에 구매하여 절약한 금액이 높은 정액 요금을 상쇄하고도 남기 때문이고, A유형은 구매량이 적으므로 낮은 가격으로 인한 절약액이 높은 정액 요금의 지불액을 상쇄할 수 없기 때문이다. 고객이 어떤 유형에 속하는지 모를 경우도 기업은 정액 요금과 가격의 조합에 따라 두 개 이상의 이부가격을 책정함으로써 이윤을 증대시킬 수 있다. 예컨대 첫째 조합은 낮은 정액 요금과 높은 가격, 그리고 둘째 조합은 높은 정액 요금과 낮은 가격으로 정하여 고객으로 하여금 선택하도록 한다면 A유형의 고객은 첫째 조합을, B유형의 고객은 둘째 조합을 각각 선택할 것이다. 물론 기업은 고객이 어떤 유형에 속해 있는지 알 필요가 없다. 전화 회사는 여러 가지 다양한 요금체계 중에서 고객이 선택하도록 하는 관행을 지속하고 있다. 매우 높은 정액 요금을 내고 원하는 만큼의 통화를 할 수 있는 방식과 정액 요금은 싸게 책정한 대신 통화료는 높게 책정하는 방식 등 여러 요금체계 중에서 고객이 선호하는 지불 방식을 선택하도록 하고 있다. 뷔페식당은 정액 요금과 가격 조합의 극단적인 한 형태라 할 수 있다. 즉 정액 요금만을 부과하고 구매량에 부과하는 가격은 영(零)인 경우이다.

이부가격 외에도 여러 가지 다양한 형태의 비선형가격책정 방식이 있다. 첫째는 최소구매량의 설정과 수량할인제이다. 구매가 가능하려면 최소구매량 이상을 구매해야 하고, 최소구매량을 초과하는 부분에 대해서는 구매량에 따라 할인을 하므로 구매량이 많을수록 제품의 단가(가격)가 낮아지게 된다. 즉 비선형의 가격이 되는 것이다.

둘째는 가격책정 방식을 사전에 비선형으로 정해 놓는 경우이다. 예를 들어 전력 회사는 전기의 사용량에 따라 처음 적은 양의 소비에 대해서는 낮은 단가를 부과하고 어느 단계를 넘어선 소비에 대하여는 높은 가격을 부과하는 방식을 사용하고 있다.

다음으로, 고객이 제품을 필요로 하는 시급성이 다를 경우 이에 따라 다른 가격을 책정하는 방식이 있다. 예컨대 제품을 더 조속히 요구하는 고객에게는 더 비싸게 판매하는 경우가 이에 해당한다. 새로운 제품은 대체로 초기에 높은 가격을 부과하다가 시간이 경과함에 따라 가격을 점진적으로 인하하는 관행이 성행하고 있다. 제품의 출시에 맞춰 구매한 고객은 조속히 그 제품을 원하는 소비자이므로 높은 가격을 부과하는 것이다. 항공사는 비행기의 출발일 오래전에 예약한 고객과 출발일에 임박하여 예약한 고객에 대해 다른 항공료를 부과하고 있다. 오래전에 예약한 고객은 대체로 관광 여행을 목적으로 한 승객이고 출발일에 임박하여 예약한 고객은 공무나 사업상의 출장을 목적으로 하는 경우가 대부분이기 때문이다. 공무 출장의 경우 항공 수송에 대한 수요가 더 절박할 것이므로 높은 가격을 부과하는 것이다.

끼워팔기의 경우도 가격차별 효과가 있다. 끼워팔기가 가격차별을 하기 위한 수단으로 이용되는 경우가 있다. 이 경우는 주상품(tying good)과 부상품(tied good) 간에 보완성이 있는 관계이어야 한다. 예컨대 카메라와 필름, 복사기와 복사용지 등과 같은 제품이 이에 해당한다. 이러한 조건이 충족되면 끼워팔기와 가격차별의 경제적 효과는 같아진다.

컴퓨터가 보급되기 시작하던 초기에 IBM사는 컴퓨터와 그 컴퓨터의 운영을 위해 소요되는 소모품인 종이 카드를 끼워 팔았다. 동사는 컴퓨터 가격은 상대적으로 낮게, 카드의 가격은 높게 책정하였다. 카드를 많이 소비하는 고객은 컴퓨터를 많이 사용하는, 다시 말해서 컴퓨터에 대한 경제적 가치를 높이 평가하는 고객인 셈이다. 카드 가격이 상대적으로 높으므로 카드를 많이 사용하는 고객에게는 컴퓨터의 사용료를 높게 책정한 결과가 된다. 컴퓨터에 대한 고객의 경제적인 평가에 따라 각각 다른 가격을 책정한 결과가 된다는 의미이다.[6] 컴퓨터와 종이 카드를 끼워 팖으로써 컴퓨터에 대한 가치를 높이 평가하는 고객과 그렇지 않은 고객 간의 가격차별을 한 결과가 되었다. 이와 같은 결과는 앞서 설명한 이부가격의 책정으로도 설명이 가능하다. 컴퓨터에 대한 대가는 정액 요금으로, 카드에 대한 대가는 단위당 책정하는 가격으로 간주할 수 있기 때문이다.

영업구역 할당도 가격차별을 하기 위한 수단으로 이용되는 경우가 있다. 영업구역을 할당하고 그 지역에서 독점적 지위를 확보해 주는 조건으로 유통업자 상호 간에 재판매를 하지 않겠다는 약속을 받아 내는 경우이다. 이러한 재판매 금지를 기반으로 가격차별이 가능하게 되는 것이다. 그러나 가격차별 행위는 일반적으로 경제 효율을 향상시킬 수도 있고 저하시킬 수 있으므로 가격차별을 위한 수직제한의 효과도 분명하지 않다.

6-2-5 수직제한의 경쟁제한성

지금까지 수직제한의 경쟁 촉진적 순기능에 대해 설명하였다. 그렇다면 왜 수직제한을 독점금지법으로 규제해야 하는가? 바로 순기능 외에 경쟁을 제한하는 기능도 있기 때문이다. 여기서는 수직제한이 경쟁을 제한하는 사례를 설명하고자 한다.

먼저, 재판매가격 유지행위는 제조업자 간의 가격담합을 용이하게 하는 수단으로 이용될 수도 있다. 가격담합이 성공하기 위해서는 참가자들의 약정위반행위를 감시할 수 있어야 하는데, 도매가격보다는 소매가격에 대한 감시가 더 쉬우므로 약정위반자를 용이하게 적발하기 위해서 재판매가격을 유지하기로 약정할 수가 있다. 담합에 참여한 모든 제조업자들이 재판매가격을 유지한다면, 그들의 소매가격이 쉽게 상대방에 의해 노출되므로 가격을 혼자 인하하는 등의 담합 이탈 행위가 어려워지게 된다. 특히, 독점사업자가 유통업자가 부과할 최저가격을 지정하는 경우, 유통단계에서 가격 경쟁을 저해할 가능성이 크다.

영업구역의 제한행위의 경우 상표 간 경쟁이 치열하다면 경쟁제한 가능성이 낮으나, 상표 간 경쟁이 심하지 않고 행위자의 시장점유율이 높은 경우 상표 간 경쟁제한 효과가 커질 수 있

---

6   가격차별에 대해서는 제7장 '가격차별'을 참고하기 바란다.

다. 또한, 진입장벽이 높은 유통산업에 종사하는 사업자들에 의한 수평담합을 용이하게 해 줄 수가 있다. 유통업자들이 제조업자에게 영업지역 할당과 같은 수직제한을 요구하는 경우도 있다. 이때 수직제한은 겉으로는 수직적인 관계처럼 보이나 실제는 유통업자 간의 수평담합과 같은 효과를 갖는다.

배타조건부 거래의 경우 그 배타조건부 거래의 상대방이 많고 그들의 점유율이 높은 경우 경쟁사업자가 대체적 물품구입처나 유통경로를 확보하는 것이 매우 어려울 것이다. 이 경우는 경쟁을 제한할 가능성이 크다. 또한, 신규 진입을 더 어렵게 할 수도 있다. 예컨대 어떤 산업에 유통채널이 매우 희소하여 제조업자가 판로를 개척하기 어려운 경우, 제조업자는 희소한 그 유통채널과 배타조건부 거래를 함으로써 잠재적 경쟁자인 신규 진입자가 그 유통시설을 사용하지 못하게 할 수 있는 것이다. 새로운 제조업자는 유통시설을 사용할 수 없는 경우 독자적인 유통시설을 설립해야 하므로 막대한 진입 비용을 지불해야 할 것이다.

끼워팔기의 경우는 부상품시장에서 경쟁자 배제 효과가 나타날 수 있다. 특히, 끼워팔기를 행한 사업자가 주상품시장과 부상품시장에서 지배력이 높을수록 배제 효과는 더 커질 가능성이 있다.

6-3 미국의 사례

6-3-1 개관

미국의 독점규제법은 경쟁을 저해하는 수직제한을 위법으로 규정하고 있다. 상표 내의 경쟁 (intra-brand competition)에 영향을 주는 수직제한과 상표 간의 경쟁(inter-brand competition) 에 영향을 주는 수직제한으로 구분하고 있다. 전자는 재판매가격 유지, 영업지역 할당, 판매량 할당 등과 같이 제조업체가 유통업자의 재판매와 관련된 사항에 대해 통제하는 행위로서 셔먼 법 1조의 적용을 받고 있고, 후자는 배타조건부 거래(exclusive dealing), 끼워팔기와 같이 판매자(제조업자)의 경쟁자와 거래하는 것을 제한하는 행위로서 크레이톤법 3조의 적용을 받고 있다.

먼저 셔먼법 1조의 적용을 받는 상표 내의 수직제한은 크게 가격과 관련된 수직제한과 가격과 관련 없는 수직제한으로 나눌 수 있다. 전자는 재판매가격 유지행위로 대표되고 후자는 영업구역 할당, 판매량의 할당 행위 등으로 대표된다. 셔먼법의 제정 초기에는 수직제한도 수평담합과 똑같은 경쟁제한 효과가 있는 것으로 생각했었다. 따라서 초기에는 대부분의 수직제한행위도 공동행위와 같이 당연위법으로 처리되었다. 그러나 앞에서 설명한 바와 같이 수직제한이 무임승차 문제의 해결 등 경제적 효율 증대의 효과가 있다는 것으로 밝혀지면서 이에 대한 인식이 점진적으로 바뀌게 되어 지금은 전부 합리의 원칙을 적용하게 되었다. 따라서 사법부의 독점규제법 관련 판결 중에서 그 위법성 기준이 가장 획기적으로 변화된 분야가 바로 이 수직제한 관련 사건으로 기록되고 있다.

상표 간의 경쟁에 영향을 주는 수직제한은 배타조건부 거래(exclusive dealing)와 끼워팔기(tying arrangement)를 들 수 있으며 크레이톤법 3조의 적용을 받고 있다. 상표 내의 수직제한과는 달리 다른 경쟁 제조업체가 유통망을 이용하기 어렵게 되는 사실이 독점규제법의 주의를 받고 있다. 배타조건부 거래와 끼워팔기는 크레이톤법의 적용을 받고 있으므로 여기서는 셔먼법과는 다른 크레이톤법의 특성을 몇 가지 설명하고자 한다. 첫째, 동 법의 3조에서도 대부분의 크레이톤법 조문에 있는 것과 같이 "심대하게(substantially) 경쟁을 저해하거나 독점을 생성할 수 있는(may be)..." 배타조건부 거래와 끼워팔기는 위법이라고 규정함으로써 예방적 차원의 조치가 가능하도록 되어 있다. 둘째, 크레이톤법은 셔먼법에 비하여 몇 가지 제한사항이 있다. 크레이톤법은 판매자가 행한 위법행위에 대해서만 적용하고 있다. 따라서 만약 구매자가 판매자의 모든 제품을 자기에게만 판매한다는 조건으로 거래했다면 크레이톤법의 대상이 안 된다.[7] 또한 크레이톤법은 상품에 대해서만 적용을 하고 있고 서비스나 용역은 그 적용 대상이 안 된다. 반면 셔먼법이나 FTC법은 모든 상품과 서비스가 그 적용 대상이 된다.

6-3-2   재판매가격 유지행위

셔먼법 제정의 초기에는 모든 수직제한행위가 당연위법으로 간주되었다. 수직제한에 대한 경제적인 순기능이 인식되면서 비가격 수직제한은 모두 합리의 원칙을 적용하게 되었음에도 불구하고 가격과 관련되는 수직제한은 최근까지도 당연위법으로 처리되고 있었다. 그러나 가격 관련 수직제한과 비가격 수직제한은 경제적 효과 면에서 아무런 차이가 없으므로 양자 간의

---

7   셔먼법이나 FTC법의 적용은 가능하다.

이러한 구분이 옳은 것인가에 대해 많은 논란이 있다. 이러한 문제점을 인식하여 법원은 비록 재판매가격 유지행위에 대한 당연위법의 적용을 중단하지는 못하고 재판매가격 유지행위를 구성하기 위한 '합의의 충족 요건(agreement requirement)'을 엄격하게 적용함으로써 재판매가격 유지행위에 대한 입증을 어렵게 하는 입장을 취하였다. 그러다 결국 2007년 Leegin 판결에 의해 합리의 원칙을 적용하게 되었다.

가) 타인의 소유물 처분권 제한으로서의 재판매가격 유지행위

재판매가격의 유지에 대해 당연위법을 적용한 첫 번째 사건은 1911년의 *Dr. Miles Medical Co. v. John D. Park & Son*[8]이다. 특정 의약품 제조에 특허를 보유한 제약회사인 Dr. Miles 사가 도매와 소매 단계에서의 재판매가격을 통제하였다. 동사의 주장은 제조사가 누구에게 판매할 것인지를 정하는 권리를 갖고 있다면 그 판매의 조건을 정할 수 있는 권리도 가져야 한다는 것이다.

법원은 Dr. Miles사의 주장을 받아들이지 않았다. 재판매가격을 지정하는 행위는 타인의 소유물 처분권에 대한 제한으로서 용납되어서는 안 된다는 것이다. 즉 Dr. Miles사가 도·소매 업자에게 제품을 판매하였다면 그 제품의 소유권은 이미 그 도·소매업자에게 넘어간 것인데 재판매가격을 지정한다는 것은 타인의 소유물에 대한 처분권을 제한한 결과가 된다는 것이다. 당시 법원은 수직적 가격제한행위는 Dr. Miles의 제품을 판매하는 딜러들 간의 수평담합과 동일하다는 인식을 갖고 있었던 것으로 보인다. Dr.Miles에서 적용했던 재판매가격 유지행위에 대한 당연위법의 적용은 앞서 설명한 대로 2007년 Leegin 사건의 판결에 의해 번복된다.

Dr. Miles 사건에서의 논거는 타인의 소유물 처분권에 대해 제한을 가하는 행위를 금지한다는 개념에 기초하고 있으므로 위탁판매나 판매 대리인을 통한 재판매가격 유지행위는 법 위반이 아니라는 인식이 확산되었다. 대표적인 사건은 *United States v. General Electric Co.*[9]이라 할 수 있다. GE는 자사 제품인 전구의 도·소매 판매를 위한 대리인을 고용하고 그들이 도·소매 단계에서 재판매할 가격을 지정하였다. 그 대리인들은 GE사와 위탁판매 계약을 하기 전에는 동일 제품을 취급하던 독립 도·소매상들이었다. 그들이 GE의 대리인이 된 후에는 제품에 대한 소유권이 GE로부터 직접 소비자에게로 전해지게 되었다. 법원은 대리인들이 전

---

8   220 U.S. 373 (1911).
9   272 U.S. 476 (1926).

구의 구매자가 아니므로 Dr.Miles에서 금지한 소유물 처분권에 대한 제한행위가 아니라고 결론지었다.

Simpson v. Union Oil[10]에서 정유사인 Union Oil은 자사 제품인 휘발유 판매를 위해 일부 주유소를 임대하는 방식을 취하였는데 주유소를 운영할 임차인과 휘발유 위탁판매 계약을 맺고 Union Oil이 휘발유 소매가를 지정하도록 합의하였다. 원고인 Simpson사는 Union Oil이 정한 가격보다 더 낮은 가격으로 판매하여 Uninon Oil과의 딜러 계약이 파기되었다.

법원의 결론은 1926년의 GE 사건과는 달리 상기 위탁판매에 따른 소매가격 지정행위가 법 위반이라는 것이다. 법원이 내세운 논리는 다음과 같다. '위탁판매'라는 용어가 중요한 것이 아니라 실질적인 거래관계가 중요하다. 이 경우는 Union Oil의 매우 방대한 유통망과 관련되어 있고 사업상의 위험부담이 궁극적으로는 주유소 측에 귀속되고 있다.

이 사건의 위법성 판단에서 가장 중요한 요소는 "사업의 위험부담이 누구에게 귀속되는가?" 라는 것이다. 위험부담이 제조업자에게 귀속되는 경우는 합법적인 판매 대리인일 가능성이 크지만, 위험부담이 딜러에게 귀속되는 경우라면 위탁판매를 위장한 독립 소매상일 가능성이 크다는 것이다. 또한 이러한 위탁판매가 가격 결정이라는 목적 이외에 다른 목적, 예컨대 제품의 질을 유지하기 위한 것이라든가 마케팅을 위해 효율적인 방법이기 때문이라든가 하는 다른 목적을 위한 것이었는지의 여부도 검토하고 있다. 위탁판매가 가격 결정 이외의 목적이 있다면 법 위반이 아닐 가능성도 있기 때문이다. Union Oil이 주유소에 비하여 협상력이 훨씬 더 강하다는 점도 고려되었던 것으로 보인다.

나) 수직적 합의 입증 - Colgate 독트린 -

재판매가격 유지행위를 포함한 수직제한은 셔먼법 1조의 적용을 받으므로 수평적 담합의 경우와 마찬가지로 당사자 간에 합의가 있었다는 사실이 입증되어야 한다. 여기서 말하는 합의는 수직적 합의이므로 제조업자와 유통업자 간에 이루어지게 되는 합의를 의미한다. 이와 관련된 세 가지의 논점을 요약하면 다음과 같다. ① 수평적 담합의 경우에서와 같이 명시적인 합의가 없는 경우에 어느 정도의 증거가 있어야만 묵시적 합의가 있었다고 추정할 수 있는가? ② 당사자 간의 그러한 합의나 연합이 재판매가격을 고정시키려고 노력하는 행위와 어느 정도

---

10 377 U.S. 13 (1964).

밀접하게 관련이 있어야 하는가? ③ 그 합의가 재판매가격을 고정시키려는 목적으로 행해졌다는 사실을 보여야 하는가, 아니면 그러한 합의가 단순히 가격을 안정화시키는 효과가 있다는 것을 보이는 것만으로 충분한 것인가? 등이다.

여기서 합의가 있었는지 여부를 결정하는 기준은 가격 관련 수직제한이든 비가격 수직제한이든 동일하게 적용된다. 그러나 재판매가격 유지행위와 같이 가격 관련 수직제한인 경우는 합의에 대한 입증 문제가 매우 중요한 판단 요소가 된다. 왜냐하면 가격 관련 수직제한은 당연위법으로 처리되므로 합의가 있었다는 사실이 입증되는 것만으로도 위법으로 선언되기 때문이다. 반면에 비가격 수직제한은 합리의 원칙이 적용되므로 합의가 있었는지 여부는 수많은 고려사항 중의 일부에 불과하여 가격제한의 경우만큼 중요하지 않게 된다.

합의 입증의 기준을 제시하는 중요한 사건이 있다. *United States v. Colgate*[11]에서 Colgate사는 치약과 비누 등 가정용 소모품 제조업체인데 자사가 원하는 소매가격을 사전에 제시하고 그 가격에 판매하지 않은 소매상과의 거래를 단절하겠다고 공표하였다. 나중에 그 가격에 판매하지 않은 소매상들과 실제 거래를 중단하였다. 이 사건에서 가장 핵심적인 논점은 "자기가 원하는 재판매가격을 사전에 공표하고 그 재판매가격을 지키지 않은 소매상에 대해 거래 거절한 제조업자에 대해서 Dr. Miles에서 정한 원칙을 적용할 수 있는가" 하는 것이다.

Colgate사가 행한 수직제한은 분명히 가격과 관련된 행위인데도 불구하고 법원은 셔먼법 하에서도 판매자는 자기가 원하는 사업자와 거래할 수 있는 자유가 보장되어 있고, 또한 어떤 조건하에서는 거래를 하지 않겠다는 것을 사전에 공표할 수 있는 자유도 있으므로 이 사건을 당연위법으로 처리해서는 안 된다고 판시하고 있다. 이 사건에서 법원은 재판매가격 유지행위의 '합의'에 대한 충족요건에 대해 다음과 같이 판단하였다. Colgate의 그러한 행위가 소매상과의 합의에 의한 것이 아니고 동사의 일방적인 행위(uni-lateral conduct)에 의한 것이라면, 동사의 재판매가격 공표와 그것을 지키지 않은 소매상과는 거래를 중지하는 행위는 재판매가격 유지행위에 해당하지 않는다는 것이다.

최근까지도 법원은 Colgate 독트린을 신중하게 적용하려는 태도를 견지하고 있었다. Colgate 독트린을 신중하게 적용한다는 의미는 '당사자 간의 합의가 아니고 일방적인 행위에 의한 것'의 범위를 매우 좁게 해석한다는 뜻이다. 다시 말해서 합의에 대한 입증 요건을 느슨

---

11 250 U.S. 300 (1919).

하게 적용함으로써 웬만한 증거를 모두 합의가 있었다는 것으로 인정해 준다는 의미이다. 합의가 있었다는 것을 입증하기 위해서는 서류 형태의 명시적인 계약이 있어야만 하는 것이 아니라 거래하는 과정에서 암묵적으로 추정되는 정도이면 충분하다는 것이다. 따라서 Colgate 독트린이 피고의 방어수단이 되려면 글자 그대로 피고가 소매가격에 대하여 자기의 희망 사항을 표시하고 그것을 지키지 않은 소매상과 단순히 거래를 중단한 것 이상의 행위가 되어서는 안 된다는 것이다.

United States v. Parke Davis & Co.[12]는 Colgate 독트린의 범위를 벗어난 대표적인 사례이다. 이 사건의 내용은 제약사가 도매상의 협조를 구해 소매가격을 통제하려 한 것이다. Parke Davis사는 도매상들에게 동사가 제시한 도매가격 이하로 판매하거나 동사가 제시한 소매가격 이하로 판매한 소매상과 거래하면 그 도매상에게는 약품 공급을 하지 않겠다는 의사표시를 했다.

법원은 다음과 같은 이유 때문에 동사의 행위는 Colgate 독트린의 범위를 벗어났다고 판시했다. Parke Davis사는 재판매가격을 유지하기 위해 거래거절을 무기로 도매상들이 재판매가격 유지행위에 참여하도록 위협하였다. 셔먼법 1조의 위반이 되는 담합이란 가격의 유지를 위한 명시적 혹은 묵시적인 합의만을 의미하는 것이 아니라 재판매가격을 지키지 않는 도·소매상들에게 단순한 거래거절 이상의 방법을 사용하여 자기가 원하는 가격을 유지하게 하는 경우에도 해당한다. 이 사건에서 사용된 '단순한 거래거절 이상의 방법'이란 거래거절을 무기로 도매상들이 Parke Davis사의 계획에 참여하도록 위협하였다는 사실이다. 이 거래거절이라는 위협으로 결국 도매상들은 Parke Davis사가 제시하는 재판매가격을 묵인하게 되었고, 이것이 그들 간의 합의가 존재한다는 근거를 제공했다는 것이다. 따라서 이 사건에서 Parke Davis의 행위는 Colgate독트린을 넘어선 것으로 인정되었다.

Albrecht v. Herald Company[13]에서는 재판매가격으로 최고가격을 지정하는 경우도 당연위법에 해당한다고 판시하였다. 이 사건에서 Herald는 St.Louis Globe-Democrat라는 신문을 발행하는 신문사인데 동 신문의 배급사인 Albrecht가 판매할 수 있는 최고가격을 지정하였다. 배급사인 Albrecht사가 Herald사가 정한 최고가격 이상으로 판매하자, Herald사는 이에 대응하여 다른 독립 배급사를 고용하고 독자들로 하여금 Albrecht사로부터는 신문 구독을 중

---

12 362 U.S. 29 (1960).

13 390 U.S. 145 (1968).

단하고 새로운 배급사로 하여금 배달하도록 하였다. 법원은 두 가지 주요 내용을 결정한다. 첫째, Herald사의 행위는 일방적인 행위처럼 보이지만 실제 다른 독립배급사와 합의한 측면이 강하고, 둘째, 최고 가격지정 행위도 당연위법을 적용해야 한다는 것이다. 후자는 나중에 언급할 *Khan* 사건에 의해 번복된다.

이 사건에서 법원은 재판매가격의 합의 당사자가 되는 범위를 매우 넓게 인정해 주어 Herald사와 새로운 배급사가 합의의 당사자라고 판단하였다. 법원은 Pakre Davis의 사례를 인용하면서 만약 Parke Davis가 도매상들에게 행한 위협행위가 합의의 입증 요건을 충족한다면 이 사건의 경우도 마찬가지라는 것이다. 여기서는 신문사가 새로운 배급사를 고용하고 독자를 유인하도록 하였는데, 이것은 Albrecht사로 하여금 신문사가 정한 최고가격을 준수하도록 강압하기 위한 수단이었다는 것을 새로운 배급사가 알고 있었으므로 합의 요건이 충족된다는 것이다.

전술한 바와 같이 초기에는 수직제한에 대해 모두 당연위법의 원칙을 적용하였는데 비가격 수직제한에 대해서는 1977년 Sylvania 사건[14] 이후부터 합리의 원칙을 적용하게 되었고 재판매가격 유지와 같은 가격 관련 수직제한의 경우는 계속하여 당연위법을 유지하다가 2007년 Leegin 사건에서부터 합리의 원칙을 적용하게 되었다. 이와 같이 비가격 수직제한에 대해 합리의 원칙이 적용되기 시작하자 2007년 Leegin 사건 전까지는 비가격 제한과 가격 제한이 섞여 있거나, 비가격 제한인지 가격 제한인지 분명하지 않은 사건에 대한 처리기준이 필요하게 되었다.

Monsanto v. Spray-Rite Service Corp.[15]에서 Monsanto는 농업용 제초제를 제조·판매하는 회사인데 원고인 Spray-Rite는 Monsanto의 딜러이다. Spray-Rite사는 Monsanto사로부터 제초제를 대량 구매하여 할인 판매하는 정책을 유지해오고 있었다. 이에, 경쟁 관계에 있는 다른 딜러가 Spray-Rite의 행위에 대해서 문제를 제기한 후 Monsanto는 Spray-Rite와의 딜러 관계를 중단하게 되었다.

한편, Monsanto사는 매출감소에 대비하기 위해 1968년 몇 가지 마케팅 전략을 수립·시행하였다. 그 내용은 자사의 딜러에 대한 판매 교육의 강화, 딜러에 훈련된 판매원의 추가 배치, 딜러들을 위한 제초제 전문 교육시스템의 개발, 판매원을 그 교육수강을 위해 파견 시 딜

---

14 6-3-3항을 참고하기 바란다.
15 465 U.S. 752 (1984).

러에 대한 현금 보조 등이다. 또한 동사는 딜러들의 판매지역을 지정하는 등 어느 정도 독점적 지위도 보장하도록 하였다.

Spray-Rite사의 주장은 자사가 Monsanto가 공표한 가격보다 더 싸게 가격할인을 했으므로 딜러 관계를 중단시켰다는 것이다. 즉, Monsanto사가 다른 딜러들과 재판매가격을 고정하기로 합의하였고 그 딜러들과 공모하여 가격할인을 한 자신의 딜러계약을 종료시켰다는 것이다. 이에 대해 Monsanto는 Spray-Rite사가 자사의 마케팅 전략을 적절하게 수행하지 못하여 딜러의 자격 기준에 미치지 못했으므로 딜러에서 제외시켰다고 주장하였다. 훈련된 판매원의 고용을 거부했고 적절한 판촉활동을 하지 않았다는 것이다. 원고는 가격 관련 수직제한이라는 것이고 피고는 비가격 수직제한이라는 것이다. 사실, 딜러에게 판매원의 배치나 교육을 의무화하는 비가격 수직제한은 그것이 판매가격을 인상시키는 효과가 있다는 점에서 가격 관련 수직제한과 전혀 관련이 없다고 할 수는 없다. 이 점이 이 사건에서 중요한 쟁점이 되기도 했다.

법원은 3가지 핵심 질문에 대해 검토하였다. 첫째, 비가격 수직제한이 어느 정도 재판매가격과 같은 가격 관련 수직제한과 연계되어야 당연위법을 적용할 것인가? 둘째, 재판매가격을 유지하기 위한 합의에 의해서 딜러 계약이 종료되었다는 것을 추정할 수 있으려면 어떤 종류의 증거가 있어야 하는가? 셋째, 재판매가격 유지행위는 당연위법으로 처리해야 하는가? 마지막 질문은 행정부 경쟁 당국이 제기한 것이다.

첫째 질문에 대해서 Monsanto측과 경쟁 당국인 법무부는 과거 Sylvania 사건에서 법원이 인식한 비가격 수직제한의 친 경쟁적인 효과를 감안할 때, 비가격 수식제한이 재판매가격 행위의 일부분이라는 단순한 주장으로는 이에 대해 당연위법을 적용하기는 무리라는 입장을 표명하였다. 최종적으로 법원은 비가격 수직제한이 재판매가격의 공모와 연계되었다는 것을 원고 측이 입증하지 못했다는 의견을 개진하고 있다. 둘째 질문에 대해서 법원은 재판매가격의 유지를 위한 합의가 있다는 것을 입증하기 위해서는 제조사와 딜러가 실제 독립적으로 행동했다는 것을 완전히 배제할 정도의 증거가 필요하다는 의견을 제시하였다. 그런데 Spray-Rite사는 그런 증거를 제시하지 못했다는 것이다. 즉, Monsanto의 딜러계약 해지가 자사와 딜러 간의 재판매가격의 합의에 의한 것임을 원고 측이 충분히 입증하지 못했다고 판단하였다. 경쟁사인 다른 딜러의 단순한 문제 제기만으로는 제조업체와 문제를 제기한 딜러 간에 합의가 있었다는 것을 추정하기에는 부족하다는 것이다. 더 나아가, 그러한 문제 제기가 없다 하더라도 제조업체가 딜러를 공짜승객으로부터 보호하려는 동기가 있다는 것이다.[16] 사실 법원은

Colgate 독트린을 적용한 것이다. 즉 가격에 대해 자기의 의사를 사전에 공포한 제조업체와 그것을 준수한 딜러 간에는 합의가 있을 수 없다는 것이다. 셋째 질문에 대해서는 직접적인 언급은 없었다. 다만, 재판매가격 유지행위가 공짜승객 문제의 해결에 도움을 줄 수 있다는 입장을 표명하였다.

이 사건 이후 제조업자와 유통업자는 만약 그들 간에 어떤 종류의 합의가 없다면 가격을 지정할 수 있는 합법적인 여지가 생기게 되었다고 말할 수 있다.

그 후의 사례에서도 수직제한은 가격에 대한 합의가 없는 한 당연위법으로 취급해서는 안 된다는 인식이 확산되었다. 즉 재판매가격에 대한 합의가 없다면 수직제한은 제조업자 간 혹은 소매업자 간의 담합을 촉진시키지 않는다는 것이다. 이에 따라 딜러 관계가 중단된 소매상에 의하여 제기된 소송은 원고가 수직적 가격담합이 있었다는 것을 보여주지 못하는 한 원고가 패소하는 경향이 늘어났다. 그럼에도 불구하고 재판매가격 유지행위에 대하여는 여전히 당연위법을 적용하고 있었다. 그러나 재판매가격 유지행위도 앞 절에서 살펴본 바와 같이 유통업자의 무임승차 문제를 해결하기 위한 행위라면 비가격 수직제한과 경제적 효과 면에서 동일하다. 그런 측면에서 비가격 제한은 합리의 원칙을 적용하고 재판매가격 유지행위는 당연위법으로 취급한다는 것은 논리적인 모순이 아닐 수 없다. 재판매가격 유지행위가 경쟁을 저해하는 효과가 있는 것이 사실이나 그것이 무임승차를 제거함으로써 경제적 효율을 증진하는데 기여한다면 비가격 제한과 같이 그 유익성과 유해성을 비교하여 위법성 여부를 판단해야 할 것이다.

다) 최근 판례 동향

최고가격의 유지행위도 다음과 같은 3가지 이유 때문에 Albrecht의 사례에서 본 바와 같이 당연위법에 포함 된다. ① 판매자의 잘못된 가격책정으로 경쟁가격의 형성에 지장을 줄 수 있다. ② 소매상들이 소비자에게 필수적인 서비스를 제공하는 것을 막을 수 있다. ③ 책정된 최고가격이 실제로 최소가격이 될 가능성이 있다.

그러나 Albrecht 사례에서 적용된 최고가격에 대한 당연위법의 적용은 경제학자들의 많은 비판을 받았다. 왜냐하면 당시 배급사들은 각자의 영업구역이 할당되어 있었으므로 독점적인

---

16 법원의 이와 같은 입장은 외부효과를 없애기 위한 수직제한의 경제적 순기능을 법원이 인정하기 시작했다는 것을 의미한다.

지위를 유지하고 있었는데, 최고가격을 유지함으로써 배급사들이 독점력 행사를 자유롭게 할 수 없게 되어 독자들에게 혜택이 돌아갔기 때문이다. Albrecht의 사례에서 결정된 최고가격에 대한 당연위법의 원칙이 번복되지는(overruled) 않았으나 재판매가격 유지행위에 대해 적용하던 당연위법의 추세가 약화되면서 최고가격 유지행위도 합리의 원칙으로 변해 가는 경향이다.

최근 법원은 1977년 *State Oil v. Kahn*[17] 사건에서 최고 재판매가격 제한은 당연위법에 해당되지 않는다고 판시함으로써 Albrecht의 판례를 번복하게 된다. 이러한 변화의 흐름에 의해 결국, 2007년 *Leegin Creative Leather Products v. PSKS Inc.*[18] 판결에서 최저가격 유지행위도 당연위법이 아닌 합리의 원칙이 적용되어야 한다고 판시하기에 이른다. Leegin 사는 가죽 옷 제조 판매업체인데 가격을 낮춰서 출혈 경쟁을 하기보다는 제품의 질로 승부하기로 판매정책을 바꿨다. 소매점에서 동사가 지정하는 가격보다 더 많은 할인을 한 경우 그 소매점에 판매를 거부키로 한 것이다. 그런데 Kay's Kloset이라는 소매점이 이 판매정책을 어기고 20%나 할인하여 판매하자 그 소매점에 대해 판매를 거절하게 되었다. 그러자 그 소매점의 모회사인 PSKS가 셔먼법 1조 위반으로 Leegin사를 제소하게 된 사건이다. 법원이 이 사건에서 재판매가격 유지행위는 당연위법으로 처리한다는 Dr. Miles 사건의 판결을 번복하여 합리의 원칙을 적용해야 한다고 판시하였다. 이 사건은 Dr. Miles 사건 이후 견지되어온 재판매가격 유지행위에 대해 당연위법의 원칙을 번복하는 획기적인 사건이 되었다.

이 판결에서 법원은 수평적 제한과 수직적 제한의 경쟁제한 효과가 다르므로 이들 행위가 경쟁에 미치는 효과를 분석하여 재판매가격 유지행위에 대해 당연위법의 원칙을 적용할 필요가 있는지 여부를 검토하여야 한다고 하면서, 재판매가격 유지행위의 경우 일정한 경쟁제한 효과가 있기는 하지만, 브랜드 간 경쟁의 촉진, 무임승차의 방지, 서비스 수준의 제고, 신규 진입의 촉진 등과 같은 경쟁 촉진적 효과가 존재하므로 재판매가격 유지행위가 항상 경쟁제한적 효과를 가지는 것은 아니라고 판단하였으며, 이에 더 나아가 이와 같이 재판매가격 유지행위가 경쟁촉진적 효과가 분명한 이상 과거 선결례에 구속되어 이를 당연위법의 대상으로 존치하는 것은 부당하다고 선언하여, Dr. Miles 사건에서 확립된 당연위법의 원칙은 더 이상 유효하지 않게 되었다.

---

17 522 U.S. 3(1997)
18 551 U.S. 877(2007)

6-3-3 영업구역 및 고객 제한

가) 일반적인 형태의 영업구역 및 고객 제한

영업구역이나 고객을 제한하는 제조업자의 행위는 대표적인 비가격 수직제한의 일종이다. 전술한 바와 같이 비가격 수직제한은 초기에는 당연위법으로 취급되다가 70년대 후반부터 합리의 원칙을 적용하게 되었으므로 위법성 판단의 기준이 매우 획기적으로 바뀐 셈이다. 그러므로 비가격 수직제한과 관련된 판결 내용을 역사적으로 살펴보면 일관성이 심하게 결여되어 있다는 것을 발견하게 된다. 일관성이 결여된 판결의 이면에는 수직제한이 수평담합만큼이나 경쟁제한적이라는 생각에서부터 이것이 무임승차를 해결하여 경제적 효율을 높이는데 기여한다는 사실을 이해해 가는 과정이 있었다. 60년대 중반부터 4년 안에 처리한 두 개의 수직제한 관련 사건을 비교함으로써 당시 법원의 수직제한에 대한 이해가 얼마나 혼돈 상태였는지를 살펴볼 수 있다.

White Motor Co. v. United States[19]에서 White Motor사는 트럭과 그 부품을 제조·판매하는 기업인데 자사의 딜러에게 각자의 영업구역을 할당하고 그 영업구역 안에 있는 사업자와만 거래하도록 요구하였다. 뿐만 아니라 정부 기관과는 거래하지 말도록 요구하였다. 전자의 행위는 전형적인 영업지역 제한이고 후자의 행위는 고객 제한에 해당한다. White Motor사는 영업구역을 제한한 것은 자사의 딜러들로 하여금 대규모 제조업체와 효과적으로 경쟁할 수 있도록 하기 위한 것이고, 정부 기관과 거래하지 않도록 한 것은 정부 기관은 대규모 수요자인데 부품을 딜러하고만 거래하도록 하여 가격할인의 기회를 잃을 경우 White Motor에 대한 인상이 나빠질 것을 우려하여 그렇게 했다는 것이다.

이 사건에서 핵심 이슈는 이러한 영업구역 제한과 고객 제한행위를 셔먼법 1조의 당연위법으로 인정할 것인지 여부이다. 여기서 중요한 고려사항은 수직제한에 의한 영업구역제한이 과연 수평담합에 의한 영업구역제한에 적용되는 기준을 적용해야 할 만큼 수평담합과 유사한 정도의 나쁜 경쟁제한 효과가 있는가를 판단하는 것이다. 5 대 3으로 법원은 수직제한은 수평담합과 유사한 정도의 경쟁제한 효과를 갖고 있지 않으므로 당연위법으로 취급해서는 안 된다고 판시하였다. 당연위법이란 경쟁에 유해한 측면만 있고 그것을 상쇄할 만한 친 경쟁적인 유익성이 없는 행위에 적용하는 것인데, 수평적 영업구역 할당은 바로 그런 행위에 속한다는 것

---

19 372 U.S. 253 (1963).

이다. 왜냐하면 그런 행위는 노골적인 제한(naked restraint)에 속할 뿐만 아니라 경쟁을 제한하여 사업자의 이윤을 증대시키려는 목적 이외의 다른 목적은 없는 행위이기 때문이라는 것이다. 그러나 수직제한에 대해서는 그 경제적 효과나 목적 등에 대한 충분한 지식을 갖고 있지 않으므로 수평적 제한행위와 똑같은 경쟁제한 효과가 있다는 결론을 내릴 수가 없어 당연위법으로 처리해서는 안 된다는 것이다.[20]

4년 후인 1967년 *United States v. Arnold, Schwinn & Co.*[21]에서 White와 매우 유사한 행위에 대하여 당연위법을 적용하였다. Schwinn은 자전거 제조업자인데 세 개의 유통 방식을 통하여 제품을 판매하고 있었다. 첫째는 중간 유통상을 거쳐 소매상에게 판매하는 경로인데, Schwinn사가 직접 소매상에게 제품을 발송하고 중간 유통상은 수수료를 받는 형식이다. 둘째는 중간도매상에게 판매하는 방식, 그리고 마지막은 중간도매상에게 위탁하여 소매상에게 판매하는 방식이다. 후자의 두 개 방식에서는 중간도매상에게 영업구역을 할당하여 그 구역 내에 있는 Schwinn사와 프랜차이즈 계약을 맺고 있는 소매상하고만 거래하도록 하였고 소매상 역시 그 구역을 담당한 도매상으로부터만 구입하고 해당 지역의 소비자에게만 판매하도록 제한을 가하였다.

법원은 수직적 영업구역 제한이나 고객 제한행위는 당연위법이라고 선언하였다. 다만, 위탁판매의 경우는 합리의 원칙을 적용하였다. 이 사건에서 법원은 수직제한행위에 대한 경제적 효과분석에 관심을 두기보다는 수직제한을 계속 허용할 경우 고전적인 규범인 타인의 소유물 처분권에 대한 제한행위가 성행하게 될 것을 더 우려했던 것으로 보인다. 위탁판매에 대하여는 합리의 원칙을 적용한 이유는 GE 사건에서처럼 '타인의 소유물에 대한 처분권'을 제한하지 않았다고 판단했기 때문이다. Schwinn의 결정은 10년 후인 1977년 Sylvania 법원에 의하여 번복되고(overruled) 만다.

Continental T.V. v. GTE Sylvania[22]는 여러 가지 면에서 독점규제법 집행에 있어 획기적인 전기를 제공한 사례이다. 이 사건의 심리에서 법원은 사상 처음으로 경제분석이 독점규

---

20 당연위법에 해당하는 행위는 과거의 경험에 비추어 경제에 미치는 유익성은 없고 유해성만 있는 것으로 알려진 행위를 말한다. 법원이 그 경제적 효과에 대하여 알지 못하는 새로운 관행이나 위반 형태는, 따라서, 당연위법을 적용하지 않고 합리의 원칙을 적용한다. 합리의 원칙을 적용하면 경쟁제한 효과가 있다는 입증책임은 원고(경쟁 당국) 측에 있게 된다.

21 399 U.S. 365 (1967).

22 433 U.S. 36 (1977).

제법 사건을 다루는 데 있어 법원의 중요한 수단(guiding methodology)이 된다는 점을 명백히 하였다. 또한 비가격 수직제한은 당연위법으로 취급해서는 안 된다는 Schwinn 법원과는 배치되는 결정을 하면서도 이 사건이 Schwinn과는 다른 유형의 수직제한이라는 것을 인정하기를 거부함으로써 Schwinn 법원의 판결에 대해 동의하지 않는다는 점을 묵시적으로 밝히고 있다. 수직제한에 대하여 합리의 원칙을 적용했다는 점에서 White 법원과 같으나, White 법원은 합리의 원칙을 적용하는 이유가 수직제한의 경제적인 효과나 목적이 별로 알려지지 않았기 때문이라고 한 것에 비하여 Sylvania법원은 무임승차 문제를 해결하기 위한 수직제한의 유용성을 직접 언급함으로써 수직제한의 경제적 순기능에 대한 인식이 높아져 있음을 보여 주고 있다.

Sylvania는 TV 제조업자인데 1962년에 시장점유율이 1~2%에 달하고 있었다. 동사는 마케팅의 방법을 바꿔서 프랜차이즈 계약을 체결하여 소규모 그룹의 딜러를 확보하고 이를 통한 판매에 집중하는 전략을 수립하였다. 딜러는 모든 상표의 TV를 판매할 수 있음은 물론 누구에게나 판매할 수 있었다. 그러나 Sylvania의 TV만큼은 자기의 영업구역 내에서만 판매할 수 있도록 하였다. 그것은 Sylvania의 딜러들 간에 경쟁을 방지하여 Sylvania TV의 판매를 촉진시키기 위한 것이었다. Continental TV사는 딜러 중의 하나인데 자기의 딜러 관계가 중단되자 Sylvania사의 영업구역 제한에 대해 소송을 제기한 것이다.

법원은 먼저 Schwinn법원의 결정에 대해 언급하고 있다. 수직제한의 경제적 효과를 논함에 있어 판매의 형식이 직접 판매인지 위탁판매인지에 대한 구분은 실익이 없다는 것이다. 위탁판매인지 직접 판매인지는 판매의 형식상의 구분이지 경제적 효과를 결정하는 요소는 아니라는 것이다. 따라서 수직제한이 경쟁을 제한하는 유해한 요소만 있다면 직접 판매이든 위탁판매이든 당연위법일 가능성이 있다는 것이다. 법원은 그러나 비가격 수직제한은 합리의 원칙을 적용해야 한다는 점을 명백히 하고 있다. 특히 수직세한은 무임승차 문제의 해결을 통해 상표 간의 경쟁을 향상시키는 데 기여할 수 있음을 지적하고 있다.[23] 또한 독점규제법의 주요한 관심 분야는 상표 내의 경쟁이라기보다는 상표 간의 경쟁이라는 의견도 덧붙이고 있다. 수직제한에 대하여 법원은 일반적으로, 그리고 이 사건에서도 "경쟁에 유해성만 있고 그것을 상쇄할 만한 유익성이 없는 것"이라는 아무런 증거가 없다는 결론을 내리면서 White 사건의 판결

---

23 상표 간의 경쟁을 높이는데 기여하지 않더라도, 수직제한은 사회적으로 최적 수준의 판촉 노력을 유도하여 경제 효율을 높이는 역할을 할 수 있다.

문을 인용하고 있다.

이 사건이 주는 몇 가지 시사점은 다음과 같이 요약될 수 있다. ① 법원은 특별한 경우 수직제한이 당연위법이 될 수 있는 가능성을 배제하지 않았다. ② '소유물 처분권에 대한 제한'은 독점규제법 사건의 고려사항과는 관계가 희박하다고 언급함으로써 수직적 가격제한을 당연위법으로 처리하게 만든 고전적인 Dr.Miles의 원칙을 약화시켰다. ③ 비가격 수직제한은 합리의 원칙을 적용해야 한다는 원칙을 세웠음에도 불구하고 사후에 하급법원에서 참고할 만한 구체적인 기준은 제시하지 않았다. 다만 일반 원칙 몇 가지는 제시하고 있다. 첫째, 상표 간의 경쟁이 활발하다면 상표 내의 독점력을 사용하는 것은 문제가 될 수 없다는 것이다. 이것은 상표 간의 경쟁이 독점규제법의 주요한 관심 사항이라는 의견을 제시한 것과 맥을 같이 한다고 할 수 있다. 둘째, 합리의 원칙을 적용한 대표적인 사례인 *Chicago Board of Trade v. United States*[24]에서 제시한 일반 원칙을 인용하고 있다. 셋째, 수직제한의 친 경쟁적인 요소를 다음과 같이 나열하고 있다. ① 신규 진입자의 입장에서는 소매상들의 공격적인 마케팅이 필요한데 수직제한이 이것을 가능케 한다는 점, ② 무임승차를 예방할 수 있게 해준다는 점, ③ 제품의 품질과 안전성을 보장하는 데 도움을 준다는 점 등이다.[25]

Sylvania 사건 이후에는 비가격 수직제한은 대체로 법 위반이 아닌 것으로 받아들여지고 있다. 수직제한이 합리의 원칙의 적용을 받게 되면 모든 경쟁제한적인 효과에 대한 입증 책임은 원고 측에 지워진다. 따라서 수직제한의 유익성이 인정되고 있는 상황에서 원고의 승소 가능성이 매우 희박하게 되었다. 이 사건 이후 하급법원들은 수직제한이 상표 간의 경쟁을 저해했는지 여부에 관심을 갖는 경향이 많아졌다. 대규모 경쟁 상대방이 소유한 다른 상표가 존재하는 한, 독점력이 없는 제조업자가 수직제한을 통하여 가격을 인상하고 공급을 감소시킬 수는 없을 것이기 때문이다. 사실 제조업자가 독점력이 있다 하더라도, 수직제한 자체가 외부효과, 무임승차 문제를 해결하는 긍정적인 측면이 있으므로 위법을 단언하기는 어려운 점이 있다.

---

24 246 U.S. 231 (1918).

25 다음 해인 1978년에 발생한 Professional Engineer 사건에서는 공공의 안전 문제는 독점규제법이 고려해야 하는 사항이 아니라고 언급함으로써 마지막 항목인 제품의 안전성 보장에 유익하다는 사항은 중요성이 약화되었다.

나) 이원적 유통(Dual Distribution)

Sylvania 사건 이후에 크게 달라진 점 중의 하나는 수평제한과 수직제한을 법원이 다르게 취급하기 시작했다는 점이다. 양자 간의 경제적 효과가 다르다면, 먼저 위반행위가 수평적 제한인지 수직적 제한인지 구분할 수 있어야 할 것이다. 그런데 어떤 행위는 그 제한이 수평적인지 수직적인지 구분하기 어려운 경우가 있다. 예컨대 제조업자가 제품 판매를 위해 자신이 소유한 유통채널과 독립 소매상을 동시에 이용하는 경우를 상정해 보자. 그 제조업자가 상표 내의 경쟁을 억제하기 위하여 자가 소유한 소매상과 독립 소매상을 포함한 모든 소매상에게 영업구역을 할당하였다면, 형태는 수직제한처럼 보이나 소매 단계에서의 실제 효과는 자가 소유의 소매상과 독립 소매상 간의 수평적 시장분할과 같다고 할 수 있다. 이와 같은 경우를 이원적 유통(dual distribution)이라 한다. 다시 말해서 이원적 유통이란 제조업자가 자기 제품을 공급하기 위해 자신의 유통시설을 이용하고 있고 동시에 독립된 유통업자를 통하여도 자기 제품을 판매하는 경우를 말한다. 이 경우에 제조업자가 행한 제한이 수평적 성격인지 수직적 성격인지가 독점규제법 집행상의 문제로 대두되게 되었다.

Sylvania 사건 후에도 법원은 이원적 유통을 어떻게 처리할 것인지에 대해 적절한 기준을 제시하지 않았다. 이에 따라 하급법원들의 여러 가지 다양한 접근방법이 시도되었다. 어떤 경우는 그 제한의 원천이 어디에 있느냐를 중요한 요소로 생각하고 있다. 그 제한의 원천이 제조업자에게 있는 경우에는 상표 간의 경쟁을 촉진하기 위한 수직제한이고, 그 원천이 소매상들에게 있다면 그 목적이 경쟁을 없애기 위한 수평제한이라는 것이다. 다른 하급법원은 수직제한인지 수평제한인지 구분할 필요 없이 그 행위가 경쟁에 미치는 효과를 직접 분석하는 방법을 채택하기도 했다. 이 방법은 이원적 유통에 대해 합리의 원칙을 적용한 결과와 같다. 경쟁에 미치는 효과를 분석한다는 것은 당연위법으로 취급하지 않는다는 의미이기 때문이다. 이원적 유통에 대하여 수평제한인지 수직제한인지 구분하는 단계를 생략하고 바로 합리의 원칙을 적용한다는 것은 위법성 판단을 위해 보다 더 경제분석에 의존하게 되는 결과를 초래하였다.

문제는 이원적 유통 체계를 이용하는 제조업자가 유통단계에서 전형적인 수평담합을 유도함으로써 자기의 이윤을 높일 수 있는가 하는 것이다. 일부 독점규제법 비평가들, 특히 경제학자들은 제조업자의 그러한 행위로 인해 이윤을 향상시키기는 매우 어렵다는 견해를 갖고 있다. 왜냐하면 만약 제조업자가 독점력이 없다면 이원적 유통 체계에서 유통업자 간의 수평담합을 유도함으로써 자사 제품의 가격을 인상하고 공급을 줄인다는 것이 어렵기 때문이다. 만약 제조업자가 독점력이 있다고 하더라도 자기의 독점이윤은 유통업자에게 판매하는 단계에서 확보되는 것이지 유통업자 간에 담합을 유도함으로써 독점이윤을 더 높일 수 있지는 않다는 것이다. 즉 제조업자는 유통업자 간의 수평적 담합을 유도할 목적으로 수직제한을 할 동기는 없다는 의미이다.

다) 전속대리점(Exclusive Dealership)

전속대리점이란 대리점(dealer)이 제조업자의 독점적인 대표자가 되도록 제조업자가 어느 정도 독점력을 인정하고 대리점 역시 다른 제조업자의 제품을 취급하지 않기로 약정하는 경우를 말한다. 프랜차이즈가 대표적인 유형이다. 그러나 전속대리점이 같은 제품을 취급하는 다른 전속대리점과 전혀 경쟁을 하지 않는 것은 아니다. 전속대리점 제도는 제조업자가 상표 내 경쟁의 정도를 규제하기 위해 판매점 수를 제한하는 방법이다.

전속대리점에 대하여는 수직제한에 대해 가장 덜 우호적이었던 Schwinn 법원에서조차 당연합법(per se legal)이라는 입장을 갖고 있다. 즉 다른 경쟁 제품이 있는 경우 제조업자는 자기 제품을 판매할 고객을 선택할 수 있다는 것이다. 프랜차이즈를 통하여 판매할 수도 있고 특정 대리점을 선택하여 그에게만 판매할 수도 있다는 것이다.

그러나 전속대리점이 어떻게 생성되었느냐에 따라서 위법 가능성이 있다는 의견이 지배적이다. 예컨대 전속대리점이 원래 어느 한 대리점(dealer)과의 계약을 통해 이루어 졌다면 문제가 없다. 그러나 처음에는 여러 개의 대리점이 있었고 다른 대리점과 차례대로 거래관계를 중단시키는 방법에 의하여 전속대리점이 형성되었다면, 이 경우는 수평적 담합의 요소가 가미된 것으로 위법일 가능성이 있다는 것이다. 예를 들어 대리점이 담합하여 제조업자에게 가격할인을 한 대리점과의 거래를 중단하도록 압력을 가하는 방법으로 전속대리점이 형성되었다면 수평적 가격담합이 된다는 것이다.

거래관계가 중단된 대리점과 관련하여 두 가지의 확인사항이 있다. ① 제조업체와 대리점 간의 합의가 있어야 한다는 사실이다. 앞에서 살펴본 Monsanto 사건에서와 같이 다른 경쟁 대리점이 거래를 중단해야 한다고 주장한 사실만으로는 합의가 있었다고 볼 수가 없다 ② 만약 제조업자와 대리점의 수직적 합의에 의하여 다른 대리점과의 거래관계를 중단한 경우라도 그 합의가 친 경쟁적인 정당성이 있다면 위법이 아니다. 상기 두 가지 확인사항의 입증이 쉽지 않을 것이므로 법 위반의 입증도 어려울 것으로 보인다.

어떤 전속대리점은 영업구역의 할당과 동시에 주워지는 경우가 있다. 이 경우는 두 개의 수직제한이 동시에 행해진 것이므로 더욱 자세한 독점규제법 상의 조사가 요구된다고 하겠다. 그러나 한편으로는 양자가 동시에 주어지는 경우에 무임승차 문제를 보다 확실하게 해결할 수도 있는 것이다. 따라서 이 경우는 합리의 원칙을 적용할 경우 더욱 복잡한 분석이 필요하게 될 것이다. 무임승차를 확실하게 제거해 주는 방법이라는 이론적 뒷받침이 있으므로 피고에게 더욱 유리해지는 면이 있을 수가 있다.

6-3-4 배타조건부 거래

가) 개관

배타조건부 거래(exclusive dealing)는 거래 상대방에게 경쟁사 제품을 취급하지 말 것을 조건으로 하여 거래하는 것을 말한다. 배타조건부 거래와 끼워팔기는 그 제한의 효과가 상표 간의 경쟁에 미친다는 점에서 지금 까지 다루어 왔던 상표 내의 경쟁에 영향을 미치는 수직제한과는 구분되며, 크레이톤법 제3조의 적용을 받고 있다.

배타조건부 거래가 경쟁을 제한하는 이유는 다른 제조업자가 자기 제품을 판매할 수 있는 유통채널을 구하지 못하게 되어 신규 진입을 어렵게 한다는 사실이다. 신규 진입자는 자신의 유통채널을 직접 소유해야만 자기 제품의 판매가 가능해지고 따라서 진입이 가능해질 것이다. 진입 비용이 많이 소요되므로 신규 진입이 더욱 어려워지게 된다. 배타조건부 거래의 이와 같은 경쟁제한적 효과에 대하여 두 가지 반응이 있다.

첫째, 경쟁제한 효과뿐만 아니라 친 경쟁적인 효과도 많다는 주장이다. 배타조건부 거래는 제조업자로 하여금 자사 제품의 판매를 늘릴 수 있는 이점이 있고, 구매자 입장에서는 제품의 안정 공급에 기여하는 이점이 있으므로 거래비용을 줄여 주는 역할을 한다는 것이다. 또한 소매상이 한 가지 상품의 판매에만 노력을 기울일 수 있어 상표 간의 경쟁이 촉진된다는 것이다. 무엇보다도 가장 중요한 요인은 제조업자가 다른 제조업자의 판촉 노력에 무임승차하는 행위를 방지하여 경제 효율을 증진한다는 것이다. 배타조건부 거래에 대한 이러한 인식이 동 행위에 대해 합리의 원칙을 적용케 하는 근거를 제공하고 있다.

둘째는 심각한 경쟁제한 효과는 없다는 반응이다. 만약 제조업자가 독점력이 없다면 경쟁

제품을 취급하지 않겠다는 대가로 소매상에 대하여 가격을 인하할 수도 있으며, 이것은 소비자에게도 도움이 된다는 것이다. 또한 제조업자가 독점력이 있다고 하더라도 가격이 인상되는 일은 없을 것이다. 독점이윤을 확보하는 방법은 제품을 판매할 때 이윤 극대화를 보장하는 가격을 책정함으로써 가능한 것이지 배타조건부 거래에 의해 독점이윤을 더 높일 수는 없기 때문이다.

나) 사례

배타조건부 거래에 대한 법원의 시각도 다른 수직제한행위, 특히 비가격 수직제한에 대한 법원의 시각이 변화되는 흐름을 그대로 반영하고 있다. 즉 초기에는 당연위법에 가까운 접근을 하였으나 결국 합리의 원칙을 적용하게 되었다.

Standard Oil Co. v. United States[26]에서 Standard Oil은 서부 7개 주의 휘발유 판매에서 점유율 1위인 정유사인데 독립된 소매 주유소에 대해 동사 제품의 휘발유만을 취급하도록 하는 계약을 체결하였다. 이 지역 주유소의 16%가 Standard Oil사와 상기와 같은 배타조건부 계약을 체결하였고, 같은 지역 휘발유 판매의 6.7%가 이 배타조건부 거래에 의하여 판매되게 되었다.

법원은 당시 끼워팔기에 적용하던 당연위법의 기준을 이 배타조건부 거래에도 적용할 것인가에 대해 많은 논의를 했다. 당시 대법원 판사인 Frankfurter는 끼워팔기는 경쟁을 제한하기만 할 뿐 유익한 면은 없는 반면, 배타조건부 거래는 판매자와 구매자는 물론 소비자에게까지 이익을 줄 수 있으므로 그 경제적 효과는 사례에 따라 별도로 평가해야 한다는 의견을 제시하였다. 이러한 Frankfurter 판사의 견해는 배타조건부 거래는 합리의 원칙을 적용해야 한다는 쪽의 의견에 가깝다는 것을 알 수 있다. 그럼에도 불구하고 법원은 5대 4의 비율로 원고 측에 경쟁제한 효과의 입증 책임을 지우지 않았다.[27] 따라서 이 사건은 순수한 당연위법도 아니고 순수한 합리의 원칙도 아닌 중간 형태의 방식을 채택했다고 보는 것이 타당하다.

이 사건에서 가장 중요한 논점 사항은 시장의 '상당 부분(substantial portion)'이 영향을 받았다면 그 배타조건부 거래가 "경쟁을 심대하게 저해할 수(substantially lessen competition) 있다"는 크레이튼법 3조를 위반한 것으로 판단할 수 있는가의 여부이다. 대다수는 거래의 상

---

26 U.S. 293 (1949).
27 합리의 원칙이 적용되면, 모든 경쟁제한 효과의 입증 책임은 원고(경쟁 당국)에게 지워진다.

당한 부분에 거쳐 경쟁이 제한되었다면 그 행위는 크레이튼법 3조 위반이 된다는 의견을 가지고 있었다. 그렇다면, 서부 7개 주 휘발유 판매액의 6.7%가 '상당부분'에 해당한가? 법원의 판단은 '그렇다'이다. 즉, 6.7%는 크레이튼법 제3조가 정의한 심대한 경쟁저해에 해당한다는 것이다.

두 명의 반대 의견이 있었는데, 여기에 인용할 가치가 있는 것으로 생각된다. 첫째, 대법원 판사 Jackson은 다수 의견에 의해 사전에 정해진 기준과 그것을 적용한 사실 자체는 당연위법을 적용한 것과 다를 것이 없다는 것이다. 6.7%의 휘발유 거래가 영향을 받았다는 것은 상거래의 상당한 비율에 영향을 끼쳤다고 말할 수는 있으나 크레이튼법 3조에서 규정한 심대하게 경쟁을 저해한 요구에는 미치지 않았다는 것이다. 둘째, 대법원 판사 Douglas는 이번 사건의 결정으로 배타조건부 거래를 금지하게 함으로써 기업으로 하여금 더 나쁜 효과가 있을 수직결합을 촉진하게 될 것이라는 우려를 나타내고 있다.

Tampa Electric Co. v. Nashville Coal Co.[28]에서 Tampa Electric사는 석탄 발전소를 운영하는 전력 회사인데 Nashville Coal의 석탄만을 사용하기로 동사와 20년 장기 계약을 체결하였다. 법원은 양 사간의 이러한 장기 계약으로 인해 Nashville의 경쟁 석탄업자가 입게 될 '배제 효과(foreclosure)'를 위법성 판단의 중요한 요건으로 생각하였다. 경쟁자가 영향을 받게 될 배제의 정도를 측정하는 지표로서 상기 장기 계약에 의해 거래되는 비중이 제시되었고, 그러기 위해서는 시장점유율을 측정해야 하고, 시장의 획정 작업도 필요하게 되었다. 적절한 지역 시장을 Tampa와 인근 지역으로 정의하였을 때, 석탄 거래에 영향을 받는 비중은 0.77%에 불과하였다. 석탄의 거래에 영향을 준 정도가 미미하므로 법원은 경쟁을 심대하게 저해하지 않았다고 판단하였다.

이 사건에서 시장의 정의가 배제 효과를 분석하기 위한 필수적인 사전 단계로 자리 잡은 점, Nashville사의 독점력이 없다는 사실을 고려한 점, 또한 배타조건부 계약 기간도 고려한 점 등이 Standard Oil(1949) 사건에 비해 검토항목을 넓힌 점으로 인정되고 있다. 이 사건 이후 배타조건부 거래는 합리의 원칙을 적용하게 되었다.

배타조건부 거래는 FTC법 5조 불공정한 경쟁의 방법을 위반한 행위에도 포함된다. *FTC v. Motion Picture Advertising Service*[29] 에서 Motion Picture사는 극장에서 상영하는 상품광

---

28 365 U.S. 320 (1961).

29 344 U.S. 392 (1953).

고 영화 제작사인데 몇 개의 극장들과 자사가 제작한 광고만을 상영하도록 하는 계약을 체결하였다. 여기서 구매자는 Motion Picture사이다. 왜냐하면 동사가 극장의 광고 방영 시간대를 독점적으로 구매한 것과 같은 결과를 가져왔기 때문이다. 통상의 배타조건부 거래는 경쟁 상대방인 다른 판매자에게 배제 효과가 귀착되는데 비하여, 이 사건에서는 배제 효과가 다른 구매자에게 나타나고 있다. 이러한 계약을 동사가 관장한 지역에 위치하는 극장 중에서 40%에 해당하는 극장과 체결하였다. FTC는 그 계약 기간이 1년이 넘어서는 안 된다는 결정을 하고 이에 따른 시정명령을 내렸다. 법원은 FTC의 그러한 결정을 정당한 것으로 인정하였다. Motion Picture의 행위가 위법이라는 결정을 하면서, 법원은 미국 광고 영화의 약 75%가 그러한 배타조건부 거래에 의하여 유통되고 있다는 사실을 고려한 것으로 보인다.

FTC v. Brown Shoe Co.[30]에서도 유사한 결론을 내리게 된다. Brown Shoe사는 신발 제조업체인데 650개의 소매상과 체결한 배타조건부 거래 계약에 대해 FTC는 시정명령을 내리게 되었다. Brown Shoe사는 자사의 행위가 심대하게 경쟁을 저해했다는 것을 입증하지 못했다는 것을 이유로 FTC의 결정에 불복하고 항소하게 된 것이다. 그러나 법원은 FTC의 결정을 합당한 것으로 인정하였다.

Motion Picture와 Brown Shoe 사건에서 보여준 일련의 법원 결정은 FTC법 5조와 크레이톤법 3조의 위법 구성요건이 다르다는 인식을 심어 주었고, 이를 근거로 FTC가 FTC법 5조를 통하여 배타조건부 거래를 초기 단계에서 억제할 수 있는 권한을 부여받게 된 결과가 되었다. 그럼에도 불구하고 FTC는 그러한 권한을 완전하게 활용하기보다는 배타조건부 거래의 친 경쟁적인 측면을 고려하여 정당성이 인정되는 행위에 대하여는 시정을 요구하지 않는 등 크레이톤법의 분석방법과 동일한 방법을 고수하였다.

배타조건부 거래에 대한 법원의 시각도 Tampa Electric 사건 이후에는 합리의 원칙을 적용하는 것으로 바뀌었고, 더 넓게는 Sylvania에서 보여준 비가격 수직제한에 대한 경제적인 순기능을 강조하는 조류에 영향을 많이 받게 되어 그 후에는 대부분 적법한 것으로 인정해 주는 경향이 많아졌다.

American Motors Inns v. Holiday Inns[31]에서 모텔의 체인을 운영한 Holiday Inns는 프랜차이즈 계약을 통하여 그들의 모텔 체인을 유지·관리하고 있었다. 그런데 동사는 프랜차이지

---

30 384 U.S. 316 (1966).

31 521 F.2d 1230 (3rd Cir. 1975).

(franchisee)로 하여금 Holiday Inns 이외는 다른 호텔이나 모텔을 소유하거나 운영하지 않도록 하였다. 이에 따른 배제 효과는 Holiday Inns의 경쟁사인 다른 모텔체인 업자에게 귀착되게 될 것이다. 모텔 시장의 약 14.7%가 상기 계약에 의해 제한되었음을 들어 하급법원은 상기 배타조건부 거래가 셔먼법을 위반했다고 판시하였다.[32] 항소심인 제3순회법원은 동 행위의 경제적인 정당성을 인정하여 셔먼법 위반을 선언한 하급법원의 결정을 번복하였다. 항소법원에 의해 받아들여진 경제적 정당성이란 Holiday Inns의 배타적 거래가 모텔 시장의 치열한 경쟁에 대항하기 위한 동사의 경쟁력을 강화하기 위한 행위이고, 결국은 상표 간 경쟁을 촉진한다는 것이다.

배타조건부 거래의 친 경쟁적인 정당성을 인정하는 경향은 *Joyce Beverage v. Royal Crown Cola*[33]에서도 확연히 나타난다. Joyce Beverage사는 청량음료의 bottler인데 Royal Crown과의 면허계약(licensing agreement)에서 Royal Crown 상표의 콜라만을 취급하도록 요구당했다. Joyce가 다른 상표의 콜라도 취급하려 하자 Royal Crown이 그 면허계약을 파기하겠다고 위협하였다. Joyce는 Royal Crown이 계약을 파기한다면 민사상의 책임이 있을 것이고, 그렇지 않다면 그 계약은 독점규제법을 위반한 것이라고 주장하였다. 법원은 배타조건부 거래가 상표 간 경쟁을 촉진하므로 양 사간의 면허계약은 독점규제법을 위반하지 않았다고 결론을 내렸다. Joyce가 요구한 예비적 금지 명령(preliminary injunction)은 기각되었다.

배타조건부 거래에 대한 위법성 기준을 종합적으로 잘 정리한 사례는 제7순회법원의 *Roland Machinery v. Dresser Industries*[34]라 할 수 있다. Posner 판사는 배타조건부 거래에 대한 과거의 접근방법과 현재의 그것과의 차이는, 과거에는 그러한 행위로 인해 영향받는 거래가 시장의 상당 부분을 점하는지 여부가 중요한 요소였다면 현재는 원고 측이 다음 두 가지를 입증하는지의 여부가 중요하다는 것이다. 첫째는 그 배타조건부 거래가 적절하게 정의된 시장에서 적어도 한 명 이상의 중요한 경쟁자를 배제(exclude)해야하고, 둘째는 그 경쟁제한적인 효과가 친 경쟁적인 효과보다 더 크다는 것을 보여야 한다는 것이다. 이와 같은 Posner 판사의 두 단계 분석방법을 다른 법원에서 수용하는지는 명확하지 않으나, 배타조건부 거래의 친 경쟁적인 정당성을 인정하는 추세가 늘어나고 있는 것만은 사실이다.

---

32 서비스는 크레이톤법의 적용 대상이 아니다.
33 555 F.Supp. 272 (S.D.N.Y. 1983)
34 749 F.2d 380 (7th Cir. 1984).

6-3-5 끼워팔기

판매자가 제품을 판매하면서 구매자가 다른 제품을 구매한다는 조건으로 판매하는 경우를 '끼워팔기(tying arrangement)'라 한다. 전자를 주상품(tying good), 후자를 부상품(tied good)이라 한다. 구매자는 '부상품'보다는 '주상품'에 대해 경제적 가치를 더 부여한다. 부상품시장에서 경쟁을 배제하는 효과가 있으므로 상표 간 경쟁에 영향을 주는 수직제한으로 분류하고 있다. 끼워팔기가 성립되려면 적어도 두 개 이상의 제품이 있어야 함은 물론이다.

배타조건부 거래와 같이 크레이톤법 3조의 적용을 받고 있고 끼워팔기와 관련된 제품 중 하나 이상이 서비스인 경우는 셔먼법의 적용을 받는다. 또한 FTC법 5조가 규정한 불공정한 경쟁의 방법의 적용을 받을 수도 있다. 과거에는 3개 법에 의한 접근방법이나 분석방법이 각각 달랐으나 최근에는 차이가 없어져 가고 있다.

끼워팔기도 다른 수직제한과 같이 법원의 판결 내용에 많은 변화가 있었던 분야 중의 하나이다. 초기에는 당연위법으로 취급하여 왔고 현재도 명목상으로는 당연위법으로 분류되고 있으나 매우 엄격하게 적용되는 수평담합과는 달리 합리의 원칙이 많이 가미된 형태를 취하고 있다. 그간의 사례법에 의하여 당연위법을 적용하기 위한 선제 조건을 단계적으로 강화함으로써 위법성 판단에 있어 상당 수준의 경제분석이 필요하게 되었다.

다른 제품을 구매한다는 조건으로 판매하는 전통적인 끼워팔기 이외에 여러 가지 형태의 끼워팔기가 있다. 두 개의 제품을 하나의 패키지로 묶어 단일 가격을 부과하여 판매하는 형태, 제품을 특정한 제3자로부터 구매한다는 조건으로 판매하는 형태, 자기 제품을 구매하는 조건으로 그 구매자로부터 다른 제품을 구매하는 형태 등을 들 수 있다.

가) 독점규제법 적용에 있어 끼워팔기의 경제적 논점

끼워팔기에 대한 독점규제법 집행에 있어 지금까지 논란이 되어 왔던 이슈는 '어떤 시장(주상품시장)에서 가지고 있는 독점력이 다른 시장(부상품의 시장)에서 독점력을 획득하는데 유용한가?' 하는 것이다. 이 질문은 끼워팔기에 대한 독점규제법 집행에 있어 매우 중요한 영향을 미칠 수 있다. 왜냐하면 만약 주상품시장에서 가지고 있는 독점력을 이용하여 부상품의 시장에서 독점력을 획득할 수 없다면 끼워팔기가 적어도 독점규제법에서 규정하는 바람직하지 않은 상황에는 이르게 하지 않을 것으로 기대되기 때문이다. 대부분의 경제학자들의 생각은 다른 시장에서 독점력을 획득할 수 없다는 것이다. 왜냐하면 끼워팔기를 한다고 해서 독점력이 있는 시장에서 얻을 수 있는 독점이윤 이상을 얻을 수 없기 때문이라는 것이다. 끼워팔기가 독점 사업자의 이윤을 더 올려 주지 않는다는 것이다.[35] 반면에 다른 시장에서 독점력을 획득할 수 있다고 믿는 학자도 있다. 한 시장의 독점력을 이용하여 다른 시장에서 독점력을 획득할 수 있다는 주장을 '지렛대 이론(leverage theory)'이라 한다.

상기 이슈에 대한 결론을 한마디로 대답하기란 쉽지 않은 일이다. 앞서 설명한 대로 주상품시장과 부상품시장의 시장 상황, 두 제품 간의 관계성 등 여러 가지 요소에 따라 다양한 결론이 도출될 수 있다. 보나 적절한 물음은 "독점사입자가 끼워팔기를 함으로써 소비지가 피헤를 입었는가?" 이다. 예컨대 주상품시장에서 독점력을 가지고 있는 사업자가 경쟁시장인 부상품시장에 진출하여 동제품의 끼워팔기를 단행할 경우 소비자의 경제적 후생에 어떤 영향을 미치는가?하는 것이다. 만약 독점사업자가 부상품을 생산함에 있어 경쟁 상대방보다 더 비효율적이라면 끼워팔기를 하기 보다는 자기의 독점력이 있는 주상품의 독점이윤만을 얻는 것이 더 바람직하다고 생각할 것이다. 따라서 그는 부상품의 시장에 진입하지 않을 것이고 끼워팔기도 발생하지 않을 것이다. 만약 독점사업자가 끼워팔기를 하기로 한 제품을 더 효율적으로 생산할 수 있다면 부상품의 경쟁가격은 더 인하될 것이다. 결국 주상품시장의 독점사업자가 끼워팔기를 하든 하지 않든 소비자의 피해는 발생하지 않게 될 개연성이 높다고 할 수 있다.

나) 사례

끼워팔기에 대한 법원의 인식도 다른 수직결합만큼이나 많이 변화해 왔다. 그 이유는 끼워팔기의 경제적 효과에 대한 이해가 점진적으로 높아졌기 때문이다. 초기에는 대부분 당연위법으로 처리하였다. 당연위법으로 처리한 근거는 앞서 언급한 '지렛대 이론(leverage theory)'이다.

끼워팔기에 대한 첫 번째 법원의 반응은 *Motion Picture Patents v. Universal Film Co.*[36] 에서 볼 수 있다. 이 사건에서 영사기의 특허보유자가 영사기 사용 면허계약에 의해 영사기를 극장 측에 임대하고 있었는데, 극장 측에 대해 자신의 특허권이 침해되었다고 하여 소송을 제

---

35 여러 가지 복잡한 상황에 따라 결론은 달라진다. 예컨대 양 제품 간에 관계가 없는 제품일 경우 독점사업자가 경쟁시장의 제품을 끼워 팖으로써 이윤을 증가시킬 수는 없다. 그러나 양 제품의 사용에 상호 보완적인 요소가 있다면 경쟁시장의 제품을 끼워팔기를 함으로써 이윤을 증가시킬 수도 있다.

36 243 U.S. 502 (1917).

기한 사건이다. 영사기 특허보유자는 영화의 제작까지 겸하고 있었는데 영사기의 사용 면허계약에 자기의 영화를 끼워 팔았다. 특허보유자의 주장은 자사의 영화만을 상영하도록 하는 조건을 준수하지 않는다는 것은 영사기에 부여된 특허권을 침해한 행위와 같다는 것이다.

법원은 먼저 그 조건을 따르지 않은 것이 특허권을 침해하지 않았다는 의견을 피력하면서 끼워팔기를 금지한 크레이톤법이 제정되었음을 상기하고 있다. 법원은 특허 보유자인 원고가 자사의 영화만을 상영하도록 한다면, 그는 영화 산업에서도 독점사업자가 될 것이라는 우려를 피력하고 있다. 즉 법원은 지렛대 이론을 수용하였고 이는 그 후의 끼워팔기 사건의 위법성 판단에 결정적인 영향을 주게 된다.

International Business Machines Corp.(IBM) v. United States[37]에서 IBM사는 컴퓨터를 대여하면서 자사가 제조한 카드를 사용하도록 하는 조건을 부과하였다. 법원은 이 사건에서 끼워팔기가 크레이톤법 3조 위반이 되려면 주상품시장(여기서는 컴퓨터 시장)에서 독점력이 있어야 한다는 의견을 제시하였다. 주상품시장에서 독점력이 없다면 부상품을 끼워팔기가 불가능하기 때문이다. 구매자들이 구매를 원하는 것은 주상품이다. 그런데 주상품시장에서 독점력이 없는 사업자가 구매자가 원하지 않는 부상품을 강제로 구매토록 했다면, 구매자는 주상품의 구매선을 다른 사업자로 바꿀 수가 있기 때문이다. 이 사건에서 끼워팔기에 대한 중요한 위법성 요건이 추가되었다.

International Salt Co. v. United States[38]는 끼워팔기를 확고하게 당연위법으로 정해 준 사건이다. International Salt 사는 특허출연이 된 소금가공기계를 대여하면서 기계의 임차인이 자사의 소금만을 사용해야 한다는 조건을 부과하였다. 그 소금가공기계와 관련된 동사의 소금 판매액은 1944년 한 해 동안 약 50만 달러에 이르고 있었다. 법원은 경쟁자인 다른 소금 판매업자를 상당한 액수만큼 시장에서 배제시키는 행위는 당연히 위법이라고 선언하였다. 여기서 분석의 초점은 부상품시장에서 거래량을 상당한 수준으로 배제하는 효과가 있어야 위법하다는 것이다. IBM 사건이어서 끼워팔기의 위법성 요건이 하나 더 추가되었다.

Times-Picayune Publishing Co. v. United States[39]에서 New Orleans의 신문사인 Times-Picayune사는 자사의 신문에 광고하려면 조간과 석간신문에 동시에 광고를 해야 한다

---

37 298 U.S. 131 (1936).
38 332 U.S. 92 (1947).
39 345 U.S. 594 (1953).

는 조건을 부과하였다.

법원은 바로 직전의 사건인 International Salt 사건의 판결문을 해석하면서 끼워팔기는 셔먼법을 적용하느냐 크레이튼법을 적용하느냐에 따라 그 분석방법이 달라져야 한다는 의견을 제시하고 있다. 즉 크레이튼법에서는 행위자가 주상품시장에서 독점력을 가지고 있거나 부상품시장에서 상당 부분(substantial)의 상거래를 제한하면 법 위반을 인정할 수 있으나, 셔먼법에서 법 위반이 되려면 상기 두 가지 조건이 모두 충족되어야 한다는 것이다. 이 사건에서 부상품의 시장에서 '상당성(substantiality)'은 입증이 되어 주상품시장의 독점력 여부가 논의의 초점이 되었다.

동 신문사가 주상품시장에서 독점력을 갖고 있다는 정부의 입증에 대해 법원은 문제를 제기하고 있다. New Orleans에 세 개의 신문사가 있는데 거의 비슷한 시장점유율(약 33%)을 유지하고 있다. 그런데 Times-Picayune의 시장점유율은 40%에 달하므로 독점력이 있다는 정부의 주장에 대해 법원은 그 정도의 시장점유율은 시장을 지배할 정도의 독점력이 아니라고 판단하고 있다.

동일한 신문사의 조간과 석간신문이 두 개의 독립된 제품이 될 수 있는가에 대해서도 의문을 나타내고 있다. 광고주는 독자에게 자사 제품을 알리려는 수단으로 신문 지면을 구매하는데, 조간과 석간의 독자는 광고주 입장에서는 동일한 고객이라는 것이다. 즉 조간과 석간은 광고주 입장에서 동일한 제품이므로 두 개의 제품이 있어야 하는 끼워팔기가 성립될 수 없다는 것이다. 끼워팔기의 위법성 요건, 즉 두 개의 별개제품이 있어야 한다는 요건이 이 판례에 의해 추가되었다.

다음은 끼워팔기의 위법성 요건 중 두 개의 별개 제품과 관련된 두 개의 중요한 사례를 소개하고자 한다. 끼워팔기의 경제적 순기능에 대한 인식이 변화함에 따라서 위법성의 판단 기준도 많이 변화하여 지금은 명목상으로는 당연위법에 속하는 것으로 되어 있으나 실제는 합리의 원칙을 적용하는 것과 유사하게 운영되고 있다. 뿐만 아니라 부당성이 불명확한 끼워팔기는 과감하게 그 합법성을 인정해 주는 경향이 많아지고 있다. 끼워팔기의 합법성을 인정하는 방법으로, 두 개의 별도 제품이 있었는가에 대한 기준을 엄격하게 적용하는 것이다. 부상품과 주상품을 한 개의 제품으로 간주함으로써 끼워팔기가 존재하지 않는 것으로 인정하는 것이다. 뿐만 아니라, 두 개의 별도 제품이 있었다고 인정되더라도 사업자의 선의(good will)가 있었다는 것으로 합법을 인정해 주는 방법이다. 여기서 강조하고 싶은 것은 상기 두 개의 기준, 즉 단일 제품으로 인정할 것일지의 기준과 사업자의 선의가 있었는지에 대한 기준 모두가 두 제품의 기능성보다는 끼워팔기가 경제적 효율을 높이는데 기여를 했는지의 여부에 의해 결정한다는 사실이다. 효율성 증대 효과가 중요한 위법성의 판단 기준으로 자리 잡아가고 있는 추세를 반영한 것이라고 생각된다.

United States v. Jerrold Electronics Corp.[40] 에서 Jerrold사는 지역단위의 TV안테나시스템을 제조·판매하는 회사인데 그 안테나시스템을 구성하는 몇 개의 부속품은 별도의 구매가 가능한 제품인데도 안테나 시스템에 포함하여 일괄 구매하도록 강요하였다. 뿐만 아니라 그 안테나의 설치와 수리까지도 끼워서 판매하였다. Jerrold사가 그렇게 끼워팔기를 할 수 있었던 것은 동사가 보유한 안테나시스템의 핵심기술인 'head end equipment'가 적절한 독점력을 제공했기 때문이다.

이 사건에 핵심 논점은 이러한 총체적인 안테나 시스템을 한 개의 제품으로 볼 것인가 여러 개의 별도 제품으로 볼 것인가 하는 것이었다. 별도 제품인지의 여부를 판단하기 위해서 검토된 사항은 안테나를 총체적인 시스템으로 판매해야만 하는 사업상 정당한 이유가 있는가의 여부였다.

법원은 사업상의 정당성이 있다고 인정하였다. 그 기업의 신기술이 초기 단계이므로 시스템이 잘 작동하려면 안테나시스템을 구성한 모든 부품을 하나의 제품으로 간주해야 한다는 것이다. 그러나 설치나 수리서비스에 대해서는 안테나 시스템을 구성한 하드웨어와는 다른 별도의 제품으로 분류하였다. 그럼에도 불구하고 기업의 기술이 초기의 개발단계라는 점과 소비자가 Jerrold사에게 지불한 것은 그 시스템 전체가 잘 작동할 것을 보장해 주는 대가라는 점을 감안하여 사업자의 '선의'를 인정하였다. 즉 여기에서 말하는 사업자의 선의란 Jerrold사는 시스템이 잘 작동하기 위해서는 소비자가 직접 설치하는 것을 원하지 않는다는 것이다. 동사의 끼워팔기는 무혐의로 결론이 났다.

프랜차이즈 관련 사건에 많은 영향을 준 사례는 *Principe v. McDonald's Corp.*[41]이라 할 수 있다. McDonald사는 franchisee에게 자사가 임대하는 건물에서 영업하도록 요구하였다. 즉 프랜차이즈 계약에 건물의 임대계약을 끼워서 판매한 것이다. 로열티와 건물임대료는 수입의 일정 비율로 정하였다.

---

[40] 187 F.Supp. 545 (E.D.Pa.). *aff'd per curian*, 365 U.S. 567 (1961).

[41] 631 F.2d 303(4th Cir. 1980), *cert. denied*, 451 U.S. 970 (1981).

법원은 하급법원의 결정을 그대로 인정하여 프랜차이즈 계약과 건물임대계약을 구분할 수 없는 한 개의 제품이라고 판정하였다. 왜냐하면 프랜차이즈 계약과 건물 임대계약을 통합한 끼워팔기가 그 프랜차이즈 시스템이 성공하기 위한 필수적인 요건이 되기 때문이라는 것이다. 이러한 결론이 내려지는 데는 McDonald사가 점포의 위치를 설정하기 위해 상당한 수준의 연구를 실시하고 있다는 사실이 영향을 주었다. McDonald사는 좋은 위치의 점포획득이 가능하도록 노력하고 모든 점포가 프랜차이즈 계약을 지속적으로 유지하여 제품의 통일성을 유지하도록 함으로써 전체 McDonald라는 시스템의 '선의'를 유지할 수 있게 하였다는 것이다. 또한 동사는 franchisee의 자금력보다는 경영능력을 우선시하였고 그들에 대한 훈련도 실시하였을 뿐만 아니라 각 점포에 대한 정기검사도 게을리하지 않았다는 것이다. McDonald가 franchisee에게 제의한 것은 건물임대, 점포의 내부 장식, 음식의 질 관리 등과 같이 따로따로 나뉘어있는 단편적인 것이 아니라 "사업을 하기 위한 총체적인 방법"이었다는 것이다. 따라서 프랜차이즈 계약과 임대계약을 동시에 제의한 것은 사업 성공을 위한 필수적인 요건에 해당된다는 것이다.

Jefferson Parish Hospital v. Hyde[42] 사건에서 비록 소수의견이기는 하나, 법원은 끼워팔기의 경제적 효율 증대 효과를 부각시키기 시작하였다. 이 사건에서 피고는 East Jefferson 병원인데 병원의 마취서비스를 제공하는 기업과 그 병원에서 필요로 하는 모든 마취 관련 의료서비스를 구매한다는 계약을 체결하였다. 다른 마취 전문 의사는 동 병원에 마취 관련 의료서비스를 판매할 수 없게 되었다. 자기들의 서비스를 판매할 수 없게 된 마취전문의들은 Jefferson 병원을 상대로 그 병원이 일반 의료서비스와 마취서비스를 끼워 팔았다는 점을 들어 병원을 상대로 소송을 제기하게 된 것이다.

하급법원은 해당 끼워팔기가 적법하다는 결정을 내렸다. 그러나 제5순회법원은 해당 병원의 끼워팔기는 당연위법이라는 결정을 내렸다. 항소법원의 그러한 결정은 그 병원이 환자들에게 마취서비스를 끼워 팔 수 있을 정도의 독점력이 있다는데 근거를 두고 있다. 사실 그 지역에 대규모 병원이 많으므로 Jefferson 병원의 시장점유율은 30%에 불과했다. 그럼에도 불구하고 항소법원은 전통적인 시장점유율에 의한 분석이 아니고 특별한 상황에서 사업자가 고객에게 부상품을 끼워팔 수 있는 능력이 있는지 여부로 독점력을 분석한 경과 이 병원이 독점력

---

42 466 U.S. 2 (1984).

이 있다고 인정하였다. 예컨대 환자들은 자기의 집에서 가까운 병원을 주로 이용한다는 사실이나, 의료서비스 시장은 그 전문성이나 정보 부재 등의 문제가 있어 환자들이 제품에 대한 지식이 별로 없다는 사실 등으로 인해 병원은 전통적인 의미에서 독점력은 없다 하더라도 마취서비스를 끼워 팔 수 있는 정도의 독점력은 갖고 있다는 것이다. 더구나 의료비가 제삼자(보험회사)에 의해 지불된다는 점, 소비자가 의료 서비스에 대해 무지하고 무관심하다는 점 등은 소비자의 의사결정에 병원이 간여할 수 있는 폭을 넓히게 한다는 것이다.

법원은 만장일치로 이러한 항소법원의 결정을 기각하였다. 법원은 두 가지 요점을 집중적으로 검토하였다. 첫째는 병원의 일반 의료서비스와 마취서비스가 끼워팔기가 가능한 두 개의 별도 제품인가 하는 것이고 둘째는 피고 병원이 주상품(tying product)시장에서 과연 충분한 독점력이 있는가 하는 것이다.

일반 의료서비스와 마취서비스가 기능적으로 두 개의 별도 제품이 아니라면 그 끼워팔기를 금지함으로써 얻게 되는 이익은 없을 것이다. 병원 측은 그 두 개의 서비스는 기능적으로 통합된 한 개의 묶음(package)으로 보아야 한다고 주장하였다. 법원은 소비자의 입장에서 그 두 개의 서비스가 별도로 수요할 수 있을 정도의 별개성이 있는 것인지를 분석하여, 다음과 같이 판단하였다. 병원의 다른 서비스, 예컨대 간병인에 의한 보호, 환자에 대한 식사제공, 침실 등과 같은 병원의 기타 서비스를 환자의 성향에 따라 선호할 수 있는 것과 같이 마취서비스도 환자가 선호할 수 있는 서비스이므로 일반 의료서비스와 마취서비스는 별도로 수요할 수 있는 두 개의 별도 제품이라는 것이다.

Jefferson 병원이 독점력이 있는지 여부에 대한 검토에서, 법원은 항소법원 채택한 전통적인 시장점유율 방식이 아닌 특이한 분석 방법을 받아드리고 있다. 즉, 독점력이 있는지의 기준은 그 병원이 환자가 원하지 않는, 따라서 병원 측이 강요하지 않았으면 구매하지 않았을 서비스를 강요하여 구매토록 할 수 있을 정도의 능력이 있는가의 여부로 보았다. 의료서비스 시장의 불완전성, 환자들의 무지나 무관심, 제삼자가 의료비를 지불한다는 사실 등으로 인하여 병원이 환자의 의사결정에 간여할 수 있는 능력이 있다는 항소법원의 일반적인 분석내용을 법원은 인정하고 있다. 그러나 이 사건에서는 소비자가 무관심하므로 발생하는 능력을 이용하여 그들이 선호하지 않는 제품을 구매하도록 할 수 있을 정도의 영향력은 없는 것으로 판단하였다. 또한 주상품시장에서 30%의 시장점유율로는 충분한 독점력을 가지고 있다고 볼 수도 없다는 것이다.

이와 같은 분석에도 불구하고 Jefferson 병원은 끼워팔기를 계속하여 당연위법으로 처리해야 한다는 의견에 5대 4의 비율로 찬성하였다. 4명의 판사는 끼워팔기를 당연위법의 분류에서 제외해야 한다고 주장하였다.

O'Connor 판사의 의견은 인용할 가치가 있어 여기에 소개하고자 한다. 그녀는 특히 지렛대 이론의 효과에 대해 의문점을 가지고 있었다. 뿐만 아니라 끼워팔기에 여러 가지 경제적 정당성이 있으므로 동 행위를 당연위법으로 취급해서는 안 된다는 것이다. 이번 사건에서도 병원의 일반서비스와 마취서비스를 하나의 묶음(package)으로 판매하는 것이 병원운영의 효율성을 높이는 것은 물론 소비자의 거래비용을 낮추는데도 기여하여 효율 증진에 노움을 준다는 것이다. 따라서 끼워팔기는 그 유해성과 유익성을 비교하여 결론을 내리는 합리의 원칙을 적용해야 한다는 의견을 피력하고 있다.

지금까지 사례를 통하여 끼워팔기는 명목상 당연위법에 속해 있음에도 불구하고 다음과 같은 법 위반 기준이 확립되었다. ① 두 개의 서로 다른 별개 제품이 있어야 한다. ② 주상품시장에서 독점력이 있어야 한다. ③ 부상품시장에서 상당량(not insubstantial amount of commerce)의 거래가 영향을 받아야 한다. ④ 주상품시장에서의 독점력이 부상품시장에서 자유로운 선택에 영향을 주는데 사용되어야 한다.

6-4 우리나라의 제도 및 사례

6-4-1 우리나라의 제도

수직제한에 대한 우리나라 관련 규징은 공정거래법 제23조(불공정거래행위의 금지)제1항에 규정되어 있고 재판매가격 유지행위는 제29조에 규정되어 있다. 불공정거래행위의 구체적인 유형은 공정거래법 시행령 별표[43]에 별도로 규정하고 있다. 또한, 불공정거래행위의 상세한 유형 및 위법성 기준은 공정거래위원회의 예규인 "불공정거래행위 심사지침(이하 '심사지침'이라 한다)"에 규정되어 있다.

---

43 부록을 참조하기 바란다.

제23조 (불공정거래행위의 금지) ① 사업자는 다음 각 호의 어느 하나에 해당하는 행위로서 공정한 거래를 저해할 우려가 있는 행위(이하 "不公正去來行爲"라 한다)를 하거나, 계열회사 또는 다른 사업자로 하여금 이를 행하도록 하여서는 아니된다. <개정 1996.12.30., 1999.2.5., 2007.4.13., 2013.8.13.>

1. 부당하게 거래를 거절하거나 거래의 상대방을 차별하여 취급하는 행위
2. 부당하게 경쟁자를 배제하는 행위
3. 부당하게 경쟁자의 고객을 자기와 거래하도록 유인하거나 강제하는 행위
4. 자기의 거래상의 지위를 부당하게 이용하여 상대방과 거래하는 행위
5. 거래의 상대방의 사업활동을 부당하게 구속하는 조건으로 거래하거나 다른 사업자의 사업활동을 방해하는 행위
6. 삭제 <1999.2.5.>
7. 부당하게 다음 각 목의 어느 하나에 해당하는 행위를 통하여 특수관계인 또는 다른 회사를 지원하는 행위
   가. 특수관계인 또는 다른 회사에 대하여 가지급금·대여금·인력·부동산·유가증권·상품·용역·무체재산권 등을 제공하거나 상당히 유리한 조건으로 거래하는 행위
   나. 다른 사업자와 직접 상품·용역을 거래하면 상당히 유리함에도 불구하고 거래상 실질적인 역할이 없는 특수관계인이나 다른 회사를 매개로 거래하는 행위
8. 제1호 내지 제7호 이외의 행위로서 공정한 거래를 저해할 우려가 있는 행위

재판매가격 유지행위 관련 조항은 다음 제29조에서 규정하고 있다.

제29조 (재판매가격 유지행위의 제한) ① 사업자는 재판매가격 유지행위를 하여서는 아니 된다. 다만, 상품이나 용역을 일정한 가격 이상으로 거래하지 못하도록 하는 최고가격유지행위로서 정당한 이유가 있는 경우에는 그러하지 아니하다. <개정 2001.1.16>

우선 제23조 제1항 각호에 규정된 위반유형은 앞 절에서 배운 수직제한행위와 정확하게 일치하지는 않다는 것 알 수 있다. 끼워팔기, 배타조건부 거래, 영업지역 제한 정도가 앞 절에서 살펴본 수직제한의 내용이라는 것을 알 수 있다.[44] 수직제한은 아니지만 부당염매, 거래거절, 가격차별 등도 경제적으로 설명이 가능한 위법 유형이다. 경제분석이 가능하고 그런 행위가 있었을 때 시장에 미치는 경제적 파장을 가늠해 볼 수 있는 유형이라 할 수 있다. 대부분의

---

44 끼워팔기는 제3호의 거래강제행위로, 배타조건부 거래와 영업지역 제한은 제5호의 구속조건부거래로 규정하고 있다. 구체적인 불공정거래행위 유형은 부록 "불공정거래행위의 유형 및 기준(공정거래법 시행령 별표)"을 참고하기 바란다.

각국 경쟁 당국이 규제 대상으로 삼고 있는 유형이기도 하다.

그러나 우리나라의 법 제23조는 그런 행위보다는 훨씬 더 광범위한 내용을 포함하고 있다. 특히, 거래상지위 남용행위[45]는 대표적으로 경제적 파급효과를 측정할 수 없는 위반유형이다. 그런 점에서 우리나라의 독점규제정책은 선진국에 비해 훨씬 더 경제적 약자의 보호라는 목적을 우선시한다는 것을 알 수 있다.

제23조 위반 시 시정조치(법24조), 과징금부과(법제24조의 2), 2년 이하 징역 또는 1억5천만원이하 벌금(법제67조)이 부과된다.

수직제한 중 재판매가격 유지행위는 법 제29조에 별도 규정되어 있다. 미국의 경우 셔먼법 1조의 적용을 받으므로 합의 입증이 필요하나 우리나라는 제19조 공동행위와는 별도의 조항에 규정되어 있고 조문의 내용상으로도 거래 상대방에게 특정 가격을 받도록 하는 일방적인 행위를 금지하고 있으므로 합의의 입증까지 요하지는 않는다. 법 제2조 제6호에서 재판매가격 유지행위에 대해 행위자가 거래상대방에게 거래가격을 지정하여 이것을 지키도록 강제하거나 규약 등 구속조건을 붙여 거래하는 행위로 규정하고 동법 제29조 제1항에서 재판매가격 유지행위를 당연금지하면서도 최고가격유지를 위해 정당한 이유가 있으면 이를 허용하고 있다. 이 조항 위반 시에는 계약수정(법제30조), 시정조치(법31조), 과징금부과(법제31조의 2), 2년 이하 징역 또는 1억5천만원 이하 벌금대상(법제67조)이 된다.

불공정거래행위는 ① 법 제23조 제1항 각호에 해당하는 행위(사실적 요건)로서 ② 공정한 거래를 저해할 우려(공정거래저해성)가 있어야 성립된다. 여기서 제23조 위법성 심사의 일반원칙(불공정거래행위 심사지침)을 살펴보기로 하자.

각 행위들이 제23조 제1항 본문에 나와 있는 대로 "공정한 거래를 저해할 우려"가 있는지 여부로 판단한다. 여기서 공정거래저해성은 제23조 각호에 표현된 "부당하게"와 동일하게 해석한다. 무엇이 "부당한"것(혹은 "공정거래저해성")에 해당하는지, 즉 "부당"의 의미는 각호의 법 위반유형에 따라 다르게 적용하고 있다. 공정거래저해성은 "경쟁제한성", "경쟁수단의 불공정성", "거래내용의 불공정성"의 내용을 포함하고 있다. 경쟁제한성은 당해 행위로 인해 시장 경쟁의 정도 또는 경쟁사업자(잠재적 경쟁사업자 포함)의 수가 유의미한 수준으로 줄어들거나 줄어들 우려가 있음을 의미하고, 경쟁수단의 불공정성은 상품 또는 용역의 가격과 질

---

45 이 책에서 다루지 않고 있는 하도급법, 대규모유통업법, 가맹사업법, 대리점법 등 소위 경제민주화 관련법들은 모두 공정거래법 제23조 제1항 4호에 규정된 거래상지위 남용행위 조항에서 파생되어 나온 법들이다.

이외에 바람직하지 않은 경쟁수단을 사용함으로써 정당한 경쟁을 저해하거나 저해할 우려가 있음을 의미하며, 거래내용의 불공정성이라 함은 거래상대방의 자유로운 의사결정을 저해하거나 불이익을 강요함으로써 공정거래의 기반이 침해되거나 침해될 우려가 있음을 의미한다.

경쟁제한성을 위법성의 기준으로 보는 행위로는 거래거절, 가격차별(자신과 자신의 고객이 속한 시장 모두 포함), 부당염매, 부당고가매입, 끼워팔기, 배타조건부 거래, 거래지역 및 거래상대방 제한 등이 여기에 해당한다. 불공정한 경쟁수단을 사용했는지 여부를 위법성 기준으로 보는 행위는 부당고객유인행위, 끼워팔기, 사원판매, 사업활동방해(타 사업자의 기술의 부당한 이용, 다른 사업자의 인력의 부당한 채용 등) 등이다. 거래내용의 불공정성이 위법성 기준인 행위는 거래상지위남용(불이익 제공 등)이다. 선진국의 경쟁 당국은 그 근거가 공급량을 줄이고 가격을 상승시키는 경쟁제한성이 있는 행위에 대해서만 대상으로 하고 있다는 점을 상기할 때 우리 공정거래법은 그것보다는 훨씬 광범위하게 거래내용의 불공정성 혹은 경쟁수단의 불공정성까지도 위법성 기준에 포함하고 있음을 알 수 있다.

불공정거래행위의 유형 및 기준을 구체적으로 규정한 공정거래법 시행령 별표에는 "부당하게"와 "정당한 이유 없이"라는 법 위반 기준을 구분하여 사용하고 있다. 제23조 본문에는 공정한 거래를 저해할 우려가 있는 다음 각 호의 행위를 하지 말도록 규정하고 있고 시행령에 그 행위의 구체적인 내용을 규정하는데, 대부분은 "부당하게"를 그대로 사용하나 어떤 유형에는 "정당한 이유 없이"를 사용하고 있다. 이 두 가지는 법에서 정한 '공정한 거래를 저해'할 우려와 같은 의미로 해석된다. 그러나 그 공정거래저해성의 입증 책임이 누구에게 있는지를 가르는 기준으로 구별된다. '부당하게'는 공정위가 그 부당성을 입증해야 하는 반면(합리의 원칙), '정당한 이유 없이'는 피심인이 정당하다는 입증을 해야 하는 것으로 해석된다(당연위법). 계속적 부당염매, 공동의 거래거절, 계열사를 위한 차별적 취급 등이 이에 해당한다.[46]

재판매가격 유지행위는 다른 조(제29조)에서 규정하여 불공정거래 심사지침에는 나와 있지 않고, 우리나라에서는 당연위법으로 처리하고 있다.

우리나라는 시장지배적 지위의 남용 금지조항(제3조의 2)이 별도로 규정되어 있음에도 불구하고 제23조 불공정거래 행위에 시장지배적 지위 남용행위와 동일한 행위유형들이 들어 있는 경우가 있다. 예컨대 부당염매(제3조의 2 제1항 제5호와 제23조 제1항 제2호의 경쟁사업

---

46 계속적 부당염매는 상당기간의 염매이고 일시적 부당염매는 1주일이내 단기간의 염매이다.

자 배제), 배타조건부 거래(제3조의 2 제1항 제5호 전단과 제23조 제1항 5호), 거래거절(제3조의 2 제1항 제3호 사업활동 방해에서 필수설비이론과 4호의 새로운 경쟁사업자 참가 방해, 제23조 제1항 제1호 거래거절행위), 사업활동 방해(제3조의2 제1항 3호의 다른 사업자의 사업활동 방해행위, 제23조 제1항 5호의 사업활동 방해) 등을 들 수 있다. 이런 행위들이 시장지배적 지위 남용행위 조항이 아닌 일반불공정거래 조항에 규정되어 있다는 사실은 행위자가 시장지배력을 가질 필요가 없다는 뜻으로, 행위자의 시장지배력을 입증할 필요가 없으므로 훨씬 더 용이하게 법 위반을 입증할 수 있다. 예컨대 부당염매의 경우 미국은 행위자의 의도, 성공 확률(경쟁자를 시장에서 퇴출시키고 독점사업자가 되어서 그 손해를 회복할 수 있는지 등의 여부)등을 검토하나, 우리나라의 경우는 형식적으로 비용보다 더 낮은 가격을 책정하면 경쟁사업자를 배제하려는 의도가 있든 없든 부당염매로 처벌하는 경향이 있다. 불공정행위 조항을 적용하는 경우는 행위자의 시장지배력을 입증할 필요가 없음은 물론이다.

다음은 법 제23조의 제1항의 행위 중 수직제한에 해당하는 행위에 대한 구체적인 법 위반 요건에 대해 설명하고자 한다.

먼저 재판매가격 유지행위는 법 제29조에 "사업자는 재판매가격 유지행위를 해서는 안 된다......"고 규정한 바와 같이 "부당하게"라는 요건이 없으므로 법문상으로는 당연위법보다 더 강한 법 위반 기준을 채택한 것처럼 보인다. 이러한 법문상의 문제 해결을 위해 대법원도 재판매가격 유지행위를 예외적으로 허용할 수 있다는 다음과 같은 취지의 판례[47]를 남겼다. 즉, 최저 판매가격 유지행위가 상표 내 경쟁을 제한하는 것으로 보이더라도, 그 행위가 상표 간 경쟁을 촉진하여 소비자 후생을 높이는 등 정당한 사유가 있으면 예외적으로 허용할 필요가 있다는 요지이다. 미국 Legeen 사례에서 본 것과 같이 완전한 합리의 원칙을 선언한 것은 아니더라도 재판매가격 유지행위에 대해 경쟁제한 효과나 소비자후생 효과를 종합적으로 고려해야 한다는 취지의 판결이라 할 수 있다.

다음은 영업구역 제한행위이다. 미국의 경우 Sylvania 사건 이후 비가격 수직제한은 합리의 원칙을 적용할 뿐만 아니라 외부효과를 없애는 등 여러 가지 순기능 효과가 있으므로 법 위반 요건을 매우 엄격하게 적용하는 데 비해, 우리나라는 그 정도로 완화되어 있지는 않고, 경쟁제한성을 기준으로 법 위반 여부를 판단하고 있다. '불공정거래행위 심사지침'에 따르면 관

---

47 대법원 2010.11.25. 선고 20099543판결

련 시장에서의 경쟁제한 여부를 상표 내의 경쟁제한 효과와 상표 간 경쟁촉진 효과를 비교·형량하여 판단한다는 일반원칙을 제시하고 있다. 따라서 상표 간 경쟁이 활성화된지 여부가 중요한 위법성 판단 요건이 된다. 즉, 행위자의 시장점유율, 경쟁사업자의 수 등을 고려한다. 이와 같은 요건 이외에도 영업구역 제한 정도가 얼마나 엄격한지 여부도 고려하도록 되어 있다. 영업구역 제한행위를 어겼을 때 강력한 재제가 가해지는 등 구속성이 강하면 상표 내의 경쟁을 제한하는 정도가 크므로 위법일 가능성이 크다.

배타조건부 거래도 관련 시장에서 경쟁을 제한하는지 여부를 위주로 위법성을 판단한다. 배타조건부 거래에 의해 자기의 경쟁자 혹은 잠재적 경쟁자가 대체 물품의 구입처 혹은 다른 유통경로를 확보할 수 있는지 여부가 관건이다. 다른 대체 구입처나 유통경로를 확보하기 어려울수록 법 위반 가능성이 크다. 대체 구입처나 유통경로의 확보가 어려운지 여부는 행위자의 시장점유율이 중요한 기준이 된다. 행위자의 시장점유율이 높을수록 경쟁자에게 가해지는 차단 효과는 더 높을 것이다. 또한 배타조건부 거래의 대상이 되는 상대방의 수, 그들의 시장점유율이 높을수록 경쟁사업자가 대체 물품 구입처 및 유통경로를 확보하기 더 어려워질 것이다. 배타조건부 행위가 지속되는 기간이 더 길수록 차단효과는 더 높아서 법 위반 가능성이 크다.

끼워팔기의 위법성은 바람직한 경쟁 질서를 저해하는 불공정한 경쟁수단에 해당되는지 또는 경쟁을 제한하는지 여부를 위주로 판단하였다. 그러나 2015년 12월 31일 심사지침을 개정한 후는 독점규제법의 이론 및 주요 국가의 법 집행 관행을 반영하여 경쟁제한성 위주로 위법성 기준을 합리화하였다. 경쟁제한성 여부의 판단 기준은 다음 사항을 종합적으로 고려하여 판단한다. 첫째, 주상품과 부상품이 별개제품이어야 한다. 둘째, 주상품시장에서 시장지배력이 있는지 여부이다. 불공정거래행위에 조항에 시장지배력을 고려하는 것이 이상하게 생각될 수도 있으나 심사지침은 여러 가지를 종합하여 경쟁제한성을 판단하도록 규정하고 있다. 즉, 미국의 기준처럼 주상품시장에서 시장지배력이 위법성을 입증하는 필수 요소는 아니라는 것이다. 셋째, 주상품을 판매하면서 부상품의 구매를 강요했는지 여부이다. 넷째, 끼워팔기가 정상적인 거래 관행에 비해 부당한지 여부이다. 정상적인 거래 관행이란 예컨대, 프린터와 잉크혹은 자동차와 타이어처럼 상품이 올바로 기능하기 위해 반드시 필요한 상품을 끼워 파는 것을 말한다. 다섯째, 끼워팔기로 인해 부상품시장에서 경쟁사업자가 배제될 우려가 있는 경우이다. 대체로 미국의 사례에서 성립된 4가지 요건과 유사하나, 네 번째 요건은 미국의 기준에는 없는 것이다. 네 번째 기준은 첫째의 기준인 별개제품의 기준에서 함께 고려할 수 있기 때문이다.

6-4-2 우리나라의 사례

남양유업의 거래상지위남용행위[48]

남양유업은 시유, 발효유, 치즈 등의 유제품 및 음료 등을 제조, 판매하는 사업자이다. 제품은 크게 대리점(약 1,800개)과 편의점을 통해 소비자에게 전달되는 유통경로를 갖고 있다.

이 회사는 제품 회전율이 낮아 유통이 부진한 제품의 재고를 강제로 소진하기 위한 목적으로 2007년 10월경부터 2013년 5월경까지 불가리스 등 총 26개 품목에 대해 대리점들로 하여금 유통기한이 임박한 제품, 또는 주문하지 않은 제품들을 지속적으로 구입하도록 강제하였다.

이에 공정위는 남양유업을 공정거래법상 거래상지위남용행위 위반으로 시정명령과 과징금 부과조치를 하였다. 관련 적용 법규는 다음과 같다.

독점규제 및 공정거래에 관한 법률
제23조(불공정거래행위의 금지) ① 사업자는 다음 각 호의 어느 하나에 해당하는 행위로서 공정한 거래를 저해할 우려가 있는 행위(이하 "불공정거래행위"라 한다)를 하거나 계열회사 또는 다른 사업자로 하여금 이를 행하도록 하여서는 아니 된다.
1. ~ 3. (생략)
4. 자기의 거래상의 지위를 부당하게 이용하여 상대방과 거래하는 행위
5. ~ 8. (생략)

독점규제 및 공정거래에 관한 법률 시행령
제36조(불공정거래행위의 지정) ① 법 제23조(불공정거래행위의 금지) 제2항의 규정에 의한 불공정거래행위의 유형 또는 기준은 별표1의2와 같다.
[별표1의2]불공정거래행위의 유형 및 기준(제36조 제1항 관련)
1. ~ 5. (생략)
6. 거래상 지위의 남용
법 제23조【불공정거래행위의 금지】 제1항 제4호에서 "자기의 거래상의 지위를 부당하게 이용하여 상대방과 거래하는 행위"라 함은 다음 각 목의 1에 해당하는 행위를 말한다.
가. 구입강제
  거래상대방이 구입할 의사가 없는 상품 또는 용역을 구입하도록 강제하는 행위

---

48 공정거래위원회 의결 제2013-호, 2013

남양유업의 행위가 상기 법 조항을 위반한 위법성이 성립되기 위해서는, 첫째 사업자가 거래상 지위가 있어야 하고, 둘째 부당하게 거래상대방에게 구입할 의사가 없는 상품 또는 용역을 구입하도록 강제하는 행위를 하여야 한다. 거래상 지위 남용의 주체인 사업자는 상대적으로 우월한 지위 또는 적어도 상대방의 거래활동에 상당한 영향을 미칠 수 있는 지위에 있어야 하고, 그러한 지위에 해당하는지 여부는 당사자가 처한 시장의 상황, 당사자 간의 전체적인 사업 능력의 격차, 거래 대상인 상품의 특성 등을 모두 고려하여 판단한다.[49]

공정위는 동 회사가 다음과 같은 이유로 거래상 지위가 있고 그 행위가 부당하다고 판단하였다. 첫째, 거래하는 대부분의 대리점들이 사실상 전속대리점과 같은 형태로 운영되어 동 회사에 대한 매출의존도가 매우 높은바, 지속적인 거래관계를 유지하기 위해서는 동사의 요구사항 등을 수용할 수밖에 없는 측면이 있다. 둘째, 동사는 특정 품목(소위 '캠페인 제품')을 지정하여 대리점별 매출목표를 부여하여 지점을 통해 목표 달성 여부를 수시로 확인하고, 부진대리점은 실적을 제고토록 하는 등 사실상 대리점의 업무를 지휘감독하고 있다. 셋째, 동사는 유제품시장의 2위 사업자(2012년 기준)로서 시장점유율은 상당한 수준(우유류 25%, 발효류 32%, 2012년 기준)이다. 그러므로 동사의 제품을 자신이 거래하는 도·소매처에 안정적으로 공급하는 것이 사업 운영에 매우 중요한 대리점으로서는 동사의 대리점에 대한 제품공급 중단, 계약해지 등이 미치는 경제상 불이익이 상당하다. 넷째, 기존의 대리점을 인수할 경우 기존의 대리점주에 대하여 권리금 명목의 금전을 지급하는 등 상당 금액을 투자하게 되는 점 등을 고려할 때, 다른 대리점으로의 전환 등 대체 거래선의 확보가 용이하다고 보기도 어렵다.

다음으로, 공정위는 동사의 행위가 부당하다고 판단하였다. 그 이유는 다음과 같다. 첫째, 동사의 행위는 자신의 수요 예측 실패의 책임을 대리점에 전가하기 위한 것이다. 둘째, 이 사건의 해당 제품인 유제품은 유통기한이 대개 1~2주일로 짧고 항상 냉장 보관해야 하는 특성 때문에 대리점들은 일별 판매량에 따라 합리적인 주문을 할 것이나 이에 반하여 강제로 구매를 강요하였다. 셋째, 이 사건에서 주문량을 초과하여 공급한 제품들은 대부분이 회전율이 낮거나 비인기 제품들로서 유통기한이 임박한 제품들이므로, 유통기한이 지나면 폐기해야 한다. 따라서 대리점들이 원치 않은 공급을 제공받았다고 볼 수 있다. 넷째, 대리점 계약서 제4조 반품 조항에서도 '제조상 불량품 등 남양유업이 인정하는 사유를 제외하고는 대리점이 피심인

---

49 대법원 2009. 10. 19. 선고 2007두20812, 대법원 2006. 11. 9 선고 2003두15225 판결 등

에게 반품…할 수 없다'로 규정되어 있어, 대리점이 판매 못 하는 경우 남은 제품의 처리 및 대금은 대리점이 전부 부담해야 하는 점에서 대리점들이 입은 불이익이 크다. 다섯째, 동사는 제품의 주문프로그램을 최종 주문량만 남도록 하고 대리점의 주문내용에 대한 검색이 불가능하도록 하는 등 대리점들이 직접 주문하였던 기록이 나타나지 않도록 변경하였다. 이것은 구입 강제의 증거를 은폐하기 위한 수단이라고 판단된다. 여섯째, 대금 결제방식도 대리점이 직접 대금을 납부하는 방식이 아니라 동사가 스스로 대리점의 금융계좌에서 인출하도록 함으로써 대리점의 의사와 관계없이 제품을 구입하도록 하였다.

이상의 행위[50]에 대해 공정위는 시정조치와 과징금을 부과하였다.

여기서는 구입 강제 행위에 대한 과징금 부과 과정을 살펴보기로 한다. 과징금은 제5장에서 설명한 바와 같이 관련 매출액에 부과율을 곱하여 산출한 다음, 1, 2차 조정을 통하여 최종 부과과징금을 정한다.

공정위는 관련 상품을 남양유업이 대리점에게 판매한 제품 중 증거자료를 통하여 대리점에게 구입 강제한 사실이 확인되는 불가리스 등 총 26개 품목으로 정하였다. 위반행위 기간으로, 먼저 시기는 공정위가 증거를 확보한 2009년 1월 1일로 정하였다. 종기는 이 사건에 대한 공정위 조사가 시작되고 사회문제화 되자, 2013년 5월 4일 동사의 대표이사가 이 사건관련 기자회견을 통해 대국민 사과한 점을 감안, 2013년 4월 30일로 하였다. 관련 매출액은 2009년 1월 1일부터 2013년 4월 30일까지 동사가 대리점에게 판매한 제품 중 증거 자료를 통해 대리점에게 구입 강제한 사실이 확인되는 총 26개 품목에 대한 매출 합계액인 598,232,402천원으로 확정하였다.

관련 매출액의 산정에 대한 쟁점은, 대리점에게 한 번이라도 구입강제를 한 모든 제품 26개 품목의 전 기간에 거친 매출액으로 보아야 하는 것인지 여부이다. 시기에 따라서 일부 제품은 구입 강제가 없기도 하였고, 대리점이 정상적으로 희망에 따라 주문한 금액도 매출액에 포함되는 문제가 있다. 즉, 대리점이 원하여 주문한 금액을 제외하고 동사가 유통기한이 도래하여 강제로 추가 매입토록 한 부분만 관련 매출액에 포함되어야 한다는 주장이 있다. 약 1,800개의 대리점이 있고 시기별로 수많은 주문이 이뤄졌으므로 일일이 강제로 추가한 부분만을 따로 떼어서 매출액을 산출할 수 없을 경우, 즉, 관련 매출액의 산정이 어려운 경우는 과징금부과 고시에 따라 정액과징금을 부과해야 한다.

---

[50] 이상의 행위에 이외에 이익제공강요행위에 대해서도 법 위반에 포함되었다. 이 행위부분에 대한 설명은 생략하기로 한다.

어째든 공정위는 상기 5,982억 원의 관련 매출액에 '매우 중대한 위반행위'의 부과기준율 2%를 곱하여 11,964백만원의 과징금을 산정하였다.[51]

남양유업은 과징금 납부명령의 취소를 구하는 소송을 제기하였고 서울고등법원은 원고인 남양유업의 손을 들어주었다. 구입강제가 이루어진 4년여 동안의 26개 품목 전체 물량을 기준으로 관련 매출액을 산정한 것은 위법이라는 것이다. 동사는 그 기간 동안 유통기한이 임박한 제품이나 회전율이 낮은 제품 등 일부 물량에 대해서 구입을 강제하였을 뿐 전체 대리점으로 하여금 26개 품목의 물품 전부를 구입하도록 강제한 것으로 보기 어렵다는 문제가 있다는 것이다. 따라서 유통기한이 충분히 남아 있는 제품 등 대리점이 자발적으로 주문한 물량은 관련 매출액에서 공제되어야 한다는 것이다. 전체 대리점에 구입강제가 이뤄지지 않았고, 일부 대리점에 가한 구입강제가 행위가 전체 대리점에 대하여 직접 또는 간접적인 영향을 미쳤는지에 관하여 이를 인정할 증거도 부족하다는 것이다. 따라서 구입강제 행위에 대한 공정위의 과징금 부과액 11,964,000,000원을 취소하였다. 이 판결은 2015년 6월 11일 대법원[52]에서 심리불속행 기각으로 그대로 확정되었다.

이에 공정위는 원래 부과 징수했던 과징금 119억 원은 환급하고 과징금을 재산정 하였다. 과징금은 판결의 취지에 따라 대리점이 자발적으로 주문한 물량은 제외하고 대리점의 의사에 반하여 출고된 물량만을 특정하여 이를 기준으로 관련 매출액을 산정하여야 하나, 대리점이 자발적으로 주문한 물량과 대리점의 의사에 반하여 출고한 물량을 구분하는 것이 어렵기[53] 때문에 결국 관련 매출액의 결정이 어렵게 되어, 정액과징금 중 최고액인 5억 원을 부과하였다.

㈜골프존의 거래강제(끼워팔기)행위[54]

㈜골프존(이하 골프존이라 한다.)은 스크린골프 관련 게임소프트웨어 개발 및 공급업 등을 영

---

51 1,2차 조정과정과 최종부과과징금의 조정과정을 거쳤으나 부과과징금액은 초기 산정했던 119억여 원으로 확정되었다. 이익제공강요 부분에 대한 과징금은 정액과징금 5억으로 결정되어 총 과징금액은 12,464,000,000원으로 확정되었다.

52 대법원 2015.60.11 선고 2015두38962 판결

53 남양유업이 대리점에 유통기한 임박 제품, 회전율이 낮은 제품 등을 강제 할당한 구체적인 시기, 품목별 수량, 할당대상 대리점 등을 특정할 수 있는 증거 자료가 부족했기 때문이다.

54 공정거래위원회 의결 2014-176호, 2014.8.11. 골프존은 끼워팔기 이외에도 점주의 영업손실 미보상행위, 캐시 적립금 환불시 부당공제 행위 등 거래상지위남용 행위로도 시정조치와 과징금부과를 받았으나 여기서는 끼워팔기만을 설명하기로 한다.

위하는 사업자이다. 스크린골프는 스크린 화면에 골프코스를 투영시키는 설비를 통하여 실내 공간에서 골프 경기를 즐기는 것을 가리키며, 스크린골프를 할 수 있도록 고안된 장비를 '골프 시뮬레이션 시스템(golf simulation system)' 또는 '골프 시뮬레이터(golf simulator: GS 시스템)'라 한다. GS 시스템은 이용자가 친 공의 방향, 속도, 회전 등을 판독하여 데이터화시키는 '센서', 공의 위치에 따라 자동으로 경사가 조절되는 '스윙플레이트', 영상을 확대하여 보여주는 '프로젝터', '스크린', 그리고 이러한 장비를 제어·실행하는 '컴퓨터'로 구성된다.

골프존의 끼워팔기는 다음과 같은 내용을 담고 있다. 동사는 2009년 6월부터 공정위의 심의일까지 자신이 지정한 2~3개의 프로젝터를 포함한 묶음 상품형태로 GS 시스템을 판매하는 정책을 유지하였다. 특별한 경우에는 지정된 프로젝터를 구입하지 않도록 허용하였는데, 그 경우란 ① 경쟁사의 GS 시스템을 이용하다가 동사의 것으로 전환하거나 ② 동사의 신규 GS 시스템을 구입하고자 하는 경우 점주가 기존에 사용하던 프로젝터를 계속 사용하기를 원하는 경우이다.

관련 법 규정은 다음과 같다.

독점규제 및 공정거래에 관한 법률
제23조(불공정거래행위의 금지) ① 사업자는 다음 각 호의 어느 하나에 해당하는 행위로서 공정한 거래를 저해할 우려가 있는 행위(이하 "불공정거래행위"라 한다)를 하거나, 계열회사 또는 다른 사업자로 하여금 이를 행하도록 하여서는 아니 된다.
1.~2. (생략)
3. 부당하게 경쟁자의 고객을 자기와 거래하도록 유인하거나 강제하는 행위
4.~8. (생략)

독점규제 및 공정거래에 관한 법률 시행령
제36조(불공정거래행위의 지정) ① 법 제23조(불공정거래행위의 금지) 제2항의 규정에 의한 불공정거래행위의 유형 또는 기준은 별표 1의2와 같다.

【별표 1의2】 불공정거래행위의 유형 및 기준(제36조 제1항 관련)
5. 거래강제
    법 제23조(불공정거래행위의 금지) 제1항 제3호 후단에서 "부당하게 경쟁자의 고객을 자기와 거래하도록 강제하는 행위"라 함은 다음 각 목의 1에 해당하는 행위를 말한다.
    가. 끼워팔기

거래상대방에 대하여 자기의 상품 또는 용역을 공급하면서 정상적인 거래 관행에 비추어 부당하게 다른 상품 또는 용역을 자기 또는 자기가 지정하는 사업자로부터 구입하도록 하는 행위

나.~다. (생략)

상기 조항이 규정하는 끼워팔기가 위법한 것이 되기 위해서는 ① 주상품과 부상품이 별개 상품이고, ② 부상품의 구매가 주상품의 구매와 함께 강제되어야 하며, ③ 끼워팔기의 행위가 정상적인 거래 관행에 비추어 부당함으로서 공정한 거래를 저해할 우려가 있어야 한다. 한편, 주상품을 공급하는 사업자가 외국의 사례처럼 반드시 시장지배적 사업자일 필요는 없고 주상품을 공급하는 것과 연계하여 거래상대방에게 부상품을 구입하도록 하는 상황을 만들어낼 정도의 지위를 갖는 것으로 족하다.[55]

상기와 같은 위법성 요건에 맞춰 공정위는 골프존의 끼워팔기 행위가 위법성 요건을 충족하고 있다고 판단하였다.

첫째, 별개 제품성 여부에 대한 판단이다. 프로젝터(projector)는 누구든지 시중에서 유통대리점, 전문상가, 인터넷쇼핑몰, 중고시장 등 다양한 유통경로를 통해 구입할 수 있는 상품이고, 골프존이 공급하는 프로젝터의 경우도 동사가 사양이나 규격을 정하여 조립 또는 생산하거나 자신의 GS 시스템에만 사용되도록 가공 · 변형하지 아니한 것으로서 시중에서 구입하여 GS 시스템에 연결만 하면 작동이 되는 점 등을 고려할 때, GS 시스템과 프로젝터는 각각 별개의 상품성이 인정된다.

둘째, 구입 강제성 여부에 대한 판단이다. 주된 상품과 종된 상품을 같이 구입하도록 강제하는지 여부는 거래상대방의 입장에서 서로 다른 두 상품을 따로 구입하는 것이 자유로운지를 기준으로 판단한다. 골프존은 특정 프로젝터만을 기본품목으로 지정하여 GS 시스템과 묶음 상품으로 점주들에게 판매 강제하였는바, 동사의 국내 GS 시스템 시장에서 차지하는 높은 점유율을 고려할 때 동사의 GS 시스템을 이용하여 연습장 업을 영위하고자 하는 점주들로서는 동사가 제시하는 프로젝터가 장착된 GS 시스템을 구입할 수밖에 없는 입장이다.

셋째 공정거래저해성에 대한 판단이다. 일반적으로 끼워팔기가 정상적인 거래 관행에 부합하려면 주된 상품의 기능에 반드시 필요한 상품을 따로 공급하는 것이 기술적으로 매우 곤

---

55 대법원 2006.5.26. 선고 2004두3014판결

란하거나 상당한 비용을 요하는 경우라야 하는데, 골프존이 지정한 프로젝터는 범용제품으로서 별도로 구입하여도 GS 시스템이 정상적으로 작동하는 데에 기술적으로 아무런 문제가 없다. 따라서 행위가 정상적인 거래 관행에 부합하지 아니함을 알 수 있다. 한편, 프로젝트를 부상품으로 강제로 구입하게 함으로써 프로젝트 시장에서 골프존에 의해 지정되지 않은 프로젝트 공급자들이 공정한 경쟁을 할 수 있는 기회를 잃게 되었다.

공정위는 시정조치와 함께 과징금 682,000천원을 부과하였다.[56]

이에 대한 법원의 판단은 달랐다. 특정 프로젝터 중 하나를 함께 구입하도록 한 행위가 공정거래법 제23조 제1항 제3호에 해당하지 않는다고 판단하였다. 공정서래법 제23조 제1항 제3호는 불공정거래행위 중 하나로 '부당하게 경쟁자의 고객을 자기와 거래하도록 유인하거나 강제하는 행위'를 규정하고 있다. 골프존은 다른 스크린골프 사업을 하는 훼밀리골프, 알바트로스, 골프19, X-GOLF 등과 경쟁자라고 할 수 있는데, 공정거래법 제23조 제1항 제3호를 위반하였다고 하기 위해서는 훼밀리골프 등의 고객을 자기와 거래하도록 유인하거나 강제하였어야 한다는 것이다. 골프존이 GS 시스템을 판매하면서 특정 프로젝터를 함께 구입하도록 하였다고 하여 프로젝터와 아무런 관련이 없는 훼밀리골프 등 GS 시스템을 판매하는 경쟁사의 고객을 자기와 거래하도록 유인하거나 강제하였다고 볼 수 없기 때문이라는 것이다. 골프존은 프로젝터를 별도로 판매하거나 프로젝터 시장에 참여한 것도 아니므로, 동사가 지정하지 않은 다른 프로젝터 판매 업체를 동사의 경쟁자라고 볼 수도 없기 때문이라는 것이다. 골프존의 행위로 처벌받은 끼워팔기는 공정거래법 시행령 제36조 [별표 1의2] 불공정거래행위 기준 제5호 (가)목에 규정되는데, 이는 공정거래법 제23조 제3항의 위임을 받아 규정된 것으로 공정거래법 제23조 제1항 제3호의 "부당하게 경쟁자의 고객을 자기와 거래하도록 강제하는 행위"의 한 유형으로 시행령에 규정된 것이다. 그러므로 위 공정거래법 제23조 제1항 제3호에서 규정한 "부당하게 경쟁자의 고객을 자기와 거래하도록 강제하는 행위"에 해당한다고 할 수 없는 경우에도 다시 "끼워팔기"에 해당하면 공정거래법 제23 제1항 제3호에 해당한다고 해석할 수는 없다는 것이다. 그러므로 골프존이 GS 시스템을 판매하면서 호환 가능한 몇 개 종류의 프로젝터 중 하나를 함께 구입하도록 한 행위가 공정거래법 제23조 제1항 제3호의 '부당하게 경쟁자의 고객을 자기와 거래하도록 유인하거나 강제하는 행위'에 해당한다고 볼 수 없는 이상

---

[56] 2009년 6월부터 심의일까지 부상품으로 강제 판매된 프로젝터의 매출액을 관련 매출액으로 산정하였다. 기타 거래상 지위남용행위까지를 합한 총 과징금액은 4,894,000천원이다.

동사의 위 행위가 공정거래법 시행령에서 규정한 "끼워팔기"에 해당하는지 여부를 따질 필요 없이 이 부분 시정명령은 위법하다는 것이다.

그럼에도 법원은 골프존의 행위가 공정거래법 제23조 제3항의 위임을 받아 규정된 공정거래법 시행령 제36조 [별표 1의2] 불공정거래행위 기준 제5호 (가)목의 '끼워팔기'에 해당하는지 여부에 관하여 검토하였다.

공정거래법 제23조 제1항 제3호 후단 및 같은 법 시행령 제36조 제1항 [별표1의2] 불공정거래행위 기준 제5호 (가)목의 '거래강제' 중 '끼워팔기'는, 자기가 공급하는 상품 또는 용역 중 거래 상대방이 구입하고자 하는 상품 또는 용역(이하 '주된 상품'이라 한다)을 상대방에게 공급하는 것과 연계하여 상대방이 구입하고자 하지 않거나 상대적으로 덜 필요로 하는 상품 또는 용역(이하 '종된 상품'이라 한다)을 정상적인 거래 관행에 비추어 부당하게 자기 또는 자기가 지정하는 다른 사업자로부터 상대방이 구입하도록 하는 행위를 말한다 할 것이고, 이러한 끼워팔기가 정상적인 거래 관행에 비추어 부당한지 여부는 종된 상품을 구입하도록 한 결과가 상대방의 자유로운 선택의 자유를 제한하는 등 가격과 품질을 중심으로 한 공정한 거래질서를 저해할 우려가 있는지 여부에 따라 판단하여야 할 것이다(대법원 2006. 5. 26. 선고 2004두3014 판결 참조). 그런데 골프존이 GS 시스템을 판매하면서 프로젝터를 함께 판매한 것이 공정거래법상 금지되는 '끼워팔기'에 해당한다고도 볼 수 없다는 것이다. 골프존의 GS 시스템을 이용하여 스크린골프를 플레이하기 위해서는 '센서', '스윙플레이트', '프로젝터', '스크린', 그리고 이러한 장비를 제어·실행하는 '컴퓨터' 등이 필수적으로 구비되어 있어야 하므로, 프로젝터 없이는 스크린골프를 실행하는 것이 불가능하다. 이처럼 GS 시스템 작동에 있어서 프로젝터는 밀접 불가분한 구성요소에 해당한다고 할 것이므로, 프로젝터를 거래상대방이 구입하고자 하지 않거나 상대적으로 덜 필요로 하는 상품, 즉 종된 상품에 해당한다고 볼 수 없다는 것이다. 별개 제품성을 인정하지 않은 것이다. 뿐만 아니라, 점주들은 GS 시스템의 업그레이드에 따라, 신규 GS 시스템으로 교체하는 경우가 자주 발생할 수밖에 없었다. 이와 같은 경우 점주들은 기존의 프로젝터를 계속 사용하기를 원할 때는 프로젝터를 새로 구입하지 않는 것도 가능하였다. 그런데, 신규 GS 시스템 구입 점주들 중 오직 4.1%만이 기존의 프로젝터를 그대로 사용하였다. 이와 같은 결과는 대부분의 점주들이 신규 GS 시스템을 도입하면서 프로젝터 역시 신규 GS 시스템에 맞추어 골프존이 권장하는 프로젝터를 자발적으로 선택하였기 때문인 것으로 보인다.

법원은 공정거래법상 끼워팔기에 해당하지 않은 행위에 대해 시정조치와 과징금부과를 결정한 공정거래위원회의 결정을 취소하였다.

불공정거래행위의 유형 및 기준 (공정거래법 시행령 별표)

[별표 1의2] <개정 2017.9.29>

불공정거래행위의 유형 및 기준(제36조 제1항 관련)

1. 거래거절

법 제23조(불공정거래행위의 금지) 제1항 제1호 전단에서 "부당하게 거래를 거절하는 행위"라 함은 다음 각목의 1에 해당하는 행위를 말한다.

가. 공동의 거래거절

정당한 이유 없이 자기와 경쟁 관계에 있는 다른 사업자와 공동으로 특정사업자에 대하여 거래의 개시를 거절하거나 계속적인 거래관계에 있는 특정사업자에 대하여 거래를 중단하거나 거래하는 상품 또는 용역의 수량이나 내용을 현저히 제한하는 행위

나. 기타의 거래거절

부당하게 특정사업자에 대하여 거래의 개시를 거절하거나 계속적인 거래관계에 있는 특정사업자에 대하여 거래를 중단하거나 거래하는 상품 또는 용역의 수량이나 내용을 현저히 제한하는 행위

2. 차별적 취급

법 제23조(불공정거래행위의 금지)제1항 제1호 후단에서 "부당하게 거래의 상대방을 차별하여 취급하는 행위"라 함은 다음 각목의 1에 해당하는 행위를 말한다.

가. 가격차별

부당하게 거래지역 또는 거래상대방에 따라 현저하게 유리하거나 불리한 가격으로 거래하는 행위

나. 거래조건차별

부당하게 특정사업자에 대하여 수량·품질 등의 거래조건이나 거래내용에 관하여 현저하게 유리하거나 불리한 취급을 하는 행위

다. 계열회사를 위한 차별

정당한 이유 없이 자기의 계열회사를 유리하게 하기 위하여 가격·수량·품질 등의 거래조건이나 거래내용에 관하여 현저하게 유리하거나 불리하게 하는 행위

라. 집단적 차별

집단으로 특정사업자를 부당하게 차별적으로 취급하여 그 사업자의 사업활동을 현저하게 유리하거나 불리하게 하는 행위

3. 경쟁사업자 배제

법 제23조(불공정거래행위의 금지)제1항 제2호에서 "부당하게 경쟁자를 배제하는 행위"라 함은 다음 각목의 1에 해당하는 행위를 말한다.

가. 부당염매

자기의 상품 또는 용역을 공급함에 있어서 정당한 이유없이 그 공급에 소요되는 비용보다 현저히 낮은 대가로 계속하여 공급하거나 기타 부당하게 상품 또는 용역을 낮은 대가로 공급함으로써 자기 또는 계열회사의 경쟁사업자를 배제시킬 우려가 있는 행위

나. 부당고가매입

부당하게 상품 또는 용역을 통상거래가격에 비하여 높은 대가로 구입하여 자기 또는 계열회사의 경쟁사업자를 배제시킬 우려가 있는 행위

4. 부당한 고객유인

법 제23조(불공정거래행위의 금지)제1항 제3호 전단에서 "부당하게 경쟁자의 고객을 자기와 거래하도록 유인하는 행위"라 함은 다음 각목의 1에 해당하는 행위를 말한다.

가. 부당한 이익에 의한 고객유인

정상적인 거래 관행에 비추어 부당하거나 과대한 이익을 제공 또는 제공할 제의를 하여 경쟁사업자의 고객을 자기와 거래하도록 유인하는 행위

나. 위계에 의한 고객유인

제9호의 규정에 의한 부당한 표시·광고 외의 방법으로 자기가 공급하는 상품 또는 용역의 내용이나 거래조건 기타 거래에 관한 사항에 관하여 실제보다 또는 경쟁사업자의 것보다 현저히 우량 또는 유리한 것으로 고객을 오인시키거나 경쟁사업자의 것이 실제보다 또는 자기의 것보다 현저히 불량 또는 불리한 것으로 고객을 오인시켜 경쟁사업자의 고객을 자기와 거래하도록 유인하는 행위

다. 기타의 부당한 고객유인

경쟁사업자와 그 고객의 거래에 대하여 계약성립의 저지, 계약불이행의 유인 등의 방법으로 거래를 부당하게 방해함으로써 경쟁사업자의 고객을 자기와 거래하도록 유인하는 행위

5. 거래강제

법 제23조(불공정거래행위의 금지)제1항 제3호 후단에서 "부당하게 경쟁자의 고객을 자기와 거래하도록 강제하는 행위"라 함은 다음 각목의 1에 해당하는 행위를 말한다.

가. 끼워팔기

거래상대방에 대하여 자기의 상품 또는 용역을 공급하면서 정상적인 거래 관행에 비추어 부당하게 다른 상품 또는 용역을 자기 또는 자기가 지정하는 사업자로부터 구입하도록 하는 행위

나. 사원판매

부당하게 자기 또는 계열회사의 임직원으로 하여금 자기 또는 계열회사의 상품이나 용역을 구입 또는 판매하도록 강제하는 행위

다. 기타의 거래강제

정상적인 거래 관행에 비추어 부당한 조건 등 불이익을 거래상대방에게 제시하여 자기 또는 자기가 지정하는 사업자와 거래하도록 강제하는 행위

6. 거래상 지위의 남용

법 제23조(불공정거래행위의 금지)제1항 제4호에서 "자기의 거래상의 지위를 부당하게 이용하여 상대방과 거래하는 행위"라 함은 다음 각목의 1에 해당하는 행위를 말한다.

가. 구입강제

거래상대방이 구입할 의사가 없는 상품 또는 용역을 구입하도록 강제하는 행위

나. 이익제공강요

거래상대방에게 자기를 위하여 금전·물품·용역 기타의 경제상이익을 제공하도록 강요하는 행위

다. 판매목표강제

자기가 공급하는 상품 또는 용역과 관련하여 거래상대방의 거래에 관한 목표를 제시하고 이를 달성하도록 강제하는 행위

라. 불이익제공

　가목 내지 다목에 해당하는 행위 외의 방법으로 거래상대방에게 불이익이 되도록 거래조건을 설정 또는 변경하거나 그 이행과정에서 불이익을 주는 행위

마. 경영간섭

　거래상대방의 임직원을 선임 · 해임함에 있어 자기의 지시 또는 승인을 얻게 하거나 거래상대방의 생산품목 · 시설규모 · 생산량 · 거래내용을 제한함으로써 경영활동을 간섭하는 행위

7. 구속조건부거래

법 제23조(불공정거래행위의 금지)제1항 제5호 전단에서 "거래의 상대방의 사업활동을 부당하게 구속하는 조건으로 거래하는 행위"라 함은 다음 각목의 1에 해당하는 행위를 말한다.

　가. 배타조건부 거래

　부당하게 거래상대방이 자기 또는 계열회사의 경쟁사업자와 거래하지 아니하는 조건으로 그 거래상대방과 거래하는 행위

나. 거래지역 또는 거래상대방의 제한

　상품 또는 용역을 거래함에 있어서 그 거래상대방의 거래지역 또는 거래상대방을 부당하게 구속하는 조건으로 거래하는 행위

8. 사업활동 방해

법 제23조(불공정거래행위의 금지)제1항 제5호 후단에서 "부당하게 다른 사업자의 사업활동을 방해하는 행위"라 함은 다음 각목의 1에 해당하는 행위를 말한다.

가. 기술의 부당이용

　다른 사업자의 기술을 부당하게 이용하여 다른 사업자의 사업활동을 상당히 곤란하게 할 정도로 방해하는 행위

나. 인력의 부당유인 · 채용

　다른 사업자의 인력을 부당하게 유인 · 채용하여 다른 사업자의 사업활동을 상당히 곤란하게 할 정도로 방해하는 행위

다. 거래처 이전 방해

　다른 사업자의 거래처 이전을 부당하게 방해하여 다른 사업자의 사업활동을 심히 곤란하게 할 정도로 방해하는 행위

라. 기타의 사업활동방해

　　가목 내지 다목 외의 부당한 방법으로 다른 사업자의 사업활동을 심히 곤란하게 할 정도로 방해하는 행위

9. 삭제 <1999.6.30>

10. 부당한 지원행위

　법 제23조(불공정거래행위의 금지)제1항 제7호 각 목 외의 부분에 따른 부당하게 다음 각 목의 어느 하나에 해당하는 행위를 통하여 특수관계인 또는 다른 회사를 지원하는 행위는 부당하게 다음 각 목의 어느 하나에 해당하는 행위를 통하여 과다한 경제상 이익을 제공함으로써 특수관계인 또는 다른 회사를 지원하는 행위로 한다.

가. 부당한 자금지원

　　특수관계인 또는 다른 회사에 대하여 가지급금·대여금 등 자금을 상당히 낮거나 높은 대가로 제공 또는 거래하거나 상당한 규모로 제공 또는 거래하는 행위

나. 부당한 자산·상품 등 지원

　　특수관계인 또는 다른 회사에 대하여 부동산·유가증권·무체재산권 등 자산 또는 상품·용역을 상당히 낮거나 높은 대가로 제공 또는 거래하거나 상당한 규모로 제공 또는 거래하는 행위

다. 부당한 인력지원

　　특수관계인 또는 다른 회사에 대하여 인력을 상당히 낮거나 높은 대가로 제공 또는 거래하거나 상당한 규모로 제공 또는 거래하는 행위

라. 부당한 거래단계 추가 등

　　1) 다른 사업자와 직접 상품·용역을 거래하면 상당히 유리함에도 불구하고 거래상 역할이 없거나 미미(微微)한 특수관계인이나 다른 회사를 거래단계에 추가하거나 거쳐서 거래하는 행위

　　2) 다른 사업자와 직접 상품·용역을 거래하면 상당히 유리함에도 불구하고 특수관계인이나 다른 회사를 거래단계에 추가하거나 거쳐서 거래하면서 그 특수관계인이나 다른 회사에 거래상 역할에 비하여 과도한 대가를 지급하는 행위

가격차별

7-1 가격차별의 경제적 유인 및 효과

각각의 소비자가 가지고 있는 특정 제품에 대한 경제적 평가는 다르다. 또한 동일한 소비자라도 제품의 소비량에 따라 그 제품에 대한 평가가 달라진다. 기업이 모든 소비자에게 획일적인 가격을 부과하는 대신, 그 제품을 더 선호하는 소비자에게 더 높은 가격을 부과할 수 있다면 그 기업의 이윤은 더 증가할 것이다. 마찬가지로 동일한 소비자에 대해서도 소비량에 따라 다른 가격을 부과할 수 있는 경우에도 기업의 이윤이 더 증가할 것이다. 가격차별은 이와 같이 이윤을 높이려는 목적으로 실시한다. 단위당 가격이 구매량에 따라서 달라지므로 비선형가격의 일종으로 분류된다.

가격차별이 가능하기 위해서는 몇 가지 조건이 충족되어야 한다. 첫째, 행위자가 독점력을 갖고 있어야 한다. 가격을 한계비용보다 더 높게 부과할 수 있어야 되기 때문이다. 그렇지 않을 경우 누구에게도 경쟁가격 이상으로 가격을 부과할 수 없다. 둘째, 소비자가 제품의 한 단위에 대하여 기꺼이 지불하겠다는 금액을 알고 있거나 추정할 수 있어야 할 뿐만 아니라, 기꺼이 지불하겠다는 금액이 각각의 소비자 개인에 따라 다르고 동일한 소비자라도 그 소비량에 따라 달라야 한다. 만약 기업이 소비자의 수요곡선을 알고 있다면 각 소비자에 따라 다른 가격을 부과하고 동일한 소비자에 대해서도 소비량에 따라 다른 가격을 부과할 수 있게 된다. 셋째, 소비자 간에 제품을 상호 되파는 행위를 막을 수 있거나 제한할 수 있어야 한다.

7-1-1   완전 가격차별

완전 가격차별은 기업이 소비자 개인의 소비성향을 완벽하게 파악한 경우에 가능해진다. 각 소비자가 한 단위의 소비를 위해 얼마만큼을 지불할 용의가 있는가를 완벽하게 알고 있으므로 기업은 각자에게 그가 지불할 수 있는 최대의 금액을 부과할 수 있게 된다. 독점기업의 경우를 가정해 보자. 기업의 한계비용은 상수인 m이고, 각 소비자는 한 단위씩만 소비한다고 가정한다. 그림 7-1에서 D는 시장의 수요곡선인데, 이 제품에 대하여 제일 높은 가격을 지불할 용의가 있는 소비자로부터 차례로 나열한 형태로 그려졌다. 기업이 수요곡선에 대한 완전정보가 있으므로 각 소비자가 기꺼이 지불할 수 있는 금액에 따라 각자에게 다른 가격을 부과할 수 있다. 기업이 이윤을 극대화하려면 제품의 한계비용 이하로는 판매하지 않을 것이므로 최소 m

만큼을 지불하겠다는 소비자에게까지만 판매할 것이다. 전체 생산량은 q^*에서 결정되고 가장 낮은 가격은 p^*로 결정될 것이다. p^*는 경쟁시장 가격과 같다는 것을 알 수 있다. 왜냐하면 가격인 p^*가 한계비용인 m과 같기 때문이다. 결국, 독점기업이 수요곡선에 대한 완벽한 정보를 가지고 있어 완전 가격차별이 이루어지면 균형가격과 공급량은 경쟁시장의 그것과 같게 되는 것이다. 경쟁시장과 다른 점은 경쟁시장에서 소비자의 몫인 소비자잉여(C_1, C_2, C_3를 합한 부분)가 모두 기업에 이전되었다는 사실이다. 완전 가격차별에서는 경제적 후생의 감소(welfare loss)는 없고 소득의 이전만이 있다.

가격차별이 없는 독점시장의 균형점은 한계비용인 m과 한계수입 MR이 교차하는 점, 가격은 p_m, 공급량은 q_m에서 각각 결정된다. 경쟁시장에 비하여 C_3만큼의 후생의 감소가 있다. 즉 경쟁시장의 소비자잉여 중에서 C_2는 독점기업의 이윤으로 이전이 되고 C_1은 계속하여 소비자잉여로 남아 있으나 C_3는 기업에게 이전되지도 않고 소비자잉여로 남아 있지도 않게 되어 그만큼 순수한 후생의 감소가 되는 것이다. 이것을 자중손실(deadweight loss)이라는 것은 제1장에서 설명한 바가 있다. 소비자잉여는 경쟁시장에서보다 줄어든 C_1에 불과하게 된다. 따라서 가격차별이 없는 독점시장은 그것이 있는 독점시장에 비하여 후생의 수준이 낮게 된다.

상기 모형은 각 소비자의 기호가 다르고 모든 소비자가 한 단위만 소비한다는 것을 가정하였다. 그러나 그림 7-1은 모든 소비자의 기호는 동일하고 한 단위 이상씩을 소비한다는 가정

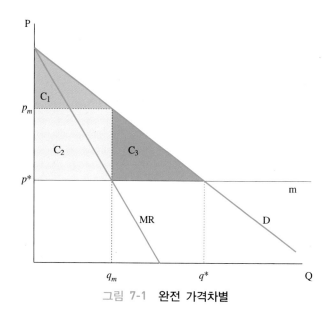

그림 7-1 완전 가격차별

하에서도 설명될 수 있다. 이 가정하에서 그림 7-1은 소비자 개인의 수요곡선이 된다. 독점기업은 각 소비자의 구매량에 따라서 다른 가격을 부과하여 이윤을 극대화시킬 것이다. 예컨대 첫째 단위에 대해서는 만원, 둘째 단위에는 구천 원, 셋째 단위에는 팔천 원 등으로 매 단위마다 소비자가 기꺼이 지불하고자 하는 최대 가격을 부과할 것이다. 물론 이윤 극대화를 위해서는 한계비용인 m 이하로는 판매하지 않을 것이다. 이 경우에도 소비자잉여는 모두 기업 이윤으로 이전되고 경제적 효율은 경쟁시장과 같게 된다. 즉 모든 소비자잉여는 손실됨이 없이 독점기업에 이전되므로 소득의 재분배 효과는 있으나 전체적인 후생의 감소(welfare cost)는 없게 된다.

가격차별은 앞서 설명한 이부가격책정과 그 경제적 효과가 같다는 것을 알 수 있다. 이부가격은 제품을 구매할 수 있는 권한을 획득하기 위한 정액요금과 구매량에 따라 지불하게 되는 금액으로 구분된다는 것은 앞장에서 설명한 바와 같다. 그림 7-1에서 독점기업이 이부가격을 책정하여 구매량에 따라 부과할 가격을 m으로 정하고 정액요금을 빗금 친 세 부분, 즉 C_1, C_2, C_3를 합한 면적만큼을 부과한다면 모든 소비자잉여가 독점기업에게 이전되는 가격차별과 동일하게 된다. 따라서 이부가격을 책정하는 경우도 경쟁시장의 경우에 비해 후생의 감소는 없게 된다.

완전 가격차별은 독점기업이 소비자들의 소비 곡선을 전부 알고 있다는 전제하에 가능한 것이다. 그런데 실제는 그것을 알 수 없는 경우가 대부분이다. 따라서 기업은 소비자의 수요 성향을 알아내기 위해 노력한다. 상 관행으로 자리를 잡은 많은 판매방식들이 소비자의 수요 패턴을 알아내기 위한 목적으로 시작된 것들이다. 예컨대 복사기를 임대하면서 복사한 회수를 계측하기 위한 기계를 부착하는 경우가 있는데, 이것은 물론 고객별로 몇 장의 복사를 했는지를 알기 위한 것이다. 많은 복사를 한 고객은 복사기에 대한 가치를 높이 평가하는 고객일 것이다. 따라서 복사기 임대에 대해 더 많은 금액을 지불할 용의가 있을 것이다. 기업은 이러한 고객에게 더 높은 임대료를 부과함으로써 이윤을 높일 수가 있는 것이다. 이와 같은 부과방식도 가격차별의 일종이라고 말할 수 있다. 만약 복사기 임대기업이 임대료에 대해 일정한 정액 금액을 부과하고 복사하는 회수에 따라 일정 금액을 부과했다면 이부가격을 책정한 결과가 된다. 물론 앞서 설명한 대로 가격차별과 경제적 효과는 동일하다. 복사를 많이 한 고객은 이에 따라 많은 금액을 지불하므로 결국 더 높은 복사기 임대료를 지불한 것과 같기 때문이다. 복사기 임대에 복사용지를 끼워 파는 행위도 가격차별과 같은 효과가 있다. 이때 복사기 임대료는 낮게, 복사지 가격은 높게 책정하는 것이 일반적이므로 결국 복사를 많이 한 고객이 더 높은 임대료를 지불한 결과와 같게 된다.

완전 가격차별은 고객의 모든 소비패턴을 알아야 하므로 고객과 일대일의 접촉에 의하여 판매하는 경우에 많이 나타난다. 예컨대 자동차 판매원이 잠재적 고객의 직업, 주소, 주로 쇼핑하는 장소 등을 알아내려는 목적은 대체로 그 고객이 자동차에 대해 지불할 수 있는 최대금액이 얼마인지를 알아내고자 하는 경우이다. 미국의 경우 의사들도 환자의 소득수준에 따라 의료 수가를 차별적으로 부과하는 경우가 많다. 가난한 사람에게는 싸게, 부자에게는 비싸게 부과하는 것이다. 왜냐하면 부자는 자기의 건강에 대한 경제적 가치를 가난한 사람보다 훨씬 더 높게 평가하기 때문이다.

7-1-2 고객 집단별 가격차별

기업은 소비자 개인의 소비패턴이 어떤 모양을 하는지 알 수 없는 경우가 대부분이다. 따라서 완전 가격차별을 실행한다는 것은 현실적으로 가능하지 않다. 그러나 다음 세 가지 조건이 충족된다면 완전 가격차별은 아니지만, 가격차별을 실행함으로써 독점이윤을 증가시킬 수 있다. 첫째 수요의 가격탄력성이 다른 두 개의 고객집단이 있고, 둘째 각 고객이 어떤 집단에 속하는지를 구분할 수 있으며, 셋째 각 고객 상호 간에 제품을 되파는 행위를 금지시킬 수 있어야 한다. 기업은 각 고객 집단 간에 다른 가격을 부과함으로써 이윤을 높일 수 있게 된다. 이러한 종류의 가격차별을 제3차 가격차별이라 한다.[1]

그림 7-2는 독점기업의 제3차 가격차별 행위를 설명하고 있다. 그림에서 오른쪽의 그림은 고객집단 1의 시장(시장 1) 수요곡선이고 왼쪽은 고객집단 2의 시장(시장 2) 수요곡선이다. 두 개 시장의 수요곡선은 두 집단의 가격탄력성이 다르다는 것을 보여 주고 있다. 그림 7-2의 왼쪽 그림에 집단 2에 속해 있는 고객들의 가격탄력성이 더 크도록 그려져 있다. 두 개 시장의 수요곡선이 다르므로 한계수입도 서로 다르게 된다. 여기서 독점기업의 이윤을 극대화해주는 두 시장 간의 공급량 조정은 한계비용, m이 두 시장의 한계수입과 같게 하는 것이다. 즉 m = MR_1 = MR_2가 되도록 공급을 조절해야 한다는 의미이다. 그림에서 한계비용인 m과 각각의

---

1   앞에서 설명한 완전 가격차별을 제 1차 가격차별이라고도 한다. 1차 가격차별에서 각 소비자의 기호가 다름(각각 다른 수요곡선을 가지는 경우)에 따라 가격차별하는 경우를 2차 가격차별이라 한다. 2차 가격차별에 대한 설명은 생략하기로 한다.

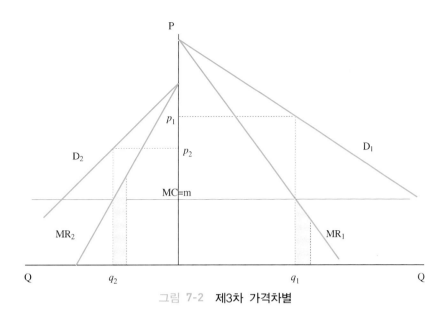

그림 7-2 제3차 가격차별

한계수입을 같게 해 주는 공급량인 q_1과 q_2에서 각 시장의 공급량이 결정된다. 가격은 공급과 수요를 균형시키는 p_1과 p_2로 각각 결정된다.

왜 이러한 결정이 이윤을 극대화시키는가? 그것은 이 균형점 이외의 다른 점을 비교해 봄으로써 알 수 있다. 예컨대 이 균형점으로부터 고객집단 2가 속해 있는 시장에서 제품 한 단위를 빼내어 고객집단 1이 속해 있는 시장으로 이전하여 판매하는 경우를 상정해보자. 시장 2에서 한 단위 빼내 옴으로써 잃게 되는 수입은 한계수입 곡선, MR_2의 밑의 파란색으로 표시된 부분이다. 그런데 그 한 단위를 시장 1에서 더 얻게 되는 수입은 시장 1의 한계수입 곡선, MR_1의 밑의 파란색 부분이다. 후자가 전자보다 더 작게 되어 전체 수입이 감소하게 된다. 여기서 생산량은 변화가 없으므로 생산비는 변화가 없다. 따라서 전체수입이 감소했다는 것은 그만큼의 이윤이 감소한 것이다. 다시 말해서 상기와 같이 양쪽 시장의 한계수입이 한계비용과 같도록 공급량을 조정하는 방식 이 외에 이윤을 더 늘릴 방법은 없게 된다.

우리는 제2장에서 독점력을 측정하는 Lerner Index에 대하여 살펴보았다. Lerner Index는 가격과 한계비용의 차이를 가격으로 나눈 백분율로 표시된다는 것을 알았고, 또한 이것은 가격탄력성의 역수와 같다는 것도 알았다. 식 (2-1)을 여기서 그대로 적용한다면 고객집단 1에서의 Lerner Index는,

$$\frac{p_1 - m}{p_1} = -\frac{1}{\varepsilon_1} \tag{7-1}$$

이 되고 고객집단 2의 Lerner Index는,

$$\frac{p_2 - m}{p_2} = -\frac{1}{\varepsilon_2} \tag{7-2}$$

가 된다. 여기서 ε은 각각의 가격탄력성을 나타내고 있다. 상기 두 개의 식에 의하여 우리는 만약 ε_2가 ε_1보다 더 크다면, 다시 말해서 고객집단 2의 가격탄력성이 더 크다면, p_2가 p_1보다 더 작다는 것을 알 수 있다. 즉 가격탄력성이 높은 고객에게는 낮은 가격을, 가격탄력성이 낮은 고객에게는 높은 가격을 부과하게 된다.

가격탄력성이 높은 고객에게 더 낮은 가격을 부과하는 방법은 다양하다. 단순히 다른 고객에 비하여 낮은 가격을 부과할 수도 있고, 모든 고객에게 동일한 가격을 부과하는 대신에 가격탄력성이 높은 고객에게는 할인을 해주는 방법도 있다. 예컨대 항공사는 출발일 오래전에 예약하는 고객이나 새벽 비행기, 비수기 여행객들에게는 항공료에 대한 대폭적인 할인을 제의하고 있다. 대체로 그러한 고객은 관광객일 가능성이 커서 가격탄력성이 매우 높기 때문이다. 그들은 항공료가 비쌀 경우 비행기의 대체품인 기차를 이용하거나 여행을 늦추거나 아예 여행을 취소할 수도 있는 것이다. 반면에 사업상의 출장을 위해 비행기를 이용하는 고객은 항공료에 따라 여행 일정을 바꿀 수가 없다. 그들의 가격탄력성은 매우 낮으므로 공무출장 여행객들에게는 할인이 없는 정상 항공료를 부과하는 것이다.

두 개의 고객집단을 가격탄력성에 의하여 구분하는 것이 아니라 시장정보를 가진 고객과 그렇지 않은 고객으로 구분하여 가격차별을 하는 경우가 있다. 예컨대 제품의 가격에 대하여 다른 판매자의 가격보다 더 비싸다고 불만을 토로한 고객에게는 가격을 할인해 주는 방법이 이에 해당한다. 시장정보를 가진 고객에게 낮은 가격을 부과하는 것이다.

고객집단의 구분을 고객들이 평가하는 시간에 대한 가치가 다르다는 것으로 기준을 삼는 경우가 있다. 예컨대 부자는 시간의 경제적 가치가 매우 높은 계층이나, 가난한 자는 시간의 경제적 가치가 상대적으로 낮은 계층이라 할 수 있다. 전화기를 판매하는데 우편주문인 경우는 정상가격을 부과하고 점포를 직접 방문하는 고객에게는 할인가격을 부과하는 경우가 많다. 이 경우가 부유층에게는 정상가격을, 가난한 자에게는 할인가격을 부과하는 예이다. 부자는 전화기를 구매하기 위해 점포를 방문하는 것보다는 우편주문을 통하여 시간을 절약하고자 하기 때문이다.

7-1-3 가격차별의 후생효과

앞에서 살펴본 바와 같이 완전 가격차별인 경우는 경쟁시장에 비하여 후생의 감소가 없다. 가격과 생산량도 경쟁시장의 균형 값과 같다. 다만 경쟁시장에서 소비자의 몫인 소비자잉여가 모두 생산자에게 이전되는 소득분배의 효과가 있다.

제3차 가격차별의 경우 후생효과는 확실치가 않다. 즉 가격차별이 없는 독점 균형점에 비하여 제3차 가격차별이 있는 경우 후생이 감소하는지 증가하는지가 확실한 공식에 의하여 정해지지 않는다. 후생의 감소 여부를 비교하기 위하여 가격차별이 없는 경우와 제3차 가격차별이 있는 경우 간의 자중손실(deadweight loss)을 비교해 보기로 하자.

그림 7-3에서 위에 있는 그림은 가격차별이 없는 경우의 독점균형 상태이고 아래의 그림

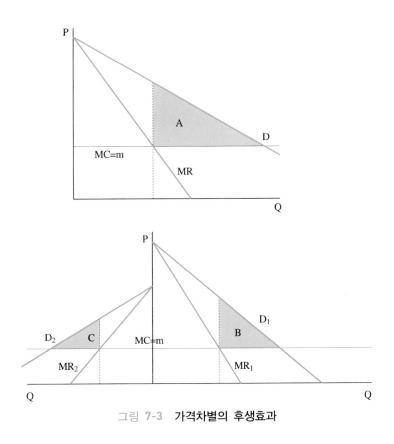

그림 7-3 **가격차별의 후생효과**

은 제3차 가격차별이 있는 경우의 균형점을 나타내고 있다. 가격차별이 있는 아래 그림의 경우 그림 7-2와 기본적으로 같은 그림이다. 가격차별이 없는 경우 자중손실(deadweight loss: DWL)은 A의 면적과 같다. 가격차별이 있는 경우의 DWL은 아래 그림에서 B와 C의 면적의 합계가 된다. 문제는 면적 A와, B와 C를 합한 면적 중 어떤 것이 더 큰가는 확실히 정해지지 않는다는 사실이다 그것은 수요곡선의 모양에 따라 달라진다. 따라서 가격차별이 없는 독점균형과 3차 가격차별을 실행한 경우 중 어떤 경우가 경제적으로 더 바람직한가에 대해서여는 확정할 수 없다.

7-2 미국의 제도 및 사례

7-2-1 개관

가격차별은 독점규제법에 의하여 금지되고 있다. 독점규제법에서 금지한 가격차별은 중간의 유통단계에서 영업을 한 사업자에게 판매할 때에 국한한다. 즉 최종소비자에게 판매하는 경우는 가격차별의 관련조항이 적용되지 않는다.

가격차별을 금지한 Robinson-Patman법[2]은 다른 어떤 독점규제법 조항보다도 논란거리가 많은 조항이다. 왜냐하면 가격 경쟁으로부터 피해를 입은 비효율적인 경쟁자를 보호하기 위한 것이어서 경쟁을 촉진하기보다는 오히려 경쟁을 저해하는 작용을 더 많이 하기 때문이다. 법 집행의 결과 오히려 가격이 상승하고 공급이 줄어드는 결과를 초래할 가능성이 크다. 앞 절에서 살펴본 바와 같이 완전 가격차별은 독점균형 상태보다는 오히려 후생을 증가시키는 효과가 있고 3차 가격차별의 경우는 그 후생효과가 확실하지 않은데도 불구하고 모든 가격차별을 금지하는 것은 문제라는 것이다.

이와 같이 논란이 많은 이유는 당시 전국적인 체인망을 가진 대형 식품점들이 많이 출현하여 지방의 영세 식품점들이 타격을 입고 부도가 나는 사태가 발생하자, 지방의 영세 상인을 보호하기 위한 목적으로 가격차별의 금지가 도입되었기 때문이다.[3] 다시 말해서 이 법은 경쟁보

---

2 가격차별은 크레이톤법 제2조에서 규정하고 있으나 1936년에 Robinson-Patman법에 의하여 개정되었다.
3 당시는 소규모 사업자를 보호하는 것도 독점규제법의 또 다른 목적이 될 수 있다는 인식이 널리 퍼져 있

다는 경쟁자를 보호하기 위한 것으로 인식되어 있었다. 이와 같은 동 법의 특성상 가격차별 사건은 연방 경쟁 당국의 기소에 의한 사건보다는 경쟁자로부터 피해를 입었다고 주장하는 기업의 소송제기에 의한, 민간기업 간의 소송이 훨씬 더 많은 비중을 차지하고 있다.

　　가격차별을 입증하는 작업은 기술적으로 많은 어려운 문제를 내포하고 있다. 가령 두 개의 상품이 기능적인 면에서 동일한 것이어야 하는 것을 입증해야 하는 문제라든지, 수송비는 가격에 어떻게 포함해야 하는지, 할부판매 시 유예기간을 어떻게 취급할 것인지 등 많은 어려운 문제에 직면하게 된다. 따라서 하급법원의 판결이 대법원에서 번복되는 사례가 매우 많은 것도 가격차별 사건의 특징이라 할 수 있다.

7-2-2　Robinson-Patman법 및 사례

가) 개관 및 조문

당초 크레이톤법 2조에서 추구하던 목적은 가격차별을 행한 사업자의 경쟁자를 보호하기 위한 것이었다. 즉 기업이 독점력 있는 시장에서 얻은 이윤을 바탕으로 하여 다른 시장에서 가격을 인하함으로써 그 시장에서도 독점력을 획득하려는 행위를 금지하고자 하는 것이 그 목적이었다. 그러나 Robinson-Patman법에서는 가격차별에 의하여 혜택을 입은 구매자가 그 경쟁자보다 경쟁에서 더 유리하게 되는 경우까지로 그 적용범위가 확대되었다. 즉 구매자의 경쟁자에게 피해를 주는 경우까지 위법대상에 포함하게 되었다. 당초의 조문은 "......or prevent competition with competitor..."이었던 것이 ".......or prevent competition with any person"으로 개정됨으로써 가격차별을 행한 사업자와 같은 단계에서뿐만 아니라 그 하위의 모든 유통단계의 경쟁에 미치는 경우까지를 법 적용의 대상에 포함시키게 되었다. 판매자의 경쟁자에게 영향을 주는 경우를 제1차 가격차별(primary line price discrimination)이라 하고 구매자의 경쟁자에게 영향을 주는 경우를 2차 가격차별, 그 이하의 유통단계의 경쟁에 영향을 주는 경우를 3차 가격차별이라 한다.[4]

　　개정된 크레이톤법 2조는 2(a)부터 2(f)에 이르기까지 6개의 항목으로 되어 있다. 이렇게 많은 항목으로 구성된 이유는 가격차별 행위를 가려내기 위한 기술적인 어려운 점을 구체적으

던 시대이다.

4　여기서 말하는 1, 2, 3차 가격차별은 앞 절에서 설명한 1, 3차 가격차별과는 전혀 다른 개념이다.

로 규정하기 위해서이다.

먼저 가격차별을 금지한 2(a)에서는 법 적용을 위한 구체적인 기준을 제시하고 있다. 이 항목에서는 가격차별이 성립하기 위한 세 가지 조건을 제시하고 있다. ① 같은 등급이거나 질이 동일한 상품이어야 한다. ② 동시에 두 명 이상의 사업자에게 판매해야 하고, 다른 가격으로 판매해야 하며, 두 개의 거래 중에서 적어도 한 개는 주간(州間)의 거래이어야 한다. ③ 그 가격차별이 경쟁을 저해(competitive injury)하는 결과를 가져와야 한다. 그러나 제조·판매·수송비의 차이가 있는 경우에는 가격차별이 위법이 되지는 않는다. 또한 가격차별이 '경쟁자의 낮은 가격과 동일(equally low price of competitor)'하게 대응하기 위한 '선의(good faith)'의 결과라면 적법한 것으로 인정해 주고 있다(2b). 이것은 가격차별을 행한 사업자, 즉 판매자의 방어수단이 된다.

2(c)에서는 적절한 행위가 없이 중개수수료를 받거나 주는 행위를 금지하고 있고, 2(d)와 2(e)에서는 판매자가 구매자의 판매행위를 지원한다는 명목으로 특정 구매자에게 금전적인 지원을 하거나 시설을 제공하는 것을 금지하고 있다. 2(c), 2(d), 2(e)의 항목은 2(a)와는 달리 당연위법으로 취급하고 있다. 왜냐하면 이들 항은 2(a)에는 규정된 가격차별의 경쟁저해성이 요구되고 있지 않기 때문이다.

2(f)에서는 판매자뿐만 아니라 구매자가 가격차별을 하도록 유인하는 행위도 금지하고 있다.

나) 가격차별 및 동일 제품의 의미(2(a))

가격차별이 성립되려면 동일한 질의 상품을 두 명의 구매자에게 두 개의 다른 가격으로 판매했다는 것을 원고가 입증해야 하므로 용어의 정의가 명확해야 한다. Robinson-Patman법 2(a)에 두 가지의 논점 사항이 있다. 첫째는 다른 가격으로 판매하는 행위, 즉 가격차별이라는 것이 무엇인가 하는 것이고, 둘째는 동일한 질의 상품이라는 의미가 무엇인가 하는 것이다.

첫째의 논점에 대하여 먼저 살펴보기로 한다. 가격차별은 비선형가격책정의 일종이라는 것은 앞 절에서 설명한 바와 같다. 즉 한 단위마다 부과하는 가격이 구매자에 따라 다르거나, 같은 구매자라도 그의 구매량에 따라 달라진다는 것을 의미한다. 비선형가격은 가격차별뿐만 아니라 끼워팔기, 이부가격책정 등 여러 가지 다른 종류가 있다는 것도 살펴보았다.[5] 문제는 이와 같은 비선형가격을 책정하는 경우 각 구매자의 구매량에 따라 가격이 달라지는데 이러한 종류의 가격차별을 어떻게 취급할 것인가 하는 문제이다. 예컨대 구매량이 많을수록 가격을 할인해 준다든가, 기간 내에 대금결제를 하면 할인을 해주는 등의 경우를 가격차별로 볼 것인가의 문제이다. 구매자의 구매량에 따라 각자에게 부과되는 가격이 달라지기는 하나, 모든 구매자에게 할인을 받을 기회가 열려 있다면 구매자의 의사에 따라 누구나 할인가격의 혜택을 받을 수 있다는 점 때문에 법에서 금지한 가격차별은 아니라는 것이 지배적인 의견이다.

FTC v. Morton Salt[6]에서 Morton Salt사는 화차 1대분 이상의 소금을 구매하는 사업자에게 획기적인 가격할인을 실시하였다. Morton Salt사는 자사의 가격할인이 누구나 원하면 받을 수 있게 열려 있다는 사실을 강조하였다. Morton Salt의 이러한 판매방식으로 인해 가격할인을 받은 업체는 5개의 거대한 구매자에게 국한되어 있었다. 이론적으로는 할인가격이 모든 구매자에게 공평하게 열려 있는 것처럼 보이지만 실제 기능상으로는 그렇지 않다는 이유를 들어 법원은 동사의 행위가 법에서 금한 가격차별 행위에 해당한다고 선언하였다.

FTC v. Mueller[7]에서는 제품이 최종수요자에게 배달되는지, 중개상의 창고에 배달되는지의 여부에 따라 다른 가격을 부과하였다. 피고인 Mueller사는 제품의 재고 부담을 감수한 모든 중개상에게 할인의 기회가 열려 있음을 강조하였다. 제7순회법원은 중개상들이 보다 좋은 조건의 가격할인을 받기 위해서 어떻게 해야 하는지에 대한 객관적인 기준이 없다는 이유로 위법을 선언함으로써 FTC의 결정을 인정하였다.

판매조건의 차별화와 같은 간접적인 가격차별도 법에서 금한 가격차별의 정의에 포함된다. *Corn Products Refining Co. v. FTC*[8]에서 피고기업은 가격 인상을 발표하면서 유예기간을 설정하고, 그 기간 내에 구매하는 자에게는 종전가격을 부과하기로 하였다. 그런데 어떤 구매자에게는 유예기간을 더 길게 하는 등, 유예기간이 구매자에 따라 다르게 설정되었다. 피고기업은 자기의 행위는 가격차별이 아니라 판매조건이 다르게 적용되었을 뿐이었다고 주장하였다. 법원은 실질적인 효과는 가격차별과 같다는 이유로 위법을 선언하였다.

이상의 사례에서 본 바와 같이 가격의 비교는 할인이나 판매조건 등을 상쇄한 실제적인 가격(net price)으로 비교해야 함은 물론, 수송비 등 배달에 소요되는 비용까지를 포함하여 구매

---

5   제 6장 6-2-4항 '기타 경제적 효과'를 참조하기 바란다.
6   314 U.S. 488 (1942).
7   323 F.2d 44 (7th Cir. 1963), *cert. denied*, 377 U.S. 923 (1964).
8   324 U.S. 726 (1945).

자가 실제 지불해야 하는 모든 비용에 근거하여 비교해야 한다. 가격할인이 동일한 유통단계에 있는 모든 구매자에게 똑같이 적용되는 경우, 다음 두 가지 할인 행위는 합법적인 것으로 최근의 사례에서 정해졌다. ① 상이한 유통단계에 있는 구매자에게 각각 다른 가격을 부과하는 경우, ② 중개상이 재판매하는 대상이 누구인가에 따라 그 중개상에 대해 각각 다른 할인율을 적용하는 경우 등이다.

다음으로 고려할 사항은 "동일한 품질 및 동일한 등급의 상품"이라는 의미가 무엇인가 하는 것이다. 제품이 유사하기는 하나 완전히 동일하지는 않은 경우, 동일한 품질의 상품으로 볼 수 있는가 하는 문제가 먼저 대두된다. 이 경우는 대체로 그 상품이 실질적으로 동일한 기능을 수행하는 한, 가벼운 표면적 상이점은 2(a)의 적용을 면하기가 충분치 않다는 입장이다.

다음으로 제기되는 문제는 상품이 물리적으로는 동일하나 그 표시나 상표명 등이 달라서 일반 소비자가 다른 상품으로 인식하는 경우 동질의 상품으로 볼 수 있는가 하는 문제이다. 이와 관련해서는 대표적이 사례 하나를 검토해 보기로 한다.

FTC v. Borden Co.[9]에서 Borden사는 화학적 성분이 동일한 농축 우유를 각각 다른 상표를 부착하여 다른 가격으로 판매하였다. 제5순회법원은 상표를 다르게 부착한 농축우유를 두 개의 별개 상품으로 간주하여 가격차별이 아니라고 결정하였다. 그러나 법원은 항소법원의 결정을 번복하여 소비자가 어떤 상표를 선호하여 그 상표에 대하여 더 높은 가격을 지불할 용의가 있다 하더라도, 그것은 2(a)를 적용하지 못할 정도의 상품간의 차이를 구성하지는 못한다는 의견을 피력하고 있다. 결국 이 사건은 제5순회법원으로 반송되었으나, 동 항소법원은 그 행위가 경쟁을 저해했다는 충분한 요건을 갖추지 않는다는 이유를 들어 합법을 선언하였다.

다) 경쟁저해 요건(Injury to Competition)[10]의 기준(2(a))

원래 크레이톤법 2조는 1차 가격차별, 즉 판매자의 경쟁자를 보호하기 위한 것이었다는 것은 앞서 설명한 바와 같다. 당시에는 전국적인 체인망을 가진 대형 유통업체(특히, 대형 식품점)가 경쟁자가 없는 지역에서 비싸게 판매하여 획득한 독점이윤을 바탕으로 경쟁자가 있는 지역

---

9   383 U.S. 637 (1966).

10 피해를 입은 사업자가 크레이톤법 4조에 의해 3배 손해배상을 받기 위해 소송을 제기하는 경우도 지금까지 설명한 2조 가격차별의 위법성 판단을 위한 기준 외에 원고는 자기가 독점규제법이 금지한 행위에 의해 손해를 입었다는 것을 입증해야 한다. 즉, 독점규제법은 경쟁을 보호하려는 것이지 경쟁자를 보호하려는 것이 아니므로 원고는 경쟁을 저해한 행위로 인해 손해를 입었다는 것을 입증해야 한다.

에서 싸게 판매함으로써 지방 소규모 유통업자들을 시장에서 퇴출시키는 현상이 성행하고 있었다. 이와 같은 종류의 가격차별은 그것을 행한 사업자의 경쟁자에게 피해가 돌아간다는 점에서 1차 가격차별이라 할 수 있다. 크레이톤법 2조를 개정한 Robinson-Patman법은 2차 이상의 가격차별까지를 법 적용 대상으로 확대시켰다. 즉 가격차별로 인하여 구매자의 경쟁자에게 영향을 미치는 경우도 법 적용의 대상이 되도록 확대하였다.

1차 가격차별이든 2차 가격차별이든 그것이 위법을 구성하기 위해서는 경쟁을 저해하는 효과가 있어야 한다. 2(a)에는 가격차별이 "경쟁을 상당하게 제한하거나, 독점을 생성하는 경향이 있거나,…… 경쟁을 저해, 파괴, 혹은 방해할 수 있어야 한다."고 규정하고 있다.[11] 가격차별의 경쟁저해성(Injury to Competition)의 분석이야말로 가격차별에 대한 경제분석의 가장 핵심적이고 중요한 사항이라 할 수 있다. 그럼에도 불구하고 가격차별의 경쟁저해성을 판단하는 지금까지 법원의 기준은 독점규제정책의 목표라 할 수 있는 경제적 효율의 증진이라는 방향과는 다소 거리가 있는 내용을 포함하고 있었다.

대표적으로 문제가 많은 사례는 *Utah Pie v. Continental Baking*[12]이라 할 수 있다. Utah Pie는 유타 지역의 냉동파이 제조업체인데 그 지역에서는 시장의 지배력이 있는 지방업체였다. 그런데 전국적인 파이 제조업체인 Continental Baking사가 이 지역에 진출하여 경쟁이 심화된 이후, Utah Pie의 시장점유율은 66%에서 44%로 하락하였다. 그러나 Utah Pie사의 판매는 계속해서 증가하고 있었고 수지도 맞추고 있었다. Continental사는 유타 지역에서 파이가격을 다른 지역보다 더 낮게 부과하고 있었고 어떤 경우에는 생산비보다도 더 낮게 부과하는 경우도 있었다. 하급법원의 배심원 평결은 Continental사의 가격차별이 Robinson-Patman법 2(a)를 위반했다는 것이었다. 제10순회법원은 동사의 행위가 경쟁을 저해했다는 확실한 증거가 없다고 판단하여 하급법원의 결정을 번복했다. 법원은 다시 항소법원의 결정을 번복하여 동사의 행위를 위법으로 신언하였다.

법원에 의하면 Robinson-Patman법 2조의 목적이 비록 치열한 가격 경쟁으로부터 기업을 보호하기 위한 것은 아니지만, 단순히 두 개의 다른 시장에서 두 개의 다른 가격으로 판매하는 것을 금지하고 있다는 것이다. 뿐만 아니라, 가격차별이 있다는 것을 보이기 위해서 지속적으

---

11 원문은 "may be to substantially lessen competition or tend to create a monopoly, ……, or <u>to injure,</u> destroy or prevent <u>competition</u>"으로 표기되어 있다.

12 386 U.S. 685 (1967).

로 가격을 인하했다던가, 혹은 경쟁자로 하여금 사업을 단념하도록 부당염매를 했다던가 하는 것을 입증할 필요가 없다는 입장을 취하고 있다.

이 사건의 판결은 많은 문제점을 내포하고 있다. 무엇보다도 법의 집행으로 경쟁이 촉진되는 것이 아니라 오히려 제한되었다는 사실이다. 전국적인 유통망을 가진 Continental Baking사가 법 위반을 하지 않고 유타 지역에서 경쟁하기 위해서는 다른 지역의 파이가격을 인하하든지, 유타 지역의 시장을 포기하고 다른 지역의 가격을 유지하든지, 두 가지 중 하나를 선택해야 할 것이다. 그러나 다른 지역의 파이가격을 인하할 경우, 전국적으로 가격을 인하해야 하므로 이에 따른 손실이 너무 커서 결국 유타 지역의 시장을 포기하는 방법을 선택할 가능성이 높아지게 된다. 그 결과는 유타 지역의 시장이 기존의 지방업체인 Utah Pie에 의하여 독점화되어 종국적으로는 가격 인상과 공급량의 감소를 초래하게 될 것이다.

가격차별 행위를 Utah Pie 사건에서와 같이 처리할 것인가 아니면 실제로 경쟁을 촉진시키는 방향으로 처리해야 할 것인가의 문제는, 독점규제법이 경쟁을 보호하기 위한 것인가 경쟁자를 보호하기 위한 것인가에 대한 논란과 관련이 있다. 실제로 크레이톤법 2조와 Robinson-Patman 개정 법안은 중소기업 보호가 독점규제법이 지향해야 하는 또 하나의 목표가 될 수 있다는 사회·정치적 분위기하에서 제정되었다.

이러한 법 개정 배경에도 불구하고 최근의 사건인 *Brook Group Ltd. v. Brown & Williamson Tobacco*[13]에서 법원은 Robinson-Patman법은 경쟁을 보호하기 위한 것이지 반드시 경쟁자만을 보호하기 위한 것은 아니라는 견해를 피력하고 있다. 같은 맥락에서 법원은 이 사건에서 Robinson-Patman법 위반을 입증하기 어려운 셔먼법 2조와 연계하고 있다.

이 사건은 담배회사 간의 과당경쟁 과정에서 발생했는데 원고 측의 주장은 피고기업인 Brown & Williamson사가 도매상들에게 차별적인 환불 조치를 했고, 어떤 경우는 환불 액이 너무 많아서 가격이 비용보다 더 낮아진 경우도 있었다는 것이다.

법원은 Utah Pie때와는 다른 입장을 취하고 있다. 1차 가격차별의 경쟁저해성 판단은 위법 입증이 어려운 셔먼법 2조 적용대상인 부당염매의 경우와 동일한 기준을 갖는다는 것이다. 셔먼법 2조에서 독점시도행위(attempt to monopolize)는 '위험스러운 성공확률(dangerous probability of success)'이 있는 '행위'가 있어야 하듯이[14] Robinson-Patman법의 기준도 경

---

13 113 S.Ct. 2578 (1993).

14 제 3장 3-2-5항의 '독점시도행위(Attempt to Monopolize)'를 참고하기 바란다.

쟁을 저해할 수 있는 합리적 가능성(reasonable probability)이 있어야 한다는 것이다. 따라서 이 사건에서 원고는 Brown & Williamson사가 비용보다 낮은 가격을 부과했다는 것과 그와 같은 낮은 가격을 부과한 결과 발생한 손실을 종국적으로는 회수할 수 있는 합리적 가능성이 있다는 것을 입증해야 한다는 것이다.[15] 법원은 담배산업이 집중도가 심한 과점시장이므로 부당염매로 생기는 비용을 회수하는 것이 매우 어려울 것으로 판단하였다. 가격차별의 목적이 경쟁업체에게 압박을 주어 사업을 단념케 하는 것이었다면 그것으로 인한 손실을 사후에 가격을 인상함으로써 보상할 수 있어야 하는데, 과점시장의 특성상 피고기업의 가격 인상이 효력을 발휘하려면 시장에 남아 있는 다른 기업이 동시에 가격을 인상하지 않으면 안 된다. 그러나 원고는 Brown & Williamson사가 사후에 가격을 올릴 수 있을 정도의 독점력을 획득할 가능성도, 시장에 남아 있는 다른 기업과 담합하여 가격을 인상할 수 있는 가능성도 입증하지 못했다는 것이다.

1차 가격차별에서 이상과 같이 엄격한 기준이 세워진 반면, 2차 가격차별에 대해서는 상대적으로 법 위반 사실을 폭넓게 인정하고 있다. 2차 가격차별에 의하여 피해를 입는 사업자는 가격차별 행위자로부터 구매하는 사업자의 경쟁자가 된다. 2차 가격차별에서 경쟁저해성을 입증하기 위해서는 가격차별로 인해 피해를 입은 유통의 하위단계 경쟁자의 판매가 감소했거나, 상당한 정도의 가격차별이 있었다는 것을 보여주는 것만으로 충분하다는 것이다. 이 두 가지 중 하나만 입증하면 되는 것이다. 앞에서 살펴본 *FTC v. Morton Salt*[16]에서 법원은 구매자 간의 경쟁을 저해했는지(2차 가격차별) 여부는 판매자가 동질의 상품을 특정 구매자에게 더 높게 부과했다는 것을 보이는 것으로 충분하다는 입장을 표명하였다. 어떤 구매자가 가격차별로 인하여 피해를 입었다는 것을 보일 필요는 없다는 의미이다. 따라서 피해를 본 구매자가 그 다음의 유통단계에서 다른 구매자보다도 판매가격을 더 올리지 않았더라도 경쟁저해성을 인정하게 된 것이다.

2차 가격차별에 대한 경쟁저해성의 입증이 1차 가격차별에 비하여 상대적으로 용이했음에도 불구하고 그 후의 사례에서는 전자의 경쟁저해성의 입증을 위한 몇 가지 조건이 추가되었다. 첫째, 가격차별이 있어야 함은 물론 그 가격차별이 상당한 것이어야 한다는 것이다. 경

---

15 낮은 가격을 부과함에 따른 손실을 회수할 수 있는 방법은 결국 경쟁사가 사업을 단념하여 나중에 피고기업이 독점이윤을 얻게 될 수 있음으로써 가능해진다.

16 334 U.S. 37 (1948).

쟁을 저해했다는 것을 입증하려면 미미한 가격차별이 있는 것으로는 충분하지 않고 상당한 차별이 지속적으로 있었다는 것을 입증해야 한다는 것이다. 둘째, 만약 가격차별이 피해자의 매출감소 및 이익감소의 원인이 아니라는 반증을 피고가 입증한다면 경쟁저해성의 추정은 번복된다는 것이다. 셋째, 유통의 다른 단계에 있는 구매자에게는 다른 가격을 부과해도 위법이 아니라는 것이다. 예컨대 상품저장을 위한 창고시설, 수송 등의 서비스를 제공하는 도매상에게는 소매상에게 직접 판매하는 경우보다 더 낮게 판매할 수 있다는 의미이다. 이것을 소위 '기능적인 할인(functional discount)'이라 하는데, 이것은 마케팅의 기능이 각 유통단계별로 다르므로 가격차별이 가능하다는 것이다.

라) 판매자의 방어수단의 기준(2(a), 2(b))

Robinson-Patman법은 가격차별 행위자인 판매자가 자기의 행위에 대하여 방어할 수 있는 수단을 규정하고 있다. 2(a)에 규정된 '비용의 정당화(cost justification)'와 2(b)에 규정된 '경쟁자에 대응을 위한 방어(meeting competition defence)'가 그것이다. '비용의 정당화'에 의한 방어는 2(a)에 규정되어 있으므로 가격차별 행위에 대해서만 적용이 가능하고 '경쟁자에 대응을 위한 방어'는 2(c), 2(d), 2(f)에 규정된 중개수수료 수수행위, 판매에 필요한 비용의 지불행위에까지 적용할 수 있다.

비용의 정당화(cost justification)에 의한 방어를 먼저 설명하고자 한다. 비용의 정당화에 의한 방어는 가격차별이 제조, 판매, 수송 등의 방식이 다름에 따라 생기는 비용의 차이에 기인한 것이라면 법 위반이 아니라고 인정해 주는 경우를 말한다. 비용의 정당화는 매우 강한 방어수단이 될 수 있을 것이라는 기대와는 달리 가격차별의 정당성을 지지해 주지 못했다. 그 이유는 비용을 측정하는 일이 기술적으로 매우 어려운 일이기 때문이다.

United States v. Borden[17]에서 Borden사와 Bowman사는 시카고에 있는 낙농업자인데 체인망을 가진 식품점과 독립점포를 운영하는 식품점 간에 각각 다른 할인율을 적용함으로써 Robinson-Patman법을 위반하게 되었다. 독립식품점에는 구매량에 따라 할인율을 점진적으로 인상해 주는 방법을 사용하였고 체인식품점에는 일정률의 할인을 제공하였는데, 그 일정한 할인율이 독립 식품점이 받을 수 있는 최고 할인율보다도 더 높은 수치였다.

---

17 370 U.S. 460 (1962).

두 낙농업자는 가격 차이는 비용의 차이에 기인한 것이라고 주장함으로써 비용의 정당화를 통한 방어수단을 사용하였다. Borden사의 비용분석방법은 100달러의 판매액을 체인 식품점과 독립식품점에 판매할 경우 소요되는 비용이 다르다는 것을 보여주려고 했고, Bowman사는 양 식품점 간의 판매량과 배달비의 차이를 부각하려고 노력하였다. 즉 독립 식품점에 대한 판매량은 체인 식품점에 비해 훨씬 적고 배달비도 많이 소요된다는 것이다.

법원은 양사의 주장 모두를 받아들이지 않았다. 그 이유는 양쪽 식품점에 판매할 때에 소요되는 비용 차이를 명확하게 보여주지 못했을 뿐만 아니라 자료의 신빙성에도 문제가 있었기 때문이다. 예컨대 Borden사의 경우 판매 비용은 판매량이 늘어남에 따라 줄어든다는 기본전제에서 출발했음에도 불구하고 그들이 제출한 자료에 의하면 어떤 독립식품점에 대한 판매량이 체인점의 그것을 초과하는 경우가 있었다. 또한 독립식품점은 대금지급을 현금으로 하므로 현금을 수금하는데 많은 비용이 든다는 그들의 주장에도 불구하고 모든 독립식품점이 현금으로 지급하지는 않았다.

비용의 정당화를 인정해 주는 객관적인 기준이나 규범은 아직 없다. 비용을 측정하는데 기술적인 어려움이 많기 때문인 것으로 추정된다.

다음은 '경쟁자에 대응을 위한 방어' 수단에 대해 설명하고자 한다. 경쟁자에 대응을 위한 방어는 가격차별이 경쟁자의 낮은 가격에 대응하려는 선의의 결과인 경우는 법 위반이 아닌 것으로 인정해 주는 경우를 말한다. 경쟁에 대응하기 위한 소극적인 경우만 인정이 되고, 경쟁에서 우월한 지위를 확보하기 위한 적극적인 행위는 인정되지 않는다. 경쟁에 대응한다는 행위의 범위는 기존 고객을 잃지 않기 위해 대응하는 것은 물론, 새로운 고객을 확보하기 위해 대응하는 것까지를 포함한다. 그러나 판매자가 직접 자기의 경쟁자에 대응하는 경우에 한한다. 자기의 고객이 그의 경쟁자에 대응하는 것을 돕기 위한 가격차별은 인정되지 않는다. 경쟁자에 대응을 위한 방어는 초기에는 매우 제한적으로만 인정되었으나 최근에는 비용의 정당화를 통한 방어보다 훨씬 더 많은 인정을 받는 추세이다.

한 가지 중요한 논점은 무엇이 '선의'를 가지고 경쟁자에게 대응하는 것인가 하는 것이다. 이와 관련하여 두 개의 기준이 설정되어 있다. 첫째는 가격차별의 행위자가 가진 경쟁 상대방의 가격 관련 정보의 신빙성과 관련이 있다. 예컨대 판매원이나 중개인이 구두로 표현한 가격 정보를 바탕으로 가격차별을 했다면 선의로 행한 것이 아니라고 간주된다. 적어도 사업자의 독자적인 조사에 의하여 확보된 가격정보에 근거하여 가격차별을 행한 경우만이 선의로 행한 것으로 간주된다. 그러나 선의로 행했다는 것을 입증하기 위하여 경쟁 상대방의 가격정보를 입수한 경우, 자칫하면 담합을 금지한 셔먼법 1조 위반일 가능성이 있다. 법원은 셔먼법 1조의 위반이 아니면서 선의를 입증할 수 기준을 다음과 같이 설정하였다. ① 가격차별에 의하여 혜택을 입은 고객을 제외한 다른 고객으로부터 입수된 정보, ② 고객이 경쟁자보다 가격이 높다는 이유로 거래중단을 위협하는 경우, ③ 일반적인 시장자료 등이다.

둘째는 경쟁자에 대응하기 위하여 특정 지역이나 고객에 대하여 가격을 인하하게 되는데, 가격이 인하된 지역이나 고객의 범위를 어디까지 선의가 있는 것으로 볼 것인가 하는 것이다. 예컨대 A지역에서 경쟁자가 가격을 인하했는데 A지역은 물론 인근 지역의 가격까지 인하했다면, 그 행위는 경쟁에 대응하기 위한 것 이상을 행했다고 볼 수 있다는 것이다. 이점과 관련하여 일반적인 기준이 *Falls City Industry, Inc. v. Vanco Beverages, Inc.*[18]에서 확립되었다. 즉, 가격차별의 결과 가격이 인하되는 지역적(고객집단의) 범위가 경쟁 상대방의 제품이 구매 가능한 지역(고객집단)의 범위를 벗어나지 않으면 선의가 있다고 보는 것이다.

마) 기타 조항

Robinson-Patman법 2(c), (d), (e)에서는 중개수수료의 수수행위, 판매지원을 위한 보조 등의 행위를 금지하고 있다. 그런데 이 조항들은 2(a)의 가격차별과는 달리 경쟁저해성이 있어야 한다는 조건이 없다는 점에서 이의 위반행위는 당연위법에 속하는 것으로 간주되고 있다.

2(c)에 규정된 중개수수료의 수수 금지조항에 대해 먼저 살펴보기로 한다. 2(c)에서는 실제의 중개 서비스 제공이 없는데도 중개수수료를 제공하거나 제품가격을 할인해 주는 행위를 금지함으로써 중개수수료 지불로 위장된 가격차별을 방지토록 하고 있다. 2(a)에서 규정한 순수한 가격차별은 둘 이상의 사업자와 거래한 경우에만 적용되나 2(c)는 단일거래에도 적용된다는 점에서 양 조항 간에 아무런 관련성이 없는 것으로 인식되어 왔다. 그러나 *FTC v. Henry Broch & Co.*[19]에서 이러한 인식이 바뀌게 된다. Henry Broch사의 제품을 취급한 독립 중개상은 구매자가 요구하는 가격에 맞추기 위하여 자기가 받을 중개수수료를 5%에서 3%로 인하하고 중개수수료 인하분 액수만큼의 가격 인하를 단행하였다. 구매자는 중개수수료 일부를 자기에게 제공하도록 요구하지도 않았고 중개수수료를 인하한 사실도 몰랐다. 법원은 이와 같은

---

18 460 U.S. 428 (1983).
19 363 U.S. 166 (1960).

중개수수료 인하를 통한 가격 인하를 5대4의 비율로 2(c) 위반을 선언하였다. 법원에 논리에 의하면 그러한 가격 인하는 구매자의 구매독점력을 바탕으로 한 가격 인하 요구에 부응하기 위한 것이었다고 볼 수도 있고, 중개상이 직접 수수료 일부를 구매자에게 이전했다고 볼 수도 있으며, 중개상이 중개수수료 일부를 Henry사에게 이전하고 동사는 가격 인하라는 형식을 빌려 다시 이것을 구매자에게 이전했다고 볼 수도 있다는 것이다. 즉 전자의 방식으로 설명하면 2(c) 위반이 되고 후자의 방식으로 설명하면 2(a)의 위반이 된다는 것이다. 여기에서 중개수수료의 인하는 전반적인 가격 인하를 위해 단행된 것이 아니라 특정인의 구매를 실현시키기 위한 것이므로 차별적이라는 것이다. 중개수수료를 인하하여 얻은 여유자금으로 특정인에게만 가격을 인하하였다면, 그것은 중개수수료를 대신하여 지급하는 대가와 같다는 것이다.

다음은 2(d)와 2(e)의 판매관련 지원 금지조항이다. 2(d)에서는 제품의 가공, 제품의 취급, 판매, 판매를 위한 권유 등을 위해 구매자가 사용해야 하는 서비스나 시설을 확보할 수 있도록 판매자가 구매자에게 금전적으로 지원하는 행위를 금지하고 있다. 다만 모든 구매자에게 동일한 조건으로 제공하는 경우는 예외로 인정하고 있다. 2(e)는 같은 조건하에서 판매자가 구매자에게 관련 서비스나 시설을 직접 제공하는 것도 금지하고 있다. 2(c)조항과 같이 위장된 형태의 차별행위를 금지하는 것이 목적이다. 2(c)와 다른 점은 두 개 이상의 거래가 있어야 한다는 사실이다.

이 조항과 관련된 논점 중의 하나는 경비나 시설 등의 지원을 2(a)에 규정된 간접 가격차별로 볼 것인가, 아니면 2(d), (e)에서 금지한 설비지원행위로 볼 것인가 하는 문제이다. 이러한 구분은 중요하다. 왜냐하면 2(a)의 가격차별은 경쟁저해성을 입증해야 하는 반면, 2(d), 2(e)에서는 그러한 입증이 필요 없기 때문이다. 주된 추세는 판매자가 구매자에게 판매하는 단계에서 제공된 것이면 2(a)의 간접 가격차별로, 구매자가 다음 단계에서 재판매하는 것과 관련된 원 판매자의 지원은 2(d), 2(e)의 지원행위로 보고 있다.

다음으로는 모든 고객에게 동일한 조건의 지원이 가능한 경우는 예외로 인정하는데, '모든 고객'의 범위가 무엇인가 하는 문제이다. 예컨대 제조업자가 직접 소매상에게 판매하기도 하고 도매상을 통하여 판매도 하는 경우, 소매상에게만 지원을 했다면 결국 도매상을 통하여 구매한 소매상은 지원을 받은 소매상에 비하여 불리한 여건에 놓이게 된다. 그러나 도매상을 통하여 구매하는 소매상은 제조업자의 직접 고객이라 할 수 없게 된다. 문제는 '모든 고객에게 동일한 조건.....'에서의 모든 고객이라는 범위에 간접고객도 포함시켜야 하는가? 이다. 대답은 간접고객도 포함시켜야 한다는 것이다.

마지막으로 동일조건의 지원이라는 것이 무엇인가 하는 것이다. 글자 그대로 지원의 내용이 동일해야 한다는 것이다. 또한 모든 경쟁 관계에 있는 구매자가 그러한 지원이 있다는 사실을 인지하도록 하는 의무를 판매자에게 부과하고 있다. 그럼에도 불구하고 구매자의 구매량, 구매액에 따라 지원이 다를 경우는 동일한 조건으로 받아들여지고 있다.

2(f)는 구매자의 의무를 규정한 조항이다. Robinson-Patman법에 의한 크레이톤법의 주요 개정 사유는 전국적인 거대한 체인망을 가진 소매점이 지역의 독립 소매점에 비하여 더 좋은 조건으로 구매할 수 있게 되어 구매자들이 재판매 단계에서 경쟁을 저해할 가능성이 있다는 우려 때문이었다. 이것은 구매 독점력이 가격차별의 원인이 될 수 있다는 것을 보여주고 있다. 이에 따라 구매자가 가격차별을 유도하거나 가격차별을 받는 행위를 금지하는 2(f)의 조항이 신설되게 되었다. 구매자의 의무는 2(f)에만 규정된 것은 아니다. 2(c)에서도 중개수수료 명목의 경비지원을 행하는 것뿐만 아니라 받는 것도 금지함으로써 구매자의 의무를 규정하고 있다. 2(d), 2(e)항의 판매를 위한 시설제공의 금지조항에는 구매자가 지원을 유도해서는 안 된다는 명시적인 표현은 없으나, FTC법 5조 불공정한 경쟁의 방법의 범위에 구매자의 그러한 행위를 포함시키고 있다.

이 조항과 관련된 중요한 논점은 구매자의 방어수단을 얼마만큼 인정해 줄 것인가 하는 것이다. 다시 말해서 판매자의 방어가 충족되면 2(f) 조항의 위반은 없는가의 여부이다. *FTC v. Great Atlantic & Pacific Tea Co.*[20]에 결정적인 해답이 포함되어 있다. 이 사건에서 체인망 식품점인 A&P사는 Borden사로부터 우유를 구매하면서 가격을 인하하도록 요구하였다. 가격은 Borden사가 경쟁에 대응하는 차원을 넘어서 경쟁자에 비해 우월한 위치에 놓이게 할 정도인 것으로 밝혀졌다. A&P사는 Borden사가 경쟁자에 대응을 위해 방어를 기반으로 가격차별을 했다면 법위반에 대한 방어능력이 있는 것이고, 따라서 법 위반은 없고 자사도 2(f)의 위반이 아니라고 주장하였다. FTC는 가격차별이 경쟁자에 대응을 위한 방어 능력이 있는가 여부는 구매자의 입장에서 보아야 한다는 것이다. 다시 말해서 판매자는 자기의 가격 인하가 단순히 경쟁에 대응하기 위한 선의에 의한 것이라고 믿고 있다 하더라도 A&P사는 가격이 경쟁에 대응하는 차원을 넘어선 것이라는 것을 알았다는 것이다.

---

20 440 U.S. 69 (1979).

그럼에도 불구하고 법원은 2(f)가 2(a)로부터 파생된 성격이 짙은 조항이라는 이유를 들어 A&P의 주장을 받아들였다. 판매자가 경쟁자에 대응을 위한 방어에 근거하여 방어능력이 있다면 구매자가 가격 인하를 요구했고 요구한 가격이 판매자가 경쟁에 대응하는 차원을 넘어섰다는 사실을 구매자가 알고 있어도 2(f)의 위반이 될 수 없다는 것이다.

7-3 우리나라의 제도 및 사례

7-3-1   제도

가격차별에 대한 우리나라의 관련 법규는 공정거래법 제23조 제1항 제1호에 규정되어 있다. 이 조항은 '부당하게.. 거래의 상대방을 차별하여 취급하는 행위'라고 규정함으로써 가격차별 뿐만 아니라 비가격차별까지를 포함하고 있다. 그리고 시행령 및 별표에서 '차별하여 취급하는 행위'로 가격차별, 거래조건차별, 계열회사를 위한 차별 및 집단적 차별 등 네 가지를 규정하고 있다.

먼저, 가격차별의 심사 대상이 되는 행위는 거래지역이나 거래 상대방에 따른 가격차별을 모두 포함하고 있다. 또한 가격차별의 대상이 되는 거래 상대방은 사업자는 물론 소비자도 포함함으로써 사업자만이 대상이 되는 미국의 규정과는 상이하다고 할 수 있다. 가격차별의 위법성은 경쟁제한성을 위주로 판단한다. 그 경쟁제한성은 행위자가 속한 시장뿐만 아니라 거래 상대방이 속한 시장에서의 경쟁제한성 여부도 포함함으로써 1차 가격차별뿐만 아니라 2차 가격차별도 법 적용 대상으로 포함하고 있다.

구체적인 위법성 요건으로 먼저 행위자가 속한 시장에서의 경쟁제한성은, 행위자기 가격차별로 인해 시장에서 지위를 유지·강화할 우려가 있는지 여부, 가격차별이 경쟁사업자를 배제하려는 의도가 있는지 혹은 실제 배제할 우려가 있는지 여부, 행위가 일회성인지 지속적인지 등을 고려한다. 이때, 신규 진입을 위하여 가격차별을 하는 경우 혹은 가격차별에 의해 설정된 가격이 제조원가나 매입원가를 상회하는 경우는 경쟁을 제한할 가능성이 낮은 것으로 판단하고 있다.

다음으로 거래상대방이 속한 시장에서의 경쟁제한성은 다음과 같은 기준에 의해 판단한다. 거래상대방이 속한 시장에서 거래상대방 혹은 거래상대방의 경쟁사업자들이 배제될 우려가 있는지 여부, 가격차별로 인해 불리하게 된 사업자가 용이하게 거래선을 전환할 수 있는지 여부, 가격차별이 일회성인지 지속적인지 여부 등을 고려하여 판단한다. 경쟁제한성이 있다고 하더라도 그 가격차별이 거래 수량의 다과, 운송비, 거래상대방의 역할 등 요소에 근거하여 그 비용의 차이를 반영하는 경우는 법 위반으로 보지 않는다. 또한 그 가격차별로 인한 경쟁제한성이 효율성 증대 효과보다 더 적을 경우도 법 위반에서 제외된다. 가격차별 이외의 차별적 취급행위는 여기서는 구체적인 설명을 생략한다.

거래조건의 차별의 경우는 가격차별과 별도의 규정을 두고 있는데, 굳이 2개의 행위를 구분하여 규정할 실익이 있는지 의문이다. 가격은 가장 중요한 거래조건의 하나이다. 실제로도 행위자가 차별을 두고 있는 거래조건이 가격인지 여부가 불명확할 경우가 있고, 그 결과에 따라 아무런 실익이 없이 적용 법조가 달라지는 결과를 초래할 수가 있기 때문이다.

계열회사를 위한 차별의 경우는 다른 나라에서는 입법례를 찾아볼 수 없는 독특한 규제로서, 비계열사와의 거래에 비해 계열회사에게 유리한 조건으로 거래하는 것을 금지함으로써 계열회사가 부당하게 경쟁상 우위를 갖는 것을 금지하여, 경제력집중을 억제하기 위한 목적으로 제정되었다. 이 조항은 1986년 공정거래법 1차 개정을 통해 제3장의 경제력집중 억제 정책이 도입될 때 함께 도입되었다. 그런데 1996년 5차 법 개정으로 유사한 입법취지를 달성하기 위해 법 제23조 제1항 제7호 '부당한 지원행위' 조항이 신설됨에 따라 실제 이 조항이 집행된 사례는 거의 없다고 할 수 있다.

집단적 차별은 그 본질상 공동의 거래거절과 마찬가지로 '공동성'을 요건으로 하고 있어 공정거래법 제19조의 '부당한 공동행위'로서의 성질을 가지고 있기 때문에 실제 법 적용에 있어 부당한 공동행위와 구분하기 어려운 경우가 많다. 따라서 이 조항을 적용하여 집행한 사례도 거의 없다.

여기서는 소위 '재벌정책'의 일환으로 시행한 법제23조 제1항 제7호, '부당한 지원행위'에 대해 상세히 설명하고 관련 사례를 예시하기로 한다.[21]

법 제23조 제1항 제7호는 "부당하게 특수관계인 …에 대하여 가지급금·대여금…상품·용역..등을 제공하거나 현저히 유리한 조건으로 거래하여 특수관계인 또는 다른 회사를 지원하

---

21 가격차별에 대해서 우리나라는 인용할 만한 사례가 없기 때문에 가격차별을 포함한 모든 차별적 거래를 다루는 부담지원행위 부분을 대신 소개하고자 하는 의도가 있다.

는 행위", 즉 소위 부당한 지원행위를 불공정거래의 한 유형으로 규정하고 있다. 이 부당한 지원행위 조항 역시 우리나라만 가진 매우 독특한 입법이다. 주된 입법취지는 계열회사에 대하여 부당하게 유리한 조건의 내부거래가 '재벌'이라고 불리는 우리나라 대기업 집단에 의한 경제력집중의 확대 수단으로 이용되고 있을 뿐만 아니라, 지원객체[22]가 속한 시장에서 공정한 경쟁을 해치기 때문이다.[23]

2013년 7월에 이 조항에 대한 대대적인 보완적 개정이 단행되었다. 그 개정 작업의 배경은 다음과 같다. 원래 제23조 제1항 제7호는 '현저히' 유리한 조건의 거래를 통해 특수관계인 또는 다른 회사를 지원하고 이로써 공정한 거래를 저해할 우려가 있는 경우에만 부당지원행위로 규제할 수 있어, 그 지원행위가 현저히 유리한 정도에 미치지 못하거나 혹은 사업자가 아닌 특수관계인 개인을 지원하는 경우에는 사실상 공정거래저해성을 입증하는 것이 곤란하여 규제가 어렵게 되어 있었다. 또한 이러한 부당지원을 통해 실질적으로 이득을 얻는 수혜자에 대해서는 아무런 제재를 할 수 없어 부당지원행위를 억제하는데 한계가 있었다. 이에 제23조 제1항 제7호는 다음과 같이 개정이 되었다.

> 7. 부당하게 다음 각 목의 어느 하나에 해당하는 행위를 통하여 특수관계인 또는 다른 회사를 지원하는 행위
> 가. 특수관계인 또는 다른 회사에 대하여 가지급금·대여금·인력·부동산·유가증권· 상품·용역·무체재산권 등을 제공하거나 상당히 유리한 조건으로 거래하는 행위
> 나. 다른 사업자와 직접 상품·용역을 거래하면 상당히 유리함에도 불구하고 거래상 실질적인 역할이 없는 특수관계인이나 다른 회사를 매개로 거래하는 행위
>
> ② 특수관계인 또는 회사는 다른 사업자로부터 제1항 제7호에 해당할 우려가 있음에도 불구하고 해당 지원을 받는 행위를 하여서는 아니 된다.

종전의 제23조 제1항 제7호에 따른 부당지원행위의 성립요건을 완화하여 상당히 유리한 조건의 지원행위도 규제할 수 있도록 '현저히 유리한 조건'에서 '상당히 유리한 조건'으로 개정하였고, 부당지원을 통해 실제 이득을 얻은 수혜자에 대해서도 과징금 부과 등 처벌을 강화

---

22 지원을 하는 회사에 대비하여 지원을 받는 회사를 말한다. 이 조항은 지원주체나 지원객체가 대규모기업집단의 계열사 여부를 따지지 않고 적용 대상이 된다.
23 경제력집중을 억제하기 위한 규정은 독점규제및공정거래에관한법률 제 3장에 자세히 규정되어 있다(상호출자금지, 상호채무보증금지, 금융계열사의 의결권 제한 등).

하기 위해서 제2항을 신설하였다.

또한 현행 제23조 제1항 제7호와 별도로, 공정한 거래를 저해하는지 여부가 아닌 특수관계인에게 부당한 이익을 제공하였는지 여부를 기준으로 위법성을 판단하는 특수관계인에 대한 부당이익제공 금지규정을 신설하였다.[24]

> 제23조의2(특수관계인에 대한 부당한 이익제공 등 금지) ① 일정규모 이상의 자산총액 등 대통령령으로 정하는 기준에 해당하는 기업집단에 속하는 회사는 특수관계인(동일인 및 그 친족에 한정한다. 이하 이 조에서 같다)이나 특수관계인이 대통령령으로 정하는 비율 이상의 주식을 보유한 계열회사와 다음 각 호의 어느 하나에 해당하는 행위를 통하여 특수관계인에게 부당한 이익을 귀속시키는 행위를 하여서는 아니 된다. 이 경우 각 호에 해당하는 행위의 유형 또는 기준은 대통령령으로 정한다.
> 1. 정상적인 거래에서 적용되거나 적용될 것으로 판단되는 조건보다 상당히 유리한 조건으로 거래하는 행위
> 2. 회사가 직접 또는 자신이 지배한 회사를 통하여 수행할 경우 회사에 상당한 이익이 될 사업기회를 제공하는 행위
> 3. 특수관계인과 현금, 그 밖의 금융상품을 상당히 유리한 조건으로 거래하는 행위
> 4. 사업능력, 재무상태, 신용도, 기술력, 품질, 가격 또는 거래조건 등에 대한 합리적인 고려나 다른 사업자와의 비교 없이 상당한 규모로 거래하는 행위
> ② 기업의 효율성 증대, 보안성, 긴급성 등 거래의 목적을 달성하기 위하여 불가피한 경우로서 대통령령으로 정하는 거래는 제1항 제4호를 적용하지 아니한다.
> ③ 제1항에 따른 거래 또는 사업기회 제공의 상대방은 제1항 각 호의 어느 하나에 해당할 우려가 있음에도 불구하고 해당 거래를 하거나 사업기회를 제공받는 행위를 하여서는 아니 된다.
> ④ 특수관계인은 누구에게든지 제1항 또는 제3항에 해당하는 행위를 하도록 지시하거나 해당 행위에 관여하여서는 아니 된다.

이 조항의 신설로 다른 계열사뿐만 아니라 자연인인 특수관계인[25]에 대한 지원도 규제대상에 포함되었고, 상당히 유리한 조건의 거래뿐만 아니라 '합리적인 고려나 다른 사업자와의 비교 없이 상당한 규모로 거래하는 행위'(물량몰아주기)도 대상에 포함되었다. 제23조의 2 본문 중에서 "특수관계인이 대통령령으로 정하는 비율 이상의 주식을 보유한 계열회사"란 계열사 중 특수관계인이 상장법인의 경우 30%이상, 비상장법인의 경우 20% 이상을 보유하고 있

---

24 이 조합은 제23조 제1항 제7호와는 달리 대규모기업집단으로 그 규제 대상이 국한된다.
25 여기서 특수관계인은 동일인 및 동일인의 배우자, 6촌 이내의 혈족, 4촌 이내의 인척을 말한다.

는 회사를 말한다.

7-3-2 사례

가격차별에 대해서는 적절한 사례가 없어 여기서는 제23조의 제1항 7호의 '부당한 지원행위'
와 제23조의 2 '특수관계인에 대한 부당한 이익 제공 등 금지'에 대한 사례를 소개하고자 한다.

현대로지스틱스의 쓰리비 부당지원행위의 건[26]

현대로지스틱스(주)는 화물운송 중개, 대리 및 관련 서비스업을 영위하는 사업자이고, 쓰리비
는 택배운송장 구매대행업을 영위하는 사업자로서 모두 기업집단 '현대'에 속한 계열사들이
다.[27]

택배운송장은 발송인, 수취인 및 발송 물품에 대한 정보가 기재되어 있고, 거래내용을 입
증하는 계약서, 화물인수증, 운송요금 영수증, 배송 증빙자료 등의 역할을 한다. 운송장은 수
기식 운송장과 라벨식 운송장으로 구분되는데 수기식은 3~5장의 종이가 겹쳐져 있어 운송 단
계별로 증빙서류로서 1장씩 떼어 보유한다. 택배회사들은 수기식 운송장을 인쇄업체로부터
직접 구매하거나, 구매 대행업체를 통하여 구매하는 방식을 취한다. 택배회사들이 굳이 수수
료를 지불하고 구매 대행업체를 통하여 운송장을 구매하는 이유는 인쇄업체의 발굴, 운송장
재고 관리 등 관리 비용을 절감할 수 있기 때문이다.

현대로지스틱스는 택배운송장 구매계약을 체결하고 거래하던 업체와 계약기간이 1년 정
도 남은 시점인 2012년 3월 중순경 계약 해지하고, 계열사인 쓰리비와 2012년 5.1부터 2015
년 4월까지 3년간의 택배운송장을 전량 납품하는 물품공급계약을 수의계약으로 체결하였다.
운송장 물품 단가는 50~60[28]원대로 납품하는 조건이었다. 그런데 같은 규격의 운송장을 다른
택배회사들은 40~50원대로 납품받고 있었다. 한편 현대로지스틱스와 쓰리비는 계약기간 동
안 단가 등의 거래조건의 변동 없이 동일한 조건으로 거래가 지속된 반면, 동일 기간 동안 다
른 경쟁 택배회사들은 운송장의 단가를 점진적으로 인하하여 왔다. 현대로지스틱스가 롯데그
룹에 인수되어 현대의 계열사에서 제외된 이후인 2015년 4월경에는 경쟁입찰을 통해 쓰리비

---

26 공정거래위원회 의결 제2016-189호, 2016.7.7
27 현대로지스틱스는 2014년 12월 기업집단 '롯데'의 계열사로 편입되었다.
28 운송장의 크기에 따라 가격의 범위가 다르다.

와 다른 운송장 구매 대행업체와 물품공급계약을 체결하였고 이때는 2012년 계약 시와는 달리 단가를 크게 낮춰서 계약하였다.

관련 적용 법규는 다음과 같다.

독점규제 및 공정거래에 관한 법률
제23조(불공정거래행위의 금지) ① 사업자는 다음 각 호의 어느 하나에 해당하는 행위로서 공정한 거래를 저해할 우려가 있는 행위(이하 "불공정거래행위"라 한다)를 하거나, 계열회사 또는 다른 사업자로 하여금 이를 행하도록 하여서는 아니된다.
1. ~ 6. (생략)
7. 부당하게 다음 각 목의 어느 하나에 해당하는 행위를 통하여 특수관계인 또는 다른 회사를 지원하는 행위
  가. 특수관계인 또는 다른 회사에 대하여 가지급금·대여금·인력·부동산·유가증권·상품·용역·무체재산권 등을 제공하거나 상당히 유리한 조건으로 거래하는 행위
  나. (생략)
8. (생략)
② 특수관계인 또는 회사는 다른 사업자로부터 제1항 제7호에 해당할 우려가 있음에도 불구하고 해당 지원을 받는 행위를 하여서는 아니 된다.

법 시행령
제36조(불공정거래행위의 지정) ① 법 제23조(불공정거래행위의 금지) 제3항의 규정에 의한 불공정거래행위의 유형 또는 기준은 별표 1의2와 같다.

[별표 1의2] 불공정거래행위의 유형 및 기준(제36조 제1항 관련)
1. ~ 9. (생략)
10. 부당한 지원행위
법 제23조(불공정거래행위의 금지) 제1항 제7호 각 목 외의 부분에 따른 부당하게 다음 각 목의 어느 하나에 해당하는 행위를 통하여 특수관계인 또는 다른 회사를 지원하는 행위는 부당하게 다음 각 목의 어느 하나에 해당하는 행위를 통하여 과다한 경제상 이익을 제공함으로써 특수관계인 또는 다른 회사를 지원하는 행위로 한다.
  가. (생략)
  나. 부당한 자산·상품 등 지원
    특수관계인 또는 다른 회사에 대하여 부동산·유가증권·무체재산권 등 자산 또는 상품용역을 상당히 낮거나 높은 대가로 제공 또는 거래하거나 상당한 규모로 제공 또는 거래하

는 행위

다. ~ 라. (생략)

법 제23조 제1항 제7호 가목의 부당한 지원행위에 해당하기 위해서는 첫째, 지원주체가 지원객체인 특수관계인 또는 다른 회사에 대하여 자산이나 상품거래를 상당히[29] 낮거나 높은 대가로 제공 또는 거래하거나 상당한 규모로 제공 또는 거래하여 과다한 경제상 이익을 제공하여야 하고, 둘째, 지원주체의 지원행위로 말미암아 지원객체가 속한 시장에서 공정한 거래를 저해할 우려가 있어야 한다.

상당히 유리한 조건으로 거래하였는지 여부는 급부와 반대급부 사이의 차이는 물론 지원성 거래규모와 지원행위로 인한 경제상 이익, 지원기간, 지원횟수, 지원시기, 지원행위 당시 지원객체가 처한 경제적 상황 등을 종합적으로 고려하여 구체적·개별적으로 판단한다.[30] 부당한 자산·상품 등 지원행위에 있어서 급부와 반대급부가 상당히 유리한지 여부를 판단하는 기준이 되는 정상가격이란 지원주체와 지원객체 간에 이루어진 경제적 급부와 동일한 경제적 급부가 시기, 종류, 규모, 기간, 신용상태 등이 유사한 상황에서 특수관계가 없는 독립된 자 간에 이루어졌을 경우 형성되었을 거래가격 등을 말한다.[31] 또한 지원행위로 말미암아 공정한 거래를 저해할 우려가 있는지 여부는 지원주체와 지원객체의 관계, 지원행위의 목적과 의도, 지원객체가 속한 시장의 구조와 특성, 지원성거래규모와 지원행위로 인한 경제상 이익 및 지원기간, 지원행위로 인하여 지원객체가 속한 시장에서의 경쟁제한이나 경제력 집중의 효과를 야기하여 공정한 거래가 저해될 우려가 있는지 여부를 기준으로 판단한다.[32]

한편, 법 제23조 제2항의 부당한 지원을 받는 행위에 해당하기 위해서는, 지원객체가 법 제23조 제1항 제7호에 해당할 우려가 있음에도 불구하고 해당 지원을 받는 행위를 하여야 한다.[33] 해당 거래행위가 부당지원행위에 해당할 수 있음을 지원객체가 인식하고 있거나 인식할

---

29 2013. 8. 13. 법 개정(시행 2014. 2. 14.)으로 지원행위 성립의 '현저성' 요건이, '상당성' 요건으로 변경되었다.

30 대법원 2014. 6. 12. 선고 2013두4255 판결 참조

31 대법원 2012. 10. 25. 선고 2009두15494 판결 참조

32 대법원 2011. 9. 8. 선고 2009두11911 판결 참조

33 지원객체에 대해서도 규율할 수 있는 법 제23조 제2항은 2013. 8. 13. 법 개정으로 신설되었다. 다만, 개정 법률 부칙에서 법 시행일인 2014. 2. 14. 부터 1년간은 종전의 규정을 적용하도록 하여 유예기간을 두었다. 이 건 지원행위는 사실관계가 동일한 형태로 개정 법률 시행일은 물론 유예기간까지도 도과한 2015. 4. 30.까지 계속되었으므로 지원객체에게도 개정 법률을 적용하였다.

수 있었는지 여부에 대한 판단은 공정거래법 전문가가 아닌 일반인의 입장에서 과다한 경제상 이익을 제공받았다는 것을 인식할 수 있을 정도면 족하다고 할 것이다.

공정위는 상기와 같은 법리를 적용하여 현대로지스틱스의 행위가 부당한 지원행위에 해당하는지 여부를 다음과 같이 판단하였다.

먼저 택배운송장의 고가 구매행위가 쓰리비에게 상당히 유리한 조건인지 여부에 대한 판단이다. 현대로지스틱스가 2012년 5월 1일부터 2015년 4월 30일까지 쓰리비로부터 수기식 택배운송장을 구매한 행위는 다음과 같은 점을 고려할 때 현대로지스틱스가 쓰리비에게 상당히 유리한 조건으로 거래하여 쓰리비를 지원한 행위에 해당된다고 보았다. 첫째, 현대로지스틱스가 쓰리비로부터 구입한 수기식 택배운송장의 구매단가는 앞서 기술한바와 같이 다른 경쟁 택배회사들의 평균적인 구매단가보다 상당히 더 높다. 구매단가는 계약 만료일 2015년 4월에 가까울수록 차이가 더 커졌다. 다른 경쟁 택배사들은 구매단가를 낮추는 반면 현대로지스틱스는 그대로 유지했기 때문이다. 둘째, 그 결과 쓰리비의 마진율은 27.6%로써 구매대행업체들의 마진율(0~14.3%)에 비해 상당히 더 높다. 셋째, 현대로지스틱스가 쓰리비로부터 구입한 구매단가는 아래에서 살펴보는 바와 같이, 동 거래와 유사한 상황에서 특수관계가 없는 독립된 자 간에 이루어졌을 경우 형성되었을 거래가격(이하 '정상가격'이라 한다)보다 상당히 더 높다. 정상가격은 다음과 같은 방법으로 산정하였다. 현대로지스틱스와 쓰리비가 거래한 시기와 유사한 시기에 현대로지스틱스가 구매한 택배운송장과 유사한 품목 및 품질의 택배운송장을 현대로지스틱스가 구매한 규모와 유사한 규모[34]로 특수관계가 없는 비계열관계에 있는 구매대행업체를 통해서 수기식 택배운송장을 구매한 경쟁택배회사의 구매금액을 정상가격으로 산정하였다. 현대로지스틱스가 쓰리비로부터 구매한 구매단가는 정상가격에 비해 상당 수준 높은 것으로 나타났다. 이 사건 지원 금액은 구매단가와 정상가격의 차액에 현대로지스틱스와 쓰리비 간의 거래량을 곱하여 계산하였다. 그 결과 현대로지스틱스는 쓰리비에게 총 1,403,177천원을 지원한 것으로 나타났다.

다음은 부당한 지원행위의 두 번째 요건인 수기식 택배운송장 시장[35]에서의 공정한 거래를 저해하거나 저해할 우려가 있는 부당한 지원행위인지 여부에 대한 공정위의 판단은 다음과 같다.

---

34 연간 거래규모가 현대로지스틱스의 거래구매 규모와 ±30% 범위내에 있는지를 기준으로 판단하였다
35 택배운송장 인쇄시장 또는 택배운송장 구매대행시장을 말한다. 이하 같다.

먼저 지원의도는 명백하다고 결론지었다. 현대로지스틱스의 지원행위는 기업집단 현대의 동일인의 특수관계인들이 주식의 100%를 소유한 회사인 쓰리비를 지원할 의도를 가지고 이루어진 것으로 인정된다는 것이다. 첫째, 현대로지스틱스는 정상적으로 거래하던 기존 업체와 계약 기간이 1년 정도 남아 있었음에도 별다른 사유 없이 중도에 계약을 해지하고 쓰리비와 다시 계약을 체결하였다. 둘째, 쓰리비는 그동안 운송장 거래 경험이 전혀 없었다는 점에서 지원의도 이외에는 현대로지스틱스가 쓰리비를 거래상대방으로 선정할 다른 합리적인 이유가 없다. 셋째, 현대로지스틱스가 기업집단 롯데 계열사로 변경된 이후인 2015년 4월 30일 현대로지스틱스와 쓰리비 간 체결한 계약의 단가를 보면 기존 계약 금액에 비해 상당 수준 인하되었다는 점 등을 근거로 제시하고 있다.

공정거래저해성이 있다는 그 다음의 증거는 다른 수기식 택배운송장 공급업체들은 모두 중소기업으로서 매년 거래처 확보, 단가 협상 등의 결과에 따라 사업 리스크가 큰 데 비하여, 쓰리비는 기업집단 계열사의 부당한 지원으로 별다른 위험부담 없이 안정적인 사업활동을 영위할 수 있었다는 것이다. 이에 따라 쓰리비는 수기식 택배운송장 시장에 진입하자마자 상당한 시장점유율[36]을 차지하였고 그 결과 공정한 경쟁이 왜곡되었다.

마지막으로, 쓰리비와 같이 택배운송장 관련 업무 경험이 전혀 없는 회사가 단지 특수관계가 있다는 이유만으로 현대로지스틱스라는 대형 거래처를 손쉽게 확보함으로써 기존 사업자들은 현대로지스틱스라는 대형 거래처와 거래할 기회를 상실하게 되었고 신규 사업자들의 시장 신규 진입도 더 어렵게 되었다.

이 사건에 대해 공정위는 시정조치와 함께 현대로지스틱스에 대해서는 1,122백만 원, 쓰리비에 대해서는 77백만 원의 과징금을 부과하였다.[37]

현대증권과 HST[38]간의 거래를 통한 특수관계인에 대한 부당한 이익제공행위[39]

현대증권은 복합기를 임차하기로 정하고 경쟁입찰을 통해 2010년 7월 경에 한국후지제록(이

---

36 수기식 택배운송장 인쇄시장의 전체 매출규모 대비 쓰리비의 매출 비중은 2012년도 7.9%, 2013년도 13.8%, 2014년도 14.2% 정도를 차지하였다. 쓰리비가 행한 구매대행업체만을 놓고 보면 이보다 훨씬 더 높은 점유율을 차지하였을 것으로 보인다.

37 쓰리비에 대한 과징금은 지원객체에 대한 제재조항이 2015.2.15.부터 시행되었으므로 쓰리비가 지원받은 금액은 2015.2.15.부터 2015.4.30.까지의 기간을 기준으로 계산된 96,547천원으로 보았다.

38 컴퓨터 및 주변장치 도소매업을 영위하는 사업자이다.

39 공정거래위원회 의결 제2016-189호, 2016.7.7

하 제록스라 한다)와 복합기 임대차 계약을 체결하였다. 2011년 12월에는 복합기를 지점에도 도입하기로 하고 경쟁입찰을 통해 제록스와 대당 월 19만여원에 임차하기로 계약을 체결하였다. 그런데 2011년 말경 HST는 현대증권과 제록스 간의 거래 중간에 자신을 끼워달라고 현대증권에 요청하였고, 현대증권은 이를 수용하여 2012년 2월경 HST와 수의계약 방식으로 제록스 복합기 임대차 계약을 체결하게 된다.(이하 '제1 임대차 계약'이라 한다). 계약기간은 2012년 3월 1일부터 2016년 3월 14일까지이다. 한편 HST는 비슷한 시기에 현대증권에 복합기를 임대할 목적으로 제록스와 복합기 임대차 계약을 체결하였다(이하 '제2 임대차계약'이라 한다). HST는 제록스로부터 대당 약 16만 여원에 임차하여 현대증권에 대당 월 187,000원에 임대하였다.

관련 법규정은 다음과 같다.

독점규제 및 공정거래에 관한 법률
제23조의 2(특수관계인에 대한 부당한 이익제공 등 금지) ① 일정규모 이상의 자산총액 등 대통령령으로 정하는 기준에 해당하는 기업집단에 속하는 회사는 특수관계인(동일인 및 그 친족에 한정한다. 이하 이 조에서 같다)이나 특수관계인이 대통령령으로 정하는 비율이상의 주식을 보유한 계열회사와 다음 각 호의 어느 하나에 해당하는 행위를 통하여 특수관계인에게 부당한 이익을 귀속시키는 행위를 하여서는 아니된다. 이 경우 각 호에 해당하는 행위의 유형 또는 기준은 대통령령으로 정한다.
1. 정상적인 거래에서 적용되거나 적용될 것으로 판단되는 조건보다 상당히 유리한 조건으로 거래하는 행위
2.~4.(생략)
② (생략)
③ 제1항에 따른 거래 또는 사업기회의 제공의 상대방은 제1항 각 호의 어느 하나에 해당할 우려가 있음에도 불구하고 해당 거래를 하거나 사업기회를 제공받는 행위를 하여서는 아니된다.
④ (생략)

법 시행령[40]
제38조(특수관계인에 대한 부당한 이익제공 등 금지) ① 법 제23조의2(특수관계인에 대한 부당한 이익제공 등 금지) 제1항 각 호 외의 부분 전단에서 "일정 규모 이상의 자산총액 등 대통령령으로 정하는 기준에 해당하는 기업집단"이란 제17조(상호출자제한기업집단등의 범위) 제1

---

[40] 2016. 4. 29. 대통령령 제27115호로 개정되어 2016. 4. 29. 시행되기 전의 것을 말한다.

항에 따른 상호출자제한기업집단(동일인이 자연인인 기업집단으로 한정한다)을 말한다.

②법 제23조의2(특수관계인에 대한 부당한 이익제공 등 금지) 제1항 각 호 외의 부분 전단에서 "특수관계인이 대통령령으로 정하는 비율 이상의 주식을 보유한 계열회사"란 동일인이 단독으로 또는 동일인의 친족[제3조의2(기업집단으로부터의 제외) 제1항에 따라 동인한 동일인관련자로부터 분리된 자는 제외한다]과 합하여 발행주식 총수의 100분의 30(주권상장법인이 아닌 회사의 경우에는 100분의 20) 이상을 소유한 계열회사를 말한다.

③법 제23조의2(특수관계인에 대한 부당한 이익제공 등 금지) 제1항 각 호에 따른 행위의 유형 또는 기준은 별표 1의3과 같다.

[별표 1의3] 특수관계인에게 부당한 이익을 귀속시키는 행위의 유형 또는 기준(제38조 제3항 관련)

1. 상당히 유리한 조건의 거래

법 제23조의2(특수관계인에 대한 부당한 이익제공 등 금지) 제1항 제1호에 따른 정상적인 거래에서 적용되거나 적용될 것으로 판단되는 조건 보다 상당히 유리한 조건으로 거래하는 행위는 다음 각 목의 어느 하나에 해당하는 행위로 한다. 다만, 시기, 종류, 규모, 기간, 신용상태 등이 유사한 상황에서 법 제7조 제1항에 따른 특수관계인이 아닌 자와의 정상적인 거래에서 적용되거나 적용될 것으로 판단되는 조건과 차이가 100분의 7미만이고 거래당사자 간 해당 연도 거래총액이 50억원(상품·용역의 경우에는 200억원) 미만인 경우에는 상당히 유리한 조건에 해당하지 않는 것으로 한다.

가. (생략)

나. 상당히 유리한 조건의 자산·상품·용역 거래

부동산·유가증권·무체재산권 등 자산 또는 상품·용역을 정상적인 거래에서 적용되는 대가보다 상당히 낮거나 높은 대가로 제공하거나 거래하는 행위

다. (생략)

법 제23조의2 제1항에서 금지하는 특수관계인에 대한 부당한 이익제공행위에 해당하기 위해서는 첫째, 행위의 양 당사자가 법 제23조의2 제1항에서 규정한 규율대상 요건에 해당하여야 하고, 둘째, 행위주체가 법 제23조의2 제1항 각 호의 어느 하나에 해당하는 행위를 하여야 한다.

이상과 같은 기준에 근거하여 공정위는 동사들의 법 위반 여부를 다음과 같이 판단하였다. 먼저, 규율대상 요건 충족 여부이다. 이 사건 행위의 주체인 현대증권은 상호출자제한기업집단 현대에 속하는 회사이므로 행위주체로서의 규율대상 요건을 충족한다. 또한 이 사건 행위의 객체인 HST는 현대의 특수관계인이 90%의 지분을 보유하고 있으므로 행위객체로서의 규

율대상 요건을 충족한다. 다음으로, 정상적인 거래조건보다 상당히 유리한 조건인지 여부이다. 정상적인 거래조건을 산정함에 있어 제록스가 동일·유사한 제품을 HST 및 다른 거래처에 어떠한 조건으로 임대차 하는지를 비교하여 판단한다. 우선, 위에서 살펴본 바와 같이, 이 사건 거래는 현대증권이 제록스와 복합기 임대차 단가계약을 직접 체결하여 거래할 수 있었음에도 불구하고, 특수관계인이 운영하는 HST를 거래단계 중간에 끼워서 거래한 행위로서, HST는 제록스로부터 복합기를 대당 월 168,300원에 임차하여, 이를 다시 현대증권에게 대당 월 187,000원에 임대하였다. 제록스가 현대증권 및 HST외에 다른 거래처와 복합기를 얼마에 임대했는지를 살펴보면, 현대증권 및 HST와의 임대차 계약과 규모, 복합기의 성능 등 면에서 가장 유사한 경우 165,000원으로 조사되었으므로, 이 가격을 정상가격으로 보기로 한다.[41] 그렇게 볼 때, 현대증권은 이 사건 복합기 임대차 거래에서 정상가격인 165,000원보다 13.3%가 높은 187,000원에 복합기를 HST로부터 구입한 것이고 이는 정상적인 거래조건보다 상당히 유리한 조건으로 구입한 것으로 보아야 할 것이다. 한편, 현대증권이 아무런 역할을 하지 않은 HST를 거래 중간 단계에 끼워 넣어 부당한 이익을 귀속 시키고자 한 사실로 미루어 볼 때, 특수관계인에게 부당한 이익을 귀속시키기 위한 의도는 충분히 확인된다고 보았다.

현대증권의 행위가 적용제외 요건에 해당하는지 여부이다. 이 사건 거래가 법 제23조의2 제1항 제1호의 적용대상에서 제외되려면 해당 거래가 정상적인 거래에서 적용되는 조건과 차이가 7% 미만이고, 양 당사자 간의 연간 거래총액이 상품·용역의 경우 200억 원 미만이어야 한다. 이 사건 거래의 경우 행위가 시작된 2012년 2월 이후 현대증권과 HST 간 연간 거래금액[42]은 200억원 미만이나, 정상적인 거래에서 적용되는 거래금액과 이 사건 행위로 인한 거래금액의 차이가 13.3% 이므로 적용제외 요건에 해당하지 않는다고 보았다.

한편, HST도 이 사건 거래행위가 상당히 유리한 조건의 거래에 해당될 우려가 있음을 인식하였음이 인정되므로 HST의 이러한 행위는 법 제23조의2 제3항에 해당하여 위법하다고 판단하였다.

현대증권과 HST에 대해 시정조치와 과징금 각각 41,799천원씩의 과징금을 부과하였다.

---

41 아울러, 이 사건과 같이 특수관계인에게 부당한 이익을 귀속시키기 위한 의도하에 특별한 역할이 없는 회사를 거래단계에 끼워서 거래하는 경우에는 현대증권이 HST를 중간에 끼워서 거래하지 않고 제록스와 직접 거래하여도 제록스가 HST에 임대한 것과 동일한 가격으로 거래할 수 있었을 것이므로 제록스가 HST에 임대한 가격을 정상가격으로 볼 여지도 있을 것이다.

42 2012년 280백만원, 2013년 473백만원, 2014년 493백만원, 2015년 464백만원이다.

CGV의 부당지원행위 건[43]

CGV는 1999년 4월 설립되어 영화상영 및 배급업 등을 영위하는 사업자이고 재산커뮤티케이션즈(이사 재산이라 한다.)는 기업집단 CJ 동일인의 특수관계인이 100% 지분을 보유한 CJ의 계열사로서 스크린광고 영업대행업을 주로 영위하는 사업자이다. 영화상영 사업자들은 스크린을 통한 광고 상영의 대가로 수입을 창출하고 있으며, 광고를 상영할 광고주를 유치하는 영업활동을 제3의 스크린광고 영업대행 사업자에게 위탁하고 있다. 스크린광고 영업대행 사업자들은 사업규모 면에서 대부분 중소기업 수준이며, 한정된 스크린광고 매체의 특성상 3개 영화상영(CGV, 롯데시네마, 메가박스) 사업자로부터 수주한 업무량에 따라 사업성과가 결정된다.

CGV는 재산과 거래를 개시하기 이전인 1998년경부터 2005년 7월경까지 A사와 B사 등 2개의 다른 스크린광고 영업대행사에 영업대행 업무를 위탁하였다. CGV와 두 개의 스크린광고 대행사 간의 위탁수수료율은 대행사가 광고주로부터 지급받은 광고계약금액에서 제3의 사업자에게 지급해야 할 수수료[44]를 제외한 수입의 82%를 CGV에게 지급한 뒤, 남은 18%[45]를 그 스크린광고 대행사가 수취하는 조건이다. 2003년 기준 CGV의 총 극장 수 16개 중 A사에게 12개를 B사에는 나머지 4개 극장에 대해 스크린광고 대행을 위탁하였다. CGV는 재산이 2005년 7월 15일 설립되자 기존 거래처와의 거래를 종료하면서, 2005년 8월 17일 재산과 스크린광고 영업대행 업무를 위탁하는 '극장광고계약'을 수의계약 방식으로 체결하였다. 2005년 8월 17일 체결한 계약의 주요 내용에 대하여 살펴보면, 재산은 광고주가 지급하는 총 광고료의 70%를 CGV에게 지급한 뒤, 남은 30%를 수취하는 조건[46]이고, 위탁극장 수는 계약서에서 정한 극장으로 하되, 신규 또는 인수되는 극장은 자동적으로 편입되도록 하였다. CGV는 재산의 사전 동의 없이 재산 이외의 제3자에게 광고영화 상영 용역을 제공하지 않도록 하였다. 2007년 9월 1일에 갱신된 계약에는 CGV가 직접 수주하는 광고에 대하여도 재산에 수수료를 지급하는 방안을 협의한다는 내용을 추가하였다. 2009년 9월 1일에 갱신된 계약에는 광고영화 이외에 홍보부스 설치 등 일반광고의 영업대행 업무도 위탁하면서 이에 대한 수수료를

---

[43] 공정거래위원회 의결 제2016-293호, 2016.10.21

[44] 스크린광고 영업대행사가 광고대행사에게 지불하는 대행사 수수료를 말한다.

[45] 통상 광고대행사에게 지급하는 수수료가 총 광고료의 10% 정도임을 고려할 때, 스크린광고 대행사가 수취하는 수수료율은 총 광고료의 16.2%가 된다.(총 광고료 100에서 광고대행사 수수료 10을 제외한 수익인 90의 18%를 위탁수수료로 지급받았으므로 90×18%는 16.2%이다)

[46] 광고대행사 수수료 10%를 제외할 때 재산이 수취하는 수수료율은 총 광고료의 20%가 된다.

지급하기로 하고, CGV가 직접 광고를 수주한 건 및 씨제이 기업집단의 광고에 대해서도 재산이에 수수료를 지급하기로 하였다. 2011년 12월 1일에 갱신한 계약에 의하면, 재산이 CGV에게 지급해야할 대가가 총 광고료의 70%에서 74%로 인상되었고 이에 따라 재산이 지급받는 실질 수수료율[47]이 20%에서 16%로 인하되었다.

관련 법규는 다음과 같다.

독점규제 및 공정거래에 관한 법률[48]

제23조(불공정거래행위의 금지) ① 사업자는 다음 각 호의 어느 하나에 해당하는 행위로서 공정한 거래를 저해할 우려가 있는 행위(이하 "불공정거래행위"라 한다)를 하거나, 계열회사 또는 다른 사업자로 하여금 이를 행하도록 하여서는 아니된다.

1.~6. (생략)

7. 부당하게 특수관계인 또는 다른 회사에 대하여 가지급금·대여금·인력·부동산·유가증권·상품·용역·무체재산권 등을 제공하거나 현저히 유리한 조건으로 거래하여 특수관계인 또는 다른 회사를 지원하는 행위

8. (생략)

② 불공정거래행위의 유형 또는 기준은 대통령령으로 정한다.

③~④ (생략)

독점규제 및 공정거래에 관한 법률 시행령[49]

제36조(불공정거래행위의 지정) ① 법 제23조(불공정거래행위의 금지)제2항의 규정에 의한 불공정거래행위의 유형 또는 기준은 별표 1의2와 같다.

② (생략)

[별표 1의2] 불공정거래행위의 유형 및 기준(제36조 제1항 관련)

1.~9. (생략)

10. 법 제23조(불공정거래행위의 금지)제1항 제7호에서 "부당하게 특수관계인 또는 다른 회사에 대하여 가지급금·대여금·인력·부동산·유가증권·상품·용역·무체재산권 등을 제공하거나 현저히 유리한 조건으로 거래하여 특수관계인 또는 다른 회사를 지원하는 행위"라 함은 다음 각 목의 어느 하나에 해당하는 행위를 말한다.

가. (생략)

---

47   재산이 지급받은 수수료율에서 광고대행사 수수료율 10%를 제외할 때의 수수료율이다.

48   2011. 12. 2. 법률 제11119호로 개정되어 같은 날 시행되기 전의 것을 말하며 이하 '법'이라 한다.

49   2011. 12. 30. 대통령령 제23475호로 개정되어 2012. 1. 1. 시행되기 전의 것을 말한다.

나. 부당한 자산·상품 등 지원

부당하게 특수관계인 또는 다른 회사에 대하여 부동산·유가증권·상품·용역·무체재산권 등 자산을 현저히 낮거나 높은 대가로 제공 또는 거래하거나 현저한 규모로 제공 또는 거래하여 과다한 경제상 이익을 제공함으로써 특수관계인 또는 다른 회사를 지원하는 행위

다. (생략)

법 제23조 제1항 제7호의 부당한 지원행위에 해당하기 위해서는 첫째, 지원주체가 지원객체인 특수관계인 또는 다른 회사에 대하여 가지급금·대여금·상품·용역·무체재산권 등을 현저히 낮거나 높은 대가로 제공 또는 거래하거나 현저한 규모로 제공 또는 거래하여 과다한 경제상 이익을 제공하여야 하고, 둘째, 지원주체의 지원행위로 말미암아 지원객체가 직접 또는 간접적으로 속한 시장에서 공정한 거래를 저해할 우려가 있어야 한다.

먼저, 현저히 유리한 거래조건인지 여부에 대한 공정위의 판단 내용은 다음과 같다. CGV의 2007년부터 2011까지 전체 스크린광고 계약금액 중 재산의 영업을 통한 계약금액은 90%가 넘고, 재산의 2005년부터 2011년까지 전체 매출액 중 CGV와의 스크린광고 영업대행 거래를 통한 매출액이 70%를 넘었을 정도이다. 또한 CGV와 재산과 거래하기 전의 다른 거래처(A사)와는 12개 극장의 영업대행 업무만을 위탁한 반면, 재산에는 CGV의 스크린광고 영업대행 업무를 일괄 위탁함에 따라 재산에 위탁한 극장수가 2006년에는 기존 거래처 대비 3.5배, 2011년에는 6.5배에 달하며, 월 수익 또한 2006년에는 3.1배, 2011년에는 7.1배에 달하는 현저한 규모라는 것이다. 뿐만 아니라 다음과 같은 점들을 고려할 때 CGV는 재산에 스크린광고 영업대행 업무를 현저히 높은 대가로 위탁한 것으로 인정된다고 판단하였다. 먼저, CGV는 재산과의 거래에서 실질 수수료율을 기존의 16%에서 20%로 높임으로써 현저히 높은 대가로 거래하였다. 이는 동종업계인 다른 스크린광고 영업대행 업체들의 거래조건과 비교했을 때도 현저히 높은 수준이다. 이렇게 함으로써 CGV는 재산에 과다한 경제상의 이익을 제공했다고 볼 수 있다. 앞서 기술한 수수료의 차이를 근거로 계산했을 때 지원행위 기간(2005. 8. 17.~2011. 11. 30.) 동안 10,243백만원을 재산에 지원하였다.[50] 이는 재산의 2005년부터 2011년까지 7년간 영업이익 합계액 34,285백만원의 29.9%, 당기순이익 합계액 25,258백만원의

---

50   지원행위 기간인 2005년 8월 17일부터 2011년 11월 30일까지 피심인이 재산에 지급한 수수료 54,456,181천원에서 정상수수료율(16%)을 적용하여 지급하였을 수수료 44,212,885천원을 차감한 금액인 10,243,296천원이다.

40.6%에 해당하는 금액으로서 과다한 경제상 이익을 제공한 것으로 인정된다는 것이다.

다음은 지원행위의 부당성 여부에 대한 공정위의 판단 내용이다. CGV의 행위는 다음과 같은 지원의도, 공정거래저해성 등을 고려할 때 재산의 경쟁조건을 부당하게 유리하게 함으로써 스크린광고 영업대행 시장에서의 공정한 거래를 저해하거나 저해할 우려가 있는 부당한 지원행위로 인정된다는 것이다. 재산이 설립되기도 전인 2005년 4월경 이미 재산과 거래를 결정한 점, 다른 거래처와 거래할 때는 점차 수수료율을 낮췄으나 재산과의 거래에는 이러한 인하 추세와는 반대로, 전속거래를 실시하면서 수수료율까지 인상하여 주었다는 점, 사업경험이 전무한 신생 계열회사인 재산과 거래하면서 수의계약 형태로 전속계약하고 수수료까지 인상하는 등 현저히 유리한 조건을 설정한 점 등을 고려할 때 지원의도가 확실하다고 할 수 있다. 또한, 사업경험이 전무한 신설회사 재산이 7년여의 장기간에 걸친 지원행위를 통하여 스크린광고 영업대행시장에서 압도적 1위 사업자가 됨으로써, 기존 또는 잠재적 경쟁자인 중소기업들의 사업기회가 제한된 점 등을 고려할 때 지원행위는 재산의 경쟁상 지위를 다른 경쟁업체들에 비해 부당하게 유리하게 함의로서 스크린광고 영업대행시장에서의 공정한 거래질서를 저해하거나 저해할 우려가 있다고 인정된다는 것이다.

이에 공정위 CGV에 대해 시정조치와 함께 과징금 7,170백만원을 부과하였다.[51]

기업집단 한진 소속 계열회사들의 특수관계인에 대한 부당이익제공행위에 대한 건[52]

한진그룹 계열사인 ㈜싸이버스카이[53]는 기내 면세품 업무보조, 일반 상품 카달로그 통신판매 등의 사업을 하는데, 모두 항공 기내서의 판매와 연관된 사업이다. 그런데 대한항공은 싸이버스카이와의 내부거래 과정에서 다양한 방법으로 부당한 경제상 이익을 제공하였다.

먼저, 대한항공은 싸이버스카이에게 '대한항공 기내 면세품의 구매 예약 웹사이트(싸이버스카이숍)'의 운영을 위탁하던 중, 자기가 만들어낸 인터넷 광고 수익을 전부 싸이버스카이가 누리도록 하였다. 싸이버스카이숍은 대한항공 국제선 기내 면세품의 인터넷 사전예약 주문접수 및 결제 사이트인데 싸이버스카이는 기내 면세품 사전예약 주문 접수 및 결제, 사이트 유지

---

51   지원행위 기간은 2005년 8월 17일부터 2011년 11월 30일까지이고 거래기간 동안 피심인이 재산에 지급한 수수료에서 정상적인 수수료율을 적용하였을 경우 지급하였을 수수료를 차감한 금액인 10,243,296천원이다. 이에 부과율 70%를 적용하여 계산한 것이다.

52   공정거래위원회 의결 제2017-009호 2017.1.10

53   동일인의 특수관계인이 100%를 보유한 회사이다.

보수 업무 등을 담당하고 그 대가로 싸이버스카이숍을 통해 주문 접수된 기내 면세품 매출액 중 14%를 업무대행 수수료로 대한항공으로부터 지급받고 있다. 대한항공은 2008년 11월경 싸이버스카이에게 싸이버스카숍의 기능, 디자인 등을 개편하도록 하였다. 이에 따라 2009년부터는 싸이버스카이숍 메인페이지 및 각 제품 카테고리 페이지의 이미지 광고, 상품 내용 소개페이지의 동영상 광고 등 인터넷 광고가 가능해졌다. 그런데 대한항공은 이러한 광고 관련 업무를 대부분 수행하였다. 예컨대, 기내 면세품 공급업체들에게 인터넷 광고를 게재하도록 요청하고 이후 지속적으로 광고 게재를 독려하였으며, 광고 중단 접수, 광고료 결정, 웹페이지 상에서의 상품 이미지 배치 계획 수립, 광고한 업체에 대한 인센티브 제공, 월별 광고판매 실적 관리 등 대부분의 업무를 수행하였다. 싸이버스카이가 한 일은 고작 이 사이트의 소유 운영자로서 대한항공으로부터 전달받은 광고 이미지 및 동영상 사이트에 게재, 광고 계약서 작성 및 정산 등 단순하고 부수적인 업무만 수행하였다. 그럼에도 불구하고 대한항공은 자기가 받아야 할 광고 수입을 친족 회사인 싸이버스카이에게 전부 귀속시킨 것이다. 싸이버스카이가 2009년 4월부터 2016년 3월까지 받은 광고 수입은 594,779천원에 이른다.

다음 행위는 대한항공이 싸이버스카이에 대해 통신판매 수수료를 면제해준 행위이다. 대한항공은 2007년 11월 1일 싸이버스카이와 공동으로 대한항공 로고상품, 식음료품, 여행용품 등[54]을 대한항공 국내선 기내주문, 인터넷, 전화 등의 수단을 이용하여 판매하는 통신판매사업을 시작하였다. 이를 위해 싸이버스카이와 업무제휴계약을 체결하였다. 이 계약에 따르면, 대한항공은 통신판매상품에 대한 상품 개발, 상품 공급업체(납품업체)와의 공급가격 및 최소 발주수량 협상, 대한항공 국내선에서의 기내주문서 접수 및 싸이버스카이에 주문 내역 전달 등의 업무를 하고, 싸이버스카이는 국내선 카탈로그('e-SKYSHOP') 제작, 인터넷쇼핑몰 (www.e-skyshop.com)[55] 개발·유지보수·운영, 상품발주 및 재고 관리, 배송 및 고객관리 업무를 담당하기로 하였다. 또한 대한항공은 업무제휴의 대가로 배송비를 제외한 상품 판매액의 15%를 피심인 싸이버스카이로부터 통신판매 수수료로 지급받기로 하였다. 그런데 대한항공

---

54 기내 면세품과는 구분되는 상품들로서, 싸이버스카이의 통신판매상품에는 비행기 모형, 담요 등과 같은 대한항공 로고상품, 한우, 생수 등 식음료품, 가방 등 여행용품, 와인잔 등 와인용품, 도자기 등 생활용품 등이 있다.

55 www.e-skyshop.com은 통신판매상품 관련 사이트로서, 기내 면세품 관련 사이트인 cyberskyshop. koreanair.com과 다른 것이다. 또한 이스카이숍(e-SKYSHOP)은 통신판매상품 관련 카탈로그로서 대한항공 국내선 기내 등에 비치되며, 국제선 기내에 비치되는 기내 면세품 관련 카탈로그(SKYSHOP)와는 다른 것이다.

은 2015년 4월 1일까지 그 상품 중 한진그룹의 계열사 제품인 제동목장상품(한우, 닭, 파프리카 등)과 제주워터에 대해서 계약상 지급받기로 한 판매수수료 15%를 이유 없이 면제해주었다. 해당 상품은 통신판매 상품(120여 개) 중 매출 비중이 상당한 판매 우수 상품이었다. 대한항공은 판매 수수료를 전혀 지급받지 못함에도 불구하고 항공기 기내에서 승무원을 통하여 제동목장 상품 등에 대한 홍보 활동까지 수행해주었다.

또한 대한항공은 2009년 4월 15일부터 싸이버스카이로부터 자신이 업무상 사용하는 판촉물(비행기 모형, 가방, 인형 등)을 구매하는데, 2013년 5월 1일과 2013년 9월 1일자로 판촉물 가격을 아무런 이유 없이 각 6%, 3.1% 인상하여 싸이버스카이의 마진율을 기존 4.3%에서 9.7%, 12.3% 수준으로 인상해 준 사실이 있다.

관련법규를 다음과 같이 정리하였다.

제23조의2(특수관계인에 대한 부당한 이익제공 등 금지) ① 일정규모 이상의 자산총액 등 대통령령으로 정하는 기준에 해당하는 기업집단에 속하는 회사는 특수관계인(동일인 및 그 친족에 한정한다. 이하 이 조에서 같다)이나 특수관계인이 대통령령으로 정하는 비율이상의 주식을 보유한 계열회사와 다음 각 호의 어느 하나에 해당하는 행위를 통하여 특수관계인에게 부당한 이익을 귀속시키는 행위를 하여서는 아니된다. 이 경우 각 호에 해당하는 행위의 유형 또는 기준은 대통령령으로 정한다.
1. 정상적인 거래에서 적용되거나 적용될 것으로 판단되는 조건보다 상당히 유리한 조건으로 거래하는 행위
2. ~ 3. (생략)
4. 사업능력, 재무상태, 신용도, 기술력, 품질, 가격 또는 거래조건 등에 대한 합리적인 고려나 다른 사업자와의 비교 없이 상당한 규모로 거래하는 행위
② 기업의 효율성 증대, 보안성, 긴급성 등 거래의 목적을 달성하기 위하여 불가피한 경우로서 대통령령으로 정하는 거래는 제1항 제4호를 적용하지 아니한다.
③ 제1항에 따른 거래 또는 사업기회의 제공의 상대방은 제1항 각 호의 어느 하나에 해당할 우려가 있음에도 불구하고 해당 거래를 하거나 사업기회를 제공받는 행위를 하여서는 아니된다.
④ 특수관계인은 누구에게든지 제1항 또는 제3항에 해당하는 행위를 하도록 지시하거나 해당 행위에 관여하여서는 아니 된다.

부칙<법률 제12095호. 2013. 8. 13.>
제1조(시행일) 이 법은 공포 후 6개월이 경과한 날부터 시행한다.
제2조(경과조치) ① 이 법 시행 전에 종료된 거래에 대해서는 이 법 개정규정에도 불구하고 종

전의 규정을 적용한다.

② 이 법 시행 당시 계속 중인 거래에 대해서는 이 법 시행일부터 1년간은 종전의 규정을 적용한다.

법 시행령[56]

제38조(특수관계인에 대한 부당한 이익제공 등 금지) ① 법 제23조의2(특수관계인에 대한 부당한 이익제공 등 금지) 제1항 각 호 외의 부분 전단에서 "일정 규모 이상의 자산총액 등 대통령령으로 정하는 기준에 해당하는 기업집단"이란 제17조(상호출자제한기업집단등의 범위) 제1항에 따른 상호출자제한기업집단(동일인이 자연인인 기업집단으로 한정한다)을 말한다.

② 법 제23조의2(특수관계인에 대한 부당한 이익제공 등 금지) 제1항 각 호 외의 부분 전단에서 "특수관계인이 대통령령으로 정하는 비율 이상의 주식을 보유한 계열회사"란 동일인이 단독으로 또는 동일인의 친족[제3조의2(기업집단으로부터의 제외) 제1항에 따라 동일한 동일인 관련자로부터 분리된 자는 제외한다]과 합하여 발행주식 총수의 100분의 30(주권상장법인이 아닌 회사의 경우에는 100분의 20) 이상을 소유한 계열회사를 말한다.

③ 법 제23조의2(특수관계인에 대한 부당한 이익제공 등 금지) 제1항 각 호에 따른 행위의 유형 또는 기준은 별표 1의3과 같다.

④ 법 제23조의2(특수관계인에 대한 부당한 이익제공 등 금지) 제2항에서 "대통령령으로 정하는 거래"란 별표 1의4에 따른 거래를 말한다.

[별표 1의3] 특수관계인에게 부당한 이익을 귀속시키는 행위의 유형 또는 기준 (제38조 제3항 관련)

1. 상당히 유리한 조건의 거래

   법 제23조의2(특수관계인에 대한 부당한 이익제공 등 금지) 제1항 제1호에 따른 정상적인 거래에서 적용되거나 적용될 것으로 판단되는 조건 보다 상당히 유리한 조건으로 거래하는 행위는 다음 각 목의 어느 하나에 해당하는 행위로 한다. 다만, 시기, 종류, 규모, 기간, 신용 상태 등이 유사한 상황에서 법 제7조 제1항에 따른 특수관계인이 아닌 자와의 정상적인 거래에서 적용되거나 적용될 것으로 판단되는 조건과 차이가 100분의 7미만이고 거래당사자 간 해당 연도 거래총액이 50억 원(상품·용역의 경우에는 200억 원) 미만인 경우에는 상당히 유리한 조건에 해당하지 않는 것으로 한다.

   가. (생략)

   나. 상당히 유리한 조건의 자산·상품·용역 거래

      부동산·유가증권·무체재산권 등 자산 또는 상품·용역을 정상적인 거래에서 적용되는

대가보다 상당히 낮거나 높은 대가로 제공하거나 거래하는 행위

　다. (생략)

2.~3. (생략)

4. 합리적 고려나 비교 없는 상당한 규모의 거래

　법 제23조의2(특수관계인에 대한 부당한 이익제공 등 금지)제1항 제4호에 따른 사업능력, 재무상태, 신용도, 기술력, 품질, 가격 또는 거래조건 등에 대한 합리적인 고려나 다른 사업자와의 비교 없이 상당한 규모로 거래하는 행위는 거래상대방 선정 및 계약체결 과정에서 사업능력, 재무상태, 신용도, 기술력, 품질, 가격, 거래규모, 거래 시기 또는 거래조건 등 해당 거래의 의사결정에 필요한 정보를 충분히 수집·조사하고, 이를 객관적·합리적으로 검토하거나 다른 사업자와 비교·평가하는 등 해당 거래의 특성상 통상적으로 이루어지거나 이루어질 것으로 기대되는 거래상대방의 적합한 선정과정 없이 상당한 규모로 거래하는 행위로 한다. 다만, 거래당사자 간 상품·용역의 해당 연도 거래총액(2 이상의 회사가 동일한 거래상대방과 거래하는 경우에는 각 회사의 거래금액의 합계액으로 한다)이 200억 원 미만이고, 거래상대방의 평균매출액의 100분의 12 미만인 경우에는 상당한 규모에 해당하지 않는 것으로 본다.

[별표 1의4] 법제23조의2 제1항 제4호를 적용하지 아니하는 거래 (제38조 제4항 관련)

1. 효율성 증대 효과가 있는 거래

　다음 각 목의 어느 하나에 해당하는 경우로서 다른 자와의 거래로는 달성하기 어려운 비용절감, 판매량 증가, 품질개선 또는 기술개발 등의 효율성 증대 효과가 있음이 명백하게 인정되는 거래

　가. 상품의 규격·품질 등 기술적 특성상 전후방 연관관계에 있는 계열회사 간의 거래로서 해당 상품의 생산에 필요한 부품·소재 등을 공급 또는 구매하는 경우

　나. 회사의 기획·생산·판매 과정에 필수적으로 요구되는 서비스를 산업연관성이 높은 계열회사로부터 공급받는 경우

　다. 주된 사업영역에 대한 역량 집중, 구조조정 등을 위하여 회사의 일부 사업을 전문화된 계열회사가 전담하고 그 일부 사업과 관련하여 그 계열회사와 거래하는 경우

　라. 긴밀하고 유기적인 거래관계가 오랜 기간 지속되어 노하우 축적, 업무 이해도 및 숙련도 향상 등 인적·물적으로 협업체계가 이미 구축된 경우

　마. 거래목적상 거래에 필요한 전문 지식 및 인력 보유 현황, 대규모·연속적 사업의 일부로서의 밀접한 연관성 또는 계약이행에 대한 신뢰성 등을 고려하여 계열회사와 거래하는 경우

2. 보안성이 요구되는 거래

　다음 각 목의 어느 하나에 해당하는 경우로서 다른 자와 거래할 경우 영업활동에 유용

한 기술 또는 정보 등이 유출되어 경제적으로 회복하기 어려운 피해를 초래하거나 초래할 우려가 있는 거래

　가. 전사적(全社的) 자원관리시스템, 공장, 연구개발시설 또는 통신기반시설 등 필수시설의 구축·운영, 핵심기술의 연구·개발·보유 등과 관련된 경우

　나. 거래 과정에서 영업·판매·구매 등과 관련된 기밀 또는 고객의 개인정보 등 핵심적인 경영정보에 접근 가능한 경우

3. 긴급성이 요구되는 거래

　경기급변, 금융위기, 천재지변, 해킹 또는 컴퓨터바이러스로 인한 전산시스템 장애 등 회사 외적 요인으로 인한 긴급한 사업상 필요에 따른 불가피한 거래

법 제23조의2 제1항에서 금지하는 특수관계인에 대한 부당한 이익제공행위에 해당하기 위해서는 첫째, 행위의 양 당사자가 법 제23조의2 제1항에서 규정한 규율대상 요건에 해당하여야 하고, 둘째, 행위주체가 법 제23조의2 제1항 각 호의 어느 하나에 해당하는 행위를 하여야 한다. 이러한 거래행위를 통해 발생한 이익은 '부당한 이익'인바, 위 두 가지 요건을 충족할 경우 특수관계인에게 부당한 이익을 제공한 행위에 해당된다.

공정위의 법 위반 여부에 대한 판단은 다음과 같다. 먼저, 대한항공은 상호출자제한기업집단 '한진'에 속하는 회사이므로 규율대상에 해당한다. 또한 싸이버스카이는 동일인의 특수관계인 3명이 각각 33.3%씩 보유한 '한진'에 속하는 회사이므로 2015년 11월 9일 현재 행위객체로서 규율대상 요건을 충족한다. 대한항공이 2009년 4월 1일부터 싸이버스카이숍 광고 수입 전액을 싸이버스카이에게 귀속시킨 행위는 다음과 같은 이유로 정상적인 거래조건보다 상당히 유리한 조건으로 거래한 행위라고 판단하였다. 대한항공은 싸이버스카이숍 광고게재와 관련된 대부분의 업무를 수행했고 싸이버스카이는 단순한 형식적인 업무만을 했음에도 싸이버스카이숍 광고료를 전액 수취하였다. 대한항공이 싸이버스카이에게 2009년 1월경부터 2015년 3월 31일까지 제동목장 상품 및 제주워터에 대한 통신판매수수료를 면제해준 행위도 다음과 같은 점을 고려할 때 정상적인 거래조건보다 상당히 유리한 조건으로 거래한 행위라는 것이다. 통상판매계약에 따라 대한항공은 각 상품별 판매액의 15%를 수수료로 받았으나 전체 판매금액의 25%(2012년 기준)에 달할 정도로 매출 비중이 있는 제동목장상품과 제주워터에 대해서는 수수료를 면제하였다. 싸이버스카이가 대한항공에 지급하는 통신판매수수료는 대한항공의 통신판매상품 개발·선정, 기내주문서 접수 등 역할에 대한 대가로서 제동목장상품과 제주워터관련 대한항공의 역할이 더 적었다고 할 수도 없고, 오히려 대한항공은 제동목

장상품 홍보에 더 적극적이었다는 것이다.

대한항공이 싸이버스카이로부터 구매하는 판촉물 가격을 인상해 준 행위도 정상적인 거래 조건보다 상당히 유리한 조건으로 거래한 행위라는 것이다. 왜냐하면 그 인상행위가 판매원가 상승이나 물가인상과는 관계없이 아무런 이유 없이 인상해 주었으므로 싸이버스카이의 마진율이 당초 4.3%에서 12.3%까지 무려 2.86배나 상승된 점 때문이다. 대한항공이 판촉물을 구매하면서 자신이 판촉물품을 선정하고 납품업체와의 가격을 협상하였음에 비춰어 보았을 때, 판촉물 판매를 위해 싸이버스카이가 특별하게 판매관리비를 더 지불하지도 않았다는 것이다.

다음은, 적용제외 여부에 대한 공정위의 검토이다. 위 행위가 법 제23조의2 제1항 제1호의 적용 대상에서 제외되려면 각 행위의 거래조건과 정상적인 거래에서 적용되는 조건과의 차이가 7% 미만이고, 양 당사자 간의 연간 거래총액이 상품·용역의 경우 200억 원 미만이어야 한다. 대한항공과 싸이버스카이 간 연간 거래총액은 200억 원 미만이나, 각각 정상적인 거래에서 적용되는 조건과 차이가 7% 이상인바, 적용제외 요건을 충족하지 않았다고 판단하였다. 즉, 싸이버스카이가 수행한 역할은 미미한데도 광고수입 전체를 피심인 싸이버스카이가 수취하도록 한 점, 제동목장 상품 및 제주워터의 판매에 대해 계약상 지급의무가 있는 15%의 수수료를 피심인 싸이버스카이에게 전액 면제해준 점, 피심인 싸이버스카이의 마진율을 4.3%에서 12.3%로 2.86배 높여준 점 등에서, 각각 정상적인 거래에서 적용되는 조건과의 차이가 7% 이상이라는 것이다.

양사는 시정조치와 함께 대한항공과 싸이버스카이는 각 103,000[57]천원의 과징금을 부여받았다[58].

---

57 싸이버스카이숍의 광고료 전액을 싸이버스카이에게 부여한 경우는 정상가격 산정이 어려워 2015.2.15.~2015.11.8.까지의 싸이버스카이숍 인터넷 광고수입 371,983,846원의 10%인 3,719,384원을 위반금액으로 보았고, 통신판매수수료를 면제해준 행위에 대한 위반금액은 2015.1.15.~2015.3.31.동안 동 제동목장상품과 제주워터 판매액 10,764,000원의 15%이니 1,614,600원이다. 대한항공 판촉물을 이유없이 인상해준 행위에 대한 위반금액은 정상가격 산출이 어려워 2015.2.15.~2015.11.8.동안의 판촉물 판매금액 1,239,731,250원의 10%인 123,973,125원이다. 부과율 기준율은 '매우 중대한 위반행위'인 80%를 적용하였다.
58 대한항공이 계열사 유니컨버스에게 부당이익을 부여한 행위(여기서는 설명을 생략했다)를 합하면 대한항공의 과징금액은 715,000천원에 달한다.

참고문헌

공정거래위원회. 2016. 2016년판 공정거래백서

박원규·강정모·이상규 옮김. 2006. 미시경제학. 피어슨 에듀케이션코리아

신동준. 2004. "미국 M&A 사례연구를 통한 경제분석기법 개발." 공정거래와 법치(권오승 편집): 130-158

이재구. 2017. 공정거래법 -이론, 해설과 사례-. 지식과 감성

이호영. 2013. 獨占規制法. 홍문사

전승훈. 2006. Staples 사례분석. 공정거래위원회 경제분석 워크샵

임영철. 2007. 공정거래법 -해설과 논점-. 법문사

최정표. 2011. 산업조직경제학. 형성출 판사

한철수. 2016. 공정거래법 - 시장과 법리-. 공정경쟁연합회

Anderson, William R., and Rogers Ⅲ C. Paul. 1992. Antitrust Law: Policy and Practice. Matthew Bender.

Areeda, Phillip E., and Donald F. Turner, 1975. "Predatory Pricing and Related Practices Under Section 2 of the Sherman Act." Havard Law Review 88: 697-733.

Breit, William, and Elzinga, Keneth G. 1989. The Antitrust Casebook, Milestones in Economic Regulation. The Deyden Press, Harcourt Brace Jovanovich College Publishers.

Carlton, Dennis W., and Perloff, Jeffrey M. 1994. Modern Industrial Organization. HarperCollins College Publishers.

Frederick R. Warren-Boulton, and Sedar Dalkir. 2001. "Staples and Office Depot: An Event-Probability Case Study" issue4, pp 467-479.

Gellhorn, Ernest, and Kovacic, William E. 1994. Antitrust Law and Economics. West Publishing Co.

Kwoka, John E. Jr., and White, Lawrence J. 1994. The Antitrust Revolution, The Role of Economics. HarperCollinsCollegePublishers.

Orley Ashenfelter, David Ashmore, Jonathan B. Baker, Suzanne Gleason, and Daniel S. Hosken. 2004. "Econometric Method in Staples." Princeton Law & Public Affairs Paper No.04-007.

Posner, Richard A. 1976. Antitrust Law, An Economic Perspective. Chicago and London: The University of Chicago Press.

Sullivan, E. Thomas, and Harrison, Jeffrey L. 1994. Understanding Antitrust and Its Economic Implication. Matthew Bender & Co.

Williamson, Oliver E. 1968. "Economies As an Antitrust Defense: The Welfare Tradeoffs." American Economic Review.

찾아보기

┃ 저자 소개

강 대 형

연세대학교 경제학과 졸업
미국 University of Chicago 경제학과 졸업(Ph.D.)
제 13회 행정고시 합격
경제기획원 북방경제1과장
공정거래위원회 소비자보호국장, 경쟁국장, 독점국장, 사무처장
공정거래위원회 부위원장
OECD 경쟁위원회 부의장
(현) 법무법인 케이씨엘 상임고문
(현) 연세대학교 경제대학원 겸임교수
논문 "The Economic Determinants of the Long-Term Real Exchange
Rate" (1990년 시카고대학 박사학위논문)

독점규제법과 경제학

1판1쇄 펴냄 2018년 3월 15일

지은이   강대형
펴낸이   김한준

편 집   디자인 콤마
펴 낸 곳   **ⓛ** company
출판등록   2007년 3월 18일(제2007-000071호)
주 소   서울시 강남구 학동로 23길 58
전 화   02-549-2376
팩 스   0504-496-8133
이메일   hansbook@gmail.com

ISBN   979-11-85408-17-0 93360

이 도서의 국립중앙도서관 출판예정도서목록(CIP)은 서지정보유통지원시스템 홈페이지(http://seoji.nl.go.kr)와
국가자료공동목록시스템(http://www.nl.go.kr/kolisnet)에서 이용하실 수 있습니다.
(CIP제어번호: CIP2018005986)